Gironde

L'ART DE VIVRE EN GRAND !

Avec le retour des visiteurs étrangers et un calendrier d'événements dense, la Gironde confirme son dynamisme touristique. En 2025, elle continue de rayonner à travers un tourisme responsable et une offre variée qui séduit un public toujours plus large. Ses paysages contrastés – littoral, vignobles, patrimoine classé à l'UNESCO, itinéraires cyclables et voies navigables – en font une destination de choix pour des escapades aussi bien culturelles que nature.

L'année sera marquée par des rendez-vous incontournables qui viendront enrichir l'expérience des visiteurs : de grands événements sportifs, des expositions immersives aux Bassins de Lumières... Il vous suffira de quelques coups de pédale, quelques minutes en TER ou en bus pour aller à la rencontre des professionnels passionnés qui font vivre le territoire, et le rendent si attractif. Bordeaux, joyau de la métropole, n'est pas en reste : ses quais animés, son riche patrimoine et son offre culturelle foisonnante attirent les visiteurs, qui peuvent aussi découvrir la région autrement, le long de la Garonne ou de l'estuaire, grâce aux croisières fluviales qui connaissent un succès grandissant.

Pour les familles, de mult… ermettent aux plus jeun… patrimoine et … rives de la … nce urbaine … ne diversité … façons de

W0409354

OFFERT CE GUIDE au format numérique

Retrouvez cette offre en page 56

Porte Cailhau, Bordeaux.

SOMMAIRE

Balade à vélo au bassin d'Arcachon. © ARCACHONPHOTO.COM - STOCK.ADOBE.COM

LE VERDON-SUR-MER ★★
SOULAC-SUR-MER ★★
Mortagne-sur-
Gironde
Saint-Genis-de
Saintonge
SAINT-VIVIEN-DE-MÉDOC
JAU-DIGNAC-ET-LOIRAC
Bains
La Gironde
VENDAYS-MONTALIVET
LESPARRE-MÉDOC ★
Braud-et-Sain
Louis
SAINT-ESTÈPHE
Étauliers
HOURTIN ★
PAUILLAC ★
SAINT-JULIEN-BEYCHEVELLE ★
SAINT-LAURENT-MÉDOC
BLAYE ★★
CUSSAC-FORT-MÉDOC ★
Plassac
CARCANS ★
LISTRAC-MÉDOC ★
MOULIS-EN-MÉDOC ★
MARGAUX ★
LACANAU ★★
OCÉAN
Castelnau-de-Médoc
Arsac
Sainte-Hélène
LE PIAN-MÉDOC
Paremp
Océan
Atlantique
LE PORGE ★
Saint-Médard-
en-Jalles
BORD
Mérignac
LÈGE-CAP- ★★★
FERRET
Saint-Jean-
d'Illac
Pessac
Tale
ARÈS ★★
Toctoucau
CADAU
Claouey
ANDERNOS-LES-BAINS ★★
Le Petit Piquey
CAZAUX
Cassy
Marcheprime
MARTILL
Le Canon
AUDENGE
LA BRÈDE ★
Cap-Ferret
ARCHACHON
BIGANOS ★
Sauca
LA TESTE-DE-BUCH
★★★★
Pyla sur Mer
LE TEICH
Le Barp
GUJAN- ★
MESTRAS
MIOS
Caba
SALLES
CAZAUX
HOSTENS
Lugos
BELIN-BÉLIET
Biscarrosse-
Plage
BISCARROSSE ★★
Parentis-en-
Born
Gastes
LANDES
10 KM
Mimizan-
Plage
MIMIZAN

Archiac
Barbezieux-Saint-Hilaire
Villebois-Lavalette
t-Germain-Lusignan
Jonzac
CHARENTE-MARITIME
Ribérac
Montguyon
Saint-Aulaye
La Roche-Chalais
Saint-Astier
aint-Savin
Cavignac
Pugnac
Neuvic
GUÎTRES
COUTRAS
Mussidan
SAINT-ANDRÉ-DE-CUBZAC
Galgon
Saint-Seurin-sur-l'Isle
Montpon
POMEROL
FRONSAC
LIBOURNE
SAINT-ÉMILION
Le Fleix
Prigonrieux
Saint-Germain-du-Puch
SAINTE-FOY-LA-GRANDE
CASTILLON-LA-BATAILLE
Pineuilh
Bergerac
CRÉON
RAUZAN
dirac
LA SAUVE
PELLEGRUE
Targon
LANGOIRAN
PORTETS
Duras
PODENSAC
SAUVETERRE-DE-GUYENNE
Saint-Morillon
CADILLAC
MONSÉGUR
SAINTE-CROIX-DU-MONT
VERDELAIS
LA RÉOLE
LOT-ET-GARONNE
SAINT-MACAIRE
Gironde-sur-Dropt
LANGON
UTERNES
Sainte-Bazeille
Marmande
VILLANDRAUT
BAZAS
Fauillet
PRÉCHAC
Castelmoron-sur-Lot
Tonneins
Casteljaloux
P.N.R. des Landes de Gascogne
Damazan
Aiguillon

QUAND Y ALLER

JANVIER

2° / 10°

OBSERVATION DES GRUES CENDRÉES
(BELIN-BÉLIET)
Des ornithologues passionnés organisent des excursions guidées ainsi que des séjours pour observer ces oiseaux fascinants.

MARCHÉ AUX TRUFFES DE SAINT-EMILION
(SAINT-EMILION)
Un marché d'exception qui réunit les trufficulteurs de Gironde, à Saint-Émilion, tous les samedis de décembre à février.

$

FÉVRIER

3° / 12°

JUMPING INTERNATIONAL DE BORDEAUX
(BORDEAUX)
Événement sportif majeur qui réunit les meilleurs cavaliers du monde et offre un spectacle hors du commun de haut niveau.

FÊTE DES BŒUFS GRAS DE BAZAS
(BAZAS)
Depuis 1283, la fête des bœufs gras se déroule à Bazas : pesée et défilé de bœufs, concours et repas dansant vous attendent.

$

MARS

6° / 15°

LA FOIRE AUX PLAISIRS
(BORDEAUX)
En mars et en octobre, la place des Quinconces de Bordeaux se transforme pour accueillir près de 200 manèges et attractions.

LES FOUS RIRES DE BORDEAUX
(BORDEAUX)
Ce festival bordelais met l'humour à l'honneur : show, seul en scène, stand-up, spectacle jeune public, tremplin humour...

$

JUILLET

15° / 27°

FESTIVAL CONFLUENT D'ARTS
(LA RIVIÈRE)
Trois jours de programmation pluridisciplinaire allant du conte, au théâtre de rue en passant par l'art plastique et la musique.

ESTIVALES DE MUSIQUE EN MEDOC
(PAUILLAC)
L'unique festival en Europe, à présenter une programmation entièrement dédiée aux jeunes lauréats de concours internationaux.

$ $ $

AOÛT

15° / 28°

SUNSKA FESTIVAL
(VERTHEUIL)
L'un des plus grands rendez-vous de la saison estivale n'est ni plus ni moins que le plus ancien festival de reggae en France !

FEST'ARTS
(LIBOURNE)
Théâtre, danse, cirque, poésie et grandes déambulations en musique réinventent l'espace urbain de la ville de Libourne.

$ $ $

SEPTEMBRE

13° / 24°

LES JOURNÉES DU PATRIMOINE
(BORDEAUX)
Les plus beaux monuments et musées sont accessibles librement à la visite, tout comme certains lieux habituellement inaccessibles.

MARATHON DU MÉDOC
(PAUILLAC)
Les marathoniens viennent du monde entier pour parcourir les 42 km au cœur des grands châteaux et illustres vignobles médocains.

$ $

Jumping international de Bordeaux, Foire aux Plaisirs, Printemps des Vins de Blaye, SunSka festival, Marathon du Médoc, Festival international du film d'histoire, Cabanes en fête... De nombreux et grands événements ponctuent l'agenda des manifestations en Gironde. Toute l'année et particulièrement pendant la saison estivale, il y a toujours quelque chose à faire, à voir, à écouter ou à déguster. Profitez-en pour programmer votre venue et prolonger votre séjour !

AVRIL

7° / 17°

PRINTEMPS DES VINS DE BLAYE
(BLAYE)
Des dégustations, des ateliers et beaucoup d'animations dans la célèbre Citadelle Vauban pour célébrer les vins et le terroir.

ESCALE DU LIVRE
(BORDEAUX)
Durant trois jours à Bordeaux, la littérature sous toutes ses formes est mise à l'honneur : débats, lectures et rencontres.

$ $

MAI

11° / 21°

BNP PARIBAS PRIMROSE
(BORDEAUX)
Un rendez-vous incontournable pour tous les professionnels et amateurs de tennis sur terre battue à la Villa Primerose à Bordeaux.

FETE DE LA MORUE
(BÈGLES)
Trois jours de réjouissances rythment la ville de Bègles au son des fanfares, des concerts, des arts de la rue et de la morue !

$ $

JUIN

14° / 24°

BORDEAUX FÊTE LE VIN
(BORDEAUX)
Chaque année sur les quais de la Garonne, Bordeaux Fête le Vin est LA manifestation internationale incontournable de Bordeaux.

FESTIVAL ODP TALENCE
(TALENCE)
Un festival de musique au profit des orphelins des sapeurs-pompiers de France dans le Parc Peixotto de Talence, près de Bordeaux.

$ $

OCTOBRE

10° / 19°

FESTIVAL INTERNATIONAL DES ARTS DE BORDEAUX
(BORDEAUX)
Le Festival International des Arts de Bordeaux Métropole, ce sont 3 semaines d'effervescence avec plus de 80 représentations.

LES SPIRITIVES
(BORDEAUX)
Les Spiritives sont un lieu de partage et de rassemblement où les plaisirs de la table rencontrent l'art de la mixologie.

$

NOVEMBRE

6° / 14°

FESTIVAL INTERNATIONAL DU FILM D'HISTOIRE
(PESSAC)
Le Festival international du film d'histoire mêle qualité artistique, intérêt historique et accessibilité des œuvres.

OBSERVATION DES OIES BERNACHES
(BELIN-BÉLIET)
Animation gratuite et familiale proposée par la maison de la Nature du bassin d'Arcachon, pour découvrir les oies bernaches.

$

DÉCEMBRE

3° / 11°

MARCHÉ DE NOËL
(BORDEAUX)

© SOLSTOCK - ISTOCKPHOTO.COM

À Bordeaux, le marché de Noël est l'occasion de découvrir le travail des artisans et des commerçants à l'abri de chalets en bois.

$

LES BONNES RAISONS D'Y ALLER

© NEVSKYPHOTO - STOCK.ADOBE.COM

BORDEAUX, PORT DE LA LUNE

Inscription au patrimoine mondial de l'UNESCO au titre d'ensemble urbain exceptionnel.

LES SPOTS DE SURF ET DE GLISSE

Le Grand Crohot, le Truc Vert au Cap Ferret, la Jenny au Porge... On ne les compte plus !

© ERIC COWEZ - STOCK.ADOBE.COM

© CLAUDIAMEYER - STOCK.ADOBE.COM

LA GASTRONOMIE

Huîtres, bœuf bazadais, lamproie à la bordelaise, canelés, macarons de Saint-Émilion...

© IAKOV FILIMONOV

LES MAISONS D'ÉCRIVAINS

Patrimoine littéraire et témoignage de la présence de Montesquieu, Lautrec ou Mauriac.

© SPIRITPROD33 - STOCK.ADOBE.COM

TERRE DE VIN

110 800 hectares de vignes en AOC, 6 100 viticulteurs... C'est le 1er vignoble de France.

© AQUAPHOTO - STOCK.ADOBE.COM

LES BASTIDES ET VILLAGES ANCIENS

Cap sur Créon, Cadillac-sur-Garonne, Monségur, Libourne, Sainte-Foy-la-Grande, La Réole...

© SYLVAIN TANGUY - STOCK.ADOBE.COM

LES PHARES DE LÉGENDE

Découvrez ces anciens gardiens du littoral à Cordouan, à Richard et au Cap Ferret.

LES BONNES RAISONS D'Y ALLER

LE BASSIN D'ARCACHON

Pour sa dune du Pilat, son banc d'Arguin, ses cabanes tchanquées de l'île aux oiseaux...

LES SITES VAUBAN

Partez à l'aventure de La Citadelle de Blaye, du Fort Médoc et du Fort Pâté.

L'HÉRITAGE DE COMPOSTELLE

Notre-Dame-de-la-Fin-des-Terres à Soulac-sur-Mer, abbaye de La-Sauve-Majeure à La Sauve...

LES 12 MOTS-CLÉS

#ANQUI

« Ho Anqui », c'est notre « Oh là là » dans sa version populaire, voire vulgaire. Jeunes et moins jeunes continuent d'utiliser couramment cette injure avec plus ou moins de grossièreté. Et principalement en voiture, à cause de tous les « branquignoles » sur les routes ! Dans le même esprit, il y a l'incontournable juron « Anfigueille » !

#BORDELUCHE

Parlez-vous le bordelais ? Dérivé du gascon, le Bordeluche était d'un usage courant il y a quelques décennies. En réalité, c'est un savant mélange de patois bordelais associé à des expressions landaises et périgourdines, saupoudré de quelques mots dérivés de l'occitan. Alors, vous entendrez peut-être : « J'ai gavé de chocolatines dans ma poche ».

#BOUCHON

Installé à Bordeaux depuis 1965, Jacques Pouquet, maître artisan pâtissier-chocolatier, était animé d'un fort désir de créer une spécialité qui évoque et valorise la région. Après de nombreuses expérimentations, voilà comment est né le fameux Bouchon, cette petite gourmandise aux amandes, parfumée de raisins macérés à la Fine de Bordeaux.

#CANELÉ

Croustillant à l'extérieur, fondant à l'intérieur, le canelé a un délicieux parfum sucré de vanille caramélisée. Les origines du canelé sont incertaines, mais la petite histoire voudrait qu'il soit né dans le couvent des Annonciades à Bordeaux. Qu'importe, c'est l'un des symboles culinaires de la ville de Bordeaux. À n'en faire qu'une bouchée !

© CHUCK - ISTOCKPHOTO.COM

#CHOCOLATINE

Chocolatine ou pain au chocolat ? C'est l'éternel débat ! En Gironde, on dit chocolatine, déformation linguistique de l'autrichien *Schokoladen*. Il apparaît donc probable que le premier terme pour désigner une viennoiserie fourrée au chocolat fut « chocolatine ». Et puis, dire « pain au chocolat » pour désigner une viennoiserie, cela n'a aucun sens.

© WUNDERVISUALS - ISTOCKPHOTO.COM

#ÉCHOPPE

Initialement destinées à abriter une population ouvrière et modeste, les échoppes en pierres de taille sont très prisées. Construites entre le Second Empire et l'immédiat avant-guerre, elles font le charme de la région bordelaise. S'il y a un rideau devant les portes d'entrée, c'est pour créer un courant d'air en été, tout en préservant l'intimité.

© BOLETUS - STOCK.ADOBE.COM

#GAVÉ

« Gavé » est l'un des mots les plus répandus du Bordeluche. Ainsi, dans les conversations, il n'est pas si rare d'entendre le fameux « Gavé bien », qui est à comprendre dans le sens de « très bien », « vraiment bien » ou « trop bien ». On ne compte plus les produits dérivés où s'écrit ce « Gavé » typique du département. Garanti facile à adopter !

#LAMPROIE

Grande spécialité, la lamproie à la bordelaise est préparée dans une sauce au vin rouge à la façon d'un civet. Plus délicate et plus raffinée que l'anguille, elle est un mets très apprécié des palais délicats. Sainte-Terre, capitale autoproclamée de la lamproie par son histoire et son lien avec la pêche, organise la célèbre Fête de la Lamproie.

#MASCARET

Le mascaret, c'est cette vague formée à l'embouchure de la Gironde et qui remonte le fleuve sur plus de 100 km. Un phénomène naturel unique en France ! De nombreux surfeurs s'y retrouvent alors pour espérer glisser sur cette vague déferlante pouvant atteindre 2 mètres de haut et se déplacer de 15 à 30 km/h. La bonne saison ? Entre juin et octobre.

#MASCARON

Souvent apposés sur la clé de voûte des arcs des fenêtres ou des portes et sur les linteaux, ou délivrant l'eau des fontaines, les mascarons s'invitent sur les décors architecturaux. À Bordeaux, ils gardent en mémoire l'histoire de la ville. La reproduction des visages africains fait référence à la traite négrière entre les XVIIe et XIXe siècles.

#POCHE

Cette « poche » là n'a rien à voir avec celle de votre pantalon ou de votre veston. Chez nous, la poche est un sac en plastique ! À la boulangerie, par exemple, c'est la poche en papier où l'on glisse les chocolatines et autres brioches au moment de l'épiphanie. À ne pas confondre, bien entendu, avec le « sac » qui, lui, est un accessoire de mode.

#VIGNOBLE

Avec 110 800 hectares de vignes en AOC et 65 AOC, de prestigieux châteaux et grands crus, la Gironde s'impose incontestablement comme une terre de vin mondialement reconnue. Organisé autour des fleuves de la Garonne, de la Dordogne et de l'estuaire de la Gironde, le vignoble bordelais est la première destination œnotouristique de France.

VOUS ÊTES D'ICI, SI...

▸ **En société**, vous pouvez vous vanter de savoir que la guerre de Cent Ans a pris fin le 17 juillet 1453 à Castillon-la-Bataille, vous savez quel grand chef fait partie du groupe de rock Chef & the Gang et que la rue Sainte-Catherine est la plus longue rue commerçante et piétonne d'Europe.

▸ **En œnologie**, Cheval Blanc ne vous fait pas spécialement penser à Henri IV. En revanche, et contrairement aux idées reçues, vous reconnaissez bien volontiers que vos connaissances en Grands Crus sont limitées.

▸ **En soirée**, le paquito est une tradition jamais oubliée. Par ailleurs, vous ne manquez aucune Fête du Vin à Bordeaux ni la Fête des Bœufs Gras à Bazas (le béret vissé sur la tête).

▸ **Sur le Bassin**, vous avez un coup de cœur pour la Ville d'Hiver à Arcachon et pour le village de l'Herbe au Cap Ferret. Vous mangez vos huîtres avec une crépinette et vous savez que la Dune Blanche n'a rien à voir avec la Dune du Pilat. Et, en aucun cas, vous ne confondez Bassin et Océan.

© JESSICA CALVO

MA GIRONDE

AVEC LAURÈNE DELION, AUTEURE DU GUIDE

Qu'est-ce qui vous a mené en Gironde, et plus particulièrement à Bordeaux?

D'abord, ce sont mes études de communication. J'ai débarqué à Bordeaux en septembre 2008. J'avais 18 ans et je ne connaissais rien de cette ville dont on m'avait pourtant beaucoup parlé.Douceur de son climat, qualité de vie, proximité avec l'océan, la montagne... Finalement, c'était l'occasion de me faire ma propre opinion.

Alors, aujourd'hui ?

Eh bien il faut croire qu'il y avait une petite place pour moipar ici. Près de15 ans après, je n'ai pas quitté celle que je n'ai jamais surnommée la Belle Endormie.Je suis tombée amoureuse de ses échoppes, ses rues pavées, ses nombreux bars et restaurants...A l'image de la Gironde, Bordeaux est une ville de richesses et de contrastes. Aussi effervescenteque confidentielle.

Justement, quels sont vos endroits préférés en Gironde ?

Il y a deux endroits que j'aime particulièrement : le village de l'Herbe au Cap-Ferret (mais le bassin d'Arcachon est un incontournable, n'est-ce pas ?) et le site du Moulin de Porchère en Entre-deux-Mers. Visite de la minoterie, atelier de fabrication de pain, vélo sur l'eau, bateaux-barbecue... J'ai aussi un faible pour la route des vins et châteaux du Médoc.

S'il ne fallait retenir qu'un bon conseil pour découvrir les terres qui gravitent autour de la capitale mondiale du vin, quel serait-il ?

Visiter Bordeaux et ses alentours sans voiture, c'est possible. Alors, profitez-en pour expérimenterles mobilités douces et passer à l'heure du « slow tourisme ». Laissez votre voiture au garage, mais pas votre Petit Futé !

TOP 5

SE RESTAURER

En Gironde, certaines tables subliment avec élégance la gastronomie du Sud-Ouest, tout en mettant à l'honneur les vins de nos terroirs. Ces adresses d'exception allient saveurs et cadre enchanteur. Pour un moment aussi délicieux qu'inoubliable, laissez-vous séduire par les restaurants coup de cœur du Petit Futé.

ATYPIQUE

Libourne

Laissez-vous surprendre par la cuisine du chef Damien Mombrial avec un menu carte blanche le soir, entre créativité et saveurs.

© ATYPIQUE

© LE CERCLE GUIRAUD

LE CERCLE GUIRAUD

Sauternes

Restaurant gastronomique dont la cuisine s'inspire du terroir sauternais et sud-girondin, avec vue panoramique sur les vignes.

© POULPE MEDIA

LE JARDIN DES MIRABELLES

Camiac-et-Saint-Denis

Au cœur du Château Camiac, près de Créon, Le Jardin des Mirabelles est une table bistronomique mêlant simplicité et raffinement.

L'AUBERGE DU BASSIN

Lège-Cap-Ferret

A l'Auberge du Bassin, Mélanie Serre marie fine gastronomie et produits locaux, le tout avec une vue privilégiée sur le bassin.

© SOLENNE LOUSTAL.

© MATE MEDIA

LA TABLE BIOETHIK

Cadillac-sur-Garonne

Un bistro paysan à Cadillac-sur-Garonne où les viandes sont cuites sur un brasero dans un chai viticole encore en activité.

TOP 5

SE LOGER

Que ce soit sur le littoral ou au cœur des vignobles, la Gironde regorge d'hébergements uniques, soigneusement sélectionnés par le Petit Futé. Traditionnels, contemporains ou même insolites, ces lieux coup de cœur vous invitent à trouver celui qui correspond parfaitement à vos envies.

194

CAMPING LES PASTOURELLES***

Lège-Cap-Ferret
Un camping municipal à Lège-Cap-Ferret proposant des emplacements et des locations en première ligne du bassin d'Arcachon.

359

AMAÑI HOSTEL

La Réole
Niché dans l'un des bâtiments les plus anciens de La Réole, cet hébergement pour 15 personnes allie charme et convivialité.

388

DOMAINE ECOTELIA

Le Nizan
Hôtel de plein air écologique avec piscine naturelle, proposant des hébergements insolites : bulles, yourtes, cabanes perchées...

226

LA BAIGNOIRE

Lacanau
Hôtel 4 étoiles à Lacanau, à quelques kilomètres de l'océan, soigneusement décoré dans l'esprit des années 70.

HÔTEL DU CHÂTEAU LÉOGNAN

Léognan
Un havre de paix dans le vignoble bordelais, proposant trois ambiances : chambres de luxe, lodges nature, cabanes perchées.

393

TOP 5

ACTIVITÉS / LOISIRS

Il y a mille et une façons de découvrir les paysages et les richesses de la Gironde. Le *Petit Futé* partage avec vous son top 5 activités : escapades au plus près de la nature et de l'eau, jeux d'enquêtes géolocalisés immersifs, visite guidée à bord d'un bus à impériale... Voilà des expériences que vous n'oublierez pas !

BORDEAUX VISIOTOUR

Bordeaux

Visite guidée à bord d'un bus à impériale, à 4 mètres de haut, une manière originale pour découvrir la ville de Bordeaux.

© @TOURISM & CITY TOURS

© KART'IN TOWN

KART'IN TOWN

Camblanes-et-Meynac

Explorez l'Entre-deux-Mers et le Cap Ferret autrement : suivez Mickaël Seclèv pour une visite guidée à 2, 6 ou plus… en karting.

© DAVID REMAZEILLES (GIRONDE TOURISME)

PHARE DE PATIRAS

Saint-Androny

Ce phare situé au nord de l'île de Patiras se visite lors de croisières avec déjeuner à bord, organisées par Le Refuge de Patiras.

FL' EAU ITINÉRANCES

Le Teich

Avec FL'eau, Florence Chambolle vous propose des séjours en canoë-camping, vélo-rando ou paddle-rando pour une déconnexion totale.

© FL'EAU ITINÉRANCES

© BLAYE TOURISME

LES PISTES DE ROBIN

Blaye

Partez à l'aventure en famille et découvrez les trésors cachés de la Gironde en parcourant l'une des 60 pistes de Robin

IDÉES DE SÉJOUR

Prisée pour la douceur de son climat, la beauté de ses paysages et ses activités, la Gironde est une destination de premier choix pour les adeptes du *slow* tourisme, les sportifs et les amoureux de bonne chère. Les familles s'y plaisent autant que les jeunes couples et les retraités. La région bordelaise étant l'une des plus belles régions du vignoble français, les routes des vins sont toutes indiquées pour découvrir ce que le territoire a de meilleur. Mais vous l'aurez compris, si la Gironde a tant à offrir, c'est qu'il y a aussi plein de façons d'organiser son séjour selon vos envies. De l'embouchure de l'estuaire à la porte d'entrée des Landes, en passant par le littoral girondin avec ses plages océanes et ses grands lacs ou encore le bassin d'Arcachon, le territoire se révèle tout en contraste. Très agréable à parcourir à vélo, l'Entre-deux-Mers vous réserve de belles échappées sur ses routes tranquilles et au cœur des bastides.

DÉCOUVERTE DE L'ENTRE-DEUX-MERS À VÉLO EN 4 JOURS

L'arrière-pays bordelais est un territoire idéal pour les amoureux du cyclotourisme. De la visite de la capitale girondine à celle des vignes et des pittoresques bastides, de belles promenades vous attendent.

› Jour 1 - De Bordeaux à La Sauve-Majeure (30 km via la piste Lapébie)

Depuis les quais de **Bordeaux** ★★★★ (p.59), une piste cyclable vous permet de rejoindre une petite route serpentant le long de la Garonne qui vous conduira jusqu'à Latresne et à la jonction avec la piste cyclable Roger Lapébie. Carrefour entre les deux grands itinéraires du Canal des Deux Mers© et de la Scandibérique©, cette piste a été aménagée sur une ancienne voie ferrée. Dans les anciennes gares qui ont été réhabilitées, vous trouverez aujourd'hui des points d'information touristique et des haltes rafraîchissantes (cafés, bars-brocantes...). Au cours de cette journée, vous allez traverser la belle bastide de **Créon** (p.348) avant de rallier l'**abbaye de La Sauve-Majeure** (p.357), chef-d'œuvre de l'art roman, classée au Patrimoine mondial de l'UNESCO. Pour les plus sportifs, il est possible d'ajouter la boucle n°16 (21 km) sur de petites routes tranquilles.

› Jour 2 - De La Sauve-Majeure à Sauveterre (28 km via la piste cyclable)

Pour débuter cette journée le long de la voie verte Lapébie, sur l'itinéraire du Canal des 2 Mers© à vélo, vous allez vivre une expérience unique en empruntant le tunnel de La Sauve (259 mètres). Bois, vignes... les paysages bucoliques de l'arrière-pays bordelais vont s'offrir à vous. Vous entrerez ensuite dans la petite ville de **Sauveterre-de-Guyenne** (p.371) qui présente toujours l'aspect caractéristique des bastides avec son plan géométrique, sa place carrée bordée d'arcades et ses quatre portes rectangulaires remarquablement conservées.

La dune du Pilat.

› Jour 3 - De Sauveterre à Monségur (29 km)

Ce circuit vous emmène sur les routes de l'arrière-pays bordelais pour profiter des paysages de vignes et de polyculture. Au cours de cette journée, vous découvrirez la plus petite commune de France, Castelmoron d'Albret. Construite sur un éperon rocheux, ce qui lui confère une allure très pittoresque, cette petite cité médiévale fortifiée est une véritable pépite. Un arrêt s'impose pour flâner dans ses ruelles fleuries, admirer ses maisons anciennes, sa rue pavée et ses portes fortifiées.

Et maintenant, direction **Monségur** (p.362) ! Le long de la paisible et ombragée vallée du Dropt, les moulins fortifiés de Bagas et Loubens rappellent que l'Entre-deux-Mers était autrefois l'ancien grenier à blé du Bordelais.

Enfin, vous voilà arrivés à Monségur, la seule bastide de hauteur de Gironde. Fondée en 1265 par Éléonore de Provence, elle a conservé la trame d'origine de ces villes nouvelles du Moyen Âge : la place avec ses couverts, une halle de style Eiffel, les maisons à pans de bois et son chemin de ronde qui domine la vallée du Dropt, offrant une promenade ombragée en bord de rivière.

› Jour 4 - De Monségur à Fontet via La Réole (35 km)

Pour ce dernier jour, vous ferez une boucle autour de la bastide de **Monségur** (p.362) en empruntant de petites routes avant de reprendre la véloroute de l'itinéraire du Canal des 2 Mers© pour rallier **La Réole** ★ (p.358) et Fontet.

Le temps d'une visite, laissez reposer votre vélo pour parcourir les ruelles escarpées de la ville d'Art et d'Histoire de La Réole et apercevoir le prieuré bénédictin, le plus ancien hôtel de ville de France, les maisons à colombages… Vous rejoignez ensuite le port de Fontet, le long du canal latéral à la Garonne. L'ancien chemin de halage emmènera les plus courageux vers Toulouse et même jusqu'à Sète !

LES LACS, LE BASSIN ET LES PLAGES OCÉANES DE LA GIRONDE EN 3 JOURS

Quoi de mieux qu'un séjour en Gironde ★★★★ pour profiter de son littoral exceptionnel ? Profitez des lacs et des plages avec, à la clé, de nombreuses activités.

› Jour 1 - Pointe du Médoc et spots de surf

Au nord du Médoc, **le Verdon-sur-Mer** ★★ (p.273) compte deux plages, trois phares et quatre ports, dont celui de la Pointe de Grave qui offre un large panorama sur l'embouchure du plus vaste estuaire d'Europe et sur la silhouette de style Renaissance du plus ancien phare de France encore en activité : le **phare de Cordouan** (p.273) (patrimoine mondial de l'UNESCO). Comptez 45 minutes de traversée pour rejoindre celui que l'on surnomme

le Versailles de la mer. Il faudra ensuite gravir 301 marches pour atteindre le balcon de la lanterne d'où la vue est époustouflante ! Et si l'on se dirigeait vers **Soulac-sur-Mer** ★★ (p.259) et **Montalivet** (p.268) pour profiter des plages et des vagues ? Du côté des blockhaus, les vagues peuvent s'y révéler puissantes et creuses. Beaucoup plus fréquentée, la plage du Gurp à Grayan-et-l'Hôpital attire aussi les amateurs de bonnes vagues. On termine la journée à Montalivet, en Californie bordelaise, pour profiter de la soirée.

› Jour 2 - Hourtin-Carcans et Lacanau en eau douce

Pour prendre toute la mesure du plus grand lac d'eau douce de France, rendez-vous à la halte nautique d'**Hourtin** ★ (p.220) pour une balade le long de l'unique port du lac d'Hourtin-Carcans. Avec des petits, un passage à l'île aux enfants s'impose. Pour la baignade, on change de cap.

Située sur la rive ouest du lac, la plage de Piqueyrot est pour beaucoup la plus belle du lac. Catamaran, planche à voile, canoë, stand up paddle, pédalo… Profitez-en ! Avec des enfants, allez plutôt à Carcans-Maubuisson. Pour les marcheurs du dimanche qui aiment prendre un peu de hauteur, la boucle du sentier du lac (7 kilomètres) est une balade très agréable. N'oubliez pas de continuer jusqu'à la Pointe de Coben ! Pour finir, passez la soirée à Lacanau ★★.

› Jour 3 - Le Bassin d'Arcachon

La journée commence par une très belle promenade à deux pas du port ostréicole d'**Andernos-les-Bains** ★★ (p.131). Protégée et inscrite au patrimoine pittoresque de la Gironde, la pointe des Quinconces était l'une des promenades préférées de Sarah Bernhardt. Suivez le sentier du littoral jusqu'au pont traversant le Cirès jusqu'à la plage de Saint-Brice, à **Arès** ★★ (p.160). Et maintenant, direction la plage centrale d'**Arcachon** ★★★★ (p.142). Depuis la jetée Thiers, embarquez pour une balade en bateau de plaisance, catamaran ou pinasse vers l'île aux Oiseaux et les Cabanes Tchanquées. Après avoir déambulé dans la Ville d'été, rejoignez la plage du Moulleau.

D'ici, on voit la **dune du Pilat** (p.180), le banc d'Arguin et le **Cap Ferret** (p.192). Pour finir en beauté, rendez-vous sur la plus haute dune d'Europe pour admirer le coucher du soleil.

DÉCOUVRIR

Entre châteaux historiques, bastides de caractère et propriétés viticoles, les routes de Gironde invitent à l'évasion, serpentant à travers les vignobles, ondulant sous l'ombre des pins et menant jusqu'aux plages bordées de dunes. Ici, les grands lacs, le bassin d'Arcachon, l'océan, la Garonne et ses affluents, sans oublier l'Estuaire, composent un paysage unique où la faune et la flore remarquables s'épanouissent. Destination idéale pour les amoureux de nature, d'histoire et de patrimoine, la Gironde offre également une multitude d'activités : balades à vélo, randonnées, surf, parapente... Côté culture, l'effervescence artistique et les événements locaux rythment chaque saison.
Et bien sûr, la Gironde est un paradis pour les épicuriens, avec une gastronomie locale qui ravit les cœurs autant que les palais.
Prêts à succomber au charme de la Gironde ? Laissez-vous séduire par ses trésors et vivez une expérience inoubliable !

ŒNOTOURISME

Dormir dans une barrique géante, résoudre un *escape game* dans une propriété viticole, survoler les vignobles en ULM, pique-niquer au château ou encore parcourir les vignes en side-car... En Gironde, l'œnotourisme prend mille visages. Ateliers d'assemblage, promenades en calèche, dégustations gourmandes, expositions dans les chais, croisières ou conquête de la Cité du Vin : toutes les routes mènent à l'irrésistible vignoble bordelais. Avec plus de 6,8 millions de visites chaque année, la Gironde est la première destination œnotouristique de France. Traversée par six routes des vins labellisées Vignobles & Découvertes, elle abrite le plus grand vignoble AOC de l'Hexagone, avec pas moins de 65 appellations réparties sur 110 800 hectares. Portes ouvertes dans les châteaux, fêtes du vin, salons des vignerons, ban des vendanges, visites thématiques par les offices de tourisme... L'agenda est bien rempli, votre séjour le sera aussi.

Bordeaux, porte du vignoble

Cité de gastronomie et capitale de la Gironde et du bien-vivre, Bordeaux est la porte d'entrée du prestigieux vignoble bordelais. Inscrite au Patrimoine mondial de l'Unesco, la belle est aussi surprenante et effervescente que le Crémant de Bordeaux. Outre ses nombreuses terrasses et ses bars à vins, dont le plus emblématique est certainement celui du CIVB au rez-de-chaussée de la Maison du Vin de Bordeaux, c'est à la Cité du Vin que commence le voyage initiatique au cœur de la culture vinicole et viticole. Le parcours muséographique s'enroule à la façon d'un vin dont on voudrait libérer les arômes au moment de la dégustation. Avec son belvédère à 35 mètres au-dessus de la ville et du fleuve, la Cité du Vin est un site unique au monde. Néophyte, amateur ou connaisseur, embarquez pour une expérience immersive, ludique et multisensorielle !

Ne manquez pas non plus le Château Les Carmes Haut-Brion (Pessac-Léognan) et son vignoble de 10 hectares ceinturés par la ville. Inauguré en 2016, le nouveau chai conçu par Philippe Starck et Luc Arsène-Henry, émerge des eaux du Peugue. Au-dessus de quelque 300 barriques, la salle de dégustation offre un superbe panorama sur le vignoble.

Egalement accessible en tramway, car situé en plein cœur du quartier de la Bastide à Bordeaux, le Clos des Queyries est une ancienne propriété viticole du XVIIIe siècle reconvertie en maison d'hôtes où les chambres s'appellent Aquitaine, Dijeaux, Salinière, Cailhau...

La Cité du vin à Bordeaux.

© ANITA SANTACREU - SHUTTERSTOCK.COM

Le vignoble de Pessac-Leognan.

Et, c'est aussi à Bordeaux que se déroule l'incontournable Fête du Vin, le Week-end des Grands Crus ou encore la Fête du vin nouveau et de la brocante.

En Graves et Sauternes

Partez sur les terres de Bertrand de Goth, de la reine Margot, de Montesquieu, d'Henri de Toulouse-Lautrec… et des vins les plus prestigieux au monde ! Planté dès l'Antiquité par les Romains, le vignoble de Graves et Sauternes est le plus ancien des vignobles bordelais.

Grande appellation de Bordeaux traversée par le Ciron, le Sauternais abrite un des joyaux de la viticulture française : le Château d'Yquem, l'unique Premier Cru Supérieur de Bordeaux. Au Pays de l'Or jaune, sur les hauteurs du village de Bommes, le Château Lafaurie-Peyraguey mérite également le détour. Vous pourrez y admirer la seule et unique barrique en cristal Lalique et visiter la chapelle, entièrement décorée par Lalique. Aux gourmets, la visite d'Or et d'Accords, avec ses bouchées gourmandes élaborées par le Chef étoilé Jérôme Schilling, promet de belles émotions.

Les Apéros Dorés du Château de la Tour Blanche sont encore une autre façon de déguster un verre de Sauternes. Au programme de l'été : musique, promenade en calèche, cocktails au sauternes, planche de tapas…

Et si l'on prenait un peu de hauteur avec un survol de l'appellation des Graves et du Sauternais depuis les vignes du Château Vénus ou une « Dégustation perchée » au Château de Rayne Vigneau ?

Cru classé des Graves, le Château Smith Haut Lafitte réserve son lot de surprises à commencer par une magnifique tonnellerie où le Maître Tonnelier fabrique 3 à 4 barriques par jour. Ici, l'art, le vin, la gastronomie et le bien-être se rencontrent. Avec sa collection d'œufs en béton colorés et son Jardin Millésimé de 4 000 m², création contemporaine du paysage viticole, le Château Larrivet Haut-Brion s'impose également comme une terre d'art et de vin.

Rythmée par de grands rendez-vous, tels que la Foire aux Vins et aux Fromages de Langon, La Raisin d'Or ou les Nuits atypiques, la route des Vins de Bordeaux en Graves et Sauternes donne un bel aperçu de la richesse et de la diversité de l'offre œnotouristique en Gironde.

© FREEPROD33 - SHUTTERSTOCK.COM

Le château d'Yquem.

Le Médoc

Nichée entre l'estuaire et l'océan, la route des Châteaux qui traverse le Médoc est certainement l'une des plus belles routes des vins de France. Saint-Estèphe, Pauillac, Saint-Julien, Margaux… Les Appellations d'Origine Contrôlée sont mondialement connues. Les châteaux Lafite Rothschild, Latour, Margaux, Mouton Rothschild, ainsi que 56 autres grands domaines viticoles du Médoc, figurent sur la liste des Grands Crus Classés en 1855.

Ici, le vignoble est au cœur de tout. La Maison du Tourisme et du Vin de Pauillac est presque un passage obligé pour récupérer le précieux topoguide « Architecture des châteaux ». Comptez environ 3h pour ce circuit d'environ 52 km à faire en voiture.

Surnommé le « Versailles du Médoc » avec ses jardins à la française, le Château Beychevelle est un incontournable de la route des Vins tandis que le château Cos d'Estournel est sans aucun doute le plus original avec son architecture à l'orientale.

Caves, visites et dégustations, promenades en calèche, restaurant gastronomique, brasserie années 1930, atelier de vélos, école de cuisine, expositions d'art… Au sein de la propriété viticole de la famille Cazes, le village de Bages à Pauillac est un lieu à part et un rendez-vous incontournable pour tous les gourmets et épicuriens curieux de découvrir le savoir-vivre à la médocaine.

Château de contes et de légendes, Agassac saura satisfaire la curiosité des plus jeunes, ainsi que la soif des plus grands amateurs de vins de haute expression. Il est, dit-on, le château de la Belle au bois dormant.

Le Marathon des châteaux du Médoc et les autres grands rendez-vous, tels que le Festival Jazz and Wine et le Festival International des Vendanges du 7e art sont autant de belles occasions de découvrir la région.

Saint-Emilion, Pomerol, Fronsac

Des rives de la Dordogne aux confins du Périgord, les paysages viticoles de Saint-Émilion et les appellations voisines de Pomerol et Fronsac se dressent sur l'une des plus emblématiques routes du vin de Bordeaux. Angélus, Cheval Blanc… Les grands noms du vin résonnent jusqu'à l'autre bout du monde.

Saint-Émilion est le premier vignoble inscrit par l'UNESCO au Patrimoine mondial de l'Humanité, une inscription qui représente environ 5 000 hectares de vignes réparties sur les 8 communes de la Juridiction de Saint-Émilion : Saint-Émilion, Saint-Laurent-des-Combes, Saint-Christophe-des-Bardes, Saint-Pey-d'Armens, Saint-Étienne-de-Lisse, Saint-Sulpice-de-Faleyrens, Saint-Hippolyte et Vignonet. Pour l'UNESCO, Saint-Émilion est « un exemple remarquable d'un paysage viticole historique qui a survécu intact » et « illustre de manière exceptionnelle la culture intensive de la vigne ».

Avec ses rues pavées, ses vieilles pierres et ses magnifiques points de vue, notamment depuis la place des Créneaux, la cité médiévale de Saint-Émilion saura user de ses charmes pour vous conter son histoire à travers ses vins et ses monuments classés. Les manifestations de la Jurade sont des moments hors du temps. À ces occasions, les Jurats défilent vêtus de la robe rouge traditionnelle, et proclament solennellement le jugement du vin nouveau lors du troisième dimanche de juin, ou le Ban des vendanges le troisième dimanche de septembre.

Château de la Rivière, Château La Fleur de Boüard, Château Tour Saint-Christophe, Cloître des Cordeliers, Château La Dominique, Château

Saint-Émilion.

Dans les rues de la citadelle de Blaye.

Faugères, le Dôme… Aussi mythique soit-elle, la route des vins de Saint-Émilion, Pomerol et Fronsac est à la croisée de la tradition et de la modernité.

L'Entre-deux-Mers

Terre de vin, d'art et d'histoire, l'Entre-deux-Mers s'impose comme la plus vaste des régions viticoles du Bordelais (7 000 hectares). De toutes les couleurs, les vins de l'Entre-deux-Mers ne peuvent plus alors se résumer à ce petit vin blanc sec que l'on déguste traditionnellement avec une belle douzaine d'huîtres du bassin d'Arcachon ou du Cap Ferret… L'Entre-deux-Mers est autrement plus surprenant que cela ! Bordeaux Supérieur, Bordeaux Haut-Benauge, Côtes de Bordeaux Saint-Macaire, Entre-deux-Mers, Loupiac, Bordeaux Clairet, Bordeaux Moelleux, Cadillac, Sainte-Croix du Mont, Cadillac Côtes de Bordeaux, Premières Côtes de Bordeaux, Crémant de Bordeaux… Avec 17 Appellations d'Origine Contrôlée, la région est aussi et surtout la plus diversifiée.

Et avec un patrimoine médiéval sans nul autre pareil, l'arrière-pays bordelais a beaucoup à offrir, plus particulièrement à tous les amoureux de la petite reine qui n'hésitent pas à suivre la piste Roger Lapébie entre vignes, forêts et bastides.

Visite du patrimoine à bord d'une légendaire Citroën 2CV au Château de La Dauphine, dégustation estivale avec vue panoramique sur la vallée de la Garonne depuis la fraîcheur des grottes de Sainte-Croix-du-Mont, *wine tour* en Cadillac à Cadillac (bien sûr), visite chargée d'histoire au Château de Camarsac, spectacle son et lumière unique en son genre au Château Seguin, histoire de la vigne et visite des appartements d'Henri de Toulouse-Lautrec au Château Malromé, randonnée bucolique au Château de Ferrand, éveil des sens aux abords de la serre Gustave Eiffel dans le jardin des senteurs du Château de Reignac…

Perpétuant une tradition vieille de plus de huit siècles, le marché hebdomadaire de Cadillac, le plus important du Sud Gironde, réunit les producteurs de la région. Voilà une belle occasion de découvrir les vins de l'Entre-deux-Mers et les meilleurs produits du terroir.

Blaye et Bourg

Patrimoine de l'estuaire, les coteaux de Bourg-sur-Gironde et de Blaye composent un terroir viticole atypique et discret, à l'image du Clos de l'Echauguette niché au sein du « bastion des Pères » de la Citadelle de Blaye. Planté à 100 % en merlot, ce petit vignoble de 1 500 m², labouré à cheval et conduit en agriculture biologique, profite d'une situation exceptionnelle surplombant l'estuaire face au Médoc. Accessible par un tunnel creusé sous le rempart de terre, c'est un lieu chargé d'histoire.

À Blaye et Bourg, les rouges sont majoritairement marqués par le cépage merlot, alors que les blancs sont plutôt issus du cépage sauvignon blanc. Vous pourrez découvrir les AOC Blaye Côtes de Bordeaux et Côtes de Bourg de deux manières : par le fleuve avec les croisières œnotouristiques permettant de visiter les îles Margaux, Nouvelle et Patiras, ou par la route de la Corniche Fleurie qui longe la Dordogne sur 12 kilomètres de Bourg-sur-Gironde à Villeneuve.

Le Printemps des vins de Blaye est un rendez-vous incontournable au cœur de la Citadelle.

Visites et dégustations, arrêt impromptu, week-end portes ouvertes des Appellations… Vous l'aurez compris, toutes les occasions sont bonnes pour sillonner l'une des 6 routes des Vins de Bordeaux !

GÉOGRAPHIE

L'estuaire de la Gironde, ses rives et ses îles, les dunes littorales, les vastes forêts de pins maritimes bordant la côte Atlantique, les coteaux plantés de vignes dans l'arrière-pays, les landes marécageuses et la vallée de la Leyre, surnommée « Petite Amazone », forment un territoire exceptionnel, riche de paysages et de milieux naturels préservés. À cela s'ajoutent l'incroyable lagune turquoise du bassin d'Arcachon et le calme apaisant des grands lacs intérieurs. Département le plus vaste de France, la Gironde abrite aussi une partie de la plus grande forêt d'Europe, un patrimoine naturel unique. Dans l'Entre-deux-Mers, les collines et les aplombs offrent des panoramas spectaculaires sur la rive gauche de la Garonne, notamment depuis Sainte-Croix-du-Mont. Avec sa géographie remarquable et ses paysages à perte de vue, la Gironde est une destination unique, où nature et diversité se rencontrent, s'harmonisent et invitent à la découverte.

La côte d'Argent

De l'estuaire de la Gironde aux portes de la côte basque, la côte d'Argent ou côte aquitaine s'étire sur 90 kilomètres en Gironde. Face à l'océan Atlantique, le littoral est aussi une voie de migration pour les oiseaux. Interrompu à l'entrée du bassin d'Arcachon, le littoral girondin se caractérise par une succession infinie de larges plages de sable, d'un cordon dunaire plus ou moins épais, d'un ensemble de dunes fixées par la forêt et souvent, d'un lac isolé de l'océan. Soulac-sur-Mer, Vendays-Montalivet, Hourtin, Carcans, Lacanau, Le Porge, Lège-Cap-Ferret, Arcachon, Pyla-sur-Mer… En Gironde, les stations balnéaires de la Côte d'Argent ont tout pour plaire aux amateurs de surf et de farniente.

La Dune du Pilat

Particularité du littoral aquitain, la dune littorale s'inscrit dans le plus grand ensemble dunaire de la façade atlantique européenne. Culminant de 100 à 115 mètres de haut, la dune du Pilat s'illustre par ses dimensions exceptionnelles et son époustouflante beauté. Constituée d'environ 60 millions de m^3 de sable, la plus haute dune d'Europe se déplace de 1 à 5 mètres par an sous l'influence des vents et des marées. Pour l'Agence de Développement Touristique Gironde Tourisme, c'est bien simple, la dune du Pilat est au bassin d'Arcachon ce que la tour Eiffel est à Paris. La Dune du Pilat est d'ailleurs le site le plus visité du département.

L'estuaire de la Garonne

Phares, carrelets colorés, architecture militaire (citadelle de Blaye, Fort-Médoc et Fort Pâté), châteaux et propriétés viticoles, sites archéologiques (port du Fâ et villa gallo-romaine de Plassac), petits ports de pêche… Fruit de la rencontre de la Garonne avec la Dordogne au bec d'Ambès, l'estuaire de la Gironde est le plus vaste d'Europe. Il est aussi le plus préservé. Long de 75 kilomètres et large de 12 kilomètres à son embouchure sur une superficie de

La dune et la plage de Lacanau.

635 km², ce réservoir de biodiversité ouvert sur l'océan Atlantique abrite de nombreuses îles, dont trois se visitent lors de croisières au départ de Bordeaux, Blaye, Bourg et Pauillac : l'île de Patiras, l'île Margaux et l'île Nouvelle. Avec sa forteresse de Vauban, aussi appelée le « verrou de l'estuaire », Blaye est sa sentinelle. Au XIVe siècle, l'estuaire était la voie principale de transport du vin. Deux liaisons assurent le lien entre les rives de l'estuaire, de Blaye à Lamarque et de Royan au Verdon-sur-Mer.

Les grands lacs

Joyaux de la côte Atlantique, les Grands Lacs s'ajoutent aux belles collections de destinations que la Gironde a à offrir. Parmi eux se trouvent les deux plus grands lacs d'eau douce de France : le lac d'Hourtin-Carcans et le lac de Cazaux. Situé dans le Médoc, le lac d'Hourtin regorge de petits coins de paradis : marais sauvages, dunes, forêt, sable blanc... Une partie du site est protégée par la réserve naturelle nationale des dunes et marais d'Hourtin. Relié par le Canal des Étangs, le lac de Lacanau se trouve à 6 kilomètres de la station balnéaire de Lacanau-Océan. Dans un écrin de pins maritimes, il dévoile de belles plages isolées. Le chenal du Porge permet de rejoindre le bassin d'Arcachon. Avec ses plages de sable fin et ses criques sauvages, le lac de Cazaux, second plus grand lac d'eau douce de France, se trouve à La Teste-de-Buch à 10 kilomètres au sud du bassin d'Arcachon. Voile, kitesurf, planche à voile, plongée, ski nautique, stand up paddle, canoë-kayak... De nombreuses activités sont proposées sur les Grands Lacs de Gironde.

Le massif forestier

La Gironde est un département forestier majeur. Majoritairement privées, à 90 %, ses forêts, en grande partie composées de résineux, couvrent environ 45 % à 48 % de son territoire. Le massif forestier des Landes de Gascogne, qui s'étend sur 1,5 million d'hectares et touche les départements des Landes, de la Gironde, et une partie du Lot-et-Garonne, est le plus emblématique. Il constitue également la plus grande forêt artificielle d'Europe occidentale. Son histoire est intimement liée à celle de l'homme qui, dès le XVIIIe siècle, a entrepris de fixer les dunes poussées par le vent et de drainer le sol. Environ 90 000 hectares de dunes furent ainsi boisés de pins maritimes. Aujourd'hui, cette forêt couvre près de 950 000 hectares et les forêts dunaires attirent chaque année de nombreux touristes. Par ailleurs, la filière forêt-bois joue un rôle clé dans l'économie et l'emploi de la région Nouvelle-Aquitaine.

Le vignoble de Bordeaux

En Gironde, le climat océanique tempéré et la grande variété de sols favorisent la culture de

© COWEZ ERIC - SHUTTERSTOCK.COM

Forêt au Cap Ferret.

la vigne. De référence mondiale, les terroirs du vignoble bordelais, premier vignoble AOC de France avec 65 appellations, appartiennent au bassin sédimentaire aquitain. Sable, graves, calcaire, argile, limon... Les principales formations géologiques composant le sous-sol du vignoble de Bordeaux remontent aux périodes du cénozoïque et du quaternaire. On distingue six régions viticoles : le Médoc, le Libournais, le Blayais-Bourgeais, les Graves, l'Entre-deux-Mers et le Sauternais. Représentant 90 % des terres de la rive gauche de la Garonne, la terre de Graves, constituée d'argile, de glaise et de cailloux, abrite les plus grands noms de la planète viticole : Margaux, Saint-Estèphe, Saint-Julien, Pauillac, Pessac-Léognan... À découvrir sur les routes des vins.

Climat, températures et météo

La Gironde bénéficie d'un climat tempéré tout au long de l'année, régulé par l'influence océanique. La température moyenne annuelle s'établit à 13 °C, avec des hivers plus frais (5 à 7 °C) et des étés doux (19 à 21 °C). Les mois les plus froids sont janvier et février. À la 26e position du classement des départements les plus ensoleillés de France, la Gironde enregistre plus de 2 080 heures de soleil, notamment sur le bassin d'Arcachon et le littoral. L'été indien est particulièrement agréable, permettant souvent de se baigner et de profiter des soirées jusqu'à la fin du mois d'octobre. Avec des précipitations réduites en été, la Gironde reste un département relativement sec, cumulant 924 mm de pluie par an. En hiver, une nappe de brume tenace recouvre fréquemment la vallée de la Garonne tandis que le soleil brille au Cap Ferret. À l'inverse, lors de situations anticycloniques hivernales, la brume s'installe souvent sur la façade atlantique. Magique !

NATURE

Grâce à l'étendue et à la variété de ses milieux naturels, le département de la Gironde possède une très grande richesse d'habitats et d'espèces. Ses zones humides, nombreuses et variées, concentrent une biodiversité remarquable. Sur une voie majeure de migration de l'avifaune, le territoire présente également une grande richesse ornithologique (nidification, migration, hivernage). Au total, près de 80 espaces naturels permettent d'observer la faune et la flore. Véritable réservoir de biodiversité, l'Estuaire de la Gironde est un lieu de reproduction, de nourricerie et/ou de repos pour de nombreuses espèces aquatiques et d'oiseaux migrateurs. Sentiers pédestres, itinéraires cyclables, randonnées équestres, descentes en canoë… Laissez-vous guider par les guides naturalistes pour approcher les écosystèmes préservés et mesurer les enjeux de toute cette biodiversité. En Gironde, la nature va vous en mettre plein la vue !

Les Parcs naturels régionaux

Sur les 54 Parcs naturels régionaux en France, la Gironde recense 2 des 5 Parcs naturels régionaux de Nouvelle-Aquitaine.

Créé en 1970 sur 263 000 hectares autour des vallées de la Leyre, le Parc naturel régional des Landes de Gascogne (p.384) a pour mission la préservation et la mise en valeur des patrimoines naturels, culturels et paysagers. C'est un véritable paradis pour les amoureux de la nature. Il s'étend actuellement sur 41 communes, dont 20 en Gironde. La maison du parc se trouve à Belin-Béliet. Le Parc naturel régional des Landes de Gascogne est caractérisé par trois types de paysages : la forêt de pins pour 90 % du territoire, les paysages maritimes du bassin d'Arcachon, et la vallée de la Leyre qui abrite un écosystème à part entière avec ses zones humides, ses forêts de feuillus et ses ripisylves (aussi appelées forêts-galeries) le long des cours d'eau. Propice à la présence d'une grande variété d'espèces, le delta de la Leyre, où se rejoignent les eaux douces de la rivière et les eaux salées de l'océan, se trouve sur l'une des voies de migration les plus importantes d'Europe. Véritable terre d'oiseaux, ce sont près de trois cents espèces qui migrent ou nichent sur la Réserve ornithologique du Teich (p.207). Le delta de la Leyre se caractérise également par sa mosaïque de prés salés, à découvrir le long du sentier du littoral et sur le Domaine de Certes et Graveyron. Vestiges de la lande originelle, nichées au cœur du massif forestier, les Lagunes du Gât Mort à Louchats, classé site naturel préservé, font partie des éléments forts du patrimoine naturel et humain des Landes de Gascogne.

Bordé à l'est par l'Estuaire de la Gironde dont il fait partie intégrante et à l'ouest par l'océan Atlantique, le Parc naturel régional Médoc s'étend de la métropole bordelaise jusqu'à la pointe de Grave. Entre réserves naturelles, zones humides, marais, dunes, lacs et forêts, ce parc naturel de 240 000 hectares, classé par décret du 24 mai 2019, est marqué par une diversité paysagère remarquable.

La réserve ornithologique du Teich.

Les Réserves naturelles nationales

La Gironde abrite 6 des 21 Réserves naturelles nationales. Dans le Parc naturel régional Médoc, la Réserve naturelle des Dunes et Marais d'Hourtin (p.221) représente une superficie de 2 150 hectares. Terrain de jeu privilégié du vison d'Europe et de la loutre, la faune et la flore y sont très diversifiées, avec 9 espèces protégées au niveau national. Accolée au cordon de dunes du littoral, la Réserve naturelle de l'étang de Cousseau se trouve entre les Grands Lacs de Carcans-Hourtin et Lacanau. Au nord du bassin d'Arcachon, la Réserve naturelle des Prés Salés d'Arès et de Lège-Cap-Ferret est une zone importante pour la migration, l'hivernage et la reproduction de nombreux oiseaux de zones humides. Les milans noirs, les hérons et les aigrettes y sont visibles en toutes sai-

© COWEZ ERIC - SHUTTERSTOCK.COM

La réserve naturelle d'Hourtin.

sons. Marquant l'entrée du bassin d'Arcachon, la Réserve naturelle du Banc d'Arguin (p.178) s'étend face à la majestueuse dune du Pilat. Cet îlot sableux océanique se déplace et varie au gré des vents et des courants marins. Avec une flore typique des milieux côtiers du Sud-Ouest, le Banc d'Arguin est un haut lieu de nidification d'oiseaux protégés. Dans les terres, à une vingtaine de kilomètres de Bordeaux, la Réserve naturelle géologique de Saucats - La Brède se caractérise par ses affleurements de sables coquilliers solidifiés. On y rencontre fréquemment le martin-pêcheur d'Europe et de nombreuses espèces de libellules. Parcourue par trois rivières, la Réserve naturelle des Marais de Bruges vise à protéger ce qui reste des Grands Marais de Bordeaux-Bruges. Là encore, le site est placé sur un axe migratoire important, notamment de la cigogne blanche.

Les milieux forestiers

La Nouvelle-Aquitaine est la première région forestière française. Près de 90 % des surfaces forestières sont détenus par des propriétaires privés. La Gironde se place au deuxième rang des départements français en termes de superficie boisée (4 800 km²). Avec un taux de boisement avoisinant les 50 %, le département de la Gironde est aussi l'un des plus boisés de France. La forêt de pins maritimes domine sur le territoire, notamment dans les landes girondines. Le plateau landais constitue en effet le plus grand massif forestier européen. Le plateau de l'Entre-Deux-Mers se distingue par son morcellement et son peuplement à dominante feuillue comme le chêne pédonculé. Les forêts dunaires, le long du littoral vers les villes comme Arcachon et Lacanau, restent des forêts à fort attrait touristique. Derrière la dune du Pilat, les forêts domaniales de Lège-et-Garonne au Cap Ferret et de La Teste-de-Buch ont reçu en 2018 le label Forêt d'Exception ; une distinction unique en Nouvelle-Aquitaine. Au cœur du massif forestier des Landes de Gascogne, la Forêt d'Art Contemporain a la particularité de mêler art et nature. En Gironde, ces milieux forestiers offrent un véritable terrain de jeu pour les familles et les sportifs.

Les Parcs naturels marins

Sur les 9 parcs naturels marins existant en France métropolitaine et en outre-mer, la Gironde en recense 2. De nombreuses espèces viennent y trouver refuge.

Le Parc naturel marin de l'Estuaire de la Gironde et de la mer des Pertuis est l'un des plus vastes de métropole. Créé en 2015, il s'étend de l'embouchure du Payré en Vendée, au bec d'Ambès sur l'estuaire de la Gironde, en passant par la Charente-Maritime. La diversité des milieux explique sa richesse biologique d'intérêt européen et mondial. Générant une forte production planctonique, les apports en eau douce et en nutriments des fleuves permettent de nourrir l'ensemble des écosystèmes marins et estuariens du Parc. Une fois n'est pas coutume, c'est une zone majeure pour les espèces migratrices d'oiseaux et de poissons. Par ailleurs, l'Estuaire de la Gironde est le seul de l'ouest européen à héberger l'ensemble des 11 espèces de poissons-amphihalins de l'Atlantique, parmi lesquelles la dernière population naturelle d'esturgeon d'Europe. Situé plus au sud, le Parc naturel marin du bassin d'Arcachon possède un patrimoine naturel, paysager et culturel unique. Né de la rencontre du sable et de la houle océanique avec le delta de la Leyre, il s'étend sur la totalité du bassin d'Arcachon et sur une partie de la façade atlantique entre Le Porge au nord, et Biscarosse au sud. Ce parc présente en conséquence un écosystème lagunaire et océanique très varié.

TOP 10

FAUNE

Traversée par le couloir principal de la migration de la grue cendrée, la Gironde est une terre d'observation des oiseaux. Marqueur du passage des saisons, la migration des oiseaux attire de nombreux curieux. Le littoral, la pointe de Grave et les zones humides (bassin d'Arcachon, étangs, marais d'arrière-dune, etc.) sont des sites d'hivernage majeurs.

L'HUÎTRIER PIE

Très bel oiseau. Ce robuste échassier fréquente essentiellement les bords de plage, les ports et les zones ostréicoles.

© PETER LLEWELLYN - ISTOCKPHOTO.COM

LA BARGE À QUEUE NOIRE

Un limicole des zones humides de la famille des scolopacidés. La Gironde abrite une partie conséquente de la population française.

© HENK BOGAARD - SHUTTERSTOCK.COM

LA CIGOGNE BLANCHE

Nicheuse et hivernante, la cigogne blanche est très présente en Gironde et très appréciée du grand public.

© RAFA RUIZ FOTO - SHUTTERSTOCK.COM

LE MILAN NOIR

Observable dans plusieurs milieux, le Milan noir appartient à la famille des Accipitridés. En vol, sa queue forme un V.

© CHRISHEPBURN - ISTOCKPHOTO.COM

L'AVOCETTE ÉLÉGANTE

Superbe oiseau des marais littoraux. C'est la seule espèce de la famille des *Recurvirostridea* vivant en Europe.

© SIMONAS MINKEVICIUS - SHUTTERSTOCK.COM

LA GORGEBLEUE À MIROIR

Très apprécié des passionnés d'ornithologie, ce passereau niche dans les marais et les zones humides.

© NON15 - SHUTTERSTOCK.COM

LE PETIT GRAVELOT

Ce petit échassier est présent sur les bords de la Garonne et dans les milieux artificiels des zones urbaines.

© JMROCEK - ISTOCKPHOTO.COM

LA BERNACHE CRAVANT

Une espèce d'oie migratrice à observer l'hiver sur les côtes girondines, notamment au bassin d'Arcachon.

© AURELIENPHOTOS66 - ISTOCKPHOTO.COM

LE HÉRON POURPRÉ

Migrateur et nicheur, cet échassier au long bec pointu jaune est présent dans les marais estuariens.

© DANNY YE - SHUTTERSTOCK.COM

LA PIE-GRIÈCHE ÉCORCHEUR

La Pie-grièche écorcheur est l'un des plus jolis passereaux. Il affectionne les buissons épineux des bocages.

© STEPHANE ETIENNE - ISTOCKPHOTO.COM

HISTOIRE

Aux confins de la langue d'Oc, la Gironde, et plus largement l'Aquitaine, a toujours été l'objet de convoitise. Terre d'étape traversée par les chemins de Saint-Jacques-de-Compostelle, le territoire est à la croisée de l'Atlantique et de la Méditerranée. C'est véritablement une terre d'aubaine. Bordeaux, ou *Burdigala*, naît dans une civilisation où le vin fait déjà et fera toujours partie de l'Histoire, tout comme son port. Figure historique emblématique de la Gironde au XIIe siècle, Aliénor d'Aquitaine joua un rôle central dans les relations entre les royaumes de France et d'Angleterre. Son second mariage avec Henri II a en effet bouleversé l'histoire du duché d'Aquitaine... Héritage de la guerre de Cent Ans, la Gironde conserve huit bastides dans l'Entre-deux-Mers et le Libournais : Blasimon, Cadillac, Créon, Libourne, Monségur, Pellegrue, Sainte-Foy-la-Grande et Sauveterre-de-Guyenne. Et que dire de l'héritage du siècle des Lumières...

700 000 À 10 000 AV. J.-C.

Paléolithique

Le sud-ouest de la France renferme de nombreux vestiges préhistoriques. En Gironde, Pair-Non-Pair, classée au titre des Monuments historiques, est l'une des plus remarquables grottes ornées du début du Paléolithique.

80 000 AV. J.-C.

La grotte de Pair-Non-Pair à Prignac-et-Marcamps raconte plus de 60 000 ans de présence humaine, à commencer par l'homme de Néandertal. Découverte en 1881 par l'archéologue François Daleau, elle est le seul site préhistorique visitable dans le département. Son bestiaire gravé présente des chevaux, des bouquetins, des cervidés, des mammouths, mais aussi des bovinés et une exceptionnelle figuration de mégacéros. Plus de 15 000 outils en os et silex ont été découverts. La plupart des vestiges sont exposés au musée d'Aquitaine à Bordeaux.

6 000 À 800 AV. J.-C.

Néolithique et Âge du bronze

C'est l'apparition de l'agriculture en Aquitaine. Le développement de la poterie pour la nourriture et l'élevage sont deux autres avancées considérables. Dans le Médoc, carrefour entre l'Ibérie et l'Armorique, les hommes fabriquent en série des haches à bords droits.

3 500 À 500 AV. J.-C.

Entre le IIIe et le Ier siècle avant J.-C., les peuples celtes se sédentarisent sur le territoire girondin. Les Bituriges Vivisques s'installent à Bordeaux, les Vasates dans le Bazadais et les Boïates dans le pays de Buch. Le commerce, l'agriculture, l'artisanat du fer et du bronze ainsi que la poterie font partie du quotidien des populations. Au carrefour des voies de communication entre l'Atlantique et la Méditerranée, le port de Bordeaux connaît une belle activité.

IER SIÈCLE AV. J.-C.

Burdigala

Fondée par les Bituriges Vivisques sous l'Empire romain, *Burdigala* est le nom latin de l'actuelle ville de Bordeaux. Place forte, elle va progressivement devenir la capitale de la province d'Aquitaine. De nombreuses voies romaines vont voir le jour.

56 AV. J.-C.

Guerre des Gaules
Burdigala se soumet à Rome.

27 AV. J.-C.

Création de la Gaule aquitaine par l'empereur Auguste
Les Gallo-Romains ont laissé derrière eux de multiples traces en Gironde, notamment la villa gallo-romaine de Plassac, le Palais Galien à Bordeaux, le site de Brion en Médoc ou encore la villa de Loupiac. Sur le littoral, le plus ancien site fouillé se trouve à Andernos.

270 AV. J.-C.

A la suite des invasions germaniques, Tetricus, gouverneur de *Burdigala*, accède à la tête de la Gaule. Il se maintient au pouvoir jusqu'en 274, année qui marque le retour de la Gaule dans l'Empire romain.

406

L'Aquitaine seconde et la Novempopulanie sont envahies par les Wisigoths. En 507, Clovis, roi des Francs, attaque le royaume wisigoth.

675

Constitution du duché d'Aquitaine
Au XIe siècle, l'Aquitaine était l'un des duchés les plus importants de France.

1122-1204

Aliénor d'Aquitaine
Seule héritière du duché en 1137, Aliénor est placée sous la protection du roi de France Louis VI. Désireux de récupérer le duché, il marie Aliénor à son fils Louis VII. A sa mort, Aliénor devient reine de France. Le divorce d'Aliénor et son remariage en 1152 avec Henri Plantagenêt, comte d'Anjou et héritier du roi d'Angleterre, rattache l'Aquitaine à la Couronne d'Angleterre jusqu'en 1453, à l'issue de la guerre de Cent Ans.

17 JUILLET 1453

Bataille de Castillon
Le royaume de France récupère le duché d'Aquitaine.

1462

La création du Parlement de Bordeaux est la conséquence directe du retour de l'Aquitaine à la Couronne de France, à la fin de la guerre de Cent Ans. Bordeaux devient une ville parlementaire.

20 OCTOBRE 1587

Pendant les guerres de Religion, Henri de Navarre bat l'armée royale du duc Anne de Joyeuse à Coutras.

1686-1689

De la Renaissance girondine, il ne reste que quelques demeures comme les châteaux de Vayres, de Cadillac ou de Malle. En revanche, c'est à cette période que Vauban fait construire le Verrou de l'estuaire (la citadelle de Blaye, fort Pathé et fort Médoc).

XVIIIE SIÈCLE

Siècle des Lumières
Bordeaux vit son « âge d'or ».

1716 — Une lettre patente du Roi autorise le port de Bordeaux à pratiquer la traite négrière.

22 DÉCEMBRE 1789

Division de la France en département

Regroupant en partie les anciennes provinces de Guyenne et Gascogne, le département de la Gironde, qui prendra son nom définitif le 26 février 1790, est constitué.

1789 - 1799

La Révolution française

La Société des Amis de la Constitution, berceau du parti des Girondins, est créée le 16 avril 1790. Pierre Vergniaud y proclame la déchéance de Louis XVI le 10 août 1792. Dix jours plus tard, les Bordelais renversent la statue équestre de Louis XV sur l'actuelle place de la Bourse.

Le monument aux Girondins, place des Quinconces, fut érigé à la mémoire des députés victimes de la Terreur.

XIXE SIÈCLE — Le XIXe siècle est, lui aussi, marqué par une période d'intense développement industriel. L'arrivée du chemin de fer va de pair avec la création des cités balnéaires d'Arcachon et de Soulac-sur-Mer. On construit d'importants équipements et plusieurs ouvrages d'art sont dessinés par Gustave Eiffel. La plupart des châteaux du Médoc voient le jour à cette époque.

1822 — Premier pont sur la Garonne à Bordeaux, le pont de pierre est ouvert à la circulation.

1855

Création de la classification des vins de Bordeaux

Cette référence est établie à la demande de l'empereur Napoléon III pour l'Exposition Universelle de Paris.

19 JUIN 1857 — Loi relative à l'assainissement et à la mise en culture des Landes de Gascogne visant à drainer les landes humides, notamment par boisement en pins maritimes.

1914-1918

Première Guerre mondiale

Alors que les hommes sont engagés sur la ligne de front, les femmes assument les travaux des champs et de la vigne. En ville, elles travaillent dans les usines d'armement, de métallurgie, de poudrerie ainsi que dans les transports.

MARS 1930

La crue du siècle

Les inondations de 1930 submergent le Sud-Gironde. A Cadillac et Barsac, les eaux du fleuve atteignent jusqu'à 12 mètres de haut. Un record !

1939-1945

Deuxième Guerre mondiale

Après les épisodes de la Commune en 1870-1871 et du repli de septembre-décembre 1914, Bordeaux devient capitale de la France pour la troisième fois. Le 17 juin 1940, le maréchal Pétain, nommé à la présidence du Conseil, réclame l'armistice à l'Allemagne tandis que le général de Gaulle s'envole de Bordeaux-Mérignac pour rejoindre l'Angleterre où il va constituer le gouvernement de la France Libre. Le 22 juin, la ligne de démarcation divise la région en deux zones. La Gironde est occupée le 28 juin.

13 MAI 1943

Transformée en centre d'art numérique – les Bassins de Lumière –, la base sous-marine de Bordeaux est l'une des cinq bases pour sous-marins construites par l'armée allemande sur la façade atlantique. Autre héritage de la Seconde Guerre mondiale sur nos plages : les blockhaus du Mur de l'Atlantique.

19 AU 25 AOÛT 1949

L'incendie de la forêt des Landes de 1949 consume 52 000 hectares et entraîne la mort de 82 personnes. Le 24 août est déclaré journée de Deuil national.

ANNÉES 1960

La fin des années 1960 est marquée par une grande phase de transformation de la ville de Bordeaux. Symbole de modernité, le pont d'Aquitaine est inauguré le 6 mai 1967.

DÉCEMBRE 1999

Saint-Emilion

Le vignoble et les 8 villages de la Juridiction de Saint-Emilion sont inscrits au Patrimoine mondial de l'Humanité par l'Unesco, au titre de « paysage culturel ». C'est une première mondiale.

La tempête du siècle

Dans la nuit du 27 au 28 décembre, l'ouragan Martin se déchaîne sur la France, causant 27 morts. Une grande partie du massif forestier de la Gironde est détruit.

JANVIER 2009

Dix ans plus tard, la France et particulièrement neuf départements, parmi lesquels figure la Gironde, sont durement frappés par la tempête Klaus. L'état de catastrophe naturelle est déclaré le 29 janvier.

1ER JANVIER 2016

Réforme territoriale

Née de la fusion des anciennes régions Aquitaine, Limousin et Poitou-Charentes, la Nouvelle-Aquitaine devient la plus vaste région de France. Bordeaux en est la capitale régionale.

2 JUILLET 2017

Avec la mise en service de la Ligne à Grande Vitesse, Bordeaux n'est plus qu'à 2h04 de Paris.

24 JUILLET 2021

La 44e session du Comité du patrimoine mondial et ses 21 Etats membres inscrivent le phare de Cordouan au patrimoine mondial de l'Unesco au titre de « bien culturel ». Cette reconnaissance internationale est la plus belle des récompenses pour le gardien du plus grand estuaire d'Europe.

ÉTÉ 2022

Incendies du siècle

En juillet et en août 2022, la Gironde a connu des incendies historiques dits « incendies du siècle » avec les feux géants de Landiras et de La Teste-de-Buch. Au total, plus de 32 000 hectares du massif des Landes de Gascogne sont partis en fumée. Hors reprise de feu, Landiras est le 2e plus grand incendie de l'histoire de France récente.

EN 2025

TGV et LGV en Aquitaine

A partir des années 2000, la région s'est considérablement développée, notamment sur le plan touristique. Une nouvelle étape a été franchie avec l'extension dans les années 2020-2025 de la ligne LGV entre Bordeaux et Nantes. En Gironde, la société Le Train ira aussi jusqu'à Arcachon.

ARCHITECTURE

Avec 8 sites inscrits sur la liste du patrimoine mondial par l'UNESCO, 900 sites classés, 4 monuments nationaux et 8 bastides, la Gironde présente un patrimoine monumental et paysager d'exception. Le département recense 1 064 édifices comportant au moins une protection au titre des Monuments historiques. Porteuses d'histoires, reflets de l'Homme, les maisons de Gironde traduisent également sa diversité et sa richesse. De la traditionnelle échoppe en pierre de taille à la populaire (mais futuriste à sa création) Girolle, en passant par l'élégante « soulacaise » avec sa façade en briques et menuiseries blanches, l'architecture des maisons de Gironde est un fort marqueur d'époque. Témoin du temps qui passe, cette architecture se raconte à travers ses maisons du bord de l'océan jusqu'aux abords des villes. Le Petit Futé, avec l'aide du Conseil d'Architecture, d'Urbanisme et de l'Environnement de Gironde, vous convie à une visite guidée.

L'échoppe bordelaise

Comme partout, la diversité de typologies des maisons est principalement liée à leur histoire, à l'agriculture et au niveau social des habitants. En Gironde, la « maison de maître », avec ses murs en pierre, sa façade ordonnée et sa toiture à 2 ou 4 pans, porte aussi le nom de maison « Girondine ». À ne pas confondre avec l'échoppe ! Succédant à l'échoppe en bois des artisans et des commerçants à l'aube de la révolution industrielle, la traditionnelle échoppe bordelaise en pierre de taille devient alors un habitat social avec jardin, réservé à la population ouvrière. La pierre calcaire de Frontenac et Bourg a ainsi donné sa couleur blonde à Bordeaux. Au profit des façades de Tourny, les dernières échoppes verront le jour en 1939. Bordant la chaussée, elles demeurent aujourd'hui un habitat de ville très prisé.

Soulac, la Ville aux 500 villas

Celle que l'on finira par surnommer la « Ville aux 500 villas » devient à partir de la seconde moitié du XIXe siècle, une station balnéaire à la mode. À Soulac, le chantier de désensablement de la basilique Notre-Dame-de-la-fin-des-Terres, classée à l'UNESCO le 20 juillet 1891, va largement contribuer au développement de la ville, à la façon d'une cité-jardin. La pierre calcaire étant rare en Médoc, la brique de production locale a rapidement été adoptée pour la construction de ces villas très ornementées, flanquées de pignons, de galeries et de vérandas. Typique de cette architecture de bord de mer, la « soulacaise » se décline traditionnellement dans les tons de blanc et rouge orangé, soutenus par le vert de la végétation.

Les perles du bassin d'Arcachon

Valeur paysagère incontestable du bassin d'Arcachon, inscrits pour beaucoup à l'inventaire des sites classés, les villages ostréicoles avec leurs 500 cabanes en rangs serrés font l'histoire, le décor et le charme de ce petit coin de paradis.

© ALEXANDER DEMYANENKO - SHUTTERSTOCK.COM

Villa à Soulac.

© TATJANA KABANOVA - SHUTTERSTOCK.COM

Cabanes à huîtres à Gujan-Mestras sur le bassin d'Arcachon.

Au XIXe siècle, pour éviter les pillages de leurs concessions situées au nord de l'île aux Oiseaux, les ostréiculteurs, essentiellement originaires de Gujan-Mestras et de La Teste, aménagent des cabanes ou s'installent dans de vieilles embarcations échouées. Ainsi naissent les villages des Jacquets, du Canon, de Piraillan ou de l'Herbe au Cap Ferret. Alignées à 2 mètres les unes des autres, les cabanes ostréicoles sont traditionnellement construites avec le bois de la forêt usagère de La Teste.

Les arcachonnaises de le Ville d'hiver

Haut lieu de villégiature de la bourgeoisie de la IIIe République, Arcachon est d'abord une station de cure très prisée. Afin de rentabiliser l'arrivée de la ligne de chemin de fer en 1857, Émile Pereire, cousin du Docteur Pereira et proche de Napoléon III, lance le programme immobilier de la Ville d'hiver pour loger les malades, leurs familles et leurs domestiques. Chargé du plan général, l'architecte Paul Regnault va s'entourer du jeune Gustave Eiffel. Protégée au titre des sites inscrits le 18 septembre 1985, la Ville d'Hiver est un véritable condensé d'architecture et de fantaisie. De style néo-classique, néogothique, mauresque ou inspirées du chalet suisse ou de la maison coloniale, les villas arcachonnaises des années 1870-1900 jouent plutôt la carte du monumentalisme. Plus ostentatoires les unes que les autres, leurs silhouettes se caractérisent par l'asymétrie et la verticalité.

Art nouveau ou Art déco ?

Mouvement artistique de la fin du XIXe siècle et du début du XXe siècle, s'appuyant sur l'esthétique des lignes courbes, l'Art nouveau s'est peu développé en Gironde. Inspiré du cubisme, en réaction à l'Art nouveau, le mouvement Art déco des Années folles se manifeste davantage sur le décor des façades. A Bordeaux, les abords du parc Lescure constituent l'ensemble le plus homogène et le plus représentatif du style Art déco.

Le Corbusier en Gironde

Le 17 juillet 2016, l'œuvre architecturale de Charles-Édouard Jeanneret-Gris, dit Le Corbusier (1887-1965), a été inscrite par l'UNESCO sur la liste du patrimoine mondial au titre de « contribution exceptionnelle au mouvement Moderne ». La Gironde possède deux réalisations du célèbre architecte et urbaniste. Possédant une raffinerie de sucre à Bordeaux et une scierie à Lège-Cap-Ferret, l'industriel Henri Frugès commanda en 1923 au Corbusier une cité ouvrière pour loger son personnel. Adoptant le plan libre et la fenêtre en longueur, deux fondements chers au cœur de l'architecte, Le Corbusier réalise à Lège un ensemble de six maisons. La volumétrie simple, les murs blancs et les toits-terrasses concèdent à chaque bloc un aspect méditerranéen qui valut à la cité le nom de « quartier marocain ». Esquissé à Lège comme une cité-jardin, le programme des « Quartiers Modernes Frugès » à Pessac, est guidé par les principes de la construction industrielle. La Cité Frugès regroupe 51 maisons.

La Girolle, résidence de vacances nature

Signature de l'équipe d'architectes bordelais Salier-Courtois-Lajus-Sadirac, la Girolle voit le jour au milieu des années 1960 ; une époque qui marque le nouvel essor des résidences secondaires sur le littoral et le bassin d'Arcachon. En synergie avec la nature, cette maison préfabriquée en ossature bois fait le bonheur des commanditaires aux budgets modestes. Largement ouverte sur l'extérieur, celle qui a été conçue pour être une résidence secondaire va finir par pousser sur le territoire comme une résidence principale. Pointé du doigt pour ses défauts d'isolation en 1974 au moment de la première crise énergétique, le concept de la Girolle perdure aujourd'hui.

Le paysage landais en Gironde

La forêt des Landes, également appelée Landes de Gascogne ou autrefois Landes de Bordeaux, occupe une grande partie du territoire. Dans cette région, la maison rurale du Sud Gironde est connue sous le nom de « maison landaise ». Typiquement landais, l'airial – terrain couvert de pelouse et planté de quelques chênes ou pins parasols – conserve le témoignage d'une vie ancienne aujourd'hui disparue. Comme une clairière dans la forêt, l'airial est un petit domaine qui réunit un ensemble de constructions jadis utilisées pour l'activité agricole. De grande taille, la maison de maître profite du meilleur emplacement. Soutenue par un ou deux poteaux hauts, l'avancée de toiture en forme d'auvent est l'un des marqueurs de la maison landaise. On se laisse surprendre au fil des routes bordées de forêt… Mais aussi, par les « maisons antillaises » qui ont fleuri le long du littoral. Fantaisie décorative ou héritage du passé, elles témoigneraient de la colonisation des Landes au milieu du XIXe siècle et se caractérisent par des auvents soutenus par des piliers en fonte.

BORDEAUX AU SIÈCLE DES LUMIÈRES

LA TRANSFORMATION DE LA VILLE PAR LES GRANDS INTENDANTS

Considérée comme l'une des capitales européennes des Lumières, Bordeaux, premier port du royaume, est une place commerciale de premier ordre qui attise les convoitises et les riches marchands. Pratiquant majoritairement le commerce de droiture, la ville exporte ses productions locales, notamment ses tonneaux de vin, et assure le quart du commerce extérieur de la France en 1789. Parallèlement en Europe, l'économie esclavagiste est en plein essor. Bien que le Parlement de Bordeaux se soit prononcé contre l'esclavage en 1571, une lettre patente du Roi, en 1716, autorise le Port de la Lune et d'autres ports en France à pratiquer la traite négrière. À Bordeaux, le commerce triangulaire des esclaves représentait ainsi 5 % des expéditions pour 42 % à Nantes.

L'âge d'Or de Bordeaux et du Port de la Lune

Les effets des croissances économique et démographique encouragent les grands intendants-urbanistes de l'époque à transformer la cité médiévale en cité digne d'une capitale dans l'esprit de la philosophie des Lumières.

Claude Boucher (1720-1743) commande ainsi à l'architecte Ange-Jacques Gabriel la création de la place Royale au centre de laquelle s'élevait la statue équestre du roi Louis XV. Par crainte qu'elle ne devienne un sujet de trouble, la statue fut descendue en 1792. Œuvre de l'architecte du tombeau de Napoléon aux Invalides, la fontaine des Trois Grâces qui trône désormais sur l'actuelle place de la Bourse date de 1869. Se reflétant dans le miroir d'eau de jour comme de nuit, la place de la Bourse est l'endroit le plus photographié de la ville. L'architecture de la place Royale dicta la ligne des façades des quais où s'alignent les hôtels particuliers des riches négociants.

De son côté, Louis-Urbain Aubert, marquis de Tourny (1743-1757) commande également à l'architecte Gabriel la création du Jardin public. Afin de faciliter le commerce, l'intendant Tourny fait tomber les remparts de la ville et les portes médiévales. Il perce des rues, dessine la courbe des quais et trace de grandes avenues. Encore visibles aujourd'hui, les portes d'Aquitaine, de Bourgogne, Dijeaux et de la Monnaie ont été élevées pour délimiter les contours de la ville, mais surtout comme symboles d'élégance et de richesse.

L'âge d'Or de Bordeaux voit aussi apparaître la place de la Comédie, la place du Parlement ou encore les allées Tourny. Inauguré le 7 avril 1780 avec une représentation de Jean Racine, le Grand Théâtre de Bordeaux, commandé par le maréchal de Richelieu, gouverneur de la province de Guyenne, a été édifié par l'architecte Victor Louis. La salle de spectacle demeure l'une des plus belles réalisations de ce genre au monde pour le XVIIIe siècle.

Ange-Jacques Gabriel et Victor Louis sont les deux grands architectes qui ont contribué à l'embellissement de la ville de Bordeaux et son ouverture sur le fleuve au XVIIIe siècle.

Du XVIIIe au XIXe siècle

Les guerres napoléoniennes n'épargnant pas Bordeaux, la fin du XVIIIe siècle sonne le glas du rôle politique de la ville. Sur ordre de Napoléon Ier, Nicolas Dupré de Saint-Maur, intendant de Guyenne, entreprend le démantèlement du château Trompette en 1818 au profit de l'aménagement de la place des Quinconces.

Après la Révolution française et le Premier Empire, la Restauration (1814-1830) et plus largement toute la seconde moitié du XIXe siècle furent pour Bordeaux une période de reprise économique, également empreinte d'un renouveau littéraire et artistique. L'industrie se développe, les infrastructures du port se modernisent… La ville poursuit son urbanisation vers l'ouest avec la construction des échoppes en pierre de taille. À cette même époque, Napoléon Ier ordonne la construction du pont de pierre (1810-1822), premier pont sur la Garonne, contribuant ainsi au développement de la rive droite.

L'héritage du siècle des Lumières

Exemplaire par l'unité de son expression urbanistique et architecturale, l'UNESCO a inscrit en 2007, Bordeaux et le Port de la Lune, sur la liste du patrimoine mondial au titre d'ensemble urbain d'exception. À l'échelle de l'Europe, Bordeaux constitue le plus vaste ensemble architectural du XVIIIe siècle.

Depuis ses rues pavées, depuis ses quais ou depuis son fleuve, la pierre blonde de Bordeaux sculpte et modèle avec tant d'élégance cette architecture classique et néoclassique dont les plus beaux monuments s'affichent en carte postale. Héritage incontestable et incontesté du siècle des Lumières, la ville de Bordeaux attire chaque année de plus en plus de visiteurs. Porte d'entrée du vignoble bordelais, la ville est, toujours aujourd'hui, un passage obligé lors d'un séjour en Gironde.

TOP 10

MONUMENTS

Avec 13 sites inscrits sur la liste du patrimoine mondial par l'UNESCO, 900 sites classés et inscrits, 4 monuments nationaux et 8 bastides, la Gironde profite d'un patrimoine d'exception. Le département recense 1 064 édifices comportant au moins une protection au titre des monuments historiques.

GROTTE DE PAIR-NON-PAIR

Une des plus remarquables grottes ornées préhistoriques appartenant à la période du Paléolithique supérieur ancien.

ABBAYE DE LA SAUVE-MAJEURE

Au cœur de l'Entre-deux-Mers, un chef-d'œuvre de l'art roman édifié entre les XIe et XIIIe siècles, célèbre pour ses chapiteaux.

© VICTORPALYCH - SHUTTERSTOCK.COM

CHÂTEAU ROYAL DE CAZENEUVE

Sur les bords des gorges du Ciron, le joyau des ducs d'Albret fut autrefois propriété du roi Henri IV et de la reine Margot.

© SPIRITPROD33 - SHUTTERSTOCK.COM

ÉGLISE MONOLITHE DE SAINT-ÉMILION

La plus vaste église souterraine d'Europe, creusée dans un flanc de colline au début du XIIe siècle dans la cité médiévale.

© STEPHANE BIDOUZE - SHUTTERSTOCK.COM

CHAPELLE SAINTE-MARIE-DU-CAP

La chapelle de la Villa Algérienne se dresse au centre de la presqu'île du Cap Ferret, au lieu-dit l'Herbe.

© DARIYA92300 - SHUTTERSTOCK.COM

CHÂTEAU FORT DE ROQUETAILLADE

Derrière ses façades austères médiévales, c'est tout l'univers du grand architecte Viollet-le-Duc qui vous attend.

© CORENTIN - SHUTTERSTOCK.COM

PALAIS DE LA BOURSE

Édifié entre 1742 et 1749, le palais de la Bourse fait partie de l'ensemble architectural de l'ancienne place Royale à Bordeaux.

© LEONID ANDRONOV - SHUTTERSTOCK.COM

CHÂTEAU DUCAL DE CADILLAC

Construit sous Henri IV puis Louis XIII, ce château d'architecture à la française allie faste et caractère militaire.

© GRANTIBO - SHUTTERSTOCK.COM

CITADELLE DE BLAYE

Un complexe militaire de Vauban à quatre bastions qui culmine sur un promontoire rocheux au-dessus de l'estuaire de la Gironde.

© SYLV1ROB1 - SHUTTERSTOCK.COM

TOUR PEY BERLAND

Dissocié de la cathédrale Saint-André à Bordeaux, ce campanile a été construit au milieu du XVe siècle, à l'initiative de l'archevêque Pey Berland.

© JAYC75 - SHUTTERSTOCK.COM

BEAUX-ARTS

Façades bordelaises du XVIIIe siècle, peintures d'Odilon Redon, d'Albert Marquet et d'André Lhote au Musée des Beaux-Arts de Bordeaux, sculpture du Lion de Veilhan sur la rive droite, buste de Léo Drouyn, bibelots anciens dénichés chez les antiquaires, décors urbains signés Jofo, Selor ou A-MO, œuvres éphémères du M.U.R et graffs du Mur de l'Atlantique… Témoignage du passé, reflet du présent, l'art s'invite sur le territoire dans les galeries, les monuments historiques, les friches urbaines, en pleine nature, en bord de plage, dans les rues. Pôle artistique en devenir, le département de la Gironde, à l'image de Bordeaux, est riche de collectifs d'artistes et de structures associatives engagés pour la création et la diffusion de l'art auprès des publics. Bordeaux Galeries Week-End, *Un soir avec les impressionnistes* en réalité virtuelle, itinéraires des photographes voyageurs, expositions du Musée des Beaux-Arts, Grand printemps des métiers d'Art… Prenez-en plein les yeux !

Peinture

Célèbre pour ses marines, Joseph Vernet (1714-1789) est un peintre, dessinateur et graveur français. En 1753, le roi de France Louis XV lui commande des tableaux des plus grands ports du royaume. En 1758, Joseph Vernet peint une huile sur toile représentant *Le Port de Bordeaux* depuis le quartier des Salinières. Les marines de Vernet sont de véritables témoignages de la vie dans les ports à cette époque.

Illustrant la plus emblématique des ressources économiques de Bordeaux et de sa région, l'œuvre monumentale de Jean Dupas, *La Vigne et le Vin*, est l'une des quatre grandes toiles réalisées pour orner la tour de Bordeaux lors de l'exposition internationale des Arts décoratifs de Paris en 1925. Les trois autres toiles, *L'Agriculture* de Jean Despujols, *La Forêt Landaise* de François-Maurice Roganeau et *Les Colonies* de Marius de Buzon sont exposées au Musée d'Aquitaine à Bordeaux.

Galeries d'art et lieux d'exposition

Bordeaux totalise douze musées, dont six municipaux dédiés aux beaux-arts, à l'art contemporain, aux arts décoratifs, au design ou encore à l'histoire naturelle et à l'archéologie. Ainsi, le musée d'Aquitaine présente l'histoire de Bordeaux et de sa région, de la Préhistoire à aujourd'hui. Labellisé Centre d'Art Contemporain d'Intérêt National, le CAPC a pour vocation de sensibiliser à l'art sous toutes ses formes. Le Musée des Beaux-Arts réunit des œuvres essentielles du XVIe au XXe siècle. À Bordeaux, on pense encore au musée des Arts décoratifs et du Design, le Madd dont la réouverture est prévue fin 2025), à la MÉCA – Maison de l'économie créative et de la culture de la Région Nouvelle-Aquitaine –, aux Vivres de l'Art, à la Fabrique POLA ou encore à l'Institut culturel Bernard Magrez. Sans oublier, bien sûr, les Bassins des Lumières, plus grand centre d'art numérique au monde. Le Musée des Beaux-Arts de Libourne, qui bénéficie de l'appellation « Musée de France », mérite également le détour, ainsi que toutes les petites galeries d'art où l'on peut (re)découvrir le travail des artistes locaux.

Street Art

La tendance a plus que jamais contaminé la Gironde ! Sur les murs, A-MO, Selor, Alber, Charles Foussard, Monsieur Poulet ou encore Jean Rooble, Zarb, Lüle et Môka 187 s'expriment et colorent la Métropole. Mais il serait réducteur de résumer le street art à des lieux comme Darwin, le M.U.R (aux Chartrons), ou les quartiers de Ravezies et Grand parc à Bordeaux. Ouvrez grand les yeux et laissez-vous surprendre aux détours de vos déambulations. Soyez alertes et curieux, car leurs fresques, qui explorent des univers allant de l'abstrait à l'humoristique en passant par le wildstyle (ensemble de lettres entremêlées), sont tantôt durables, tantôt éphémères. À coup sûr, les petits comme les grands ne manqueront pas de s'émerveiller. Voilà une façon très originale de partir à la découverte d'une ville !

L'espace Darwin est un espace culturel où l'on peut admirer de nombreuses oeuvres de street-art.

© JEANLUCICHARD - SHUTTERSTOCK.COM

La MÉCA de Bordeaux.

Sculpture

Si Sanna, la sculpture de Jaume Plensa, peut quitter la place de la Comédie à Bordeaux en 2027, la plus célèbre des baleines revient tous les ans au large de la plage centrale d'Arcachon. Traditionnellement immergée au début du printemps entre les jetées Thiers et Eyrac pour marquer l'ouverture de la saison estivale, cette queue de baleine offerte par l'artiste belge Emmanuel Janssens Casteels change de couleur et de décor chaque année. Et, des œuvres d'art monumentales comme celle-ci, la Gironde n'en manque pas ! Née après le passage de la tempête Klaus qui a ravagé une grande partie du massif des Landes de Gascogne, la Forêt d'Art Contemporain a été imaginée sous la forme d'un itinéraire régional. Depuis, et ce n'est pas fini, une vingtaine d'œuvres ont poussé en Gironde et dans Les Landes. Chacune d'entre elles raconte le territoire...

Un détail pour vous...

Né à Pessac en 1978, Benoît Maire a suivi un double cursus en art et philosophie. Représenté par la galerie parisienne Cortex Athletico, c'est un artiste à la renommée internationale. L'histoire, la psychanalyse, mais aussi la mythologie et les mathématiques sont des sources fabuleuses d'inspiration pour cet ancien pensionnaire du Palais de Tokyo. Dans le cadre du « 1 % artistique », l'œuvre Un Détail a été sélectionnée puis installée sur le parvis extérieur de la MÉCA à Bordeaux. Réalisée par la fonderie artisanale des cyclopes à Mérignac, cette sculpture de plus de 3 mètres de haut représente une demi-tête d'Hermès. « *Telle qu'elle est placée, la demi-tête semble être coupée par le bâtiment lui-même. [...] Ce miroir en bronze permet aussi de refléter l'extérieur et augmente les points de vue photogéniques de l'ensemble du site* », explique l'artiste.

Les refuges périurbains

Prouesses architecturales et artistiques, les refuges périurbains sont nés de l'imaginaire du collectif de création urbaine Bruit du Frigo mené en collaboration avec l'association Zébra3 et Buy-Sellf. La Station orbitale, Neptunea, Le Hamac, Les Guetteurs, La Belle étoile, Le Haut perché, Le Prisme, Le Nuage, Le Tronc creux, La Vouivre et La Nuit Américaine sont installés aux quatre coins de la métropole bordelaise. Pour une nuit, les habitants et visiteurs de passage sont invités à occuper gratuitement ces hébergements insolites. Unique en Gironde ! Le projet des Refuges a valu à l'association Bruit du Frigo le prix 2016 de l'Innovation périurbaine dans la catégorie « Vivre ensemble, cohésion sociale et culture ».

Des Villes d'Art et d'Histoire

Inscrites dans une démarche de valorisation de l'architecture et de préservation des paysages, les villes de Bordeaux, en 2009, et La Réole, en 2013, ont été distinguées par le prestigieux label « Ville et Pays d'Art et d'Histoire ». Décerné par le ministère de la Culture, ce label célèbre les communes dotées d'un patrimoine exceptionnel, témoins vivants de l'histoire et de la richesse culturelle française. Jadis surnommée « la Belle endormie », Bordeaux révèle ses trésors au fil de balades urbaines qui permettent d'explorer ses quartiers historiques, ses quais animés et ses monuments inscrits au patrimoine mondial de l'UNESCO. Dans l'Entre-deux-Mers, La Réole, perchée sur un promontoire dominant la Garonne, est la plus petite « Ville d'art et d'histoire » en France. Avec son atmosphère médiévale, la « ville aux 9 festivals » nous embarque pour un voyage dans le temps à travers les ruelles étroites et sinueuses de sa vieille ville.

MUSIQUES ET SCÈNES

A l'image de Bordeaux où tous les courants musicaux sont représentés, la Gironde est un vaste territoire culturel à l'attractivité grandissante. Toute l'année, et plus encore en période estivale, les 200 lieux culturels permanents s'animent à la ferveur des institutions, des professionnels du spectacle, mais aussi des publics de tout âge et de tous horizons. Dans cette effervescence culturelle foisonnante, la métropole bordelaise se place en tête des festivités : avec plus de 300 manifestations par an. La capitale girondine compte parmi les 10 villes françaises les plus riches en activités culturelles (classement établi par *L'Express* en 2018 et par *Holidu* en 2020), et comme seconde capitale française de la BD. De grandes et belles scènes fleurissent en Gironde, à l'instar de l'Arkéa Arena. Elle se démarque aussi par ses festivals de cinéma et par le plus grand spectacle vivant de Nouvelle-Aquitaine : la Bataille de Castillon.

Les scènes nationales

Parmi les scènes de la Gironde, 6 portent le label « Scène nationale » et constituent le premier réseau de production et de diffusion du spectacle vivant sur le territoire. Les scènes nationales reflètent ainsi les principaux courants de la création actuelle française et internationale. Bordeaux en accueille 4 : l'**Opéra National de Bordeaux** (p.124) avec L'Orchestre National de Bordeaux-Aquitaine et l'ONBA, le TnBA (Théâtre national de Bordeaux Aquitaine), le Glob Théâtre et la Manufacture CDCN (l'un des 13 Centres de Développement Chorégraphique National). Proposant une programmation aussi prestigieuse qu'éclectique, les 118 musiciens, 37 choristes et 40 danseurs de ballet de l'Opéra National de Bordeaux se produisent soit dans l'une des plus belles salles de spectacle du XVIIIe siècle au monde, le Grand-Théâtre, soit à l'Auditorium. Issue du mariage du Carré à Saint-Médard-en-Jalles et des Colonnes à Blanquefort, la scène nationale Carré-Colonnes propose 300 représentations et accueille chaque année 100 000 spectateurs. Parallèlement, elle organise 2 festivals : Échappée Belle au mois de juin et le FAB (Festival International des Arts de Bordeaux Métropole) au mois d'octobre. À Gradignan, le Théâtre des Quatre Saisons (ou T4S) porte une attention particulière à la création internationale.

DÉCOUVRIR

© SAIKO3P - ISTOCKPHOTO.COM

L'Opéra national de Bordeaux.

Théâtre, opéra, danse et cirque

Rencontrer, découvrir, partager... L'accessibilité et la transmission des pratiques artistiques culturelles sont les deux axes forts en Gironde. Pour une soirée à deux, en famille ou entre amis, êtes-vous plutôt du genre à vibrer à la ferveur d'un match d'improvisation théâtrale ou à assister à une comédie dramatique ? Plutôt ballet d'opéra ou danse contemporaine ? Et quid des arts du cirque ? Si Paris s'impose comme l'une des plus prestigieuses villes d'art et de culture au monde, la Gironde n'a sûrement pas à rougir de son offre artistique, tant sa diversité est développée.

Première danseuse de l'Opéra National de Bordeaux, Vanessa Feuillatte est l'une des étoiles montantes de la danse dans le monde. A la tête de trois théâtres bordelais, Xavier Viton s'impose comme une figure du café-théâtre et de la comédie, tandis que Loïc Rojuan, pour le Théâtre des Beaux-Arts, a su imposer sa voix. Et il y a encore tellement d'autres talents à découvrir dans l'intimité d'une petite salle ou sur les planches d'une grande scène.

Musique et concerts

Le Rocher de Palmer, le Krakatoa, l'IBoat (associé au bateau parisien le Batofar), le Pin Galant... De la musique traditionnelle à l'électro en passant par le reggae, la Gironde vibre au rythme des accords. Organisé par la Rock School Barbey à Bordeaux, le Tremplin des 2 Rives est le rendez-vous musical incontournable pour découvrir la nouvelle scène bordelaise. Offrant une vraie salle de concert digne de ce nom à Bordeaux, le vaisseau amiral de l'Arkéa Arena ouvre la « voix » aux tournées d'artistes nationaux et internationaux tels que Depeche Mode pour l'inauguration le 24 janvier 2018, Sting, Guns N' Roses, Eddy de Pretto, Björk ou encore Shakira.

Depuis son ouverture, la salle a accueilli plus de deux millions et demi de spectateurs sur plus de 700 événements. Elle fait partie des plus grandes de France et se classe 1re salle de spectacle française en termes de fréquentation (hors Île-de-France). À venir en 2025 : Indochine, Lenny Kravitz, Philippe Katerine, les Pixies... Et bien d'autres ! Avec la plus grande fosse d'orchestre d'Europe, l'Auditorium, pour les concerts de musique classique et les ciné-concerts, vous offrira des sensations acoustiques exceptionnelles.

Manifestations culturelles et festivals

Le Fest'Arts, Jazz en liberté, le Reggae Sun Ska Festival (plus grand festival reggae de France), le Festival International du Film Indépendant de Bordeaux (FIFIB), le Festival ODP, les 24 heures du swing, Les Toiles Filantes, Chahuts, Ouvre la voix, Les arts mêlés, Les riches heures de La Réole, le Festival international des arts, les Fous Rires de Bordeaux, les Vibrations Urbaines, les Nuits atypiques, Dansons sur les quais... La Gironde ne manque pas de grands événements.

Avec plus de 500 événements, dont plus de la moitié sont gratuits, les Scènes d'Eté en Gironde et l'Eté métropolitain, qui investissent en itinérance des lieux remarquables et singuliers dans toute la métropole bordelaise, sont les deux temps forts de la saison estivale en Gironde. Au programme : musiques, danse, arts de rue, théâtre, opéra, arts plastiques, et autres réjouissances.

En juillet et en août, l'exceptionnelle reconstitution historique de la bataille de Castillon met en son et lumière près de 600 bénévoles, dont 450 comédiens et plus de 50 cavaliers. Un show grandiose à ne surtout pas manquer !

Le cinéma

Savez-vous que de nombreuses scènes de films ont été tournées en Gironde ? A Bordeaux, citons *Le Corniau*, *Les Misérables* de Robert Hossein, *La Reine Margot* de Patrice Chéreau (avec Isabelle Adjani, Daniel Auteuil et Jean-Hugues Anglade), *A la folie... pas du tout* de Laetitia Colombani, *Se Souvenir des belles choses* de Zabou Breitman (avec Bernard Campan et Isabelle Carré), *Les Fugitifs* de Francis Veber, *Balzac* de Josée Dayan (avec Jeanne Moreau), *Le Grand Soir* de Benoît Delépine et Gustave Kervern... Mais aussi *La Fleur du mal* de Claude Chabrol à Arcachon et Cadillac, *Merci la vie* de Bertrand Blier à Lacanau, *Le Pacte des loups* au Château de Roquetaillade à Mazères, *J'ai épousé une ombre* à Pauillac, *Mauvaise passe* de Michel Blanc à Saint-Émilion, *Le salon de musique* au château Cos d'Estournel à Saint-Estèphe, *La Bicyclette bleue* de Thierry Binisti, *A ce soir* à Uzeste, *Grand appartement* (avec Pierre Arditi et Laëtitia Casta) au Mimbeau à Lège-Cap-Ferret, *Thérèse Desqueyroux*...

Sans oublier *Les Petits Mouchoirs* et *Nous finirons ensemble* de Guillaume Canet, qui met à l'écran François Cluzet, Marion Cotillard, Benoît Magimel, Gilles Lellouche, Valérie Bonneton, Pascale Arbillot, Laurent Lafitte et Joël Dupuch, désormais le plus célèbre des ostréiculteurs du Cap-Ferret ! Les films *Camping* (avec l'humoriste Franck Dubosc) et *Maman ou papa* (avec Marina Foïs et Laurent Laffite) ont également été tournés sur le bassin d'Arcachon. Plus récemment, le film *Eiffel* (avec Romain Duris et Emma Mackey) raconte l'histoire de la tour Eiffel depuis la construction du pont de Cubzac. Et du côté des séries télévisées, *Section de Recherche* et *Famille d'accueil*. Avec un tel palmarès de tournages, qu'ils s'agissent de longs-métrages ou de fictions télévisées, la Gironde s'impose comme un décor de cinéma de choix !

LITTÉRATURE

Dans l'histoire de la littérature française, rares sont les territoires qui peuvent autant s'enorgueillir d'avoir été le théâtre de la vie de très grands hommes. Issus de courants littéraires et historiques majeurs, les célèbres trois « m » de Bordeaux ont laissé de prestigieuses traces de leur passage en Gironde. Figures emblématiques du patrimoine intellectuel bordelais, Michel Eyquem de Montaigne (1533-1592), Charles-Louis de Secondat dit le baron de Montesquieu (1689-1755) et François Mauriac (1885-1970) ont donné leur nom à des rues, des lycées, une université autour des formations et de la recherche en arts, langues, lettres, sciences humaines et sociales, mais aussi à des maisons d'écrivain et à des centres culturels et littéraires. Laissez-vous entraîner dans ce territoire des hommes de lettres, dont les œuvres et les engagements ont marqué l'histoire politique, sociale et culturelle.

Dans l'ombre de Michel de Montaigne

Né le 28 février 1533 au château de Montaigne en Périgord, Michel Eyquem de Montaigne est issu d'une famille de négociants bordelais. Reconnu pour ses *Essais* et son rôle de magistrat au Parlement de Bordeaux où il a siégé pendant quinze ans, Michel de Montaigne est une des principales figures de l'Humanisme en France. Sans cesse cités, sans cesse interrogés, ses pensées, réflexions et écrits revêtent un caractère universel défendant un idéal humaniste de la Renaissance. « Qui se connaît, connaît aussi les autres, car chaque homme porte la forme entière de l'humaine condition ». Montaigne a toujours prôné le dialogue comme antidote à la violence, et la réflexion comme préalable à l'action. A partir de 1558, il se lie profondément d'amitié avec l'humaniste et poète Etienne de La Boétie, auteur du *Discours de la servitude volontaire*. Très affecté par sa disparition à l'âge de 32 ans, Montaigne lui rend un hommage posthume dans ses *Essais*, résumant leur amitié à la phrase suivante : « Parce que c'était lui, parce que c'était moi ». A Bordeaux, aux numéros 23 et 25 de la rue de la Rousselle et au numéro 20 de la rue des Ayres, vous pourrez apercevoir la demeure familiale de ses parents et son logement de fonction durant ses mandats de maire, à la fin du XVIe siècle. Attribué aux sculpteurs bordelais Prieur et Guillermain, vers 1593, le musée d'Aquitaine conserve le cénotaphe de Michel de Montaigne. Il y est représenté en gisant, vêtu d'une armure sur le modèle médiéval. A la Bibliothèque Mériadeck, vous aurez surtout l'inestimable occasion de consulter l'édition numérique intégrale de l'exemplaire « de Bordeaux » des *Essais* (1588), annoté de la main de l'auteur.

Sur les terres de Montesquieu

Auteur des *Lettres persanes* et de *L'esprit des lois*, œuvre qui assurera son renom dans le monde entier, Charles Louis de Secondat, baron de La Brède et de Montesquieu, est une figure incontournable du siècle des Lumières et un précurseur des sciences politiques modernes. Conseiller au Parlement de Bordeaux, il s'est rapidement imposé comme un membre très influent. Ce philosophe des Lumières est né au château de La Brède en Sud Gironde. Labellisé « Maison des Illustres » par le ministère de la Culture, le Château de La Brède a été édifié à partir du XIIIe siècle sur les ruines d'une construction plus ancienne. Le château, remanié à la Renaissance mais conservant son caractère de forteresse, est reconnaissable à sa forme polygonale qui se reflète dans l'eau des larges douves qui l'entourent. Fidèle à ses racines, Montesquieu y séjourna régulièrement. A l'abbé Guasco, le 3 juillet 1744, il indique : « Je me fais une fête de vous mener à ma campagne de La Brède ». Transmis à ses descendants, le château et son domaine, classés au titre des Monuments historiques, ont gardé l'esprit de Montesquieu et le souvenir d'une histoire longue de huit siècles. « Le château de La Brède, que j'ai si fort embelli depuis que vous ne l'avez vu ? C'est le plus beau lieu champêtre que je connaisse », écrit-il, toujours à l'abbé Guasco, le 16 mars 1752.

DÉCOUVRIR

Montaigne.

© NBNSERGE - SHUTTERSTOCK.COM

Le château de la Brède, lieu de naissance de Montesquieu.

Un passage obligé pour tous les amoureux d'histoire et de littérature. À Bordeaux, quatre sculptures et plusieurs plaques indiquent également certains de ses lieux de résidence, notamment là où se trouve la très célèbre librairie Mollat.

Dans les pas de François Mauriac

Le Sud Gironde fut la terre d'accueil du romancier, poète, dramaturge, essayiste et journaliste François Mauriac. Ce fils de Bordeaux, né au 86, rue du Pas-Saint-Georges, prix Nobel de littérature en 1952 et membre de l'Académie française pendant presque quarante ans, est peut-être l'un des plus grands romanciers français du XXe siècle. Passé maître dans l'art de décrire les passions qui tourmentent les hommes, l'auteur de *Thérèse Desqueyroux*, sa plus grande héroïne, trouva l'inspiration à Saint-Maixant au Domaine de Malagar, dans l'une de ses demeures familiales. Transformé depuis vingt ans en Centre François-Mauriac, le domaine perpétue la mémoire de ce grand écrivain. La visite guidée du rez-de-chaussée de la demeure girondine telle qu'il l'a connue, dévoile l'univers de l'auteur. Labellisé « Maison des Illustres », Malagar propose une programmation culturelle pour tous les publics, ainsi que des balades littéraires et la découverte de son parc classé entouré de vignes. Comme Toulouse-Lautrec, François Mauriac appréciait la cuisine délicate du Chapon Fin. Située à Bordeaux au 5, rue Montesquieu, cette grande table est l'un des premiers restaurants gastronomiques triplement étoilés de l'histoire.

Lecture et vie littéraire

La Gironde est riche d'acteurs dans les domaines de la création et de la promotion éditoriale : auteurs de fictions, de documentaires, de bandes dessinées, d'œuvres réflexives, tant pour la jeunesse que pour les adultes, mais aussi d'éditeurs dans de nombreux domaines et de librairies. Sans oublier les manifestations thématiques autour du livre, comme L'Escale du livre (Bordeaux), Lire en poche (Gradignan), le Gujan Thrillers Festival (Gujan-Mestras), et d'autres rendez-vous encore. Marquée par son riche passé littéraire, la Gironde s'écrit et se raconte depuis toujours en mots et en images. L'Estuaire de la Gironde est notamment le sujet de nombreux textes et ouvrages. « *Nous apercevons tout à coup, sur la gauche de la rivière, huit à dix belles maisons à trois étages qui ont l'air d'opulentes maisons de campagne : c'est Pauillac. [...] Pauillac serait-il tout à fait nouveau ? On dirait que les trois quarts de la ville n'ont pas trente ans* », écrit Stendhal. Ainsi, la littérature est-elle aussi une magnifique façon de voyager.

Lire la Gironde

Afin d'aborder les différents aspects du département, nous vous invitons à découvrir un échantillon d'ouvrages.

- *Les petites comédies de l'eau, Gironde,* de Dominique Paquet, Arnaud Poujol et Philippe Touzet, aux éditions Script, vous embarquent dans six pièces courtes du côté de l'estuaire.
- Côté humour, le *Petit dictionnaire absurde et impertinent de Bordeaux et de la Gironde,* de Jean-Pierre Gauffre, est à retrouver aux éditions Féret.
- Plus insolite, *Les historiettes*, par Bast et Matyo, aux éditions Sangam, dans lesquelles les auteurs invitent à visiter la Belle endormie à leur façon.

QUE RAPPORTER ?

Magnets, porte-clés, stylos, cartes postales, affiches, tee-shirts et sweat-shirts siglés « Gavé », mugs, tabliers et torchons, savons, parfums d'intérieur et bougies, bijoux… À Bordeaux, dans le Médoc, en Haute-Gironde, dans le Libournais, en Entre-deux-Mers, en Sud Gironde ou sur le bassin d'Arcachon, les boutiques de souvenirs ne manquent pas. On y trouve les grands classiques, mais aussi tout un tas de produits d'épicerie fine faisant la part belle aux spécialités culinaires de la région. Sans oublier les bières locales, les spiritueux et autres apéritifs. Sans grande difficulté, on déniche aussi du *made in* Gironde de créateurs. Et, pour sûr, vous repartirez avec au moins une bouteille de vin dont vous aurez apprécié la dégustation. Mais, si l'on jouait aussi la carte de l'original et de l'insolite ? Petit tour d'horizon des produits dérivés de la vigne et du vin à rapporter dans ses valises...

Accessoires vin, œnologie & verrerie

On dit que le plaisir d'un bon vin commence dès l'ouverture de sa bouteille. Coupe-capsules, tire-bouchons du plus classique ou plus *high tech*, thermomètres à vin, aérateurs et carafes à décanter… Et les verres ! Saviez-vous que la forme d'un verre influence la perception du goût et des arômes d'un vin ? Le servir est tout un art ! Becs verseurs, stop-gouttes et colliers de Bacchus, seaux à vin et rafraîchisseurs, marqueurs de verre… Il y a aussi toute une gamme d'accessoires permettant de conserver une bouteille ouverte : bouchons et taquets de bouteille, pompes à vide… Idéal pour les dégustations, le Coravin est l'accessoire ultime pour prélever le vin sans déboucher la bouteille.

Sucré & salé

Qui dit Gironde, dit cannelés. Liés à l'histoire viticole de la région, on les aime bien aromatisés et croustillants. Hélas, ils ont tendance à ne pas toujours très bien supporter le voyage. Pour le clin d'œil, pourquoi ne pas rapporter son fameux moule en cuivre ? Le cannelé se décline aussi sous forme de sucre pour le café. À l'inverse, les bouchons bordelais se conservent très bien. Ah, vous êtes plutôt chocolat ? Inspirés de l'univers de la vigne, les Sarments du Médoc sont très appréciés pour leur finesse et leur craquant, avec des notes subtiles et variées. Si vous aimez les associations raisin et chocolat, craquez pour les Perles du Médoc ou les Raisins au Sauternes, appelés aussi Raisins Dorés. Et, les plus grands chocolatiers en Gironde aiment associer les grands crus du vin à leurs grands crus de chocolats. Essayez-vous aux ateliers de dégustation « accords vins et chocolats » ! Autour du vin, vous pourrez encore rapporter des confitures aromatisées, des confits de vin, des gelées, des infusions et du thé, des vinaigres, des moutardes... Sans oublier le Sel de Vin ou Sel de Château ; un sel gastronomique dont l'origine remonte au début du XXe siècle.

Mode, beauté & bien-être

Le cuir de raisin, vous connaissez ? Alternative végétale au cuir animal, il se développe de plus en plus en maroquinerie et en prêt-à-porter. À Bordeaux, Laure Babin fabrique ainsi des baskets à partir des déchets de la production vinicole et de matériaux recyclés, comme les bouchons en liège. Sacs à main, porte-monnaie, casquettes, ceintures… Clin d'œil à la viticulture, les accessoires en liège se déclinent quasiment à l'infini. Mariage subtil entre la beauté de la joaillerie et les innombrables reflets des plus grands vins et spiritueux, la maison de luxe ARVIN imagine des créations uniques aux lignes contemporaines et élégantes. Et Caudalie ? Née au cœur du Château Smith Haut Lafitte à Martillac, la marque, experte dans le domaine de la vinothérapie, s'appuie sur les vertus antioxydantes des pépins de raisin. Crèmes pour les mains, laits hydratants, sérums… De quoi faire plaisir et se faire plaisir !

Moules à canelés en cuivre.

SPORTS ET LOISIRS

La Gironde s'impose comme l'un des départements les plus sportifs de France. S'étendant sur plus d'un million d'hectares de patrimoine naturel exceptionnel, ses terres offrent une multitude d'activités de plein air. Des itinéraires de randonnée aux sites naturels préservés, en passant par les domaines de loisirs aménagés, tout est réuni pour séduire les sportifs. Le département accueille également de grands événements sportifs : le Bordeaux Cata Raid, le Jumping international de Bordeaux, les 10 kilomètres de Saint-Médard-en-Jalles, la Foulée Béglaise, l'Hexagone mmA, le Marathon du Médoc, les matchs de hockey des Boxers de Bordeaux ou les matchs de rugby Les Lionnes du Stade Bordelais… En été comme en hiver, les amateurs de plein air peuvent pratiquer de nombreuses activités : canoë, surf, accrobranche, golf, équitation, vélo, skateboard... Que vous soyez débutant ou confirmé, la Gironde vous promet de belles expériences sportives !

De terre et de glace

Si le football a longtemps occupé une position centrale avec les Girondins de Bordeaux, l'actualité sportive récente invite à orienter les projecteurs sur d'autres disciplines qui brillent sur la scène nationale et internationale.

Le rugby, symbole d'engagement et de ferveur populaire, occupe une place de choix dans le cœur des Girondins. L'Union Bordeaux-Bègles (UBB), fondée en 2006, continue ainsi d'écrire son histoire. Avec des performances régulières dans le Top 14 et des participations remarquées en European Rugby Champions Cup, l'UBB attire des foules enflammées au Stade Chaban-Delmas. Cette énergie est également portée par l'équipe féminine, les Lionnes de Bordeaux, qui symbolisent l'élan croissant pour le rugby féminin en Gironde.

Mais le rugby n'est pas seul à ravir les foules. Les Boxers de Bordeaux nous prouvent que la Gironde sait briller sur des patinoires aussi bien que sur des pelouses. Fondés en 1998, les Boxers évoluent en Ligue Magnus, l'élite du hockey français. Leurs matchs à la Patinoire Mériadeck sont des rendez-vous incontournables, offrant un spectacle saisissant qui séduit un public toujours plus large.

Ainsi, le ballon ovale et la rondelle de hockey coexistent pour le plus grand bonheur des passionnés.

Dans l'eau ou sur l'eau ?

Canoë, stand up paddle, surf, kitesurf, voile, ski nautique, wakeboard, pêche, baignade… Avec ses plages océanes, le bassin et ses grands lacs, la Gironde est le terrain de jeu idéal des sportifs, des familles en quête d'activités ludiques, et des amateurs de farniente.

Importé d'Hawaï en 1975 par quelques précurseurs basques, landais et girondins, le surf est à l'honneur sur toute la côte girondine. Couleur locale, la discipline est accessible à tous dès 6 ans. Chaque année au mois d'août, la ville de Lacanau accueille le Lacanau-Pro, grande étape du Championnat du monde de surf. La bordelaise Justine Dupont s'impose depuis 2019 comme la meilleure surfeuse de grosses vagues au monde.

Le canoë-kayak est une autre activité aquatique ayant le vent en poupe. Seul, en famille (y compris avec les enfants), entre amis, partez à la découverte des rives sauvages du lac d'Hourtin et de Carcans ou naviguez sur la Leyre. Aussi appelée « la Petite Amazone », la Leyre est une rivière sauvage qui se jette dans le bassin d'Arcachon. Rafraîchissement garanti !

Le tourisme fluvial

A 100 kilomètres de l'océan, le tourisme fluvial sur la Garonne est en plein essor. Quel incroyable spectacle que de voir accoster les gigantesques paquebots de croisière maritime en plein cœur de Bordeaux ! A la belle saison, le Port de la lune voit en effet débarquer un flot important de touristes qui rejoignent en quelques minutes à pied le centre historique de la ville.

De leur côté, les compagnies de croisières fluviales proposent de faire escale à Pauillac, Blaye, Libourne ou Cadillac lors de séjours itinérants.

Pour un jour ou une heure, on se laisse bien volontiers tenter par une excursion sur le fleuve. Avec ou sans restauration, c'est l'occasion d'admirer les façades bordelaises classées au patrimoine mondial de l'UNESCO, de découvrir l'estuaire et ses îles. Au départ de Bordeaux, Blaye ou Cussac, on met le cap sur l'île Nouvelle, un site ornithologique majeur. L'île de Patiras est également accessible depuis Pauillac. Notez que les visites et les animations sont gratuites, seul le transport assuré par les bateliers privés est payant. Le Petit Futé a un petit faible pour les guinguettes et les restaurants dont les terrasses bordent le fleuve. Et vous ?

© PHILIPPE DEVANNE - STOCK.ADOBE.COM

Survol de la Dune du Pilat en parapente.

Balade à vélo, cyclotourisme et VTT

Vélodyssée©, Scandibérique©, Canal des Deux Mers©... Traversée par trois grands itinéraires vélo et plus de 700 kilomètres de pistes adaptées, la Gironde est un territoire cyclable facile à apprivoiser. Dans l'Entre-deux-Mers, la bastide de Créon a même été la première Station Vélo de France. On fait même du vélo sur l'eau dans le Libournais !

Avec 90 % de son parcours en site propre, le Tour de Gironde à Vélo est une boucle cyclable de 480 kilomètres. Reprenant une partie des tracés de la Vélodyssée© et du Canal des Deux Mers©, le Tour de Gironde à Vélo permet de découvrir, par étapes et à votre rythme, 10 sites patrimoniaux incontournables. Une immersion en terre girondine qui fleure bon les parfums de résine, les arômes des vins et les effluves iodés.

Après un retour remarqué en 2021 avec une arrivée à Libourne et un contre-la-montre à Saint-Émilion, Le Tour de France a de nouveau traversé la Gironde en 2023. Cette fois, les coureurs ont rejoint Bordeaux depuis Langoiran, Latresne et Bouliac, renouant avec l'une des villes emblématiques de l'histoire du Tour.

À pied ou à cheval

Avec plus de 4 000 kilomètres d'itinéraires pédestres, dont 230 kilomètres de sentiers balisés, il y a de quoi faire de belles randonnées en Gironde ! Les GR® et GR de Pays permettent par exemple de rejoindre le bassin d'Arcachon, avec dégustation d'huîtres à la clé. Le GR de la Métropole est idéal pour découvrir Bordeaux et ses alentours de façon inédite. Et n'oubliez pas les trois voies des chemins de Saint-Jacques-de-Compostelle.

Pour des promenades courtes et tranquilles, avec poussette, petit vélo, ou fauteuil roulant, on trouve son bonheur grâce aux Balades à roulettes®.

Passionné d'Histoire ? Pour marcher dans les pas des soldats de la Seconde Guerre mondiale, ne manquez surtout pas le chemin de mémoire Frankton qui traverse les départements de la Gironde, de la Charente-Maritime et de la Charente. À cheval, empruntez l'un des itinéraires équestres de la Route européenne d'Artagnan qui traverse la Gironde sur les traces de Richelieu et Mazarin.

Paré au décollage !

L'estuaire, la Dune du Pilat et le banc d'Arguin, les propriétés viticoles et les vignes ondulant sur les coteaux, les châteaux clémentins, les monuments historiques... Vue du ciel, la Gironde est tellement belle ! De là-haut, croyez-nous, vous en prendrez plein la vue. Survol en ULM, vol en hélicoptère, baptême de parapente, voyage en montgolfière, saut en parachute... Amateur(s) de sensations fortes ou non, vous mesurerez toute la richesse du territoire. Faites confiance aux moniteurs diplômés d'État pour vous envoyer en l'air en toute sécurité.

Et la pelote basque ?

Avec la course landaise, la pelote basque est certainement le sport traditionnel le plus emblématique du sud-ouest de la France. À main nue, avec une raquette, la chistera, la pala ou encore avec le gant en cuir ou en osier... La pelote basque est un sport convivial qui se pratique en famille ou entre amis. Marqué par les influences du Pays basque, il n'est pas rare de trouver en Gironde, un fronton place libre, un fronton mur à gauche ou un trinquet pour s'essayer à cette activité mythique dans la région. À vous de jouer !

GASTRONOMIE

En Gironde, la gastronomie, c'est sacré ! C'est même la plus vivace des traditions. Cuisine de terroir par excellence, ces spécialités culinaires font tourner la tête des gourmets, des gourmands et de tous les épicuriens. « *La bonne chère et le bon vin réjouissent le cœur du gastronome* », écrivait Antonin Carême. Huîtres du bassin d'Arcachon, bœufs gras de Bazas, foie gras, poissons migrateurs de la Garonne, caviar d'Aquitaine, palombes, asperges du Blayais... le tout à la bordelaise ; du nom de cette sauce à base de vin rouge et d'échalotes. La lamproie en est certainement le meilleur exemple. Côté sucré, on se régale tout autant avec les macarons de Saint-Emilion, les canelés, les dunes blanches ou les sarments du Médoc. Mais, est-il seulement possible de parler de la gastronomie du Sud-Ouest sans évoquer les vins de ce terroir viticole d'exception ? Il pourrait à lui seul écrire les plus belles lettres de noblesse de la Gironde...

Le vin

Considéré comme le plus ancien et le plus prestigieux au monde, le vignoble bordelais est intimement lié à l'histoire de la Gironde. Plus de 850 millions de bouteilles sont ainsi commercialisées chaque année. Dégustations, accords mets et vins... En Gironde, le vin est un véritable art de vivre.

Le terroir, les cépages, les facteurs géographiques ou encore les styles de vins permettent de définir de grandes familles et parfois de dessiner le tracé des routes des vins.

Bordé par l'Atlantique et l'estuaire à l'est, le Médoc se découpe en deux grandes AOC : Médoc et Haut-Médoc avec Margaux, Saint-Estèphe, Pauillac, Saint-Julien, Moulis en Médoc et Listrac-Médoc. La région des Graves est le plus ancien terroir viticole du Bordelais. Graves Supérieurs, Pessac-Léognan, Cérons... Les vins rouges se caractérisent par une couleur profonde, vibrante. De son côté, le Sauternais est le pays de l'or jaune, en référence à la couleur du vin local, et regroupe les appellations Sauternes et Barsac. Entre la Garonne et la Dordogne, l'Entre-Deux-Mers est la plus vaste région viticole du Bordelais. Dominant la rive droite de l'estuaire avec les Côtes de Bourg, le vignoble du Blayais englobe les appellations Blaye Côtes de Bordeaux et AOC Blaye. Saint-Émilion, Pomerol, Fronsac... Avec un grand nombre de crus classés prestigieux et d'autres de châteaux et domaines plus abordables, la réputation du Libournais n'est plus à prouver. Avec 7 Appellations d'Origine Contrôlée (Bordeaux Rouge, Bordeaux Rosé, Bordeaux Clairet, Bordeaux Blanc, Crémant de Bordeaux, etc.) et 4 couleurs, les Bordeaux et Bordeaux supérieurs représentent 55 % du vignoble girondin.

Boissons et spiritueux

Liqueur de vin, eau-de-vie de vin, bière artisanale... La Gironde ne produit pas que du vin ! Aux côtés des grands crus, le Lillet tire son

© LUBERO - STOCK.ADOBE.COM

© MAKSYM FESENKO - SHUTTERSTOCK.COM

Dégustation d'huîtres sur le bassin d'Arcachon.

épingle du jeu. Blanc, rouge, ou rosé, on doit son invention au foisonnement des denrées de l'activité historique du port de Bordeaux. On le consomme très frais avec une tranche de citron ou d'orange, parfois en cocktail. Et la Garluche, vous connaissez ? Depuis 1990, la recette fait dans la tradition : vin blanc, macération de zestes d'oranges, rhum, sucre et caramel. À consommer avec un crémant de Bordeaux, un jus d'orange ou un tonic, ou même dans le creux d'un melon. Autre apéritif couleur locale, le kir médocain à base de vin rosé. Produite sur le territoire des vins de Bordeaux, la Fine Bordeaux (AOC), dont l'origine remonterait au XIXe siècle, se caractérise par sa couleur ambrée, ses arômes fruités et floraux, et sa discrète touche boisée. Persistante en bouche, la Fine Bordeaux a obtenu une IGP en 2013.

Les Bordelais sont aussi de grands amateurs de whisky et de gin, que l'on distille en plein cœur de Bordeaux, à la distillerie Moon Harbour par exemple ; mais aussi de bières ! Si plusieurs brasseries artisanales ont élu domicile à Bordeaux et un peu partout en Gironde, c'est au Bouscat, à la Brasserie Mascaret, que l'on produit l'une des meilleures bières blondes au monde (World Beer Award 2019, 2021 et 2023), sans oublier la médaille d'Or pour leur Blonde Lager Chill (World Beer Award 2022), et pas moins de 17 récompenses au Concours Général Agricole.

Au rayon du sans-alcool, la Gironde n'est pas en reste. Fondée en 1879, la Maison Meneau est une véritable institution. Engagée dans une logique bio et de commerce équitable, la maison familiale, installée depuis toujours à Saint-Loubès, a fait ses adieux à l'anisette pour concentrer ses efforts dans l'élaboration de 250 recettes de sirops, jus de fruits, smoothies et thés glacés. Quant aux boissons gazeuses fermentées, elles sont pleines de vertus pour la santé, comme le kombucha (Mama Kombucha à Bordeaux) ou le kéfir (La Brasserie Parallèle à Floirac). À la carte de la plupart des cafés et restaurants, on retrouve également l'eau minérale naturelle Abatilles dont la source jaillit à Arcachon. La saga Abatilles est étroitement liée à l'histoire de la création de la ville au XIXe siècle.

Poissons, fruits de mer et crustacés

Alose grillée aux sarments, fricassée d'anguilles, pibales ou civelles sautées, crevettes blanches à l'anis étoilé pour l'apéritif… L'estuaire de la Gironde fournit de nombreux poissons de rivière. Sous son allure peu engageante, la lamproie s'élève en reine de l'estuaire. Cuisinée avec une sauce au vin rouge et des poireaux à la façon d'un civet, la lamproie à la bordelaise est une recette traditionnelle et raffinée très appréciée. D'ailleurs, on la célèbre chaque année à Sainte-Terre.

Autre trésor de l'estuaire : le caviar d'Aquitaine, ou plus exactement l'esturgeon sibérien (*Acipenser Baeri*). De haute renommée avec ses notes de beurre, de noisette et de noix fraîche, le caviar d'Aquitaine est le fruit d'un doux mélange : patience et savoir-faire. Cet or noir est produit dans les fermes aquacoles.

Dans le bassin d'Arcachon, la star c'est l'huître ! Toujours avec un verre de vin blanc sec, les huîtres Arcachon Cap-Ferret se dégustent toute l'année. Ici, on les accompagne volontiers d'une tartine de pain beurré et de saucisses grillées. En direct du producteur, sur les marchés et les places de villages, dans les poissonneries, les bistrots et les restaurants, impossible de les louper !

La Gironde étant située sur la façade Sud-Atlantique, les produits de la mer sont forcément à l'honneur. Événement majeur de la gastronomie, la Fête de la Morue à Bègles rappelle les liens indéfectibles qui existent entre l'histoire de la ville et le commerce de ce poisson.

Viandes, volailles et gibiers

De production confidentielle et traditionnelle en Gironde, l'agneau de Pauillac est élevé en bergerie sous la mère et nourri essentiellement au lait maternel. Reconnu par un label Rouge et une IGP, l'agneau de Pauillac arrive sur nos tables de Noël à la Pentecôte. Très tendre, sa viande blanche à rosée claire est très appréciée des amateurs de viande.

En boucherie traditionnelle exclusivement, le bœuf de Bazas répond à un cahier des charges très précis et bénéficie d'un label Rouge et d'une IGP. Rouge, tendre, savoureuse et persillée avec un subtil goût de noisette, la viande de bœuf de Bazas est excellente. Au début du mois de février, la fête des bœufs gras de Bazas est un rendez-vous incontournable en Gironde.

On n'oubliera pas non plus l'entrecôte préparée à la bordelaise et grillée sur des sarments de vigne.

Terre d'élevage du chapon depuis le Moyen Age, c'est à Grignols qu'on engraisse au pain, au lait et au maïs, cette volaille d'excellence à la chair moelleuse. La foire aux chapons de Grignols est l'occasion de bien préparer les fêtes de fin d'année.

Les paloumayres l'attendent toute l'année ! Plus qu'une tradition, la chasse, et notamment la chasse à la palombe en automne, est un véritable rite. Ce bel oiseau se déguste rôti en salmis (une sorte de ragoût), à raison d'une palombe par personne.

Les spécialités de canard

Le fleuron de la gastronomie française du Sud-Ouest, c'est assurément le canard. Dans tous ses états, il se retrouve sur les tables des grands chefs, mais aussi des authentiques brasseries et des petits restaurants.

Magrets, confits, aiguillettes, palets, côtes, rôtis, saucisses, abats, cous farcis, rillettes et terrines... Le canard est loin de se résumer au foie gras que l'on consomme traditionnellement froid en entrée, sublimé par un verre de Sauternes.

Dans la plus pure tradition du Sud-Ouest, les producteurs de volailles grasses n'hésitent pas à ouvrir les portes de leurs exploitations. Vous aurez ainsi l'occasion de découvrir les nombreuses spécialités que l'on savoure toute l'année, et surtout pendant les fêtes. Ne quittez pas la région sans avoir dégusté un foie frais poêlé avec des pommes ni sans avoir fait le plein de bons produits. À retrouver sur les étals des marchés au gras, là où le terroir est roi !

Charcuteries

Panse de porc farcie, roulée, cousue puis cuite dans un bouillon plus ou moins parfumé, la spécialité charcutière du Médoc n'est autre que le grenier médocain. Ressemblant à l'andouille (non fumée), il était souvent servi pendant les vendanges. On le mange généralement froid et en tranches fines, à l'apéritif ou en entrée.

À base de jambon, d'épaule et de graisse de porc, les gratons de Lormont ou grattons bordelais font également figure de spécialité locale. On raconte que la recette est née dans la charcuterie fondée par Bernard Gaudin en 1875. Sa couleur grisâtre est gage de qualité.

Fête des Boeufs Gras de Bazas.

© NISHIHAMA - STOCK.ADOBE.COM

À l'approche des fêtes, les charcutiers girondins se lancent dans la fabrication des crépinettes, sorte de saucisse plate enfermée dans une crépine. Pour respecter la tradition, la crépinette se déguste chaude avec des huîtres et du vin blanc. Tout un art !

Et la tricandille ? Tripes de porc nettoyées, ébouillantées, assaisonnées puis grillées sur des braises, c'est LA spécialité tripière de la Gironde ! Dans le Médoc, les tricandilles se dégustaient traditionnellement pour le casse-croûte. On les retrouve dans les assiettes des meilleurs bistros bordelais.

Fruits et légumes

L'asperge, ou l'or blanc du Blayais ! Fondantes, délicates et savoureuses, les asperges du Blayais sont cultivées depuis le XVe siècle dans les sols de sable noir. On raconte d'ailleurs que le Marquis de Vauban, qui construisit la Citadelle de Blaye, aurait lui-même introduit ce légume à la cour de Louis XIV. Produite dans de petites exploitations familiales au nord de la Gironde, cette asperge IGP à la tête blanche ou violette se récolte de fin février à fin mai. Près de 800 tonnes sont commercialisées chaque année, le plus souvent en vente directe ou via des circuits courts. De grande qualité, l'asperge du Blayais représente même 50 % des ventes d'asperges. On la déguste de la pointe au talon, sans modération !

Autres fiertés locales : la pomme de terre, la citrouille galeuse d'Eysines, la carotte de sable, l'huître végétale (une plante au goût iodé), l'artichaut de Macau (qui figure d'ailleurs sur le blason de la ville à côté des grappes de raisin) ou encore le melon à confiture.

Et n'oublions surtout pas les cèpes de Bordeaux ; le roi des champignons à la saveur de noisette que l'on déguste en poêlée avec de l'ail et du persil.

Le sucré

Du cannelé au macaron, chaque ville a sa spécialité ! À Bordeaux, le cannelé s'élève ainsi en superstar. Sous sa coque croquante et caramélisée, il cache un cœur tendre, parfumé au rhum et à la vanille. On le déguste en fin de repas comme un dessert façon profiterole, ou pour accompagner le café.

L'autre tradition de Bordeaux, ce sont les bouchons. Cette petite confiserie aux amandes mélangées à des raisins macérés dans de la Fine de Bordeaux a été brevetée en 1983. Un régal !

Craquez encore pour les guinettes (cerises macérées dans de l'alcool et enrobées de chocolat noir) ou pour les sarments du Médoc de la chocolaterie Margaux. Dans un autre genre, les Dunes Blanches de chez Pascal (un chou garni d'une crème légère) ont le chic pour mettre tout le monde d'accord.

À Saint-Émilion, la spécialité sucrée ce sont les macarons dont la recette à base d'amandes douces et amères est tenue secrète depuis 1620. Mais la Gironde, ce sont aussi les puits d'amour de Captieux, les noisettines du Médoc, les pralines de Blaye, les pignes du Blayais (petits pains à l'anis vert), et bien sûr la fameuse chocolatine !

À l'Épiphanie, la traditionnelle galette des rois à la frangipane partage les étals avec le gâteau des rois ; une couronne dorée et briochée surmontée de pépites de sucre et parfois de cédrat confit.

AGENDA

Les quais de Bordeaux qui s'animent à la ferveur de *Bordeaux fête le vin*, le port ostréicole d'Andernos-les-Bains qui accueille un grand rendez-vous de la gastronomie et de l'art de vivre du Sud-Ouest, les vignerons qui investissent la Citadelle Vauban lors du *Printemps des Vins de Blaye*, les amateurs de mode qui se retrouvent au Salon du Vintage, les meilleurs cavaliers du monde qui offrent un spectacle de haute voltige aux passionnés d'équitation pendant le Jumping International, des artistes de renom qui enflamment la scène du festival ODP au profit des orphelins des sapeurs-pompiers... Qu'il s'en passe des choses, en Gironde ! Manifestations sportives, animations culturelles, événements gourmands, concerts, expositions : ce ne sont pas les idées de sortie qui manquent ! L'équipe du Petit Futé a sélectionné pour vous les rendez-vous incontournables à Bordeaux, sur le bassin d'Arcachon et jusque dans les vignes...

SALON DU VINTAGE

87, quai des Queyries
BORDEAUX
www.salonduvintage.com
En avril, de 10h à 19h. Entrée : 7 €. Gratuit pour les moins de 8 ans.

Après des années de succès en France et au Luxembourg, le Salon du Vintage a aussi pris ses quartiers à Bordeaux. Placé sous le signe de la mode et du lifestyle, ce salon réunit près de 150 exposants. Les amateurs de mode vintage et de décoration design pourront y dénicher des accessoires, des fripes chic, ou du mobilier français et étranger. La décoration est aussi mise à l'honneur, avec notamment un grand choix de vinyles et de platines pour une ambiance rétro unique ! En 2025, le Salon du Vintage vous donne rendez-vous à Darwin Eco-Système.

PRINTEMPS DES VINS DE BLAYE

BLAYE
✆ 05 57 42 91 19
En avril. De 8 € en prévente à 10 €. Animations et ateliers sur inscription le jour même.

Que serait Blaye sans son Printemps des Vins ? Chaque année en avril, une centaine de vignerons passionnés se réunissent dans la célèbre Citadelle Vauban pour célébrer le vin et le terroir. Les amateurs se pressent à cet événement remarquable et très convivial. Durant deux jours, dégustations, ateliers et animations sont au programme : visite guidée, course de garçons de café, rouleurs de barrique, balade-dégustation sur l'estuaire, marché gourmand... Un rendez-vous très attendu !

FESTIVAL ODP TALENCE

Parc Peixotto - **TALENCE**
https://www.festival-odp.com/
Du 12 au 15 juin 2025. Pass 3 jours : 159 € ; autres pass en vente à l'automne. Gratuit le dimanche. Restauration.

Le Festival ODP a été créé au profit des orphelins des sapeurs-pompiers de France. L'objectif de l'association est d'assurer un soutien moral et financier à tous les enfants dont le parent sapeur-pompier est décédé en ou hors service. Le Festival se déroule au Parc Peixotto. Chaque année de nombreux artistes répondent présents. En 2025 : Ben Mazué, Kyo, Lamomali, Jérémy Frerot, Ayo, Pascal Obispo... Sur place des animations gratuites et un Village gourmand où l'on peut se restaurer à l'ombre des arbres avec de nombreux foodtrucks et toute une palette de saveurs.

BORDEAUX FÊTE LE VIN

BORDEAUX
✆ 05 56 00 66 00
www.bordeaux-fete-le-vin.com
Du 19 au 22 juin 2025. L'accès au Village est gratuit et ouvert à tous. Pass dégustation de 17 € en prévente à 23 €.

Organisée chaque année sur les quais de la Garonne, Bordeaux Fête le Vin est LA manifestation internationale incontournable de Bordeaux ! Elle permet de découvrir la diversité des vins des 80 appellations de Bordeaux et de la région grâce à des dégustations, des ateliers, des expositions, etc. C'est l'occasion de faire des pauses gourmandes chez des artisans et producteurs de Nouvelle-Aquitaine, d'assister à des concerts et de visiter de grands voiliers. Depuis l'édition 2023, près de 400 drones illuminent le ciel bordelais lors de deux spectacles époustouflants.

LA JURADE DE SAINT-EMILION

14, rue Guadet
SAINT-EMILION
✆ 05 57 55 50 52
www.vins-saint-emilion.com
3e dimanche de juin et 3e dimanche de septembre.

La Jurade, confrérie des vins de Saint-Émilion, trouve son origine en 1199. Tombée dans l'oubli, la confrérie est ressuscitée en 1948 par quelques viticulteurs et devient l'ambassadrice des vins de Saint-Émilion. Elle organise chaque année en septembre le Ban des vendanges du haut de la tour du Roy. La cité voit alors défiler les jurats dans leurs ancestrales robes rouges, et assiste à l'intronisation de personnalités dans l'église collégiale. Un grand moment de la vie de Saint-Émilion.

FÊTE DES BŒUFS GRAS DE BAZAS

Place de la Cathédrale
BAZAS
✆ 05 56 25 25 84
En février.

La fête des bœufs gras est une tradition vieille de 741 ans ! Eh oui, depuis l'année 1283, la commune présente les plus belles bêtes de la race bazadaise. Les festivités ont lieu le jeudi précédent Mardi Gras. Les animations sont marquées par la traditionnelle pesée et le défilé des bœufs parés de rubans et de couronnes fleuries, puis par la bénédiction et bien sûr par le concours, place de la Cathédrale. Pour finir en beauté ? Un grand repas dansant animé (sur réservation).

CABANES EN FÊTE

ANDERNOS-LES-BAINS ✆ 05 56 82 02 95
www.andernoslesbains.fr
En décembre. Pass de dégustation à 11 € environ. Restauration. Parkings réservés et navettes gratuites.

Quand la terre rencontre la mer... *Cabanes en fête* est une manifestation organisée par le service culturel de la mairie d'Andernos-les-Bains, les ostréiculteurs du bassin et les viticulteurs de l'Entre-deux-Mers, qui attire, chaque année, des milliers de personnes. Dans près de 45 cabanes du port ostréicole, on découvre les recettes de grands chefs du Sud-Ouest. Flashmob géante, danses urbaines, parade festive, concerts, feu d'artifice... Une superbe fête qui se déroule traditionnellement le premier samedi de décembre. Rendez-vous en 2025 pour la 15e édition !

LES FOUS RIRES DE BORDEAUX

BORDEAUX
✆ 05 56 48 26 26
http://lesfousriresdebordeaux.fr
En mars. Billetterie en ligne.

Les Fous Rires mettent l'humour dans tous ses états : show, seul en scène, stand-up, spectacle jeune public, tremplin humour, humour musical... Au total, ce sont plus de 60 humoristes et 40 spectacles sur 8 jours ! En parallèle, l'association la Boite De OUF ! organise le Festival OUF qui permet de toucher un public plus large à travers des animations culturelles gratuites dans plein de lieux. Expositions de photos, battles d'improvisation, fanfares improbables, cinéma de plein air...

JUMPING INTERNATIONAL DE BORDEAUX

Parc des Expositions de Bordeaux
BORDEAUX
www.jumping-bordeaux.com
En février. Tarifs à partir de 15 €. Restauration. Compétitions. Conférences.

Événement incontournable réunissant l'élite mondiale des cavaliers internationaux, le Jumping International de Bordeaux, qui a lieu en même temps que le salon du cheval, a fêté ses 50 ans en 2023. Au programme ? Un spectacle d'ouverture somptueux, de la compétition avec la Coupe du Monde Longines FEI de saut d'obstacles et la Coupe du Monde FEI d'attelage à 4 chevaux, ou le Derby poneys by Devoucoux. Excellence et courage se conjuguent pour de grands moments de sport...

ESTIVALES DE MUSIQUE EN MEDOC

PAUILLAC
www.estivales-musique-medoc.com
En juillet. Réservation en ligne.

Depuis 2003, la musique classique est à l'honneur grâce à ce festival. Les musiciens les plus prometteurs participent à ces Estivales de musique en Médoc. Leur slogan ? « Le choix de l'excellence, le pari de la jeunesse ». Le point commun de tous ces artistes ? Ils sont tous lauréats de concours internationaux. Ce festival est donc un tremplin pour ces jeunes talents. Chaque année en juillet, pendant 15 jours, ils investissent les plus prestigieux châteaux du Médoc (château d'Agassac à Ludon-Médoc, château Gruaud-Larose à Saint-Julien-de-Beychevelle…).

BORDEAUX ET SES ENVIRONS

Préfecture du département de la Gironde, Bordeaux est aussi connue sous le nom de Port de la Lune, car la Garonne, qui traverse la ville, arbore une jolie forme de croissant de lune. Poétique, n'est-ce pas ? Terre d'eau et de vin, l'ex-Belle Endormie se déploie autour de son fleuve. C'est d'ailleurs sur ses rives que se dresse la Cité du Vin ; lieu emblématique et véritablement unique. Inscrite depuis 2007 sur la liste du patrimoine mondial de l'UNESCO, Bordeaux est une destination touristique de premier choix. Avec près de 350 édifices classés, elle promet de nombreuses découvertes architecturales, culturelles et culinaires. Car ici, le vin et la gastronomie font partie intégrante du patrimoine : bien manger est un art ! Profitez aussi du soleil du Sud-Ouest et de la douceur de vivre bordelaise pour explorer les 27 autres communes de Bordeaux Métropole. Il y a Blanquefort, Bouliac, Gradignan, Lormont, Mérignac, ou encore Pessac.

BORDEAUX

Surnommée la Belle Endormie, Bordeaux se dresse fièrement des deux côtés de la Garonne. Ville historique de pierre et de vin, la capitale girondine est l'une des destinations préférées des touristes dans le monde ! Située entre terre et mer, sa situation géographique en fait un lieu de vacances idéal, à mi-chemin entre les vagues de la côte Atlantique et les vignobles du terroir du Sud-Ouest. Sur place, vous tomberez rapidement sous son charme. Le patrimoine architectural est particulièrement mis en valeur, l'offre culturelle riche et variée permet de belles découvertes, et les restaurants, bars et terrasses ensoleillées ne manquent pas à travers la vieille ville ou sur les quais aménagés. Toute l'année, le fleuve attire d'ailleurs croisiéristes et promeneurs qui profitent de sa douceur de vivre. Très bien desservie par les transports, la ville de Bordeaux se visite aisément en toutes saisons.

SE REPÉRER SE DÉPLACER

Avec près de 580 km² et plus de 800 000 habitants, la métropole de Bordeaux est l'une des plus dynamiques et attractives de l'hexagone. Pour se déplacer, touristes et habitants peuvent compter sur les transports de l'agglomération bordelaise : les tramways et les bus, les vélos (les VCub), le bateau (le BatCub qui relie une rive à l'autre de la Garonne) et le Mobibus dédié au transport des personnes à mobilité réduite. Le réseau TBM comporte 4 lignes de tramway et 79 « lianes » de bus qui desservent les lieux touristiques ainsi que la gare et l'aéroport. Au départ de la capitale girondine, vous pourrez vous envoler vers une centaine de destinations, principalement en Europe. Pour vous déplacer à Bordeaux et ses alentours, vous trouverez de nombreuses stations d'autopartage de voitures. En centre-ville, préférez les services de location de trottinettes et de scooters électriques en libre-service. Pensez futé !

AÉROPORT DE BORDEAUX

MÉRIGNAC

© 05 56 34 50 50

www.bordeaux.aeroport.fr

Commerces et services. Bureau de change. Parkings. Service voiturier. Hôtels à proximité.

La Guadeloupe, Vérone, Funchal, Munich... Voici quelques-unes des destinations accessibles au départ de Bordeaux. Au total, vous pourrez partir vers près de 90 villes, principalement en France et en Europe. De nombreuses destinations sont proposées en *low cost* depuis le terminal Billi. L'aéroport de Bordeaux est très bien desservi, notamment depuis l'arrivée du tram A qui vous conduira jusqu'au centre-ville de Bordeaux en 35 minutes ou jusqu'à la gare Saint-Jean avec un changement à Porte de Bourgogne. Un nouveau parc abrité pour les deux-roues motorisés a ouvert.

NAVETTE 30' DIRECT

© 05 57 77 58 78

www.30direct.com

Circulation 365 jours par an et 7j/7 (voir les horaires en ligne). Plein tarif (aller simple) : 8 € ; tarif réduit 7 €.

Pratique et rapide, la Navette 30' Direct relie la gare Saint-Jean et l'aéroport de Bordeaux en 30 minutes ! Elle roule tous les jours de la semaine, sans exception, même les jours fériés et pendant les vacances. Les horaires des départs varient selon les jours de la semaine et les saisons. L'application Zenbus permet de localiser le bus en temps réel. Notez que les autocars sont climatisés et équipés de wifi gratuit. On peut réserver sa place en ligne – ce qui est recommandé – ou directement auprès du chauffeur. Emplacement pour fauteuil roulant sur réservation.

GARE SAINT-JEAN

Rue Charles Domercq

© 3635

Ouvert tous les jours de 4h45 à 0h, 0h30 ou 1h30 selon les jours. Achat billetterie. Commerces et services.

A 2h04 de Paris-Montparnasse, la gare Saint-Jean est desservie par des TGV, TGV inOUI, Ouigo, Intercités et TER en provenance de nombreuses villes de France, parmi lesquelles Toulouse, Hendaye, Tarbes, Arcachon, Lille, Strasbourg, Marseille, Nîmes... Sans oublier un Thalys qui effectue un aller-retour direct jusqu'à la gare de Bruxelles-Midi ! Au fil des rénovations, notamment de son emblématique et immense verrière métallique surplombant les voies, la gare a su garder son cachet d'antan, tout en se modernisant avec des commerces et des équipements publics.

SNCF TER NOUVELLE-AQUITAINE

© 0800 87 28 72

www.ter.sncf.com/nouvelle-aquitaine

Accueil téléphonique du lundi au vendredi de 6h30 à 19h30 ; samedi de 8h30 à 18h30 ; dimanche et fêtes de 13h30 à 19h30.

TER Nouvelle-Aquitaine permet d'adapter sa façon de voyager à son budget grâce à différents abonnements à la semaine, au mois ou à l'année, et à des tarifs préférentiels. La carte MODALIS (TER, tram et bus du réseau TBC) offre par exemple jusqu'à 75 % de réduction sur un trajet déterminé et des voyages illimités. La carte Avantage Jeune permet de bénéficier pendant un an de 30 % de réduction tous les jours sur tous les trajets. Accueil téléphonique accessible 7j/7.

TRANSPORTS EN NOUVELLE-AQUITAINE

✆ 09 70 87 08 70

Ticket à l'unité (2h) : 2,50 € ; ticket A/R (dans la journée) : 4,50 €. Autres tarifs et abonnements : voir le site.

En Gironde, le réseau est constitué de 48 lignes de cars interurbaines desservant 270 communes et de 5 lignes touristiques organisées en intermodalité avec les réseaux urbains de transport TBM (Bordeaux Métropole), Calibus (Libournais), Baïa (Bassin d'Arcachon) et le réseau TER Nouvelle-Aquitaine. Les voyageurs bénéficient de véhicules confortables et climatisés, d'un service d'information en temps réel, et d'une tarification unique quel que soit le trajet ou la distance.

LE BATO PAR TBM

✆ 05 57 57 88 88

www.infotbm.com

Le BATO circule du lundi au vendredi de 7h à 19h30 ou 21h en été (le weekend à partir de 7h). Ticket à l'unité : 2,10 €.

Oubliez le Bat^3, place au Bato ! Le service fluvial de Bordeaux Métropole vous propose désormais quatre bateaux pour traverser la Garonne. Ces navettes, accessibles au même tarif que le reste du réseau, accueillent les vélos et les personnes à mobilité réduite. Trois lignes simplifient vos trajets : Lormont-Cité du Vin en 12 minutes avec des départs toutes les 30 minutes, Les Hangars-Stalingrad via Darwin et Quinconces toutes les 25 minutes et une nouvelle liaison entre la Benauge et le Port de Bègles. Moderne, écologique et pratique pour relier les deux rives.

ADA

40/42, rue Furtado

✆ 05 24 73 34 97

https://www.ada.fr/

Du lundi au vendredi de 8h-12h et 14-18h. Location de voiture à partir de 24 €/jour ; utilitaire à partir de 39 €/jour.

Les agences Ada proposent la location à l'heure, à la journée ou à la semaine de plusieurs types de véhicules, de la simple citadine à l'utilitaire pour vos déménagements. Avec l'offre « jeune conducteur », la location est possible dès 18 ans (sans surcoût), y compris pour les fourgons de 3 m^3. Au-delà, il faudra justifier d'au moins un an de permis. La réservation en ligne est intuitive et vous pourrez bénéficier de promotions intéressantes. Bref, un service de location idéal pour vos week-ends prolongés, vos vacances en famille et vos déplacements professionnels !

WESTERN FLYER BORDEAUX

85, quai des Chartrons

✆ 05 57 78 68 26

www.westernflyer.fr

Ouvert toute l'année sauf en janvier. Vente et location. Atelier de réparation.

© WESTERN FLYER

Si c'est au Cap Ferret que Nicolas et Maxime, deux frères passionnés d'activités *outdoor*, ont d'abord choisi d'ouvrir leur(s) boutique(s) de location et vente de vélos, on les retrouve aussi sur les quais de Bordeaux. Chez Western Flyer, il devient alors possible de louer un vélo de ville (pour homme, femme ou enfant), un tandem... Vous pourrez même acheter un Fat Bike électrique capable de rouler dans le sable avec ses pneus surdimensionnés ! Vous trouverez aussi toute une gamme d'accessoires (casques, sacoches, selles...).

ALLO TAXI GIRONDINS

32, avenue des Chasseurs

PESSAC

✆ 05 56 80 70 37

www.taxis-girondins.fr

Service de taxis disponible 24h/24 et 7j/7.

Service de transport professionnel, Allo Taxis Girondins dispose de près de cinquante taxis climatisés, de la berline au monospace, pouvant transporter jusqu'à 8 voyageurs. Les prises en charge sont assurées tous les jours et à toute heure, et la plupart des communes de Bordeaux Métropole sont desservies. Il est aussi possible de réserver une course pour plus tard. Pensez à eux lors de vos retours de soirée ! Allo Taxi Girondins propose aussi des circuits touristiques de châteaux dans les vignobles bordelais ou sur le bassin d'Arcachon, entre autres.

BLUEBIRD VTC

✆ 06 50 25 29 08

www.bordeaux-chauffeur-prive.com

Service de chauffeur VTC (24 heures sur 24 et 7 jours sur 7).

Bluebird est un regroupement de VTC pour le transport de personnes. Et les maîtres mots sont élégance, bienséance, proximité et gain de temps. Ces chauffeurs privés sont aux petits soins de leurs clients. Leurs prestations sont nombreuses : voyages, séminaires, mariages, événements, rendez-vous professionnels, transfert aéroport/gare, etc. Les chauffeurs choisissent le meilleur itinéraire en anticipant et optimisant votre temps. Ils offrent 24 heures sur 24 et 7 jours sur 7, une large gamme de véhicules, de la berline au van, pour transporter de 1 à 8 passagers.

M-TICKET TBM

www.infotbm.com

Achetez et validez votre titre de transport (tram, bus et Bat³) directement sur votre smartphone depuis l'application TBM. Après avoir téléchargé l'application via l'App Store ou Google Play, inscrivez-vous et choisissez le titre de transport le plus intéressant pour vous : 1, 2 ou 10 voyages, ou en illimité pour 1 à 7 jours (en tarif plein uniquement). Pour les autres tarifs (demandeurs d'emploi, personnes âgées, étudiants, etc.), privilégiez les autres points de vente comme les distributeurs en station ou les agences commerciales.

CITIZ BORDEAUX

16, rue Ausone

✆ 05 56 31 10 66

www.bordeaux.citiz.coop

Tarifs : à partir de 3 € ou 5,50 €/h (avec ou sans abonnement) ; 22 € ou 39 €/jour ; 120 € ou 180 €/semaine.

A Bordeaux, mieux vaut privilégier les transports en commun, la marche ou le vélo. Mais la voiture peut s'avérer nécessaire... La solution s'appelle Citiz ! Implanté dans plusieurs villes de France, ce service de location en libre-service 24h/24 permet de louer une voiture pour la durée de son choix. De la citadine au monospace, 5 catégories de voitures sont disponibles, ainsi qu'un véhicule adapté au transport de personnes à mobilité réduite. Pour en profiter, on s'inscrit en ligne ou en agence et on récupère son véhicule dans une des stations de la métropole.

TBM

Cours du 30 Juillet

✆ 05 57 57 88 88

www.infotbm.com

Circule toute l'année, tous les jours (sauf le 1er mai) de 5h à 0h (fin de service à 1h le jeudi, vendredi et samedi).

Vous souhaitez des renseignements pour vous déplacer dans Bordeaux et la métropole ? Ou, vous souhaitez trouver le titre de transport adapté à votre séjour ? Tout ce dont vous avez besoin se trouve dans l'application mobile TBM disponible sous iOS et Android. Utilisée par plus de 400 000 personnes chaque mois, c'est l'outil idéal pour rester connecté au réseau de transport urbain. Consultez les horaires de vos lignes, préparez votre itinéraire et achetez vos tickets dématérialisés avec la fonctionnalité M-ticket. Trop facile !

ECOCYCLE DARWIN

87, quai des Queyries

✆ 07 52 19 80 86

https://velo-occasion.com/

Ouvert du mardi au samedi de 10h à 18h. Réparation. Rachat. Location. Livraison.

Depuis près de 50 ans chez Ecocycle, rien ne se perd, tout se transforme ! Les frères Barbier, qui ont ouvert un point de vente à Darwin, vendent des vélos d'occasion, notamment lors de foires au vélo. Ils ont plus d'une centaine de vélos pour hommes, femmes et enfants, de toutes catégories, y compris à assistance électrique. Notre préférence va aux vélos hollandais ou *vintage*, qui datent des années 1970 mais sont très résistants. Baptisé « Eco-porteur », le vélo cargo par Ecocycle est compact, abordable et robuste. Ecocycle est aussi à Mérignac.

YEGO MOBILITY

www.rideyego.com

Service accessible tous les jours de 5h à 1h. Tarif : 0,32 €/min. Packs prépayés de 10 € à 100 €.

Circuler en voiture et se garer à Bordeaux, ce n'est pas si simple ! Grâce à *Yego Mobility*, tout change ! Leur credo : « un scooter quand vous en avez besoin ». Ils ont mis en location des scooters dans la ville. Disponibles de 5h à 1h du matin, chaque scooter est à votre disposition avec deux casques. De couleur vert d'eau, ils sont faciles à repérer et vous les avez sans doute déjà aperçus à Bordeaux, Mérignac ou ailleurs. Pour enfourcher un Yego, il suffit de télécharger l'application et de suivre les instructions en quelques clics. Il n'y a ni bornes ni clés !

INTERVIEW

LE BATO PAR TBM

PLUS RAPIDE, PLUS FRÉQUENT !

Avec trois lignes, dont une en amont du pont de Pierre, de nouveaux bateaux et des fréquences renforcées, Le Bato s'impose comme une alternative écologique et paisible pour traverser la Garonne. Rencontre avec Mickaël Baudry, responsable des navettes fluviales à Bordeaux.

Pourquoi ce nouveau nom ?

Le Bato, comme Le Vélo, reflète la nouvelle identité du réseau TBM. Depuis le 9 novembre 2024, trois lignes remplacent l'ancienne liaison unique : le Bato 1 relie Lormont bas à la Cité du Vin en 10 minutes, le Bato 2 dessert Stalingrad, Quinconces, Bastide-Darwin et les Hangars en moins de 25 minutes, et le Bato 3 connecte la Benauge au Port de Bègles en 22 minutes, toutes les heures.

Qu'est-ce qui a changé ?

Les fréquences, le confort d'attente aux pontons et l'information voyageur ont été améliorés. En moins de 5 minutes à pied, vous accédez au tram, au bus ou à une station de vélos.

Quelles sont les spécificités des nouveaux Bato ?

Ce sont des catamarans avec une propulsion par hydrojets, zéro émission, qui accueillent jusqu'à 70 passagers, 10 vélos et 2 UFR, avec un salon plus spacieux et des équipements modernes (rétrovision, vidéosurveillance, etc.).

Le Bato, c'est pour les locaux ou les touristes ?

Les deux ! Idéal pour les déplacements domicile-travail comme pour découvrir la ville. Vous traversez la Garonne entre Quinconces et Stalingrad, en 4 minutes seulement, tout en profitant d'une vue unique sur Bordeaux. D'ici 2027, des pontons supplémentaires (Brazza, Saint-Michel, La Méca, etc.) viendront étoffer le réseau.

Les navettes circulent toute l'année, sauf le 1er mai, avec des horaires étendus l'été (jusqu'à 21 h). Les tickets sont vendus à bord, même par carte bancaire.

M-TICKET TBM

Boutique TBM des Quinconces
Cours du 30 Juillet, Bordeaux
www.infotbm.com

© JESSICA CALVO

© JESSICA CALVO

© JESSICA CALVO

À VOIR / À FAIRE

Le saviez-vous ? En 2007, l'UNESCO a inscrit la ville de Bordeaux sur la liste du patrimoine mondial pour son ensemble urbanistique et architectural d'exception. Le département de la Gironde est en effet reconnu comme l'un de ceux possédant le plus grand nombre de monuments historiques classés, dont plus d'un tiers situés à Bordeaux ! Visiter celle que l'on surnomme encore parfois la Belle endormie, c'est partir à la découverte de plus de 350 édifices classés, de quartiers historiques habillés de vieilles pierres, de musées emblématiques et uniques au monde, à l'image de la Cité du Vin ou des Bassins des Lumières de la Base sous-marine. Pour ne rien rater de ce riche patrimoine et de l'art de vivre typiquement bordelais, de nombreuses agences touristiques rivalisent de propositions pour vous permettre de découvrir l'agglomération autrement : à pied, en bus, à vélo, en bateau ou encore en petit train. Suivez le guide !

BIENVENUE À LA FERME

17, cours Xavier Arnozan
✆ 05 56 79 64 15
www.bienvenue-a-la-ferme.com/gironde
Accueil et vente directe à la ferme, offres et animations à consulter sur le site.

Soucieux de proposer une offre diversifiée autour de la vente directe de produits fermiers, de séjours, de loisirs et de restauration à la ferme, 9000 agriculteurs s'engagent autour de valeurs et de pratiques communes. La distinction « Bienvenue à la ferme », reconnaissable par le logo à la petite fleur jaune, est une garantie pour les consommateurs ! Consommer, séjourner et visiter le réseau Bienvenue à la ferme, c'est maintenir du lien social, soutenir l'économie locale, contribuer à la dynamisation de son lieu de vie et faire un geste pour la planète.

BORDEAUX ACCUEILLE MÉTROPOLE

6, rue du Vélodrome ✆ 05 56 81 68 26
www.bordeaux-accueille.com
Permanences le mardi, mercredi et jeudi de 14h30 à 17h (fermé pendant les vacances scolaires). Adhésion annuelle à 45 €.

Lorsque l'on arrive dans une nouvelle ville, ce n'est pas toujours simple de faire des rencontres chaleureuses. Bordeaux Accueille Métropole (BAM) a pour mission d'accueillir les nouveaux arrivants à Bordeaux et dans la région bordelaise afin de partager des moments de découvertes, de convivialité et de créer des liens amicaux. Les 6 antennes locales : Bordeaux-Maritime, Bordeaux-Centre, Le Bouscat-Caudéran, Mérignac, Pessac et Gradignan organisent chaque mois de nombreuses activités.

GIRONDE TOURISME

✆ 05 56 52 61 40
www.gironde-tourisme.fr
Ouvert du lundi au jeudi de 9h à 17h ; vendredi de 9h à 12h.

Le site Internet de Gironde Tourisme est très complet et parfait pour organiser des séjours au départ de Bordeaux et pour parcourir sa région. Au programme, par exemple, la découverte du vignoble bordelais, insolite, épicurien, artistique, festif et profondément humain, une sélection complète de chemins de randonnée allant des balades à pied jusqu'aux circuits de Grande Randonnée, des balades à vélo (700 km de pistes cyclables et plus de 2 300 km de sentiers VTT), des sorties en bateau ou en canoë ou tout simplement en voiture.

PLANÈTE BORDEAUX

route de Pasquina - **BEYCHAC-ET-CAILLAU**
✆ 05 57 97 19 20
www.planete-bordeaux.fr
Ouvert du lundi au vendredi de 9h à 12h30 et de 14h à 18h30.

Plonger au cœur des appellations Bordeaux et Bordeaux Supérieur, partir à la découverte du vignoble et déguster de Grands Crus… C'est la promesse de ce lieu situé à seulement vingt minutes de la capitale girondine. Ludiques, les expositions et projections éclaireront les novices et permettront aux fins amateurs d'approfondir leurs connaissances. Le clou du spectacle est l'espace de dégustation où vous pourrez découvrir des vins et vous laisser conseiller par des passionnés. Le vin est vendu au prix du producteur, vous trouverez d'excellents crus à prix abordable.

4 ROUES SOUS UN PARAPLUIE

5, allées de Tourny
✆ 01 58 59 27 82
www.4roues-sous-1parapluie.com
Ouvert du lundi au samedi 9h à 19h. Différentes formules, à partir de 33 €/pers.

Le principe de 4 roues sous un parapluie : faire découvrir Bordeaux à bord d'une mythique 2 CV pouvant accueillir trois personnes. Charme rétro et toit décapotable pour ambiance garantie ! Un chauffeur cultivé, fort sympathique et élégant, coiffé d'une casquette et vêtu de la célèbre marinière Saint James vous narrera mille histoires... Au programme : découverte ou flânerie dans les rues du Bordeaux éternel, dégustations de vin au château et visites privées de vignobles.

ATLANTIDE

https://www.atlantide.io/
Ouvert tous les jours et les jours fériés. Entre 2,99 € et 3,99 € pour 30 minutes à 1h30 de jeu.

Pour découvrir Bordeaux de façon ludique, téléchargez l'application Atlantide, gratuite sur IOS et Android et disponible en français et en anglais. Votre mission ? Parcourir les rues de la ville en résolvant des énigmes basées sur des faits historiques et intégrant des documents d'archives numérisés. L'appli est équipée de la réalité virtuelle, qui livre des anecdotes historiques quand un bâtiment ou un objet est pointé avec le téléphone. L'application propose trois scénarios à Bordeaux, de niveau facile à moyen, ainsi qu'à Blaye et à Saint-Emilion.

BORDEAUX VISIOTOUR

10, cours du 30 juillet
✆ 05 56 02 11 50
www.bordeaux-citytours.com
De février à décembre. Pass journée : 24 €/adulte ; 21 €/réduit ; 8 €/enfant (de 4 à 12 ans) ; gratuit jusqu'à 3 ans.

© VISIOTOUR BX

Prenez de la hauteur et découvrez le meilleur de Bordeaux à bord d'un bus à impériale ! Assis à l'étage supérieur, à 4 mètres de haut, profitez d'une vue panoramique unique... Montez et descendez en toute liberté sur les 10 arrêts et explorez les lieux incontournables de la ville à votre rythme. La visite audioguidée est disponible en 8 langues et le bus est accessible aux personnes à mobilité réduite. Les billets sont vendus en ligne ou bien directement à bord des bus. Un mini canelé Baillardran est offert à la fin de la visite.

LES BATEAUX BORDELAIS

24, Quai des Chartrons
✆ 05 56 39 27 66
https://lesbateauxbordelais.com
Croisières à partir de 17 €/adulte ; 5 €/enfant (de 5 à 12 ans) ; gratuit jusqu'à 5 ans. Privatisable. Coffrets cadeaux.

Les Bateaux Bordelais, accostés en plein centre sur les quais, proposent un superbe concept de croisières touristiques originales et qualitatives. Le choix des formules est vaste, entre les croisières promenades avec dégustation de canelés de la maison Baillardran, les croisières œnologiques avec dégustation de vins régionaux, les croisières festives du dimanche soir avec DJ sets, ou encore les croisières événement des souvenirs exceptionnels. Une bien belle façon de découvrir la ville et son patrimoine, en bateau sur la Garonne ! Les enfants sont les bienvenus.

BORDEAUX BE BOAT

45, cours Xavier Arnozan
✆ 06 81 92 87 08
www.bordeauxbeboat.fr
Location bateau + skipper (12 pers. max) : 180 €/h. Formules restauration à partir de 12 €/pers.

Vous souhaitez vivre un moment totalement inédit sur la Garonne ? Be Boat Bordeaux propose des croisières sur mesure, pour coller à vos envies ! Inspiré du chaland ostréicole du bassin, l'*Aglaé Bordeaux* est idéal pour accoster afin de découvrir les richesses de l'estuaire, ses nombreux châteaux, les fameux carrelets et bien d'autres lieux au charme sauvage. Au programme : croisières-promenades, apéro'boat, petit déjeuner et brunch, repas à bord, visites de propriétés viticoles, dégustations découverte du caviar d'Aquitaine, etc.

BORDEAUX SUR L'EAU

1, port Garonne - **BÈGLES** ✆ 07 68 93 39 22
www.bordeauxsurleau.fr
Ouvert tous les jours de 9h à 20h. Balade (12 personnes maximum) à partir de 15 €/personne. Restauration.

Bordeaux sur l'eau propose une activité insolite et intimiste : des balades sur mesure le long des berges de la Garonne. Pierre André a remonté un chaland (les barques dont se servent les ostréiculteurs) depuis le bassin d'Arcachon et l'a entièrement réaménagé avec un plancher en bois et de confortables fauteuils et tables, pour en faire une embarcation *cosy* et atypique. Durant votre sortie fluviale, vous pourrez choisir de savourer un menu concocté par la Boucherie Brédoise, une assiette d'huîtres, ou d'apporter votre pique-nique moyennant un droit de bouchon.

CROISIÈRES BURDIGALA

✆ 05 56 49 36 88
www.croisieresburdigala.fr
Horaires et jours sur site. Croisière Bordeaux au Fil de l'Eau : 15 € par adulte, 5 € par enfant de 4 à 12 ans.

Avec leurs trois bateaux (*Burdigala*, *Burdigala II* et *Aquitania*), dont un de 200 places, accessibles aux personnes à mobilité réduite, les Croisières Burdigala offrent plusieurs options. Découvrez la croisière Bordeaux au fil de l'eau – Croisière Unesco (1h30 de navigation commentée le long des façades des quais et des ponts de Bordeaux dans le port de la Lune), ainsi qu'une croisière très nature, au rythme des marées, avec une escale à l'Ile nouvelle ou à Blaye, sans oublier une croisière en amont de Bordeaux avec une escale à la jolie bastide de Cadillac.

LA GARONNAISE

1, quai des champs
✆ 06 64 03 87 18
Fermé de novembre à mars. Ouvert tous les jours de 9h à 23h. Tarif en fonction de la croisière. Restauration.

Une histoire de frères : Aymeric, un marin, et Amaury, qui travaille dans la communication, ont eu la bonne idée de faire redécouvrir la Garonne aux locaux et d'émerveiller les touristes. A bord de leur vedette en bois, prévue pour 12 personnes ils nous embarquent pour une balade sur les rives bordelaises du fleuve ou remontent vers Cadillac, pour un plus lointain voyage au cœur des terres girondines ou pour une croisière sur mesure. La balade s'assortit d'un moment gastronomique : dégustation de vins, apéro, brunch, déjeuner ou dîner préparés par un chef.

KART'IN TOWN

CAMBLANES-ET-MEYNAC
✆ 06 44 25 95 64
www.kartintown.com
Ouvert toute l'année sauf en juillet et août pour le circuit du Cap Ferret. De 69 € à 79 € à partir de 2 personnes.

Envie de découvrir la région de manière inédite ? Mickaël Seclèv vous propose deux circuits de visites, dans l'Entre-deux-Mers et sur le bassin d'Arcachon du côté du Cap Ferret. Jusque-là, rien d'atypique... sauf que les visites guidées se font en karting ! Mais, rien à voir avec du karting sur circuit. Les sessions de 45/50 minutes incluent 15 minutes de briefing avant le départ. Et vous ne serez jamais plus que 5 ou 6. Forcément, l'activité est uniquement pour les titulaires d'un permis B valide, entre 18 et 99 ans. Une très chouette expérience !

MIAM BORDEAUX

✆ 06 21 80 06 80
https://miamevent.fr/bordeaux/
Balade et dégustations (3h) : 64 €/pers ; sur mesure à partir de 40 €/pers ; privée : 430 €. Accueil des groupes.

Quand le tourisme rime avec gastronomie : Miam Bordeaux propose des balades gourmandes pour découvrir la ville par les papilles. Partez à la rencontre des artisans du coin et goûtez aux spécialités qui font la renommée de la région : foie gras, cannelés, dunes blanches... Sans oublier le vin ! Vous avez le choix entre différentes formules, comme « L'épicurieuse » qui vous plonge dans le vieux Bordeaux et vous emmène au cœur du célèbre marché des Capucins pour quelques fameuses dégustations régionales. Un délicieux moment en perspective !

LE VIGNOBLE DU MÉDOC

1, cours du 30 Juillet
✆ 05 56 48 18 62
www.medoc-bordeaux.com
Portes ouvertes des Châteaux du Médoc les 5 et 6 avril 2025.

Une balade dans le Médoc permet de découvrir 8 appellations prestigieuses : 2 sous-régionales (Médoc et Haut-Médoc) et 6 communales (Saint-Estèphe, Pauillac, Saint-Julien, Moulis-en-Médoc, Listrac-Médoc, Margaux). Ici, plus de 16 000 ha de vignes sont travaillés par près de 600 viticulteurs. Le Médoc côté vin c'est : 600 châteaux, 60 grands crus classés, des centaines de crus bourgeois, 6 caves coopératives, des dizaines de caves indépendantes, 100 millions de bouteilles par an... En 2025, les portes ouvertes sont organisées les 5 et 6 avril.

ÉCOSITE DU BOURGAILH

179, avenue de Beutre - PESSAC
✆ 05 56 15 32 11
www.bourgailh-pessac.fr
Ouvert toute l'année. Tous les jours et les jours fériés de 9h à 17h30.

Cette structure dédiée à l'environnement et à la protection de la nature a pour vocation de sensibiliser le grand public à ces questions. Elle propose pour cela des animations dans la belle forêt du Bourgailh, un Espace Naturel Sensible de 110 hectares à Pessac, et notamment lors d'interventions techniques et pédagogiques extérieures ou lors de formations professionnelles. L'association aborde les thèmes liés à la biodiversité, au jardin, à la faune et à la flore, au bien-être et à l'alimentation, dans des ateliers, événements, balades naturalistes...

LES VISITES D'HUBERT

✆ 06 83 50 08 67
https://hubert-visites.com
Ouvert toute l'année. Visite en groupe : 13 €/adulte ; 10 €/réduit ; 2 €/enfant. Visite privée à partir de 100 €.

Que vous soyez de passage à Bordeaux ou fraîchement installé dans la capitale girondine, Hubert, « guide bordelais pur sucre », vous dévoilera les mystères de la ville. Féru d'histoire, ce guide passionné et passionnant vous baladera à travers les rues et les siècles : l'Antiquité romaine, le Moyen Age, la Révolution française, les guerres... Autant de pans de notre histoire que l'on redécouvre sous un nouveau jour dans des lieux emblématiques ! De belles immersions en Gironde sont également au programme : Saint-Emilion, Arcachon ou la célèbre dune du Pilat.

WINE TOUR BOOKING

65, avenue Charles de Gaulle
✆ 06 03 54 78 98
www.winetourbooking.com
Visite-dégustation : à partir de 10 €/pers. Réservation en ligne.

Envie de vivre une expérience d'œnotourisme originale ? Découvrez Wine Tour Booking ! Au cours de réceptions sur rendez-vous dans un domaine viticole, un caveau ou un château, profitez d'un cours de dégustation et savourez des produits régionaux à travers des ateliers accords mets et vins… Cette plateforme unique de réservation pour l'ensemble du vignoble bordelais a une expertise particulière en ce qui concerne la région viticole de Bordeaux ! Son but : aider les propriétaires à accueillir les visiteurs et les aiguiller vers les propriétés.

CAPC - MUSÉE D'ART CONTEMPORAIN DE BORDEAUX ★★

7, rue Ferrère
✆ 05 56 00 81 50
www.capc-bordeaux.fr
Ouvert du mar. au dim de 11h à 18h. Tarifs : 6 € à 8 €/adulte ; 3,50 € à 4,50 €/réduit ; 2 €/étudiant ; gratuit -18 ans.

Le CAPC musée d'Art contemporain de Bordeaux propose toute l'année un programme d'expositions temporaires et de fréquents événements culturels. Il est installé dans l'ancien Entrepôt douanier des denrées coloniales. Dans cet espace gigantesque, les artistes s'approprient les lieux : une imposante salle aménagée de voûtes et de colonnes en pierre, des escaliers dans lesquels on se perd... Sans oublier le centre d'architecture Arc en Rêve, dédié à l'urbanisme.

BASSINS DES LUMIÈRES

Base sous-marine ✆ 05 35 00 00 90
https://www.bassins-lumieres.com
Horaires variables, voir site. Tarifs : 16 €/adulte ; 9 €/enfant (de 6 à 25 ans) ; 43 €/famille ; gratuit jusqu'à 5 ans.

Créée en 1940, la base militaire sous-marine de Bordeaux est devenue les Bassins des Lumières, plus grand centre d'art numérique au monde ! Les quatre bassins ont ainsi été transformés et réaménagés pour voir projeter sur leurs murs, sols et plafonds des œuvres d'artistes incontournables... L'ensemble se divise en plusieurs espaces, parmi lesquels le Cube, un espace insonorisé de 220 m^2 et 8 mètres de haut dédié aux artistes contemporains de l'art immersif. La Citerne, sur 155 m^2 et 7 mètres de haut, fait quant à elle le lien entre musées et œuvres d'origine.

CATHÉDRALE SAINT-ANDRÉ ★★

Place Pey-Berland
✆ 05 56 00 66 00
Ouvert tous les jours, horaires variables selon la saison. Visite du Trésor (mercredi et samedi de 14h30 à 17h30) : 2 €.

L'imposante cathédrale Saint-André de Bordeaux se dresse fièrement sur la Place Pey Berland. Cette cathédrale gothique du XIe siècle est l'un des plus somptueux monuments de la ville. Son histoire est riche, de son édification puis son incendie au XVIIIe siècle, jusqu'à sa restauration un siècle plus tard. Aujourd'hui inscrite au patrimoine mondial de l'Unesco, elle figure parmi les grandes étapes du chemin de Saint-Jacques-de-Compostelle avec deux autres lieux de culte bordelais : la basilique Saint-Michel et la basilique Saint-Seurin.

ESPLANADE DES QUINCONCES ★★

Place des Quinconces

Créée au début du XIXe siècle sur l'emplacement du château Trompette, l'esplanade des Quinconces descend en pente douce vers la Garonne. La superficie 12 hectares en fait l'une des plus grandes places d'Europe, accueillant ainsi manifestations, concerts, cirques et foires. Au cœur de la place, le Monument aux Girondins élevé entre 1894 et 1902 à la mémoire des députés de la Révolution. De part et d'autre de cette colonne, deux bassins prennent place avec sur chacune d'éblouissantes sculptures baptisées Le Triomphe de la République et le Triomphe de la Concorde.

DARWIN - CASERNE NIEL

87, quai de Queyries
✆ 05 56 77 52 06
www.darwin-ecosysteme.fr
Ouvert tous les jours. Restauration. Activités, animations.

Darwin, c'est l'écosystème alternatif de la rive droite, un lieu dédié à l'innovation, à la création et aux initiatives écocitoyennes, implanté dans l'ancienne caserne Niel. Lancé en 2008 avec la réhabilitation écologique des anciens bâtiments militaires, il accueille de nombreuses entreprises et associations mais aussi un skatepark, une boulangerie bio, un bar-restaurant, une chocolaterie... Terrain de jeu favori des *street artists*, de nombreux événements y sont perpétuellement organisés. Un lieu qui regroupe tous les âges et tous les publics. On adore !

GROSSE CLOCHE ★

1, rue Saint-James
✆ 05 56 00 66 00
www.bordeaux-tourisme.com
Visite guidée le samedi matin (30 min), sur réservation : 6 €. À partir de 6 ans.

Au Moyen Age, la Grosse Cloche faisait partie des remparts de la ville, avant de subir de nombreuses modifications. Rare monument de cette époque que Bordeaux a conservé, le lieu fut transformé en prison – on peut d'ailleurs apercevoir les dessins et inscriptions des détenus qui décomptaient leurs jours d'enfermement – avant de devenir l'un des beffrois les plus touristiques de France. Si vous aimez voyager dans le temps, optez pour une visite guidée. Préférez venir à la nuit tombée, quand la Grosse Cloche est éclairée de lumières bleues !

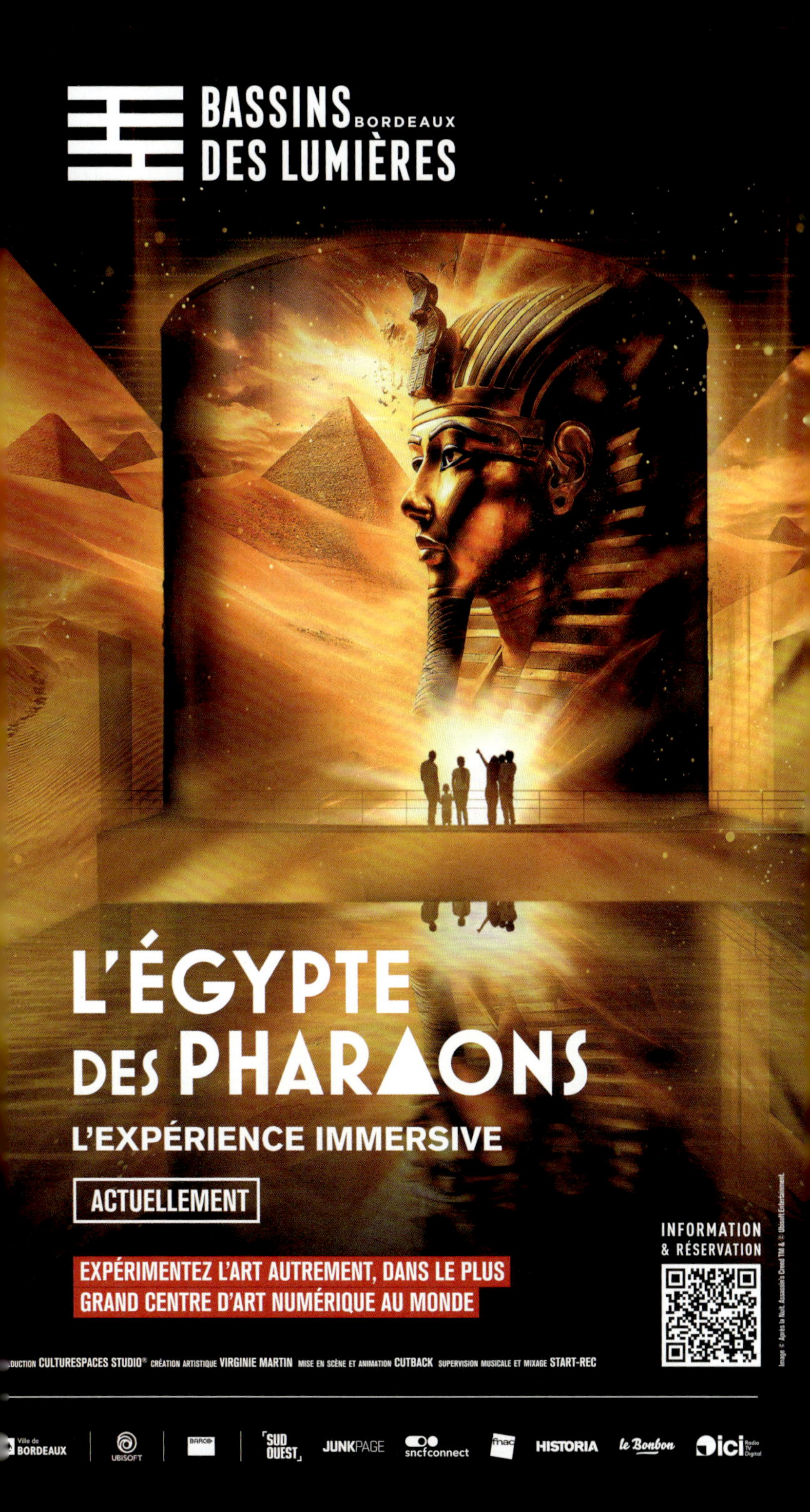
BASSINS DES LUMIÈRES
BORDEAUX
L'ÉGYPTE DES PHARAONS
L'EXPÉRIENCE IMMERSIVE
ACTUELLEMENT
EXPÉRIMENTEZ L'ART AUTREMENT, DANS LE PLUS GRAND CENTRE D'ART NUMÉRIQUE AU MONDE
INFORMATION & RÉSERVATION
…DUCTION CULTURESPACES STUDIO® CRÉATION ARTISTIQUE VIRGINIE MARTIN MISE EN SCÈNE ET ANIMATION CUTBACK SUPERVISION MUSICALE ET MIXAGE START-REC
Image © Après la Nuit. Assassin's Creed TM & © Ubisoft Entertainment.

JARDIN PUBLIC ★★

cours de Verdun

Ouvert toute l'année, tous les jours à partir de 7h et fermeture entre 18h à 21h selon la saison.

Les dix hectares de verdure du Jardin Public en font un lieu de promenade et de détente incontournable. D'autant plus qu'il abrite le théâtre de Guignol, animé par la famille Guérin depuis 1853 ! Le carrousel à l'ancienne séduit aussi bien les petits que les grands enfants et une réplique historique de la célèbre embarcation Le Petit Mousse vogue sur le plan d'eau. Le café-restaurant l'Orangerie offre un joli cadre pour déjeuner, goûter ou boire un café. Le Jardin Public abrite aussi un arboretum, une bibliothèque et le Muséum d'Histoire naturelle.

LA CITÉ DU VIN ★

1, esplanade de Pontac

© 05 56 16 20 20

www.laciteduvin.com

Ouvert 7j/7, horaires sur le site. Adulte : 23 € et 22 € en ligne ; 6 à 17 ans : 9 € (Expo permanente + dégustation).

La Cité du Vin, à l'architecture audacieuse et emblématique, offre un voyage unique à la découverte du vin. Une partie de la scénographie, les équipements numériques et le multimédia ont été renouvelés afin d'accorder une place plus grande au vivant et au contenu scientifique, tout en conservant un côté ludique et pédagogique. Autres nouveautés : l'Atelier Bordeaux 360°, pour une dégustation multisensorielle, et Via Sensoria, un parcours immersif de dégustation où le visiteur traverse les 4 saisons en dégustant 4 verres de vin ou de jus, pour éveiller ses 5 sens.

MIROIR D'EAU ★★★

Quai de la Douane

https://www.bordeaux.fr/l10812

Le miroir d'eau fonctionne tous les jours de 10h à 22h, hors période hivernale.

Le Miroir d'eau est un lieu incontournable le long des quais. A sec, la dalle en granit ressemble à une grande ardoise. Mais dès les beaux jours, le pavage se recouvre de 2 centimètres d'eau, transformant le sol en immense miroir où se reflète la place de la Bourse. Petits et grands enfants ont vite pris l'habitude de jouer avec ses volutes ou ses reflets, et profitent durant l'été de cette oasis de fraîcheur bienvenue. Le soir venu, le spectacle continue avec l'illumination de la façade de la Bourse. Tout simplement magique !

MUSEUM DE BORDEAUX

5, place Bardineau

© 05 24 57 65 30

https://www.museum-bordeaux.fr

Ouvert du mardi au dim, horaires variables selon saison. Tarifs : 6 € à 8 €/adulte ; 3,50 €/enfant (de 6 à 18 ans).

Agréablement situé dans le Jardin public, l'Hôtel de Lisleferme, qui abrite les collections du Museum de Bordeaux, a été agrandi lors de grands travaux de rénovation pour accueillir plus d'expositions et faciliter l'accessibilité au public. Ce lieu de médiation, d'apprentissage et de sensibilisation présente des expositions temporaires et semi-permanentes dans un parcours muséographique très ludique, grâce à des dispositifs interactifs et un spectacle multimédia, ainsi qu'un « Musée des Tout-petits » spécialement conçu pour les moins de six ans.

MUSÉE D'AQUITAINE ★★

20, cours Pasteur © 05 56 01 51 00

www.musee-aquitaine-bordeaux.fr

Réouverture en mai 2025. Mar au dim 11h-18h. Tarif 6 €, 3,50 € réduit. Visite guidée + 5 €. Gratuit -18 ans/carte jeune.

Le Musée d'Aquitaine abrite des collections permanentes qui réunissent environ 700 000 pièces d'archéologie, d'histoire ainsi que d'ethnographie régionale et extra-européenne retraçant l'histoire de Bordeaux et de sa région. Elles sont présentées selon un parcours chronologique et thématique. À ne pas rater : les espaces consacrés au XVIIIe siècle (« Bordeaux, le commerce atlantique et l'esclavage »), au XIXe siècle et à l'entre-deux-guerres (« Bordeaux, porte du monde 1800-1939 »). Parallèlement, le musée propose aussi de grandes expositions temporaires.

PLACE DE LA BOURSE ★★★

La Place de la Bourse est un ensemble monumental pensé par l'Intendant Boucher et aménagé de 1730 à 1755. Sur la place rectangulaire l'Hôtel des Fermes et l'Hôtel de la Bourse construits de part et d'autre d'un pavillon central. Les édifices arborent des façades ornées de mascarons. La colonne-fontaine des Trois Grâces, d'ordre corinthien, date de 1869. Cette place fut la première en France à être ouverte sur un fleuve et construite hors des murs de la ville. Elle accueille notamment la CCI de Bordeaux ainsi qu'un espace événementiel, le Palais de la Bourse.

1000 M2

48, rue Ferdinand Buisson
BÈGLES
https://www.1000m2.org
Ouvert le vendredi et le samedi en période d'expositions, horaires variables. Sans réservation.

Espace artistique atypique et inspirant, 1 000 m² est à la fois une résidence d'artistes et une galerie d'art axée street art et contemporain. 800 de ces mètres carrés sont ainsi occupés par les 11 ateliers que se partagent à l'année les artistes résidents, tandis que les 200 autres leur servent à exposer et à vendre leurs œuvres. Sans compter les murs extérieurs, support de création et de libre expression de chacun ! Les genres et les inspirations se mélangent étonnamment dans ces anciens bâtiments industriels, à visiter en période d'expositions...

OBSERVATOIRE ASTRONOMIQUE DE BORDEAUX

2, rue de l'Observatoire
FLOIRAC
Visite guidée le samedi matin de 10h30 à 11h, sur réservation : gratuit. A partir de 7 ans.

L'Observatoire de Bordeaux a été fondé en 1878 par l'astronome français Georges Antoine Pons Rayet. Le plus gros du travail a consisté en des mesures astronomiques et à l'étude des ondes radioélectriques. Les visites guidées permettent notamment de comprendre l'histoire des lieux, d'admirer la grande lunette équatoriale dont le tube est impressionnant (il mesure 7 mètres de long). Elles se terminent par la présentation de l'œuvre d'art de Suzanne Treister.

ÉCOMUSÉE DE LA VIGNE ET DU VIN

238, cours du Général de Gaulle - **GRADIGNAN**
✆ 05 56 89 00 79
Ouvert mer, ven, samedi et 2ème dimanche du mois de 14h à 18h ; ou sur rdv. Gratuit. Visite-dégustation : 12 €.

L'Ecomusée de la vigne et du vin, installé dans un cadre pittoresque, laisse découvrir le monde fascinant de la viticulture à travers les âges. Dans l'ancienne ferme du Sabatey, une exposition rassemble de plus de 400 pièces et outils traditionnels utilisés de 1850 à 1950. La vigne, sa culture, ses maladies, les secrets des chimistes du vin et le savoir-faire transmis de génération en génération : rien ne vous échappera, pas même une dégustation de vins des Graves !

PARC ANIMALIER RENÉ CANIVENC

53, rue du Moulineau
GRADIGNAN
✆ 05 56 89 51 74
Ouvert toute l'année, horaires variables selon la saison. Aire de jeux. Snack. Animaux.

Un sympathique parc familial traversé par l'Eau Bourde, dans lequel sont installés, bien au vert, quelques 250 animaux. Des plus classiques (ânes, lapins, canards...) aux plus exotiques (perruches, émeus, wallabies...), les enfants apprécieront la dimension de ce mini zoo à taille humaine et la proximité avec leurs congénères à poils et à plumes. Le parc à chèvres a toujours beaucoup de succès ! Également sur place, un aquarium et une grande aire de jeux avec manège et petit snack.

CHÂTEAU DU TAILLAN ★

56, avenue de la Croix - **LE TAILLAN-MÉDOC**
✆ 05 56 57 47 00
www.chateaudutaillan.com
Ouvert du lundi au samedi de 10h à 18h ; dimanche 10h à 16h sur rdv. Visite dégustation : 14 € à 40 €. Livraison.

L'un des premiers châteaux de la route des vins du Médoc, cette propriété familiale depuis 1896 se distingue par ses façades blanches du XVIIIe siècle, sa vue sur le vignoble et son vieux chai très particulier. Reconstruit au XVe siècle, ce dernier est classé aux monuments historiques pour son sous-sol et ses doubles voûtes impressionnantes. La Dame Blanche, le vin blanc sec du château, tire son nom d'une légende régionale sur une femme maure mariée à un jeune soldat médocain revenu des croisades. Découvrez cela et plus encore lors d'une visite thématique !

LA FERME URBAINE DES IRIS

8, rue Sourbes
LORMONT
✆ 05 57 77 63 40
Ouvert tous les jours de 8h à 20h. Parc en accès libre, tables de pique-nique.

Sur les hauteurs de Lormont petits et grands peuvent se balader librement dans un parc de 5 hectares pour voir ânes gascons, poneys, brebis blanches du Massif central, lapins, chèvres et boucs pyrénéens, mais aussi plusieurs gallinacés, des cochons d'Inde et une truie vietnamienne. Le parc offre un bel espace vert à l'heure du goûter, ainsi que quelques jeux pour les enfants. Certains animaux sont récupérés auprès de particuliers ou confiés par le Conservatoire des races d'Aquitaine.

© MOON HARBOUR DISTILLERIE

© JESSICA CALVO

© JESSICA CALVO

DISTILLERIE MOON HARBOUR

492, boulevard Alfred Daney
✆ 05 56 29 86 60 - www.moonharbour.fr
Ouvert du mar. au sam. de 10h à 13h et de 14h à 18h. Visite (sauf mer.) : 20 € ; 15 € jusqu'à 25 ans, sur réservation.

Produire un whisky 100 % bordelais dans la capitale du vin, il fallait oser ! La distillerie prend forme en 2017 dans un ancien bunker quand Jean-Philippe Ballanger crée la marque Moon Harbour en clin d'œil au port de la Lune. Elle produit une gamme de whiskies uniques distillés sur un alambic bordelais et élevés en barriques issues de grands crus bordelais embouteillés sur site. Le petit dernier, le Dock 3, est fumé aux algues du bassin d'Arcachon et élevé en fûts de Château La Louvière. Un gin aux aromatiques incroyables et un rhum ambré complètent la gamme.

© MOON HARBOUR DISTILLERIE

© JESSICA CALVO

PARC BOURRAN

Avenue de la Marne
MÉRIGNAC
www.merignac.com
Ouvert toute l'année à partir de 8h, horaires de fermeture variables en fonction des saisons.

Le parc Bourran est un magnifique parc paysagé, autour d'un château du même nom, classé aux Monuments historiques. Ses 17 hectares proposent un potager pédagogique, un rucher, un verger de variétés anciennes, un parcours pour les joggeurs, plusieurs aires de jeux dont l'une est accessible aux enfants à mobilité réduite, et des tables de pique-nique pour toute la famille. Au cours de sa promenade, on peut admirer des arbres remarquables, originaires d'Europe, d'Amérique et d'Asie. Le parc possède un bel étang, des grottes et des cascades.

CITÉ FRUGÈS-LE CORBUSIER ★

4, rue Le Corbusier - **PESSAC**
✆ 05 56 36 56 46
Ouvert du mercredi au dimanche, horaires variables selon la saison. Visite libre ou guidée sur réservation. Gratuit

Construite en 1926 par Le Corbusier sur commande de l'industriel sucrier Henry Frugès, cette cité propose une vision novatrice de l'architecture et de l'habitat social. Sous forme de cité-jardin, l'ensemble pavillonnaire comprend 50 habitations. Les quartiers modernes Frugès sont à la fois la première cité de logements sociaux réalisée par Le Corbusier et son premier projet à grande échelle, d'ailleurs inscrit au patrimoine mondial de l'Unesco. La Ville de Pessac a acquis une maison gratte-ciel, transformée en maison Frugès-Le Corbusier, ouverte à la visite.

TEPACAP

10, rue Archimède - **MÉRIGNAC**
✆ 06 09 53 33 38 - www.tepacap-bordeaux.com
Ouvert d'avril à novembre, jours et horaires variables (calendrier en ligne). Tarifs : 8 € à 30 € selon les activités.

Derrière le Décathlon Mérignac, ce parc d'accrobranche fait prendre de la hauteur : entre tyroliennes ou ponts de singe, évadez-vous entre ciel et terre ! Les enfants mesurant moins de 1,20 m ont aussi leur espace de jeux, « Le Monde des Pitchounes », composé de parcours sécurisés (sans harnais) et de trampolines. Un parcours d'orientation est prévu pour les aventuriers en herbe, ainsi qu'un labyrinthe mystère. Nouveau, « Explor'games », ouvert au printemps 2023, propose une aventure immersive en pleine forêt. T'es cap ou Tépacap de relever le défi ?

ROYAL KIDS PESSAC

6, rue Henri de Châtelier - **PESSAC**
✆ 05 56 08 70 18
www.royalkids.fr/parcs/pessac
Ouvert 7j/7 de 10h à 19h durant les vacances scolaires ; du mercredi au dimanche durant l'année. Tarifs : 8 € à 11 €.

Royal Kids, c'est le paradis des petits ! Les enfants sont les rois de ce gigantesque espace fermé, entièrement pensé pour eux : des toboggans, des jeux de construction géants, une piscine à balles, des parcours gonflables, un terrain de foot, une mini piste de karting, un tourniquet et même une discothèque ! Les parents sirotent un café, dans le brouhaha général, mais en toute quiétude, car toutes les structures sont sécurisées. Pour les anniversaires, les petits fêtards pourront danser et prendre la pose avec Léon le gentil dragon, la mascotte du parc.

FORÊT DU BOURGAILH

160, avenue de Beutre
PESSAC
✆ 05 57 93 65 40
Ouvert toute l'année. Animations par la Ville de Pessac et l'Association Ecosite du Bourgailh. Espace accueil en saison.

Cet immense écrin de verdure est l'un des espaces verts naturels les plus importants de l'agglomération bordelaise. Fréquenté depuis longtemps par les promeneurs, de récents travaux ont permis de créer de nouveaux espaces très agréables. Connu pour ses trois belvédères et ses sentiers propices à l'observation de la faune locale, sa serre tropicale, son jardin et son potager pédagogique, le site dispose aussi d'une grande aire de jeux, d'un théâtre de nature et de nombreux aménagements ludiques et sportifs. On y trouve également un refuge périurbain.

ZOO DE BORDEAUX PESSAC ★★

3, chemin du Transvaal - **PESSAC**
✆ 05 57 89 28 10
www.zoo-bordeaux-pessac.com
Ouvert toute l'année, jours et horaires variables selon la saison. Adulte : 19,50 € ; enfant (de 3 à 11 ans) : 14,50 €.

Aux portes de Bordeaux, découvrez la magie de la faune sauvage et partez pour un grand voyage qui traverse les 5 continents : de la brousse africaine à l'Asie, en passant par l'Amérique du Sud, venez découvrir tour à tour autruches, lions, wallabies, tigres, makis, pandas roux, tapirs, girafes, servals, chats pêcheurs, loutres d'Asie... Pour Pâques, Halloween ou Noël, ne manquez pas les spectacles et les animations. Grâce aux deux *lodges* spacieux situés au cœur des enclos des tigres blancs et des jaguars, vous vivrez l'expérience unique d'une nuit au zoo.

LA CITÉ FRUGÈS - LE CORBUSIER

UNE RÉVOLUTION ARCHITECTURALE ET SOCIALE

Véritable emblème de la ville de Pessac, la Cité Frugès - Le Corbusier illustre une vision novatrice de l'habitat moderne. Inscrite au patrimoine mondial de l'UNESCO depuis 2016, elle continue de susciter l'intérêt des passionnés d'architecture et d'urbanisme. Rencontre avec Cyril Zozor, chargé de mission.

Comment est née la cité ?

La cité est avant tout le fruit d'une rencontre entre deux personnalités. L'industriel sucrier Henry Frugès, sensible aux recherches de Le Corbusier, lui commande alors ce projet. Et, Henry Frugès a dit : « Pessac doit être un laboratoire... », une réelle expérimentation d'habitat moderne ! Ainsi soit-il...

En quoi fut-elle avant-gardiste ?

La construction des Quartiers Modernes Frugès entre 1924 et 1926 est une véritable révolution, et ce à de nombreux égards ! Constructive, avec l'utilisation de techniques industrielles permettant la baisse des coûts et une réalisation à grande échelle ; esthétique, avec les formes et couleurs de l'architecture moderne ; sociale et sanitaire, avec une attention portée sur l'aménagement, la fonctionnalité et le confort (lumière naturelle, espace aéré, lieux de vie différenciés...).

Comment s'intègre-t-elle dans la ville ?

Sur les 50 maisons du quartier, 49 sont habitées, et la dernière, qui appartient à la ville, est ouverte au public depuis 1987. Pour l'anecdote, il devait y en avoir 200, mais l'inflation des années 20 n'a permis d'en construire que 51... L'une a été détruite pendant la guerre.

Quelles sont les actualités de la cité ?

Notre « maison témoin » va bénéficier d'une restauration exceptionnelle, fidèle au projet initial dont nous avons toute connaissance grâce aux plans, croquis, devis et factures de l'époque. Sa réouverture est prévue en 2026, pour le centenaire de l'inauguration de la cité et les dix ans de l'inscription au patrimoine mondial de l'UNESCO.

Peut-on quand même visiter pour en savoir plus ?

Oui, nous proposons des visites commentées du mercredi au dimanche. En plus, c'est gratuit ! La Cité Frugès se visite également en toute autonomie, et toute l'année, grâce à l'installation de panneaux de médiation et d'un podcast en 6 épisodes qui pourront vous accompagner dans la découverte du quartier.

CITÉ FRUGÈS-LE CORBUSIER
4, rue Le Corbusier - **PESSAC**
✆ 05 56 36 56 46

SE LOGER

Pour un week-end ou pour une semaine, le choix du logement est stratégique. Chaque année, la ville de Bordeaux accueille de nombreux touristes, attirés par son riche patrimoine et sa douceur de vivre. L'offre d'hébergements est donc vaste, et vous trouverez dans chaque quartier des solutions adaptées à vos besoins et à votre budget. Passer la nuit dans le centre historique de Bordeaux est une excellente idée si l'on veut profiter au mieux de l'ambiance particulière de la vieille ville. Attention tout de même, c'est ici que les tarifs seront les plus élevés, notamment dans le Triangle d'Or qui concentre les plus beaux monuments. Pour un séjour typique et plein de charme, nous vous conseillons de dormir dans le quartier des Chartrons, réputé pour son esprit bohème et son ambiance de village. Néanmoins, dans toute la ville se nichent de charmantes petites adresses dont nous avons fait une sélection.

APPART'HÔTEL VICTORIA GARDEN BORDEAUX €

127, cours de la Somme
✆ 05 56 33 48 48
www.victoriagarden.com

Studio double à partir de 72 € ; triple à partir de 102 € ; suite à partir de 122 €. Petit déjeuner : 10 €.

Très bien situé entre la place de la Victoire et la place Nansouty, cet appart'hôtel avec parking privé (en supplément) fait le plein de voyageurs tout au long de l'année. Il faut dire que pour séjourner dans une chambre avec kitchenette, les prix sont intéressants. Certaines chambres profitent même d'une terrasse. A l'extérieur, dans les couloirs et dans la salle du petit déjeuner, vous pourrez découvrir les œuvres réalisées par les street-artistes A-MO et David Selor, en 2020.

BLOOM HOSTEL €

188, cours de la Somme
✆ 05 57 80 38 04
www.bloom-hostel.com

Ouvert toute l'année. Dortoir : à partir de 34 €/nuit. Petit déjeuner : 3,50 € à 7,50 €. Bar. Coworking. Jardin.

A 10 minutes à pied de la Place de la Victoire et à 20 minutes à pied de la Gare Saint-Jean, le Bloom Hostel a fleuri dans le quartier Nansouty. Bien desservi par les transports en commun, ce lieu de vie inspiré des auberges de jeunesse dispose de 80 couchages répartis en dortoirs de 4, 6 ou 8 lits, ainsi que de deux chambres PMR. Le bar et le petit déjeuner sont accessibles à tous, et l'on peut y déjeuner sur le pouce le midi ou grignoter quelques tapas le soir. Enfin, il faut noter un extérieur aménagé comme un jardin et une salle de coworking.

GREET HOTEL BORDEAUX AEROPORT** €

99, avenue John Fitzgerald Kennedy - **MÉRIGNAC**
✆ 05 56 55 93 66

86 chambres, à partir de 54 €. Petit déjeuner : 9 € ; demi-pension ; 27 €. Salles de réunions. Parking.

Pratique pour les voyageurs en provenance ou à destination de Bordeaux, car situé à seulement 800 mètres de l'aéroport et 3,6 km du centre-ville de Mérignac, cet hôtel du groupe Accor dispose de 86 chambres simples mais confortables (certaines pouvant accueillir jusqu'à 5 personnes), et d'un sympathique restaurant avec terrasse, où prendre un petit déjeuner composé de produits frais et locaux. On aime beaucoup la décoration chinée et détournée ! Rapport qualité-prix très raisonnable.

WHOO €

12, rue de Gironde
✆ 05 35 54 01 66

Chambre double à partir de 64 € ; dortoir à partir de 30 € par personne. Petit déjeuner : 7,50 €.

Résidence hôtelière doublée d'une auberge de jeunesse, cet établissement s'adresse aussi bien aux jeunes actifs qu'aux touristes. Le Whoo dispose d'un grand lobby pour se retrouver, se détendre dans les espaces sofa, d'une grande salle ouverte sur une terrasse en bois pour prendre son repas avec Daily Day et d'un espace de coworking. Côté auberge : des dortoirs femmes ou mixtes de 3 à 8 personnes avec douche, w.c. et des rangements pratiques. Côté résidence : de beaux studios de 19 m² avec bureau, canapé convertible, kitchenette équipée, douche et w.c.

APPART'HÔTEL MER & GOLF CITY - BORDEAUX €€

21, rue de Gironde
✆ 05 57 85 87 00
www.meretgolf.com
Studio/appartements 2 à 4 personnes. Différentes formules résidentielles ; à partir de 69 €/studio.

Cette résidence hôtelière dont la forme rappelle un paquebot est située dans l'écoquartier des Bassins à flot, près de nombreux points d'intérêts comme la Cité du Vin ou le Musée de la Mer et de la Marine. L'établissement propose des studios et appartements spacieux et climatisés, pouvant héberger jusqu'à 4 personnes, avec cuisine équipée et tout le confort nécessaire pour passer un bon séjour. Des tarifs préférentiels sont accordés selon la durée du séjour.

CENTRAL HOSTEL €€

2, place Saint-Projet ✆ 05 57 83 61 63
www.centralhostel.fr
Accueil 24h/24. Chambre double à partir de 105 € ; dortoir à partir de 30 €. Petit déjeuner : 5,50 €.

Situé en plein centre-ville et donnant sur la rue Sainte-Catherine, le Central Hostel vous accueille avec sa belle terrasse ombragée. L'auberge présente un intérieur contemporain et des espaces confortables : lit sur mesure avec veilleuse, store individuel, prise USB, matelas de qualité... Pour les familles nombreuses et les groupes, la privatisation des dortoirs est une bonne option ! Côté restauration, le petit déjeuner complet (boissons chaudes, jus de fruits, viennoiseries...) est ouvert à tous, comme l'offre déjeuner qui propose burgers, tartines, salades...

CHÂTEAU LA CHÈZE €€

27, avenue Pierre Semirot - **FLOIRAC**
✆ 05 56 72 04 43
www.chateau-lacheze.com
Chambre à partir de 80 €/nuit. Petit déjeuner : 12 €/adulte ; 8 €/enfant. Restauration. Parking. Privatisable.

De l'autre côté de la Garonne, face au Bordeaux historique, le Château Hôtel la Chèze vous accueille dans son écrin de verdure authentique et élégant, pour une nuit ou un séjour en toute quiétude. À l'étage, les chambres possèdent tout le cachet de l'ancien sans rien sacrifier au confort, tandis qu'au RDC, elles sont résolument modernes et disposent de terrasses privatives. Après un somptueux petit déjeuner bien complet servi en salle ou idéalement sur la grande terrasse, vous aurez tout le loisir de flâner dans le vaste parc arboré et classé de 2 hectares.

DOMAINE DE LARCHEY*** €€

28, route de Larchey - **SAINT-MÉDARD-D'EYRANS**
✆ 05 56 72 19 59
www.domainedelarchey.com
Chambre double à partir de 110 € ; suite à partir de 160 €. Petit déjeuner : 15 €. Piscine. Spa. Salles de réunion.

Aux portes de Bordeaux, cet ancien airial du XVIe est une superbe adresse où séjourner et se rafraîchir grâce à sa piscine extérieure. Les 15 chambres sont uniques, toutes décorées avec soin. Quelques aménagements mettent en valeur la bâtisse, notamment la charpente bois qu'il est possible d'apercevoir à travers un plafond vitré dans certaines salles de bain. Du côté du « 1930 », le restaurant bistronomique du domaine où est servi le petit déjeuner, l'équipe propose des produits frais, de saison et faits maison. Un établissement au charme certain...

EKLO €€

10, rue de la Gare d'Orléans
✆ 05 35 54 52 54
www.eklohotels.com
Chambre double à partir de 53 € ; dortoir à partir de 24 € ; studio/appartement à partir de 60 €. Petit déjeuner : 10 €.

Le groupe Eklo, situé sur la rive droite à Bordeaux, propose un concept d'hôtels écoresponsables design qui se positionne entre l'auberge de jeunesse et l'hôtellerie à petit prix. L'offre est variée : chambre privative, chambre famille, dortoirs, mais aussi studio et appartement en location pour des séjours de moyenne et longue durée. Eklo Bordeaux est aussi un lieu de vie convivial ouvert à tous : un restaurant qui affiche une carte 100 % faite maison, un espace de *coworking*, et même une guinguette l'été pour des soirées animées !

GÎTES DE FRANCE GIRONDE €€

12, rue Jean Zay - **LORMONT**
✆ 05 56 81 54 23
www.gites-de-france-gironde.com
Accueil téléphonique du lundi au vendredi de 9h à 18h ; samedi de 9h à 13h et de 14h à 18h.

Vous avez envie de vivre une expérience unique ? Gîtes de France Gironde vous proposent de vous laisser guider par les propriétaires de maisons d'hôtes, ambassadeurs de leur territoire et de leur terroir. Vous dormirez chez eux, comme chez vous, pour une escapade ou un séjour plus long, en solo, en couple, en famille ou entre amis. C'est un large panel de destinations qui vous est proposé sur www.gites-de-france-gironde.com : le bassin d'Arcachon, la côte Atlantique, Bordeaux... Une fois votre destination choisie, réservez vite et écrivez votre propre histoire !

HÔTEL INDIGO BORDEAUX CENTRE CHARTRONS**** €€

18, parvis des Chartrons
✆ 05 56 01 79 79
Accueil 24h/24. Chambre double à partir de 195 €. Petit déjeuner buffet : 26 €. Restauration.

Designé par la créatrice Stella Cadente, ce boutique-hôtel à la décoration sophistiquée s'inspirant du bassin d'Arcachon et de ses lieux emblématiques (dune du Pilat, cabanes ostréicoles...) plonge le voyageur dans la charmante atmosphère d'une maison d'hôtes de bord de mer, avec tout le confort des équipements modernes. Chambres et suites élégantes, salles de réunion, espace fitness, et surtout, bar-restaurant avec *rooftop* offrant une incroyable vue sur la ville.

LA METAIRIE DE TERREFORT €€

10, route de Latresne
BOULIAC
✆ 05 56 85 63 59
https://metairiedeterrefort.fr
Chambre double à partir de 110 €, petit déjeuner inclus.

Stecy et JP ont fait de cet établissement, maison d'hôte et restaurant, un véritable havre de paix élégant. Les cinq chambres ont toutes des noms épicés gourmands : Curry, Tonka, Badiane, Cannelle et Piment. Elles sont décorées différemment, ce qui leur confère chacune leur caractère. Les matériaux et les tons, choisis en fonction de leur nom, sont chaleureux. La suite parentale Tonka a une terrasse privée de 27 m² donnant sur le parc et la terrasse du restaurant, la chambre Piment possède un accès extérieur. Il y a également un lodge indépendant avec Spa.

JOST €€

18, rue des Ateliers
✆ 05 35 56 92 00
www.jost-hotel-bordeaux.com/
Chambre double à partir de 80 € ; suite à partir de 125 €. Dortoir à partir de 30 €. Petit déjeuner : 6 € à 16 €.

Jost est un hôtel pensé comme un lieu de vie, avec un restaurant et un espace pour faire la fête (DJ, *dancefloor*, karaoké...) ou pour *coworker*. Son point fort ? Le *rooftop* au 8e étage, avec un bar ouvert à tous et une piscine pour les clients. Situé à quelques minutes à pied de la gare, cet hôtel branché coche toutes les cases pour être un lieu de résidence temporaire à succès. Il est composé de belles chambres individuelles, de dortoirs privatisables, de capsules (chambre de 5 m² avec lit double ; sanitaires partagés) et d'une cuisine commune.

MOXY BORDEAUX €€

25, quai du Maroc
✆ 05 33 52 13 26
Accueil 24h/24. Chambre simple à partir de 125 € ; double à partir de 150 €. Petit déjeuner : 18 €/adulte ; 9 €/enfant

Le Moxy Bordeaux s'inspire du passé industriel du quartier des Bassins à flots pour sa décoration, et abrite plusieurs espaces et ambiances : on boit un verre, on mange, on joue au ping-pong, on co-work, etc. Les chambres sont cosy et fonctionnelles, certaines ont vue sur le port, d'autres ont un accès au rooftop. La restauration a des accents internationaux avec un Moxy Bar ouvert à tous les appétits et à toute heure et les terrasses sont de vrais petits coins de verdure. Plus qu'un hôtel dortoir, le Moxy est un lieu de vie et de rencontres !

MARTY HÔTEL**** €€

153, rue Georges Bonnac
✆ 05 64 37 64 00
www.marty-hotel.com
Chambre standard à partir de 145 € ; supérieure à partir de 175 €. Petit déjeuner : 22 €. Parking. Restauration.

Fraîchement installé dans le quartier Mériadeck, cet hôtel à la décoration à la fois classique, industrielle et *vintage*, séduit avec ses 61 confortables chambres (dont 12 font partie d'un ensemble entièrement privatisable), son grand bar éclairé de lustres, son patio tout en bois, et sa touche très *arty*. Entre lieu de vie urbain et galerie d'art contemporain, l'hôtel met en lumière artistes et créateurs locaux grâce à des expositions et une programmation moderne et audacieuse. Un vrai mélange « chic et pop » qui confère à cet endroit une belle singularité.

PENICHE TANGO €€

Ponton Yves Parlier
✆ 07 56 90 07 12
https://penichetango.com
Ouvert toute l'année. Excursions au départ de Bordeaux. Privatisable (jusqu'à 12 personnes). Restauration possible.

Une excursion originale sur la Garonne, sur une péniche au style vintage, qui bien que remise au goût du jour a conservé tout l'esprit marine de ce bateau construit en 1931. Daniel, le commandant de bord, fera en sorte de rendre votre croisière inoubliable : partez entre amis pour quelques heures ou plus, dînez à bord, et restez peut-être pour la nuit. La cabine est spacieuse et dispose d'un coin salon, d'une terrasse, d'un spa et d'un bain à remous. Le décor idéal pour célébrer un anniversaire, profiter d'un afterwork ou organiser un EVJF...

LA ZOOLOGIE**** €€

151, cours de la Marne
✆ 07 65 28 53 04
www.hotelzoologie.com
Chambre double à partir de 175 € ; suite à partir de 280 €. Petit déjeuner : 19 €. Restauration. Bar. Spa.

Construit au tout début du XXe siècle, l'Institut de Zoologie témoigne de l'architecture universitaire de cette époque. Très ouvert sur l'extérieur, le bâtiment a été entièrement rénové et deux nouvelles ailes, faisant également référence aux Sciences Naturelles, ont été ajoutées. L'ensemble ouvre sur un jardin intérieur qui fait écho au vaste jardin public face au bâtiment historique de l'Institut de Zoologie. Ce sublime lieu de vie propose, entre autres, à sa clientèle et aux Bordelais, un restaurant, un bar, un rooftop, un spa et des salons de réunion.

INTERCONTINENTAL BORDEAUX LE GRAND HÔTEL***** €€€

2-5, Place de la Comédie ✆ 05 57 30 44 44
https://bordeaux.intercontinental.com/
Chambre double à partir de 300 €, suite à partir de 490 €. Petit dej : 32 € à 52 €. Piscine, spa. Restaurant. Rooftop.

Le palace de Bordeaux ! Dans une ambiance XVIIIe siècle, Jacques Garcia a décliné une élégante décoration pour ces 130 chambres et suites, des moquettes aux tissus en passant par les marbres des salles de bains. Dans un cadre privilégié, lors des belles et douces soirées, la terrasse panoramique de 130 m² au septième étage permet aux touristes et aux Bordelais de déguster un verre en profitant d'une vue imprenable à 360° sur les toits de la ville. Magique.

BURDIGALA***** €€€

115, rue Georges Bonnac
✆ 05 56 90 16 16
www.burdigala.com
Chambre double à partir de 300 € ; suite à partir de 600 €. Petit déjeuner : 19 €.

Fermé durant 2 ans, le Burdigala (ancien nom de Bordeaux à l'époque romaine) a rouvert ses portes, passant de 4 à 5 étoiles. Tout a été repensé et refait. La décoration est soignée et chic, les matériaux nobles (bois et velours) se marient à des couleurs naturelles dans une atmosphère intimiste et *cosy*. L'art contemporain prend sa place sur les murs des chambres et suites, au bar ou au restaurant. Au premier étage, on peut prendre un verre en terrasse ou sous la belle verrière. Les plus : la salle de cinéma privatisable et le restaurant semi-gastronomique.

MAISON PAVLOV***** €€€

199, avenue de la Libération Charles de Gaulle
LE BOUSCAT ✆ 05 56 01 05 00
www.maisonpavlov.com
Chambre double à partir de 250 € ; deluxe à partir de 295 €. Pdj : 25 €. Piscine, Spa, fitness. Excursions sur mesure.

Offrez-vous une expérience fabuleuse dans le cadre enchanteur de cette sublime chartreuse du XVIIe : 8 chambres spacieuses et lumineuses vous y attendent, toutes parfaitement équipées et décorées avec goût et originalité, comme en témoignent les superbes têtes de lit d'inspiration ethnique réalisées par la maîtresse de maison. Dans ce lieu hors du temps, véritable havre de paix avec grand jardin aménagé, piscine, Spa, et restaurant gastronomique, l'équipe sera aux petits soins pour vous proposer un séjour personnalisé dont vous vous souviendrez...

LE CLOS DES QUEYRIES €€€

38, rue André Degain
✆ 07 66 31 64 66
www.leclosdesqueyries.com
Suite à partir de 230 €, petit-déjeuner inclus. Parking. Salle de séminaire. Activités bien être, ateliers dégustations.

Le Clos des Queyries est une maison d'hôtes de caractère, située dans un parc arboré de 1 200 m² agrémenté d'un bassin d'ornement naturel. Le décor atypique de cet ancien château du XVIIIe siècle est charmant et réalisé avec beaucoup de goût. Une salle de séminaire de 60 m² au décor bois et design ouvre sur un comptoir-bar. C'est aussi la salle utilisée pour le copieux et délicieux petit déjeuner qui peut être servi en chambre ou sur une belle terrasse de 100 m² : pain frais, confiture maison, jus d'orange pressé, mini viennoiseries...

MONDRIAN BORDEAUX LES CARMES***** €€€

81, cours du Médoc ✆ 05 35 54 10 84
https://all.accor.com/
Chambre simple à partir de 265 € ; double à partir de 270 € ; suite à partir de 970 €. Petit déjeuner : 32 €. Piscine.

Le Mondrian Bordeaux a fait appel à Philippe Starck pour signer sa conception architecturale, dans les anciens chais de la Maison Calvet aux Chartrons. Le bâtiment est composé de chambres et suites sur trois étages, d'un bar et d'un restaurant où le célèbre chef Masaharu Morimoto mêle avec brio saveurs occidentales et art culinaire japonais. La décoration est élégante et chaleureuse grâce aux meubles artisanaux et anciens, aux éclairages doux et aux miroirs dans des cadres voûtés.

SE RÉGALER

Bordeaux et la gastronomie, c'est une histoire d'amour ! Dans toute la ville, des restaurateurs, fiers de leur terroir entre terre et mer, proposent de savoureux plats du Sud-Ouest et subliment les spécialités culinaires avec passion. La plus emblématique de ces spécialités est sans aucun doute le cannelé, un délicieux gâteau au cœur moelleux très parfumé et à la croûte croustillante et caramélisée. Et il y a bien d'autres mets incontournables à découvrir : la lamproie à la bordelaise, le grenier médocain, l'entrecôte de bœuf de Bazas à savourer avec un bon verre de bordeaux, ou encore les fameuses huîtres du bassin d'Arcachon. Avant le repas, goûtez au Lillet, l'apéritif local ! Le centre historique et les autres quartiers fourmillent de bonnes adresses pour découvrir ce fameux patrimoine culinaire, ou au contraire, pour s'envoler vers des cuisines du monde entier. C'est là toute la richesse de Bordeaux !

© BARMALINI - SHUTTERSTOCK.COM

AGRÙM €€

4, rue du Palais Gallien
✆ 05 57 99 92 61
https://agrumbordeaux.fr
Ouvert du mardi au samedi, midi et soir. Carte : 30 € env. Menu midi : 19 € à 25 €.

La nouvelle adresse aux couleurs et saveurs méditerranéennes qui ensoleille la rue du Palais Gallien, c'est Agrùm. Le midi, la formule déjeuner propose trois choix d'entrées, plats et desserts. Le soir, place aux assiettes à partager toujours twistées d'une touche d'originalité : houmous au dukkah de pignons, labneh absolument merveilleux à la pistache d'Iran, flat bread harissa anchois, glace corne de gazelle au miel et combava… Dépaysement au menu ! Le week-end, on pioche aussi à la carte et on vous conseille le latte gourmand pistache ou fleur d'oranger.

L'AUBERGE ESPAGNOLE BORDEAUX €€

9, quai de la Monnaie
✆ 05 54 78 79 37
Ouvert du mardi au sam. de 12h à 14h et de 15h à 0h (service midi et soir). Carte : 28 € environ. Happy Hour. Terrasse.

Vous aimez les tapas et l'ambiance ibérique ? L'auberge Espagnole, qui a déménagé près des quais, propose ses savoureuses tapas faites maison. À la carte, des *patatas bravas*, des *albondigas* (boulettes de bœuf), des *croquetas*, des mini-burgers *pulled pork* qui sont le plat signature, ainsi qu'une bonne cinquantaine de références en vin. Tous les produits dans l'assiette sont issus de fournisseurs locaux comme les charcuteries ibériques ou les fromages fermiers.

LE BALLION €€

12, rue Mably
✆ 05 56 44 30 10
Mardi-vendredi 12h-14h ; mercredi-samedi 19h-23h. Soirées dès 23h. Carte : 45 € environ. Formule midi : de 16 à 25 €.

Situé dans le triangle d'or bordelais, le Ballion propose une excellente cuisine du terroir revisitée, la carte change régulièrement et les produits sont tout naturellement garantis frais et de saison. Bien plus qu'une expérience culinaire authentique et conviviale, le lieu propose une ambiance à la fois cosy et animée, en annonçant régulièrement des dj sets et des soirées. La programmation est à surveiller de près. Le spot idéal pour savourer une cuisine de qualité et danser, dans un cadre agréable qui secoue les codes de la décoration classique.

L'OISEAU BLEU €€€

127, avenue Thiers
✆ 05 56 81 09 39
www.loiseaubleu.fr
Ouvert mar, mer, ven. et sam. midi et soir ; jeu. midi. Menu : 60 € à 120 €. Accords mets-vins : 50 € à 75 €. Terrasse.

Installé dans le quartier de la Bastide, L'Oiseau Bleu l'une des toutes meilleures tables bordelaises, récompensée d'une étoile Michelin amplement méritée. La carte du chef François Sauvetre fait la part belle aux produits du terroir : viandes et produits de la mer sont savamment cuisinés, pour en révéler toute la finesse et la complexité. Bonite carotte, curcuma, vanille, Carré de veau, lettuce de celtuce, girolle, miso grillé, Cacahuète de Soustons, chocolat, yakon, sakura… Associations, cuissons, textures, présentation, tout est parfait !

© JESSICA CALVO

© JESSICA CALVO

BORDEAUX

BAUD ET MILLET - LA CAVERNE AUX 100 FROMAGES €€

19, rue Huguerie ✆ 05 56 79 05 77
www.baudetmillet.com
Ouvert du mardi au samedi midi et soir. Carte : 35 € environ. Menu « Caverne aux 100 fromages » (à volonté) : 36 €/pers.

Dans ce restaurant décoré façon ancien bistrot de village ou ferme de montagne à l'ambiance chaleureuse, on vient avant tout déguster du fromage, et du bon ! Dans la jolie cave, on découvre une collection impressionnante d'une centaine de fromages de France et d'Europe, dont on peut profiter à volonté. Sans oublier la fondue, le Mont d'Or, les pâtes flambées dans la meule, et d'autres plats du terroir ! Les bouteilles de vin sont aussi à disposition, il n'y a qu'à choisir et se servir.

BISTROT CHEVERUS €€

81, rue du Loup
✆ 05 56 38 82 39
Ouvert lundi de 12h à 16h ; du mardi au samedi de 12h à 0h. Carte : 30 € env. Menu (en semaine) : 19 € à 21 €. Terrasse.

Au Cheverus on fait dans l'efficacité et la simplicité. Une salle vivante, bruyante, toujours remplie, une carte de plats de brasserie classique mais aux portions généreuses et délicieusement préparés avec une formule du jour intéressante, une cuisine qui envoie et un service qui dépote... L'essence même de l'esprit bistrot ! Si vous connaissez déjà Horace, petit resto-café-salon de thé parmi les meilleurs de Bordeaux, vous serez convaincus en apprenant que c'est la même équipe aux commandes de ce bistrot. Alors, soupe à l'oignon ou œufs mayo ?

BODEGON €€

14, place de la Victoire
✆ 05 56 94 74 02
www.bodegon.fr
Ouvert tous les jours de 7h à 2h. Happy Hours. Plats de 15 € à 26 €. Formule du midi : 17 €. Brunch. Terrasse.

Le Bodegón est pour les gourmets, les curieux et les sportifs. Ouvert tôt le matin jusque tard le soir, on peut y prendre son petit déjeuner et bruncher, déjeuner pour pas cher, assister à des retransmissions de matchs, boire un verre en terrasse en partageant une planche ou des tapas et profiter tranquillement de la soirée. Ce bar emblématique de la place de la Victoire, bien connu des étudiants, a radicalement changé de look et d'ambiance et pourtant, à l'intérieur comme en terrasse, ça ne désemplit pas. Un lieu de rendez-vous incontournable !

BOUILLON SAINT-JEAN €

25, rue Charles Domercq
✆ 05 57 80 26 22
Ouvert tous les jours de 9h à 22h30. Carte : 15 € environ (plats à partir de 7,50 €). Happy hour (15h-18h). Terrasse.

Réputée pour sa sublime façade Art déco, cette brasserie jusqu'alors connue sous le nom de Café du Levant est une institution bordelaise depuis 1896 ! Elle se réinvente aujourd'hui en devenant le Bouillon Saint-Jean et propose toujours une cuisine française traditionnelle bien réconfortante, mais à prix tout doux : œufs mayonnaise, harengs pommes à l'huile, soupe à l'oignon, moules marinières, bœuf bourguignon, choucroute alsacienne, profiteroles au chocolat, baba au rhum... Des classiques efficaces, dans un décor typique des plus grandes brasseries parisiennes !

CAFÉ BRAZZA €

61, rue Saint-Rémi
✆ 05 56 81 04 27
www.cafebrazza.com
Ouvert du lundi au mer. de 8h30 à 17h, jeudi et ven. de 8h30 à 17h30, le w-e de 9h à 18h30. Brunch : 23,90 €.

Situé à l'angle de deux des rues les plus passantes de la ville, ce coffee shop n'aurait pu être qu'un piège à touristes. Bien au contraire, nous y avons reçu l'un des meilleurs accueils depuis longtemps ! Le barista, vraiment sympa, prend le temps de discuter avec les clients pour réaliser des boissons personnalisées. Les pâtisseries, toutes faites maison, sont généreuses, les formules lunch et brunch avantageuses. On comprend que l'endroit, pas très grand mais accueillant, ait ses habitués. Nous en tout cas, on reviendra paresser au café Brazza !

CAFÉ DES GOURMETS €€

7, rue Fernand Philippart
✆ 05 56 81 96 50
www.bordeaux-restaurant-gourmets.fr
Ouvert du mardi au samedi, midi et soir. Menu : 22 € à 25 €. Carte : 35 € environ. Accueil des groupes sur réservation.

Entre la place de la Bourse et du Parlement, le Café des Gourmets est la halte idéale des bons vivants. Ce charmant établissement à la déco intemporelle propose une cuisine traditionnelle du Sud-Ouest, faite maison à base de produits frais. Les saveurs de la région, entre terroir et tradition, se retrouvent à la carte : duo de foie gras, salade landaise, magret de canard au poivre vert, cannelé en profiteroles... La gourmandise est au rendez-vous, et la carte des vins fournie et variée rappelle que nous sommes bien dans le Bordelais !

© JESSICA CALVO 23

© JESSICA CALVO

© JESSICA CALVO

LE BISTRO DU MUSÉE €€

37, Place Pey-Berland
✆ 05 56 52 99 69
www.lebistrodumusee.com

Ouvert du lun. au jeu. de 8h à 22h ; ven. et sam. de 8h à 22h30. Menu : 18,90 € à 35,90 € ; enfant : 12,90 €. Terrasse.

Cette brasserie *so chic* habillée de pierres apparentes est située face à la cathédrale en plein cœur de Bordeaux. Aux beaux jours, vous apprécierez vous installer en terrasse dont la vue donne sur la place Pey Berland. À chaque saison, la carte change et laisse découvrir des plats qui sentent bon la cuisine du marché : œuf mollet crème aux cèpes, souris d'agneau braisée au miel et au citron confit, poisson de la criée et ses légumes de saison… Finissez le repas par une note sucrée : canelé bordelais ou duo de mousses chocolat et coco.

© JESSICA CALVO 23

© JESSICA CALVO 23

BORDEAUX

LE CAFÉ DU PORT €€

1, Quai Deschamps
✆ 05 56 77 81 18
www.lecafeduport.com
Ouvert tous les jours midi et soir. Menu : 34 € à 39 € ; menu midi : 19,50 € à 23,90 €. Terrasse. Voiturier.

Situé sur les berges de la Garonne, la vue panoramique sur le pont de Pierre, les quais et la flèche de Saint-Michel est tout simplement époustouflante. À l'intérieur, on se croirait dans une immense cabane de pêcheurs, agrémentée de magnifiques luminaires qui apportent une belle clarté aux lieux. La carte change tous les trois mois et la cuisine est un mélange de spécialités provençales, du Sud-Ouest et de Charente. Au gré des saisons, goûtez au filet de bar portion en portefeuille, au filet mignon de veau ou encore à la déclinaison autour de l'abricot.

© CAFÉ DU PORT

© SOPHIE T

CAFÉ JAPONAIS €€

22, rue Saint-Siméon
✆ 05 56 48 68 68
https://www.cafe-japonais.com
Ouvert tous les jours de 12h à 23h. Menu midi : 13,90 € ; enfant : 12,90 €. Terrasse. A emporter.

De grands miroirs, des murs boisés, un plancher en bambou et du mobilier en teck : le décor est épuré mais chaleureux, dans ce restaurant aux allures de bistro tokyoïte. Au comptoir, sur place, en livraison ou à emporter, retrouvez des plats typiquement japonais : sushis, sashimis, makis, donburis et bentos. Ces derniers, très populaires en Asie dans leur boîte à compartiments contenant un repas complet et gourmand (plat chaud, riz et salade), sont d'ailleurs l'une des spécialités de l'établissement. Juste en face, son petit frère : l'annexe du Café Japonais.

LE CALIXTE €€

64, rue Bonnefin
✆ 05 56 67 64 15
Ouvert mardi et mercredi le midi ; du jeudi au samedi midi et soir. Carte : 35 € env. Menu midi : 20 € à 23 €. Terrasse.

Faites place au petit nouveau de la place Calixte Camelle, qui propose deux ambiances selon l'heure à laquelle vous venez vous y attabler. Le midi, c'est une formule classique qui vous attend, avec le menu de la semaine. Les propositions sont originales et travaillées pour une offre déjeuner (velouté de céleri, shitaké et magret séché, ou encore chou-fleur rôti, fromage tahiné et gastrique de Gochuang au carvi). Le soir, découvrez les cocktails et les alléchants tapas : gyozas au porc noir, gnocchis châtaignes gorgonzola, encornets yakitori... Prometteur !

A CANTINA - COMPTOIR CORSE €€

14, rue des Bahutiers
✆ 07 87 04 28 97
www.acantina-comptoircorse.fr
Ouvert tous les jours, le soir. Carte : 40 € environ. Tapas. Bar. Epicerie corse.

L'accueil est chaleureux et convivial dans ce lieu agencé avec goût : mobilier chiné, grandes baies vitrées et façade d'un bleu éclatant. Ici, la gastronomie corse est à l'honneur : testez les charcuteries locales (*coppa*, *lonzu*,...) et les fromages de chèvre et de brebis, poursuivez avec la terrine de cochon au *figatellu*, les cannelloni au *brocciu*, terminez par le tiramisu aux *canistrelli* et *nuciola*... Accompagnez le tout d'une bonne bouteille à choisir parmi une immense sélection.

CARIOCA RESTAURANTE €€

30, rue du Dr Charles Nancel Pénard
✆ 05 56 51 34 00
www.carioca-bordeaux.com
Ouvert du lundi au vendredi midi et soir ; samedi soir. Carte : 30 € environ. Réservation conseillée.

Ambiance assurée dans cette institution brésilienne aux murs jaunes, aux fresques colorées, et aux maillots de foot encadrés : le soleil brille dans la décoration et dans l'assiette ! Les amateurs de grillades se régaleront d'un *Assado Gaucho*, assortiment de 5 viandes grillées au feu de bois avec accompagnements traditionnels (riz, haricots noirs, farine de manioc grillé, beignets de banane, sauce churrasco). La feijoada, plat national du pays, est évidemment aussi à la carte, avec de bons vins sud-américains. Un vrai voyage dans le Brésil populaire.

CENT 33 €€€

133, rue du Jardin Public
✆ 05 56 15 90 40
www.cent33.com
Ouvert du mardi au samedi, midi et soir. Menu : 69 € à 120 €. Menu midi : 35 € à 49 €.

Le chef grenoblois Fabien Beaufour a pris ses aises dans cet espace lumineux, contemporain et aéré. Son concept : partage et convivialité. Pour les menus en 4, 5 ou 6 services, les plats sont posés au centre de la table en portions « dégustation ». La carte, qui suit le rythme des saisons, est courte, inventive et pleine de saveurs. La pièce originale de cette cuisine ? La robatayaki, foyer de feu de bois utilisé au Japon pour la cuisson, mais aussi pour chauffer les pêcheurs sur leur bateau. Le chef y cuit les poissons à la perfection.

CHANTILLY €€

12, place Pey Berland
✆ 05 57 34 88 24
Ouvert du lundi au samedi de 12h à 0h. Carte : 30 € environ. Terrasse.

Face à la cathédrale Pey-Berland, Chantilly vous accueille de midi à minuit pour un déjeuner avec trois propositions d'entrées, plats et desserts, pour une pause café l'après-midi, pour un apéritif prolongé le soir autour d'assiettes à partager. Avec ça, des bons vins, bières, cocktails, spiritueux, et softs pour les plus sérieux. En plus de sa déco originale aux imposantes suspensions boules (les mêmes que chez Crème, l'autre établissement des patrons), le gros point fort de ce nouveau restaurant est indéniablement sa terrasse ensoleillée idéalement située.

LE CAFÉ FRANÇAIS €€

5, place Pey-Berland
✆ 05 56 52 96 69
www.le-cafe-francais.com
Tlj 8h-1h. Brasserie 12h-23h. Formule du midi 22,50 € à 27,80 € (en semaine sauf jours fériés). Carte : 40 € environ.

Face à la cathédrale Saint-André, Le Café Français est un incontournable pour celui qui visite Bordeaux. Dès le matin, il est agréable de s'y attabler pour le petit-déjeuner, lorsque la ville se réveille. Depuis 1899, cette brasserie traditionnelle est une véritable institution. À l'heure du déjeuner, c'est dans ce cadre historique que touristes et habitués se retrouvent pour déguster des classiques de la cuisine française. À toute heure, on aime y faire une pause pour prendre un verre, ou y partager quelques tapas en fin de journée. Le service est impeccable.

© JESSICA CALVO

© JESSICA CALVO

BORDEAUX

LA COLLATION €€

6, rue des Argentiers
✆ 09 55 27 36 39
www.lacollation.fr
Ouvert du lun au ven de 9h30 à 14h30 ; le w-e de 10h à 16h. Brunch : 28 €/adulte ; 13 €/enfant. Réservation conseillée.

Des *fluffy pancakes* faits minute, c'est la spécialité de La Collation, où l'on se régale tous les jours autour de brunchs très gourmands. Choisissez entre les recettes classiques (œufs brouillés et pancetta, fromage frais et truite fumée) ou les éphémères. Côté sucré, on agrémente ses pancakes de nappages, toppings variés et crème fouettée. Les affamés s'attaqueront peut-être à la gigantesque Tower Pancakes ! C'est délicieux et entièrement fait maison, avec des ingrédients locaux majoritairement. On retrouve aussi La Collation rue Fondaudège.

COMPTOIR 15 €€

Quai des Chartrons
✆ 05 57 87 38 30
Ouvert tous les jours. Service continu. Carte : 30 € environ. Formule du midi : 16,50 €. Terrasse. Bar.

Situé sur les quais, le Comptoir 15 est rapidement devenu un incontournable pour les amateurs de bonne cuisine. L'établissement met à l'honneur les produits frais et de saison pour élaborer des plats maison. Au menu, de délicieuses tapas, de beaux poissons frais grillés, des salades gourmandes et des plats du jour variés et généreux. En terrasse, avec une vue imprenable sur la Garonne ou dans un cadre moderne en intérieur, l'atmosphère est chaleureuse et décontractée, et le service souriant et attentionné. Le lieu idéal pour se retrouver entre amis ou en famille.

COMPTOIR CUISINE €€

2, place de la Comédie
✆ 05 56 56 22 33
www.comptoircuisine.com
Ouvert tous les jours de 12h à 22h30. Carte : 55 €. Formule midi : 22,50 €. A emporter.

Au Comptoir Cuisine, juste en face du Grand Théâtre, le chef et sa brigade préparent les plats d'une carte qui se décline en Suggestions du chef, plutôt gastronomiques, ou en Tout au long de la journée, du grignotage à découvrir à table ou au comptoir ! L'une des spécificités du restaurant est de proposer, le midi en semaine, une formule maligne et rapide : le 3-en-1, plateau composé d'une entrée, d'un plat et d'un dessert servis simultanément. La décoration est chic et décontractée, et la terrasse avec vue est toujours prise d'assaut.

LE COMPTOIR D'ETIENNE €€

21, rue Maucoudinat
✆ 05 40 25 28 86
www.lecomptoirdetienne.com
Ouvert du dimanche au jeudi le soir ; vendredi et samedi midi et soir. Carte : 40 € environ.

C'est dans un bâtiment sublime que vous accueille l'équipe du Comptoir d'Etienne. L'espace immense et tout en pierres a été aménagé avec goût. Les peintures contemporaines et les bouteilles de vin exposées au mur contrastent avec les arches et les poutres d'antan. Au fond, la cuisine ouverte, à côté de l'étal présentant les viandes et les poissons du jour, apporte de la modernité à ce lieu unique. Dans l'assiette, les produits sont sublimés par des recettes gourmandes et copieuses. Allez-y les yeux fermés : c'est un établissement d'exception !

CONSTANTIA €€€

3, rue Lucien Faure
✆ 05 35 54 10 51
constantia-bordeaux.com
Ouvert du mercredi au samedi soir et le samedi midi. Menus de 58 € à 80 €. Carte : 55 € environ.

Après cinq années de travaux, cette adresse gourmande à l'architecture originale fait parler d'elle dans le quartier des Bassins à Flot. Antoine Velasco, chef de ce joyau gastronomique, propose une cuisine raffinée et inventive à prix plutôt doux. Le menu renouvelé chaque mois, met en valeur des produits locaux et de saisons. La maison tend également à soigner les accords mets-vins, et propose une carte des vins exceptionnelle. En ajoutant une décoration chic et sobre et un rooftop avec une vue imprenable, l'adresse est devenue l'une des plus prisées de Bordeaux.

LA COUR DE NANA €

73, cours Victor Hugo ✆ 06 98 25 03 96
www.lacourdenana.fr
Ouvert lun. de 11h30 à 17h, mar, jeu. et ven. de 9h30 à 15h30 ; w-e de 11h à 17h. Brunch : 25 €/adulte ; 12,50 €/enfant.

Plafond de fleurs de jasmin, sol en carreaux de ciment, miroirs à volets… La décoration est toute en délicatesse à l'instar de sa fondatrice Dima Chaban. En cuisine, ce sont des femmes syriennes réfugiées qui partagent leur savoir-faire culinaire. Quel régal ! Tous les jours, elles proposent un brunch aux saveurs orientales : plateau de mezzés à partager, pain pita, man'oushé… Sans oublier notre coup de cœur sucré, l'atayef, cette petite crêpe fourrée à la crème de lait et aux pistaches. Une adresse à découvrir, qui mêle gourmandise et belles valeurs.

EFFET MER €€

280, boulevard Alfred Daney
✆ 05 56 04 00 04
www.effetmer-bordeaux.fr

Ouvert du lun au sam midi et soir ; dim midi. Carte : 30 € environ. Menu enfant : 16 € (accès Kidooland inclus).

L'été, l'Effet Mer et son esprit guinguette est le spot idéal pour chiller en terrasse et faire la fête (bar, tapas, pétanque, molki, ping-pong, concerts, DJ,....). Et lorsque l'hiver arrive, le complexe n'a pas dit son dernier mot. On prend nos aises au restaurant, dans une ambiance conviviale et *kids friendly*. Au menu, une carte gourmande et généreuse, entre saveurs italiennes et cuisine française. Le lieu est attenant au parc *indoor* Kidooland, et Les enfants peuvent s'y défouler en toute sécurité pendant que les parents terminent leur repas. Un vrai bon plan !

CRÈME €€

27, rue du Parlement Saint-Pierre
✆ 09 81 17 17 08
https://cremebordeaux.fr/

Ouvert du mardi au vendredi le soir ; samedi midi et soir. Carte : 35 € environ. Terrasse. Réservation conseillée.

Tout est parfait chez Crème : l'accueil, le décor, l'ambiance, la carte, la cuisine, les fromages, la jolie vaisselle, le concept... Vous l'aurez compris, on a adoré venir dîner dans cette belle adresse de la rue du Parlement Saint-Pierre. Ici, le fromage est forcément à l'honneur dans de vrais plats pleins d'originalité et de saveurs. Si les recettes des entrées et des plats mettent l'eau à la bouche, celles des desserts piquent notre curiosité et notre envie de garder une petite place pour s'en délecter. À découvrir sans tarder !

LA CRÊPE D'ANGÈLE €

20, rue Georges Bonnac
✆ 05 56 51 02 33
www.creperiedangele.fr

Ouvert tous les jours de 11h30 à 23h. Galettes à partir de 9,90 € ; crêpes à partir de 3,50 €. Menu midi : 12,90 €.

Installée en face de l'UGC Ciné Cité, rue Georges Bonnac, cette petite crêperie est un lieu sympathique. Ici, le personnel est efficace et aimable. Le chef propose de nombreuses recettes de galettes de sarrasin, des plus classiques (complète, forestière, quatre fromages, veggie...) aux plus élaborées (comme la galette Triskel flambée à base d'andouille). L'avantage du lieu est son service non-stop qui permet de savourer une galette salée ou une crêpe sucrée à n'importe quelle heure de la journée, et pourquoi pas en sortant du cinéma !

DIS LEUR €€

45, rue du Loup
✆ 05 57 14 96 91
www.bistrot-disleur.fr

Ouvert mercredi soir ; du jeudi au samedi midi et soir. Ouvert du mardi au samedi le soir l'été. Carte : 32 € environ.

Mettre en avant une délicieuse cuisine 100 % végétale, c'est le pari réussi de ce joli bistrot végétalien. Le chef Nicolas, passé par Comptoir Cuisine, concocte des plats originaux et savoureux, sans aucun produit d'origine animale. Tout est frais, de saison, majoritairement local et bio. À la carte, vous aurez le choix entre deux entrées, deux plats et trois desserts (dessert du jour, café gourmand, assiette de faux-mages). Les recettes changent tous les mois mais sont toujours inventives et gourmandes. L'été, des assiettes de tapas sont proposées.

EDOUARD €€

16, place du Parlement
✆ 05 56 81 48 87
www.edouard-bordeaux.com

Ouvert du lundi au samedi de 7h à 2h ; dimanche de 8h à 2h. Carte : 30 € environ. Menu : 23,50 € à 27 €. Terrasse.

Edouard épate par son cadre : pierres apparentes avec casiers de vin au mur, parquet massif, immense comptoir et belle table centrale pouvant accueillir jusqu'à 10 personnes. Difficile de passer à côté de ce joli bistrot qui jouit d'une grande terrasse face à la fontaine de la place du Parlement. La carte respecte l'esprit traditionnel du lieu proposant des plats du Sud-Ouest, des planches apéritives et un large choix de boissons, le tout à des prix abordables mais la qualité n'est pas toujours au rendez-vous et en plus le service peut être parfois long.

LA FINE BOUCHE €€€

30, rue du Hâ
✆ 05 56 38 75 23
https://www.lafinebouche33.com

Ouvert du mardi au vendredi, midi et soir ; samedi soir. Menu : 70 € à 85 €. Menu midi : 28 € à 33 €.

Les excellents restaurants ne manquent pas rue du Hâ, en voilà une preuve de plus ! Dans ce restaurant gastronomique aux plats aussi délicieux qu'audacieux, on se régale au dîner, avec un menu en quatre ou six temps, et au déjeuner, avec la formule du marché très travaillée. Les traditions culinaires régionales sont revisitées avec modernité et créativité, et toujours la volonté de travailler des produits frais en circuit court. On a beau faire la fine bouche, on n'a vraiment rien à reprocher à cette adresse car tout était parfait. Allez-y, vous verrez !

LE GABRIEL GASTRONOMIQUE & BISTROT €€€

10, Place de la Bourse
✆ 05 56 30 00 80
www.bordeaux-gabriel.fr

Bistrot et bar ouverts du lundi au samedi midi et soir. Restaurant ouvert du lundi au vendredi le soir. Terrasse.

Adresse emblématique sur la place de la Bour
le Gabriel offre un panorama exceptionnel
la ville. Dans ce luxueux écrin du XVIIIe s
trois espaces vous accueillent : un bar à v
cocktails avec terrasse ouverte ; un rest
gastronomique étoilé, l'Observatoire, à
inventive et raffinée ; un bistrot, le 1
met les produits régionaux à l'honneur
d'Aquitaine, huîtres du banc d'Arguin...).
de la place pour le chariot de desserts !

GUSTAVE - CREATIVE STREET-FOOD €

5, rue Fondaudège
✆ 09 86 66 85 76
https://gustave-resto.fr
Ouvert tous les jours de 10h à 17h30. Menu : 10 € à 18,50 €. Brunch : 20 €. Sur place ou à emporter.

Mathieu et Giovanni, inspirés par leurs nombreux voyages à travers le monde, ont imaginé une cuisine créative d'inspiration street food. Avec les plats qu'ils proposent chaque mois, les frontières culinaires s'effacent mais l'originalité et les saveurs demeurent ! L'endroit n'est pas bien grand, mais il est accueillant : on se sent toujours le bienvenu, ici. La formule signature avec plat dessert et boisson peut se prendre en petit format à tout petit prix. Un très bon plan.

JAKO €€

34, rue du Parlement Saint-Pierre
https://jako-bordeaux.com
Ouvert du mardi au samedi de 17h30 à 1h. Carte : 40 € environ. Cocktails à partir de 8 €.

Une bonne adresse de plus quartier Saint-Pierre ! Dans sa salle en pierres typiquement bordelaises, Jako propose des assiettes à partager aux multiples influences : à côté des tapas à l'espagnole classiques (padron, patatas bravas, chipirons), les petits plats se parent de saveurs exotiques (tataki de thon rouge et mousseline de patate douce au curcuma, ceviche de bar passion, gambas flambées au Ricard sauce curry coco). Une proposition bien de chez nous ? Le carpaccio de magret coulis vin rouge vanille ! En boissons, un joli choix de vins et quelques cocktails.

LES JARDINS DES CAPUCINS €

Marché des Capucins sous la halle A, n°36
✆ 05 57 85 90 41
Ouvert du mardi au samedi, matinée et midi (horaires variables selon les jours). Huîtres : 16 €/douzaine.

Cette buvette-restaurant est ouverte au rythme des Capus, avec des horaires adaptés aux vendeurs qui installent leurs marchandises aux aurores, ou aux fêtards qui ne sont pas encore couchés ! Placé à l'entrée du marché et ouvert sur la rue, le stand propose des huîtres et des fruits de mer, mais aussi des viandes (entrecôte, tartare...), charcuteries (Serrano, lomo au piment d'Espelette...), et plats chauds (croque-monsieur, *fish & chips*, camembert rôti...). On peut aussi y prendre son petit café du matin ou y boire un verre de vin.

L'ENTRECÔTE €

4, cours du 30-Juillet
✆ 05 56 81 76 10
www.entrecote.fr
Maître restaurateur. Ouvert tous les jours le midi et le soir. Sans réservation. Formule à 22 €. Terrasse.

Paul Gineste de Saurs a lancé ce restaurant en 1959 à Paris avant de s'installer à Bordeaux. La formule est simple : une salade aux noix puis un faux-filet de 170 grammes environ finement coupé, tendre et délicieux, des pommes allumettes maison et la célèbre sauce. S'il vous reste encore un peu d'appétit, prenez un dessert. À l'intérieur, retrouvez le décor mural écossais et noir et le jaune citron qui égaye les nappes, les menus et les tenues des serveuses. Mais armez-vous de patience, il y a toujours une longue file d'attente bien avant l'ouverture.

LOCO BY JEM'S €€

293, rue d'Ornano
✆ 05 56 55 99 37
www.locobyjems.com
Ouvert lundi, mardi, jeudi et ven, midi et soir. Menu : 64 € à 79 €. Menu midi : 28 € à 62 €. Réservation conseillée.

Mieux qu'une étape gourmande... La preuve, c'est qu'il faudra réserver au préalable pour s'assurer une table même à l'heure du déjeuner tant les places sont chères dans le cœur des amoureux de la bistronomie. Là-dessus, le chef Jeremy Prévost a l'art et la manière pour mettre tout le monde d'accord. Ce jour-là, on a le choix entre le menu de fête (nous sommes en décembre) et le menu-carte. Le cadre, le service de table, l'équipe attentive... Le chef use de tous les arguments de la gastronomie traditionnelle pour servir une cuisine moderne et de caractère.

LUNCHI €

1, rue Beaudabat
✆ 09 83 52 18 80
https://www.lunchi.fr
Ouvert du lundi au vendredi de 8h30 à 15h. Formule lunch : 15,90 € à 17,90 €. Brunch : 21 €. A emporter.

Petit frère de Suzzi, le coffee shop suédois de Bordeaux, Lunchi a gardé le même ADN : sourire et bonne humeur, couleurs sur les murs, dans les assiettes et dans les cœurs ! Et s'est spécialisé dans les petits déjeuners et lunchs healthy : matcha ou golden latte, granola aux fruits frais, power toast gourmand et énergétique, tartines de saison, salade et plat chaud qui changent chaque semaine... Sans oublier le joli choix de pâtisseries, qui donnent toutes très envie ! C'est aussi un des rares endroits de Bordeaux à proposer un açaï bowl.

MAISON ANH €€

125, rue Fieffé ✆ 07 59 65 86 21
www.anhtraiteur.fr
Lundi-vendredi le midi. Menus dès 18 €. Traiteur. Table privée. Cours de cuisine. Cheffe à domicile. Vente à emporter.

Entre la Gare et le quartier Nansouty, Maison ANH est un véritable lieu de partage et de découverte. Sabrina, la cheffe, propose des plats typiques de son pays d'origine, le Vietnam, préparés avec des produits de qualité, et des recettes transmises de génération en génération. Au menu : thit kho (porc au caramel), bún chả (spécialité de Hanoï), wontons aux légumes de saison… On aime l'ambiance chaleureuse, le service attentionné, et la citronnade maison ! L'établissement propose aussi des cours de cuisine, des brunchs, un service traiteur, des tables privées…

LE MIRABELLE BRASSERIE €

31, rue Camille Godard Bordeaux
✆ 05 57 82 62 36
lemirabellebrasserie.fr
Tlj 11h-1h. Carte : 42 € env. Plat du jour : 14 €. Assiettes à partager 14h30-22h30. Conserves artisanales : 15h-0h.

Le Mirabelle Brasserie est un véritable lieu de vie où l'on se sent comme à la maison. On vient y déguster une cuisine simple et authentique, ou simplement y prendre un verre pour l'afterwork. L'établissement séduit tant par son ambiance chaleureuse que par sa carte. Renouvelée régulièrement en fonction des arrivages, elle propose une sélection de classiques de la brasserie revisités, et met à l'honneur des produits frais et de saison pour des plats maison savoureux et équilibrés. Quoi de mieux pour un déjeuner ou un dîner entre amis ?

MODJO €€

74, cours d'Alsace et Lorraine
✆ 05 56 30 92 91
www.modjorestaurant.com
Ouvert tous les jours, midi et soir. Menu : 72 € à 88 € (4 ou 6 services). Menu midi : 28 € à 55 €.

Chez Modjo, la cuisine fine et les produits du terroir sont à l'honneur, et bien volontiers d'inspiration végétale. La viande servie est quant à elle issue d'un élevage raisonné, pour plus de goût et d'éthique. L'établissement se distingue par la qualité de ses mets ainsi que par sa décoration soignée. Le soir, le chef propose deux menus à l'aveugle en 4 et 6 services : faites-lui confiance pour vous étonner et vous régaler ! Pour parfaire cette belle expérience gustative, misez sans hésiter sur les accords mets & vins conseillés. Juste parfait.

MOELLEUSES ET PERSILLEES €€

65, quai des Chartrons
✆ 05 57 87 60 82
www.moelleuses-et-persillees.fr
Ouvert tous les jours, midi et soir. Carte : 55 € environ. Viande affinée : prix à l'ardoise.

Le restaurant Moelleuses & Persillées est exclusivement dédié à la viande. Inspiré des steak houses, un concept typiquement londonien, cet établissement met à l'honneur le bœuf dont chaque pièce a été soigneusement sélectionnée parmi les meilleures races à travers le monde. Les viandes sont exposées dans une cave, ce qui permet leur maturation afin d'obtenir un produit de meilleure qualité en goût comme en tendreté. N'hésitez pas à demander conseil, car chaque viande a son caractère... L'équipe vous répondra avec précision et gentillesse.

NEW YORK NEW YORK €€

4, cours Pasteur
✆ 05 57 99 82 07
www.newyorknewyorkbrasserie.fr
Ouvert tous les jours de 11h à 1h30. Carte : 38 € environ. Plat du jour (le midi) : 14 €. Menu enfant. Terrasse. Bar.

Depuis que le New York New York s'est refait une beauté à l'été 2021, on craque pour ce restaurant branché et convivial. La décoration est sublime avec notamment une belle fresque de l'artiste Madi. L'équipe vous accueille dès 11h pour le café de fin de matinée, le midi pour déjeuner à petit prix, dans la journée pour une boisson, et le soir pour dîner ou déguster un cocktail signature. Les plus de l'établissement ? Une grande terrasse ensoleillée ! Et chaque jour de bons plats de saison : aubergine rôtie, poulpe poêlé... À découvrir entre amis ou en famille.

LE NULLE PART AILLEURS €€

19, cours du Maréchal Foch
✆ 05 56 52 27 58
Lundi-vendredi de 7h30 à 23h. Happy hour (17h30-19h30). Formule petit déjeuner : 12 €. Menu du midi : 20 €. Terrasse.

Ce n'est pas un hasard si le Nulle Part Ailleurs est devenu une institution bordelaise. À quelques pas du Jardin Public, ce lieu emblématique propose une carte variée à base de produits frais et de saison. En quête d'un café matinal, d'un déjeuner rapide ou d'un dîner plus élaboré, laissez-vous tenter par les suggestions du chef. Au menu, des plats et desserts de brasserie traditionnelle (œufs mayonnaise au piment d'Espelette, tartare de bœuf, entrecôte, crème brûlée à la vanille de Bourbon…), ainsi que des tapas pour accompagner l'Happy Hour.

P'TIT QUÉBEC CAFÉ €

93, rue Eugène Jacquet
✆ 05 56 96 90 57
https://optitquebec.com
Ouvert du mardi au sam. de 9h à 1h ; lundi et dim. de 9h à 0h. Menu midi : 18,50 € à 22 €. Poutine à partir de 7 €.

Dans le quartier Saint-Augustin, le P'tit Québec Café est la brasserie québécoise de référence. Le propriétaire a ce petit accent reconnaissable entre tous. A toute heure de la journée, craquez pour la fameuse poutine (frites avec du fromage en grains qui fait pouic-pouic et la sauce qui va bien), l'un des alléchants burgers. On mange aussi des club-sandwichs, des bagels, des salades et même du bison. Le tout accompagné de bières de là-bas. Et sucrez-vous l'bec avec une tarte sirop d'érable-noix de pécan ou un brownie bien chocolaté. Ambiance assurée !

PALAIS DES SAVEURS €€

69, rue du Palais Gallien
✆ 05 56 81 22 09
Du lundi au samedi le midi. Petit déjeuner jusqu'à 11h. Salon de thé l'après-midi. Prix moyen : 20 €. Vente à emporter.

Ce petit salon de thé et restaurant familial est prisé pour son ambiance conviviale. Au menu : sauté de cochon aux herbes, chou farci, tartes salées... Une cuisine privilégiant les produits bio et les circuits courts. Les plats généreux sont servis dans de jolies assiettes vintage, et on se sent comme à la maison. Le service, parfois un peu désordonné, ajoute à ce côté chaleureux. Quant aux desserts, ils sont à tomber. Tarte au citron, forêt noire, far breton..., la vitrine est un émerveillement. Le lieu, victime de son succès, est très vite complet, pensez à réserver.

PASSAGE SECRET €€

19, cours de l'Intendance
✆ 07 82 16 46 59
https://restaurant-passage-secret.com
Ouvert du mercredi au samedi, midi et soir. Menu : 45 € à 98 €.

Il est des adresses qu'on se doit de partager, comme celle de ce restaurant au cadre et à la cuisine d'exception. Dans l'atmosphère hors du temps d'un Passage Sarget éclairé aux chandelles, le chef Thomas Pasquereau propose un menu subtilement travaillé autour des produits de la boutique Caviar de Neuvic. Les propositions, qui évoluent au fil des saisons, sont inventives et raffinées : esturgeon à la royale sauce vin rouge, émulsion de chèvre aux poivres du Vietnam, ganache chocolat piment d'Espelette et caviar... Une savoureuse expérience !

LE PETIT VIETNAM €

49, cours de la Martinique
✆ 05 54 69 71 41
Ouvert du lundi au samedi, midi et soir. Carte : 22 € environ. Cocktails : 8 €. Menu enfant.

Aller simple pour le Viêt Nam ! Les trois salles de ce joli restaurant proposent trois ambiances différentes : direction Saigon et ses rues vivantes, Hoi An et ses lanternes colorées, Hanoï et son élégance sobre. Une fois la destination choisie, on se laisse transporter par les saveurs des meilleures spécialités de la jeune cheffe, qui a à cœur de faire découvrir la gastronomie de son pays à travers les recettes traditionnelles du sud. Parmi les best-sellers, le Pho (soupe traditionnelle inspirée du pot-au-feu français) et les nouilles croustillantes. Délicieux !

PIN PON €€

11, cours de la Libération
✆ 05 54 79 89 34
Ouvert du lundi au mercredi de 9h à 14h ; jeudi et vendredi de 9h à 14h et de 18h à 21h30. Menu midi : 20 € à 24 €.

On vous présente la nouvelle cantine de quartier ultra stylée où il fait bon venir boire un café en matinée, déjeuner d'une formule bistrot abordable mais travaillée (avec le choix entre viande, poisson et végé), se retrouver entre amis à l'heure de l'apéro pour un verre tout en convivialité, et piocher le soir dans les assiettes à partager. Décoration vitaminée au mobilier arty et aux murs colorés, playlist inspirée, accueil souriant et service bien rodé : Pin Pon semble n'avoir que des qualités... À votre tour maintenant d'aller vous régaler !

PITA PITA €€

8, rue des Faussets
✆ 09 67 73 24 09
https://www.pitapitabordeaux.fr/
Ouvert du mardi au vendredi le soir ; samedi midi et soir. Carte : 45 € environ. Réservation conseillée. Terrasse.

Pita Pita nous transporte au cœur de la gastronomie grecque avec ses plats méditerranéens généreux et savoureux. Le chef cuisinier propose une cuisine fusion grecque et française, réalisée avec des produits bio et locaux. Parmi les spécialités, goûtez absolument la feta snackée au caramel de camomille et à la poudre d'olives : un délice. En plat, notre cœur balance entre le poulpe grillé et le travers de porc confit 14h. La carte propose de nombreuses autres recettes, ainsi qu'une sélection de vins grecs pour accompagner. Chaudement recommandé.

LE PLAN B €€

8, place René Maran
✆ 05 56 80 73 06
https://www.le-plan-b.fr

Ouvert du lundi au mercredi le midi ; du jeudi au samedi midi et soir. Carte : 30 € environ. Terrasse. Privatisable.

Vous connaissiez Baud et Millet, découvrez Le Plan B ! Au menu, plats et fromages qui ont fait la réputation de l'institution fromagère, mais aussi un large buffet chaud et froid, un bar à huîtres et à fruits de mer, des viandes généreuses et des poissons fins. Nous avons par exemple goûté une délicieuse brochette de lotte accompagnée d'une fondue de poireaux fondante. Autre point fort de ce restaurant, sa grande terrasse cachée, idéale pour les grillades d'été aux sarments. Le restaurant propose également des plateaux repas et des plats à emporter.

PUB SAINT-AUBIN €€

5, place de la Victoire
✆ 05 56 91 28 15
www.pub-saint-aubin.fr

Tous les jours 7h à 2h. Service en continu (11h à 1h). Menus de 12,90 € à 19,90 € (le midi en semaine). Happy hour.

Sur la place de la Victoire, les bars accueillant étudiants et fans d'événements sportifs sont nombreux. Mais il n'y en a qu'un seul où les serveurs sont en kilt : c'est le Saint-Aubin ! En dehors de cette originalité vestimentaire, le pub séduit par sa belle et grande terrasse. À l'intérieur, l'établissement est équipé de grands écrans et est toujours branché sur les compétitions sportives : foot, rugby, hockey... Le pub propose une quinzaine de bières à la pression et en bouteille, des cocktails, de nombreuses boissons fraîches et de quoi grignoter.

RACINES €€

59, rue Georges Bonnac ✆ 05 56 98 43 08
https://racines-bordeaux.com/

Ouvert du mardi au samedi, midi et soir. Menu : 44 € à 66 € ; menu midi à partir de 25 €. Réservation conseillée.

L'année 2025 marque les 10 ans de Racines, qui s'est offert pour l'occasion un nouveau décor chic et cosy, où chaque détail compte. Cette exigence tout en élégance se retrouve dans le service, prévenant et professionnel, et surtout dans les assiettes. Le chef écossais Daniel Gallagher, formé en autodidacte, n'a rien perdu de sa maestria que l'on peut désormais observer depuis la cuisine ouverte. Ses menus de saison sont toujours inventifs, les propositions audacieuses et exécutées à la perfection. Une belle adresse gastronomique à découvrir et redécouvrir...

SHABADA €€

66, cours Victor Hugo ✆ 06 30 83 57 85
https://www.restaurantshabada.fr

Du mardi au samedi, midi et soir. Plats à 14,50 € le midi et 17 € le soir. Menu découverte à 49 € (2 pers.) Terrasse.

Envie d'un voyage du Moyen-Orient au plus large bassin méditerranéen ? Installé cours Victor Hugo, le Shabada s'impose parmi les adresses saines et conviviales où l'on savoure un délicieux houmous maison au tahini. Parmi les mezzés, il y a aussi du baba ganoush, des falafels, des böreks feta/épinards/œuf/menthe bien croustillants et du pain pita cuit au feu de bois. Le soir, vous retrouverez encore un menu découverte... Le midi, vous aurez le choix entre l'une des trois assiettes complètes à base de falafels, börek ou kefta. Un sans faute même côté boissons.

SOŃ €€

14, rue Paul-Louis Lande ✆ 05 57 67 10 46
www.son-restaurant.fr

Du mardi au samedi le midi et le soir. Menu à 28 € le midi et à 75 € le soir (5 services). Réservation recommandée.

Le *Son'* propose une cuisine créative et gourmande inspirée du monde et de ses coutumes. Jeune et talentueux, le chef Sylvain Renzetti impose la même exigence que dans les grandes maisons. Les produits sont sélectionnés pour leur qualité et leur saisonnalité. Le goût, la technique et les textures sont les fondements de sa cuisine. Le dressage des assiettes est aussi à souligner. Côté décoration, on nous régale avec de superbes compositions florales. Le soir, le chef vous propose de vous laisser porter par un menu unique en 5 services. N'attendez plus pour y aller !

SUZZI €€

46-48, rue des Trois-Conils ✆ 05 56 38 22 42
www.suzzikafe.com

Ouvert du mer. au sam. de 9h à 19h ; dim. de 10h à 18h. Menu : 14,90 € à 17,90 €. Brunch : 26,50 €. Pas de réservation.

Ce coffee shop suédois ouvert en 2019 par Arvid et Margaux nous transporte dans un univers culinaire méconnu. Le midi, on savoure des smörgås, tartines de pain noir garnies, et des raggmunk, pancakes moelleux de pommes de terre. En dessert ou au goûter, on craque pour les våfflas, fines gaufres recouvertes de crème fouettée et d'un nappage au choix. Le comptoir regorge de pâtisseries et biscuits gourmands. Pour un délicieux condensé de ces spécialités, on conseille le brunch. Suzzi a aussi fait un petit nommé Lunchi, pour des bowls santé à la pause déjeuner.

© THOMAS MATTA 2024

© THOMA 2024

© JESSICA CALVO 2024

THE C SPIRITS €€

59, quai de Paludate
✆ 05 56 78 17 14
www.thecspirits.fr

Ouvert du lun au sam, toute la journée. Menu : 33 € à 39 € ; menu midi : 22 € à 27 €. Bar. Terrasse. Fumoir. Concerts.

Jean-Philippe et Renaud vous accueillent dès le matin pour le petit déjeuner et jusqu'en fin de soirée pour dîner ou boire un verre. Les vendredis et samedis soirs, l'ambiance se colore d'une teinte jazzy avec les concerts proposés. Vous l'aurez compris, The C Spirits n'est pas qu'un simple bar ou restaurant servant une cuisine du marché... Possédant une grande terrasse et un rooftop, une belle cave à cigares et spiritueux et un fumoir, l'établissement fait véritablement figure d'exception dans la capitale girondine. Une adresse déjà incontournable !

© JESSICA CALVO 2023

© JESSICA CALVO 2024

LA TABLE DE MONTAIGNE €€€

144, rue de l'Abbé de l'Épée ✆ 05 57 08 01 27
www.hotel-palais-gallien-bordeaux.com

Ouvert mardi soir ; du mercredi au samedi midi et soir. Menu : 95 € à 125 € (en 7 ou 9 services). Menu midi : 55 €.

Décor contemporain, chic et élégant, pour le restaurant gastronomique de l'hôtel 5 étoiles Le Palais Gallien, qui entame une nouvelle ère en 2024 avec l'arrivée du chef Oli Williamson. Ayant travaillé dans certains des meilleurs restaurants du monde (à Londres, à San Francisco, à Singapour...), le Britannique développe sa propre cuisine en réinterprétant les classiques de la gastronomie française. Sensible à la question du gaspillage alimentaire, il attache une importance toute particulière à la qualité du produit, au respect de l'environnement et des producteurs.

LA TRADIZIONE €€

6, place Paul et Jean-Paul Avisseau
✆ 05 33 05 16 87

Ouvert du lundi au dimanche midi et soir. Pizzas : de 11 € à 19 €. Carte : 28 € environ.

Ce n'est pas pour rien qu'Antonio de Fabbio a été sacré champion de France de la pizza napolitaine en 2022 ! Réalisées à la perfection dans les règles de l'art, ses pizzas sont généreuses, pleines de couleurs et de saveurs. Installés sur la grande terrasse ensoleillée, avec un Spritz et quelques antipasti, on se croirait presque en Italie ! Ici, la cuisine est traditionnelle et authentique, et pour cause : Antonio travaille en famille, tout droit débarquée de Naples. Pasta, pizza, desserts de la mamma... Que c'est bon, tout ça !

TUPAQ €€

8, place de la Ferme Richemont
✆ 05 56 52 06 46
www.tupaq.fr

Ouvert du mardi au samedi midi et soir. Carte : 35 € environ. Terrasse. Réservation conseillée.

Bienvenido chez Sebastian et Piero, deux Péruviens ayant décidé d'apporter leur savoir-faire et leur culture culinaire en plein cœur de Bordeaux ! Au menu, vous trouverez des mets traditionnels et des plats typiques du Pérou, dont de nombreux ceviches aux assaisonnements divins. La carte propose même un ceviche végétarien ! En dessert, on continue le voyage avec une mousse au Lucuma, un fruit exotique inconnu en France, ou le pisco gourmand en remplacement du café habituel. Belle sélection de vins, de cocktails et de mocktails également.

LA TUPINA €€€

6, rue Porte de la Monnaie ✆ 05 56 91 56 37
www.latupina.com

Du mardi au dimanche, midi et soir (+ le lundi midi en été). Formule du midi à 23 €. Menu à 70 €. Plats de 23 € à 49 €.

Envie de découvrir les saveurs du patrimoine gastronomique du Sud-Ouest ? Depuis 1968, l'équipe dégote les meilleurs produits du terroir pour concocter des plats simples et de tradition qui rappellent ceux de nos grands-mères. Dans les assiettes du chef Franck Audu et selon les saisons, on savoure des couteaux au caviar, un cassoulet Chalossais, la lamproie à la bordelaise, une macaronade aux cèpes, lard et au foie gras... Les frites sont maison, cuites à la graisse de canard. Quant aux desserts, ils nous plongent dans nos souvenirs d'enfance. Une institution !

VIVANTS €€

13, rue des Bahutiers
✆ 09 78 81 13 55
https://restaurantvivants.com

Ouvert du lundi au jeudi le soir ; vendredi midi et soir. Menu : 45 € à 75 €. Réservation conseillée.

Le chef étoilé Tanguy Laviale a ouvert un nouveau restaurant dans le vieux Bordeaux. Le menu s'articule en 3, 4 ou 5 plats, majoritairement axés sur les produits de la mer (seiche du bassin au miso, merlu de ligne de Saint-Jean-de-Luz sauce ravigote aux huîtres...). On peut aussi s'en remettre au chef pour vivre une expérience culinaire mystérieuse ! Le risque est minime tant cet orfèvre du goût sait sublimer son produit par des sauces, bouillons et émulsions d'une finesse et d'une créativité folles. La carte des vins compte plus de 700 références.

LE JARDIN DE LAGRAVE €€

66, avenue de la Libération
AMBARÈS-ET-LAGRAVE ✆ 05 57 30 63 63
https://lejardindelagrave.fr
Ouvert du lundi au vendredi, midi et soir. Carte : 30 € environ. Menu midi : 15 € à 17,50 €. Terrasse. Animations.

Ce restaurant cache un jardin insoupçonné, petit havre de verdure secret très agréable pour une pause déjeuner ou un apéro prolongé. En vérité, on peut même y venir dès 7h le matin pour le petit déjeuner ! L'adresse est conviviale et permet de se restaurer les pieds dans l'herbe, autour d'un cocktail et d'une cuisine simple élaborée selon les produits de saison. Grandes salades (dont une végétarienne), burgers, magret de canard entier... Le midi, la formule du jour est très abordable. Des concerts sont organisés lors des afterworks ainsi que des brunchs musicaux.

LE CHIOPOT €€€

281, rue des Quatre Castéra
BÈGLES
✆ 05 56 85 62 41
www.lechiopot.fr
Ouvert du lundi au vendredi le midi et le soir. Plats de 18 € à 38 €. Jardin. Terrasse. Parking. Bar.

Respectueux d'une histoire de plus de 95 ans, le chef travaille les spécialités ancestrales de la Maison comme les escargots à la bordelaise, les rognons de veau poêlés, le magret de canard entier grillé ou le pigeonneau cuit à la broche. Les amateurs de viandes et grillades seront comblés avec les pièces nobles de races Aubrac, Charolaise, Limousine, Blonde d'Aquitaine ou Salers. Pour finir, les gourmands se régaleront avec l'incomparable moelleux chocolat noir ou la brioche perdue. La cave ne compte pas moins de 400 références de vins français et du monde.

TOMI €€

10, rue Denis Papin - **BÈGLES**
✆ 05 56 91 03 02
www.tomirestaurant.fr
Ouvert tous les jours. Carte à volonté : 22,90 € le midi en semaine ; 29,90 € le midi le week-end ; 34,90 € le soir.

Laissez-vous transporter dans l'univers de Tomi ! De la terrasse perchée sur le rooftop du centre commercial *Le Mascaret*, il est tout simplement impossible de deviner à quoi ressemble la décoration à l'intérieur de ce grand restaurant où l'on mêle avec finesse les saveurs des cuisines japonaise, européenne et asiatique. D'ailleurs, on en oublierait presque que Tomi fait partie d'une chaîne de restaurants. C'est donc dans ce décor chic et futuriste que vous pourrez goûter à toute la carte grâce à la formule buffet qui évolue entre le midi, le soir et le week-end.

LA COCHONNE RIT €€

44, avenue du Général de Gaulle - **BLANQUEFORT**
✆ 05 56 45 06 76
www.lacochonnerit.fr
Réservation recommandée. Mardi-vendredi 12h-14h30 et 19h30-23h, samedi 19h30-23h. Carte : 30 €. Menu : 14 € à 24 €.

Si le lieu est loin des spots touristiques bordelais, il reste un incontournable pour les touristes de passage et les locaux. Au menu, spécialités de poissons et viandes cuisinées avec finesse, suivies de délicieux desserts maison. L'accueil est agréable et l'ambiance toujours très chaleureuse. On aime la déco et le petit coin brocante qui permet de chiner un peu en attendant les plats. L'établissement met en avant les produits frais, de saison et locaux, et propose même à la vente quelques produits d'épicerie fine. Une belle adresse.

LA TABLE DE CAYCHAC €€

2, rue Edmond Blanc - **BLANQUEFORT**
✆ 05 57 65 08 72
https://latabledecaychac.fr
Ouvert mardi midi ; du mercredi au samedi midi et soir. Menu : 45 € à 65 €. Menu midi : 23 € à 26 €. Terrasse.

Cette Table de Caychac vaut vraiment le détour. La salle, ouverte sur la cuisine, est sobre et chaleureuse. On y aperçoit le chef Yann Serra, épaulé de son équipe, s'affairer derrière les fourneaux. Il élabore une cuisine originale et savoureuse, où il imprime sa signature élégante et raffinée sur des produits frais de très grande qualité. Le menu du déjeuner change chaque semaine, celui du dîner varie toutes les trois semaines. Les formules du soir peuvent s'accompagner d'accords mets et vins, et s'ouvrent toujours sur un amuse-bouche.

LE CAFÉ DE L'ESPÉRANCE €€

10, rue de l'Esplanade - **BOULIAC**
✆ 05 56 20 52 16
https://www.cafe-esperance-bouliac.com
Ouvert tous les jours, midi et soir. Carte : 38 € environ. Menu midi : 22 €. Menu enfant : 14 €. Terrasse.

Annexe du restaurant étoilé le Saint-James, le Café de l'Espérance séduit par sa cuisine gourmande et son ambiance chaleureuse. Dans ce bistrot gastronomique plein de charme, les recettes de brasserie et les produits du terroir sont à l'honneur : truite des Pyrénées marinée, chipirons croustillants avec aïoli à la mélisse, entrecôte sauce béarnaise, carré de porcelet laqué... Côté desserts, tout est gourmand ! L'accueil est sympathique et l'équipe est professionnelle. Après le repas, profitez de la splendide vue panoramique sur Bordeaux.

L'HEGOA €€

6, rue Jean Pommiès - **BRUGES**
✆ 09 81 81 91 10
www.lhegoarestaurant.fr
Ouvert du lundi au jeudi le midi et le soir ; le vendredi midi. Carte : 45 € environ.

Thibault Basque est à la tête de L'Hegoa, un restaurant situé juste à côté de Caliceo. La décoration est design, l'ambiance dynamique le midi avec une clientèle de bureau et plus lounge le soir. La terrasse, avec vue sur le lac, est très demandée aux beaux jours. La carte colle au rythme des saisons avec une suggestion quotidienne. Chacun peut combler ses envies entre les planches à partager, les produits cuisinés à la plancha, les grandes salades, les burgers et les entrecôtes avec leurs frites maison. La formule du midi est d'un excellent rapport qualité-prix.

CENTRE B' €€

7, Place de la République - **EYSINES**
✆ 05 56 34 11 65
www.centreb.fr
Ouvert du mardi au samedi midi et soir ; lundi et dimanche midi. Carte : 32 € environ. Menu midi : 17 € à 21 €. Jardin.

Plus qu'un restaurant locavore qui fait la part belle à une cuisine de saison, Centre B' est un lieu de vie qui réunit les habitants d'Eysines et alentour autour d'une cantine conviviale, d'un bar animé, d'une salle privative pour les groupes, d'événements festifs, d'une épicerie/cave à vin à la sélection pointue et d'un concept store axé sur l'art floral et la décoration. Hyper kid friendly, l'établissement propose un grand espace pour les enfants et dispose d'une terrasse et d'un jardin pour boire un verre quand le temps s'y prête. Accueil décontracté !

LA TERRASSE DU VIGEAN €€

21, avenue du Médoc - **EYSINES**
✆ 05 56 93 23 22
https://www.la-terrasse-du-vigean.fr
Ouvert du lun au sam de 10h à 0h. Carte : 35 € environ. Menu midi : 17,50 € à 21,50 €. Menu enfant : 12 €. Terrasse.

La Terrasse du Vigean est sans nul doute une adresse à découvrir. Même si l'établissement est installé près d'une route passante, le lieu vaut le détour ne serait-ce que pour son ambiance, toujours chaleureuse. Les recettes proposées sont des valeurs sûres que l'on aime savourer : moules sautées aux échalotes, grillades et frites maison, parfait glacé au Grand Marnier… Et tapas à l'heure de l'apéro ! Les gérants n'hésitent pas à faire le tour des tables pour récolter les impressions de leurs clients. Le petit plus : les brumisateurs de terrasse l'été.

CAFÉINCUP LE BOUSCAT €

2, esplanade Jean Valleix
LE BOUSCAT
https://cafeincup.com/
Tlj. Horaires en ligne. Cuisine jusqu'à 14h30. Brunch : dès 25 €. Formules petit déjeuner : de 10,90 € à 14,90 €.

Forts de leur succès, Jimmy & Fanny n'en finissent plus de s'étendre : après les deux cafés de Bordeaux centre, leur 3e adresse a vu le jour au Bouscat, avant Arcachon et Pessac… La formule gagnante ? Un brunch à déguster toute la semaine ! Mais aussi des pancakes, des *egg muffins*, des granola bowls, des smoothies frais, et de bien fameux *grilled cheese*. Toujours alléchants, toujours à petits prix ! Cafeincup Bouscat propose aussi du café d'exception, accompagné des pâtisseries de Fanny, à déguster sur place dans ce lieu végétalisé ou à emporter.

MAISON GUSTAVE €€

14, rue Emile Zola - **LE BOUSCAT**
✆ 07 49 85 01 01
https://maison-gustave.fr/
Lundi, mardi samedi : 9h-15h. Jeudi-vendredi : 9h-23h. Carte : 28 € environ. Formule du midi : 22 €. Terrasse.

Nichée au cœur du Bouscat, cette nouvelle adresse est devenue un incontournable, tant des locaux pour la pause déjeuner, que pour les afterworks et les dîners du week-end entre amis. Aux beaux jours, on se laisse tenter par l'agréable terrasse en bois. Quant à l'intérieur, plutôt cosy, il laisse place à une douce convivialité. Au menu, des plats simples, traditionnels et joliment cuisinés avec des produits sourcés et de saison. La carte change régulièrement et l'accueil est chaleureux. Impossible de ne pas en faire un spot régulier.

QU'ON SE LE DISE €€

214 bis, avenue Pasteur
LE HAILLAN
✆ 05 56 34 01 78
Ouvert du mardi au samedi le midi et le soir. Carte : 40 € environ. Menus de 21 € à 26 €. Formule du midi : 15 €.

Il faut vraiment qu'on se le dise, car cette adresse mérite qu'on aille jusqu'au Haillan. Quelques tables en terrasse et une décoration intérieure style bistrot à l'image de la cuisine. A la tête de cet établissement deux garçons, l'un aux fourneaux et l'autre en salle. Deux pros qui connaissent leur métier et cela se ressent aussi bien dans l'accueil, très souriant et chaleureux, que dans les assiettes. La cuisine de qualité est faite maison, les produits sont frais, bien travaillés avec originalité, la présentation des plats est soignée et l'assiette copieuse.

© MERCI

© MERCI

© JESSICA CALVO

LE MERCI €€

8, rue de la Capitainerie - **BÈGLES**
✆ 05 56 49 29 29
www.restaurant-merci.com

Ouvert tous les jours le midi et le soir. Fruits de mer à volonté. Formule du midi en semaine à partir de 25,50 €.

Restaurant sur pilotis tout de verre et de métal vêtu, belle luminosité, mobilier design et moderne, superbe espace extérieur avec terrasse au bord de l'eau… On adore cette adresse qui surplombe la Garonne. Un conseil : optez pour la formule composée de six huîtres sélectionnées par Julien Brizard, un buffet de fruits de mer à volonté, un poisson (ou une entrecôte avec supplément) et un dessert au choix. Nombreux sont ceux qui calent avant la douceur sucrée. Il faut voir la beauté du banc de l'écailler ! Pensez au plateau de fruits de mer à emporter.

© MERCI

© MERCI

WHEELS' N' CURL CAFÉ €€

31, avenue de Magudas
LE HAILLAN
✆ 06 40 26 59 04
Du lundi au vendredi midi et du vendredi au samedi soir. Carte : 35 € environ. Menu du jour : 16,90 €. Vente à emporter

Ne vous fiez pas à la devanture, car ce restaurant est une belle surprise. On adore la déco plutôt atelier loft vintage et sa grande terrasse arborée et ombragée. Ici, on revisite les recettes de nos régions qui nous emportent souvent vers le sud et son soleil, plus particulièrement en Corse d'où Stéphane, le patron, est originaire. Le chef a su donner du relief à ses produits, frais et de saisons, qui rendent cette cuisine du monde savoureuse, généreuse et haute en couleur. Le plus : les lieux s'animent régulièrement avec des concerts et des soirées à thème.

LE PRINCE NOIR €€€

1, rue du Prince Noir - **LORMONT**
✆ 05 56 06 12 52
leprincenoir-restaurant.fr
Ouvert lundi, jeudi et ven.dredi midi et soir ; mardi et mercredi le soir. Menu : 105 € à 155 € ; menu midi : 70 €.

L'établissement étoilé de Vivien Durand se distingue par sa cuisine créative et son atmosphère décontractée. Classé aux Monuments historiques, le lieu dispose d'un parc verdoyant et, vous l'aurez compris, d'un restaurant gastronomique d'exception, où se mêlent tradition et modernité. Les papilles se délectent des saveurs imaginées par le chef, avec des propositions gourmandes et raffinées renouvelées chaque mois selon les produits de saison. Le soir, laissez-vous tenter par l'un des deux menus, également déclinés en version végétale.

L'EPICURE €€

6, avenue du colonel Pierre Bourgoin
MARTIGNAS-SUR-JALLE ✆ 05 56 84 19 27
restaurant-lepicure-martignas.fr
Lundi-mercredi 10h-15h. Jeudi-samedi 10h-15h 17h-22h. Menu midi : 17 €. Tapas à tte heure. Brunch 1er dimanche du mois.

Depuis l'été 2024, Téo Lopez et le chef Philippe Clayrac font vaciller les papilles des Martignassais et des gourmands de passage. Si l'établissement est situé aux abords d'une zone commerciale c'est que le grand-père de téo tenait le supermarché. Ici, l'équipe est aux petits soins, les plats savoureux, et le chef revalorise les produits du jour en les sublimant pour le menu qui change tous les jours (tataki de thon, suprême de volaille fondant, moelleux au chocolat et poire au vin…). Et le 1er dimanche du mois, on y vient pour le sublime brunch à volonté.

BISTROT CLOS MONTESQUIEU €€

49, avenue de Montesquieu - **MÉRIGNAC**
✆ 05 56 12 21 21
www.bistrotclosmontesquieu.fr
Ouvert du lundi au samedi le midi et le soir. Samedi de 12h à 23h et dimanche de 12h à 18h. Carte : 38 € environ.

Pour boire un verre, déjeuner ou dîner, on choisit la terrasse, ou le cadre moderne et l'ambiance chaleureuse de la salle. La cuisine bistronomique d'Hervé Castex et son équipe est réalisée avec des produits frais, locaux et de saison. La carte est courte mais les suggestions du jour la complètent parfaitement. Les recettes traditionnelles sont revisitées avec brio, les assiettes sont soigneusement travaillées pour le plaisir des yeux et des papilles. La carte des vins d'ici et d'ailleurs compte de très grands crus et un bon choix de champagnes et d'alcools.

CANOPÉE CAFÉ €€

1, chemin de Pouchon - **MÉRIGNAC**
✆ 05 56 51 70 00
https://canopeecafe.com
Lun-sam, midi et soir. Bodega : dès 17h30. Formule du midi : 20 à 25 €. Carte : 50 € env. Bodega : planches dès 15 €.

Le Canopée Café, perché à 10 mètres de haut, est un lieu unique à découvrir près de Bordeaux. Dans un décor contemporain de bois et d'acier, très « nature », on y savoure une cuisine bistronomique, inventive et ensoleillée par Sébastien Sévellec, ancien chef étoilé de l'île de Beauté, qui propose une carte variant au fil des saisons et en fonction du marché. Tous les plats sont réussis que ce soit dans les saveurs ou la présentation. Parmi les incontournables : la côte de bœuf pour deux. La cheffe pâtissière fait elle aussi des petites merveilles.

LA CRÊPERIE DU PARVIS €

17, avenue du Maréchal-Leclerc
MÉRIGNAC
✆ 05 33 51 20 25
Ouvert du mardi au samedi le midi et soir et le dimanche midi. Formule Express : 15,90 €. Menu Cinéma à 19,90 €.

Une crêperie à ne pas manquer, car c'est la seule à Mérignac et on s'y régale ! Ici, tout est fait maison : la pâte à crêpe à la main selon la tradition, le caramel au beurre salé, le chocolat, la vinaigrette… La carte se renouvelle régulièrement et toutes les galettes (une trentaine) sont servies avec une salade verte. Pour le dessert, en plus des crêpes, les glaces ou le café gourmand composé d'une boule de glace et de trois mini-crêpes sont là pour le bonheur de tous. Les enfants ont même leur petit coin à eux avec jeux.

MAISON YOÜ BY LULU DANS LA PRAIRIE €€

53-56, avenue Marcel Dassault - **MÉRIGNAC**
✆ 05 56 34 86 02
http://yoü.fr
Ouvert lundi et mardi le midi ; du mercredi au vendredi midi et soir.Carte : 40 € env. Animations. Terrasse.

Lulu dans la prairie est devenue la Maison Yoü, because Lulu loves yoü ! Dans ce nouveau concept de restauration un chouïa déjanté, l'équipe vous accueille autour d'une cuisine qui promeut les produits locaux respectant la saisonnalité et d'une carte de boissons et cocktails fort étoffée ! Le soir, il fait bon venir se détendre à l'heure de l'afterwork, lors de laquelle des concerts et des retransmissions de matches sont proposés. Bonne ambiance, on vous dit !

LA VERRIÈRE DU CHÂTEAU €€

35, route de Libourne - **SAINT-LOUBÈS**
✆ 06 03 69 79 73
https://www.chateau-desdauphins.fr/
Ouvert du lundi au mer. le midi ; jeudi et ven. midi et soir ; sam. le soir. Menu midi : 17 € à 22 €. Terrasse, jardin.

Le Château des Dauphins s'est récemment transformé en un lieu de co-working et de coliving, accueillant des entreprises locales ainsi que divers événements publics ou privés. Au sein de ce bel espace au parc verdoyant, a ouvert La Verrière, un restaurant proposant chaque midi une formule complète, et des soirées afterwork à la belle saison avec planches apéritives et tapas. Aux fourneaux, Alain Pouponneau, chef aguerri ayant fait ses armes aux quatre coins du monde et passé par le Domaine de Raba à Talence. Une bonne adresse abordable.

LE COMPTOIR DU MARCHÉ €€

316 bis, cours de la Libération
TALENCE ✆ 06 14 30 10 00
Ouvert mardi, mer. et dim. le midi ; du jeudi au sam. midi et soir. Carte : 25 € env. Menu du jour : 19 € à 24 €.

© LE COMPTOIR DU MARCHÉ

Les Halles de Talence accueillent désormais le Comptoir du Marché, petite cantine du midi et du soir où les plats sont frais (forcément, car cuisinés avec les produits des stands d'à côté) et copieux. Serge et sa brigade réduite proposent une entrée, un plat et un dessert du jour, en plus des suggestions à la carte. On s'attable au comptoir pour regarder les cuisiniers s'activer dans l'effervescence du marché. Dans les assiettes, quel régal ! Les propositions sont classiques mais la réalisation parfaite. Pour éviter l'attente, vous pouvez commander à emporter.

LARTESIA €€

2bis, avenue de Berlincan - **SAINT-MÉDARD-EN-JALLES** ✆ 05 56 47 86 63
https://lartesia-rooftop.fr/
Ouvert du lundi au mercredi de 10h à 23h ; du jeudi au samedi de 10h à 1h. Carte : 45 € env. Menu midi : 19 € à 22 €.

Bekim et Berat Maxarrajah, déjà connus à Saint-Médard pour leur resto Les Frangins, remettent le couvert et mais prennent cette fois-ci de la hauteur avec Lartesia, un « perchoir pour épicuriens ». On peut s'installer dès 10 heures du matin, déjeuner, prendre un verre, dîner et même danser. Le cadre est à la fois élégant et décontracté et la vue sur la ville depuis le rooftop est imprenable. En cuisine, le chef Sébastien Moureau sublime la gastronomie française et prépare chaque plat avec soin pour nous régaler de ses créations pleines de caractère et de saveurs.

LA VAGUE GOURMANDE €€

38, avenue de Martignas
SAINT-MÉDARD-EN-JALLES
✆ 05 56 14 31 18
Du dimanche au vendredi le midi ; du mercredi au samedi le soir. Menus de 25 € à 45 €. Plat du jour : 13 €.

La Vague Gourmande nous emporte l'espace d'un moment dans un océan de bons petits plats frais, cuisinés avec inventivité. Le menu varie en fonction du marché et de l'inspiration du chef, car tout est fait maison. Laissez-vous tenter par les suggestions, toujours réussies et bien servies. Le plat du jour est d'un excellent rapport qualité-prix. Le cadre contemporain laisse le choix entre une première salle qui donne sur le bar, ou une seconde salle aux airs de bord de mer. Le service est efficace et l'équipe souriante. Une bonne adresse.

FAIRE UNE PAUSE

Pause café, pause gourmande, pause détente, pause apéro… Vous prendrez bien une pause bordelaise ? Le jour, Bordeaux est animée par les nombreux salons de thé, cafés et bars où l'on vient se poser avec plaisir. Une petite envie sucrée entre deux visites ? Le Petit Futé vous a sélectionné les meilleures adresses de boulangerie, pâtisserie et chocolaterie. Les gourmands apprécieront les dunes blanches, des choux fourrés à la crème et saupoudrés de sucre glace qui font sensation. En fin de journée, après une belle et longue balade, c'est l'heure de l'apéritif ! Une soirée bordelaise typique commence forcément par un Lillet, le cocktail local, ou par un verre de Bordeaux dans l'un des nombreux bars à vin de la ville. Le tout accompagné d'une planche de charcuterie et de fromage ! Dans le centre, privilégiez l'animation du quartier Saint-Pierre, charmant et dynamique, ou celle du quartier Saint-Michel, plus populaire et cosmopolite.

L'ALTERNATIVE

309, avenue du Médoc - **EYSINES**
✆ 05 35 54 59 24
https://lalternativecavebar.fr
Ouvert mardi et mercredi de 10h30 à 23h ; du jeudi au samedi de 10h30 à 1h. Happy Hour. Animations. Terrasse.

Cette cave bien remplie est aussi un bar, avec bières locales (disponibles depuis le mur à bières), vins au verre (plus de 200 références) dont certains accessibles au distributeur, cocktails et spiritueux. L'Alternative en offre une à ceux qui voudraient le flacon sans l'ivresse, avec des vins et des bières 0% et des mocktails. Tapas et planches apéritives de produits locaux, fromages et charcuteries, complètent la carte. L'écran géant retransmet les rencontres sportives et des animations originales sont organisées : sophro-dégustation, journée tattoo…

PEPITE COOKIE

86, rue de la Porte Dijeaux
✆ 05 56 30 45 51
Ouvert du lundi au samedi de 10h à 19h30 ; le dimanche de 11h à 19h30.

Après un grand succès au Cap Ferret, Pépite Cookie a ouvert deux boutiques à Bordeaux, dont celle-ci ! Le secret ? Des recettes familiales au savoir-faire unique et gourmand. Chez Pépite, tout est fait maison, et les ingrédients sont sélectionnés avec soin. Les cookies sortent du four toute la journée, offrant une texture croustillante et fondante à la fois. Découvrez une dizaine de parfums irrésistibles : chocolat, praliné noisette, caramel beurre salé, etc. Sans oublier leurs crèmes glacées artisanales et leur chocolat chaud maison. De vraies pépites…

AMA

135, cours Victor Hugo
✆ 05 56 30 75 17
Ouvert du dimanche au jeudi de 15h à 1h ; vendredi et samedi de 15h à 2h. Cocktails : 12 €. Restauration.

Chloé et Mélissa, passées par des établissements renommés, se sont associées pour créer ce bar chaleureux qui ne propose que de bonnes choses à boire et à manger. Installé en terrasse ou dans l'un des gros fauteuils chinés, on profite des fins de journées et des soirées animées, autour de cocktails originaux comme celui à la vodka, pineau blanc, pommes rôties, mezcal et cardamome. Côté ambiance, on adore les soirées jukebox : des drag shows sur les musiques d'artistes emblématiques un peu kitsch (Dalida, Céline Dion…). Que la Suze To' coule à flots !

L'AMPELO

3, rue Gobineau
✆ 05 56 52 12 86
https://lampelo.com/
Ouvert du mardi au mercredi de 17h à 23h ; du jeudi au samedi de 11h à 0h. Droit de bouchon : 8 €. Animations.

Plus de 600 références de vins vous attendent dans ce nouveau bar à vin proche du Grand Théâtre, déjà un incontournable de la ville ! Suivez vos envies ou laissez-vous conseiller pour découvrir des crus du vignoble bordelais ou de terres plus lointaines… Achats, dégustations, afterworks, apéros : tous les prétextes sont bons pour se faire plaisir à l'Ampélo. On accompagne son verre d'assiettes à picorer : fromage ou charcuterie, poissons fumés au Cap Ferret, tartinables végétariens… « Allez, Vin, on est bien ! ». Des vins sans alcool sont également à la carte.

© PÉPITE COOKIE

© PÉPITE COOKIE

© PÉPITE COOKIE

PÉPITE COOKIE

7, rue du Pas-Saint-Georges
✆ 05 56 52 43 50

Ouvert toute l'année, tous les jours (horaires variables selon la saison).

Après un grand succès au Cap Ferret, Pépite Cookie a ouvert deux boutiques à Bordeaux, dont celle-ci ! Le secret ? Des recettes familiales au savoir-faire unique et gourmand. Chez Pépite, tout est fait maison, et les ingrédients sont sélectionnés avec soin. Les cookies sortent du four toute la journée, offrant une texture croustillante et fondante à la fois. Découvrez une dizaine de parfums irrésistibles : chocolat, praliné noisette, caramel beurre salé, etc. Sans oublier leurs crèmes glacées artisanales et leur chocolat chaud maison. De vraies pépites...

© PÉPITE COOKIE

© PÉPITE COOKIE

ANTICAFÉ

11, rue Duffour Dubergier
✆ 05 57 83 67 02
https://www.anticafe.eu/bordeaux
Ouvert tous les jours de 9h à 20h. Tarifs : 6 €/h ; 28 €/journée. Privatisable.

Que les coffee lovers se rassurent, vous aurez bien le droit à votre shoot caféiné à l'anticafé ! Simplement, ce ne sera pas votre tasse que vous paierez, mais le temps que vous passerez sur place. Ici, on paie à l'heure (indivisible la première heure, puis au prorata du temps passé) et on a droit aux boissons de notre choix en illimité, ainsi qu'à des snacks en libre-service (céréales, fruits, biscuits...). Idéal pour bosser car le lieu est cosy et fonctionnel (différents espaces, nombreuses prises, paperboard...), agréable aussi pour une pause entre amis.

AYAWASCA COCKTAIL CLUB

19, rue des Bahutiers
✆ 05 56 48 56 99
www.accbordeaux.com
Ouvert du jeudi au samedi de 18h à 2h ; dimanche et lundi de 18h à 1h. Cocktails à partir de 12 €. Tapas. Dj sets.

Depuis son ouverture, l'ACC fait carton plein. Accueil attentionné, décoration végétalisée, ambiance décontractée qui se fait volontiers survoltée lors des DJ sets régulièrement organisés. Mais surtout, les cocktails sont à tomber ! La carte incroyablement travaillée est pleine de promesses, tenues à la dégustation : les créations qui évoluent au cours de l'année rivalisent d'inventivité et de saveurs, tels que le Rambo (Mezcal, chipotle, ananas, ail noir, whisky tourbé) ou le Nikita (Gin, fenouil, vermouth blanc, acidité, mousse wasabi et matcha).

BAM KARAOKÉ BOX

36, rue Cornac
✆ 05 35 54 03 32
Ouvert du mardi au vendredi de 18h (17h le mercredi) à 1h30 ; samedi de 14h30 à 1h30. Tarif : 4 € à 11 €/personne.

BAM Karaoké Box réinvente le karaoké en s'inspirant du concept des pays asiatiques où chanter est un loisir populaire. Dans des box, en toute intimité avec ses amis, sa famille ou ses collègues, chacun peut s'en donner à cœur joie ou plutôt à haute voix. À l'abri des regards, mais surtout, des oreilles indiscrètes, les salons de karaoké ont été imaginés pour vous offrir la meilleure expérience possible, comme si vous étiez chez vous. Pour les petites faims et pour rafraîchir et adoucir vos cordes vocales, la maison signe une carte de snacking et de cocktails.

LE BAR A VIN DU C.I.V.B

3, cours du 30 Juillet
✆ 05 56 00 43 47
http://baravin.bordeaux.com
Ouvert du lundi au samedi de 11h30 à 22h. Vin au verre à partir de 2,50 €.

Le bar à vin du C.I.V.B (Conseil Interprofessionnel du Vin de Bordeaux) est situé au rez-de-chaussée de l'hôtel Gobineau, bâtiment du 18e abritant la Maison du vin de Bordeaux. Le bâtiment détonne par sa décoration : vitraux monumentaux de Buthaud, tapisserie d'Aubusson, mobilier ultra design, sans oublier le grand bar aux murs emplis de bouteilles. Une sélection d'une trentaine de vins exclusivement servis au verre parmi les appellations de Bordeaux (rouge, rosé, blanc, crémant et clairet) est proposée, ainsi que des assiettes de fromage ou de charcuterie.

UN BAR AVEC DES FORMES POUR NOM

17, quai des Salinières
Ouvert du mercredi au dimanche de 18h à 2h. Cocktails à partir de 10 €.

Par où commencer pour décrire ce bar si différent ? Par son nom, composé de formes colorées (concept poussé jusqu'aux tenues des serveurs, des combinaisons de différentes couleurs) ? Par sa déco ultra minimaliste, esprit Bauhaus, qui nous plonge dans un univers singulier ? Ou par l'essentiel, à savoir les cocktails, réalisés avec une précision chimique et servis dans des fioles. Réplique du bar londonien de Remy Savage, meilleur mixologue du monde, ce nouvel établissement surprend.

BATCH COOKIES

61, rue des Ayres
✆ 06 31 15 30 50
Ouvert tous les jours de 10h à 18h30. Cookies : 3,50 € à 4 €. Livraison (boutique en ligne).

Avez-vous déjà mangé le cookie parfait, au cœur épais bien moelleux, mais qui reste en même temps croquant et craquant ? A l'affût, le Petit Futé a pointé son museau chez Batch cookies. Dans cette toute petite boutique, difficile de ne pas succomber devant les plus beaux et les plus gros cookies de Bordeaux (165g, rien que ça !). Victimes de leur succès, il faudra parfois patienter quelques instants pour que la dernière fournée toute chaude sorte du four. Sans conteste, notre préféré est celui aux pépites de chocolat et aux noix. Amis gourmands, courrez-y !

BERGAMOTE

8, rue Saint-Rémi
✆ 05 57 60 30 71
https://www.bergamote-bordeaux.com
Ouvert du mer. au sam. de 8h à 18h ; dim. de 9h à 18h. Brunch (ven. et w-e) : 29 €. Tea time (sur réservation) : 20 €.

Quelle belle découverte que ce petit salon de thé à l'atmosphère et la décoration aussi délicates et raffinées que les pâtisseries ! Chez Bergamote, la douceur se retrouve tant dans l'accueil que dans les propositions gourmandes : macarons, chocolats et guimauves, viennoiseries bien dorées (dont le fameux New York roll qui fait fureur), et pâtisseries superbement réalisées. Les tartelettes fleurs, le dessert signature qui se décline selon les saisons, sont si belles qu'on hésite presque à les manger... On aurait pourtant tort de s'en priver !

BODEGA BODEGA

4, rue des Piliers-de-Tutelle
✆ 05 56 01 24 24
www.bodega-bodega.fr
Ouvert du lundi au samedi de 9h à 15h et de 17h à 2h. Happy hour. Menu midi : 16,50 € à 18 €. Tapas à partir de 4,50 €.

A la Bodega Bodega, toute l'Espagne est dans votre assiette ! Cet établissement de la rue des Piliers de Tutelle fait partie de ces restaurants bordelais que tout le monde connaît ! Prenez place dans cette bodega bordelaise avec des *tapas*, du jambon ibérique, des verres de *mojito* et de *sangria*, le tout sur une musique dansante et une ambiance estivale. En un mot, venez faire la fête comme en Espagne ! Le lieu, situé à deux pas de la Place de la Comédie, attire autant les clients qui veulent leur café le matin que ceux qui viennent prendre un verre entre amis.

BODEGA LOS AMIGOS

24, rue de la Faïencerie
✆ 09 63 65 11 64
bodega-bordeaux.com
Du mardi au samedi de 18h à 2h. Service de 19h30 à minuit. Tapas à partir de 9 €. Happy hour. Terrasse. Animations.

Est-on à San Sebastián ou à Bordeaux ? À la Bodega Los Amigos, l'ambiance est aussi animée que peuvent être les soirées basques espagnoles. Parfait pour déguster tapas, paella, pintxos et accompagner tout ça de sangria. Un lieu chaleureux et convivial, idéal pour passer une agréable soirée entre amis et esquisser quelques pas de danse. La carte régulièrement renouvelée met à l'honneur les produits frais et de saison. Afterworks, concerts, DJ sets... Attention, vous n'êtes pas à l'abri de vous lancer bras levés dans un paquito endiablé !

BOOKS AND COFFEE

26, rue Saint-James
✆ 05 54 52 30 53
www.booksandcoffee.fr
Ouvert du lundi au samedi de 8h à 19h ; dimanche de 9h30 à 19h. Petit déjeuner : 9 € à 13 €. Brunch : 25 €.

On se sent toujours bien, chez Books and Coffee ! Installé rue Saint-James, ce coffee shop à succès dispose d'un bel espace intérieur et d'une petite terrasse ensoleillée avec vue sur la Grosse Cloche. On s'y installe à toute heure de la journée pour manger ou prendre un verre : petit déjeuner, brunch, lunch, goûter, afterwork... Le midi, l'endroit propose des salades et des sandwichs toastés, à savourer seuls ou en formule. Accolés au salon de thé, la brûlerie et la pâtisserie permettent de faire quelques emplettes très gourmandes.

BOUTIQUE MAISON JOCK

190, Quai de Brazza
✆ 05 57 77 02 59
www.maison-jock.fr
Ouvert du lundi au vendredi de 9h à 17h30. Boutique en ligne (livraison offerte à partir de 50 €).

Tous les Bordelais connaissent la crème Jock, imaginée en 1938 par Raymond Boulesque. La pâtisserie accessible à tous décline toute une gamme de pâtes à gâteaux pur beurre (nature, citron, chocolat, caramel...) et de préparations pour desserts (fondants, canelés, flans vanille/caramel, pistache, café, chocolat, petits déjeuners instantanés...), sans oublier la fameuse crème qui a fait la renommée de l'enseigne. On trouve également sur place ou sur la boutique en ligne des aides à la pâtisserie ou des paniers gourmands pour des cadeaux *made in* Bordeaux !

CAFÉ BRUN

45, rue Saint-Rémi
✆ 05 56 52 20 49
Ouvert du lundi au samedi de 9h à 1h30 ; dimanche de 13h à 1h30. Concerts.

En plein cœur du centre-ville se tient le célèbre Café Brun. Ce bar pub atypique vous accueille dans une ambiance authentique et conviviale qui fait le succès du lieu. La particularité du Café Brun ? Une belle carte avec un large panel de bières, de whiskys, de rhums et d'autres spiritueux. Le café est aussi connu pour ses soirées festives et animées, rythmées au son d'une musique éclectique et de qualité. Confirmant son goût pour la musique, le bar accueille chaque semaine des artistes en concert. Vous trouverez la programmation musicale sur les réseaux.

CAFÉ MUNDO

8, place de Stalingrad

Ouvert du lundi au vendredi de 8h à 17h. Café à partir de 1,8 €. Menu : 13 € à 15 €. A emporter. Terrasse.

De leurs voyages, les deux fondateurs de ce nouveau café de la rive droite (et il en manquait) ont ramené dans leurs bagages le goût pour le café de spécialité et les recettes d'ailleurs. Chaque semaine un cru venu de lointaines contrées est mis à l'honneur : Éthiopie, Honduras, Indonésie... Au menu, des propositions brunch classiques comme la brioche perdue, l'avocado toast ou le bagel pastrami, mais aussi un plat aux saveurs plus exotiques : curry thaï, poulet mafé... Et un mango sticky rice qui vaut le détour. Sur quel continent allez-vous voyager ?

CARNAVAL CAFÉ CLUB HOUSE

97, quai de Paludate

✆ 07 69 07 69 74

www.carnavalcafe-bordeaux.fr

Ouvert du lundi au vendredi de 8h à 2h. Menu midi : 17 € à 22 €. Tapas. Happy hour. Terrasse. Animations.

Le 3e Carnaval Café a ouvert sur les quais de Paludate, avec toujours la même identité et sa couleur qui donne la pêche, la même équipe et la même bonne humeur ! Mais avec quelques petits trucs en plus, comme des billards et des baby-foot. Cool, non ? Déjeuner le midi (en terrasse s'il fait beau) au tarif imbattable et pas moins de trois formules pour l'happy hour : 2 pintes, 2 verres de vin ou 2 cocktails + 1 saucisson ou 1 pâté pour une petite dizaine d'euros. Avec son style club-house survitaminé, celui-ci n'est pas loin d'être notre préféré.

LE CAFÉ UTOPIA

5, place Camille Jullian

✆ 05 56 79 39 25

https://www.cafe-utopia.fr/

Ouvert tous les jours de 9h30 à 22h. Service continu. Formules petit-déjeuner à partir de 10,50 €. Menu midi : 11,80 €.

Sur la place Camille-Jullian, en plein cœur de Bordeaux, la terrasse de l'Utopia est le lieu idéal pour se détendre. Dans la matinée, pour boire un café ou prendre un petit-déjeuner, et s'adonner à la lecture sous la chaleur des premiers rayons de soleil. Plus tard dans la journée, pour partager un verre dans l'ambiance festive et animée de la place bordelaise. L'ancienne église Saint-Siméon, pleine de caractère, dispose aussi d'un espace intérieur. Vous pourrez y déguster leurs pâtisseries accompagnées d'un thé ou d'une tisane bio.

CASSONADE

40, cours Pasteur

https://www.cassonade.fr

Ouvert du lundi au samedi de 10h à 19h. Cannelés : 0,80 € à 1,90 € l'unité. Livraison (boutique en ligne).

Face au succès de la toute petite boutique de la Grosse Cloche, Cassonade a ouvert deux salons de thé : l'un à côté de la Victoire, l'autre quartier Saint-Pierre. Bonne nouvelle pour les gourmands qui se régalent triplement ! Car les amateurs de cannelés l'assurent, ceux-là sont les meilleurs de Bordeaux. Ils existent en trois tailles ainsi qu'en version vanille ou vegan. Pour varier les plaisirs, on peut aussi craquer pour une autre de leurs spécialités comme le Saint-James (biscuit moelleux à l'amande, orange et rhum), le flan, la brioche aux pralines roses...

LA CAGE

14, rue Denis Papin - **BÈGLES**

✆ 05 33 09 11 33 - www.cage.fr

Ouvert du lun. au mer. et le dim. de 12h à 0h ; du jeu. au sam. de 12h à 1h ; Restauration (service continu). Terrasse.

La Cage débarque tout droit du Québec, pour la première fois dans l'Hexagone ! Le concept est fou : une brasserie sportive hors norme de 220 places assises à l'intérieur et 140 places en terrasse. Et surtout, plein d'écrans diffusant des matchs. L'écran géant de 40 m² (le plus grand de France) est impressionnant, et le bar aussi ! Même les tables sont disposées en gradin, comme au cinéma. L'équipe surentraînée sert des Blitz burgers, des poutines, des côtes levées, des Québec Mule, des Spritz au sirop d'érable... La carte est clairement sur le banc du Canada !

LA CERVOISERIE FLOIRAC

Lotissement commercial de Vimeney - **FLOIRAC**

✆ 05 56 68 25 23

www.lacervoiserie.com

Ouvert du lundi au mer et le sam le soir ; du jeu au ven de 11h à 23h. Bière à partir de 4 €. Terrasse. Animations.

Ne cherchez plus le temple de la bière de la rive droite, il est ici et il se nomme la Cervoiserie. Cet immense bar et cave à bières dispose d'une très grande terrasse et d'une pelouse qui accueille régulièrement des animations et des événements festifs. Outre le grand choix de bières en bouteilles ou à la pression, la carte propose aussi des cocktails et du vin, ainsi qu'une offre de restauration avec des pizzas faites maison et des planches. Situé à quelques centaines de mètres de l'Arkea Arena, c'est le lieu idéal pour boire un verre avant ou après un concert !

© BAILLARDRAN

© JESSICA CALVO

© JESSICA CALVO

BAILLARDRAN

Place des Grands Hommes
✆ 05 56 79 05 89
www.baillardran.com
Ouvert du lundi au samedi de 9h à 19h30.
Livraison possible (boutique en ligne).

Bordeaux rime bien sûr avec cannelé ! Vous connaissez sans doute cet emblématique gâteau à la robe caramélisée et au cœur moelleux, parfumé au rhum et à la vanille. Ici, vous assisterez à travers la vitrine à leur fabrication, dans ces fameux petits moules en cuivre « cannelé » dont ils tirent le nom. L'enseigne possède une dizaine de boutiques bordelaises, dont certaines disposent d'un espace café. La dernière en date, installée sur les quais, propose d'exquis petits cannelés salés. La troisième génération de la Maison Baillardran a déjà pris la relève...

© JESSICA CALVO

© JESSICA CALVO

LA CERVOISERIE PESSAC

6, avenue Gustave Eiffel - **PESSAC**
✆ 05 57 82 63 28
www.lacervoiserie.com
Ouvert lundi de 14h à 22h ; mardi et mercredi de 11h à 22h ; du jeudi au samedi de 11h à 23h. Terrasse. Animations.

Denis & Charley, deux bons copains, ont monté ensemble leur Cervoiserie, lieu convivial pour se retrouver et partager un verre. Ce temple de la bière, qui s'étend sur 180 m², dispose d'une grande terrasse et d'une belle « biérothèque » pour réaliser vos achats de bières mais aussi de spiritueux premium. L'immense bar accueille 12 becs de pression et une large gamme de bières en bouteilles. Au total, plus de 400 références du monde entier ! La Cervoiserie assure la retransmission de matchs grâce aux écrans et à un rétroprojecteur.

LE COMPTOIR DES CHATS

8, rue Pierre de Coubertin
www.lecomptoirdeschats.com
Ouvert du mardi au samedi de 14h à 18h30 (temps limité à 45mn/1h en cas d'affluence). Enfants à partir de 10 ans.

Les neuf matous du Comptoir des Chats vous ouvrent les portes de leur douillet refuge : installé sur les canapés colorés ou dans la cour intérieure, venez profiter des ronronnements apaisants de Molly, Garfield, Mignon, Marlow (notre préféré !) et leurs copains... L'accueil est adorable, et les pâtisseries délicieuses : tout est cuisiné sur place, à partir d'ingrédients bio. Côté boissons, le choix est dur entre la trentaine de thés et infusions Mariage Frères, les smoothies et bubble tea, ou le très gourmand chocolat chaud, spécialité de la maison.

LE DÉCANTEUR

14, place de la Liberté Samuel Paty - **PESSAC**
✆ 05 56 70 02 46
www.le-decanteur.fr
Ouvert tous les jours de 16h à 0h. Vin au verre à partir de 4,80 €. Tapas à partir de 6 €. Terrasse.

Le Décanteur est un bar à vin qui propose une large sélection de plus de 300 références de vins provenant de diverses régions de France et du monde entier. Sur place, les sommeliers vous guident dans le choix du vin correspondant le mieux à vos goûts. De plus, l'équipe du Décanteur prépare des tapas gourmandes. La carte est mise à jour régulièrement en fonction des saisons. Vous pouvez suivre leurs actualités sur Instagram avec le hashtag #pessac. Il est également à noter que Le Décanteur possède un autre établissement au Bouscat, avec un restaurant bistronomique.

DELIRIUM CAFÉ

30, quai Virginie Hériot
✆ 09 74 64 00 75
Ouvert tous les jours de 16h à 2h. Happy hours (16h à 20h). Sport TV. Terrasse. Restauration. Animations. DJ sets.

Temple de la bière ou de la démesure, les Bordelais du Vintage Group ont vu les choses en grand... 800 m² très exactement et 300 m² de terrasse ! Et des animations en veux tu en voilà : karaoké, drag show, open mic, paint me up, patins en délire, fléchettes compet'... Et des DJ sets pour se déhancher ! On adore l'ambiance et la déco indus' rehaussée par le mur en néons de Freak City. Derrière le bar de 20 mètres de long, l'équipe s'active pour vous servir l'une des 30 références de bières de la brasserie Huyghe (mais pas que !), un cocktail... *Food* à partager.

LE DOUBLE V

25, avenue de l'Argonne
MÉRIGNAC
✆ 05 56 45 68 29
Ouvert du lundi au vendredi de 6h à 19h30 ; samedi de 7h à 19h30.

Les avis sont unanimes sur cette boulangerie fondée par Emmalie et Wallace (le double v, c'est lui) : du pain aux viennoiseries en passant par le snacking ou les pâtisseries, tout est savoureux ! Très attachée à la qualité artisanale, l'équipe réalise ses produits sur place de façon traditionnelle, en utilisant des ingrédients frais de saison et en collaborant avec des fournisseurs locaux engagés. Dans la vitrine, des pains au levain naturel à partir de farines régionales Label Rouge, des viennoiseries pur beurre de baratte, des pâtisseries à l'équilibre parfait.

DUNES BLANCHES CHEZ PASCAL

7, rue de la Vieille Tour
✆ 09 83 97 78 78
https://dunesblanches.fr
Ouvert du lun. au jeu. de 10h à 19h30 ; ven. et sam. de 9h à 19h30 ; dim. de 9h à 13h30. Choux : 1,05 € à 1,60 €/pièce.

Les Dunes Blanches sont l'invention de Pascal Lucas, boulanger-pâtissier à Grand Piquey. Ses choux croquants fourrés à la crème légère et aérienne sont presque aussi connus des Bordelais que les cannelés. On ne résiste jamais à s'en offrir un ou deux – voire plus – par pure gourmandise. On peut les acheter à Arcachon, Bordeaux et même à Paris dans le quartier du Marais. La recette reste secrète et pour diversifier les goûts, Pascal Lucas propose aussi des créations éphémères...

EDEN GARDEN

456, avenue de Verdun - **MÉRIGNAC**
✆ 07 87 39 62 52
www.edengardenbar.fr
Ouvert du lundi au samedi le soir. Cocktails à partir de 8 €. Restauration. Animations. Karaoké. Terrasse.

A Mérignac centre, L'Eden Garden est un bar à cocktails qui rassemble en fin de journée toutes les générations pour boire un verre et partager une planche, des tapas ou une pizza, mais aussi assister à des soirées à thèmes (quizz, dégustations, blind-test, DJ sets...) ou pousser la chansonnette entre amis dans une salle de karaoké privative. L'endroit est très apprécié pour son jardin aménagé dans l'esprit tropical, avec des bancs en palettes recouverts de coussins colorés, des plantes luxuriantes et des barriques. Dépaysant !

ELLE&LU

38, rue du Loup
TALENCE
✆ 05 47 74 11 79
Ouvert du mardi au dimanche de 10h à 19h. Chou : 2,50 € à 3,50 € ; tiramisu : 6 €.

Suite au succès de leur première pâtisserie ouverte à Talence, Elle&Lu déménage son petit salon de thé à Bordeaux. Outre les tiramisus, la spécialité de la maison reste les choux garnis d'une crème pâtissière légère et parfumée. Notre chou-chou ? Celui à la cannelle, fève de tonka et crème de marron. La nouveauté, c'est que l'on peut aussi personnaliser son chou en choisissant sa crème (vanille, noisette...), son insert (praliné, caramel...), son nappage (dulcey, chocolat bio...) et son topping craquant (noix de pécan, coco...). Délicieusement irrésistible !

L'ENGRENAGE

8, rue Castelnau d'Auros ✆ 09 74 64 00 77
www.lengrenage-bar.fr
Ouvert tous les jours de 16h à 2h. Cocktails à partir de 10 €. Happy hour. Animations. Comedy club. Terrasse.

A l'Engrenage, on compte pas moins de 20 bières pression allant des plus légères aux plus fortes, et des cocktails travaillés. Près de la place Gambetta, ce spot branché dispose d'une belle terrasse avec des chaises en bois et du cannage, d'une salle à l'ambiance rehaussée de néons, et surprise : le sous-sol abrite un billard et un jeu d'arcade. L'Engrenage s'impose comme une adresse très conviviale où l'on peut grignoter et profiter de nombreuses animations comme des DJ sets, des retransmissions sportives, et d'un Comedy club tous les mardis et mercredis soirs.

FLOW CÉRAMIQUE CAFÉ

3, place Jean Jaurès ✆ 05 57 59 46 43
https://flowceramiquecafe.fr
Du mer. au ven. de 13h à 22h ; sam. de 10h à 20h ; dim. de 10h à 17h30. Ateliers à partir de 15 €, sur réservation.

Unique à Bordeaux, ce coffee shop d'un genre nouveau propose de libérer son flow créatif... Au programme, des ateliers de peinture sur céramique accompagnés de boissons et de pâtisseries. Ça donne envie ? Après avoir réservé votre créneau, choisissez votre pièce de vaisselle (tasse, assiette, pichet...) et les techniques pour la décorer vous seront minutieusement expliquées. Une semaine plus tard (le temps de l'émaillage et de la cuisson à 1 000 °C), venez récupérer votre création personnalisée. Un concept original pour un super moment partagé !

LE JAX

5, quai de la Monnaie
✆ 05 56 68 31 95
Ouvert du lundi au samedi à partir de 17h30. Happy hour (de 17h30 à 20h). Restauration. Animations. Concerts. Terrasse.

Le Jax a un secret... En plus de sa terrasse sur les quais, ce bar abrite un patio plus calme, idéal pour siroter un verre, seul ou à plusieurs. Joël, le patron, met à disposition quelques petits jeux de société et organise régulièrement des tournois (fléchettes, Mario Kart...) et des concerts. Direction le bar pour commander ! On se tourne vers la grande ardoise pour faire son choix. La carte des boissons (vins, bières, softs et cocktails) est courte mais efficace. Et pour grignoter, les essentiels sont là : nachos, saucisson, planche mixte...

JOUVENCE

51, rue Sainte-Colombe
www.patisserie-jouvence.fr
Ouvert du mercredi au samedi de 9h à 19h ; dimanche de 9h à 18h. Menu (petit déjeuner, tea time, brunch) : 15 € à 29 €.

Portée par Jeanne et Joannice, duo de pâtissiers inspirés, et par Théo, barista passionné, la pâtisserie Jouvence réveille nos meilleurs souvenirs d'enfance. À travers des créations gourmandes un brin régressives et hautement addictives, ce salon de thé offre une expérience gustative de très haute volée. Viennoiseries, biscuits et pâtisseries se prennent à emporter ou se dégustent sur place, au petit-déjeuner, au déjeuner, au goûter qui se transforme même en tea time en fin de semaine (proposition encore rare à Bordeaux), et le week-end à l'heure du brunch.

LE LUCIFER

35, rue de Pessac
✆ 05 56 99 09 02
Ouvert tous les jours de 18h à 2h. Happy hour. Restauration. Animations. Concerts. Cave privative.

Le Lucifer est le paradis des buveurs de bières, avec plus de 250 bières bouteilles et 18 tirages pression. Le comptoir est assez grand pour s'y installer, à moins que vous ne préfériez une banquette près des fléchettes. Une fois installé, vous n'aurez plus qu'à choisir une des délicieuses blondes ou rousses : la bière d'abbaye mûrie en fûts de chêne, l'incontournable « flamme de bière » flambée, ou l'une des nouveautés du moment. Les animations sont nombreuses : jeux de société, théâtre d'impro, concerts… De la bière et une ambiance d'enfer !

LA MAISON DE BLANCHE

37, rue Camille Godard
✆ 07 69 56 55 92
https://lamaisondeblanche.com
Ouvert du mercredi au vendredi de 12h à 19h ; samedi de 10h à 19h. Chiffon cake à partir de 7 €.

Ce salon de thé original propose trois chambres d'hôtes mais aussi une grande spécialité : le gâteau chiffon (*chiffon cake*). Constitué d'une génoise légère et moelleuse, parfumée aux fruits et garnie de chantilly peu sucrée, il est très populaire à Taïwan où Blanche a grandi. Tous les jours, elle emplit sa vitrine de 6 à 10 recettes différentes, en format individuel ou à partager. Pour les accompagner, Blanche a imaginé une petite carte de cafés et de thés. L'intérieur est lumineux et la décoration chic et épurée, à l'image du raffinement des pâtisseries.

LA MAISON DU GLACIER

1, place Saint-Pierre
✆ 05 57 85 90 35
Ouvert tous les jours de 13h à 23h.

Décor convivial et un tantinet baroque pour ce glacier/salon de thé ouvert par Anthony Porée. Les glaces et sorbets sont fabriqués de façon artisanale à partir de fruits frais, de lait entier régional ou encore de chocolat *Valrhona* par les Maîtres Glaciers de Terre Adélice. Au choix 80 parfums, dont 60 bio, incroyables, authentiques et originaux : foie gras, madeleine, spéculoos, tiramisu, riz au lait, miel/violette, pruneaux/armagnac, etc. On peut aussi se régaler d'une gaufre bio faite maison sur place à l'intérieur de la boutique ou en terrasse.

MAISON LAMOUR

157, rue Judaïque
✆ 05 56 24 90 93
www.maisonlamour.fr
Ouvert du mardi au samedi de 7h30 à 20h ; dimanche de 7h30 à 13h30. Traiteur.

Pour Florian Lamour ce qui compte c'est la qualité et le savoir-faire artisanal. Les produits de base sont issus de Nouvelle-Aquitaine, que ce soit les farines biologiques, la mouture des céréales, le beurre, le miel, les fruits rouges, les emballages et les boîtes pâtissières. On comprend que la Maison Lamour ait été sacrée « Meilleure boulangerie de France 2017 ». Les pains sont réalisés à partir de levain naturel et leur variété fait le bonheur des amateurs. Les pâtisseries sont travaillées tout en finesse, avec une nouvelle gamme éphémère chaque week-end.

MOMITA

34, rue du Docteur Charles Nancel Penard
✆ 09 81 16 28 19
Ouvert du lun au ven. de 8h à 18h (23h le jeudi) ; sam. de 9h à 13h. Petit déj : 8 € à 9,50 € ; menu midi : 13 € à 16 €.

Ce joli salon de thé au charme délicieusement suranné nous plaît. Les cousines Louise et Quitterie, passionnées de cuisine et de pâtisserie, se sont inspirées de l'univers de leur grand-mère pour créer ce cocon chaleureux : nappes et papier peint fleuri, vaisselle à l'anglaise, photos de famille et canevas vintage aux murs… Boissons chaudes et gourmandises, formules petit-déjeuner variées, cuisine simple et authentique le midi (à emporter aussi) et un accueil tout à fait adorable. On pourrait y rester la journée sans voir le temps passer !

MORA MORA

place des Capucins
✆ 06 50 96 85 97
Ouvert du mardi au samedi de 8h à 14h30. Sur place ou à emporter.

En malgache, *Mora Mora* signifie « doucement doucement » alors ici on prend le temps… Celui de savourer un café de spécialité torréfié par Piha, de déguster une viennoiserie bio de chez Babel Bread, de croquer dans un burger ou un hot-dog dont les viandes et garnitures proviennent directement des stands du marché (plus frais et plus locaux, on ne peut pas faire). On en profite pour taper un brin de causette avec Toots, le gérant ultra sympathique et toujours souriant de ce petit coffee shop qui fait briller le soleil à Bordeaux, même en hiver.

NEKOMATA

40, rue Lafaurie de Monbadon
✆ 09 81 44 17 17
https://nekomata.cafe
Ouvert lundi, jeudi et vendredi de 12h à 19h, le w-e de 11h à 19h. Formules horaires (boisson incluse) : 10 € à 16 €.

Pour vivre l'expérience d'un Neko café typique, direction Nekomata où tout est pensé pour coller à ce concept qui fait fureur au Japon. Accueillis par neuf adorables chats, vous enfilez des chaussons et choisissez votre boisson incluse dans la formule : ici, on paie selon le temps passé sur place. Ensuite, libre à vous de vous installer en salle sur un canapé ou dans la cour au frais. Vous pourrez piocher dans la mangathèque, grignoter un snack japonais (*onigiris, mochis*...), distribuer quelques croquettes, et faire le plein de ronrons ! Réservation conseillée.

SNICKELFRITZ

5, cours Pasteur
Ouvert du lundi au vendredi de 9h à 18h ; le w-e de 11h30 à 18h30. Donuts à partir de 2,50 €.

Des vrais donuts à l'américaine, moelleux et généreux, qui réussissent l'exploit de ne pas être gras ! En face du Musée d'Aquitaine, ce tout petit coffee shop spécialisé dans les donuts a été lancé par la team du Black List Café, gage de qualité. On y trouve les classiques tels que le Glazed (glacé au sucre), le Cinnamon (sucre cannelle) ou le Boston cream (crème pâtissière et glaçage chocolat), mais aussi des recettes éphémères bien gourmandes comme le Pumpkin Spice (crème potimarron et glaçage aux épices) ou le Smores (chocolat, miel et marshmallow grillé).

QUOI THÉ

13, rue du Mirail
✆ 06 10 34 59 07
www.quoithe.fr
Ouvert du mardi au dimanche de 12h à 20h. Boisson à partir de 4,50 €. A emporter.

Les bubble teas les plus authentiques de la ville ! Les adeptes de *kawaii* ne s'y trompent pas et se pressent dans cette petite boutique toute bleue pour commander leur boisson au thé préférée : lacté, fruité, avec des perles de tapioca ou de gelée de fruits... La carte propose aussi quelques créations originales, ainsi que d'excellents daifuku (pâtisserie japonaise à base de pâte de riz gluant fourrée de divers parfums) faits maison. L'enseigne fait plutôt à emporter, mais on peut choisir de s'installer sur l'un des deux gros canapés. Attention, pas de toilettes.

SWEENEY TODD'S

2, cours Alsace-et-Lorraine ✆ 05 56 48 21 13
https://sweeneys-pub.com/
Ouvert du mardi au jeudi de 17h à 2h ; vendredi et samedi de 12h à 2h ; dim de 12h à 0h. Happy hour. Restauration.

Vous connaissez le barbier sanguinaire Sweeney Todd's ? Lance et Margot ont choisi de baptiser leur pub bordelais de son nom... Mais ici pas de danger, c'est dans une atmosphère conviviale qu'on savoure de bonnes bières et de bons burgers, sans oublier les fameuses tourtes garnies de viande fondante. L'ambiance est toujours au rendez-vous : pendant l'*happy hour*, le soir pour les retransmissions des grands matchs sportifs, et à midi le week-end. L'endroit n'est pas grand mais qu'importe, on s'y sent bien. Vraiment « le plus petit des grands pubs » !

ROCKWOOD

4, quai Louis XVIII
www.rockwood.fr
Ouvert tous les jours de 16h à 2h. Cocktails à partir de 10 €. Happy hour (16h-19h). Terrasse. Animations.

Face à la Garonne, sur les quais de Bordeaux, le Rockwood est l'un des pubs incontournables de la ville depuis 2015. La superbe terrasse chauffée offre une vue imprenable sur la rive gauche. L'atmosphère festive est également un des points forts de ce spot. Ici, l'ambiance est *playground* (comprendre « ambiance cour de récré ») grâce à son baby-foot et ses fléchettes. À la carte, de nombreux cocktails, bières pression, gin, rhum et whiskies, ainsi que des planches à partager. Laissez-vous tenter par l'*Happy Hour* en terrasse en fin de journée !

SWING MARINE

151, cours Gambetta - **TALENCE**
✆ 05 57 01 18 42
Ouvert du mardi au samedi de 18h à 2h. Happy Hour. Restauration. Animations.

L'ambiance et la bière sont bonnes, au Swing Marine ! Ce bar de quartier à la décoration faite de bric et de broc propose toute l'année des animations conviviales (karaoké, blind test, comedy club...) et des retransmissions de matchs. À l'étage, un baby-foot et un billard gratuit assurent des tournois bon enfant. On adore se servir directement sa bière à la tireuse ! Les cocktails sont très bons, et une belle sélection de vins et spiritueux est disponible. Pour grignoter, on a le choix entre planches et tapas, ou, le mercredi, la fameuse entrecôte du patron.

TAMATEBAKO CAFE

32, rue Saint-James
✆ 06 64 92 55 36
Ouvert du jeudi au dimanche de 14h30 à 19h. Terrasse. Sur place ou à emporter. Boutique. Pas de wifi.

Quelle diversité de cafés et de thés ! Pour la pause du goûter, difficile de ne pas y trouver son bonheur... Ici, le café se décline sous mille et une façons (espresso, décaféiné, bio...). À la carte, les cafés Grands Crus cohabitent avec les cafés d'exception, et les Latte dans la pure tradition barista. Dans ce salon de thé et café, la carte des thés est aussi très fournie : plus de 200 variétés de thés bio, tisanes et rooibos. Les chocolats chauds sont également très gourmands ! Accompagnez votre boisson d'une belle part de gâteau maison et régalez-vous.

THE C SPIRITS CAVE

59, quai de Paludate ✆ 05 56 78 17 14
https://thecspirits.fr/
Ouvert du lun. au sam. jusqu'à 23h30 ou 1h. Terrasse. Rooftop (à partir de 16h). Cocktails signature : 13 €. Fumoir.

The C Spirits possède la plus grande cave à cigares de Bordeaux, avec plus de 400 références ! L'établissement a aménagé le plus grand fumoir de la ville : équipé d'un système d'hygrométrie contrôlée, il est privatisable pour les clubs d'amateurs. La cave à spiritueux et le bar servant des cocktails créations valent aussi le déplacement, de même que la carte du restaurant réalisée par le chef Alexis Bertails. En fin de semaine, l'ambiance se teinte d'une touche musicale et festive avec des concerts et un grand rooftop idéal pour des soirées tapas entre amis.

LA TOQUE CUIVREE

69, rue de la Porte Dijeaux
✆ 05 56 01 08 08
www.la-toque-cuivree.fr
Ouvert tous les jours de 8h à 20h. Canelé : 0,45 € à 0,75 €/pièce. Livraison (boutique en ligne).

Véritable emblème bordelais datant du XVIe siècle, le canelé est une pâtisserie réalisée à base de farine, d'œufs, de lait, de vanille et de rhum. C'est un vrai défi de les préparer soi-même pour obtenir cette croûte croustillante et caramélisée, on vous conseille donc de laisser de côté vos moules et de vous rendre dans l'un des magasins de l'enseigne où vous aurez le choix entre trois tailles de canelés. Vous pourrez aussi vous laisser tenter par d'autres spécialités comme la tourtière aux pommes ou aux pruneaux, ou le Bordelais amande ou chocolat.

LA TOQUE CUIVRÉE - CANELÉS DE BORDEAUX

5, rue Sainte-Catherine
✆ 05 57 83 17 93
https://www.la-toque-cuivree.fr
Ouvert tous les jours de 8h à 20h. Canelé : 0,45 € à 0,75 € (selon la taille).

Véritable emblème de la ville, le cannelé est une petite pâtisserie du XVIe siècle à base de farine, œufs, lait, vanille et rhum. Pour déguster cette fameuse spécialité, rendez-vous dans l'une des nombreuses boutiques de l'enseigne, où l'accueil est toujours chaleureux. Vous aurez alors le choix entre trois tailles de cannelés et vous pourrez découvrir d'autres douceurs comme la tourtière aux pommes et aux pruneaux, ou encore le bordelais amande ou chocolat.

AU TOUCAN FRINGANT

6, Quai de la Monnaie
Ouvert tous les jours de 16h à 2h. Cocktails à partir de 10 €. Tapas à partir de 6 €. Happy Hour (16h-19h30). Terrasse.

L'ambiance est tropicale sur les quais de la Monnaie, depuis l'ouverture du premier bar bordelais consacré au mezcal et à la tequila ! Ce Toucan très Fringant en propose une quinzaine de références, au verre ou en cocktails. Des bières et quelques vins sont également à la carte, ainsi que des tapas à la mexicaine. Ce nouveau bar festif à la décoration végétalisée et colorée dispose aussi d'un billard et d'un baby-foot, et organise nombre de concerts, DJ sets, cours de salsa ou de bachata, et autres soirées animées *muy caliente*...

UMA

10, Esplanade Jean valleix - **LE BOUSCAT**
✆ 05 56 46 13 52
www.umarestaurant.fr
Du lundi au vendredi de 8h à 18h. Réservation uniquement par téléphone. Formule du midi : de 20 € à 24 €.

Ce havre de paix est l'adresse, gourmande et cosy, incontournable pour les amateurs de thé et de pâtisseries. Le midi, la formule propose une sélection de plats faits maison dans une jolie cuisine ouverte (volaille fermière, cannelloni, tarte salée...). Quant aux desserts, impossible de ne pas y succomber. L'établissement, qui privilégie les producteurs locaux, est le lieu idéal pour découvrir les savoureux cafés de chez l'Alchimiste. Mieux vaut arriver tôt pour avoir sa place sur l'esplanade, ou encore en mezzanine pour travailler en savourant un latte.

(SE) FAIRE PLAISIR

L'artère principale de Bordeaux est la fameuse rue Sainte-Catherine. Sur près de 1,2 km, elle relie le Grand Théâtre à la place de la Victoire et propose plus de 200 boutiques. Elle est la plus longue artère piétonne et commerçante d'Europe, un lieu idéal pour faire du shopping ! Boutiques gourmandes, grandes enseignes de prêt-à-porter et de sport, commerces indépendants... La rue est à l'image de la ville et de ses nombreuses artères : abondante et riche ! Le choix ne manque pas pour se faire plaisir. Les touristes gourmands ramèneront sans aucun doute quelques spécialités dans leurs valises : cannelés, macarons, confit de canard, bouteilles de vin... Tandis que d'autres trouveront leur bonheur dans les nombreuses boutiques de cadeaux et de décoration. Que vous soyez fin gourmet, mélomane, lecteur, *fashion victim* ou passionné de high-tech, nous avons sélectionné pour vous les meilleures adresses bordelaises.

DO YOU SPEAK FRANÇAIS ?

93, rue Notre Dame
✆ 09 83 56 47 75
www.doyouspeakfrancais.fr
Ouvert du mardi au samedi de 11h à 19h. Boutique en ligne.

Un *concept store* qui fait la part belle à la fabrication artisanale et aux créateurs français, c'est la promesse de *Do You Speak Français ?* Dans cette boutique installée dans la plus jolie rue des Chartrons, vous ne trouverez que du made in France : vêtements et accessoires de mode, bijoux, articles de papeterie et de décoration, produits cosmétiques et d'épicerie. Chaussettes Coucou Suzette, boucles d'oreilles Brut de cuir, barrettes à paillettes cg Home, broderies Les French Kits, parfums Margot&Tita... Maxime et Gaëlle ne sélectionnent que le top du top !

AG VINS

4, rue Roger Touton
✆ 05 56 50 08 00
www.agvins.fr
Ouvert du lundi au vendredi de 9h à 12h30 et de 14h à 18h. Vente en ligne.

Ce négociant en vin fournit principalement les professionnels. Un large choix de vins français et étrangers, des exclusivités, ainsi qu'une gamme bio sont proposés au meilleur rapport qualité-prix. AG vins présente 500 vins dans sa boutique en ligne et dispose de plus de 700 références en magasin. La maison propose également un grand choix de bag in box et de vins à petits prix. Au plus près de sa clientèle, AG vins offre des services très intéressants : prêt de tireuses pour vos réceptions, livraison en 24h sur toute la Gironde...

MAISON LAFITTE FOIE GRAS

26, rue Mably
✆ 05 56 48 01 05
www.lafitte.fr
Ouvert du mardi au samedi de 10h à 13h et de 14h à 19h. Livraison possible (boutique en ligne).

© LAFITTE

Depuis plus de 100 ans, la Maison Lafitte entretient l'excellence et le savoir-faire de la gastronomie landaise. Partenaire exclusif du Club des Chefs cuisiniers des Chefs d'Etat à travers le monde, la Maison Lafitte est reconnue pour la qualité supérieure de ses produits. Les canards gras traditionnels sont élevés 102 jours minimum et engraissés au maïs grain entier, selon les cahiers des charges Label Rouge et IGP Landes. Venez découvrir l'univers gastronomique du Foie Gras, confit, magret des Landes, et toute une gamme de produits autour du canard...

L'ALCHIMISTE CAFÉ

12, rue de la Vieille Tour
✆ 09 86 48 37 93
alchimiste-cafes.com
Ouvert du mardi au vendredi de 9h à 17h30 ; le samedi de 10h à 17h30. Terrasse. Livraison (boutique en ligne).

Depuis 2014, l'atelier de torréfaction L'Alchimiste est installé sur la rive droite, à Darwin, et fait le bonheur de tous les « caféinophiles » de la ville. Les grands crus de café qui y sont élaborés sont à découvrir et à déguster dans le café-boutique installé à côté de l'Intendance, où l'on vient pour savourer un délicieux café (espresso, *cortado*, cappuccino, café filtre…) accompagné d'une petite douceur. Lieu d'échange, de conseil et de dégustation, L'Alchimiste propose également à la vente une sélection de cafetières, machines et moulins.

BOUCHERIE RIBEIRO

Place des Capucins
✆ 05 56 91 10 12
Ouvert du mardi au vendredi de 5h à 12h ; samedi de 5h à 13h. Stand 43.

Envie d'une belle pièce de viande, de charcuterie fine, ou d'un bon pâté maison ? Dirigez-vous sans hésitation vers le stand de la boucherie Ribeiro, une affaire de famille (le patron Joaquim, sa femme Maryline, et leurs deux fils), installée aux Capus depuis 1988. Ici, les viandes sont d'excellente qualité, préparées par des bouchers expérimentés dont on ressent l'amour du métier, qui connaissent parfaitement leurs produits et sauront vous conseiller sur le choix, la préparation et la cuisson des morceaux qui vous feront envie.

BAUD ET MILLET - LA CAVERNE AUX 100 FROMAGES

19, rue Huguerie
✆ 05 56 79 05 77
www.baudetmillet.com
Ouvert du mardi au samedi, midi et soir. Service traiteur. Vente à emporter. Boutique en ligne.

Xavier Brung a pris la suite de ce restaurant mythique créé par Gérard Baud. Découvrez la caverne aux merveilles : une cave d'affinage de plus de 100 fromages ! Difficile de choisir... En plus de la restauration, Baud et Millet propose un service de privatisation, de formules apéritives, d'animations et de dégustations autour des vins et des fromages, ainsi qu'un service traiteur pour accompagner chacun de vos événements. Vente à emporter et en ligne avec livraison sur rdv.

LA BOUTIQUE STURIA

26, rue Mably
✆ 05 56 51 20 56
https://sturia.com
Ouvert du mardi au samedi de 10h à 12h30 et de 14h30 à 19h. Livraison possible (boutique en ligne).

Le caviar Sturia, marque du premier producteur de caviar exclusivement français Sturgeon, est produit dans le respect de l'environnement et de l'animal. Ses différentes gammes de caviars, à savoir Baerii, Osciètre et Beluga, sont produits et affinés en Nouvelle-Aquitaine, en Gironde et en Charente-Maritime précisément, à partir d'œufs de poissons également élevés sur place. Dans la boutique bordelaise, vous trouverez tous les caviars de la marque ainsi que des produits d'épicerie fine (tarama, poutargue, rillettes d'esturgeon…) et des accessoires de dégustation.

BORDEAUX YACHTING

✆ 05 24 19 68 21
www.bordeauxyachting.com
Du mardi au dimanche le midi ; du mardi au samedi le soir. Pour 2 à 10 personnes. A partir de 95 €/convive.

Tout au long de la saison automne-hiver, de novembre à mars, Pyla Yachting se transforme en Bordeaux Yachting avec une expérience inédite : naviguer sur la Garonne le long des façades classées au patrimoine mondial de l'UNESCO tout en dégustant une délicieuse raclette traditionnelle ! Votre skipper Nicolas Neyraud ou Maxime Caubit sont prêts à vous accueillir à bord de leur navette privée, protégée et chauffée. Raclette IGP de Savoie au lait cru, sélection de charcuteries, pickles de légumes... Un moment aussi magique que chaleureux, gourmand et festif !

CADIOT-BADIE

26, allées de Tourny
✆ 05 56 44 24 22
www.cadiot-badie.com
Ouvert lundi et samedi de 10h à 19h ; du mardi au vendredi de 9h30 à 19h. Livraison (boutique en ligne).

Les férus de chocolat connaissent forcément cet artisan-chocolatier, une référence depuis 1826 ! En plein cœur de la ville, la boutique aux peintures et dorures d'autrefois présente une farandole de gourmandises raffinées : ganaches, pralinés, marrons glacés (en saison), pâtes de fruits et autres pâtes d'amande... Parmi les spécialités de la maison : les Guinettes Bordelaises, cerises macérées en cave et imbibées de kirsch avant d'être immergées dans un bain de cacao, et les Diamants noirs, truffes aux raisins macérés à la Fine de Bordeaux.

CASA FAIOLA

2, rue capdeville
✆ 09 78 80 28 07
www.casafaiola.fr
Lundi 16h-19h30. Du mardi au samedi 10h-13h et 16h-19h30. Dimanche 10h-13h. Deuxième adresse au Bouscat.

Vous cherchez un petit coin d'Italie à Bordeaux ? Entrez dans la boutique de Fabio Faiola. Produits d'épicerie fine, plats cuisinés, fromages et charcuteries sont sélectionnés chez de petits producteurs italiens responsables. Impossible de ne pas succomber. L'entreprise familiale met en avant des produits de qualité et un savoir-faire artisanal. Pâtes fraîches et raviolis sont faits maison et les recettes évoluent au rythme des saisons. Si le midi, l'offre de restauration à emporter est à tomber, on aime aussi s'attarder dans ce petit lieu si chaleureux et coloré.

DESTINATION GRAND COMPTOIR

30, rue Yves Glotin
✆ 05 56 32 65 38
www.destinationgrandcomptoir.com
Ouvert du lundi au jeudi de 8h30 à 16h30 ; vendredi de 8h30 à 16h. Livraison [boutique en ligne].

Choisir Destination Grand Comptoir, c'est faire le choix de la qualité, de la saveur et d'une torréfaction artisanale. Cafés, infusions, thés, cacaos, mais aussi sucres, miels, confitures, sirops, jus de fruits ou smoothies, et le tout bio… Ces professionnels, qui remplissent les tasses de toute la France, parcourent le monde entier pour dénicher et sélectionner les meilleurs producteurs. Ils élaborent ensuite dans leurs ateliers bordelais des produits d'exception.

MARCHÉ DE LA FERRADE

7, cours Victor Hugo - **BÈGLES**
✆ 05 56 85 26 66
www.marche-de-la-ferrade.com
Ouvert du mar. au ven. de 8h30 à 13h et de 16h à 19h30 ; sam. de 8h à 13h30 et de 15h30 à 19h30 ; dim. de 8h30 à 13h.

© MARCHÉ DE LA FERRADE

Dans cette échoppe de 1963, les Ferlat partagent leur goût des bons produits, ici de grande qualité. La boutique propose notamment plus de 180 fromages de producteurs et réalise de beaux plateaux [fromage ou mixte, sur commande] pour vos événements. Un large choix de charcuteries met en avant les spécialités bordelaises. Volailles, fruits, légumes proviennent aussi d'exploitations locales, bio ou raisonnées. Côté cave et épicerie fine, on trouve des produits d'exception comme du café, des épices, des champagnes et spiritueux, des sirops biologiques…

ÉCHOPPE DE LA LUNE

Centre Bord'eau village
✆ 05 56 58 89 67
www.echoppe-delalune-bordeaux.com/
Ouvert tous les jours de 10h à 19h.

L'Échoppe de la Lune est à la fois une épicerie gourmande et historique. L'idée d'Anna Pedelaborde est de raconter l'histoire de Bordeaux depuis le XVIIIe siècle à nos jours à travers 120 produits fabriqués uniquement en Gironde. Chaque produit a droit à sa petite pancarte explicative ! Plus d'une vingtaine de marques, dont certaines un peu oubliées, sont proposées en boutique. La clientèle est avant tout locale, mais les touristes apprécient cette échoppe pour son originalité, la gentillesse d'Anna et la qualité des découvertes gourmandes.

GASTRONOMIE DES PYRÉNÉES

12, cours Portal
✆ 05 56 52 87 59
www.gastronomie-pyrenees.fr
Ouvert du lundi au samedi, de 8h30 à 13h30 et de 15h à 19h45. Service traiteur.

Le temple de la gastronomie pyrénéenne ! Les étagères foisonnent de conserves et bocaux gourmands : foie gras, magrets et confits Raymond d'Artigues, toute la gamme de la maison Barthouil, miel bio des Pyrénées… Au rayon frais, que des incontournables : jambon, saucisson, porc noir gascon Pierre Mateyron, bœuf de race bazadaise, volaille de la Ferme du Rivet, le Caviar de France du Moulin de la Cassadote, 100% aquitain. Vous pourrez aussi découvrir un large éventail de vins, champagnes, apéritifs et armagnacs. Des produits sont en promotion tous les mois.

LES HALLES DE BACALAN

15, quai du Maroc
✆ 05 35 54 44 82
https://biltoki.com/halles/bacalan/
Ouvert du mardi au samedi de 8h à 23h ; dimanche de 8h à 17h. Animations.

Avis aux épicuriens ! Voilà un bel espace exclusivement dédié à la gastronomie, essentiellement du Sud-Ouest. Créé par la société Biltoki, ce lieu de convivialité installé à proximité de la Cité du Vin présente une vingtaine de stands tenus par des artisans producteurs locaux, sélectionnés pour la qualité et l'originalité de leurs produits. On prolonge le plaisir en s'attablant à l'un des points de restauration sous la halle couverte ou sur le grand parvis extérieur, et des animations (concerts, dégustations, ateliers...) sont organisées tout au long de l'année.

HASNAÂ CHOCOLATS GRANDS CRUS

4, rue de la Vieille Tour
✆ 05 56 81 11 40
www.hasnaa-chocolats.fr
Ouvert du lundi au samedi de 10h à 19h. Ateliers. Livraison (boutique en ligne).

Hasnaâ, chef chocolatière repérée dans « MasterChef », sélectionne elle-même chez les producteurs des cacaos d'exception pour confectionner des chocolats grands crus, sans conservateurs ni arômes artificiels. Depuis 10 ans, ses créations originales et subtiles, comme le praliné à la coriandre ou la ganache au poivre timut, sont reconnues. Des masterclass pour s'initier à l'art du chocolat ont lieu à l'atelier de Canéjean et une autre boutique est ouverte rue Fondaudège.

MAISON BARDÉ

39, avenue de la Libération
LATRESNE
✆ 06 62 57 59 31
Ouvert du mardi au samedi de 10h à 12h30 et de 17h à 19h ; dimanche de 10h à 13h30.

Spécialisée dans le saumon d'exception près de Bordeaux, cette boutique a fait du saumon la star ! Qu'il soit frais, fumé, en rillettes, en pavé, en gravlax, il est tranché minute et sélectionné selon trois origines précises : label rouge d'Écosse, bio irlandais, ou pêché dans les Îles Féroé. Déjà réputée, la Maison fut fondée par Jacques Bardé et reprise par Nicolas Dubusse, un artisan fumeur passionné. Elle s'est modernisée et présente un coin épicerie fine avec des produits d'exception tels que caviar, conserves de la mer, vodka, champagne

MARCHÉ DES CAPUCINS

Place des Capucins
www.marchedescapucins.com
Ouvert du mardi au vendredi de 6h à 14h ; samedi et dimanche de 5h30 à 14h30. Parking.

Ce marché historique (il existe tout de même depuis le XVIIIe siècle !) fait entièrement partie de l'âme de la ville. Il s'anime toute l'année d'une ambiance unique en son genre : on vient faire ses courses, se restaurer, prendre un café, boire un verre, acheter des fleurs, déguster des huîtres, des spécialités du monde, et même dénicher quelques vêtements à l'extérieur. La viande, les charcuteries françaises ou espagnoles et les fromages sont magnifiques ! Quant aux prix, notamment des fruits et légumes, ils restent très abordables.

MATTHIEU ROUFFINEAU - HUÎTRES SPÉCIALE PAPIN

Marché des Capucins
✆ 06 77 06 53 44
www.huitres-matthieu-rouffineau.fr
Ouvert toute l'année du mercredi au dimanche, de 7h à 13h.

L'huître Spéciale Papin est un produit de grande qualité à la saveur unique et racée, grâce à un long et patient travail d'affineur. Ces huîtres-là, maintes fois médaillées et récompensées, sont appréciées pour leur finesse et leur petit goût de noisette unique. Produites à La Tremblade, elles sont reconnaissables à leur belle couleur verte. Matthieu Rouffineau, fier de son produit, est issu d'une famille d'ostréiculteurs depuis quatre générations.

PIERRE OTEIZA

52, rue des Remparts
✆ 05 56 52 38 76
www.pierreoteiza.com
Ouvert du mardi au samedi de 10h à 14h et de 15h à 19h. Livraison (boutique en ligne).

L'odeur est inimitable, et perceptible dès l'entrée de cette boutique de salaisons et de spécialités du Pays basque. Difficile de choisir entre les différents jambons, saucissons et chorizos, ou entre les plats cuisinés : axoa de veau, cassoulet, chipirons, salmis de palombe, poulet basquaise, piperade, confit, magret... Accompagnez le tout d'un bon fromage artisanal, d'un vin d'Irouléguy, d'une manzana verde ou d'une bière au patxaran. Pour la douceur, succombez aux confitures et gelées divines ou à l'excellent beurre des Aldudes.

LA TABLE DE DON QUICHOTTE

© 06 60 48 49 64

www.latablededonquichotte.com

Ouvert du mercredi au vendredi de 7h à 14h ; le samedi de 6h à 14h30 ; le dimanche de 7h à 14h30.

C'est au cœur du Marché des Capucins, sur l'étal de La Table de Don Quichotte, que vous trouverez le meilleur de la gastronomie basque et espagnole grâce à des produits d'exception : superbes jambons ibériques, salaisons de multiples façons (saucissons, ventrèche), généreux chorizos, *lomo embuchado* et spécialités basques (axoa, piment d'Espelette). Pour un petit encas, une crêpe au jambon serrano, des croques au poivron et serrano et des rouleaux de serrano au fromage.

UN BARBU & UNE BLONDE

14, rue Georges Bonnac

© 09 70 31 40 30

www.unbarbuetuneblonde.com

Ouvert du mardi au samedi de 10h à 19h. Boutique en ligne. Service barber sur rendez-vous.

Laurent le barbu et Carine la blonde forment un joyeux binôme passionné de racing, d'indus et de brocante. Leur univers hétéroclite et vintage se retrouve à Bordeaux, dans la plus grande de leurs boutiques. Et c'est Arnaud, barbu passionné de custom auto et moto qui vous accueille dans ce temple pour bikers urbains qui ont envie de se saper. T-shirts, casquettes, blousons, accessoires… Sans oublier les goodies Sœurs d'encre, une association qui leur tient à cœur ! Samuel Obregon Martinez, dit Sam'e Barb, a rejoint l'équipe pour proposer ses services de barbier.

BIJOUX CAILLOUX

5/7, rue des Trois-Conils

© 05 57 77 94 03

www.bijouxcailloux.fr

Ouvert du lundi au samedi de 10h à 19h ; dimanche de 11h à 18h. Boutique en ligne.

En plein centre de Bordeaux, l'enseigne Bijoux Cailloux est une étape indispensable pour une après-midi shopping réussie. Depuis l'extérieur, la vitrine séduit déjà par sa sélection de bijoux, d'accessoires et de pièces de mode. A l'intérieur, les bijoux sont soigneusement présentés et attirent l'œil. Côté prix, il y a de quoi satisfaire toutes les envies. Le fond du magasin est dédié aux vêtements dans un style un peu bohème chic. Le plus de cette enseigne présente dans tout le Sud-Ouest ? Ses bijoux sur mesure et son atelier de gravure.

MAD VINTAGE

142, rue Sainte-Catherine

© 05 56 81 05 46

https://madvintage.fr

Ouvert lundi de 14h à 19h ; du mardi au samedi de 10h à 19h.

Enseigne de friperie éthique et tendance, Mad Vintage fait le bonheur des chineurs dans plusieurs villes de France, notamment à Bordeaux. Les aficionados de mode rétro et de petits prix se retrouvent rue Sainte-Catherine, dans cette boutique de caractère qui regorge de pépites stylistiques et de bonnes affaires. La sélection de vêtements et accessoires pour hommes, femmes et enfants est pointue et vous assure un look unique. En plus, l'équipe de vente est adorable et n'hésitera pas à vous conseiller pour vous aider à dénicher LA pièce qu'il vous faut !

MY LOVE SHOP

61, rue du Loup

© 09 66 98 78 40

https://www.myloveshop.fr

Ouvert du lundi au samedi de 11h à 19h30. Livraison (boutique en ligne).

My Love Shop est une boutique du « plaisir ». Ses 110 m² sont entièrement dédiés à l'érotisme de bon goût et comme l'accueil est agréable et très professionnel, on se sent tout de suite bien. De belles collections de lingerie, du prêt-à-porter sexy, des accessoires et quelques bijoux, occupent une bonne place. Parmi les autres articles, il y a des huiles de massage, des cosmétiques intimes et lubrifiants, des compléments alimentaires aphrodisiaques, des produits d'ambiance érotique pour la maison, des livres et jeux coquins et bien sûr toutes sortes de sex-toys.

RICHY'S

77, rue du Pas-Saint-Georges

© 05 56 52 33 81

Ouvert lundi de 14h à 19h, du mardi au samedi de 10h30 à 19h.

Derrière cette grande façade bleue se tient un concept-store multi-marques à la sélection branchée et pointue. À peine entré dans la boutique, vous serez accueilli chaleureusement par l'équipe, pendant que du bon son viendra égayer vos oreilles. Les créateurs sont à l'honneur, et les collections se veulent volontairement rétro et colorées. Vous trouverez par exemple des incontournables comme les baskets Novesta, les vêtements de pluie Flotte, la marque Wrangler, ainsi que des *must have* comme les bananes Rive Droite ou les chaussettes Félicie Aussi.

ALTERMUNDI BORDEAUX

77, rue de la Porte Dijeaux
✆ 05 56 44 11 25
www.altermundi.com/fr/
Ouvert du lundi au samedi de 10h à 19h30. Boutique en ligne.

D'abord basé à Paris, Altermundi s'est implanté à Bordeaux en juillet 2022. Pionniers du marché des produits responsables, le magasin propose une large sélection d'accessoires et d'objets de décoration pour la maison (bijoux, bougies, cosmétiques...), pour les enfants, mais aussi un univers textile pour l'homme et la femme. L'enseigne entend soutenir les artisans et les créateurs locaux, comme Zèta avec ses baskets véganes recyclées. L'équipe de la boutique de Bordeaux (l'une des plus grandes) partage ses conseils autour des modes de vie responsables.

VILLAGE NOTRE-DAME

61-67, rue Notre-Dame
✆ 05 56 52 66 13
Ouvert du lundi au samedi de 10h à 19h. Livraison possible.

C'est au cœur du quartier historique des Chartrons qu'est installé depuis plus de quarante ans le Village Notre-Dame. Ce lieu incontournable est le rendez-vous des collectionneurs, des chineurs et des touristes. Quand le soleil illumine la rue, les clients et curieux sont nombreux à arpenter ces anciens locaux d'imprimerie, devenus la première galerie d'art et d'antiquités d'Aquitaine. Sur près de 1 500 m² et deux étages, plus d'une trentaine d'antiquaires professionnels proposent leurs trésors. Un lieu emblématique de la ville !

COMPTINES

5, rue Duffour Dubergier
✆ 05 56 44 55 56
librairiecomptines.hautetfort.com
Ouvert du lundi au samedi de 10h à 19h. Animations.

Tenue par une équipe de passionnées toujours souriantes et d'excellent conseil, cette librairie dédiée à la littérature jeunesse propose un large choix d'albums, BD et romans sélectionnés pour leur qualité, ainsi qu'un joli rayon papeterie, coffrets créatifs et jeux de société. Des expositions, dédicaces et ateliers gratuits y sont régulièrement organisés les week-ends et durant les vacances scolaires, pour le plus grand bonheur de tous les petits lecteurs… Attention, il est quasiment impossible de ressortir de là les mains vides !

KRAZY KAT

11-15, rue Saint-James
✆ 05 56 52 16 60
www.canalbd.net/krazy-kat
Ouvert du lundi au samedi de 10h à 19h. Animations. Livraison (boutique en ligne).

Désormais installée rue Saint-James, la librairie Krazy Kat est toujours la référence bordelaise de la bande dessinée. Et l'équipe est toujours aussi sympathique ! Grands classiques de la BD franco-belge ou nouvelle génération d'auteurs, comics, romans graphiques, saga de Fantasy, albums jeunesse... Tous les lecteurs trouveront leur bonheur dans ce temple du phylactère, qui totalise pas moins de 15 000 références. Au fond de la boutique, une petite salle accueille des expositions, des animations et des dédicaces organisées plusieurs fois par mois.

LIBRAIRIE GEORGES

300, cours de la Libération - **TALENCE**
✆ 05 56 04 68 00
www.librairiegeorges.com
Ouvert du mardi au samedi de 10h à 19h30. Espace café. Livraison possible (boutique en ligne).

C'est en 1904 que Georges Bory a créé cette librairie générale indépendante à Bordeaux. Installée à Talence depuis 1973, la quatrième génération est à la tête de l'établissement et continue de transmettre l'amour du livre et du débat. Installée au sein du Forum des Arts et de la Culture, la librairie est avant tout un lieu d'échanges et de partage. Dans l'espace café de la librairie, on vient pour rencontrer des auteurs, débattre sur la science, littérature ou encore les arts. Après vos achats, vous pourrez y bouquiner avec un bon thé : moment de détente assuré.

TIMARA PHOTO

56, avenue Thiers
✆ 05 56 32 65 13
www.timara.com
Ouvert du lundi au samedi. Forfaits mariage à partir de 850 €. Devis personnalisés. Studio, extérieur, domicile.

Le studio photo Timara à Bordeaux, réalise vos photos d'identité (aux normes bien sûr !) pour tous vos documents officiels : carte d'identité, y compris pour les bébés et les nourrissons, passeport, visa pour tous les pays, e-photo, photo ANTS pour permis de conduire, carte vitale, carte de séjour... Timara Photo réalise également, vos portraits pour vos CV, profil LinkedIn, réseaux sociaux et sites web. Et ce, sans rendez-vous ! Mais aussi ? Impression de vos photos en express, du 10x15 au 20x30 avec possibilité d'encadrement.

BOUGER & BULLER

Sport, loisirs, détente, bien-être, activités artistiques… Au Petit Futé, on aime autant bouger que buller ! Pour cette raison, nous vous avons sélectionné nos meilleures adresses bordelaises. Lors de votre séjour à Bordeaux, vous allez beaucoup marcher et vous serez peut-être même tenté de courir sur les quais au bord de la Garonne, ou au cœur du Parc Bordelais. Une activité très prisée ici ! La ville offre également d'autres possibilités de loisirs sportifs comme le golf, le surf ou l'escalade dans des lieux aussi charmants que surprenants. Pour vous baigner sans quitter la ville, le lac de Bordeaux, avec sa plage, offre une alternative agréable pour un moment en famille. Vous y trouverez un centre de voile, un club d'aviron, des pistes cyclables et des terrains de sports collectifs. Et pourquoi pas finir le séjour avec une escapade beauté dans un centre spa, sauna, hammam ? L'heure est à la détente !

ARKOSE BORDEAUX

170, cours du Médoc
✆ 05 56 80 57 46
https://arkose.com/bordeaux

Tous les jours de 7h à 0h. Session : 17 €/adulte ; 9 €/enfant. Cours individuels. Restauration le midi et le soir. Bar.

Véritable lieu de vie, Arkose invite débutants et confirmés au sein de cet ancien chai, pour s'entraîner dans une ambiance conviviale. Petits et grands peuvent ainsi évoluer en toute liberté sur la surface grimpable de 850 m². En tout, ce sont 180 blocs de tous niveaux et 5 000 prises. Les plus jeunes pourront découvrir les joies de l'escalade dans la *kids friendly* zone. Arkose Bordeaux propose aussi un espace fitness et une zone étirement, un sauna, un espace *chill* et une cantine labellisée Ecotable, où l'on sert une cuisine saine et savoureuse.

BRICKS 4 KIDS

✆ 06 61 51 24 95
https://bricks4kidz.fr/bordeaux/

Ateliers, animations enfants (3 à 13 ans) : tarifs sur devis. Anniversaires à partir de 195 €.

Importé des États-Unis, le concept Bricks 4 Kids arrive en France. Ces ateliers et animations axés autour de la construction en briques Lego, ou Duplo pour les plus jeunes, sont à la fois ludiques et pédagogiques : ils mobilisent la concentration, la motricité fine, la créativité et les capacités de raisonnement, et développent l'esprit de coopération et le sens relationnel. Conçus pour les enfants de 3 à 13 ans, les ateliers proposent divers thèmes (Pokemon, Star Wars, Minecraft, Super Héros…) et sont adaptables aux demandes des particuliers ou des entreprises.

GOLF BLUE GREEN DE BORDEAUX-LAC

Avenue de Pernon
✆ 05 56 50 92 72
https://bluegreen.fr/bordeaux-lac/

Ouvert tous les jours. Parcours 18 trous : 49,70 € (-26 ans : 24,90 €). Abonnements. Cours collectifs et individuels.

Le Blue Green Bordeaux-Lac propose deux parcours de 18 trous : *La Jalle* (6 156 m), parcours totalement plat situé dans un environnement naturel, et *Les Étangs* (6 162 m), parcours plus vallonné avec de nombreux obstacles d'eau (moins accessible aux golfeurs néophytes). Un autre parcours 9 trous Pitch & Putt permet aux débutants de faire leurs premiers pas en toute tranquillité. Le lieu dispose également d'un espace-bar et restauration pour se détendre avant ou après la pratique.

KIDOOLAND

280, boulevard Alfred-Daney
✆ 05 56 04 00 04
www.kidooland.fr

Mercredi, samedi et dimanche de 10h30 à 19h. Enfants de 12 mois à 3 ans : 7 € et 10 € pour les 3 ans à 12 ans.

Ici les parents peuvent faire une partie de foot en salle ou manger une pizza au restaurant I Fratelli sans avoir à se soucier de leurs enfants ! Kidooland est un espace de jeux pour les bambins de 3 à 10 ans – ou moins de 1,40 m –, une garderie et même un baby-parc pour les tout-petits (jusqu'à 3 ans). Toboggans, piscine à balles, labyrinthe, trampolines, tyrolienne, île gonflable, il ne manque rien pour s'amuser, bondir, sauter et dépenser son énergie d'enfant ! Pendant les vacances scolaires, vos enfants peuvent également participer à des ateliers créatifs

LES MARINS DE LA LUNE

Quai des Queyries, Port Bastide
www.lesmarinsdelalune.fr
Club nautique. Adhésion : 160 € (plein tarif + licence FFV) ; à partir de 60 € pour les jeunes de -26 ans.

Aussi surprenant que cela paraisse, on peut faire du canoë, du kayak, de la pirogue, ou encore du stand up paddle sur la Garonne. Avec son ponton et sa cale de mise à l'eau, ce club nautique associatif installé aux Chantiers de la Garonne propose aussi des entraînements et sorties surf à l'océan. En adhérant à l'association, avirons de mer et autres paddle-boards n'auront bientôt plus de secrets pour vous ! Depuis le club-house, profitez également de la vue imprenable sur la Garonne pour boire une bière brassée par la Brasserie La Lune qui partage les lieux.

PISCINE JUDAÏQUE

164, rue Judaïque
✆ 05 56 51 48 31
www.bordeaux.fr
Fermetures partielles de janvier à juin 2024 (bassin de 50 mètres) ; de juin 2024 à mars 2025 (bassin de 25 mètres).

Le bâtiment qui abrite la piscine Judaïque date de 1936. Restructuré et rénové en 1996 puis en 2011, il est classé Monument historique. Son architecture mêle intelligemment modernité et décor d'entre-deux-guerres avec ses grandes baies vitrées et ses vestiaires d'origine. Le nageur accompli appréciera de faire ses longueurs dans l'une des 8 lignes d'eau du bassin olympique. La piscine dispose également d'une seconde, plus petite, de 25 mètres. Le toit s'ouvre dès l'arrivée des beaux jours, ce qui permet de nager sous les rayons du soleil.

MOOVENS ROLLER RINK

11, avenue de la Madeleine - **GRADIGNAN**
✆ 05 57 04 04 82
https://moovens.net/dev-new-site/
Tous les jours sauf le mardi en période scolaire. Entrée de 10 € à 15 €. Stages & cours. Roller party. Anniversaire.

Le Roller Rink de Gradignan fait sensation ! Cette patinoire géante de roller quad ou en ligne a de nombreux adeptes. Avec ses deux pistes permettant de rouler à son rythme, tout le monde y trouve son compte ! Pour les débutants, nul besoin de débarquer avec votre paire de rollers, car ici, c'est comme au bowling, il y a tout ce qu'il faut en location. Cours collectifs pour les enfants, les ados ou les adultes, cours particuliers ou pratique libre... Il y a aussi des cours de HoopTonic. Le truc en plus ? Les *roller party* le vendredi et le samedi !

PLAGE DU LAC

Boulevard Jacques Chaban Delmas
BRUGES
✆ 05 56 10 34 02
Label Tourisme & Handicap. Zone de baignade surveillée en haute saison. Aire de pique-nique. Sanitaires. Animations.

Sur la PLAGE du Lac, la baignade est surveillée jusqu'en septembre, avec une zone de baignade délimitée pour les enfants. Sur place : casiers, sanitaires, activités culturelles et sportives... On y passe volontiers des journées entières, car la prairie qui borde le lac est ombragée et la pinède aménagée avec des tables de pique-nique et de ping-pong. Les personnes à mobilité réduite apprécieront le sentier adapté et les moyens pour faciliter la mise à l'eau (tiralo, fauteuil amphibie) durant les horaires de surveillance. Les animaux ne sont pas autorisés.

PICKLE ARENA

24, rue Francis Garnier
✆ 05 47 74 28 23
www.picklearena.fr
Ouvert du lun. au ven. de 11h à 23h ; w-e de 9h à 19h. A partir de 6 €/pers. Réservation en ligne ou sur l'application.

Connaissez-vous le pickleball, ce nouveau sport très en vogue aux USA ? Adapté à tous les âges et à tous les niveaux, il combine des éléments de divers sports de raquette : les matchs se jouent en simple ou en double, sur un terrain similaire à celui du badminton mais avec un filet plus bas qu'au tennis, à l'aide d'une petite raquette ressemblant à celle du ping-pong... Pickle Arena est le premier à importer cette discipline ludique en France, à Bordeaux ! On peut venir pratiquer tous les jours en individuel ou suivre une initiation.

SQUASHBAD33

23, rue René Magne
✆ 05 56 07 09 96
www.squashbad33.fr
Ouvert tous les jours. Squash et badminton de 9 à 11 €/joueur ; padel de 4 à 5 € pour 30 min. Restauration. Coworking.

Chez Squashbad33, vous pouvez réserver l'un des 26 terrains de squash, 11 de badminton et 8 de padel répartis sur trois clubs à Bordeaux, Gradignan et Mérignac. Les clubs disposent d'une brasserie ouverte à tous du lundi au vendredi (le midi). Côté bar, on vous propose des tapas et un large choix de bières à la pression et en bouteille. Les cartes (10 ou 20 parties) sont valables 1 an dans les trois clubs. Pensez aussi à l'espace Cowork' du squash (Bordeaux et Gradignan) doté de bureaux partagés, une salle de réunion pour 12 personnes et une cuisine.

© WAVE SURF CAFÉ

© JESSICA CALVO

© JESSICA CALVO

WAVE SURF CAFÉ

174, cours du Médoc
✆ 09 83 29 67 74
https://bordeaux.wave-surf-cafe.fr
Ouvert tous les jours sauf le lundi en période scolaire. Session découverte à 27/29 €. Restauration & bar. Anniversaire.

Faire du surf en ville, c'est possible grâce à la vague artificielle du Wave Surf Café qui déferle pour le plus grand plaisir des petits et des grands. Débutants ou confirmés pourront ainsi goûter aux joies de la glisse dans une eau à 25 °C. Au programme : 35 à 50 minutes de bodyboard ou de surf avec un animateur ! Ceux qui ne veulent pas se mouiller profitent du spectacle depuis le bar-restaurant, en sirotant une boisson ou en grignotant un burger ou une pizza. Des événements artistiques et des soirées musicales sont organisés en fin de semaine.

© WAVE

© STEVE LAURENS

STADE MATMUT ATLANTIQUE

Cours Jules Ladoumègue
www.matmut-atlantique.com
Evénements sportifs. Concerts. Visite. Billetterie en ligne.

Le stade Matmut Atlantique accueille chaque saison les matchs de football des Girondins de Bordeaux, mais également de grands événements sportifs comme la Coupe du monde de rugby 2023 et les Jeux olympiques 2024. Savez-vous qu'il est possible de visiter l'antre de votre stade préféré ? Au programme : la vue panoramique depuis les tribunes hautes, le parcours compétition, le bord pelouse et bien d'autres espaces habituellement fermés au grand public. Pendant 1h30, votre guide vous racontera l'histoire de ce lieu emblématique. Le stade est accessible en bus et tram.

KELLUA SPA

51, rue Lafaurie de Monbadon
✆ 09 73 89 26 95
kellua.fr
Ouvert tous les jours de 10h à 22h30. Flottaison : 55 € à 99 € (solo) ; 90 € à 159 € (duo). Cryothérapie. Massage.

Envie de découvrir les bienfaits de la flottaison en isolation sensorielle ? Poussez les portes du Kellua Spa pour vous offrir une étonnante parenthèse de bien-être. Durant votre expérience, en solo ou en duo, vous serez privé de lumière et de tous bruits extérieurs, et flotterez dans un bassin saturé en sel d'Epsom, dans une eau à 37 °C. La cabine individuelle est équipée comme une salle de bains (douche, peignoir, serviette...). Kellua propose aussi d'expérimenter la cryothérapie en plongeant dans un froid intense (jusqu'à -140 °C).

CALICÉO

8, rue Jean Pommiès - **BRUGES**
✆ 08 26 30 32 33
https://bordeaux.caliceo.com
Ouvert tous les jours et les jours fériés de 10h à 21h (spa jusqu'à 20h). Pass 2h : 20 €. Autres formules et tarifs.

Eau à 34 °C, bains bouillonnants, jets à forte pression et cols de cygne pour un massage décontractant, sauna, hammam aux essences naturelles d'eucalyptus... À Calicéo, tout a été pensé pour vous offrir un véritable moment de détente aquatique. Pour vous remettre en forme, ce centre de bien-être équipé de 6 cabines de soins, vous propose aussi des séances d'aquabike, aquatraining et d'aquapilates dans un bassin dédié. Toute l'année, profitez du bassin extérieur chauffé et s'il fait beau, de la terrasse. Ne manquez pas les soirées *Océan de Lumières*.

Ô TERRASIAN SPA

16, avenue Louis de Broglie - **PESSAC**
✆ 05 57 81 82 36
https://xn--terrasian-spa-olb.fr
Ouvert tous les jours. De 90 € pour 2 personnes (2h) en semaine à 105 € le week-end. Participant supplémentaire : 20 €.

Nouveau à Pessac : un spa avec 3 salles privatives comprenant hammam, sauna et bain bouillonnant pour 2 à une douzaine de personnes ! Et en plus, on voyage à Bali, au Japon ou en Inde... Le principe est aussi simple que cela. Pour en profiter, il suffit de réserver un créneau de 2h (3h pour un événement) sur le site internet en indiquant le nombre de personnes. Idéal en couple ou entre amis pour un anniversaire ou un enterrement de vie de jeunes filles, par exemple, Ô Terrasian Spa est unique en son genre. Chaque espace dispose d'une mezzanine avec salon privé.

JFG CLINIC LE BOUSCAT

116, route du Médoc - **LE BOUSCAT**
✆ 05 56 46 15 84
www.jfg-clinic.com
Ouvert du lundi au vendredi de 10h à 19h ; le samedi sur rendez-vous. Parking gratuit.

Idéalement situé, face au Leclerc de Bruges-Le Bouscat et à 3 minutes de l'arrêt de tram (D) Champ de Course - Treulon (D), le nouveau centre de technologies minceur et bien-être, JFG Clinic, vous propose des prestations en minceur, épilation définitive et soins du visage. Ingrid, la gérante, ainsi que Célise et Lily commencent toujours par un bilan d'une vingtaine de minutes avant de vous soumettre une cure 100 % personnalisée, en fonction de vos besoins. Pressothérapie, cryothérapie, masque LED pour le rajeunissement cutané... Que de la haute technologie !

WINE BEER SPA

44, allée de Tourny
✆ 07 62 53 51 60
www.winebeerspa.fr
Ouvert tous les jours sur réservation. Bain de vin ou de bière à partir de 52 €. Massage en option. Cartes cadeaux.

Le Wine Beer Spa (WBS) est une adresse secrète et unique en son genre, qui propose de se glisser dans un bain de bière ou de vin ! Oui, oui... une idée que Sophie a eue après un voyage en République tchèque. L'activité, aussi insolite soit-elle, peut être partagée avec des amis et des proches (jusqu'à 6 personnes, soit 3 baignoires), et dure 30 minutes dans un bain chauffé à 38 °C. Et ce, avec un verre à la main bien sûr. On accède ensuite à la salle de dégustation pour terminer de se relaxer, et on ressort avec la peau toute douce et l'esprit détendu.

ASTRONOMIE ESPACE OPTIQUE

230, rue de Pessac ✆ 05 56 98 55 58
www.astronomieespaceoptique.com
Ouvert du lundi au samedi de 9h à 19h de janvier à novembre ; tous les jours de 9h à 19h en décembre.

Dans cette boutique spécialisée dans la vente de matériels et d'instruments d'astronomie, vous pourrez compter sur les conseils avisés de Laurent et Joël. Ces passionnés officient dans le domaine depuis 40 ans et vous guident dans vos recherches. Ici, vous trouverez de quoi observer (jumelles, longues-vues, lunettes astronomiques, télescopes...), sans oublier des équipements pour faciliter les travaux minutieux. Un beau *showroom* de 90 m² accueille tout le matériel volumineux.

Après une bonne balade sur les quais de la Garonne et dans le vieux Bordeaux, accordez-vous une soirée festive ! Surnommée « la Belle endormie », la capitale girondine vit pourtant aussi la nuit. Flânez dans les rues pavées du quartier Saint-Pierre et laissez-vous emporter par l'animation de ses nombreuses terrasses de cafés et bars à vins. Du côté des boîtes de nuit, le quai de la Paludate et le quartier des Bassins à flot proposent les meilleurs endroits pour danser jusqu'au petit matin. Amateurs de spectacles vivants ? L'agenda culturel de la ville est riche, éclectique et varié. Au programme, concerts, opéras, dîners-spectacles, improvisations théâtrales, cinéma... De quoi satisfaire le plus grand nombre ! Si vous visitez Bordeaux à la belle saison, les propositions sont encore plus nombreuses avec notamment des concerts gratuits en plein air, et l'événement incontournable qu'est Bordeaux fête le vin.

BLONDE VENUS

cours Henri Brunet
https://www.iboat.eu/blonde-venus
Jours et horaires d'ouverture variables selon la saison. Programmation à suivre sur les réseaux. Terrasse. Bar.

Annexe de l'Iboat, ce lieu atypique à la programmation déjantée anime le quartier des Bassins à flot avec ses nombreux événements. Sous ce curieux chapiteau, on assiste à des concerts rock'n'roll, des séances de ciné-club, des bals rétro décalés, des soirées rollers, des boums pour enfants, des brocantes et marchés de créateurs... La déco faite de bric et de broc et d'objets détournés nous plonge dans une ambiance de cabinet de curiosités très second degré. Aux beaux jours, l'endroit se fait guinguette et on adore y boire un verre entre deux animations.

ARKÉA ARENA

48-50, avenue Jean Alfonséa - **FLOIRAC**
Bars et espaces restauration sur place. Brasserie ouverte les soirs de spectacles. Parking. Navette. Visites guidées.

Pouvant accueillir plus de 11 000 personnes, Arkéa Arena a été inaugurée en 2018 avec le groupe Depeche Mode. Depuis, elle est devenue la première salle de province en termes de fréquentation. Toute l'année, elle accueille les plus grands noms de la chanson et du spectacle. Avant ou pendant le concert, six bars sont ouverts pour vous désaltérer. Avant ou pendant le concert, plusieurs bars et espaces de restauration sont ouverts, ainsi qu'une brasserie justement nommée Le Tourne-disque. Des visites guidées sont organisées pour découvrir l'envers du décor...

CALLE OCHO

24, rue des Piliers de Tutelle
✆ 05 56 48 08 68
Ouvert tous les jours de 17h à 2h. Cocktails à partir de 10 €. Animations. Concerts.

Voilà plus de 20 ans que la Calle Ocho fait danser les Bordelais au rythme chaud de la musique latino. Les soirées y sont endiablées, sur des pas de salsa, merengue, reggaeton ou bachata... L'ambiance est toujours assurée, avec différents groupes de musique et des DJ invités régulièrement. La carte des apéros (très beau choix de rhums) et des cocktails prend également des saveurs exotiques (ti-punch, mojito mangue ou passion, daïquiri kiwi...) en accord avec la programmation musicale du lieu. Ce bar salsa est un incontournable des nuits bordelaises !

IBOAT

1, quai Armand-Lalande ✆ 05 56 10 48 35
www.iboat.eu
Jours et horaires d'ouverture variables selon la programmation (voir sur le site internet). Etage privatisable.

Depuis qu'il a jeté l'ancre à Bordeaux en 2011, l'Iboat est devenu une véritable institution ! Ce ferry atypique est l'emplacement idéal pour une soirée animée jusqu'au petit matin. Chaque semaine, le bateau branché organise différentes animations : scène ouverte, cours de salsa, soirée années 1990 vs 2000, ciné en plein air, grands marchés, et bien d'autres événements... Dans la cale du bateau, profitez de la salle de concert et de l'espace *clubbing* : DJ pointus et musique électronique sont au programme. L'étage est privatisable pour vos *afterworks* ou cocktails.

INTERVIEW

© ARENA ARKEA

ARKÉA ARENA

UNE DES PLUS GRANDES SALLES DE SPECTACLE EN FRANCE

Située en bord de Garonne, Arkéa Arena célèbre son 7e anniversaire avec un record de fréquentation : plus de 2,6 millions de spectateurs et plus de 700 événements depuis son ouverture. Rencontre avec David Moison, directeur de Arkéa Arena.

Quels sont les grands événements prévus dans les prochains mois ?

Nous accueillons Lenny Kravitz, avec sa tournée Blue Electric Light Tour, les Pixies pour l'une de leurs rares dates françaises ainsi que les Dropkick Murphys. Le public retrouvera aussi Matthieu Chedid avec son projet LAMOMALI.

Chaque année, plus de 120 représentations vont vibrer la salle : concerts nationaux et internationaux, ballets, spectacles jeunesse, comédies musicales, magie, ciné-concerts et même des événements sportifs.

Qu'est-ce qui rend Arkéa Arena unique ?

L'acoustique exceptionnelle et une configuration en amphithéâtre qui offrent une expérience 100 % concert ! Ajoutez à cela Bordeaux, destination touristique incontournable, et des accès facilités : depuis 2024, le pont Simone Veil relie Arkéa Arena à la gare Saint-Jean en 10 minutes via les navettes « Arena » (TBM). Des lignes de bus fréquentes complètent l'offre, et un partenariat avec une société de taxis est prévu pour 2025.

© ARENA ARKEA

Facile d'accès, et pour tous les publics ?

Oui, Arkéa Arena s'efforce de rendre la culture accessible. Nous réservons un accueil privilégié aux personnes en situation de handicap (PSH) et, avec l'ADAPEI 33, nous avons mis en place des parcours et kits pour les spectateurs ayant des besoins sensoriels spécifiques. Notre rêve serait que toutes les salles de spectacle en France suivent cet exemple.

Quels sont les avantages des Pass Priority et Priority Lounge ?

Les Pass Priority et Priority Lounge offrent des services exclusifs pour améliorer son expérience à l'Arkéa Arena. Le Pass Priority vous permet de bénéficier d'un accès coupe-file à l'entrée, d'une priorité dans les espaces de restauration et d'avantages auprès de partenaires. Le Priority Lounge, en plus de ces privilèges, inclut une offre de restauration et de boissons, ainsi qu'un accès à un salon dédié.

Et si l'on veut prolonger l'instant ?

Justement, nous avons transformé l'ancienne brasserie en bar, idéal pour boire un verre ou grignoter avant ou après un spectacle.

ARKÉA ARENA

48-50, avenue Jean Alfonséa
FLOIRAC
www.arkeaarena.com

L'EMPIRE BORDEAUX

14, rue de la Devise
✆ 05 56 48 80 00
https://empirebordeaux.fr
Ouvert du mercredi au samedi de 19h à 2h. Cocktails : 12 € à 15 €. Tapas. Privatisable. Réservation conseillée.

L'Empire est installé dans un lieu d'exception, d'anciennes écuries napoléoniennes. Dès l'entrée, on est époustouflé par le magnifique bar en mosaïque, sur lequel on déguste une des nombreuses créations de cocktails comme le Rosalina, à base de Gin bio, liqueur Saint-Germain, sirop de rose, Perrier et citron vert. Côté restauration, on pioche parmi le délicieux choix de tapas ou de planches (options végétariennes proposées). Dans ce bel espace, l'ambiance est festive et propice à la danse ! L'Empire est d'ailleurs privatisable pour tous vos événements.

VANGO

16, rue de l'Hermitte - **BRUGES**
https://vango.bar
Ouvert de 17h à 22h du mar. au jeu. et ven. jusqu'à 2h ; sam. de 19h à 2h. Cocktails à partir de 12 €. Restauration.

Bruges se réveille avec l'arrivée de Vango, un « cosmopolitan bar » festif et cosy qui propose quatre belles ambiances avec son bar, son comptoir, son salon lounge et sa terrasse. En semaine, on y va à la débauche pour la super formule afterwork (planche mixte ou pizza avec bouteille de vin), ou pour les tapas bistronomiques cuisinés sur place du jeudi au samedi par le chef (pintxos, arancinis, mini burgers...). À partir du vendredi, on reste après dîner pour danser sur des DJ sets variés. On n'oublie pas de goûter aux excellents cocktails signature du mixologue !

CINÉMA UTOPIA

5, place Camille Jullian
✆ 05 56 52 00 03
www.cinemas-utopia.org/bordeaux
Entrée : 8 €. 1ère séance de la journée et -18 ans : 5 €. Abonnement : 55 € (10 places). Animations. Restauration.

L'Utopia n'est pas un cinéma comme les autres ! C'est dans les vestiges de l'église Saint-Siméon, construite au XVIe siècle, que les Bordelais se pressent dans les salles obscures. Chargée d'histoire, cette sublime bâtisse est ornée de vitraux, de statues et de peintures. Ici, la programmation est en version originale et très variée, sans publicité, sans 3D ni pop corn. L'Utopia est avant tout un lieu pour les amateurs d'art et pour les curieux qui voudraient se divertir et se cultiver. Projections en présence des réalisateurs, ciné-conférences, soirées-débats…

DRÔLE DE SCÈNE

39, rue Paul Verlaine ✆ 06 80 28 02 40
www.drole-de-scene.fr
Ouvert du jeudi au samedi le soir. Comedy Club le jeudi. Spectacles enfants durant les vacances scolaires. Espace bar.

Vous aimez rire ? Bienvenue au café-théâtre Drôle de Scène ! Cette association de passionnés partage avec le public son goût pour les spectacles d'humour dans une salle intimiste à l'ambiance chaleureuse. Le jeudi soir, c'est la soirée « Gavé Stylé », aussi connue sous le nom du Comedy Club de Bordeaux. Pendant deux heures, les comédiens se succèdent sur scène pour présenter leurs sketches. Après chaque représentation, vous pourrez échanger avec ces artistes prometteurs à l'espace bar. Durant les vacances scolaires, une programmation pour les enfants est prévue.

L'EXCEPTION CABARET-BAR

24, avenue Descartes - **SAINT-MÉDARD-EN-JALLES**
✆ 06 44 18 61 44
www.lexceptioncabaret.com
Ouvert le jeudi de 19h à 0h ; vendredi et samedi de 20h à 4h samedi soir. voir site). Revue cabaret à partir de 28 €.

Plus besoin d'aller dans un cabaret parisien pour assister à du grand spectacle. La troupe est composée d'artistes de très haut niveau issus du chant, de la danse et du cirque, et placée sous la houlette d'Aurélien Alberge, le créateur de ce lieu chic et festif. Ses anciennes revues, *Chimères* et *Madame*, rendent hommage à des femmes exceptionnelles, tandis que la nouvelle, *(Mi) nuit*, nous transporte dans un monde onirique envoûtant… L'Exception est aussi un lieu de divertissement à la programmation variée : comedy club, concerts, clubbing, shows burlesques...

OPÉRA NATIONAL DE BORDEAUX

Place de la Comédie
✆ 05 56 00 85 95
www.opera-bordeaux.com
Accueil aux guichets et standard téléphonique du mardi au sam. de 13h à 18h30. Abonnements. Visites guidées.

Sur la place de la Comédie se tient l'Opéra national de Bordeaux. Un lieu central où sont présentés chaque semaine opéras ou ballets, et qui propose une programmation des plus éclectiques, mélangeant le classique et le contemporain, la comédie et la tragédie, de compagnies bordelaises ou d'ailleurs. À peine entré dans cette institution, la magie opère et l'on se sent dans un autre monde... Des tarifs préférentiels allant jusqu'à 50 % de réduction sont réservés aux jeunes.

LE PIN GALANT

34, avenue du Maréchal de Lattre de Tassigny
MÉRIGNAC ✆ 05 56 97 82 82
www.lepingalant.com
Billetterie sur place du lundi au samedi de 11h à 18h. Tarifs préférentiels avec la formule Privilège. Restaurant.

Deuxième scène culturelle d'Aquitaine, Le Pin Galant a une programmation culturelle riche de 130 représentations par an : opéra et opérette, musique et danse de tous styles, théâtre, humour, cirque, spectacles pour enfants et matinées scolaires… C'est également un lieu privilégié pour vos grands événements, avec son auditorium de 1 410 places, son restaurant et son Pavillon, une salle de 1 300 m² modulable à souhait et adaptable à vos projets (réunions, concours, showroom, salons professionnels…) pour une capacité d'accueil de 100 à 1 000 personnes.

BOWLING MERIADECK

Terrasse du Général Koenig
✆ 05 56 93 05 85
Ouvert tous les jours, horaires variables selon période. À partir de 5 €/partie et 13,50 €/3 parties. Bar. Snacking.

Le bowling entre amis ou en famille est toujours la promesse d'une soirée réussie ! Cet établissement-là fait figure d'institution pour les passionnés. Seize pistes avec comptage électronique vous attendent ici, ainsi que des jeux virtuels, des tables de billard et des flippers. Pour accompagner vos parties, des cocktails avec ou sans alcool et snacks sucrés et salés sont proposés au bar. Si vous voulez manger et jouer en même temps, mieux vaut choisir la formule pizza ou *dinner's party*, sur réservation. Les enfants peuvent venir fêter leur anniversaire.

THÉÂTRE FÉMINA

10, rue de Grassi
✆ 05 33 49 13 00
www.theatrefemina.com
Accueil téléphonique du lundi au vendredi de 10h à 19h. Ouverture 1h avant le spectacle. Billetterie en ligne.

Créé en 1921, le Fémina a connu ses premières heures de gloire comme salle de cinéma. Les premiers grands aménagements voient le jour dans les années 1970 : la façade et le hall d'accueil se refont une beauté, les fauteuils sont habillés d'un velours rouge... Dans le même temps, la scène est étendue, ainsi que les loges et la fosse d'orchestre. La programmation est variée, entre théâtre, humour, musique, danse... Ces prochains mois, les Bordelais vont pouvoir applaudir de nombreux artistes : Nora Hamzawi, Camille, Aldebert...

CASINO BARRIÈRE BORDEAUX

rue du Cardinal Richaud
✆ 05 56 69 49 00
Ouvert tous les jours de 10h à 4h. Jeux de table à partir de 21h. Restaurant & bars. Spectacles & animations.

Au cœur du centre d'affaires de Bordeaux-Lac, le Casino Barrière Bordeaux est un espace multi-loisirs qui combine plaisir et festivités, avec ses 340 machines à sous et ses 40 tables de jeux traditionnels et électroniques. C'est aussi un espace business avec une offre de restauration, un théâtre de 718 places et un espace de réception pouvant accueillir jusqu'à 550 personnes. Le casino dispose d'un restaurant (le *Café Barrière*) et deux bars. Facilement accessible en tramway ou en voiture, à quelques minutes seulement du centre-ville de Bordeaux...

BAR JEUX BARJO

12, rue Saint-James
✆ 05 56 51 00 21
www.jeuxbarjo.com
Ouvert du mardi au vendredi de 17h à 0h ; samedi de 14h à 0h ; dim. de 14h à 22h. Accès 2h : 3 € + une consommation.

Jeux Barjo est à la fois le nom d'un bar à jeux et une boutique. Ici, on profite donc de jeux de société ou de stratégie, tout en sirotant un verre. Avec plusieurs centaines de références, vous trouverez à coup sûr le jeu qui vous plaira. La formule est simple : une conso et l'accès illimité à la ludothèque durant 2h. Côté boutique, les vendeurs sauront vous conseiller, car ils s'y connaissent ! Ils ont tout testé et évalué sur différents critères : complexité, part de chance, interaction, durée, mécanisme, profil du joueur...

EVENTYR

16, avenue Louis de Broglie - **PESSAC**
✆ 05 56 04 59 67
https://eventyr-game.fr
Ouvert du mardi au dimanche sur réservation. A partir de 24,50 €/adulte ; 15 €/enfant. WHO à partir de 15 €/adulte.

Différent d'un escape game, *Eventyr* vous plonge en immersion dans son univers fantastique, inspiré de la célèbre saga d'Harry Potter. À travers pas moins de douze salles, les joueurs sont invités à se creuser les méninges afin de résoudre les nombreuses énigmes proposées. Au fil de l'aventure, de mystérieux personnages apparaîtront pour vous guider ou peut-être vous perdre... À vous d'être malin ! Les enfants sont les bienvenus, avec une version du jeu adaptée à leur âge. Après l'expérience, faites donc une halte à la taverne. Des nouveautés sont attendues !

PASSEPORT

BASSIN D'ARCACHON

Le bassin d'Arcachon est une vaste et très jolie baie de 174 kilomètres carrés, presque fermée par la presqu'île du Cap Ferret. La Leyre, rivière landaise et girondine, s'y jette dans un beau delta préservé et protégé. De nombreux chenaux drainent le vaste bassin offert aux jeux des marées. L'Île aux oiseaux trône au milieu de ce paysage magique et changeant, avec ses deux célèbres cabanes tchanquées, sentinelles symboliques de ce lieu d'exception. Sans oublier les villages ostréicoles aux cabanes typiques en bois coloré. La Petite Mer de Buch, son ancien nom avant la création d'Arcachon il y a plus de 100 ans, s'ouvre sur l'océan au niveau des tant redoutées passes du Bassin. Dangereuses à franchir, elles protègent néanmoins deux trésors naturels : le banc d'Arguin et la dune du Pilat. Le bassin est à découvrir en toutes saisons à pied, à vélo, au gré des dunes, des forêts, des prés salés, d'un banc de sable ou d'une plage à une autre.

Bassin d'Arachon
Vers LÈGE-CAP-FER
D106
ARÈS
Réserve Naturelle
Prés Salés d'Arès
Lège-Cap-Ferre
Claouey
Le Four
Le Petit
Piquey
Les
Jacquets
Grand-
Piquey
Piraillan
Le Canon
ÎLE AUX
OISEAUX
L'herbe
La Vigne
ARCACHON
D650
Océan
Atlantique
Cap-Ferret
Pyla sur Mer
LA TESTE-DE-
BUCH
D259
Réserve Naturelle
du Banc d'Arguin
Forêt Domaniale
de la Teste
D218
CAZAUX
Étang de Cazaux e
de Sanguinet
5 KM

Blagon
D106
D106
D5
D3 E9
D3 E10
ANDERNOS-LES-BAINS
Taussat
Cassy
D3
D5 E5
AUDENGE
Vigneau
P.N.R. des Landes de Gascogne
D1250
Réserve Ornithologique du Teich
BIGANOS
GUJAN-MESTRAS
LE TEICH
A660
MIOS
D3
56
D216 E2
D216
D652
D108
Caplanne

PAGES

●● BASSIN D'ARCHACHON

© GOODLUZ - STOCK.ADOBE.COM

Cyclistes à Andernos-les-Bains.

ANDERNOS-LES-BAINS ★★

Andernos-les-Bains était une importante bourgade à l'époque gallo-romaine et de nombreux vestiges sont exposés à la Maison Louis David comme ceux d'une villa du IVe siècle. La saison estivale est particulièrement animée. Vous pourrez notamment profiter du célèbre festival de jazz, de feux d'artifice, de concerts et de spectacles. Mais la basse saison n'est pas délaissée : début décembre, « Cabanes en Fête » est une manifestation conviviale qui met les papilles en émoi. La nature est très présente et la réserve naturelle abrite une faune et une flore préservées, avec des pins centenaires isolés dans une belle chênaie, des tamaris en bord de plage, etc.

La jetée à Andernos-les-Bains.

MUSÉE MUNICIPAL LOUIS-DAVID

14, avenue Pasteur
✆ 05 56 82 02 95
https://andernos-tourisme.fr/
Ouvert de mars à octobre. Accès libre.

Construite entre 1895 et 1908, la Maison Louis David servait de résidence à Louis Théodore David, maire de la station balnéaire de 1900 à 1929, dont on peut voir le tombeau sculpté dans le jardin. La demeure abrite le musée de la Ville, où sont exposées des collections permanentes couvrant la Préhistoire, l'Antiquité et le Moyen Âge, et des expositions temporaires mettant en avant des artistes régionaux dans les domaines de la peinture, des arts plastiques et de la photographie.

LE PETIT MUSÉE DE L'HUÎTRE

Quai Lucasson - Cabane n°68
✆ 05 56 82 59 53
Visite guidée le jeudi à 10h30 pendant les vacances scolaires (hors noël et février) et de mi-juin à mi-septembre.

Niché dans la cabane n° 68, le Petit Musée de l'Huître est animé par des bénévoles du comité de la Fête de l'Huître d'Andernos. Ces passionnés vous dévoileront les nombreux secrets de la perle du Bassin : son origine et son histoire, les techniques d'élevage, de consommation, de commercialisation... Le musée célèbre la tradition ostréicole du bassin d'Arcachon, avec ses 44 cabanes, ses pinasses typiques et les bassins dégorgeoirs où les huîtres provenant des parcs sont immergées.

LE POT DU FERRET

15, rue Nicéphore Niepce
✆ 05 57 05 14 37
www.lepotduferret.com
Ouvert uniquement sur rendez-vous. Cours, ateliers d'initiation et stages.

Pour transmettre sa passion pour la céramique, Laura a ouvert un atelier de poterie dans un vaste local de 240 m² du Centre d'Activités Artisanales d'Andernos-les-Bains. Transformé de ses mains, cet espace chaleureux invite à la création et au partage. Formée à l'école des Gobelins et diplômée d'un Bachelor en Design, la jeune femme est entourée d'une équipe de 4 céramistes expérimentés pour animer les ateliers d'initiation au modelage et au tournage, les cours, pour l'organisation des stages et des sessions parents-enfants pour découvrir l'art de la céramique.

VILLAS D'ÉPOQUE & VIEUX BOURG DE TAUSSAT-LES-BAINS

LANTON

Le bourg de Taussat-les-Bains est un véritable petit bijou, car il abrite des demeures du XIXe siècle, parfaitement conservées comme la villa Bagatelle qui fut la propriété d'un ami du célèbre peintre Toulouse-Lautrec. Celui-ci y vécut à la fin de sa vie comme le dévoile une stèle déposée en son honneur en 2001. Les ruelles à demi-sauvages et ensablées vous conduiront jusqu'à la plage. C'est peut-être le plus bel angle pour découvrir ce majestueux et énigmatique bassin d'Arcachon.

© MARC DE TIENDA

Le port d'Andernos.

BUREAU D'INFORMATION TOURISTIQUE DE LANTON

1, route du Stade - **LANTON** ✆ 05 57 70 67 56
www.tourisme-coeurdubassin.com

Accueil vélo. Qualité Tourisme. Ouvert d'avril à début novembre (jours et horaires variables selon la saison).

A mi-chemin entre Arcachon et la Pointe du Cap Ferret, le Cœur du bassin d'Arcachon se dévoile aux plus curieux. En façade maritime, Lanton est composé de 4 bourgs : Lanton, Cassy, Taussat-les-Bains, Blagon et de 3 ports, avec une diversité de paysages à apprécier tout au long de l'année. Depuis le bassin de baignade de Lanton, à pied ou à vélo, on emprunte le sentier du littoral en direction du « vieux port » de Taussat-les-Bains en passant par la plage de Suzette et le port de Cassy.

OFFICE DE TOURISME DE ANDERNOS-LES-BAINS

Esplanade du Broustic ✆ 05 56 82 02 95
https://andernos-tourisme.fr

Qualité Tourisme. Accueil vélo. Ouvert toute l'année. Jours et horaires d'ouverture variables selon la saison.

L'Office de tourisme propose de nombreuses activités pour organiser votre séjour. Pour les enfants ? Trésors de la plage à marée basse, initiation au surf, CAP33 et clubs de plage… Pour les amoureux de la nature en quête de dépaysement et de détente ? Sorties nature, balade en paddle, découverte du site des Quinconces… Et pour les férus de culture et d'histoire ? Découverte du patrimoine, à pied ou à vélo… Sans oublier les nombreuses manifestations comme Cabanes en Fête !

LE PASSE MARÉE

15, avenue du Général de Gaulle
✆ 06 45 03 37 09

Ouvert du 1er avril au 30 septembre 2025 (liaisons tous les jours, fréquences variables). Excursions à partir de 16 €.

Avec *le Passe Marée*, David, un marin touche-à-tout, vous propose un aller-retour dans la journée afin de rejoindre Arcachon depuis Andernos-les-Bains ou le Cap Ferret. Les tarifs sont tout à fait corrects avec des réductions pour les familles avec un enfant mineur ou les groupes. Profitez aussi de l'*Intégrale* pour découvrir l'essentiel du bassin à la journée depuis Andernos-les-Bains. Quelques sorties « événements » (*Grand Tour du Bassin*, *Marcher sur Arguin*, etc.) complètent les offres de ce bateau économe en carburant et recyclable à plus de 90 %.

TI'BASSIN

Port ostréicole (1ère darse)
✆ 06 62 82 42 17
www.tibassin-andernos.com

Calendrier des sorties en ligne en fonction des horaires des marées. De 38 € à 68 €/adulte ; de 30 € à 50 €/enfant.

Didier Meynard, un ancien ostréiculteur, s'est reconverti en skipper professionnel titulaire d'un diplôme qualifiant. Enfant du pays, il connaît le Bassin et le milieu marin comme sa poche. Ainsi, il vous embarque à bord de son catamaran de 11 mètres, pouvant accueillir dans son espace couvert jusqu'à 17 personnes. En fonction de vos envies et de votre budget, mettez le cap sur l'Île aux oiseaux, le banc d'Arguin ou la Dune du Pyla. En bonus : dégustation d'huîtres et vin blanc ! Privatisation possible pour des événements personnels ou professionnels.

HÔTEL RÉSIDENCE OCÉANE €

Avenue Franck-Cazenave ✆ 05 56 26 12 12
www.hotel-oceane-andernos.com

De mi-avril à début octobre. Appartements, studios, chambres doubles, twin ou familiales. Petit déjeuner : 9,50 €.

Située sur la promenade du front de mer, en bordure de plage, l'hôtel Résidence Océane offre un cadre très agréable. Il se trouve à seulement 600 mètres du port de plaisance du Bétey et à moins de 2 kilomètres du centre-ville d'Andernos-les-Bains. Ouvert en saison, l'établissement vous propose de séjourner en chambre jusqu'à 4 personnes, avec un service hôtelier ou en studio ou appartement. Quelle que soit la formule, vous pourrez profiter de la piscine chauffée. Des animations pour les enfants de 6 à 12 ans sont proposées du lundi au vendredi en juillet et août.

CAMPING FONTAINE VIEILLE*** €€

4, boulevard du Colonel-Wurtz
✆ 05 56 82 01 67 - www.fontainevieille.fr

Emplacement à partir de 25 €. Mobil-home (4 pers.) à partir de 560 €/sem. Vélo/randonneurs : 15 €/nuit (4 pers. max).

Quasiment les pieds dans l'eau, ce camping calme propose des emplacements pour tentes, un espace spécial camping-cars, mobil-homes, bungalows toilés, cabanes « nature » et lodges premium, dont certains offrent une vue imprenable sur le bassin. Vous bénéficiez d'un accès direct à la plage et de nombreux services. Des animations sont régulièrement proposées, notamment en juillet/août. Nouveautés 2025 : un nouvel espace aquatique, un terrain multisport et de padel.

CAMPING LE COQ HARDI*** €€

3, avenue de la République - **LANTON**
✆ 05 56 82 01 80
www.camping-bassin-d-arcachon.com/

De fin mai à début septembre. Emplacement 20 € environ. Chalets et mobil-homes à partir de 300 € la semaine.

Idéalement situé en bordure du Bassin d'Arcachon, le camping familial fondé en 1960, dispose de deux accès directs à la plage et d'une vue imprenable sur l'océan. Parfait pour des vacances reposantes, il propose une gamme d'hébergements variés, des chalets et des mobil-homes entièrement équipés. Son espace aquatique, avec deux piscines et des toboggans, est gratuit en haute saison. En été, des animations quotidiennes sont organisées pour tous les âges. Le camping dispose également d'un snack, d'un bar, d'une épicerie, et même de séances bien-être avec un ostéopathe.

L'OCEANA** €€

7, avenue Guy Célerier
LANTON
✆ 05 56 82 06 20

Logis. Qualité Tourisme. Ouvert toute l'année. Chambres double 85 € à 109 €. Gîtes de 4 à 6 pers. de 125 € à 155 €.

L'Océana est un petit coin de paradis situé à seulement 200 mètres de la plage. Les chambres, pouvant accueillir jusqu'à 5 personnes, sont décorées avec simplicité dans un style moderne et offrent tout le confort nécessaire pour un séjour agréable. Vous aurez également la possibilité de séjourner dans l'un des deux gîtes en duplex, chacun doté d'une terrasse et d'un balcon (4 et 6 personnes). Vous pourrez profiter de la véranda ou de la terrasse ombragée avec une planche apéro, une salade ou une pizza préparée par le chef du To'Pizza. L'accueil y est chaleureux.

© OCEANA

© VANESSA

LE JARDIN 51 €€

51 bis, avenue de Bordeaux
✆ 07 86 94 57 63
www.lejardin51.com

4 chambres doubles à partir 130 €/nuit. Petit déjeuner inclus. Stationnement sur place. Wifi gratuit. Boulodrome.

A 800 mètres de la jetée, des plages et du port ostréicole d'Andernos-les-Bains, les chambres d'hôtes du Jardin 51 se trouvent dans une charmante maison de ville. Le jardin, avec sa terrasse en bois, ses transats et son boulodrome, est très bien entretenu. Christine vous reçoit ainsi dans ce bel endroit, également bien aménagé. Comme le reste de la maison, les chambres, qui bénéficient d'un accès indépendant, sont spacieuses et lumineuses, avec des lits *queen size* pour trois d'entre elles. La chambre Dune est équipée de deux lits simples.

VILLA RADO €€

2, avenue du Général de Gaulle
✆ 05 56 82 45 13
https://villarado.com/

Ouvert toute l'année, du mercredi au lundi de 9h à 22h30. Sans réservation. Formule midi : 24 €. Carte : 30 € environ.

Quand elles ne sont pas ouvertes sur la terrasse, les grandes baies vitrées de la Villa Rad'O, devenue un restaurant italien, permettent de garder un œil sur le bassin tout en observant le va-et-vient des passants sur l'esplanade de la Jetée. L'endroit, très animé et convivial, est idéal pour savourer un excellent chocolat viennois. Par ailleurs, le thé glacé est fait maison, tout comme les crêpes ! L'été, un corner propose également des glaces artisanales à emporter. Les réservations sont acceptées uniquement pour les groupes de plus de 15 personnes.

L'ANDERENIS BOUTIQUE HÔTEL**** €€

9, boulevard de la Plage
✆ 05 24 18 00 49 - landerenis.com

Chambres à partir de 110 €. Petit déjeuner de 18 € à 25 €. Parking : 12 €/jour. Restauration. Sunset bar. Conciergerie.

Ce superbe boutique-hôtel a quasiment les pieds dans l'eau. Ses 14 chambres, dont 2 suites et 3 chambres familiales, possèdent une terrasse avec vue sur le bassin et/ou sur le jardin. Elles ont en commun la pureté de leur décoration et leur raffinement. Le salon est aménagé dans une belle salle lumineuse et ouverte sur l'extérieur. Notez que le brunch est accessible à tous. L'établissement est fermé en janvier et du dimanche midi au mercredi midi en basse saison (hors vacances).

VILLA GLEN-TARA €€

1, place de la Chapelle - **LANTON**
✆ 07 88 53 08 16
www.glen-tara.com

Ouvert toute l'année. 5 chambres d'hôtes à partir de 95 €/nuit. Bain bouillonnant (en supplément).

D'origine écossaise par sa mère, née à Reading près de Londres, Michelle a toujours eu le goût des autres et des rencontres. Bien décidée à changer d'horizon, elle choisit le bassin d'Arcachon pour ouvrir cette maison d'hôtes à 200 mètres des plages. La maison est superbe, avec un authentique bow-window d'où l'on peut apercevoir le jardin et la piscine (chauffée en saison). Au rez-de-chaussée, la chambre Toulouse Lautrec permet notamment d'accueillir les personnes à mobilité réduite. Michelle met des vélos à votre disposition et vous aide à organiser votre séjour.

VILLA HERBERT €€

15, boulevard Pierre Despagne
✆ 05 56 82 19 38 - www.villaherbert.com

Ouvert toute l'année. Chambres de 90 à 158 €. Cuisine commune. Plateaux repas à 22 €. Bain bouillonnant. Prêt de vélos.

Audrey et Jean-Bernard vous accueillent à la Villa Herbert dans une maison tout en bois, dans le style des cabanes de pêcheurs typiques du bassin. Les 5 chambres d'hôtes (en plus d'un gîte avec 2 chambres) sont confortables et spacieuses. Joliment décorées, elles profitent aussi d'une terrasse privative. Cuisine commune, piscine traitée au sel, bain bouillonnant... C'est l'adresse idéale pour décompresser, se reposer et découvrir le bassin d'Arcachon en toute sérénité. Les propriétaires ne manqueront pas de vous renseigner sur les activités et excursions à faire.

VILLA TERANGA €€

20, avenue Thiers
✆ 05 57 17 50 30
www.villaterangahotel.com

Ouvert de mars à début janvier. Chambre double à partir de 85 €, triple à partir de 138 €. Petit déjeuner : 14,50 €.

A quelques minutes à pied de la plage et le long d'une piste cyclable, cet hôtel présente l'avantage d'être au calme. Il affiche une décoration contemporaine où la mer et le voyage tiennent une belle place. Chaque chambre (éco, double, triple ou familiale jusqu'à 4 personnes) est personnalisée et confortable. Il n'y a pas de jardin, mais une grande terrasse pour profiter du soleil, prendre un verre ou le petit déjeuner continental. Mais Teranga, c'est quoi ? Issu du wolof (dialecte africain), ce mot illustre l'hospitalité, l'accueil et le plaisir de recevoir.

BONHEUR ANDERNOS €€

81 bis, avenue de Bordeaux
✆ 06 27 31 00 21

Pour 4 personnes (2 chambres). 200 €/nuit. Stationnement sur place. Salon de jardin, plancha. Lave-vaisselle.

La maison de Jackye où elle habite lorsqu'elle n'est pas louée est à 20 minutes à pied de la jetée d'Andernos-les-Bains. Les deux chambres sont à l'étage et la salle de bains est au rez-de-chaussée avec la belle pièce de vie ouverte sur une grande terrasse en bois. Bien aménagée, avec quelques arbustes pour la touche de verdure, la terrasse est orientée sud. On s'y prélasse bien volontiers toute la journée. Jackye vous ouvre aussi les portes de sa maison en mode chambres d'hôtes. Elle loue aussi une chambre avec balcon privatif dans un appartement à Bordeaux.

KOOKS BURGER €€

1, rue Nicéphore Niepce
✆ 05 40 43 01 55

Ouvert du mardi au samedi le midi et le soir. Burgers de 9,50 € à 16 €. Terrasse. A emporter.

Qu'on se le dise, vous n'aurez pas les pieds dans le sable, mais Charlotte Berlon a fait tout son possible pour rendre l'endroit hyper sympa ! Déjà, la terrasse donne envie de s'y aventurer. À l'intérieur, l'ambiance est en mode *California vibes*. Sur les murs, les planches de surf côtoient les affiches, dessins, cartes postales et stickers. Coup de cœur pour le logo du Kooks, à l'image du *mood*. Côté burgers (et wraps), c'est gourmand et généreux. Burger oignons rings, burger Rossini, burger halloumi... Et le double cheese ! Les accompagnements sont en supplément.

LA GUINGUETTE DE LA PLACE €€

6, place du 14 juillet
✆ 05 57 05 21 44

Ouvert du mardi au samedi le midi et le soir ; le dimanche en juillet/août. Plats de 11 € à 13 €. Terrasse.

La guinguette sur la place est un petit établissement ouvert toute l'année, pour emporter ou se restaurer sur place en terrasse (il n'y a que quelques tables). Pinsa, salades, pâtes fraîches... Tout est fait maison. Les frites qui accompagnent notamment les burgers sont servies généreusement, avec une sauce relevée au curry pour changer de la traditionnelle mayonnaise. L'attente n'est pas trop longue même lorsque le marché couvert bat son plein. Profitez de la terrasse si vous pouvez.

LE FOUR À BOIS DE TAUSSAT €

20, avenue Guy Célérier
LANTON
✆ 06 30 92 75 18

Ouvert du jeudi au samedi le soir (tous les jours en juillet/août). Pizza à partir de 9 €. Carte de fidélité.

© LE FOUR À BOIS DE TAUSSAT

À Lanton, David tient un bureau de tabac pas comme les autres avec un bar-café, une épicerie de dépannage et un coin boutique où l'on peut acheter des souvenirs du Bassin. Mais l'originalité se trouve au fond de sa cour, où il a installé un four à bois pour nous régaler avec ses délicieuses pizzas, d'après une recette de pâte artisanale composée de 7 farines levées pendant 48 heures, que lui a confiée Toto Li Vigni, un célèbre restaurateur italien. Ouvert les veilles de jours fériés.

NOMAD CAFÉ €€

7, avenue Pasteur
✆ 06 58 25 52 83

Ouvert toute l'année. Plats de 17,90 € à 19,90 €. Tapas à partir de 9 €. Terrasse. Animations.

Fish and chips, pad thaï, salade césar... Les saveurs du monde sont à la carte du NoMad Café ! Et comme tout est fait maison, il n'y en aura parfois pas pour tout le monde. En saison, Nathalie et son équipe vous accueillent tous les jours à l'exception du mardi. Toute la journée et dans la bonne humeur ! Le NoMad Café est ce genre d'adresse très sympa où l'on peut aussi venir pour boire un verre, grignoter quelques tapas (houmous, falafels, acras de morue...) ou se laisser tenter par un dessert à l'heure du goûter. On suit le programme des soirées sur Instagram !

LE TAMARIOU €€

15, quai Lahillon
✆ 06 68 58 20 81

Ouvert toute l'année, sauf en janvier. Vente à emporter sur le marché municipal et livraison le soir en saison.

Au bord de l'eau, vous pouvez venir déguster des huîtres, des fruits de mer, du pâté artisanal et du vin blanc. Un classique ? Peut-être, mais dès l'arrivée des beaux jours ou ne serait-ce que par une journée ensoleillée en hiver, la terrasse sur pilotis affiche complet. Depuis près de 4 ans, cette grande terrasse en bois offre aux plus chanceux une vue panoramique sur le bassin d'Arcachon. Alors, on y vient pour les huîtres et le verre de vin blanc, mais aussi pour ce cadre si privilégié. Le reste de l'année, on s'installe confortablement dans la salle chauffée.

LES TAMARIS €€

2, place Louis-David
✆ 05 56 26 74 77
www.lestamaris-restaurant-andernos.com

Ouvert toute l'année. Tous les jours dès 9h. Service en continu. Sans réservation. Menu à 38 €. Formule du midi : 23 €.

Face à la jetée, avec accès direct à la plage, Les Tamaris offrent à tous les amoureux des repas en terrasse, un cadre et une vue exceptionnels sur le bassin d'Arcachon. Mais les places sont chères, vous vous en doutez… La vue n'est pas mal non plus depuis la salle climatisée. Ici, les fruits de mer côtoient les viandes grillées (ou crues), les poissons à la plancha, quelques burgers et salades gourmandes. On y vient tout au long de la journée pour boire un verre ou manger. Pour les tapas, rendez-vous à la Bodega de Marcel, le corner espagnol des Tamaris !

LA CABANE DU MAURET €€

7, place de l'Etoile ✆ 09 53 30 82 84
https://lacabanedumauret.eatbu.com/

Ouvert toute l'année. Du mercredi au dimanche le midi ; du mercredi au samedi le soir. Menus de 20 € à 35 €. Terrasse.

Une cabane bleue et blanche qui mérite le détour, où règne une ambiance chaleureuse et conviviale ! La cuisine, raffinée et authentique, met à l'honneur les produits régionaux, frais et de saison, soigneusement présentés : huîtres, foie gras, coquillages, poissons… L'assiette Mixed Grill du Sud-Ouest (côtelette d'agneau, magret émincé, pièce de bœuf, avec une sauce au piment d'Espelette) est un incontournable de la carte ! En dessert ? Les grands classiques sont au rendez-vous. La tarte du chef est servie tiède avec une boule de glace et du chocolat chaud.

LE CAFÉ DE LA PLAGE

9, avenue du Général de Gaulle
✆ 05 56 03 05 25

Ouvert toute l'année. Happy hour du lundi au vendredi de 17h à 19h. Restauration à partir de 19h (réservation possible).

Saviez-vous que Le Café de la Plage existe depuis de très longues années ? D'ailleurs, on peut voir quelques photos d'époque sur Instagram. Conservant son nom historique, ce bel établissement a rouvert au printemps 2023. C'est là, à quelques mètres de la plage et de la jetée d'Andernos-les-Bains, que l'on se retrouve entre amis ou en famille pour partager les plats et les tapas. Offrant la garantie d'une assiette bien remplie et haute en couleur, on passe un vrai bon moment. Bien sûr, les groupes sont les bienvenus. Les tarifs sont très corrects.

LE COCHON VOLANT €€

136, boulevard de la République
✆ 05 56 03 42 01

Ouvert toute l'année (tous les jours le midi et le soir en haute saison). Formule du midi : 17 €. Terrasse.

Petit frère du Cochon Volant à Bordeaux, c'est le genre de restaurant où l'on aime s'attabler pour l'ambiance et les plats copieux affichés à des prix raisonnables. La cuisine reste classique, mais il est bon parfois de revenir aux fondamentaux qui attirent toujours une certaine clientèle. À l'ardoise, deux plats du jour (en principe un poisson et une viande) et un seul dessert. Selon la saison, les amateurs de viande en ont pour leur argent avec la côte de bœuf (400 grammes) accompagnée d'une belle poêlée de cèpes. Simple et efficace, comme le service.

COM D ROY €€

288, boulevard de la République
✆ 05 56 82 04 23

Du mercredi au dimanche, le midi et le soir. Réservation recommandée. Menu à 29 €. Formule du midi : 18 €. Terrasse.

Le long de la piste cyclable qui va jusqu'à Arcachon, Com D Roy est un restaurant familial où les enfants sont les bienvenus. D'ailleurs, un coin jeux leur est réservé. L'autre atout du lieu : la cuisine inventive. La carte est concoctée chaque jour avec des produits frais et de saison. Vos papilles seront ravies de retrouver les saveurs d'autrefois mêlées aux saveurs du monde. La présentation des plats est soignée et l'on apprécie la mise en bouche en attendant les entrées. Petit jardin paysagé, terrasse en bois… l'endroit est charmant et très agréable l'été.

L'ESQUIREY €€

9, avenue du Commandant David Allègre
✆ 05 56 82 22 15
www.lesquirey-andernos.fr
Ouvert du mardi au dimanche le midi ; vendredi et samedi le soir. Assiettes de fruits de mer de 16 € à 32 €. Terrasse.

Pour déguster poissons et coquillages extras frais, n'hésitez pas une seconde à vous installer à l'une des tables de l'Esquirey. Au port ostréicole d'Andernos-les-Bains, cette adresse propose de belles assiettes gourmandes qui évoluent selon les arrivages et la pêche du jour. Coquillages crus ou farcis et crustacés font la fierté de cette jolie cabane dont la soupe de poisson est une véritable institution. Vous pourrez également déguster de succulents plats de poisson. Service agréable, cadre enchanteur, produits frais et préparés avec soin... Une valeur sûre !

LA MAISON €€

49, boulevard de la République
✆ 05 57 17 41 48
Ouvert toute l'année. Du mardi au dimanche le midi ; du mardi au samedi le soir. Menu à 33 €. Formule du midi : 19,50 €.

Une salle contemporaine, une terrasse, une cuisine traditionnelle bien troussée, une formule déjeuner qui nous met l'eau à la bouche... C'est La Maison ! Si les huîtres du bassin s'invitent toujours parmi les entrées ou dans le menu, tout varie ensuite en fonction des saisons et des arrivages, notamment pour les poissons. Les produits de la mer sont très présents à la carte (soupe de poissons, saumon Gravlax mariné à la vodka, dorade entière, chipirons à la persillade, etc.). À l'heure de l'apéro, on partage des tapas maison ou une planche de jambon Serrano.

LE FISH HEAD €€

1, promenade de la Piscine
✆ 05 56 82 32 24
www.fish-head.fr
De février à mi-novembre. Tous les jours de 9h à 0h. Plats et fruits de mer de 22 € à 44 €. Tapas. Terrasse. Animations.

© FICH HEAD

Le Fish Head a quasiment les pieds dans l'eau ! On adore sa terrasse, parfaite pour un repas ou un apéro « tapas » dans une ambiance jeune et décontractée. En hiver, on profite du confort des deux salles avec vue imprenable sur le bassin. La cuisine, faite maison à partir de produits frais, évolue au fil des saisons avec une carte renouvelée tous les deux mois. Les spécialités de l'océan sont à l'honneur : assiettes et plateaux de fruits de mer, entre autres. De mi-avril à début octobre, l'établissement propose également des petits déjeuners et ouvre dès 7h45.

L'OSTALADA €€

20, boulevard Charles de Gaulle - **LANTON**
✆ 05 56 60 97 21
https://lostalada-lanton.eatbu.com/
Ouvert toute l'année. Menu à 38 €. Formule du midi : 22 €. Terrasse.

Crème brûlée de potimarron et tuile de parmesan, champignons et curry, *keftas* de bœuf et aubergines à la tomate, cassolette de poisson, carpaccio d'orange et pamplemousse au Sirop de verveine... La formule déjeuner est renouvelée chaque semaine. Le chef dresse ses assiettes avec beaucoup de gourmandise et de générosité. Le menu à 38 euros est servi le midi et le soir. Ajoutez à cela un accueil charmant et une très jolie salle. Enfin, notez que le restaurant ouvre aussi le mardi soir et le samedi midi en juillet et août. Vous pourriez profiter de la terrasse.

L'OSTRA €€

15, avenue Pasteur
✆ 05 57 17 28 43
Du mardi au dimanche le midi et le soir (uniquement le vendredi et le samedi le soir en dehors des vacances scolaires).

L'Ostra est le genre d'adresse où il est bon de venir en famille ou entre amis. Non loin de la jetée d'Andernos-les-Bains, Céline et Loïc réussissent à nous faire oublier le brouhaha de la rue commerçante tant le cadre et l'accueil sont agréables. Dans les assiettes, le chef fait varier ses recettes selon ses inspirations, la saison et les arrivages. Il décline aussi quelques propositions végétariennes. Il n'y a pas de formule déjeuner en saison estivale. À la place, le chef vous propose un menu entrée, plat et dessert qui illustre parfaitement sa cuisine.

BASSIN D'ARCACHON

LE PLATANE €€

1, allée Thalassa - **LANTON**
05 56 60 58 98
www.restaurant-leplatane.fr

De février à fin novembre. Du mercredi au dimanche, le midi et le soir en été. Plateaux de fruits de mer de 25 € à 30 €.

C'est le genre d'adresse que les locaux préfèrent garder secrète ! Au bord de l'eau, sur le port ostréicole de Taussat, le Platane régale les gourmands dans un cadre magnifique. En plus, tout est fait maison, cuisiné à partir de produits frais. Dans les assiettes, aux côtés des plats de viande, les produits de la mer qui arrivent chaque jour des criées de Saint-Jean-de-Luz, Royan et La Cotinière, sont rois. La carte fait aussi la part belle aux fruits de mer. Et il y en a pour tous les budgets. Un incontournable à Taussat ! Pensez à réserver.

CAFÉ LE BARYTON

8, avenue Paul-Gauguin - **LANTON**
06 43 51 95 84
www.cafelebaryton.com

Ouvert toute l'année (sauf juillet/août et vacances de Noël), le vendredi et le samedi à partir de 17h30/18h. Concerts.

Le Baryton est un café associatif au dynamisme incroyable ! Tous les week-ends, des concerts et représentations aux styles très variés sont à découvrir : jazz, rock, reggae, blues ou encore tango et théâtre... La programmation est riche et permet aux artistes locaux et aux amateurs de se produire dans de très bonnes conditions. Les murs du café Baryton se transforment également en galerie d'art pour des expositions photos ou peintures. Les prix sont imbattables et le repas (savoureux) est préparé et servi par des bénévoles. Réservation indispensable pour dîner !

LES CHOCOLATS D'ANDERNOS

8, avenue Jean Sacchetti
05 57 76 10 37

Ouvert du mardi au samedi de 9h30 à 12h30 et de 14h30 à 18h30.

Votre maman rêve d'un sac Vuitton, mais vous ne pouvez pas lui offrir ? Contentez-la avec une copie en chocolat noir à 70 % de cacao. Et si vous voulez surprendre vos amis, présentez-leur un assortiment de cannelés en chocolat blanc, noir et au lait, fourrés de caramel fondant, de rhum et de vanille. Ils sont croquants à l'extérieur et fondants à l'intérieur. C'est original et délicieux ! Toutes ces gourmandises sont des exemples du talent de Sébastien Audevard, chocolatier de profession et sculpteur de chocolat. Non seulement beau, mais aussi de grande qualité.

LE NEW PUB

2, place Louis David
05 56 82 16 16

Ouvert du mercredi au dimanche de 11h à 0h ou 2h. Happy hours. Terrasse. Restauration le midi. Animations. Concerts.

Envie de passer une soirée entre amis ou en famille dans une ambiance chaleureuse et animée, autour d'un verre accompagné de quelques bricoles style tapas à grignoter (le soir) ou d'un plat (le midi) ? Le New Pub est sans aucun doute une bonne adresse à Andernos-les-Bains. Vous y trouverez plus de 80 bières venues du monde entier ! Même en basse saison, toute l'équipe du New Pub vous accueille pour des soirées à thème avec DJ, retransmissions de matchs de foot et de rugby, happy hours... Le plus ? La vue sur le bassin depuis la terrasse !

MORGAN VIGNON

7, rue Joseph Jacquard
09 54 92 41 70
https://morganvignon-chocolaterie.com/

Ouvert du mardi au samedi de 9h30 à 12h30 et de 14h à 18h. Boutique en ligne.

Ce que l'on aime ici, c'est la créativité de Morgan Vignon ; ce jeune au parcours atypique, originaire du Cap Ferret (il y a aussi une boutique là-bas). Pour la fête des Mères ? Des roses gourmandes. Pour la fête des Pères ? Des Cigares (ganache rhum cubain). Le 1er mai ? Du muguet gourmand garni d'un praliné aux éclats d'amandes-noisettes. Et pour Noël ? Un joli calendrier de l'Avent, des boules transparentes et bien garnies, etc. Parmi les spécialités : une ganache au miel de forêt ou une pâte de fruits mangue passion accompagnée d'un praliné noix de coco.

PÂTISSERIE YANN

8, avenue de Bordeaux 06 37 55 57 50
www.patisserieyann.com

Ouvert du mardi au samedi de 7h à 13h et de 15h à 19h ; le dimanche de 7h à 13h. De mercredi à samedi en basse saison.

Artisan pâtissier, mais aussi enseignant en lycée privé professionnel, Yann Adingra a aussi été meilleur apprenti de France en 2016 et champion du monde de pâtisserie Abylimpics la même année. Et si on poussait les portes de sa jolie pâtisserie ? Vacherin aux noisettes et caramel, mille-feuille, tartelette à n'en faire qu'une bouchée, guimauves, maxi cookies... La spécialité du chef ? C'est l'Andernoise (biscuit moelleux noisette, croustillant noisette, crémeux infusé avec des grains de café bio, chantilly café/noisette). Quelques tables sur place et en terrasse.

VINIFLORE

1bis, boulevard de la République
✆ 05 57 17 24 29
Du mardi au vendredi de 9h30 à 12h30 (13h le samedi) et de 15h30 à 19h30 ; le dimanche et les jours fériés de 10h à 13h.

Dans cette cave, les Bordeaux sont en première ligne, mais ils cohabitent aussi avec des Bourgognes, des vins d'Alsace, des Côtes du Rhône ou encore des vins étrangers. Certains sont vendus au détail ou en fontaine (Bag in Box). Et il y a toujours quelques références au frais. Cette cave est aussi l'antre d'une grande variété de produits régionaux, whiskies, spiritueux, champagnes, bières dont la Mira brassée à La Teste-de-Buch, thés et cafés, dont le fameux Tchanqué du bassin d'Arcachon. Retrouvez également Viniflore au 9, avenue de la Presqu'île, au Cap Ferret.

BASSIN DE BAIGNADE AMÉNAGÉ

13b, route de la Plage - **LANTON**
✆ 05 56 03 86 00
Accessibilité pour les handicaps moteurs et PMR. Label Handiplage. Baignade surveillée en juillet et août.

Pour une baignade en famille sur le bassin d'Arcachon, le bassin de baignade aménagé de Lanton est parfait. Ce plan d'eau de mer surveillé du 1er juillet au 31 août garantit des moments de plaisir pour petits et grands. En pleine saison, des activités ludiques et sportives sont proposées pour rythmer votre journée. Labellisée Handiplage, cette plage accessible accueille les personnes à mobilité réduite. Pratique et agréable, elle séduit aussi par la beauté de son cadre naturel unique.

ESCALAD'PARC

Allée Pierre de Coubertin ✆ 06 87 84 90 47
www.escalad-parc.fr
Ouvert d'avril à début novembre. Parcours aventure de 13 € à 20 € environ. Disc Golf. Autres tarifs. Snack-bar.

Au cœur de la forêt, ce superbe site propose des parcours pour toute la famille. Jeunes ou moins jeunes (des parcours *baby* sont proposés à partir de 3 ans), intrépides ou prudents, tous adorent se prendre pour Tarzan et sauter de branche en branche à travers la forêt. Les plus jeunes pourront se tester sur le parcours rose du jeune aventurier, tandis que les Aventuriers se prêteront plutôt à un exercice de traversée sur des filets et des ponts. Les plus téméraires s'essayeront au parcours de l'Explorateur avec une succession de ponts et de rondins en équilibre.

LA TOQUE CUIVRÉE

17, avenue de Bordeaux
✆ 05 57 05 97 88
www.la-toque-cuivree.fr
Ouvert tous les jours. Horaires variables selon la saison. Livraison. Retrait en magasin.

© TOQUE CUIVRÉE 2023

Véritable emblème bordelais, le canelé est un délice qui date du XVIe siècle. C'est une pâtisserie à base de farine, d'œufs, de lait, de vanille et de rhum. Et c'est un vrai challenge d'obtenir un canelé moelleux à l'intérieur et croustillant à l'extérieur. La Toque Cuivrée le réalise parfaitement. Qu'importe la boutique où vous irez, vous bénéficierez toujours d'un accueil chaleureux et vous aurez le choix entre trois tailles de canelés. Vous pourrez aussi vous laisser tenter par les tourtières pommes-pruneaux, le bordelais amande, le fondant au chocolat...

OZENSPA

10, rue Bernard Palissy
✆ 05 56 03 33 03
www.ozenspa-andernos.fr
Ouvert tous les jours. Aquasport et école de natation. Massages, soins du corps et épilations.

Dans ce havre de paix, vous ferez du bien à votre corps et à votre esprit. Bordé par une forêt d'eucalyptus, l'espace bien-être d'Ozenspa comprend un bain chaud à 32°C avec jets relaxants, un hammam, un sauna, une douche polaire... Vous pourrez également profiter de la tisanerie et de la terrasse extérieure. Les soins du corps, du visage et les massages sont des instants de pure relaxation. Les sports et activités en piscine (aquatonic, aquabike, bébés nageurs...) sont animés par des coachs diplômés. Une équipe de thérapeutes élabore des programmes personnalisés.

SPORT NAUTIQUE ANDERNOS

1, avenue Louis Lamothe
✆ 05 56 82 07 03 - www.snandernos.com
Stage de voile pendant les vacances scolaires à partir de 115 € la première semaine. Activités « environnement ».

Amateurs de voile, bienvenue au Sport Nautique d'Andernos ! La gentillesse des moniteurs ou encore les virées autour de l'île aux Oiseaux sont de bons arguments pour oser se frotter à la voile. Des randonnées nautiques et des stages pendant les vacances scolaires sont proposés sur Optimist dès 6 ans, dériveur à partir de 8 ans, catamaran dès 10 ans ou planche à voile dès 11 ans. Le stage comprend 5 séances de 3 heures dispensées du lundi au vendredi selon les marées. Les cours particuliers et en groupes sont animés par des moniteurs diplômés d'un Brevet d'Etat.

CASINO LE MIAMI

4, avenue de Bordeaux ✆ 05 56 82 00 65
https://casino-andernos.partouche.com
Ouvert toute l'année. Tous les jours et les jours fériés de 12h à 2h ou 3h. Restauration. Bar. Parking.

Envie de prendre un verre ou de tenter votre chance ? Le casino *Le Miami* vous ouvre ses portes. Machines à sous, jeux traditionnels, bar... il y a de quoi vous divertir dans une ambiance conviviale où le hasard règne en maître avec pas moins de 75 machines à sous, 16 postes de roulette anglaise électronique, roulette anglaise et blackjack. Sans oublier le Megapot ! Pour vous restaurer, vous profitez d'un service de snacking à toute heure et d'un service restauration du jeudi au lundi soir de 19h à 23h. Grand parking sur place, avec bornes de recharge électriques.

LA DOLCE VITA

32, avenue de Bordeaux
✆ 05 56 26 04 30
www.veocinemas.fr
De 5 € (-14 ans) à 9,90 € la séance. Autres tarifs et abonnements. Théâtre. Parking gratuit.

Implanté sur l'emplacement de l'ancien stade Jean-Marcel Despagne, ce complexe comprend 4 salles de projection en gradins qui offrent, quelle que soit leur taille, la même qualité de son, une excellente visibilité de l'écran, des rangées de 1,20 m et de larges fauteuils très confortables. La plus grande salle est dédiée au spectacle vivant une quinzaine de jours par an avec des retransmissions d'opéras. Le reste du temps, elle sert à la projection de films. La programmation est de qualité toute l'année : films grand public, cinéma d'auteur, cinéma jeune public...

AUDENGE

Située dans le parc naturel régional des Landes de Gascogne, Audenge est une petite ville qui regorge de curiosités à dénicher au détour des chemins et des ruelles. Découvrez son port ostréicole typique avec des cabanes de pêcheurs, son port de plaisance, trois piscines d'eau de mer pour se baigner quand l'eau du bassin se retire et la petite plage sauvage aux abords du Domaine de Graveyron. Audenge, c'est aussi une immense forêt de pins maritimes et des domaines protégés : Certes et Graveyron. Classés espaces naturels sensibles, propriétés du Conservatoire du Littoral, les deux sites s'étendent sur une surface de 545 ha mitoyens par le chenal de Certes.

DOMAINE CERTES-GRAVEYRON

Accueil situé contre le parking du château.
✆ 05 56 82 71 79
www.tourisme-coeurdubassin.com
En accès libre toute l'année. Espace d'accueil ouvert tous les jours (horaires variables). Visite guidée. Animations.

Le domaine de Certes et Graveyron s'étend sur 530 ha de prés salés endigués, marais salants, bassins d'élevage de poissons et prairies humides. La biodiversité de sa faune et de sa flore est tout simplement exceptionnelle ! Eau douce et eau salée se mêlent et les paysages changent, reliés par de superbes plages. Plusieurs circuits s'offrent à vous : celui de Graveyron (5 km) au départ du port d'Audenge ou celui de Certes (14 km) au départ du Bassin de baignade de Lanton et l'allée de Boissière (2,8 km) permettant de boucler les deux communes (Audenge et Lanton).

L'ATELIER DES TREYS

9, allées des Treys
✆ 06 51 52 96 76
www.atelierdestreys.com
Cours d'initiation ou de perfectionnement : 90 €/personne. Carte cadeau. Expositions hors les murs. Marchés artisanaux.

Cécile Daulan, potière depuis plus de 20 ans, a choisi de rouvrir un atelier-boutique à Audenge, près d'Arcachon, où elle s'est installée. A l'Atelier des Treys, elle vous accueille sur rendez-vous pour des cours d'initiation ou de perfectionnement à la poterie, proposés à la journée, en solo ou en petit groupe de deux à quatre personnes. Vous aurez ainsi l'occasion de créer et d'émailler vos propres pièces. Des stages sont également organisés tout au long de l'année. Par ailleurs, Cécile propose également un hébergement en gîte pour prolonger l'expérience.

PORT OSTRÉICOLE

Vivant et plein de charme, le port d'Audenge est un lieu prisé des touristes et des locaux avec les cabanes en bois des ostréiculteurs aux superbes couleurs, les pinasses traditionnelles, les terrasses ensoleillées, les pêcheurs attelés au travail… Installez-vous en terrasse et laissez-vous tenter par une dégustation d'huîtres du bassin ! Envie d'une petite sortie en mer ? Les ports de plaisance sont situés de chaque côté du port ostréicole. Le port d'Audenge est également le point de départ pour l'un des circuits à travers le domaine de Certes et Graveyron.

BUREAU D'INFORMATION TOURISTIQUE D'AUDENGE

20, allées Ernest de Boissière ✆ 05 57 70 67 56
www.tourisme-coeurdubassin.com
Qualité Tourisme. Accueil vélo. Ouvert toute l'année. Jours et horaires d'ouverture variables selon la saison.

L'Office de Tourisme d'Audenge est installé en centre-ville. En bordure du bassin d'Arcachon, les domaines de Certes et de Graveyron qui s'étendent sur plus de 550 hectares classés en espaces naturels sensibles (ENS) sont un terrain privilégié pour une faune particulière qui y a élu domicile ou qui est de passage. Audenge se caractérise aussi par son joli port, bordé par les anciens marais salants et par un bassin de baignade réputé comme le plus grand bassin d'eau de mer d'Europe.

LE SENTIER DU LITTORAL

✆ 05 57 70 67 56
https://tourisme-coeurdubassin.com/
Accessible toute l'année. Gratuit. Visite guidée par l'Office de tourisme.

Sur le bassin d'Arcachon, il existe 4 sentiers du littoral, dont celui d'Audenge qui est le plus long (14 km). Ce parcours contourne le domaine de Certes par une digue qui permettait la création des marais salants au XVIIIe siècle. On découvre les secrets de l'architecture d'un marais créé d'abord pour le sel puis pour la pisciculture. On observe les oiseaux tels que des cormorans, des goélands ou des milans noirs. Les chemins sont larges et la balade ne présente aucune difficulté. Comptez 3 heures et prévoyez de quoi vous désaltérer, car l'ombre est plutôt rare.

CAMPING LE BRAOU*** €€

26, route de Bordeaux
✆ 05 56 26 49 98
www.campingaudenge.com
Du 6 avril au 29 septembre 2024. Emplacement de 16 € à 34 €/nuit. Locations de 189 € à 1 540 €/semaine. Club enfants.

Le *Braou* est un camping municipal qui respire la tranquillité du fait de sa situation privilégiée entre forêt et océan dans un parc arboré de 5 hectares. Le village d'Audenge se trouve à peine à 1 km, avec les commerces utiles au quotidien. Que vous décidiez de loger en toile de tente, en mobil-home ou encore en chalet avec terrasse en bois, tente Coco Sweet… vous apprécierez le farniente et les services offerts par le camping : barbecue commun, boulodrome, piscine chauffée, terrain multisport et de volley, ping-pong, club enfants en saison, aires de jeux…

GÎTE [ATELIER DES TREYS] €€

9, allée des Treys
✆ 06 51 52 96 76
https://linktr.ee/atelierdestreys
Toute l'année. Pour 3 personnes. A partir de 540 €/semaine en juillet et août. De 70 € à 90 €/nuit le reste de l'année.

« Gîte cosy au cœur du Bassin d'Arcachon », voilà comment Cécile, potière à l'Atelier des Treys, a baptisé son gîte sur *Airbnb*. Il s'agit d'un T2 attenant à sa maison avec tout le confort que l'on pourrait attendre d'une habitation principale. Chauffage au sol, lit *king-size*, cuisine équipée, canapé convertible… L'intérieur est aussi agréable que l'extérieur, très calme et verdoyant. Le gîte conserve son charme d'antan et le bois et la pierre qui habillent les murs se marient à merveille. On y séjourne à partir d'une nuit, sauf en juillet/août à la semaine.

CHEZ BALESTE €

Cabane n°12
✆ 05 56 60 33 30
Ouvert toute l'année. Du lundi au samedi de 9h30 à 18h ou 19h (jusqu'à 22h en haute saison) ; le dimanche de 9h30 à 16h.

La famille Baleste est l'une des plus anciennes familles ostréicoles de Lège Cap-Ferret. Corinne et Jean-Robert ouvrent leur cabane toute l'année pour inviter à une dégustation ou à la vente au détail d'huîtres du Banc d'Arguin. Sur le petit port d'Audenge, venez savourer des produits du terroir (terrine maison piment ou nature) et de bons produits frais (crevettes roses et grises, bulots), le tout arrosé d'un entre-deux-mers ou d'un rosé. On s'attable sur la terrasse couverte ou au bord du port, les pieds dans le sable. Une belle adresse à partager avec ses amis.

BALTHAZAR €

2, rue John Maynard Keynes
✆ 05 57 18 00 60
www.balthazar-audenge.fr
Ouvert toute l'année. Du mardi au samedi le midi et le soir. Formule du midi à 19 €. Menus de 35 € à 49 €. Terrasse.

Ce restaurant en rooftop, accessible aussi par un ascenseur, a poussé dans le nouveau parc d'activité économique d'Audenge (P2A). Mais n'ayez aucune crainte… La décoration tendance, le mobilier et le sunset en terrasse méritent bien une halte gourmande à l'heure du déjeuner, pour le dîner ou un apéritif entre amis. Les plats à la carte sont peut-être plus copieux (ils séduiront à coup sûr les plus gourmands), mais la formule du midi à moins de 20 euros (du mardi au samedi, hors jour férié) a tout autant d'arguments. Le menu découverte est alléchant.

LE BISTROT D'AUDENGE €€

4, avenue du Vieux Bourg
✆ 06 30 65 12 60
Toute l'année. Du mardi au dimanche le soir ; du vendredi au dimanche le midi en haute saison. Carte : 25 € environ.

Le Bistrot d'Audenge est un restaurant autant que c'est un lieu de vie où l'on boit un verre en écoutant un concert live. Côté salle ? Une ambiance bistrot de village sans chichis où l'on vient en famille comme entre amis. Côté table ? Une cuisine traditionnelle avec des produits frais uniquement travaillés à la carte renouvelée tous les un à deux mois tout au long de l'année ! Olivier, le maître des lieux, vous reçoit presque en ami avec beaucoup de chaleur, de gentillesse et de bonne humeur. Avec professionnalisme aussi. Rapport qualité-prix imbattable !

BASSIN DE BAIGNADE

Port d'Audenge
Accès gratuit. Baignade surveillée de juin à mi-septembre. Animations pour enfants. Vestiaires de plage avec douche.

Le bassin de baignade d'Audenge est relativement insolite. D'ailleurs, c'est le plus grand bassin d'eau de mer d'Europe. Ainsi, cette retenue d'eau de mer forme une grande piscine à ciel ouvert. Au total, il y a trois bassins de niveaux différents pour petits et grands. Bien sûr, l'eau est chauffée par le soleil. Ici pas de chlore, c'est le sel qui pique les yeux, mais aussi pas de filtre ! Sur place : une aire de jeux pour les enfants, des espaces de sable, de caillebotis et d'herbe le long des bassins ainsi que de fréquentes animations pour les plus jeunes.

L'AUTRE MARCHÉ

Parc public paysager
Une fois par mois, de mai à octobre.

C'est quel marché déjà ? C'est l'autre, celui du vendredi soir ! L'*Autre Marché* se distingue ainsi du marché hebdomadaire qui se déroule le mardi matin dans le centre-ville d'Audenge. Celui-ci a lieu une fois par mois, de mai à octobre, le vendredi de 17h30 à 22h. Les habitants, mais aussi les touristes lors de la saison estivale, pourront alors faire le plein de bons produits au cœur du parc public paysager dont les accès sont facilités pour les personnes à mobilité réduite. Les soirées à thèmes viennent rythmer ce marché à l'ambiance encore plus décontractée.

ARCACHON ★★★★

Avec ses 2 000 hectares, Arcachon est l'une des communes les plus étendues de France. Ses premiers succès reviennent aussi aux bains de mer, très prisés dès le début du XIXe siècle. Les structures d'accueil se réduisent au départ à quelques cabanes de résiniers quand un navigateur, le capitaine François Legallais, ouvre en août 1823 le premier hôtel-établissement de bains de la région. Mais la ville doit en partie son envol à Napoléon III : l'Empereur fut charmé par ce lieu qui jouxte La Teste-de-Buch. L'arrivée du chemin de fer en 1857 a fait le reste. Le patrimoine architectural d'Arcachon se caractérise par de superbes villas dans la Ville d'Hiver créée par les Frères Pereire en 1862. Ils achètent sur les hauteurs de la ville 400 hectares de dunes boisées qu'ils décident de lotir. On dénombrera jusqu'à 300 villas aux styles différents : mauresques, demeures coloniales et manoirs, néogothiques. Elles sont ornées de corniches, encorbellements, *bow-windows*, fenêtres en demi-lune, lucarnes, balcons aux ajours de bois, etc. Dans les années 1960, la ville se dote d'un port de plaisance ; le deuxième de la façade atlantique. Il compte 2 600 anneaux et plus de 750 corps morts. Aujourd'hui, la ville vit toute l'année. Le front de mer, sur près de 3 kilomètres, est très passant. Il est animé par de nombreux bars et restaurants et la longue jetée est l'un des endroits incontournables. La place du marché a été entièrement rénovée et toutes les rues adjacentes sont très commerçantes. Arcachon offre aussi de nombreuses balades sur le Bassin, sur les plages sud et surtout sur la Dune du Pilat.

LES ABATILLES

157, boulevard de la Côte d'Argent
http://sourcedesabatilles.com
Visite de la source le mardi et le jeudi de 10h à 11h30 (réservation auprès de l'Office de Tourisme d'Arcachon).

En 1923, Louis Lemarié cherche du pétrole et trouve… de l'eau ! L'eau des Abatilles est captée à une profondeur de 472 mètres et à une température de 25 °C, ce qui en fait la source la plus profonde de France. La visite permet de découvrir les différentes étapes de production depuis le forage jusqu'à l'embouteillage. Au petit musée, on vous racontera la fabuleuse histoire de la Source des Abatilles, de sa découverte à nos jours. Et pour finir ? Une dégustation (bien sûr) directement à la Source où l'eau sort à son émergence à 25 °C. Réservation obligatoire.

BASILIQUE NOTRE-DAME ★

21, allée Mentque

Dominant la ville, cette superbe basilique néo-gothique abrite la très belle chapelle des Marins érigée en 1722, une magnifique peinture dans la nef et une statue en albâtre de la Vierge à l'Enfant. De nombreuses histoires entourent le mythe du père Thomas Illyricus qui aurait sauvé des bateaux de la tempête en priant et aurait reçu cette statue en albâtre directement des eaux. Deux chapelles ont précédé l'actuelle, mais l'une a été détruite par une tempête et l'autre a été ensevelie par les sables. Du parvis, face à la mer, on aperçoit la Croix des Marins.

ASCENSEUR DU PARC MAURESQUE

Place du 8 mai
Accessible toute l'année, de 8h30 à 19h30 ou 22h (de 7h à 22h en juillet/août). Gratuit.

Afin de rejoindre le parc Mauresque depuis la Ville d'été, vous pouvez emprunter l'ascenseur qui se trouve au bout de la rue du Maréchal-de-Lattre-de-Tassigny, derrière la superbe fontaine. Après un long couloir au plafond très coloré puis la montée en ascenseur, vous arriverez au cœur de l'arboretum du Parc Mauresque. En prime : une belle vue sur le bassin et la ville en contrebas. Auparavant, la liaison avec la Ville d'Hiver se faisait uniquement à pied par le petit chemin en lacets.

LE BELVÉDÈRE

Passerelle Saint-Paul ou passage de l'Observatoire
La passerelle Saint-Paul est momentanément fermée pour travaux, mais le belvédère demeure accessible au public.

Ce belvédère, également appelé observatoire Sainte-Cécile, est situé sur la dune du même nom. Point de vue privilégié de la Ville d'Hiver, il domine Arcachon du haut de ses 15 mètres. Cette tour métallique réalisée en 1863 par l'architecte ingénieur Paul Régnauld (qui eut comme assistant un certain Gustave Eiffel) offre l'une des plus belles vues du bassin. Limité à 8 personnes, l'accès peut-être impressionnant puisque l'escalier en colimaçon ne tient que par des cordes et des câbles. On tremble parfois en montant, mais le jeu en vaut la chandelle.

La ville d'Arcachon.

EGLISE NOTRE-DAME-DES-PASSES ✝

Le Moulleau

Accessible librement toute l'année.

Surplombant la ville d'Arcachon, l'église, un ancien couvent dominicain, est remarquable par son style grec orthodoxe rappelant les églises byzantines. Construite en 1863 au sommet d'une dune, elle fut agrandie en 1928 pour devenir une église paroissiale en 1993. Le chœur et la nef sont ornés de superbes fresques représentant principalement des anges. Sa particularité ? Une statue, quasi unique en France, représentant la Vierge en état de grossesse nommée *La Vierge de l'Avent.*

LE PARC MAURESQUE ★★

Place Turenne

✆ 05 57 52 97 97

www.arcachon.com

Ouvert tous les jours de 8h30 à 19h30 en basse saison ou 22h en haute saison (dès 7h en juillet/août).

Le parc Mauresque domine la ville et permet de se balader tout en profitant du panorama (on aperçoit même un bout du bassin). Situé dans la ville d'hiver, il est dessiné à la façon des jardins anglais, tout en sinuosité. On y flâne, on s'y promène, on admire les statues et les arbres centenaires. C'est aussi l'occasion de voir l'ancien site du casino aujourd'hui disparu ainsi que sa maquette. Vous trouverez aussi des aires de jeux pour les enfants, un théâtre de verdure, un boulodrome, une roseraie et de nombreux bancs pour vous détendre, lire ou pique-niquer.

LA VILLE D'AUTOMNE ★

Principalement composée du quartier de l'Aiguillon, quartier pittoresque à vocation maritime, la Ville d'Automne s'étend du château Deganne (Casino de la Plage) au bassin de La Teste. Elle est typique avec ses maisons basses aux toits de tuiles rouges et aux volets de couleurs vives. Second port de plaisance de la côte ouest, le port d'Arcachon est aujourd'hui un grand complexe. A l'extrémité de celui-ci, l'œuvre de l'artiste arcachonnais Claude Bouscau, nommée le monument des Péris en mer, prend, suivant l'angle de vue, la forme d'une ancre ou d'une croix.

LA VILLE D'ÉTÉ ★★

Principalement concentrée sur le centre-ville et le front de mer, la Ville d'Été est le quartier le plus ancien et le plus fréquenté d'Arcachon. Construit aux alentours de 1845, il est composé de trois jetées : la jetée Thiers, la jetée Eyrac (et son carrousel) et la jetée Legallais qui ponctuent la promenade du front de mer. Du Casino jusqu'à l'allée de la Chapelle se situe le cœur de la ville avec son marché rénové, sa superbe place des Marquises près de la mairie, son centre administratif, ses rues piétonnes, ses belles boutiques et ses magasins plutôt chics.

LA VILLE D'HIVER ★★

✆ 05 57 52 97 97

www.arcachon.com

Visite guidée de la ville d'Hiver (1h30) : 14,50 €/adulte (réservation auprès de l'Office de Tourisme).

Située sur les hauteurs d'Arcachon, la Ville d'Hiver fut un haut lieu de villégiature à la Belle Époque. Ses villas extravagantes ont d'ailleurs presque toutes été construites à la fin du XIXe siècle. Extravagant n'est même pas un mot vain pour qualifier ses architectures inspirées du néo-gothique, du néo-classique et même du style mauresque ou encore colonial. Parmi les 73 demeures à découvrir, ne manquez pas la villa Toledo et ses inspirations hispaniques, la villa Brémontier réinterprétant le chalet suisse, les villas Alexandre Dumas, Bayard et Athena.

LA VILLE DE PRINTEMPS ★

Témoin de la naissance d'Arcachon au XVIe siècle, ce quartier s'étend de la basilique Notre-Dame Des Passes au parc Pereire, incluant les Abatilles et le Moulleau, la Croix des marins, la jetée de la Chapelle, mais aussi les belles villas qui bordent l'avenue Sainte-Marie et le boulevard de l'Océan. La Ville de Printemps associe sites naturels et superbes demeures. La plage Pereire est bordée d'une longue promenade piétonne et d'un jardin maritime. Le très chic quartier du Moulleau a gardé un habitat dispersé où chaque villa possède son jardin ou son parc.

PYLA YACHTING

4, quai Goslar
✆ 05 24 19 68 21
https://pylayachting.com/

Location de bateaux avec skipper et excursions jusqu'à 36 personnes. A partir de 360 € pour 2h.

Réservez une balade en bateau avec skipper sur le bassin d'Arcachon ! Pour une croisière en amoureux, avec des amis ou lors d'un séminaire, Nicolas Neyraud et Maxime Caubit pourront vous proposer beaucoup de choses... Mais avant tout, une sortie inoubliable ! Itinéraire sur mesure, coucher de soleil, repas sur l'eau, sport nautique... C'est magique ! En musique ou non, avec votre playlist ou la leur, Pyla Yachting vous donne ce sentiment unique d'être sur votre propre bateau tant les garçons savent se faire discrets, à votre service et en assurant votre sécurité.

LA CRIÉE

✆ 05 57 52 97 97
www.arcachon.com

Toute l'année. Visite guidée le lundi et le jeudi de 6h à 7h30. Adulte : 14,50 € ; enfant (7 à 12 ans) : 7 €.

Il faut se lever aux aurores, mais le sacrifice en vaut la chandelle ! En réservant auprès de l'Office de tourisme (mail ou téléphone), un guide passionné vous dévoilera tous les secrets de la vente à la criée d'Arcachon. On pénètre alors dans les coulisses de ce milieu très fermé et l'on rencontre des professionnels de la pêche. En sortant, on connaît presque tout sur la filière pêche, le circuit du poisson depuis son débarquement jusqu'à sa vente informatisée depuis 1958... C'est un endroit unique. Les particuliers ne peuvent pas acheter de poissons.

LE PASSANT III

✆ 06 68 08 56 78
http://bateautaxilepassant.com/

De mars à décembre. Aller simple Arcachon/Cap-Ferret à 75 € (1 à 5 pers.) ; aller-retour à 135 €. Balades sur demande.

Envie ou besoin de traverser le Bassin rapidement (c'est-à-dire en évitant les embouteillages, surtout l'été) ? Dans ce cas, embarquez avec Didier à bord de son bateau-taxi (une pinasse en bois abritée) baptisé Le Passant III. Au départ des ports d'Arcachon, du Moulleau, du Cap-Ferret, de l'Herbe et La Hume, vous voilà bien vite arrivés à destination ! Et puisque Didier connaît bien le Bassin (5e génération de marin) et qu'il est ostréiculteur depuis 30 ans, on n'hésite pas à faire appel à lui pour une visite au fil de l'eau. Balades possibles sur demande.

AGENCE NAUTIQUE

Quai Goslar
✆ 06 23 02 05 30
www.agence-nautique.com

Location de bateau jusqu'à 15 pers. Excursions privatives. Activités nautiques (initiation ski nautique ou wakeboard).

Agence familiale de location de bateau installée depuis 23 ans sur le Port d'Arcachon, l'Agence Nautique vous invite à naviguer sur le bassin à bord d'un semi-rigide ou d'une pinasse traditionnelle. Les excursions privatives, pour ceux qui veulent se laisser bercer, sont 100 % à la carte ! Panier pique-nique, petit déjeuner, plateau de fruits de mer... Tout est possible ! Vous pourrez même profiter d'un apéritif au soleil couchant avec la formule « apéro sunset ». L'équipe vous propose également de découvrir ou de vous perfectionner en ski nautique et wakeboard.

© AGENCE NAUTIQUE

© AGENCE NAUTIQUE

UNION DES BATELIERS ARCACHONNAIS

76, boulevard de la Plage
✆ 05 57 72 28 28
www.bateliers-arcachon.com
Navettes maritimes et excursions. Tarifs variables selon la distance.

Les navettes et excursions de l'UBA, guidées par des marins passionnés, proposent une manière originale de découvrir les trésors du Bassin. Pour tous les goûts et toutes les envies : grand tour de l'Île aux Oiseaux, croisières vers l'océan, cabanes tchanquées, coucher de soleil ou feu d'artifice. Envie d'authenticité ? Optez pour une balade en pinasse, en catamaran ou en green-boat, également privatisables. L'UBA propose également des sorties pêche pour des moments inoubliables.

ARC HÔTEL SUR MER*** €€

89, boulevard de la Plage
✆ 05 56 83 06 85
www.arc-hotel-sur-mer.com
Ouvert à partir de mi février à fin décembre. Chambre double dès 98 € ; chambre triple dès 148 €. Petit déjeuner : 15 €.

Un hôtel « les pieds dans l'eau » ! Dès votre arrivée, vous pourrez déjà apercevoir la plage devant vous et le bassin d'Arcachon. Il vous suffit de traverser le hall de la réception au décor mélangeant baroque et art contemporain. Dans un cadre idyllique et apaisant, les petits déjeuners sont servis au bord de la piscine, dans les salons ou en chambre. D'ailleurs, les chambres sont spacieuses, lumineuses et décorées sobrement. Elles ont toutes une terrasse privative. Certaines ont une vue panoramique sur le bassin tandis que les autres donnent sur le jardin.

ARCANSE*** €€

10, avenue Nelly Deganne
✆ 05 56 83 06 23
www.hotelarcanse.com
Toute l'année. 56 chambres et suites pour 2 à 4 personnes, à partir de 82 €/nuit. Petit-déjeuner : 17 €. Parking payant.

A deux pas de la plage et du centre-ville, l'hôtel Arcanse, ex Hôtel de la Plage, a été rénové par le Studio MHNA autour de trois piliers : nature, partage et humain. Les chambres, habillées de matériaux naturels, reprennent les couleurs de la région : le sable de la Dune, le bleu de l'océan, le vert des forêts et l'ocre de la résine des pins. L'hôtel offre 56 chambres, junior suites et un appartement de 57 m² avec terrasse privée de 40 m². Les espaces communs et salles de séminaire marient élégance et convivialité dans un esprit maison de famille en bord de mer.

LE B D'ARCACHON**** €€

4, rue du Professeur Jolyet
✆ 05 56 83 99 91
www.hotel-b-arcachon.com
Ouvert toute l'année. Chambre double de 100 à 400 €/nuit ; suite de 250 à 500 €. Petit déjeuner : 19 €. Parking : 17 €.

A 20 mètres du front de mer, l'hôtel le B d'Arcachon allie confort et élégance. Les chambres et les suites sont modernes, chaleureuses, spacieuses et joliment colorées. Certaines offrent une vue sur le bassin. Le room service, à la carte, est exécuté par des restaurateurs extérieurs ainsi que les petits déjeuners sous forme de buffet chaud et froid. Souriant et dynamique, l'équipe multiplie les petites attentions pour vous permettre de passer un séjour idyllique. Le B d'Arcachon propose également des salles de réunion au Palais des Congrès qui jouxte l'hôtel.

HÔTEL LE DAUPHIN*** €€

7, avenue Gounod
✆ 05 56 83 02 89
www.dauphin-arcachon.com
Accueil vélo. Ouvert toute l'année. Accueil 24h/24. Chambre double à partir de 90 €. Petit déjeuner à 12 €.

Le Dauphin est situé au cœur de la ville, dans une authentique et magnifique villa arcachonnaise du XIXe siècle. Cet hôtel à la façade atypique, avec ses briques de couleur rouille et blanc, est doté d'une superbe piscine extérieure. A 300 mètres à peine du centre-ville et de la plage, vous trouverez ici un confort et un accueil irréprochables. Les chambres sont climatisées et donnent sur le jardin fleuri de l'hôtel ou sur la cour. Leur décoration est sobre et cosy à la fois, fraîche et reposante. L'hôtel met à disposition des serviettes de plage à la location.

HÔTEL ORANGE MARINE** €€

35-37, boulevard Chanzy
✆ 05 57 52 00 80
De mars à fin novembre. Chambre double de 89 € à 189 € ; triple de 129 € à 209 €. Demi-pension. Petit déjeuner : 14 €.

C'est à deux pas du port de plaisance, à 1 kilomètre environ du centre-ville et à 50 mètres de la plage qu'il faut venir dénicher ce charmant hôtel dont la façade de briques rouges anciennes est joliment rehaussée d'une frise de carreaux de faïence. Derrière les murs se cache un patio luxuriant avec une fontaine et un jardin permettant d'accéder aux chambres très agréables et décorées sobrement avec goût. Certaines offrent même une vue sur le bassin. Côté restaurant, uniquement pour les clients de l'hôtel, la cuisine marie simplicité et saveurs méridionales.

HUTTOPIA ARCACHON €€

5, allée de la Galaxie
✆ 05 64 09 10 13

Ouvert toute l'année. Emplacement camping-car, tentes aménagées (avec ou sans salle de bains), chalets ou roulottes.

Ce camping Huttopia vous accueille au cœur d'une pinède préservée, à quelques pas du centre-ville d'Arcachon et de l'océan. En toute saison, vous pourrez séjourner dans une roulotte ou un chalet en bois tout confort. Aux beaux jours, optez pour une tente toile et bois pour une nuit sous les étoiles. Le bel espace piscine et le centre de vie vous invitent à la détente. Partagez également un moment de convivialité au Café-Comptoir en dégustant une pizza maison sur la terrasse surplombant la piscine tout en gardant un œil sur l'aire de jeux.

THALAZUR ARCACHON - HÔTEL & SPA**** €€

9, avenue du Parc ✆ 05 57 72 06 72
www.thalazur.fr

Ouvert toute l'année. Double à partir de 154 € ; suite à partir de 294 €. Petit déjeuner : 23 €. Thalassothérapie. Spa.

L'hôtel Thalazur Arcachon est aussi un centre de thalassothérapie et spa. Dans une nature bien préservée, autour d'une piscine d'eau de mer chauffée, c'est un endroit parfait pour se détendre. Les grandes chambres sont confortables et décorées dans l'esprit du bassin avec des matériaux et des couleurs naturels. La plupart disposent d'un balcon. Le restaurant propose une cuisine diététique avec des produits frais et de saison. Il est possible d'accéder au spa sans hébergement.

LES VAGUES HÔTEL & SPA***** €€

9, boulevard Océan ✆ 05 40 51 01 00
www.hotel-lesvagues-arcachon.com

Toute l'année. Chambre double dès 190 €. Petit déjeuner : 33 €. Parking privé. Séminaires. Spa et centre de bien-être.

Ses 45 chambres et suites, allant de 22 à 70 m², combinent raffinement et confort ultime. Parmi elles, 20 offrent des vues panoramiques sur la mer, pour un séjour empreint de sérénité. L'établissement propose des prestations d'exception : terrasses privatives équipées de bains bouillonnants, restaurant avec terrasse panoramique, bar en rooftop, spa Phytomer ouvert sur le bassin... Grâce à un accès direct à la plage, les voyageurs rejoignent le bord de mer en quelques pas.

HÔTEL POINT FRANCE**** €€

1, rue Grenier
✆ 05 56 83 46 74
www.hotelpointfrance.com

De mars à novembre. Accueil 24h/24. Chambre double à partir de 110 €. Petit déjeuner : 25 €/adulte. Espace bien-être.

© POINT FRANCE - CHAMBRE FACE MER

Bénéficiant d'une excellente situation, face à la plage centrale d'Arcachon, l'hôtel est à deux pas du casino. Agréables et bien conçues, les chambres à la décoration cosy et contemporaine, sont équipées d'un coin bureau, de toilettes séparées de la salle de bains, d'un dressing et d'une terrasse où vous apprécierez de prendre votre petit déjeuner. L'équipe est souriante, disponible, toujours à votre service pour vous offrir un merveilleux séjour. Nouveau : l'espace bien-être avec son Nuage (lit de relaxation) et son Vital Dôme (sauna individuel d'infrathérapie).

BOULANGERIE DES PIRELONS

54, boulevard Mestrezat
✆ 05 57 52 50 74

Ouvert tous les jours de 6h30 ou 7h à 19h30 ou 20h. Petit déjeuner. Snacking. Salon de thé. Terrasse.

Le vaisseau amiral de la boulangerie des Pirelons ne passe pas inaperçu dans le quartier de l'Aiguillon, près du port. Tout a été pensé dans les moindres détails, à commencer par les deux entrées dont l'une est pour les poussettes ou les personnes à mobilité réduite. Sur place, on peut s'installer à l'extérieur, à l'abri de la petite terrasse ou à l'intérieur entre le bar du salon de thé et le chalet du labo, pour le petit déjeuner, le déjeuner ou le goûter. Il n'y a plus qu'à se régaler avec les délicieuses viennoiseries, les pains... L'équipe est souriante.

CAFÉINCUP ARCACHON €

232, boulevard de la plage
✆ 05 57 63 53 65
https://cafeincup.com/
De pâques à fin septembre (tous les jours pendant les vacances scolaires). Sans réservation. Sur place ou à emporter.

Ouvert à l'été 2022, ce coffee shop de qualité, aussi à Bordeaux, au Bouscat et plus récemment à Pessac, propose un véritable tout-en-un : petite restauration, menu enfant, salon de thé... Brunch servi toute la semaine et le week-end, bols colorés et frais préparés avec des produits de saison, club-sandwichs accompagnés de pommes de terre croustillantes… Et bien sûr, les incontournables crêpes et les pâtisseries gourmandes auxquelles il est souvent impossible de résister ! À déguster sur place ou à emporter sur la plage, à seulement deux pas.

CAFÉ DE LA PLAGE - RESTAURANT CHEZ PIERRE €€

1, boulevard Veyrier-Montagnères
✆ 05 56 22 52 94 - www.cafedelaplage.com
Ouvert toute l'année. Tous les jours de 8h à 02h. Réservation recommandée. Plateaux de fruits de mer. Tapas. Sushi bar.

Le Café de la Plage est un incontournable. Sur le front de mer, sa terrasse est un atout de taille, mais la qualité de la carte et du service fait en premier lieu le succès de cet établissement. L'équipe, dynamique et chaleureuse, vous accueille avec enthousiasme. A la table de Chez Pierre, la décoration est plus chic et moderne. Le chef propose une cuisine gastronomique, raffinée et créative à base de produits régionaux.

LES HALLES D'ARCACHON €

Place des Marquises
Du mardi au dimanche de 7h30 à 13h (tous les jours, le vendredi et samedi de 17h à 20h pendant les vacances scolaires).

Le marché municipal avait été rasé en 1970, mais il a réinvesti la place en 2012 sur le modèle des anciennes Halles Baltard. Les Halles d'Arcachon abritent ainsi une trentaine d'étals : primeurs, poissonniers, bouchers, cavistes, bancs d'huîtres... Mais aussi deux restaurants : Le Bouchon pour une cuisine bistrotière et l'Oyster Bar pour déguster les huîtres d'Olivier Laban, ostréiculteur, producteur et éleveur de l'huître Arcachon - Cap Ferret. À la carte également, des crevettes bio, bulots, terrine de campagne... À l'heure de l'apéro, les places sont chères.

LE PIQUE-NIQUE DU BASSIN €

21, rue du Maréchal de Lattre de Tassigny
✆ 09 86 24 39 67
www.lepiqueniquedubassin.fr
De mi-février à mi-novembre. Tous les jours de 10h à 17h ou 23h selon la saison. Carte : 15/20 € environ. Bar à huîtres.

Plus besoin de courir les marchés ni de porter la glacière jusqu'à la plage… Valentin et Benoît ont frappé à la porte des producteurs locaux pour lancer le Pique-nique du Bassin, désormais installé au 41 rue du Maréchal de Lattre de Tassigny. Ici, on s'attable pour savourer des plats préparés avec soin, des pintxos, une douzaine d'huîtres ou un sandwich... Et, on peut aussi repartir avec de quoi prolonger le plaisir à la maison grâce à l'épicerie fine. Fruits de mer, charcuterie, fromages… Tout le goût du Bassin dans l'assiette et dans le verre !

ACACIA €€

230, boulevard de la plage
✆ 05 57 15 92 21
www.acacia-restaurant.fr
Toute l'année (tous les jours le midi et le soir en haute saison). Formule déjeuner : 26 €. Menu dégustation à 60 €.

C'est à Arcachon, là où ils ont de la famille, qu'Edgar et Dani ont décidé de poser leurs valises et d'ouvrir leur premier restaurant de cuisine gastronomique, il y a 2/3 ans. Tous les jours, sauf le dimanche en été, Edgar, en cuisine, émerveille nos papilles avec un menu déjeuner créatif, une carte réduite et un menu éphémère en 4 temps, renouvelé au fil des saisons. L'élégance du dressage est une signature qui séduit à chaque plat. En salle, Dani apporte sa touche de bonne humeur, rendant chaque repas encore plus agréable.

ALMA MIA €€

Place des Marquises
✆ 05 57 63 88 51
Ouvert tous les jours (horaires actualisés sur Google). Sans réservation. Plats de 14 € à 28 €. Terrasse. A emporter.

Alma Mia avait déjà fait chavirer notre cœur à Biscarrosse, et c'est la même chose à Arcachon ! D'ailleurs, on fait la queue pour avoir une table... En salle ou en terrasse, elles sont un peu rapprochées, mais le plaisir d'une excellente pizza napolitaine prend le dessus ! Les pâtes sont délicieuses également. Certains soirs, elles sont flambées dans une meule de parmesan de 24 mois. Les cocktails, les desserts... Un sans faute du début à la fin du repas ! Succès oblige, il y aura peut-être un peu d'attente. Encore une fois, ce n'est que pour mieux savourer.

ARCACHON 1900 €€

22, boulevard Veyrier-Montagnères
✆ 05 56 83 78 81
https://arcachon1900.fr/

Ouvert toute l'année. Tous les jours, midi et soir. Menus de 34 € à 40 €. Plateaux de fruits de mer à partir de 58 €.

Ouvert en juin 2021, Arcachon 1900 a été pensé comme un restaurant-musée, avec de vieux clichés d'époque de la ville dans un décor élégant. Le chef, Enzo Simonin, vous concocte des entrées et des plats centrés sur les produits de la mer. Les viandes sont grillées à la plancha et les plateaux de fruits de mer proviennent du banc de l'écailler, dirigé vers la terrasse, le long de la plage centrale. Ainsi, Arcachon 1900 vous propose une cuisine généreuse et colorée, en tête à tête avec le bassin. La vue est encore plus belle depuis la grande salle du premier étage.

LE BISTRO'CHON €€

29, rue du Maréchal de Tassigny
✆ 05 56 83 08 44

Ouvert toute l'année. Plats de 14 € à 28 € environ. Terrasse. A emporter.

Le Bistro'chon, c'est le genre sans chichis où les assiettes sont bien remplies ! On aime encore la décoration un brin rétro, la terrasse ombragée, l'accueil et le service. Entre les grandes salades, les burgers, le steak tartare et le saumon teriyaki, la carte ainsi que les suggestions à l'ardoise mettent tout le monde d'accord. Mais qu'importe votre choix, tout est maison. La mousse au chocolat (fabuleuse, paraît-il) n'était pas à la carte, mais il y avait des madeleines façon profiteroles ! Preuve que l'on peut encore être surpris par la cuisine bistrotière.

BOULEVARD 88 €€

88, boulevard de la Plage
✆ 05 56 83 82 41
www.bd-88.fr

Ouvert toute l'année. Jours et horaires d'ouverture variables selon la saison. Menu à 35 €. Formule du midi : 23 €. Bar.

Ils sont trois, Isabelle et Christophe en salle, et Julien en cuisine, pour vous accueillir dans leur adresse à la décoration de bistrot contemporain pour la salle et de bord de mer pour la terrasse couverte. À la carte ? Rien que des produits frais et de saison, tous issus du terroir (ou presque), pour une cuisine savoureuse. Les huîtres Laban viennent bien sûr du bassin d'Arcachon, notamment du Grand Banc et du Banc d'Arguin. Cette adresse est vraiment une table bistronomique. La formule du marché du BD 88 (pour les intimes) est servie aussi le samedi.

GREEN BY COLETTE €€

14, boulevard de la Plage
✆ 09 82 44 67 48

Ouvert du mardi au samedi de 11h30 à 18h. Formule du midi : 15,40 € (hors boisson). A emporter. Traiteur.

Auparavant chef à domicile à Bordeaux, Colette a ouvert ce petit restaurant de cuisine végétarienne dans le quartier de l'Aiguillon, à Arcachon, en mai 2022. À l'intérieur, il y a tout juste assez de place pour accueillir une dizaine de personnes, mais l'endroit est agréable et c'est l'occasion de faire de jolies rencontres. Sur place ou à emporter, vous aurez le choix entre le plat de la semaine, le poké bowl, le hot-dog (saucisse végétale), la soupe... selon les inspirations de la cuisinière bien sûr ! Certains plats ou desserts sont vegan ou sans gluten.

© COLETTE

© COLETTE

BASSIN D'ARCACHON

GRAND CAFÉ VICTORIA €€

26, boulevard Veyrier Montagnères
✆ 05 56 83 07 75
https://grandcafevictoria.fr/
Ouvert tous les jours. Service continu. Sans réservation. Plats de 15 € à 42 €. Plateau de fruits de mer dès 58 €.

Une *trattoria* et des fruits de mer avec vue sur le bassin d'Arcachon ! Le Grand Café Victoria est une adresse raffinée et chic avec ses tables recouvertes d'une nappe blanche, ses lustres anciens et son mobilier en bois. Le personnel est tout aussi élégant et bienveillant. Côté gastronomie, le chef joue sur l'air marin : huîtres que l'on peut accompagner de la traditionnelle saucisse grillée, coquillages et crustacés, plateaux de fruits de mer, poissons, pâtes et un risotto *al frutti di mare*. Sans oublier quelques notes plus terriennes et des pizzas napolitaines.

FERNANDE €€

17, avenue Notre-Dame-des-Passes
✆ 06 78 13 97 19
https://sas-fernande.fr
Ouvert tous les jours jusqu'à 2h. Plat de 15 € à 22 € (plat du jour à 13,50 €). Terrasse. Bar. Cocktails & tapas.

Quelle bonne surprise ! Cette adresse n'est pas uniquement un bar à cocktails & tapas ouvert toute l'année. Fernande a plus d'un tour dans son sac... Déjà, elle ne passe pas inaperçue avec sa belle terrasse et sa belle devanture soutenue par un mobilier blanc & bleu. Nul doute que l'on y passe de chouettes soirées, en été mais aussi le reste de l'année. Mais nous, c'est pour la cuisine de Fernande qu'on a craqué : le tataki de saumon aux saveurs d'Asie nous a fait fondre, puis les carottes rôties (yaourt grec, pistaches et huile verte).

LA CABANE DU BRETON €€

4, rue du Maréchal de Lattre de Tassigny
✆ 06 37 13 69 51
www.lacabanedubreton.fr
Fermé lundi, mardi + le dim. soir. Résa recommandée. Menu midi (en semaine) 16,9 €. Menu du jour 21,9 €. A emporter.

Breton, ça rime avec Arcachon, non ? En tout cas, pour une envie de galettes et de crêpes, c'est la bonne adresse ! Sur place, on commande ou on prend à emporter, les galettes arrivent prêtes à être dégustées. A plusieurs, n'hésitez pas à choisir des recettes différentes pour picorer à droite à gauche. Les nostalgiques pourront manger une galette saucisse façon hot-dog. On y retournerait bien pour la crêpe Kiki (pâte à tartiner, glace pistache, chantilly, caramel beurre salé maison). La Cabane du Breton est aussi dans le bourg du quartier de l'Aiguillon.

FLEUR DES PINS €€

6 bis, avenue du Général de Gaulle
✆ 05 56 66 74 29
Ouvert du mardi au samedi le midi et le soir. Formule du midi : 27 €. Menu dégustation à 65 €. Réservation recommandée.

L'accueil, le service, l'équipe en salle, le beurre maison, le pain... Un grand oui ! Tout est à la hauteur de la cuisine du chef Grégory Colantuono. Chaque détail enrichit l'expérience, transformant un simple déjeuner en semaine en un véritable moment gastronomique. Pour moins de 30 euros, il réussit à mettre de la haute cuisine dans nos assiettes. On se laisse ainsi porter par les saveurs, les textures, les températures et les assaisonnements à chaque bouchée. Les desserts de Guillaume Hernandez s'inscrivent avec justesse dans l'identité de Fleur des Pins.

COQUILLE €€

22, rue Lucien Pinneberg
✆ 05 56 22 80 85
Ouvert toute l'année. Du mardi au dimanche dès 9h. Service continu. Réservation recommandée. Formule du midi : 19 €.

Ce que l'on aime chez Coquille ? La décoration bohème avec ses tables fabriquées à partir de coquilles d'huîtres recyclées, les cocktails colorés, l'happy hour et l'happy oyster (en semaine)... Et tous les petits détails qui se rapportent au nom de cette brasserie dans l'air du temps ! La formule déjeuner à moins de 20 euros fait aussi chavirer notre cœur. Le plat du jour est servi aussi généreusement que ceux de la carte, avec de bons produits. Brasserie oblige, on retrouve l'œuf mayo dans une version plus travaillée et plusieurs choix de fromages.

GAMIN DES SABLES

2, rue du Débarcadère
✆ 05 56 54 57 45
Toute l'année sauf janvier. Pizzas sur place ou à emporter, tapas et desserts. Terrasse. Restaurant (sur réservation).

Il faut distinguer le *beach bar* du restaurant ouvert le midi et le soir (sur réservation) où l'on retrouve une carte courte autour des produits de saison. De 9h à 1h, sans réservation, le *beach bar* nous offre un large choix de pizzas (préparées sur place), de plats, de fruits de mer, une farandole de tapas terre et mer : bouquet de crevettes, gravlax de truite basque Ispéguy, acras de morue, tacos maison, houmous de butternut, camembert rôti... et les desserts. La vue sur le bassin est superbe. On en profite un verre à la main.

LE JARDIN €

23, rue Notre-Dame-des-Passes
✆ 05 56 54 23 61
www.restaurantlejardin.com

Ouvert de février à novembre. Plats de 17 € à 27 €. Réservation recommandée. Jardin. Terrasse.

Avec sa végétation luxuriante et sa cabane en bois faisant office de bar, ce restaurant-terrasse est un nid d'amoureux. À l'intérieur, la belle salle est décorée de façon bucolique dans l'esprit d'un jardin. À la carte, on trouve une grande variété de salades ainsi que des tartares et des plats cuisinés avec des notes créatives à base de produits frais et locaux. Ce jardin est vraiment un petit paradis à l'extérieur de la zone très touristique. L'établissement est ouvert du jeudi au lundi le midi et le soir (tous les jours en été).

LA PIZZERIA JEHENNE €€

19, rue Jehenne
✆ 05 56 83 20 46
http://pizzeria-jehenne.com/
Toute l'année, du mardi au dimanche le midi et le soir. Service tardif le week-end. Plats/pizzas de 12,50 à 32 €.

© SOPHIET

Située juste à côté du quartier du marché municipal, la *Pizzeria Jehenne* est une institution fondée en 1978. L'été, la terrasse, assez grande et très agréable, est très prisée. L'hiver, on s'installe dans des salles décorées de touches italiennes dans une ambiance familiale et chaleureuse. Dans les assiettes, c'est aussi l'Italie : les pizzas à la pâte fine sont bonnes et le choix est varié. Il y a aussi des salades, des antipasti, des plats de pâtes, des pâtes farcies, des gnocchis et un grand choix de veau cuisinés de différentes façons. Le tartare est très bon.

GASTON €€

22, avenue Notre-Dame des Passes
✆ 05 57 16 59 11
https://sas-fernande.fr/gaston/
Ouvert toute l'année. Tous les jours le midi et le soir. Formule du midi à 28 €. Terrasse. Bar et tapas.

Après le succès de Fernande, le bar à tapas situé juste en face, Baptiste a ouvert Gaston, un bistrot chic et chaleureux à la décoration soignée sur fond de briques, de cuir et de bois, en hommage à son grand-père. Mais sans chichi ! La carte est réduite, car tout est fait maison et sur place, y compris les desserts. Et le pain arrive directement du Fournil du Port à La Teste-de-Buch. La grande terrasse sur l'avenue piétonne et le patio à 100 mètres de la jetée sont très agréables. La formule déjeuner change tous les jours en été et une fois par semaine en hiver.

LE PITT €€

2, avenue du Général de Gaulle
✆ 05 57 16 22 40
Ouvert tous les jours (sauf le mardi) le midi et le soir (de 12h à 22h en juillet/août). Carte : 30 € environ.

Neuf amis sont à la tête de ce bistrot à l'ambiance bon enfant et sans chichis. La spécialité ? Ce sont les huîtres qu'ils élèvent eux-mêmes sur le bassin, et les fruits de mer. Mais, pas de viande à part de la charcuterie. On ne réserve pas, du coup les places sont chères, surtout en hiver, car la salle n'est pas très grande et l'adresse connaît pas mal de succès vu son excellent rapport qualité-prix et le service efficace et décontracté. Aux beaux jours, la terrasse permet d'ajouter quelques couverts. Fermeture le mercredi et le jeudi en dehors des vacances.

LA PLANCHA DU BASSIN €€

20, Bd Prom. Veyrier Montagnères
✆ 05 56 83 49 43
https://laplanchadubassin.fr/
Ouvert toute l'année. Tous les jours le midi et le soir. Sans réservation. Menu à 38 €. Formule du midi : 23 €.

A deux pas de la jetée Thiers, avec une grande terrasse entre la promenade et la plage centrale, la Plancha du Bassin vous accueille tous les jours, été comme hiver, le midi et le soir. En saison, l'équipe assure un service en continu. Vous pourrez également y aller pour boire un verre et grignoter quelques tapas. Dans les assiettes, le chef vous propose essentiellement du poisson et des produits de la mer. Mais, il y a aussi quelques pièces de viande et une option végétarienne. Sans surprise par rapport au nom, le chef privilégie les cuissons à la plancha.

RESTAURANT L'AIGUILLON €€

52, boulevard Mestrezat
✆ 05 56 83 03 36
Ouvert de mi-janvier à mi-décembre. Tous les jours le midi et le soir en haute saison. Menus de 26 à 36 €.

Situé en plein cœur du quartier éponyme, à deux pas du port, cet établissement séduit par son ambiance chaleureuse et sa grande terrasse, parfaite pour un déjeuner ensoleillé ou un dîner convivial. Œuf poché façon meurette, bœuf bourguignon, souris d'agneau braisée, profiteroles... Fidèle à la tradition de la cuisine française, l'équipe familiale dirigée par Thomas, le chef, Ludivine, son épouse, et leur associé David, sublime des produits frais et de saison. Les menus laissent le choix entre trois entrées, trois plats et trois desserts. Réservation recommandée.

RESTAURANT LES EMBRUNS €€

30, boulevard de la plage ✆ 05 56 54 92 92

Maître Restaurateur. Ouvert toute l'année. Du mardi au samedi le midi et le soir. Menu à 35 €. Plats de 22 € à 25 €.

Jérôme Gauthraye, Maître Restaurateur à l'Aiguillon, propose une expérience culinaire où chaque plat s'accompagne de légumes de saison, principalement bio. Les poissons sauvages arrivent majoritairement de la criée d'Arcachon et les viandes proviennent de producteurs du Pays basque ou des Landes. Gage de fraîcheur et de qualité, la carte est volontairement courte, avec une majorité de plats intégrés au menu. Le chef maîtrise l'art de revisiter les grands classiques de la gastronomie locale. *Les Embruns* est un bel endroit où déjeuner et dîner en famille.

LA TABLE DU BOUCHER €€

16, rue du Maréchal-de-Lattre-de-Tassigny

✆ 05 56 54 06 28

http://la-table-du-boucher.com

Ouvert toute l'année (sauf en novembre). Plats de 19,50 € à 35 €. Formule midi : 23 €. Terrasse.

En pleine rue piétonne du centre-ville et à deux pas de la plage, La Table du Boucher vaut vraiment le détour. Elle reprend les codes de la brasserie traditionnelle avec un bar immense, de petites tables, des banquettes rouges, de grands miroirs et une carte des vins savamment élaborée. De la cuisine du Boucher sortent de bons plats. La viande est à l'honneur bien sûr, mais les huîtres du bassin sont incontournables ! Le chef saura vous proposer chaque jour une suggestion de poisson frais. Il est toujours agréable de profiter des cocktails du barman en terrasse.

WINE NOT €€

46, boulevard Mestrezat

✆ 05 57 15 37 78

www.winenot-arcachon.com

Tous les jours (sauf le jeudi) le midi et le soir (dimanche midi en basse saison et dimanche soir en haute saison).

Quel plaisir de pousser les portes de cette belle bâtisse au style typiquement arcachonnais. À l'intérieur ou en terrasse, vous rencontrerez Esther pour vous conseiller sur le choix d'un plat, d'une appellation ou d'un millésime par exemple. Et en cuisine, c'est David. Derrière les fourneaux depuis plus de 20 ans pour faire partager les meilleurs produits de sa région, il vous propose de découvrir sa carte, son menu ou sa formule déjeuner (entrée, plat et dessert). Couscous maison le mercredi soir (toute l'année) et paella sur commande ! Alors, *Wine not* ?

LA VOILE ROUGE €€

Quai Goslar

✆ 09 63 67 74 42

www.lestoquesdubassin.fr

Ouvert de février à mi-novembre. Menu carte à 39 €. Accueil des groupes (jusqu'à 180 personnes). Terrasse. Bar.

Au port de plaisance d'Arcachon, la Voile Rouge offre une vue splendide sur le bassin. Que ce soit sur la terrasse panoramique ou dans la salle bordée de grandes baies vitrées, on admire le paysage sans se lasser. Ici, notamment à midi, on croise ceux qui s'accordent une pause déjeuner gourmande entre collaborateurs, mais aussi des touristes qui se félicitent d'avoir longé le port pour découvrir cet endroit sympathique. L'équipage de ce restaurant aux allures de bateau s'adapte à votre timing. L'été, l'ambiance est au rendez-vous à partir de 22h30/23h.

© LA VOILE ROUGE

© LA VOILE ROUGE - ENZO TINTINGER

BASSIN D'ARCACHON

LE BAR DE L'OUBLI

234, boulevard de la Côte-d'Argent
✆ 05 57 72 00 45
Ouvert toute l'année. Tous les jours de 8h à 2h en haute saison ; du jeudi au lundi midi en basse saison. Restauration.

Tenu par Philippe Berbizier, bien connu dans le monde de l'ovalie pour avoir joué à Lourdes et Agen, le Bar de l'Oubli est un café « repaire de copains », mais pas seulement. Ceux qui aiment la convivialité, la bonne humeur, les tapas (le soir en été) et les plats de bistrot (tous les midis, et le soir en hiver) s'y retrouvent. Le plat du jour est à moins de 20 euros. Du coup, l'Oubli est devenu l'un des moins oubliés d'Arcachon, fréquenté par une clientèle hétéroclite, des locaux aux Parisiens branchés de tous âges. On s'y installe du petit déj' jusqu'à l'apéro.

LA TOQUE CUIVRÉE

4-6, boulevard Mestrezat
✆ 05 56 54 74 90
www.la-toque-cuivree.fr
Ouvert tous les jours. Horaires variables selon la saison. Livraison. Retrait en magasin.

Véritable emblème bordelais, le canelé est un délice sucré datant du XVIe siècle. C'est une pâtisserie à base de farine, d'œufs, de lait, de vanille et de rhum. Et c'est un vrai défi d'obtenir un canelé moelleux à l'intérieur et croustillant à l'extérieur ! La Toque Cuivrée le réalise parfaitement. Qu'importe la boutique où vous irez, vous bénéficierez toujours d'un accueil chaleureux et vous aurez le choix entre trois tailles de canelés. Vous pourrez aussi vous laisser tenter par les tourtières pommes-pruneaux, le bordelais amande, le fondant au chocolat...

PÉPITE COOKIE

24, rue du Maréchal de Lattre de Tassigny ✆ 05 35 75 98 73
https://pepite-cookie.fr
Ouvert toute l'année. Tous les jours de 10h à 21h en haute saison.

Après son premier succès au Cap Ferret, Hugo Bassani a ouvert non pas une, mais deux adresses à Bordeaux, en plein centre-ville... Et aujourd'hui, à Arcachon, avec une recette aussi simple que celle du fait maison ! Les cookies sortent du four tout au long de la journée et les signatures sont très originales. À la carte, les cookies, dont un végan et sans gluten, sont déclinés en trois tailles (pitchoune, classic ou daron) sans oublier les cookies cakes pour 6 à 12 personnes, les cookies éphémères selon la saison et les glaces au Cookie Dough. Une vraie pépite !

CABANE DE L'AIGUILLON

54, boulevard Pierre Loti
✆ 05 56 54 88 20
lacabanedelaiguillon.com
Dégustation d'huîtres d'avril à fin septembre du mardi au dimanche de 11h à 16h (jusqu'à 21h en juillet/août).

La famille Aloir élève et distribue ses propres huîtres depuis 1967. Si la vente directe est possible toute l'année, la dégustation d'huîtres au bord de l'eau est réservée aux beaux jours. Sous la tonnelle, vous découvrirez leurs huîtres n° 2, 3, 4 ou encore leurs huîtres plates. Les fruits de mer comme les palourdes, bigorneaux et bulots accompagnés de pain et de beurre ne sont pas en reste ! Les huîtres de la famille Aloir ont été plusieurs fois récompensées par le grand Prix d'Excellence au Concours général Agricole de Paris.

LA PÂTISSERIE DE MA FILLE

Place des Marquises
✆ 05 54 31 01 02
https://haaitza.com/
Tous les jours de 8h à 19h ou 23h. Pâtisserie & salon de thé. Brunch. Restauration (service continu dès 12h). Terrasse.

Après la Pâtisserie de Famille au cœur de l'hôtel ha (a) ïtza, la famille Téchoueyres a également ouvert la Pâtisserie de Ma Fille, par Philippe Starck. Située sur la place des Marquises à Arcachon, dans la ville d'été, cette adresse profite d'une agréable terrasse où savourer un excellent chocolat chaud. Et que dire des créations d'Antony Prunet ? Ces pâtisseries, toutes plus appétissantes les unes que les autres, allient gourmandise et subtilité, avec juste ce qu'il faut de sucre.

LE COMPTOIR ARCACHONNAIS

15, avenue Gambetta
✆ 05 56 22 50 60
Ouvert toute l'année. Tous les jours de 9h à 20h en haute saison et de 10h à 19h en basse saison. Livraison possible.

En plein centre-ville, cette épicerie fine est une institution ! Toutes les spécialités régionales sont là pour le plus grand plaisir de vos papilles, notamment des produits rares, traditionnels et artisanaux que l'on peut même déguster sur place. Avec son petit côté boutique d'antan, l'épicerie propose du véritable pastis landais qui vient directement d'Escource dans les Landes, des bouchons de Bordeaux, des foies gras et des terrines, des soupes de poisson, des apéritifs régionaux tels que le Lillet ou le Tariquet. Sans oublier les bières artisanales du bassin !

LE CHIPIRON €€

11, rue de la Pêcherie
✆ 05 57 52 06 33
www.lechipiron.com

Ouvert toute l'année. Plats de 14 € à 32 € environ. Tapas à partir de 5 €. Terrasse.

Idéalement située dans le chouette quartier de l'Aiguillon, cette excellente adresse tenue par Christian Bonnet et son équipe vous propose un véritable voyage gustatif. Confortablement installé dans la salle au décor moderne et chaleureux ou en terrasse au soleil, on y passe un délicieux moment, grâce à des produits frais cuisinés avec amour. On vient déguster les huîtres du bassin, des poissons à la plancha qui varient tous les jours en fonction des arrivages. Aussi pour découvrir un défilé de tapas fraîches et gourmandes. Le service est souriant et impeccable.

L'EPICERIE DE L'AIGUILLON

51, boulevard Mestrezat
✆ 06 52 96 70 53
www.poissonneriedelaiguillon.fr

Ouvert le lundi et le dimanche de 9h30 à 12h30 et du mardi au samedi de 9h30 à 12h30 et de 15h30 à 19h.

En face de la Poissonnerie de l'Aiguillon, vous trouverez L'Epicerie de l'Aiguillon. Misant sur la qualité, on découvre une belle sélection de produits artisanaux du bassin (rillettes d'huîtres, miel des dunes océanes, confiture de fraises à la vodka Pyla...), de la région (caviar de France, Bouchons de Bordeaux, lamproie à la bordelaise...) ou d'Italie. Sur les étagères également : des vins, champagnes, bières, jus de fruits, huiles, vinaigres, sels, épices, thés, cafés...

© EPICERIE DE L'AIGUILLON

© JESSICA CALVO

ECUME D'ARCACHON

17, avenue Gambetta ✆ 05 56 22 51 46
www.ecume-arcachon.com

Ouvert toute l'année. Du lundi au samedi de 10h à 20h ; le dimanche de 10h à 19h. Boutique en ligne.

Tout a commencé dans les ateliers de l'herboriste Jean Bourdier, dans les années 1930 à Arcachon. Aujourd'hui, Écume d'Arcachon est le parfum signature emblématique de la Marque. Territoire des Sables, Dune océane... Ce sont autant de souvenirs parfumés du bassin d'Arcachon. Il y a encore les bougies, les diffuseurs de parfum pour la maison ainsi qu'une belle gamme de soins du corps et du visage, et la poudre de soleil pour un teint parfait toute l'année. En basse saison, ouverture du dimanche au vendredi de 10h30 à 13h et de 14h à 18h30, le samedi de 10h30 à 19h.

JO BÉNITA

16, cours Lamarque
✆ 05 56 83 12 36

Ouvert du mardi au samedi de 11h à 13 et de 15h à 19h.

Il s'agit probablement du plus petit magasin d'Arcachon... Il y a quelques sacs, des porte-monnaie, des portefeuilles, et beaucoup, beaucoup de ceintures, car elles sont fabriquées ici depuis 22 ans. Plus ou moins fines, de tous les styles, de toutes les tailles, de toutes les couleurs, pour les hommes comme pour les femmes... Il faudrait être difficile pour ne pas trouver son bonheur. Mais, n'hésitez pas à vous faire conseiller pour trouver celle(s) qu'il vous faut. Et on garde l'adresse sous le coude pour faire un cadeau à un proche !

MAGIC CHOCOLATE & CO

9, boulevard de la plage ✆ 09 88 45 79 35
https://magic-chocolate.com/

Ouvert du mardi au samedi de 10h30 à 19h. Tous les jours en haute saison (dimanche de 10h30 à 13h). Boutique en ligne.

Anne-Sophie Martin a d'abord créé sa ligne de maillots de bain écoresponsable en filet de pêche et en bouteilles plastiques sous la marque Magic Chocolate Swimwear. Puis des T-shirts et des accessoires... Ce n'est qu'après, en juillet 2021 que la boutique du même nom, ou presque (Magic Chocolate & Co), a ouvert ses portes à Arcachon. On y retrouve les pièces de prêt-à-porter, mais aussi une vingtaine de petits créateurs qui partagent ses valeurs en matière d'environnement. Anne-Sophie est d'ailleurs engagée aux côtés des équipes de la Fondation Tara Océan.

LA MAISON DU GLACIER

226, boulevard de la Côte d'Argent
✆ 05 24 19 60 76
Ouvert de février à mi-novembre, tous les jours de 13h à 18h30 en basse saison et de 10h30 à 0h en haute saison.

Carmen et son fils Anthony ont ouvert une première boutique place Saint-Pierre à Bordeaux, puis une seconde adresse au Moulleau à Arcachon. La devanture, toute blanche, est chic et sobre avec ses moulures à l'ancienne. Les glaces et sorbets sont élaborés de façon artisanale et exigeante par les maîtres glaciers de Terre Adélice. Tout est 100 % bio, sans colorants, sans arômes chimiques ni conservateurs et sur 104 parfums, 52 sont végans. Le choix est vaste et certaines saveurs sont surprenantes. L'accueil est tout sourire même quand il y a foule.

PRIVATE CAPTAIN

Port Arcachon, Rue des Marins Ponton Passagers
✆ 06 52 12 21 94
www.private-captain.fr
Réservation privative jusqu'à 11 passagers. De 300 € (2h) à 800 € (journée). Embarquement d'Arcachon ou du Cap-Ferret.

Rien de tel qu'une croisière privative en pinasse pour vivre pleinement l'esprit bassin. À bord, vous profiterez d'une radio avec enceintes et connexion Bluetooth, d'un bain de soleil, d'une douche d'eau chaude... Un parfait équilibre entre authenticité et modernité. Antoine, votre skipper, se fera un plaisir de vous guider vers les trésors de ce coin de paradis entre Arcachon et le Cap Ferret. Pique-nique aux Cabanes Tchanquées, escale dans une cabane à huîtres... Antoine vous proposera une sortie entièrement personnalisée, même au-delà de 11 personnes.

ZIG ET PUCES II

250, boulevard de la Côte d'Argent
✆ 05 57 72 01 72
https://zigetpuces.com/
Ouvert tous les jours (sauf mercredi hors vacances scolaires) de 10h à 13h et de 14h30 à 19h/19h30. Boutique en ligne.

La boutique d'Eric et Laurence est un grenier à trouvailles avec toujours plein de nouveautés. On en repart souvent avec quelque chose pour soi ou à offrir : objets de cuisine, cadre en bois, linge, maquette de gabares, vases, produits cosmétiques, mobilier en bois, sac à main en voile recyclée... Tout ce qui a un rapport avec la mer se trouve ici. Le magasin héberge les œuvres de plusieurs artistes du Bassin d'Arcachon. On aime beaucoup la digigraphie à l'entrée. Cette superposition de photos nous donne droit à une cabane tchanquée devant Manhattan.

POISSONNERIE DE L'AIGUILLON

51, boulevard Mestrezat
✆ 05 56 83 70 53
www.poissonneriedelaiguillon.fr
Ouvert toute l'année. Tous les jours (horaires variables selon la saison). Plateaux de fruits de mer de 24 € à 60 €.

La Poissonnerie de l'Aiguillon est une institution ! Ici, les maîtres-mots sont savoir-faire, passion du métier, fraîcheur et exigence dans le choix des produits achetés au quotidien sur toutes les criées de la côte. Mais surtout pas de poissons d'élevage ! En compagnie des produits phares, les huîtres du bassin, il y a les langoustes, les homards de Bretagne et les plateaux de fruits de mer. En plus, le chef élabore quelques plats cuisinés et propose des produits d'épicerie.

© JESSICA CALVO

© LA POISSONNERIE DE L'AIGUILLON

CATABAS

37, rue Georges Méran
✆ 05 40 25 15 90
www.catabas.fr

Toute l'année sur réservation. Croisières privatisées (2 à 28 personnes) à partir de 450 €.

Spécialiste de la location de bateaux à Arcachon, Catabas propose des catamarans à voile ou à moteur à la location pour la journée, le week-end ou plusieurs jours, avec ou sans skipper pour ceux qui maîtrisent la navigation sur un catamaran habitable et qui connaissent bien le bassin d'Arcachon. Les bateaux peuvent accueillir de 2 à 21 personnes. Catabas vous offre également l'opportunité d'organiser une croisière privée pour 2h30 ou plus, y compris pour la nuit. Romantique pour les uns, plus festive pour les autres à l'occasion d'un EVG/EVJF par exemple...

ARCAJETMARINE

4, quai du Capitaine Allègre
✆ 05 57 15 35 04
www.arcajetmarine.fr

D'avril à fin octobre. Randonnées jet ski à partir de 70 €. Bouée tractée à partir de 25 €.

Cette base nautique incontournable propose de découvrir le bassin d'Arcachon en randonnées jet ski sans permis encadrées par des moniteurs diplômés. Les jeunes (8-16 ans) pourront même faire des baptêmes de 30 minutes. Vous avez le permis côtier ? Dans ce cas, louez directement votre jet pour partir à l'aventure vers les cabanes tchanquées, l'île aux oiseaux, la presqu'île du Cap Ferret, le banc d'Arguin ou encore la dune du Pilat. Enfin, si vous êtes plutôt adepte de fun, les bouées tractées sont faites pour vous !

CRYO CENTER

71, avenue de la République
✆ 09 55 65 63 41 - www.cryocenter.fr

Du lundi au jeudi de 14h à 20h ; le vendredi de 10h à 14h ; le samedi de 10h à 20h. Séance découverte à partir de 60 €.

Un frisson de bien-être à Arcachon ! Récupération sportive, amélioration du sommeil, diminution du stress... La cryothérapie offre une multitude de bienfaits pour le corps et l'esprit. Vous ne connaissez pas ? Laissez-vous guider par le professionnel qualifié du Cryo Center pour la manipulation de cette machine à air sec (-66°C). Pour commencer, on recommande un essai de 2 min 30 avec la formule intégrale, mais vous pouvez aussi faire une séance plus localisée sur une partie du corps pour la perte de poids, une douleur... La cabine peut accueillir 2 à 3 personnes.

CASINO

163, boulevard de la Plage ✆ 05 56 83 41 44
https://casino-arcachon.partouche.com/

Ouvert toute l'année. Tous les jours et les jours fériés de 11h à 2h. Restauration. Animations. Bar. Parking disponible.

Installé depuis 1903 dans le somptueux château Deganne, le Casino fait vibrer la station balnéaire (entrée gratuite). Cette belle bâtisse abrite la fièvre des joueurs qui profitent de 75 machines à sous pour s'adonner à leur passion, d'une table de Black-Jack, d'un jeu de boule et de 12 postes de roulette anglaise électronique. Il existe aussi le Megapot ; un jackpot progressif reliant en simultané près de 170 machines réparties dans les 41 casinos Partouche. Le restaurant O'Deganne est un endroit agréable, lumineux et spacieux, pour passer un bon moment gourmand.

THALAZUR

9, avenue du Parc ✆ 05 57 72 06 66
www.thalazur.fr

Ouvert toute l'année, tous les jours. Institut de thalassothérapie. Espace détente. Espace beauté. Espace fitness.

En choisissant le parcours marin de Thalazur, on profite du centre de thalassothérapie sans forcément prendre un soin ou séjourner sur place. L'entrée donne accès pour quelques heures au bassin de 250 m² d'eau de mer et à l'espace fitness. Bains bouillonnants, jets d'eau plus ou moins puissants, sauna, hammam et salle de repos pour un pur moment de détente. Ceux qui souhaitent un programme plus complet profiteront de massages, algothérapie, soins à l'eau de mer, gommages, liftings naturels, etc. L'équipe vous propose également des soins sur plusieurs jours.

LA CAVE DES DARONS

30, boulevard de la Plage ✆ 05 56 54 82 60
www.lacavedesdarons.com

Du lundi au samedi de 9h à 13h et de 16h à 21h en juillet/août ; le dimanche de 9h à 13h. Bar à vin du jeudi au samedi.

À la Cave des Darons, on boit et on mange. C'est Yannick qui a repris cette ancienne cave qui existait déjà depuis 25 ans. On aime particulièrement le patio (privatisable) où l'on profite de la terrasse. Souvent, on accompagne sa dégustation d'une planche composée de produits du terroir. Ouverte toute l'année, la cave abrite pas moins de 1 000 références et des rencontres avec les producteurs sont parfois organisées. En basse saison, la Cave des Darons (aussi au marché couvert de La Teste-de-Buch) est ouverte du lundi au samedi de 9h30 à 13h et de 15h30 à 19h.

ArcaJetMarine
JET 33 ARCACHON
Randonnée en Jet-Ski
Sans permis encadrée par des moniteurs diplômés
Bouées Tractées
Location Paddle
Scannez-moi
Et découvrez toutes
nos activités !
05 57 15 35 04 - arcajetmarine.fr
4 Quai du Capitaine Allègre - 33120 - Arcachon

ARÈS ★★

Arès comptait 5 moulins au XIXe siècle. Aujourd'hui, on peut voir les restes de l'un d'entre eux face à l'esplanade Georges-Dartiguelongue. Sa tour ronde crénelée semble veiller sur la station balnéaire. La jetée de la commune, datant du XVIIIe siècle, est la plus ancienne du bassin. Côté port ostréicole, il est très agréable de s'installer dans l'une des petites cabanes en bois colorées de bleu, de jaune et de vert pour déguster huîtres, crevettes, bigorneaux, etc. Mais l'un des atouts les plus précieux de la ville d'Arès est sans conteste sa nature. La faune et la flore évoluent dans la réserve des prés salés ou encore sur le site des Quinconces.

© MARC DE TIENDA

L'ovniport d'Arès.

LA CONCHE DE SAINT-BRICE

Baignade surveillée de juin à septembre. Aire de pique-nique. Toilettes publiques. Parking gratuit.

Entre terre et mer, ce petit paradis de 97 hectares abrite une forêt de pins et trois plans d'eau successifs qui s'étendent jusqu'aux rives du bassin d'Arcachon. En été, l'un d'eux devient un lieu de baignade apprécié qui, phénomène unique sur le Bassin, est indépendant des marées puisqu'il est toujours pourvu en eau. Le domaine est un espace naturel remarquable. En effet, les ambiances paysagères y sont très variées : étangs d'eau douce, réservoirs à poissons, pinède profonde, roselières (zones lacustres où poussent principalement des roseaux), rivière, estey...

LA FEMME OCÉANE

Au bout de la digue du port ostréicole.

La sculpture de Dominique Piot, connue sous le nom de « La Femme Océane » se trouve face au bassin, à l'extrémité de la digue à l'entrée du port ostréicole. Créée en 1997 à partir de bois exotique du Cameroun, cette œuvre de 4,30 mètres de haut représente l'ondulation de la houle et évoque plus largement le thème de l'eau. Surnommée Célia, elle a été réalisée en pas moins de 600 heures de travail pour veiller sur les marins. Le sculpteur, dont l'atelier est installé au bord du bassin d'Arcachon, a également créé d'autres œuvres monumentales.

LE SENTIER DU LITTORAL ★

Le sentier du littoral offre une promenade nature doublée d'un grand bol d'air iodé. Partez du port ostréicole et empruntez ce sentier jusqu'à la plage des Quinconces. Les plus courageux pourront poursuivre leur chemin jusqu'au village du Claouey sur la presqu'île du Cap Ferret. Le sentier vous guide à travers d'anciens réservoirs à poissons, dans les prés salés offrant une variété de paysages préservés. Gardez un œil ouvert, car la faune et la flore abondent. Vous pouvez contacter l'office de tourisme ou la mairie d'Arès pour plus de renseignements.

OFFICE DE TOURISME D'ARES

Place Alfred Weiss
✆ 05 56 60 18 07
www.ares-tourisme.com

Qualité Tourisme. Ouvert toute l'année. Jours/horaires d'ouverture variables selon la saison. Label Tourisme & Handicap.

L'office de tourisme d'Arès est à votre disposition toute l'année pour vous aider à passer un agréable séjour dans ce cadre typique du bassin d'Arcachon : activités, hébergement, restauration, bons plans, conseils... Vous découvrirez ainsi l'incroyable patrimoine naturel de la commune grâce à des randonnées et des visites guidées et commentées. Que vous soyez plutôt balade, surf, canoë, vélo ou encore ULM, vous trouverez toutes les informations nécessaires auprès des équipes.

LE BOÏATE HÔTEL-SALON DE THÉ*** €€

11, boulevard de l'Aérium
✆ 05 56 60 20 46
www.leboiate.com

Ouvert toute l'année. Chambre double à partir de 70 €. Petit déjeuner : 12 € (6 €/enfant). Local à vélo. Salon de thé.

Cet hôtel offre un cadre tranquille à quiconque passe la porte ou s'installe en terrasse. Yann, le nouveau propriétaire depuis 2 ans, a choisi de transformer l'ancien restaurant en salon de thé. Ouvert à tous, et toute l'année, le matin et l'après-midi, le Boïate est l'endroit idéal pour le petit-déjeuner (sucré et salé), un thé ou une pâtisserie maison. Des jeux de société sont à disposition et des animations/concerts sont régulièrement organisés.

VILLA PIERARTLOU €€

8, allée des Pinsons
✆ 06 84 31 18 09
www.villa-pierartlou.com

Ouvert toute l'année. 4 chambres à partir de 99 €/nuit. Table d'hôtes le soir. Bain bouillonnant. Vélos à disposition.

Caroline et son mari vous accueillent dans leur belle maison à Arès, au cœur du bassin d'Arcachon. Piscine chauffée et bain bouillonnant, petit-déjeuner maison à base de jus de fruits frais servi en chambre, sur la terrasse ou dans la salle à manger, prêt de vélos, table d'hôtes le soir (lundi, mercredi et vendredi uniquement), climatisation... Et 4 belles chambres capables d'accueillir jusqu'à 3 personnes. Caroline ne manquera pas de vous partager ses petits coins secrets et les bonnes adresses aux alentours. Serviettes de toilette et peignoirs à disposition.

AMORE MIO €

1, avenue de la plage
✆ 05 57 18 76 39

Ouvert du mardi au samedi le midi et le soir. Plats et pizzas de 12,50 € à 23 €. Terrasse. A emporter.

Sur place ou à emporter ? Après d'importants travaux, l'ancien cuisinier du Café de la place à Andernos-les-Bains n'est pas peu fier de vous accueillir dans son propre restaurant où il nourrit la ferme intention de vous faire voyager en Italie. *Vitello tomato* (carpaccio de filet de veau), *salciccia* grillées (saucisses toscanes), *vele* à la truffe (ravioles), *arancini* aux noix, *cannoli* pistache/framboise... Andrien Therin renouvelle sa carte toutes les 5 semaines. Les pizzas se comptent elles aussi sur les doigts des deux mains. Gardez de la place pour un dessert !

LE BOÏATE HÔTEL-SALON DE THÉ

11, boulevard de l'Aérium
✆ 05 56 60 20 46
www.leboiate.com

A l'écart des foules, le Boïate offre un cadre tranquille et verdoyant à quiconque passe la porte ou s'installe en terrasse. Yann, le nouveau propriétaire depuis 2 ans, a choisi de transformer l'ancien restaurant en salon de thé. Ouvert à tous, toute l'année, le matin et l'après-midi, le Boïate est l'endroit idéal pour le petit-déjeuner (sucré et salé), un thé ou une pâtisserie artisanale. Des jeux de société sont à disposition et des animations musicales sont régulièrement organisées.

© CHRISTELLE

© CHRISTELLE

BASSIN D'ARCACHON

© CAMPING LES GOÉLANDS

© CAMPING LES GOÉLANDS

CAMPING LES GOÉLANDS*** €€

64, avenue de la Libération
✆ 05 56 82 55 64 - https://campinglesgoelands.fr/
Ouvert d'avril à fin octobre. Emplacement de 20,50 à 43 €/nuit. Mobil-homes de 275 € à 2 000 €/semaine. Animations.

Au bord du bassin d'Arcachon avec un accès direct à la plage, le camping des Goélands se trouve au cœur d'une forêt de grands pins maritimes. Et aussi entre deux réserves naturelles : les prés salés et le domaine de Saint-Brice. Une chose est sûre, vous ferez le plein de nature ! À quelques mètres des plages du Bassin ou quelques kilomètres des plages océanes, de la dune du Pilat, d'Arcachon et du Cap Ferret, vous êtes idéalement situé pour vivre des vacances 100 % Bassin. Parmi les nouveautés : un espace bien-être, une grande aire de jeux pour les enfants...

© CAMPING LES GOÉLANDS

© CAMPING LES GOÉLANDS

© CAMPING LES GOÉLANDS

SÈME €

41, route du Temple
✆ 05 57 18 87 58
https://onseme.bio/
Du lundi au vendredi (9h30-19h) ; samedi (9h30-13h et 15h 19h). Restauration le midi en semaine. Menus de 15 € à 19 €.

Nicolas Rey ne s'est pas contenté d'ouvrir un magasin bio. Il a également implanté dans ce même espace de vie, un restaurant 100 % bio, en libre-service, dans une ambiance conviviale, végétale, musicale et originale. Les burgers (végan ou à base de viande) ainsi que les poke bowls varient chaque semaine. La carte est courte, mais offre la possibilité de manger sur place ou d'emporter les plats. Il y a toujours aussi la « popote » du jour ; un plat inspiré par les envies du chef et très joliment présenté. Tout est fait maison, c'est frais et c'est bon.

CHEZ ALCIDE €€

1, avenue du Commandant l'Herminier
✆ 05 56 60 46 14
Toute l'année (sauf en janvier). Du jeudi au lundi de 10h à 23h. Menu à 36 €. Formule du midi : 19 €. Terrasse. Bar.

Chez Alcide, c'est mieux de réserver ! C'est bien simple, cette adresse est l'une des rares à vous offrir une vue sur le bassin à Arès. Alors, bien sûr, le midi, le soir et dans l'après-midi (y compris en semaine), la terrasse est prise d'assaut. Généralement, les plus gourmands accompagnent leur boisson fraîche d'une coupe glacée ou d'une gaufre. Nous, c'est le soir que l'on est venu pour dîner. On y a notamment mangé un dos de cabillaud très bien cuit, servi avec une crème de chorizo et un riz crémeux au persil. Le service est rapide et souriant.

CAP MÉHARI

✆ 07 60 34 41 16
https://capmehari.fr
Location à partir de 220 €/jour. Livraison possible dans un rayon de 40 kms autour d'Arès.

© CAP MEHARI

Passionné de vieilles voitures, Antoine Battut, également pompier, a commencé par restaurer une Citroën Méhari orange Kirghiz (4 places), puis une deuxième. Aujourd'hui, il vous propose de louer ces décapotables mythiques pour une escapade iconique dans les années 70. Une condition : avoir au moins 23 ans et un permis de conduire valide depuis au moins 5 ans. Pour une journée, un week-end ou une semaine, partez au volant de cette icône française, parfaite pour vos événements (mariages, etc.) ou simplement pour le plaisir de rouler avec style, et à l'air libre !

LA CABANE DU BOUT €€

Cabane 1 et 2
✆ 05 56 60 92 29
www.lacabanedubout.com
Ouvert de mi-avril à fin septembre. Du mercredi au dimanche le midi et le soir. Dégustation et boissons les après-midi.

Cette cabane porte bien son nom, car elle se trouve au bout du port d'Arès, avec les pieds dans l'eau. Ainsi, on peut admirer les couchers de soleil sur le bassin et on respire l'air du large à plein poumon sur la terrasse. C'est à la fois un restaurant et un bar à tapas très animé en saison lors de soirées apéros musicales. La carte est 100 % marine et tant pis pour les viandards ! Les produits sont frais et les plats sont bien cuisinés. On vous recommande aussi les plateaux de fruits de mer. L'ambiance est bonne et le personnel très à l'écoute.

LE CHAT TARD €€

4, avenue de Bordeaux
✆ 05 56 60 21 29
Ouvert toute l'année. Formule du midi à 22 €. Plats de 15 € à 25 € environ. Brunch. Réservation recommandée.

Le Chat Tard n'a pas les pieds dans le sable, mais on s'y croirait ! Derrière le mur, la grande terrasse pourrait être celle d'une maison de vacances. Les parasols, la pergola, les guirlandes, les palmiers... un vrai cocon ! Et +1 pour le mobilier ainsi que la décoration à l'intérieur. Le grand comptoir nous rappelle aussi que le Chat Tard n'est pas qu'un restaurant. C'est un bar à cocktails et à tapas. On vient même pour bruncher à toutes heures. Notez que le brunch est servi tous les jours à partir du mois d'avril. Le mieux, c'est encore de réserver.

MAISON NACRE €€€

3 bis, rue Sophie et Paul Wallerstein
✆ 05 57 05 48 99
www.restaurant-nacre.com
Ouvert toute l'année, du mercredi au samedi le soir ; le week-end le midi. Réservation conseillée. Menus de 95 à 115 €.

Adeline Lesage et Marc-Antoine Lepage, un duo de chefs au talent reconnu, représentent l'identité culinaire de Maison Nacre à Arès. Ils vous accueillent dans un cadre raffiné où chaque détail appelle à l'évasion des sens. La sommelière, Marie, accompagne chaque plat avec soin et expertise, proposant des accords mets et vins d'exception. La Maison Nacre propose des menus évolutifs, dont le menu des 7 sens, une expérience gastronomique unique qui change au gré des saisons et de l'inspiration des chefs. Créativité et éco-responsabilité se conjuguent avec brio.

LE PITEY €€

79, avenue de la Libération ✆ 05 56 82 16 80
www.lepitey.com
Du mardi au samedi le midi ; le mardi et du jeudi au samedi le soir. Réservation recommandée. Menus de 24,80 € à 65 €.

Le restaurant se trouve dans une jolie maison, prolongée par une terrasse et un superbe jardin, à quelques encablures du bassin. Enfant du coin, Arnaud Chartier élabore une cuisine gastronomique à base de produits locaux, avec de jolis plats aussi gourmands qu'audacieux procurant de belles émotions. On se souvient encore de son carpaccio de bar et homard à la vinaigrette de corail au yuzu et sorbet citron-basilic… Si vous êtes tenté par une petite folie, optez pour le Menu Homard ou le Menu Epicurien. Le menu enfant est pour les petits gastronomes. Belle adresse !

LE RECOIN €€

23, avenue de la Libération
✆ 05 57 05 87 53
Du mardi au samedi le midi et le soir ; le dimanche midi. Formule du midi : 19,90 €. Menu entre 35 € et 45 €. Terrasse.

Manu Lévy, l'animateur radio, et Laurent Krafft, le restaurateur, sont de retour ! Après les produits de la mer, c'est à la viande cuite au feu de bois qu'ils s'attaquent pour régaler les amateurs. Et il faut dire que les viandes sont excellentes, bien cuites bien sûr, mais aussi bien assaisonnées. On a laissé Rémy Puicercus, le sommelier, nous conseiller un verre de vin rouge pour accompagner la belle entrecôte (environ 400 g). Les frites sont cuites à la graisse de bœuf et la qualité est au rendez-vous. Des soirées épicuriennes sont organisées chaque mois.

LA P'TITE HALLE

34, avenue du Port
✆ 05 64 10 06 06
www.laptitehalle.fr
Ouvert toute l'année (jours et horaires variables selon la saison).

La P'tite Halle est une… petite halle avec des produits frais, des fruits et des légumes, ainsi que des produits d'hygiène, des produits locaux et bio, des produits d'épicerie et une belle sélection de vins. À Arès, la P'tite Halle se trouve dans le centre-ville (il y a un parking juste devant), mais elle est aussi à Lège, sur la route du Grand Crohot. Toute l'année, les habitants du coin s'y rendent pour faire le plein de bonnes choses. L'été, ils côtoient les touristes aussi qui n'hésitent pas à composer leur panier pique-nique avant de filer à la plage.

ARÈS KAYAK NATURE

Cabane 29
✆ 06 77 89 59 52
Ouvert de février à novembre en fonction des marées. Sorties en rabaska. De 32 € à 55 €/adulte ; 22 €/enfant (-10 ans).

Créée par Sophie Begin, la gérante de Bécalou canoë-kayak, Arès Kayak Nature est une association de sensibilisation à l'environnement qui s'est fixé l'objectif de vous faire découvrir la biodiversité locale du Parc Naturel Marin du Bassin d'Arcachon et de ses alentours… en rabaska ! Ce « grand canoë » est idéal pour celles et ceux qui ne veulent pas trop se mouiller. Vous vous laissez guider et conter au fil de l'eau par un passionné spécialiste de cet environnement naturel. Au programme : l'île aux oiseaux, les parcs ostréicoles, la bernache…

CAP MÉHARI

✆ 07 60 34 41 16
https://capmehari.fr
Location à partir de 220 €/jour. Livraison possible dans un rayon de 40 kms autour d'Arès.

Passionné de vieilles voitures, Antoine Battut, également pompier, a commencé par restaurer une Citroën Méhari orange Kirghiz (4 places), puis une deuxième. Aujourd'hui, il vous propose de louer ces décapotables mythiques pour une escapade iconique dans les années 70. Une condition : avoir au moins 23 ans et un permis de conduire valide depuis au moins 5 ans. Pour une journée, un week-end ou une semaine, partez au volant de cette icône française, parfaite pour vos événements (mariages, etc.) ou simplement pour le plaisir de rouler avec style, et à l'air libre !

BIGANOS ★

Située sur le delta de la Leyre, Biganos est une commune du Parc naturel régional des Landes de Gascogne. Elle est traversée par de nombreux cours d'eau dont la Leyre, la Leyrote, le Lacanau ou le Ponteils. La richesse du patrimoine transparaît à travers différents sites remarquables tels que ses deux ports (le port de Biganos, en zone protégée, et le port des Tuiles, protégé par le Conservatoire du Littoral), mais aussi l'île de Malprat et le site archéologique situé entre la Leyre et l'Eyga, témoin d'un passé chargé d'histoire. Ces paysages forestiers, agrestes et aquatiques, sont à découvrir à pied, à vélo ou sur l'eau, en canoë-kayak par exemple.

LE PORT DES TUILES

Sous la protection du Conservatoire du Littoral et des Rivages lacustres, le port des Tuiles s'étire pour entourer l'île de Malprat où les roselières et les baccaris (végétation typique du delta de la Leyre) poussent en abondance, lui donnant un côté très sauvage. Son nom vient de son activité, puisque c'était de là que les tuiles de Biganos étaient produites, puis distribuées vers tous les ports du bassin aux ostréiculteurs qui y collectaient leurs naissains d'huîtres. Très naturel et de petite taille, le port des Tuiles abrite une trentaine de cabanes.

PORT DE BIGANOS

Impossible de passer ses vacances sur le bassin d'Arcachon sans faire un détour par les ports typiques des différentes communes. Le port de Biganos, le plus en amont de la Leyre, mais aussi le plus ancien, existerait depuis le temps des Romains. Entouré de grands chênes et de cabanes de toutes les couleurs, il abrite environ 150 bateaux et offre aux visiteurs un lieu de quiétude propice à la détente. Les artistes-peintres vous conseilleraient volontiers cette destination. Les aventuriers y trouveront aussi leur compte en embarquant à bord d'un canoë ou d'un kayak.

LES RESTES D'UNE ÉGLISE MÉDIÉVALE ✝

Saviez-vous qu'une ville romaine était enfouie quelque part entre les rivières Eyre et Eygat ? Au Ve siècle, un évêque siégeait à Boii. Son église se trouvait là, mais il possédait une résidence à Andernos dont on voit les ruines près de l'église sur la plage. Cette église ancienne a vécu quelque temps puis a été remplacée par une nouvelle église qui a fonctionné comme église paroissiale avec son cimetière associé jusqu'en 1971. L'office de tourisme n'organise plus de visite du site.

Cabanes du port de Biganos.

BUREAU D'INFORMATION TOURISTIQUE DE BIGANOS

4, avenue de la Libération
✆ 05 57 70 67 56
www.tourisme-coeurdubassin.com

Accueil vélo. Qualité Tourisme. Ouvert de mi-avril à novembre.

L'Office de Tourisme de Biganos se situe à proximité de la gare « Facture-Biganos ». A voir ? A faire ? A découvrir ? Le port de Biganos appartient à ceux qui se lèvent tôt ! Laissez-vous guider par le chant des oiseaux pour découvrir ce lieu authentique et préservé. La brume se dissipe pour laisser apparaître les cabanes et comme par magie, les rayons du soleil mettent en lumière toutes leurs couleurs. La diversité de la végétation vous donnera l'impression d'être ailleurs...

CAMPING LE MARACHE**** €€

25, rue Gambetta
✆ 05 57 70 61 19
www.marachevacances.com

Ouvert d'avril à fin septembre. Emplacement de 16 à 38 €. Locations de 62 € à 201 €/nuit. Bain bouillonnant. Animations.

Le Marache est un joli camping familial situé entre Arcachon et le Cap-Ferret. Côté hébergements, on a le choix : emplacements pour tentes et camping-cars, mobil-homes avec terrasse couverte, chalets et cabanes sur pilotis dans un environnement plutôt exotique. En séjournant ici, vous ferez d'ailleurs le plein de nature d'autant que l'on vous propose diverses sorties et excursions (vélo, canoë, balades, accrobranche, etc.). Les soirées terminées, plus un bruit sur les emplacements... Les enfants apprécieront la piscine chauffée et les parents, le bain à bulles.

LE DOUZE 14 €

21, rue des Fonderies
✆ 07 60 28 06 87

Du lundi au samedi le midi ; le vendredi soir. Plats de 13 € à 20 €. Plat du jour : 12 €. Tapas. Terrasse. A emporter.

Le Douze 14 est le lieu idéal pour s'accorder une pause déjeuner, que ce soit en semaine, entre deux réunions ou le samedi lors d'une séance shopping dans la zone commerciale de Biganos. Les plus pressés pourront même emporter l'un des burgers. Mais pour ceux qui ont la possibilité de prendre leur temps, Le Douze 14 propose aussi des salades, des plats et des desserts faits maison généreux et élaborés à partir de produits frais. L'accueil est chaleureux et bienveillant. Petits prix pour les enfants sur deux plats à la carte ! Rendez-vous aussi le vendredi soir.

LE TAGON €€

44, avenue Raymond Poincaré
✆ 05 56 82 65 66
https://restaurant-le-tagon-biganos.fr

Ouvert tous les jours de 6h30 à 20h. Restauration du lundi au vendredi le midi. Formule du midi : 17,90 €.

Le Tagon est un bar-tabac dans le prolongement duquel une belle salle de restaurant climatisée a été aménagée dans les tons turquoise et gris pour vous recevoir à l'heure du déjeuner du lundi au vendredi. La chef Christelle vous propose une formule entrée/plat/dessert, incluant un verre de vin et un café. De la même façon, le plat du jour reste très abordable. Ce jour-là, on a pris l'assiette de charcuterie (les rillettes étaient délicieuses) et un tartare de bœuf préparé avec des tomates, du concombre et de l'oignon rouge. L'équipe a le sourire !

LE MILLÉSIME €€

30, avenue de la Côté d'Argent
✆ 05 56 82 94 84

Ouvert toute l'année. Du mardi au dimanche le midi ; le mardi et du jeudi au samedi le soir. Menu à 26 €.

Légèrement en retrait de la route, Le Millésime peut facilement passer inaperçu... Cependant, une fois à l'intérieur, on découvre un lieu assez original et plutôt accueillant avec une décoration réalisée avec des caisses de vin de Bordeaux. La salle est assez spacieuse et contemporaine. Malgré une carte restreinte en nombre de plats, l'accent est mis sur le fait maison. Le chef apporte d'ailleurs sa touche personnelle ! La carte des vins est bien pensée. Pour un accord mets & vins réussi, n'hésitez pas à vous faire conseiller.

LA TOQUE CUIVRÉE

Rue Louis Braille
✆ 05 57 18 30 22
www.la-toque-cuivree.fr

Ouvert du lundi au samedi de 8h à 19h ; le dimanche de 8h à 13h. Livraison. Retrait en magasin.

Véritable emblème bordelais, le canelé est un délice sucré datant du XVIe siècle. C'est une pâtisserie à base de farine, d'œufs, de lait, de vanille et de rhum. Et c'est un vrai défi d'obtenir un canelé moelleux à l'intérieur et croustillant à l'extérieur ! La Toque Cuivrée le réalise parfaitement. Qu'importe la boutique où vous irez, vous bénéficierez toujours d'un accueil chaleureux et vous aurez le choix entre trois tailles de canelés. Vous pourrez aussi vous laisser tenter par les tourtières pommes-pruneaux, le bordelais amande, le fondant au chocolat...

CAVIAR DE FRANCE ★

Route du Moulin de la Cassadote
✆ 05 56 82 64 42
www.caviardefrance.com
Du lundi au vendredi 9h à 12h et 14h à 18h. Visite d'avril à fin septembre (sur rdv) : 33 €. Formules de dégustation.

Le Moulin de la Cassadotte est le berceau du caviar d'élevage en France. La marque Caviar de Gironde a été déposée en 1993. Au cours d'une visite guidée de 1h30, on aborde d'abord l'histoire de cet ancien moulin à farine reconverti en élevage d'esturgeons puis on découvre le métier minutieux qu'est l'élevage d'esturgeons ; une espèce aux allures de créature préhistorique... Au terme de la visite ? La dégustation tant attendue et le détour par la boutique pour acheter un caviar d'exception. Des formules ***dégustation*** sont proposées toute l'année.

COURANT D'EYRE

Rue du Port ✆ 06 85 49 72 53
www.courantdeyre.com
Ouvert à partir du mois de mai en fonction de la météo. De 20 € à 26 €/adulte selon le parcours et l'embarcation.

La Leyre, véritable conservatoire biologique, abrite une faune et une flore remarquables et originales. Courant d'Eyre propose des parcours en canoë-kayak sur cette « petite Amazone » avec différentes excursions. Le temps de navigation (hors navette et temps de pause) est d'environ 2h pour la demi-journée et 4h30 pour la journée. Vous pouvez aussi louer des paddles pour des occasions spéciales comme un anniversaire ou un enterrement de vie de garçon/jeune fille. Nouveauté 2024 : un *escape game* spécial enfants pour sauver les abeilles et donc la planète !

LOU BATEL'EYRE

Rue du port ✆ 06 42 24 80 97
https://loubateleyre.jimdofree.com/
Promenades en barque de Pâques à la Toussaint de 12 à 25 €/enfant et de 18 à 35 €/adulte. Uniquement sur réservation.

On peut découvrir la Leyre et son delta sans se fatiguer sur une embarcation appelée Galupe. Cette barque à fond plat, autrefois utilisée pour le transport fluvial des marchandises dans les Landes, est dirigée par un batelier à la rame et au palot pour préserver la nature. Cette escapade commentée, interprétée et encadrée par Guillaume et Yannick, est ouverte à tous. Au gré des marées, elle permet d'accéder à des zones sauvages. On observe la faune et la flore de cette rivière que l'on surnomme la Petite Amazone pour sa couleur ambrée due à l'hydroxyde de fer.

GUJAN-MESTRAS ★

Capitale de l'ostréiculture du bassin d'Arcachon, Gujan-Mestras est un lieu où l'on respire, on vit et on mange des huîtres. Plus qu'une tradition, c'est pour beaucoup une passion bien vivante. 7 ports se succèdent en enfilade, chacun avec un charme et une atmosphère différents, mais empreints d'authenticité. Les professionnels proposent de découvrir leur métier, de l'observer et bien évidemment de goûter le fruit de leur labeur. On dit que leur saveur dans les cabanes de Gujan-Mestras est unique. Que vous soyez amateur de nature, de sport, de divertissement, de plage, de tradition ou un peu de tout à la fois, vous trouverez votre bonheur dans cette commune au charme indéniable.

Cabanes à huîtres à Gujan-Mestras sur le bassin d'Arcachon.

ERATOPIA

24, avenue des Loisirs
✆ 05 56 66 12 65
https://eratopia.fr/

Sur le bassin, impossible de s'ennuyer ! Découvrez Eratopia, la nouvelle identité du Bassin des Loisirs, entre Gujan-Mestras et La Teste-de-Buch. Ce site unique en Gironde vous propose une diversité d'activités pour toute la famille : 3 parcs d'attractions incontournables (Aqualand, Kid Parc et La Coccinelle), 8 activités de loisirs (Laser Lander, Bassin Aventures, La Cité Perchée, Max Golf, Piscine, Golf, Jet Expérience, Mini Port Pirate), mais aussi un bowling, un casino, 3 restaurants et 2 hôtels. Des moments inoubliables pour petits et grands !

AQUALAND

145, route des Grands-Lacs
✆ 05 56 66 39 39 - www.aqualand.fr

Ouvert de mi-juin à début septembre, tous les jours de 10h à 18h ou 19h. Restauration. Parking et vestiaire gratuits.

Séjourner si près d'Aqualand et ne pas y passer une folle journée ? Quel dommage, surtout si vous avez des enfants ! On y trouve des attractions pour tous les âges, un personnel de surveillance diplômé, des consignes claires et visibles pour préserver le bien-être et la sécurité de chacun. Les attractions : le Black Hole, une descente infernale dans le noir, le Boomerang, le Tornado, dont vous sortirez déboussolé, l'Indian Viper... Les moins téméraires apprécieront les espaces solarium, les aires ombragées et le Lagoon Paradise avec sa végétation luxuriante.

KID PARC

31, route des Lacs
✆ 05 56 66 06 90
www.kidparc.com

De fin mars à novembre. Jours et horaires variables selon la saison. Tarif unique : 16 €. Restauration. Animations.

Vos moussaillons et intrépides pirates de 0 à 10 ans vont pouvoir s'en donner à cœur joie ! Dans ce parc d'attractions conçu comme une île, les enfants sont rois. Au total, il y a près d'une trentaine d'attractions, manèges et jeux ! Et toujours des nouveautés comme le Kid's Pearl, la tour de chute, le boulet de canon, le vaisseau fantôme, la jungle mystérieuse, les piscines à balles, la gare en délire ou encore l'île rebondissante... Un véritable paradis ! Le parc propose également un snack pour vous restaurer et vous rafraîchir. Mettez le cap vers l'aventure.

PARC DE LA COCCINELLE

La Hume ✆ 05 56 66 30 41
www.la-coccinelle.fr

Ouvert de mi-avril à novembre. Adulte : 18 €. Enfant (de 2 à 11 ans) : 16,50 €. Restauration sur place. Animations.

Avec sa mini-ferme dans un décor conçu à l'échelle des enfants et ses différentes attractions, le parc de la Coccinelle propose de nombreuses activités. En plus des lapins, des poules, des poussins, des chèvres naines, des cochons d'Inde et des canards, il y a aussi des mouflons, des lamas et des paons. Petits et grands pourront même assister au biberonnage. Côté loisirs : une dizaine d'attractions, jeux gonflables, manèges adaptés aux plus petits, train de la mine, jeux d'eau, circuits, trottinettes, vélos et spectacles de magie. Une vraie sortie familiale !

MAISON DE L'HUÎTRE ★

Port de Larros
✆ 05 56 66 23 71
www.maison-huitre.fr

Ouvert toute l'année. Jours/horaires variables selon la saison. Adulte : 6,20 € ; enfant (5-14 ans) : 4,10 €. Boutique.

Gujan-Mestras produit tous les ans 50 % des huîtres du bassin. Sur le port de Larros, la Maison de l'huître a ainsi été créée par des ostréiculteurs pour faire connaître leur métier et promouvoir le bassin ; important centre naisseur pour les huîtres. La visite (1h) se déroule en trois étapes : un film (anglais/espagnol/allemand) sur le travail de l'huître aujourd'hui, une visite guidée des différentes salles (travail de l'ostréiculteur, techniques d'élevage et histoire de l'huître à travers les siècles) et la découverte du parcours extérieur (Port de Larros).

LES SEPT PORTS

La Hume, Meyran, Gujan, Larros, Le Canal, La Barbotière, La Mole.

Quelle commune peut se vanter d'avoir au moins sept ports différents, avec chacun un caractère et une identité propre ? Le port de la Hume et sa plage avoisinante vous détendront et vous mettront d'humeur badine. Le port de Larros a été un lieu important de la pêche à la sardine. À ce jour, c'est un site de construction navale important, mais ce sont les cabanes ostréicoles et la Maison de l'Huître qui vous mettront l'eau à la bouche. Un patrimoine chargé d'histoire qui ne demande qu'à être découvert. Enfourchez votre bicyclette ou chaussez vos baskets...

L'EAU
DANS LA PEAU !
AQUALAND
BASSIN D'ARCACHON
14 TOBOGGANS ET ATTRACTIONS

OFFICE DE TOURISME DE GUJAN-MESTRAS

37, avenue de Lattre-de-Tassigny
✆ 05 56 66 12 65
www.gujanmestras.com
Qualité Tourisme. Ouvert toute l'année. Jours et horaires d'ouverture variables selon la saison.

L'office de tourisme de Gujan-Mestras se trouve à La Hume. Sur place, l'accueil réservé est chaleureux et l'on vous renseignera volontiers sur tout ce qu'il est possible de faire dans le coin à commencer par les visites guidées proposées et commentées par l'office de tourisme, ou alors équipées d'un audioguide si vous êtes plutôt d'âme solitaire. On pourra aussi vous remettre des plans. Notez que la billetterie propose des tarifs préférentiels pour les principaux parcs d'attractions.

TRÉSORS DE L'ESTRAN À MARÉE BASSE

✆ 05 56 66 12 65
www.gujanmestras.com
Adulte : 5,80 €. Enfant (5 à 11 ans) : 4 €. Réservation auprès de l'Office de tourisme (uniquement en juillet et août).

Enfilez de vieilles chaussures ou des bottes et partez à la découverte d'un espace entre terre et mer. L'estran n'aura plus de secret pour vous : la constitution de son sol si particulier, ses cours d'eau nommés « estey », ses habitants, ses crabes, ses vers de vase et vous découvrirez des plantes comestibles appelées salicornes. Le guide vous livre toutes les réponses devant un paysage sublime où les reflets du soleil jouent avec l'eau. Une balade enrichissante qui respecte la nature.

LES 12 DE LARROS €€

✆ 06 99 75 94 74
www.les12delarros.com
Ouvert toute l'année. Cabane (4 pers.) avec cuisine équipée à partir de 160 €/nuit (hors promotions de dernière minute).

Au cœur du Bassin, dans un environnement authentique et sauvage, Les 12 de Larros longent le sentier du littoral. L'architecture de ces appart'hôtels rappelle celle des cabanes ostréicoles avec leur bardage en bois. Chaque logement, parfaitement équipé pour 2 ou 4 personnes, semble ainsi suspendu au-dessus de l'eau grâce à de belles terrasses privatives ouvertes sur le Bassin. La décoration, confiée à des créateurs d'art urbain, est à la fois unique et très originale. Leurs réalisations, mobiliers et œuvres d'art sont disponibles à la vente. Un bel endroit !

LA CABANE BOHÈME €€

9, impasse du Moulin de Boisset
✆ 09 82 36 36 00
www.lacabane-boheme.com
Ouvert d'avril à fin septembre. 1 chambre d'hôtes (2 pers.) de 120 € à 150 €/nuit. Petit déjeuner inclus. Prêt de vélos.

La Cabane Bohème est une maison bois typique du bassin d'Arcachon. Christelle et Stéphane qui habitent sur place ont aménagé une suite de 37 m² pour deux personnes (adultes uniquement). À l'étage, elle dispose d'un accès indépendant, par un escalier, et d'un balcon d'où l'on profite de la vue sur le jardin et la piscine au sel (usage privatif). Passionnée de décoration, Christelle a choisi des matériaux naturels, créant ainsi un cocon chic et bohème. Linge de plage, machine à café, enceinte connectée, prêt de vélos... Les propriétaires sont aux petits soins.

CAMPING DE VERDALLE** €€

2, allée de l'Infante ✆ 05 56 66 12 62
www.campingdeverdalle.com
D'avril à fin octobre. Emplacement : 23 € à 36 €. Tente (5 personnes) : 280 € à 780 €/sem. Forfait 3 nuits possible.

Le camping municipal de Verdalle a littéralement les pieds dans l'eau. Alors certes, il faut attendre la marée haute, mais c'est ainsi lorsque l'on est hébergé au plus près de Dame Nature. Et c'est à son rythme qu'il faut vivre ! Les hébergements se répartissent entre emplacements pour tentes, caravanes et camping-cars ou location en bungalows toilés (forfait 3 nuits possible en last minute). Les services proposés sont minimes, mais il y a quand même une petite épicerie, des animations pour les enfants, des balades à pied ou à vélo... Tout commence sur la plage.

LES GÎTES DU CANAL €€

3, rue des frères Larroque
✆ 06 98 78 15 40
Ouvert toute l'année. 3 gîtes pour 4 personnes à partir de 140 € (2 nuits minimum). Wifi. Stationnement à l'extérieur.

Les gîtes du canal ont été aménagés dans une maison typique du port de Larros à Gujan-Mestras. De tailles différentes, avec 1 ou 2 chambres, les 3 gîtes permettent d'accueillir jusqu'à 6 personnes. Lorsqu'il n'y a qu'une chambre, il suffit de déplier le véritable canapé convertible dans le coin salon. Les cuisines sont modernes et bien équipées. Les trois gîtes profitent d'une terrasse privative en bois, avec un salon de jardin et un espace plancha. La situation est idéale, à la fois près de la gare et des cabanes de dégustation ostréicoles.

L'ESSENTIEL €€

49 bis, allée des Corsaires
✆ 06 61 02 03 25

Ouvert toute l'année. 1 chambre à partir de 130 €/nuit et jusqu'à 400 € le week-end en haute saison. Bain bouillonnant.

Emmanuelle propose une jolie cabane en bois annexée à sa maison. De style Ferret Capienne, cette petite chambre d'hôte vous garantit un séjour reposant, de par sa localité, mais aussi grâce à son bain à remous individuel utilisable toute l'année, niché sur la terrasse intimiste de la cabane. Literie très confortable, déco soignée, inspirée du Bassin. Le petit déjeuner maison préparé par la propriétaire est servi en terrasse ou en chambre. Vous pourrez profiter également de la piscine à partager. L'Essentiel tient sa promesse pour un agréable séjour.

Ô BOIS PLAGE €€

2, allée Giacomo Puccini
✆ 06 58 75 89 92

Ouvert de mars à fin septembre. Chambres doubles de 129 € à 169 €/nuit. Petit déjeuner inclus.

Ouvert d'avril à fin septembre, la maison d'hôtes Ô Bois Plage est l'endroit idéal pour s'accorder une pause sur le bassin d'Arcachon. Les quatre chambres, dont l'une est plus luxueuse, sont joliment décorées et bien équipées pour accueillir deux voyageurs. Vous profiterez également d'un jardin privatif où l'on déguste en toute quiétude un petit déjeuner en terrasse à la belle saison. La piscine au sel est chauffée naturellement par les rayons du soleil. L'accueil, très chaleureux, ne gâche en rien le plaisir de découvrir cette belle adresse au goût du jour.

CHEZ BRENS €€€

54, avenue de la Plage ✆ 06 85 49 27 71
www.chezbrens.com

3 chambres et 2 suites familiales de 140 € à 200 €. Wifi gratuit. Parking privé. Jardin avec piscine et boulodrome.

Située en plein cœur du Bassin d'Arcachon, avec la plage de la Hume à moins de 200 m, cette charmante maison d'hôtes bénéficie d'un emplacement idéal. Moderne et chaleureuse, elle propose cinq chambres spacieuses et lumineuses, chacune offrant à la fois un grand confort et une atmosphère intime et raffinée. Deux d'entre elles peuvent accueillir jusqu'à quatre personnes (deux adultes et deux enfants). Vous apprécierez également le délicieux petit déjeuner, la piscine dans le petit jardin, mais aussi le boulodrome. Un petit air de vacances très appréciable !

LA CABANE DU ROUTIOUTIOU €

154, esplanade des Ostréiculteurs
✆ 05 56 66 97 40
www.le-routioutiou.com

Tous les jours de 9h à 18h et jusqu'à 22h selon la météo et la saison. Formules de 11 € à 24 €. Sur place ou à emporter.

Le Routioutiou est une cabane de pêcheur typique qui a traversé les générations. Elle est gérée par un couple d'ostréiculteurs passionnés, ayant pris la suite des grands-parents. En terrasse ou dans un intérieur pittoresque avec cheminée, vous pourrez déguster leurs huîtres accompagnées d'un petit verre de vin blanc sec ou rosé, citron, vinaigre à l'échalote... Et pour certaines formules : une portion de pâté traditionnel en plus. Vos hôtes proposent également divers fruits de mer selon arrivage (bulots, crevettes, bigorneaux...). Avec vue sur le Bassin bien sûr !

© LE ROUTIOUTIOU

© LE ROUTIOUTIOU

CHEZ MIMI €

Port de Larros
© 06 85 31 32 15
http://chezmimi.eu/
Ouvert pendant les vacances scolaires (sauf en décembre) de 10h à 15h et de 18h à 22h en fonction des saisons.

© CHEZ MIMI

Après plusieurs années passées sur le marché de La Teste, Cyril a retapé la cabane d'un copain au Port de Larros. *Chez Mimi* est tout ce qu'il y a de plus traditionnel. Il nous propose ainsi des crevettes, des bulots, du pâté basque et ses huîtres. Mais il se démarque, car si les huîtres du Bassin sont bien présentes à la carte, il nous fait également connaître celles de son exploitation à Cancale, en Bretagne. Et, cerise sur le gâteau : la seconde terrasse offre une vue imprenable sur les prés salés où les couchers de soleil sont toujours aussi magiques.

LE [PETIT] CAFÉ

147, avenue du Maréchal de Lattre de Tassigny
© 06 67 88 52 20
Ouvert toute l'année. Jours et horaires d'ouverture variables selon la saison. Wifi. Terrasse. Parking (2 places).

Le (Petit) Café est l'endroit qu'il manquait pour que les Gujanais puissent se retrouver, échanger ou travailler tout en se régalant. Car plus qu'un café, c'est un salon de thé *kidsfriendly* (il y a des jeux de société) que Jennifer a choisi d'ouvrir en même temps qu'il lui est venu l'idée de changer d'air. Avec ses 20 places et sa petite terrasse, le Petit Café a tout d'un grand ! Tout au long de la journée, Jennifer propose des boissons chaudes et de délicieux gâteaux à la part réalisés par des pâtissiers locaux. Sans oublier une offre salée 100 % maison.

LES RICHESSES D'ARGUIN €€

12, quai Port de la hume
© 05 56 22 19 82
www.lesrichessesdarguin.com
Ouvert des vacances de février aux vacances de la Toussaint. Vente, dégustation et restauration.

Cette cabane ostréicole du Port de La Hume vous accueille de mi-février à début novembre et propose de délicieuses huîtres du producteur. Fraîches, iodées, charnues, au goût fin et tirant vers la noisette, les huîtres des Richesses d'Arguin sont une valeur sûre. La douzaine d'huîtres est des plus abordables et les crevettes, bulots, bigorneaux, palourdes et coques (vendus séparément ou en plateau à déguster sur place ou à emporter) mettent tout le monde d'accord. Mais les moules « façon du chef » comptent aussi parmi les spécialités de la maison. On adore !

LIMÓN €€

62, avenue de la Plage
© 06 23 26 21 73
http://limonrestaurant.fr/
Ouvert de mars à septembre, tous les jours (10h à 22h) en juillet/août. Menus de 22 à 26 € (le midi en semaine). Brunch.

Installé le long du sentier du littoral, Limón est un bar et restaurant de plage ouvert du lundi au jeudi de 12h à 14h et de 19h à 21h30, le vendredi de 12h à 21h30 et le week-end de 11h à 21h30 de mars à juin et en septembre. Et tous les jours bien sûr en juillet et août, de 10h à 22h. De la salle, mais aussi et surtout de la terrasse abritée, vous profiterez d'une belle vue dégagée sur la plage de la Hume. Le port se trouve à moins de 5 minutes à pied. On y vient aussi pour boire un verre, manger ou goûter (crêpes, gaufres, glaces). Et bruncher !

BISTRO'50 €€

50, avenue de la Plage
© 06 75 26 99 10
www.bistro50.fr
Toute l'année, sauf en janvier. Du jeudi au lundi le midi et le soir. Menu à 26 € le midi et 32 € le soir. Terrasse.

Le Bistro'50 possède une grande terrasse ombragée et une grande salle lumineuse et contemporaine, et vous offre une cuisine de qualité autour de plats faits maison avec une délicieuse formule, à un prix raisonnable, le midi et le soir. Viandes maturées, *finger food*... le chef valorise les produits de saison, frais et d'origine locale. La carte des vins affiche une cinquantaine de références, de vignobles français et du monde, et une sélection de cocktails et de vins au verre qui changent toutes les semaines. En été, le Bistro'50 reste ouvert toute la journée.

LE CHEF EST UNE FEMME €€

2, place du Vieux Marché
✆ 09 53 81 86 59
Ouvert du mardi au samedi le midi et le soir. Formule midi : 18 €. Menu soir et week-end à 33 €. Réservation conseillée.

Ici, le chef est une femme ! Et nul doute que vous êtes bien sur le Bassin. La façade en bois façon cabane ostréicole nous invite d'abord à sa contemplation, puis à celle de la carte renouvelée chaque semaine (2 entrées, 2 plats, dont 1 poisson et 3 desserts). Plat du jour le midi, terrasse, de l'ombre... Entrons ! À l'intérieur, les murs sont recouverts par les œuvres d'artistes. Mobilier, vaisselle, dressage... pas de fausse note non plus de ce côté-là. Et puis, les plats sont généreux et colorés, de saison aussi ! Le mieux, c'est encore de réserver.

LA FERIA €€

1, chemin du Loup
✆ 05 57 52 48 41
www.alaferia.fr
Maître Restaurateur. Du mardi au samedi midi et soir. Menus de 25,90 € à 45,90 €. Formule du midi : 18,90 €. A emporter.

Nous ne saurions que trop vous conseiller de vous diriger vers La Feria tant pour sa bonne ambiance du côté du bar à l'extérieur que pour une dégustation de tapas, accoudé à un tonneau design ou en salle, assis à une table face au lac. La qualité est là et la diversité des plats affichés à la carte est à des prix abordables. Amateurs affamés ? On vous recommande la parillada de viandes Don Popeye, la parillada de poissons selon les arrivages de la criée d'Arcachon ou la paella maison du chef. Plus classiques ? Il y a les entrecôtes, burgers, tartares ou magrets.

L'ESCALUMADE €€

8, boulevard Pierre Dignac
✆ 05 56 66 02 30
www.escalumade.com
Toute l'année (tous les jours en été). Menus de 33 € à 39 €. Brunch le dimanche à 45 €. Terrasse. Accueil des groupes.

Implanté sur le port de Larros, à deux pas des cabanes ostréicoles typiques de Gujan-Mestras, et perché sur deux étages avec une terrasse au bord de l'eau, L'Escalumade vous offre un beau panorama. Repris par deux associés (Julien Masanet, déjà à la tête de la Brasserie de l'Angle, et Edward d'État), cette adresse sympathique vous propose des spécialités terre & mer, et une rôtisserie le dimanche. Au menu : viandes rôties, poissons grillés et légumes de saison. Le brunch dominical, sur réservation, se décline en trois temps, en version sucrée ou salée.

LA BRASSERIE DE L'ANGLE €

28, rue Edmond Daubric
✆ 05 56 66 00 25
www.restaurant-langle-gujan-mestras.fr
Ouvert toute l'année (tous les jours en été). Menus de 19 € à 23 €. Plats de 16 à 28 €. Accueil des groupes. Terrasse.

La brasserie de l'Angle ne peut pas être plus en face de la gare de Gujan-Mestras, dans l'angle du rond-point. Entièrement rénovée en 2022, cette belle bâtisse des années 1900 abritait déjà un restaurant à l'époque. Profitant d'une grande terrasse, cette brasserie de quartier est bien connue des locaux qui n'hésitent pas à venir s'y attabler pour le déjeuner ou le dîner. À l'intérieur, la décoration est soutenue par une belle fresque représentant le port de Larros. Bien sûr, les huîtres du bassin s'invitent à la carte. Excellent rapport qualité-prix !

L'OSTERIA €€

4, avenue du Maréchal Leclerc
✆ 05 57 52 45 33
www.pizzeria-losteria.fr
Tous les jours à midi (sauf dimanche en hiver) ; du lundi au samedi le soir (sauf lundi en hiver). Formule midi 20,50 €.

© L'OSTERIA

Une belle adresse pour les amateurs de cuisine italienne ! Depuis la grande salle de cette *trattoria*, on aperçoit le pizzaïolo s'activer derrière son four. De quoi mettre en appétit, oui ! Pour les journées d'hiver ensoleillées, on opte pour une table sous la belle véranda, et on s'installe plutôt en terrasse en été. Ce jour-là ? Une pizza à la pâte fine cuite parfaitement avec une belle et généreuse garniture, mais aussi un risotto onctueux et très copieux. Soirée thématique, close up avec un magicien, chanteur live ou musiciens... il y a de belles animations.

LA MARINE €€

91, rue du Marechal Joffre
✆ 05 56 66 40 00
www.lamarine-gujan.com
Ouvert toute l'année (tous les jours le midi et le soir en juillet/août). Formule du midi à 20,50 € ; menu-carte à 39 €.

© LA MARINE

La Marine est à la fois une brasserie, avec sa terrasse végétalisée et ensoleillée, et une guinguette (l'Annexe) qui profite de la terrasse sous la pergola en face du petit port de Larros. Cathy et Jean-Claude, et toute l'équipe, vous accueillent toute l'année pour le déjeuner, le dîner ou quelques tapas bien méritées (entre 10h et 19h). Pour se mettre en appétit, les cartes ainsi que la formule déjeuner qui varie chaque semaine sont consultables sur le site internet. Tout est fait maison avec des produits locaux. Pianiste et animations musicales en haute saison.

COMPTOIR DE LA MER

Avenue de Césarée ✆ 05 57 52 49 27
www.comptoirdelamer.fr
Ouvert du lundi au samedi de 9h30 à 12h30 et de 14h à 18h30 (jusqu'à 13h et 19h en juillet/août). Boutique en ligne.

Comme son nom l'indique, finalement, le Comptoir de la Mer vend tout ce qui se rapporte de près ou de loin à la mer. Vous pourrez ainsi y faire le plein de souvenirs du Bassin, moins chers que dans les boutiques spécialisées. On peut acheter des vêtements du quotidien (pulls, cabans, chemisiers, etc.), des vêtements techniques pour la pêche ou le nautisme, des sacs étanches, des objets de décoration, du matériel professionnel pour ouvrir et présenter les huîtres et les fruits de mer. Sans oublier les conserves alimentaires et une sélection de produits de beauté.

MARCHÉ DE PLEIN AIR

Le mercredi matin de 8h à 13h.

En période estivale bien sûr c'est encore plus agréable, mais ce marché de plein air s'installe toute l'année sur la place de la gare de Gujan-Mestras. Ici, une quarantaine de commerçants ambulants sont présents pour vous faire (re) découvrir des produits de qualité. Ce marché permet de privilégier le contact entre les producteurs et les consommateurs. Il est toujours autant apprécié par les Gujanais ainsi que les touristes et visiteurs de passage. Laissez votre véhicule sur le parking relais (allée René Fourgs) et empruntez la navette gratuite pour vous y rendre.

AU CHALET GOURMAND

148, avenue du Maréchal de Lattre de Tassigny
✆ 05 56 54 67 38
www.auchaletgourmand33.fr
Du mardi au jeudi de 10h à 19h30 (jusqu'à 22h en été) ; le vendredi et samedi de 10h à 22h ; le dimanche de 10h à 15h30.

Cette adresse était sous nos yeux depuis des années, mais on n'y avait jamais mis les pieds... Le Chalet Gourmand de Tifenn et Mathias est une véritable caverne d'Ali Baba avec des produits du Bassin et des environs. Souvenirs, objets de décoration, vaisselle, épicerie fine, cave (bières locales, apéritifs...), café tchanqué... Et dans ce décor de bric et de broc, on trouve une petite cantine ouverte le midi et le soir (tartine au choix avec un pain fait maison, avec salade et dessert du jour). Ici, tout se mange, se boit ou s'achète. L'accueil est joyeux.

OSTREA KOLLECTION

5, BIS Imp. Purgaton
✆ 06 95 69 40 51
https://ostreakollection.fr/
Boutique mobile (points de vente en ligne).

Ostrea Kollection est une marque de vêtements et accessoires inspirée du bassin d'Arcachon et de la culture japonaise. Fondée par Christophe Brossaud, elle rend hommage à l'histoire partagée entre l'ostréiculture locale et le Japon. Ostrea Kollection propose des articles conçus en France, fabriqués à partir de matières naturelles et écologiques, reflétant l'artisanat et l'identité régionale. En alliant traditions françaises et japonaises, la marque crée des pièces uniques vendues dans une « boutique » mobile qui se déplace autour du bassin au gré des saisons.

SB ESTHÉTIQUE

10 bis, rue Pierre Daney
✆ 06 73 53 63 14
Ouvert du lundi au vendredi sur rendez-vous de 9h à 19h ; le samedi jusqu'à 18h.

Esthéticienne diplômée, Sandra vous reçoit sur rendez-vous dans son institut, à son domicile, dans une ambiance *cocooning girly* mais pas trop, pour que les hommes puissent aussi s'y sentir bien. Beauté des ongles et du regard, soins du visage... Pour les épilations, Sandra propose notamment, mesdames, les soins « *vajacial* (par Yona) ». Il s'agit en fait d'un soin complet pour apaiser et traiter les imperfections du maillot. Vous pouvez également lui faire confiance pour les massages relaxants (visage et corps, réflexologie plantaire, etc.) à prix très corrects.

BASSIN AVENTURES

Avenue des Loisirs ✆ 06 82 60 95 30
www.bassinaventures.com
Ouvert à partir des vacances d'hiver. Tous les jours d'avril à fin novembre. De 9 € à 22 € selon l'âge et la taille.

Le parc propose 28 parcours dans les arbres de difficultés croissantes, soit plus de 310 jeux. Cité perchée, parcours d'orientation, catapulte géante, saut en chute libre de 12 mètres, parcours d'obstacles, tyrolienne de 130 mètres, vélo suspendu... Au programme : découverte, agilité, sensation, adrénaline et aventures ! Pour tout faire, il vous faudra bien plus de 4h30. En tout cas, vous êtes vraiment au bon endroit à Gujan-Mestras pour vous amuser dès 3 ans ! On adore les nocturnes. Pensez à vérifier les horaires d'ouverture le matin de votre venue sur Google.

LA FORÊT MAGIQUE

Domaine de Taurès ✆ 06 68 07 46 75
https://laforetmagiquedubassin.com/
Ouvert de juillet à septembre, tous les jours de 10h à 17h30 (dernière entrée). De 8 € à 9 €. Réservation conseillée.

Magique pour les enfants autant que pour les adultes ! Au programme de votre aventure : 4 quêtes en forêt pour tous les sorciers de 3 à 133 ans, pour tenter de protéger Sorcelia des forces du Mal qui la menacent. Les jeux étant sur le même parcours, les familles avec plusieurs enfants pourront ainsi vivre l'expérience tous ensemble, et dans les meilleures conditions possibles. Munis d'une bonne paire de chaussures, vous entrerez dans un monde féérique et poétique pour environ 2h. Une autre forêt magique a poussé près de Libourne, au château de la Rivière.

GOLF BLUEGREEN

Route de Sanguinet
✆ 05 57 52 73 73
www.bluegreen.fr
Ouvert toute l'année. Green fee (18 trous) de 28 € à 70 €. Ecole de golf. Restauration. Boutique.

Bordé de pins, de grands lacs et de bunkers de sable blanc, le golf de Gujan-Mestras se destine aux parties alliant détente, dépaysement et performances. Ici, les parcours 9 et 18 trous s'adaptent à l'environnement dans un décor à couper le souffle. A vous de choisir selon votre niveau et vos objectifs ! Cours individuels ou collectifs, évaluations, cours à thème, initiations gratuites (2 heures) ouvertes à tous… tout est réuni pour votre apprentissage ou votre perfectionnement. Le *club house* pourra vous recevoir pour vous informer et répondre à vos attentes.

LE BELLIS

11, cours de la République
✆ 09 86 47 77 70
www.lebellis.com
Lundi au samedi 6h à 20h ; dimanche 6h à 13h30. Elu 2e meilleure baguette de tradition Française du bassin d'Arcachon.

© LE BELLIS

Il y a des talents agréables à suivre et encourager. Celui de Gaëtan Cossoul est à souligner. Parmi les spécialités, les gâteaux basques, le pastis landais, le fondant au chocolat (prix gastronomique européen Coq d'Or), le flan vanille... Le Bellis vise la qualité (moins de sucre et de mauvaises matières grasses). Avec son équipe, Gaëtan fait du pain à partir de farines Label Rouge du Sud-Ouest. Baguettes, tourtes 100 % seigle... sont à tester ! Tout est cuit dans un fournil. Encore une bonne raison de pousser la porte du Bellis. Equipe souriante et accueillante.

LE TEMPS DU CBD

59, cours de la République
✆ 06 03 60 19 89
Ouvert le lundi de 14h à 19h ; du mardi au samedi de 10h30 à 19h.

© MAËVA LE TEMPS DU CBD

A Gujan-Mestras, mais aussi à Biganos et Lanton sur le bassin d'Arcachon, c'est la charmante Maéva qui nous ouvre les portes de cette boutique dans l'air du temps. Et si vous preniez justement le temps de découvrir les bienfaits du CBD ? La jeune femme pourra ainsi vous présenter les différents produits pour réduire le stress ou les douleurs, stopper le tabac... Huiles, infusions... Il y a même du miel, des cosmétiques et une gamme pour les animaux. Maéva prendra également le temps de vous parler de la production de CBD utilisé pour les produits de la marque.

MAX'GOLF

16, avenue des Loisirs
✆ 06 82 60 38 32
www.maxgolf.fr
Ouvert pour les vacances de février, puis le week-end et tous les jours d'avril à fin novembre.
De 9 € à 13 €/joueur.

Difficile de qualifier le Max'Golf de mini-golf tant il est grand avec ses 18 pistes sur 7 000 m² dans un cadre 100 % nature. L'autre point intéressant, c'est son ancrage territorial. Tout au long du parcours, vous allez faire passer votre balle à côté du phare du Cap-Ferret (10 mètres de haut ici !), des cabanes tchanquées ou encore de la dune du Pilat. Chaque élément est ainsi accompagné d'un écriteau pédagogique. De quoi (re) découvrir l'histoire, les traditions et le patrimoine du Bassin tout en s'amusant en famille. Ici, on grimpe aussi dans les arbres !

MINI-PORT PIRATE

Lac de la Magdeleine
✆ 06 50 99 72 48
https://eratopia.fr/
Ouvert des vacances d'hiver à la Toussaint. Tarif (session de 15 minutes) : 8 €/bateau (4 personnes maximum). Snack-bar.

Envie de vous prendre pour de vrais pirates ? Venez naviguer sur le redoutable lac de la Magdeleine et devenez capitaine comme le célèbre Barbe Noire. De petits bateaux électriques insubmersibles au pavillon noir vous guident sur les flots. Ils peuvent accueillir trois moussaillons et un capitaine. Les petits pirates en herbe de plus de 9 ans pourront même piloter leur navire eux-mêmes ! Les gilets de sauvetage sont évidemment prévus sur place. Après la chasse au trésor, la taverne pirate propose des gaufres, glaces et boissons chaudes ou froides.

OCEANIC THERAPY

149, allée du Haurat
✆ 06 64 95 57 31
Ouvert tous les jours sur rendez-vous. Soins à partir de 30 €. Hammam, balnéothérapie et hydrojets.

L'aboutissement d'un projet mené par Anne-Sophie, hydrothérapeute, son mari Mathieu, ostéopathe, et sa belle-sœur, coach sportive, au sein du centre de remise en forme Vitalitude ! Avec Oceanic Therapy, Anne-Sophie travaille avec les argiles thermales sur les douleurs inflammatoires et pour relancer l'énergie avec des séances de drainage. Parmi les soins phares : enveloppement d'argile sous couverture chauffante et massage *balancing* ; une alliance du massage ayurvédique et balinais sur matelas d'eau. Elle propose aussi de délicieux massages aux pierres chaudes.

PISCINE & SPA

9, avenue des Loisirs ✆ 05 57 16 31 60
www.piscinescobas.fr
Ouvert tous les jours (horaires variables selon la saison). Enfant à partir de 3,80 € ; adulte à partir de 5,70 €.

La commune de Gujan-Mestras est dotée d'un beau centre aquatique destiné aux nageurs comme aux non-nageurs. Bassin ludique, jets d'eau et pataugeoires enchanteront les plus petits tandis que les plus grands profiteront du bassin sportif, du bain bouillonnant et du hammam de l'espace détente. Le centre propose aussi des activités variées pour se ressourcer ou se dépenser (activ'douce ou tonic). Profitez des bienfaits de l'eau et des conseils de professionnels pour vous faire du bien. Et aussi : bébé nageur, jardin d'éveil, école de natation, anniversaires...

BOWLINGSTAR ARCACHON

8, avenue des Loisirs
✆ 05 57 15 39 45
www.bowlingstar.fr

Ouvert toute l'année (jours et horaires variables selon la saison). De 5 € à 8 €. Billard : 13 €/heure. Anniversaires.

Situé à Gujan-Mestras, le Bowling Star Arcachon abrite 16 pistes et 2 mini-pistes pour les plus petits. Il y a aussi un bar et les incontournables billards : les pools anglais et les billards américains. Au total, ce sont 13 tables qui sont à votre disposition. De quoi passer une soirée sympathique en famille ou entre amis ! Le lieu peut accueillir des séminaires et autres événements privés ou professionnels. Vous pouvez aussi vous y rendre pour une soirée karaoké, des cours de danse ou encore pour organiser l'anniversaire de vos enfants.

CASINO JOA DE GUJAN-MESTRAS

2, avenue des Loisirs
✆ 05 57 73 00 78
www.joa.fr/casinos/gujan-mestras

Ouvert toute l'année. Du dimanche au jeudi et les jours fériés de 10h à 3h ; le vendredi et le samedi de 10h à 4h.

Le casino de Gujan est une longue maison coloniale alanguie entre les roseaux et les palmiers. Inspirée de la Louisiane, la bâtisse en bois blanc se trouve à deux pas des petits ports et des plus belles plages du bassin d'Arcachon. Machines à sous à haute fréquence de jackpots, roulette anglaise électronique... il y a tout ce qu'il faut pour tenter sa chance. Et pour déjeuner ou dîner, ça se passe du côté du Bistro Régent, bien connu pour ses frites à volonté et sa sauce Charmelcia.

LA TESTE-DE-BUCH

Avec ses 26 000 hectares de superficie, La Teste-de-Buch est l'une des plus grandes communes de France. Elle possède le patrimoine emblématique du bassin d'Arcachon : la dune du Pilat (la plus haute dune d'Europe), l'île aux Oiseaux et ses célèbres cabanes tchanquées, le banc d'Arguin, le lac de Cazaux (second plus grand lac d'eau douce français) et une immense forêt de pins maritimes, de chênes, d'acacias et d'arbousiers. Il y en a pour tous les goûts, des eaux rassurantes du lac de Cazaux aux longues plages océanes du Pyla-sur-Mer pour la pratique du surf, en passant par la découverte à pied ou à vélo de l'environnement maritime et forestier.

L'ÎLE AUX OISEAUX ★★

L'île aux Oiseaux est un des sites incontournables de la région. Cette bande de terre au nom enchanteur se dresse au centre du bassin. Elle est soumise au rythme des marées et peut, par moment, faire 16 km de circonférence ou seulement 5 km. Elle doit son nom aux 150 espèces d'oiseaux qui y vivent ou y passent lors de leur migration. Toutes aussi célèbres que les oiseaux, les cabanes tchanquées (les plus célèbres) se dressent sur leurs pilotis. Elles regorgent d'histoire et d'anecdotes. Peut-être trouverez-vous des locaux bavards qui vous les conteront...

Le port ostréicole de La Teste de Buch.

BANC D'ARGUIN ★★★

C'est un des joyaux naturels du bassin d'Arcachon ! Avez-vous déjà vu ce vaste banc de sable blond qui se trouve à l'entrée du bassin d'Arcachon en face de la Pointe du Cap Ferret et au pied de la majestueuse dune du Pilat ; la plus haute d'Europe qui culmine à 104 mètres de haut ? Bordé d'eaux claires, voire cristallines, comme on les imagine dans les Caraïbes, le banc d'Arguin n'a jamais deux fois le même aspect et change de visage constamment. Il se forme et se déforme au gré des vents, des vagues et des courants marins. À marée basse, il s'étend sur environ 4 km de long et 2 km de large. D'ailleurs, c'est le plus vaste du littoral girondin. Véritable lieu d'exception à la frontière entre les eaux calmes du Bassin d'Arcachon et l'océan sauvage, cet îlot sableux océanique a été classé réserve naturelle depuis 1972 et est reconnu d'importance internationale dans le cadre de la préservation du patrimoine naturel. Ses archipels sont émergés et colonisés par une faune et une flore typiques des milieux côtiers du Sud-Ouest avec la présence d'espèces protégées. C'est le cas des oiseaux qui y font leur nid et passent l'hiver. Les sternes caugek, oiseaux rares (petites mouettes à la tête de couleur noire), raffolent de cet endroit et y pondent leurs œufs, tout comme plusieurs espèces d'oiseaux migrateurs (l'huîtrier-pie, le gravelot à collier interrompu...) qui se nourrissent dans les eaux poissonneuses. On peut même observer les oiseaux avec une longue-vue à la cabane d'exposition. Les oiseaux migratoires qui y trouvent refuge ne sont pas les seuls, les plaisanciers et autres amoureux de la nature investissent les lieux en été, tout comme les ostréiculteurs qui y trouvent un abri pour leurs parcs à huîtres. Jouxtant le golfe de Gascogne, le banc d'Arguin est un site privilégié pour l'observation du grand dauphin, du phoque gris ou encore de la tortue luth. La découverte de la réserve naturelle du banc d'Arguin peut se faire tout au long de l'année avec des visites et des animations adaptées aux quatre saisons. On y accède évidemment à bord d'une pinasse, d'un chaland, d'une navette maritime ou d'un bateau-taxi à l'issue d'une courte navigation à l'intérieur du Bassin. Et en dehors d'un périmètre de protection balisé, le Banc d'Arguin est accessible librement toute l'année. Les chiens, la chasse, la destruction et la cueillette des végétaux, le bivouac, le dépôt d'ordures et le stationnement des bateaux du coucher au lever du soleil sont interdits. L'endroit est exceptionnel, grandiose autant qu'il est magique.

LES PLAGES

Que les plages du bassin d'Arcachon sont belles et agréables ! Au Pyla-sur-Mer, la plage Daniel-Meller est idéale pour les familles et les amateurs de voile tandis que la plage de la Corniche, au pied de la dune du Pilat, offre un sublime panorama sur le Banc d'Arguin. Côté océan, la Salie nord est plutôt réservée aux sports de glisse. Et, notez que les animaux sont autorisés sur la plage de la Salie sud. La plage du Petit Nice est quant à elle labellisée Tourisme et Handicap. De son côté, la Lagune est dotée d'une zone naturiste.

ZOO DU BASSIN D'ARCACHON ★

Route de Cazaux ✆ 05 56 54 71 44

www.zoodubassindarcachon.com

Du 15 février au 11 novembre 2025 (jours/horaires variables selon la saison). De 19,90 €/enfant (3 à 11 ans) à 26,90 €.

Faites le plein de nature et d'exotisme au zoo de La Teste-de-Buch, né en 1989 de la passion de Bernard Couturier, un homme qui rêvait de vivre parmi les fauves. Aujourd'hui, ils sont près d'une centaine et on les découvre de manière assez inattendue, en franchissant un pont suspendu. Frissons garantis ! Vous verrez également des éléphants, des singes, des ours, des rhinocéros, des girafes ou encore des hippopotames nains (si, ça existe !), des hyènes rayées... Et toujours dans de beaux décors. La volière africaine s'étend sur 3 000 m². Une belle sortie en famille !

OFFICE DE TOURISME DE LA TESTE-DE-BUCH

13 bis, rue Victor Hugo ✆ 05 56 54 63 14

https://tourisme-latestedebuch.com/

Accueil vélo. Qualité Tourisme. Ouvert toute l'année (jours/horaires d'ouverture variables). Label Tourisme & Handicap.

Le patrimoine naturel de La Teste-de-Buch est exceptionnel et pour ne pas en rater une miette, mieux vaut se renseigner auprès des professionnels de l'office ! Vous y trouverez des dépliants, cartes, idées balades, renseignements pratiques et bons conseils. Partez ainsi à la découverte de l'île aux Oiseaux, de la dune du Pilat, du banc d'Arguin, des prés salés... Vous trouverez également des idées d'activités comme la voile, l'ULM, mais aussi des circuits pédestres, des sorties à vélo...

BASSIN SCOOT BY LOCABEACH

679, avenue du Parc des Expostions
✆ 05 57 15 30 30
www.bassin-scoot.com

Ouvert du mardi au vendredi de 9h à 18h30 ; le samedi de 9h à 17h. Location. Atelier de réparation. Vente de vélos.

Bassin Scoot est le plus grand espace de vente de scooters près d'Arcachon ! Retrouvez Piaggio, Vespa, Aprilia et de nombreux modèles neufs ou d'occasion. Le magasin propose également des accessoires, de l'équipement pour pilote et passager, des promotions régulières et la location de longue durée (LLD). Un atelier assure également l'entretien des deux-roues. L'équipe, compétente et passionnée, est à votre écoute pour répondre à toutes vos demandes.

LA GUITOUNE €€

95, boulevard de l'Océan ✆ 05 56 83 00 00
www.laguitoune-pyla.com

Ouvert de mi-avril à novembre. Chambre double de 140 à 600 € environ. Cabanes-guitounes à partir de 180 €. Restauration.

Un hôtel-restaurant mythique ! La décoration est inspirée des années 1950 à 1970 avec des couleurs flashy. Le bar de 12 mètres de long est habillé de mosaïque où sirènes et hippocampes se promènent. Le homard en bleu et rouge se balade sur les moquettes et les papiers peints des espaces communs, quant aux poissons rouges, ils sont perchés sur les luminaires. Dans les chambres, les murs blancs sont rehaussés par des rideaux et des têtes de lit imprimés et colorés. Au restaurant, une cuisine italo-méditerranéenne et une belle carte de tapas et de cocktails au bar.

CAMPING LE PETIT NICE €€

Route de Biscarrosse - **PYLA-SUR-MER**
✆ 05 56 22 74 03 - www.clicochic.com

Ouvert du 4 avril au 28 septembre 2025. Mobil-homes pour 1 à 4 personnes de 301 € à 765 € la semaine. Jeux pour enfants.

Le Petit Nice, c'est avant tout une ambiance, l'impression d'être au bout du monde, dans un cadre privilégié. Ensuite, c'est un coup de cœur pour le panorama : comment résister à la vue imprenable sur l'océan et le banc d'Arguin ? Désormais, le camping propose uniquement des hébergements locatifs : 50 mobil-homes de 2 à 4 chambres, jusqu'à 8 personnes. Look bois ou effet tente, ils se fondent dans le paysage. Jeux pour enfants, parc aquatique ouvert en saison, terrain multisports, pétanque, ping-pong, mini-accrobranche… Et toujours un accès direct à la plage.

HOLIDAY INN EXPRESS €€

9, avenue de Binghamton
✆ 05 64 31 00 00
www.ihg.com

Ouvert toute l'année. 77 chambres (tarification dynamique). Petit déjeuner buffet inclus. Parking gratuit. Séminaires.

Situé à une quinzaine de minutes de la dune du Pilat, des plages et des ports ostréicoles, cet hôtel promet d'offrir le confort fiable de Holiday Inn Express®. Et c'est vrai ! L'établissement est particulièrement bien tenu. Les chambres, dont certaines peuvent être communicantes, sont grandes et joliment mises en lumière. Elles sont aussi bien équipées et la literie est idéale pour passer une bonne nuit de sommeil. Ici, pas de miniatures, mais les produits de salle de bains à disposition sont végans. On aime l'idée de sortie affichée chaque jour dans l'ascenseur.

La Dune du Pilat depuis le banc d'Arguin.

LA DUNE DU PILAT ★★★★

Espace d'accueil de la Dune
PYLA-SUR-MER
✆ 05 56 22 12 85
www.ladunedupilat.com
Accessible toute l'année. Espace protégé réglementé. Stationnement payant. Parcours de visite et activités gratuites.

Faut-il encore présenter la majestueuse Dune du Pilat, la plus haute dune d'Europe, qui continue d'émerveiller ses visiteurs par son immensité et ses paysages à couper le souffle ? Dominant l'entrée du bassin d'Arcachon, elle s'étend sur plus de 500 mètres de largeur, atteint près de 102 mètres de hauteur et offre un panorama spectaculaire. Depuis son sommet, le regard embrasse l'océan Atlantique, la forêt landaise, la presqu'île du Cap-Ferret, le banc d'Arguin et le bassin. Ce chef-d'œuvre de la nature, fragile et en perpétuel mouvement, se déplace chaque année de un à cinq mètres vers la forêt, grain après grain, témoignant de milliers d'années d'histoire et de l'incroyable dynamique des éléments. Rejoindre ce site exceptionnel est aujourd'hui facilité par des aménagements modernes et bien pensés. Une nouvelle piste cyclable mène à l'entrée du site, et un axe piétonnier conçu comme une promenade traverse l'espace d'accueil, invitant à flâner avant d'entreprendre l'ascension. On peut également s'y rendre en bus ou même en bateau, faisant de la Dune une destination accessible à tous. Depuis l'été 2023, l'espace d'accueil entièrement rénové propose des boutiques culturelles et de restauration ouvertes tout au long de l'année, et un escalier saisonnier, installé d'avril à octobre, permet de gravir la dune en douceur tout en préservant ce site naturel. Une fois au sommet, la magie opère. À marée basse, les bancs de sable dévoilent des teintes paradisiaques, notamment la Réserve naturelle nationale du Banc d'Arguin, qui s'étend en contrebas. L'été, la Dune du Pilat attire de nombreux visiteurs ; pour profiter pleinement de la quiétude du lieu, mieux vaut venir tôt le matin ou en fin de journée. Les heures dorées du lever ou du coucher du soleil offrent des instants uniques où la lumière sublime chaque détail du paysage.

Tout au long de l'année, des visites guidées thématiques permettent de découvrir les richesses naturelles et historiques du site, tandis que des animations ludiques et pédagogiques s'adressent aussi bien aux familles qu'aux randonneurs. En été, les balades au coucher du soleil, encadrées par des guides nature, sont particulièrement prisées pour vivre un moment hors du temps. Randonnées, balades contées et ateliers éducatifs enrichissent également l'expérience des visiteurs. Classée au niveau national et intégrée au Réseau des Grands Sites de France, la Dune du Pilat fait l'objet d'une gestion exemplaire par le Syndicat Mixte de la Grande Dune du Pilat, en partenariat avec le Conservatoire du littoral. Les efforts de préservation et de valorisation permettent de garantir un équilibre entre l'accueil du public et la protection des milieux naturels. Les recettes issues du stationnement sont entièrement réinvesties dans la gestion du site : collecte des déchets, suivis naturalistes et outils gratuits d'éducation à l'environnement... Pensez à l'abonnement annuel ! Avant de venir, il est essentiel de bien préparer sa visite en consultant la réglementation et les recommandations sur le site internet, afin d'aborder ces espaces sauvages avec respect et sérénité. Cette grande dame de sable, témoin de l'histoire et des forces naturelles, continue de fasciner par son mouvement, son ampleur et la diversité des paysages qu'elle domine. Une visite à la Dune du Pilat, c'est l'assurance d'une rencontre inoubliable avec un site d'exception, en constante évolution, au cœur du bassin d'Arcachon.

La dune du Pilat.

© DOMAINE DE LA FORGE

© DOMAINE DE LA FORGE

© DOMAINE DE LA FORGE

DOMAINE DE LA FORGE**** €€

Route de Sanguinet

✆ 05 64 10 20 20 - www.domainedelaforge.com

Toute l'année. Location de cottages ou chalets (2 ou 3 chambres) à partir de 126 €/nuit en haute saison. Parc aquatique.

Le Domaine de la Forge est un parc résidentiel de loisirs de 19 hectares dont les parcelles spacieuses se trouvent dans un cadre intimiste et arboré. Les hébergements, allant des emplacements aux cottages et chalets confortables, sont nichés au cœur d'une magnifique forêt de pins et de chênes. À 8 km de la plage, ce havre de paix allie détente et divertissement (tournois de ping-pong, balades à vélo, jeux aquatiques, etc.). Idéal pour les familles, le Domaine de la Forge constitue un point de départ parfait pour explorer Arcachon, Biscarrosse et la dune du Pyla.

© DOMAINE DE LA FORGE

© DOMAINE DE LA FORGE

HOTEL HA [A] ITZA €€

1, avenue Louis Gaume - **PYLA-SUR-MER**
© 05 56 22 06 06
http://haaitza.com

Ouvert toute l'année. Chambre double à partir de 255 € ; suite à partir de 475 € ; appartement à partir de 1 000 €.

L'hôtel ha [a] ïtza – signifiant « le roc » en basque – a vu le jour en 1930. Transformé avec soin par Philippe Starck, il doit sa renaissance à Sophie et William Techoueyres, amoureux de la région et porteurs d'un projet mêlant authenticité et modernité. Le Grand Salon offre une ambiance éclectique où photos de famille, souvenirs d'Afrique et objets chinés dialoguent sous la lumière des vitraux colorés de la réception. Dans un décor à la manière d'un yacht-club, le restaurant Skiff Club, doublement étoilé, invite à une expérience culinaire d'exception.

LA CABANE DU TAPIOOU €€

5, avenue des Pêcheurs
© 05 56 66 53 72

Fermeture annuelle en janvier. Ouvert tous les jours de 10h à 19h ou 22h en haute saison. Terrasse.

Dans le port ostréicole de La Teste-de-Buch, la cabane du Tapioou est accessible aux personnes à mobilité réduite. Ainsi, tout le monde peut venir profiter de la dégustation des huîtres du bassin fraîchement ouvertes devant vous par le producteur, à partir de 11h. La terrasse en bois est un vrai plus. Il y a de la place, elle est bien orientée et ombragée grâce aux nombreux parasols. Pour trouver cette baraque à huîtres, empruntez la digue centrale et dirigez-vous vers la cabane aux volets rose fuchsia. C'est la numéro 20, celle avec deux palmiers en vigie !

MAZETTE BORDEAUX

© 07 86 30 92 57
https://mazettebordeaux.fr/

Livraison bassin d'Arcachon et Bordeaux Métropole.

Mazette Bordeaux est un traiteur événementiel. Aussi beau que bon, *Mazette Bordeaux* livre entre Bordeaux Métropole et le bassin d'Arcachon. Au menu, il y a des plateaux de pintxos, de fromages et/ou de charcuterie. Envie d'une mise en bouche ? Il suffirait presque de jeter un rapide coup d'œil à leur page Instagram. Généralement, les plateaux de Mazette font toujours sensation. On les imagine très bien pour un mariage, un anniversaire ou encore un événement professionnel. Le secret, ce sont les fleurs comestibles, la couleur, les découpes graphiques et le goût.

LE PESTACLE €

3, boulevard de Curepipe
© 05 24 19 68 45

Ouvert toute l'année. Du mardi au samedi midi et soir. Formule du midi : 21 €. Tapas & pizzas. Terrasse. Animations.

Vous connaissez tous le chanteur Jérémy Frérot (ex du duo Fréro Delavega) ? Originaire de Bruges et amoureux du bassin d'Arcachon, il a ouvert, avec deux associés, Igor et Théo Sonnier, un bar, une vinothèque, un restaurant et « plus si affinités » ! Toute l'année, on y vient alors pour découvrir de jolis flacons bien sélectionnés, partager des tapas autour d'un verre le midi comme le soir, déguster quelques pizzas cuites au feu de bois aux noms évocateurs, comme la *Dunedupyla*, écouter de la musique et pourquoi pas, danser... La formule déjeuner est intéressante.

L'AILLET €

16, place Gambetta
© 05 40 70 23 98

Ouvert toute l'année. Du mardi au vendredi, le midi et le soir. De 25 € à 29 € le midi ; de 44 € à 49 € le soir.

Avec sa belle terrasse ombragée, l'Aillet nous régale avec ses bons petits plats, dans une ambiance de bistrot décontractée. Le chef Rémi s'attelle alors à préparer une cuisine traditionnelle à laquelle il ajoute quelques petites notes personnelles. Par exemple, il accompagne les moules marinières de poireaux grillés et il cuit le cabillaud à la flamme avec une crème de safran, un fenouil croquant et des câpres à queue. Le soir, on a le choix entre le menu à 44 euros en 4 services ou à 49 euros en 5 services pour l'ensemble des convives. Réservation recommandée.

CHEZ MADAME €

171, rue Marcel Dassault © 05 56 54 97 99
www.restaurant-appelezmoimadame.fr

Ouvert toute l'année. Jeudi de 17h à 2h ; le vendredi et le samedi de 17h à 4h. Tapas. Terrasse. Animations. Traiteur.

La Kantine des Copines s'appelle désormais *Chez Madame*. Et rien d'autre n'a changé ! Ce bar et restaurant d'ambiance est un lieu atypique, animé et très convivial, relevé par un décor champêtre et d'un petit quelque chose de bric et de broc très chouette. Mais, l'été, c'est en terrasse bien sûr que l'on préfère boire un verre et déguster quelques planches, tartines ou burgers avant, pendant ou après une partie de pétanque sur le boulodrome. Chez Madame, la mère et le fils organisent aussi des soirées cabaret ou à thèmes ou des concerts sur la scène de théâtre.

© BOBUN

© BOBUN

© NELLY BOURLET

BASSIN BO BUN €€

2, avenue binghamton - **LA TESTE-DE-BUCH** © 05 56 66 07 09
www.bassinbobun.com

Ouvert tous les jours le midi et le soir. Menus de 18,90 € à 21,90 €. Accueil des groupes. Terrasse. A emporter.

Cette grande cantine vietnamienne est maintenant dirigée par Cao Thi Na, cheffe cuisinière forte d'une riche expérience dans un hôtel 3 étoiles au Vietnam, et son époux Thioula, accompagnés de Le Thi Loan, la cousine de Thi Na. La cuisine reste fidèle à ses racines avec des plats emblématiques, comme le pho, le bo bun, le pad thaï ou encore le banh mi. La méthode street food est au cœur de l'offre : commandes sur place et plats préparés à la minute. Parmi les nouveautés : des sushis tous les mardis. Bassin Bo Bun séduit par son concept simple et efficace.

© NELLY BOURLET

MAISON GIBBON €

1270, avenue Gustave Eiffel

✆ 05 56 54 31 24 - www.restaurant-lake.fr

Ouvert tous les jours, de 8h30 à 19h ou 22h le vendredi et le samedi. Formule du midi : 19 €. Brasero le soir. Bar.

Il faut oser s'aventurer au fond de la zone commerciale des Océanides, mais si l'on vous disait que la Maison Gibbon (ex-Lake Restaurant) est posée au bord du lac, face à la nature… Et, la magie opère ! L'ambiance évolue : alcôves cosy dès 8h30 pour travailler ou savourer un café, tables braséros en terrasse le soir pour déguster des plateaux de viandes mixtes. Une salle peut accueillir les groupes et séminaires, mais vous pouvez aussi privatiser tout l'établissement. Menu du jour à 19 € (peu d'options végétariennes), burger maison, cocktails… Une adresse sympa !

PILOTIS €€

4, boulevard de Curepipe

✆ 05 57 63 88 76

Ouvert toute l'année. Jours et horaires d'ouverture variables selon la saison. Carte : 15/20 € environ. Terrasse. Bar.

Lorsqu'ils ont repris cette adresse du port de La Teste-de-Buch, Amélie et Guillaume ont choisi d'en faire une crêperie, mais aussi un bar pour faire revivre ce bel établissement qui dispose aussi d'une petite terrasse où l'on se retrouve avec des amis autour d'un des tonneaux à l'heure de l'apéro. Mais nous, on préfère le rooftop, car la vue est encore plus imprenable ! Pour affronter l'hiver, et généralement jusqu'à la fermeture annuelle entre mi-février et mi-mars, le couple nous propose aussi de venir manger une fondue savoyarde (nature ou aux cèpes).

LE ROBINSON CRUSOÉ €

6, avenue de Binghamton

✆ 05 56 54 77 27

http://crusoe.fr/

Ouvert toute l'année. Du mardi au dimanche le midi et du mardi au samedi le soir. Menus de 13,50 € à 23,50 €.

Ne vous fiez pas à l'aspect extérieur de ce restaurant et poussez la porte pour entrer dans le monde de Robinson Crusoé. La salle est spacieuse et la terrasse ombragée. Si la décoration peut sembler kitsch à certains, disons plutôt qu'elle est originale avec un côté exotique. Elle plaît beaucoup aux enfants. La carte, variée, est celle d'une brasserie avec un buffet d'entrées, des desserts à volonté, des plats traditionnels et des fruits de mer. Et deux spécialités : la daurade royale rôtie à l'huile de romarin et l'entrecôte grillée à la fleur de sel de Guérande.

SURF CAFÉ €

5-7, rue Camille-Pelletan

✆ 05 56 66 38 61

Ouvert toute l'année, du mercredi au dimanche de 11h à 2h. Menu du marché à 22 € (le midi). Terrasse. Animations.

Dans ce lieu où la convivialité est au cœur de tout, le cadre est délicieusement décalé et subtilement branché, dans un décor inspiré d'une touche *jungle* subtilement tendance. En cuisine, le chef prépare à merveille les tapas, les planches à partager, les plats de viande ou de poissons et de bons desserts. À deux pas du port de La Teste-de-Buch, le Surf Café est le spot idéal pour passer des soirées entre amis ou en famille dans une ambiance musicale, avec des concerts en live, DJ set ou devant les retransmissions sportives. Rien à redire sur le service !

LA CANTINA DI DONKA MILLO €€

5, avenue de Binghamton

✆ 05 56 66 32 14

https://lacantinadidonkamillo.fr/

Toute l'année. Du lundi au samedi, le midi et le soir. Formule du midi : 17,90 €. Plats et pizzas de 9,50 € à 32 €.

Exit le terrain de pétanque indoor et les références à Don Camillo : la décoration a été entièrement repensée pour offrir un cadre moderne et accueillant. Outre les pizzas, les pâtes et les recettes italiennes, la nouvelle Cantina di Donka Millo vous propose aussi des viandes maturées et un cochon de lait rôti au feu de bois (le week-end et en semaine sur réservation). Autre spécialité : l'oreille d'éléphant ! Par ailleurs, la carte des vins compte désormais 110 références.

LE CLUB DES TOQUÉS €€

35, boulevard d'Arcachon ✆ 05 56 66 60 07

http://www.golfarcachon.org

Ouvert toute l'année. Tous les jours de 8h ou 9h à 17h30 ou 18h30. Formule déjeuner à 22 € (plat et dessert). Terrasse.

Sur les hauteurs de La Teste avec vue sur le bassin d'Arcachon ! C'est l'endroit idéal pour boire un verre ou pour une pause déjeuner en terrasse. À l'intérieur, toute la décoration a été revue et corrigée par les Toqués du bassin (traiteur). Concoctée par Alissia Morandeau qui détient le titre de meilleure apprentie de France 2016, la formule déjeuner est composée d'un plat et d'un dessert. Sa cuisine est généreuse, régressive, mais dans l'air du temps. L'épaule d'agneau confite est un plat incontournable en été (à partager ou non !). Une adresse confidentielle.

© SOPHIET

© SOPHIET

© SOPHIET

LE CABANON €€

136, avenue du Général-de-Gaulle
✆ 05 56 66 93 05
www.lecabanon-arcachon.fr

Ouvert toute l'année. Du mercredi au dimanche le midi et le soir (+ le mardi en haute saison). Menu à 36 €. Terrasse.

La réputation du Cabanon n'est plus à faire. D'abord, le cadre... Ici, le bois a repris ses droits et donne au lieu une ambiance chaleureuse très appréciable, notamment l'hiver. La terrasse ombragée et fleurie accueille même des groupes musicaux. Un verre de vin, une assiette de bonnes tapas, quelques amis, un peu de musique, en faudrait-il plus pour être heureux ? La décontraction est de rigueur et elle est d'ailleurs revendiquée par l'équipe du Cabanon. Côté assiettes, vous goûterez à une cuisine au bon goût régional tant du côté mer que du côté terre.

© SOPHIET

© SOPHIET

LA CO [O] RNICHE €€

46, avenue Louis Gaume - **PYLA-SUR-MER**
© 05 56 22 72 11
www.lacoorniche-pyla.com
Ouvert tous les jours le midi et le soir. Réservation recommandée. Menus de 83 à 88 €. Voiturier. Bar. Hôtel. Boutique.

Waouh ! La plus belle vue du bassin d'Arcachon se trouve sans aucun doute à La Corniche. Cet hôtel-bar-restaurant de grand standing offre un panorama sur la Dune du Pilat, l'océan Atlantique, le banc d'Arguin, la pointe du Cap Ferret et la forêt de pins. Les points phares du Bassin se sont réunis pour créer un tableau d'une beauté sans égal, visibles depuis la terrasse à ciel ouvert où loge la piscine à débordement réservée à la clientèle de l'hôtel et du restaurant. C'est Philippe Starck qui s'est chargé de la déco. L'ambiance se veut chic et distinguée.

LE FER À CHEVAL €€

785, route de Cazaux © 05 56 54 10 27
www.restaurant-leferacheval.fr
Mardi au vendredi le midi et les jours de courses, le soir pour les groupes. Brunch le dimanche. Formule midi à 19,50 €.

Le Fer à Cheval est le restaurant panoramique de l'hippodrome de La Teste-de-Buch. Dans un cadre verdoyant donc, avec vue directe sur les pistes, vous goûterez à une cuisine généreuse et traditionnelle agrémentée toutefois de quelques touches d'originalité, car le chef Philippe Gaudou donne libre cours à son imagination. Par conséquent, il peut changer la carte du jour au lendemain en fonction de ses trouvailles au marché et de ses inspirations. Les prix, tout à fait raisonnables, finiront de vous convaincre. Le Fer à Cheval vous reçoit pour le brunch le dimanche.

LA GUITOUNE €€

95, boulevard de l'Océan
© 05 56 83 00 00
www.laguitoune-pyla.com
Ouvert de mi-avril à novembre. Restauration & brunch. Bar. Hébergement.

La Guitoune profite d'un bel emplacement près de la plage et à deux pas de la Dune du Pilat. Vous pourrez ainsi vous installer en terrasse, face au Bassin, ou à l'intérieur dans une ambiance douce et *cosy* imaginée par Bambi Sloan. Inspirée des années 1950 à 1970, très colorée, la décoration ne manque pas d'originalité : le bar est orné de mosaïques, les fauteuils en cordage jaune vif sont bien d'époque, les rideaux sont imprimés... Vous goûterez à une cuisine italo-méditerranéenne, familiale, simple, gourmande et saine. Brunch le dimanche en saison.

LASUITE257 €€

257, boulevard de l'Océan
© 05 56 22 13 34
http://lasuite257.com/
Ouvert toute l'année du jeudi au dimanche (19h à 2h) ; tous les jours en juillet/août et pendant les vacances scolaires.

La Suite 257 allie gourmandise et convivialité ! Dans un cadre travaillé comprenant une salle intérieure, deux terrasses et trois bars, les soirées débutent avec l'apéritif et s'étirent jusque tard dans la nuit. Les menus sont régulièrement renouvelés et les assiettes gourmandes, préparées et présentées avec soin, ravissent tous les épicuriens. L'établissement propose de nombreuses soirées à thèmes tels que les petits dîners du jeudi entre filles où l'on s'amuse beaucoup autour d'un menu spécialement composé. Ambiance festive garantie !

LA TABLE DU MARCHÉ €€

2, rue François Legallais
© 05 56 22 97 56
www.latabledumarche-lateste.fr
Ouvert toute l'année. Tous les jours le midi ; jeudi au samedi le soir (+ le dimanche en été). Formule du midi à 23 €.

A la Table du Marché, le nouveau chef Julien Thomas ne s'est pas fait prier pour apporter de petites touches basques à la carte. Et on retrouve aussi des plats généreux et réconfortants : le camembert rôti, les xipirons en persillade et au chorizo, la poitrine de cochon, la brioche perdue... Sans oublier l'immanquable tartare de bœuf ou la pièce du boucher. À chaque saison son ambiance ; *bodega* en terrasse pour les beaux jours, refuge de montagne le reste de l'année à l'intérieur. La salle est particulièrement chaleureuse. Un maître-mot : la convivialité !

AU HANGAR

340, avenue Denis Papin
© 09 88 09 04 04
www.au-hangar.fr
Ouvert toute l'année. Food court. Bar à ambiance. Terrasse. DJ set, animations et soirées à thèmes.

Le Hangar est le *food-court*/bar d'ambiance du bassin d'Arcachon. On vient ici pour manger, boire, s'amuser, mais aussi se retrouver entre amis autour d'une grande table dans un cadre à la fois convivial et indus'. Au Hangar, les commerçants locaux vous proposent diverses spécialités (sushis, pizzas, planches de charcuteries/fromages, huîtres...). Si vous avez peur de vous ennuyer, tout est prévu côté animation, notamment avec la diffusion de matchs sur écrans géants. Et surtout, la fiesta lors de concerts, soirées à thèmes et DJ sets en seconde partie de soirée !

POISSONNERIE DU PYLA

23, boulevard de l'Océan
✆ 05 56 54 55 24

Ouvert d'avril à fin décembre. Tous les jours, sauf le lundi en basse saison.

La Poissonnerie du Pyla, une référence du bassin, vous propose une belle sélection de poissons, fruits de mer et crustacés. Dégustez un verre de vin aux tables hautes extérieures, dans une ambiance chaleureuse et décontractée. Vous pourrez même acheter une bouteille de vin pour la rapporter à la maison ou en pique-nique. Martin et son équipe vous réservent un accueil attentionné et préparent des plateaux de fruits de mer d'exception, ainsi que des plats cuisinés à savourer sur place ou à emporter également. Profitez de l'esprit vacances !

WHITE MOUSTACHE

18, rue Lagrua
✆ 05 56 66 55 72
www.whitemoustache.fr

Ouvert du lundi au samedi de 16h30 à 22h ; le dimanche et les jours fériés de 18h à 22h. Happy hour. Tapas. Animations.

Le White Moustache est un vrai palais de la bière. Bien sûr, la qualité des animations et des soirées ainsi que celle du service ont fait sa bonne réputation autant que le nombre de références en bières, whiskies, rhums, vins, champagne et cocktails accompagnés de quelques grignotages. Le plus, ce sont les tireuses à bières à la disposition des clients pour goûter à la bière maison, la White Moustache, à la Mira (bière du bassin d'Arcachon) ou encore à la Vitus. Tous les mois, des bières à la pression ou en bouteilles sont soigneusement sélectionnées.

LA CABANE DU PALIQUEY

115, avenue Ovide Rousset ✆ 05 56 66 73 91
http://lacabanedupaliquey.fr

Toute l'année (sauf janvier). Tous les jours (fermé le mercredi en basse saison) de 9h30 à 19h ou 21h en juillet/août.

A deux pas du port de La Teste-de-Buch, la Cabane du Paliquey est devenue en quelques années le lieu incontournable des amateurs d'huîtres du bassin d'Arcachon. Charnues et goûteuses, elles se dégustent toute l'année sur place. Et pourquoi pas dans la pinasse installée en terrasse aux beaux jours ou à la maison ? Outre les huîtres, la sympathique équipe de la Cabane du Paliquey propose des bulots, des bigorneaux, des crevettes ou encore du pâté. Pour accompagner le tout, le très célèbre Blanc des Cabanes, un vin immergé six mois dans le bassin d'Arcachon.

CHEZ JEJHENE

15, avenue des Pêcheurs
✆ 05 57 73 62 88

Ouvert toute l'année, tous les jours. Dégustation sur place. Vente au détail.

Avec ses lignes et ses parasols rouges, il n'est pas bien difficile de repérer la cabane n° 15 sur le port de La Teste-de-Buch. Et puis, Chez Jejhene, il y a toujours des petites choses à lire sur l'art de vivre, l'amour ou l'amitié avant de franchir la porte. Sur place ou à emporter, comme il n'est pas coutume de le rappeler, Hélène et Jérôme Laboual vous proposent de déguster des huîtres (de leur production) et de Quiberon, à accompagner de crevettes roses, de bulots, de bigorneaux ou d'un pâté du coin. Le tout arrosé d'un verre de vin blanc d'Argilius.

LES SOURIS FROMAGÈRES

32, rue Victor Hugo ✆ 05 57 52 12 50
www.lessourisfromageres.fr

Ouvert du mardi au samedi de 9h à 13h et de 15h30 à 19h. Plateaux de fromages, pièce montée. Epicerie fine.

Elles sont gourmandes ces souris et elles ont dégoté pour vous le meilleur du fromage français, bien sûr, mais aussi étranger. Passionnée par les fromages, Anna vous reçoit et vous conseille avec gentillesse. Sûre de ces fournisseurs (des producteurs fermiers qui cultivent le goût avec passion), elle compose le plateau qui fera frémir de plaisir les papilles de vos convives. Vous trouverez également de la charcuterie et de l'épicerie fine, souvent régionale, soigneusement sélectionnées avec le même amour du goût. Amateurs de fromages, cette adresse est pour vous !

TCHANQUÉ GOURMET

26, rue des Maraîchers ✆ 05 56 54 14 52
https://tchanque-gourmet.com

Ouvert du lundi au jeudi de 9h à 12h30 et de 13h30 à 17h30 ; le vendredi de 9h à 12h30 et de 13h30 à 16h.

Mélanie Badets, une ingénieure agronome au nez et au palais fins, a repris Cafés Tchanqué – du nom des fameuses cabanes tchanquées – et leur a donné le nom de Tchanqué Gourmet. Elle aussi connaît bien le café et la torréfaction. Ses cafés viennent des montagnes d'Inde, d'Afrique et d'Amérique latine. Elle les sélectionne avec soin et privilégie des petits producteurs passionnés par leur métier. Les collections Cafés Tchanqués, Cabane 53 -en référence au Bassin d'Arcachon- et Empreinte (cafés bio) se déclinent en sachets de 200 grammes à 1 kg et en capsules.

BATTLEKART

1051, boulevard de l'Industrie
✆ 05 56 22 81 20
www.battlekart.com/fr/

Ouvert toute l'année. Tous les jours, sauf le lundi pendant la période scolaire. Une partie : 22 € (tarifs dégressifs).

C'est du karting ou un jeu vidéo ? *Avec BattleKart, tu ne joues pas au jeu vidéo, mais dans le jeu vidéo* ! L'enseigne a débarqué dans le Sud-Ouest ! Plein gaz à bord d'un kart électrique, vous allez pouvoir défier vos amis sur différents circuits projetés au sol. La réalité virtuelle s'invite ainsi sur la piste, et c'est très bien fait ! Vous n'avez plus qu'à interagir avec le décor et appuyer sur le champion pour remporter la course. Le complexe de La Teste-de-Buch est doté d'un bar où sont retransmis les événements sportifs et de deux salles de quiz room.

GOLF INTERNATIONAL D'ARCACHON

35, boulevard d'Arcachon © 05 56 54 44 00
www.golfarcachon.org
Ouvert toute l'année. Jours et horaires d'ouverture variables selon la saison. Restauration. Boutique. Ecole de golf.

Le cadre exceptionnel contribue à l'intérêt du parcours. Dans un premier temps, il est vallonné. Plus plat sur la deuxième moitié, vous serez confronté à des obstacles d'eau. Débutants ou chevronnés, vous apprécierez forcément les senteurs qui se dégagent des pins, mimosas et arbousiers. Il s'agit d'un parcours de 18 trous sur plus de 5 700 mètres avec un par de 72. Le *Club des Toqués* vous accueillera dans un cadre convivial pour un moment de détente et un bon déjeuner.

WAGGAS SCHOOL

Route de Biscarosse - **PYLA-SUR-MER**
© 06 32 04 32 07
www.waggaschool.com
Ouvert tous les jours de mars à début novembre. Vols « découverte » : 55 € (10 min) ; 90 € (20 min). Stages. Bons cadeaux.

Découvrir le bassin d'Arcachon et la Dune du Pilat depuis le ciel et admirer ce paysage unique avec les bancs de sable et les parcs à huîtres du banc d'Arguin ou la presqu'île du Cap Ferret, c'est possible en parapente. Accompagné par un moniteur diplômé, vous volerez en toute sécurité. Les phases de décollage et d'atterrissage sont douces (il suffit de se laisser guider). Deux types de vols sont possibles : un vol « découverte » très calme ou un vol plus sensationnel qui mélange le vol calme avec des passages près du sol et des manœuvres plus dynamiques.

YAK'OCEAN

121, Les Solariales © 06 11 92 05 83
www.yakocean.com
Ouvert d'avril à fin octobre. Randonnées en canoë-kayak, stand-up paddle ou pirogue. Autres activités.

Yak'Ocean vous propose de multiples activités pour découvrir le bassin d'Arcachon en toute intimité, notamment l'Ile aux Oiseaux, les cabanes tchanquées, la dune du Pilat, le banc d'Arguin et le lac de Cazaux-Sanguinet (40). Les plus aguerris pourront louer le matériel tandis que les amateurs pourront s'initier à la randonnée en pirogue ou choisir une des balades environnementales accompagnées par un professionnel. Yak'Ocean met un point d'honneur à aborder le sujet de la préservation de notre environnement et de son équilibre fragile. Uniquement sur réservation.

LE BALAP

242, boulevard de l'Océan
© 06 81 50 36 75
http://lebalap.com
Ouvert toute l'année sauf en janvier. Tous les jours de 17h à 2h en juillet/août. Terrasse. Restauration.

Si tu ne connais pas Le Balap à La Teste, tu ne connais rien... A sa tête ? Zézette qui ne zozote pas, Papa le bien nommé et le fiston, Tony. Toute cette petite famille attire tous les fêtards du coin, mais pas n'importe lesquels, ceux qui aiment leur « zique » c'est-à-dire les rythmes des années 80's et qui adorent l'ambiance bon enfant dans un décor inspiré de la Thaïlande avec sa terrasse bois. Quand vous aurez testé Le Balap, sûr que vous y reviendrez, car les soirées sont inoubliables. On y croise parfois quelques VIP qui passent leurs vacances sur le bassin.

LE BARÉKA

2B, allée Ferdinand de Lesseps
© 07 65 29 93 29
www.lebareka.com
Du jeudi au samedi de 19h à 2h. Cabaret, soirée à thèmes et comedy club. Cocktails & tapas. Privatisation possible.

Le Baréka est avant tout un bar, mais c'est aussi et pour beaucoup un cabaret avec des shows en tout genre ! Jessica, une artiste dans l'âme, et son mari, Nicolas, nous proposent alors une programmation riche en couleurs. Comedy club (gratuit), danse latino, soirée drag, yoga & cocktails, soirées célibataires, scènes ouvertes... Et des soirées filles avec des chippendales, sans oublier les revues ! Franchement, on ne risque pas de s'ennuyer au Baréka ! Les entreprises peuvent privatiser les lieux pour un événement sur mesure. La food est préparée sur place.

CLUB PARADISO

3, avenue des Hortensias
© 06 33 32 64 02
www.clubparadiso.fr
Ouvert toute l'année. Jours et horaires d'ouverture variables selon la saison. Terrasse et jardin. Tapas & restauration.

Au Club Paradiso, les barmen s'agitent derrière un grand bar en bois pour préparer de délicieux cocktails, servir de bons vins ou de bonnes bières accompagnés de tapas, burgers, etc. On déguste en terrasse sur la rue ou dans le grand salon avec sa cheminée, son bar à shooter et sa scène de théâtre qui se transforme ensuite en *dancing*. Entrent alors en scène DJ et concert pour chauffer l'ambiance... A l'arrière, le patio et ses balançoires et le jardin, plus *lounge*, sont parfaits pour se détendre et jouer à la pétanque. Ambiance conviviale garantie midi et soir !

HIPPODROME BÉQUET

785, route de Cazaux
✆ 05 56 54 74 26
www.hippodrome-lateste.com

Ouvert de mars à septembre. Entrée : 3 € (gratuit pour les -18 ans). Restauration. Parking. Animations pour les enfants.

Géré par la Société des Courses de La Teste, l'hippodrome de La Teste-de-Buch fait partie des quatre plus beaux de France. Installé sur 80 hectares de verdure, il accueille du mois de mars au mois de septembre pas moins de 18 journées de courses au galop exclusivement. Développé et modernisé au fil des années, il est doté de 600 places assises et d'un centre d'entraînement. Le restaurant panoramique du Fer à Cheval (120 couverts) offre une vue exceptionnelle sur les pistes. Des visites sont parfois organisées par l'Office de tourisme de La Teste-de-Buch.

LA CAZAUTE €€

Esplanade Jean Labat
✆ 05 56 83 97 09
www.lacazaute.fr

Ouvert en saison du mardi au dimanche le midi et le soir. Plats de 18 € à 25 €. Terrasse. Sur place ou à emporter.

Sur les rives de l'étang de Cazaux, la Cazaute installe ses tables à l'extérieur sous quelques parasols bienvenus. Comme une cabane, l'esprit est celui des vacances et du farniente. D'ailleurs, vous pourriez même laisser vos affaires sur la plage le temps de votre repas tant la vue est vraiment dégagée. Planches apéritives, huîtres du Bassin, salade de chèvre chaud, magret de canard, burger basque ou moules-frites... Et en dessert, sur place ou à emporter : des crêpes, des glaces, des gaufres comme dans un snack. Il y a aussi quelques tables à l'intérieur.

CAZAUX

Le village de Cazaux est rattaché à la commune de La Teste-de-Buch. Le lac de Cazaux-Sanguinet est le deuxième plus grand lac d'eau douce de France. Le village est aussi doté d'un superbe port de plaisance et d'un patrimoine naturel particulièrement riche. La forêt invite à la balade. Un charmant canal relie le lac au bassin d'Arcachon. Dans le paysage, deux sites importants : une base aérienne militaire présente depuis 1914 et des puits de pétrole découverts en 1959. L'autre curiosité, c'est l'église. Implantée au bord du lac entre le XIe et le XIIe siècle, elle a été démolie, transportée puis reconstruite par la population à son emplacement actuel.

LAC DE CAZAUX

Accessible à la baignade et à la plaisance. Label Handiplage (accès par l'esplanade Jean Labat). Animations en été.

Deuxième lac d'eau douce de France, le lac de Cazaux s'étend sur 55 km². Il se niche au cœur d'une magnifique forêt luxuriante et sauvage. C'est un lieu privilégié pour des vacances en famille : amateur de farniente, de baignade, de voile, de canoë ou de kitesurf, de pêche, de randonnée, de nature… Les plages sont sûres, loin de l'agitation de la côte Atlantique, avec la beauté et le confort d'un beau sable fin et blond. Les aires de jeux sont nombreuses tout comme les aires de pique-nique. Le lac est accessible par la piste cyclable depuis La Teste-de-Buch.

LÈGE-CAP-FERRET ★★★

Le Cap Ferret (le Ferret pour les intimes) est situé à l'extrémité sud de la presqu'île de Lège Cap-Ferret. Ce cordon littoral d'une vingtaine de kilomètres sépare le bassin d'Arcachon de l'océan Atlantique. Cette situation est unique, car on peut profiter d'un côté des paysages du Bassin, de l'autre des vagues et de l'immensité de la côte d'Argent, sans oublier la forêt des Landes de Gascogne. À la pointe du Cap Ferret, on observe, au milieu des passes, le banc d'Arguin et au-delà, la fameuse dune du Pilat. Devenue emblématique, cette partie du bassin d'Arcachon a longtemps été uniquement occupée par des pêcheurs et des chasseurs saisonniers.

Tourisme

A partir des années 1860, l'essor de la culture ostréicole entraîne la création de nombreuses cabanes ostréicoles pour répondre à la demande d'huîtres grandissante. En 1908, le quartier des 44-Hectares est vendu aux enchères et voit l'arrivée des premiers habitants du Cap Ferret. Depuis, le tourisme n'a pas cessé de se développer. Les cabanes de pêcheurs ont vu leurs prix flamber et le Cap Ferret est devenu en quelques années une destination très prisée par de nombreuses personnalités de tous horizons : cinéma, politique, show-biz... Vous profiterez des nombreuses plages de sable fin, dont une quinzaine côté Bassin, idéales pour la baignade, ou six côté océan.

ATELIER KOKOBELLI

22, avenue du médoc
✆ 06 21 28 85 99
https://www.kokobelli.fr
Ouvert toute l'année (jours et horaires en ligne). Réservation impérative pour les groupes. E-shop.

Carole Maret est créatrice de bijoux – même pour les hommes et les enfants – et d'objets décoratifs. Elle se démarque en utilisant seuls ou en les associant, des pommes de pin et de l'ivoire végétal (tagua). C'est le fruit d'un palmier d'Amérique du Sud, 100 % naturel et écologique. La noix durcit en séchant et ressemble, en la travaillant, à de l'ivoire. Chaque bijou est unique, qu'il soit nature ou coloré. Carole Maret puise ses inspirations dans le matériau lui-même. Son atelier d'artisanat d'art est toujours ouvert pour une simple visite ou du shopping.

CLAOUEY

Son port ostréicole, ses deux plages, sa croix de pierre... Autant de charme et de nature. Le village de Claouey ne démérite pas face à ses petits voisins. Le petit port ostréicole enchantera les amateurs d'huîtres, tandis que les plages s'étirent dans des paysages magnifiques. Enfin, ne partez pas de Claouey sans être passé voir la vieille croix de pierre du XVIe siècle, installée à la sortie du village depuis les années 1960 après avoir été retrouvée à moitié enfouie sur la plage. On raconte qu'elle proviendrait d'un ancien cimetière du coin.

WESTERN FLYER LA FORESTIÈRE

1, rue de La Forestière
✆ 05 56 03 77 48
www.westernflyer.fr
Ouvert toute l'année sauf en janvier. Vente & location. Atelier de réparation.

© WESTERN FLYER

Que vous souhaitiez louer ou acheter un vélo classique, électrique, un tandem ou même un Fat Bike électrique pour rouler sur le sable, vous trouverez le modèle adapté à vos besoins. L'équipe est à votre service pour vous conseiller et vous proposer des formules de location flexibles : demi-journée, journée, week-end ou semaine. De plus, un atelier de réparation est disponible pour entretenir ou réparer votre vélo de ville, VTC, vélo électrique, VTT...

© PHOTO PASSION - FOTOLIA

Villas sur la presqu'île de Lège-Cap-Ferret.

LE CAP FERRET ★★

Entre plages, nature et authenticité, son nom fait rêver... Ce dernier village de la Presqu'île est le plus connu et il lui a d'ailleurs donné son nom. Forêt, dunes et plages, voilà comment on pourrait résumer le paysage du Cap Ferret. Mais ce lieu est surtout enchanteur grâce à la vue unique qu'il offre sur la dune du Pilat et la rencontre entre le Bassin et l'Océan. Rendez-vous sans faute à la pointe ! Certes, il faut faire quelques kilomètres de plus, mais c'est promis, vous ne le regretterez pas ! Le tableau est sublime, les couleurs sont envoûtantes et différentes à chaque visite. Le phare donne également une belle vue d'ensemble sur le Bassin, de l'île aux Oiseaux à la dune du Pilat en passant par le village de pêcheurs du Mimbeau. Le quartier Bélisaire est l'un des plus animés et des plus fréquentés du Cap Ferret et de nombreux restaurants jalonnent la promenade piétonne. Vous adorerez vous perdre dans les petites rues bordées de pins et de maisons en bois toutes plus sublimes les unes que les autres. Le débarcadère (et ses restaurants) est également très prisé par les promeneurs et les pêcheurs à la ligne. Il constitue toujours le point de départ des navettes vers Arcachon. Le Cap Ferret est apprécié des grandes fortunes du CAC 40, des people du cinéma et de la chanson qui ont acheté des maisons bien cachées, souvent dans le quartier des 44 hectares. Vous les rencontrerez parfois Chez Pierre, Chez Hortense, au Pinasse Café ou au Wharf. Le Cap Ferret a d'ailleurs servi de lieu de tournage pour divers films.

L'HERBE ★★

Avec ses petites cabanes centenaires et ses plages, L'Herbe incite à la balade et à la découverte. Le village abritait la Villa algérienne, vaste bâtiment de style mauresque, édifié par Léon Lesca, entrepreneur qui fit fortune en Algérie, en construisant notamment le port d'Alger. De cette villa, il ne reste qu'une ancienne grille. En revanche, la chapelle Sainte-Marie-du-Cap, dite algérienne, mélange d'inspiration islamique et chrétienne, est intacte. Arrivez par l'avenue Muscla afin d'avoir un magnifique point de vue sur le Bassin et ce village typique.

LE PETIT OSTRÉICULTEUR

4, avenue de l'Herbe
✆ 06 99 46 32 92
www.labaladedupetitostreiculteur.fr

Toute l'année selon la météo. A partir de 130 €/heure pour 12 personnes maximum.

Le petit ostréiculteur, c'est Léo Castaing. Son chaland, qu'il a rénové durant 5 mois, n'est pas du tout pour transporter la pêche du jour des parcs Castaing & Fils (c'est lui aussi) jusqu'à la Cabane de Cacanio et les assiettes des gourmands, mais bien pour faire une balade sur le Bassin. D'ailleurs, Léo se déplace partout (ou presque) pour vous récupérer. Balade du petit matin (2h), balade Sunset (avec dégustation !), balade Chaland d'une demi-journée ou à la journée avec la balade Cacanio... Avec Léo, on allie découverte, détente et baignade.

BLANCHISSERIE DE LA PRESQU'ÎLE

13, avenue du Grand Crohot
✆ 06 27 44 77 75
www.blanchisserie-dlp.com

Ouvert du lundi au samedi de 9h à 18h.

Un service clé en main pour les professionnels du tourisme et les particuliers ! À la Blanchisserie de la Presqu'île, tout le monde s'accorde à dire que l'équipe est d'une grande gentillesse, et que le linge a cette bonne odeur de pins. Toute l'année, la Blanchisserie de la Presqu'île vous propose également un service de location de linge (draps, serviettes, nappes, etc.) pour faciliter la gestion ou l'organisation de vos vacances ou de vos événements. Livraison possible sur le Bassin.

OFFICE DE TOURISME DE LÈGE-CAP FERRET

1, avenue du Général-de-Gaulle
✆ 05 56 03 94 49
www.lege-capferret.com
Qualité Tourisme. Ouvert toute l'année. Jours et horaires d'ouverture variables selon la saison.

Un séjour dans l'une des plus belles presqu'îles de France, cela peut s'improviser, mais vous risquez fort de passer à côté de petites merveilles. L'Office de tourisme est donc là pour vous renseigner et vous donner toutes les informations nécessaires au bon déroulement de votre séjour sur les 10 communes de la presqu'île : hébergement, activités, sorties, lieux à ne pas manquer… Sans oublier les nombreuses visites guidées en haute saison (culture, ostréiculture, avec des enfants…).

WESTERN FLYER BÉLISAIRE

2, rue de la Plage
✆ 05 56 60 49 46
www.westernflyer.fr
Ouvert toute l'année sauf en janvier. Vente & location. Atelier de réparation.

© WESTERN FLYER

C'est au Cap Ferret que Nicolas et Maxime, deux frères passionnés d'activités *outdoor*, ont d'abord choisi d'ouvrir leurs boutiques de location et vente de vélos. On les retrouve ainsi après de la jetée Bélisaire, à côté de l'office du tourisme, et à 15 minutes à pied en direction du phare à La Forestière. Qu'importe où vous irez, il est toujours possible de louer un vélo de ville, pour homme, femme et enfant, ou encore un tandem… À la vente : le Fat Bike électrique capable de rouler dans le sable avec ses pneus surdimensionnés.

RÉSERVE NATURELLE NATIONALE DES PRÉS SALÉS

RD106
www.reserve-naturelle-pres-sales.org
Accessible librement toute l'année. Visite guidée sur inscription auprès de l'Office de tourisme d'Arès.

A cheval sur les communes de Lège-Cap Ferret et d'Arès, la Réserve naturelle nationale des prés salés est un site protégé qui s'étend sur des centaines d'hectares. Vivant au rythme des marées, la plus grande zone de prés salés d'Aquitaine se partage entre l'eau douce des petits ruisseaux et l'eau de mer amenée par le large. Les prés salés d'Arès et de Lège sont des marais salants renommés non seulement en France, mais aussi dans toute l'Europe, pour la richesse de son patrimoine sauvage. La réserve se compose de dunes, de vasières, d'anciens réservoirs à poissons, de prairies et de boisement humide, ainsi que plus de 200 espèces de plantes, du chêne-liège au tamaris, en passant par la gracieuse orchidée. Contemplez de majestueux hérons cendrés ainsi que les rapaces, depuis le point d'observation. Selon la sagesse populaire, si leur migration a lieu avant le 15 août, l'hiver sera précoce et rigoureux. On y accède depuis le port ostréicole d'Arès ou via le chemin partant de la cabane du Résinier à Lège-Cap-Ferret. Quel que soit votre chemin, vous pourrez sillonner ce magnifique espace naturel préservé à pied. Mais ne vous éloignez pas des sentiers balisés pour éviter le piétinement et causer des dégradations irréversibles. Les passionnés apprécieront la visite accompagnée par un guide nature qui saura répondre à toutes vos questions. Observez bien, il vous montrera les tortues cistudes se fondant parmi le bois flotté, ou les lézards verts se cachant en lisière.

GINETTE

4, avenue de l'Océan
✆ 05 56 82 84 16
Ouvert le dimanche. Assistance et dépannage 7/7. À partir de 10€ le vélo classique / à partir de 25€ le vélo électrique.

Envie de découvrir le Cap Ferret autrement ? Enfourchez un vélo Ginette et partez à l'aventure ! Idéalement situé, non loin de la jetée de Bélisaire, ces vélos originaux, au style rétro et décontracté, sont parfaits pour explorer les paysages du Bassin d'Arcachon. De la plage à la forêt, en passant par les villages typiques, chaque coup de pédale vous plonge au cœur de cette région magique. Faciles à louer, les vélos Ginette offrent un moyen de transport pratique, éco-responsable et fun pour profiter pleinement du Cap Ferret et ce toute l'année.

CAMPING LES PASTOURELLES*** €€

Route des Pastourelles ✆ 05 56 60 70 61
www.campinglespastourelles.fr
Accueil vélo. Ouvert d'avril à début novembre. Emplacement de 20 € à 35 €. Mobil-home (2 à 3 ch) de 300 € à 1 230 €/sem.

Bénéficiant d'un accès direct à la plage, Les Pastourelles*** proposent des emplacements nus, des mobil-homes récents (jusqu'à 6 personnes), des tentes insolites, des cabanes sur pilotis et deux « kabanes forêt » P.M.R (deux chambres). La plupart offrent une vue imprenable sur le bassin, parfois en première ligne. Profitez également de la pinède et des animations gratuites dans ce camping bien équipé, à proximité d'une école de voile, de restaurants et de commerces.

TRANSPORTS EN NOUVELLE AQUITAINE

BORDEAUX © 09 70 87 08 70

Ticket à l'unité (2h) : 2,50 € ; ticket A/R (dans la journée) : 4,50 €. Autres tarifs et abonnements : voir le site.

En Gironde, le réseau est constitué de 48 lignes de cars interurbaines desservant 270 communes et de 5 lignes touristiques organisées en intermodalité avec les réseaux urbains de transport TBM (Bordeaux Métropole), Calibus (Libournais), Baïa (Bassin d'Arcachon) et le réseau TER Nouvelle-Aquitaine. Les voyageurs bénéficient de véhicules confortables et climatisés, d'un service d'information en temps réel, et d'une tarification unique quel que soit le trajet ou la distance.

L'HOTEL DE LA PLAGE €€

1, avenue de l'Herbe
© 05 56 60 50 15
www.hoteldelaplage-cap-ferret.fr

Ouvert toute l'année. 12 chambres doubles de 180 € à 350 €. Petit déjeuner : 18 €. Restauration. Pas de tv.

Ici pas de télévision, ni de climatisation, mini-bar et clé électronique. L'Hôtel de la Plage signe un retour à la simplicité, comme un séjour chez nos aïeuls. Les 12 chambres, dont certaines profitent d'un balcon privatif, portent un prénom en lien avec l'histoire des lieux. Les produits de soin Océopin que l'on retrouve aussi à la boutique ont été sélectionnés pour les salles de bains. Le bar, le restaurant, la terrasse et la plage juste devant restent des lieux d'échanges et de convivialité. Vous séjournerez dans un authentique village ostréicole !

HÔTEL DES PINS €€

23, rue des Fauvettes © 05 56 60 60 11
https://hoteldespins.fr/

De fin mars à mi-novembre. Chambre double de 85 € à 150 €. Le petit déjeuner à 14 € est obligatoire. Restauration.

A la Pointe du Cap Ferret, cet ancien théâtre conservant tout son charme des années 30. L'atmosphère hors du temps de cet établissement au style colonial baigne dans une nature luxuriante. Les chambres, à la décoration personnalisée, sont confortables et calmes. On se sent vraiment très bien dans cet hôtel à taille humaine et à l'ambiance familiale. Si le petit-déjeuner est obligatoire, la demi-pension l'est aussi en juillet et août. Vous pourrez séjourner dans une suite (1 à 4 personnes), une chambre double ou triple, un chalet ou une roulotte gitane.

VILLA MOGADOR €€

22, allée Calypso
✆ 06 81 13 29 74
www.lavillamogadorcapferret.com

Ouvert d'avril à fin octobre. Suites d'hôtes de 200 € à 250 €/nuit. Location de la villa (10 pers.) en juillet/août.

La Villa Mogador est idéalement située sur les Dunes du Piquey, entre le bassin d'Arcachon et l'Océan. Son architecture design, son confort et son intimité en font un endroit idyllique. Elle comporte trois chambres et deux superbes suites d'hôtes qui profitent d'une vue directe sur la piscine depuis le lit ou la douche. La décoration est contemporaine et originale. Buller sur un transat, flâner au milieu des pins, rêvasser dans le gazebo, se faire masser ou coiffer (sur place et sur demande)... Ce sont autant de plaisirs possibles ici dans cette Villa de rêve.

KAZE OCÉAN*** €€

42, avenue de l'Océan Cap Ferret
✆ 05 57 05 44 24
https://kazeocean.fr

Ouvert toute l'année. 13 studios et appartements. Petit déjeuner inclus. Séminaires et réceptions. Restauration.

Dans une ambiance chaleureuse inspirée du Bassin et des origines réunionnaises de la famille, Kaze Océan accueille 13 appartements spacieux décorés avec soin, chacun équipé d'une cuisine. Vous vous sentirez comme chez vous tout en profitant des services hôteliers. Détendez-vous au bord de la piscine ou dans l'espace verdoyant ou encore à la guinguette gourmande, proposant des plats réunionnais. Soucieux de l'environnement, des matériaux éco-responsables ont été adoptés.

CÔTÉ SABLE**** €€€

37, boulevard de la Plage
✆ 05 57 17 07 27
www.hotel-cotesable.com

Toute l'année. Chambre double de 142 € à 650 €/nuit. Petit déjeuner : 22 €. Hammam, bain bouillonnant. Salon de thé.

Dans ce charmant hôtel, les chambres sont spacieuses, alliant le confort à une décoration soignée. Chacune dispose d'un balcon, d'une terrasse ou d'un accès au jardin luxuriant. Cinq d'entre elles sont orientées vers le bassin. L'espace extérieur, verdoyant et protégé, abrite un bain bouillonnant. Vous pouvez profiter du *room service* (fermeture du restaurant d'octobre à avril), d'un salon de thé (produits de la boulangerie voisine), d'un petit Spa Clarins. En juillet/août, le petit déjeuner est inclus dans le tarif des chambres pour un séjour d'au moins 3 nuits.

DOMAINE DU FERRET**** €€€

40, avenue de Caperan ✆ 05 57 17 71 77
www.domaineduferret.com

Toute l'année. Lodge (studio, 1 ou 2 chambres) à partir de 110 €/nuit. Spa accessible à partir de 16 ans en supplément.

Le Domaine du Ferret Restaurant & Spa **** est une résidence hôtelière lovée dans une pinède adossée à la forêt domaniale, entre le bassin d'Arcachon et l'océan Atlantique. Récemment rénovés, les lodges décorés dans le style du Cap Ferret disposent de balcons ou terrasses, ainsi que d'une kitchenette. Le restaurant, avec sa terrasse panoramique, offre une vue imprenable sur la forêt. Le spa, accessible dès 16 ans, comprend des bassins intérieur et extérieur, un hammam et un sauna, pour une expérience de détente unique dans un cadre naturel et paisible.

HOTEL DES DUNES*** €€€

119, avenue de Bordeaux ✆ 05 56 60 61 81
www.hoteldesdunes.com

De mi-février à mi-novembre. Chambres et suites de 170 € à 650 €. Parking privatif avec borne de recharge électrique.

Niché au pied de la plage des Dunes, à deux pas du Phare, cet hôtel de charme aux allures de cabanes ostréicoles typiques du bassin a été entièrement remis à neuf dans un esprit chic et décontracté. Disposant de 11 chambres et 2 suites, la plupart orientées plein sud et prolongées de terrasses privatives ou balcons, l'Hôtel des Dunes est un lieu comme on aime, alliant la convivialité d'une maison de vacances avec le confort et le service d'un établissement de standing. Tout commence par le petit-déjeuner sur la terrasse. Au programme : sauna, vélo, surf, yoga...

MAISON HIWWA €€€

7, square du Moulin
✆ 06 23 98 80 61
https://hobo.family/maisonhiwwa

Ouvert toute l'année. Pour 12 personnes (150 m², 5 ch.). Stationnement sur la propriété. Salon de jardin. Boulodromme.

Située à Lège Cap Ferret, au milieu d'un terrain arboré de 1 300 m² avec piscine hors sol, la Maison Hiwwa est une superbe maison en bois de 150 m². Avec ses 5 chambres et ses 3 salles de bains permettant de loger jusqu'à 12 personnes, elle est idéale pour les vacances en famille ou entre amis. Salon de jardin, bains de soleil, coussins de sols, barbecue, terrain de pétanque... les extérieurs, bien exposés, sont particulièrement bien équipés. La maison Hiwwa se trouve à 5 minutes en voiture du bassin d'Arcachon, et à 10 minutes de la plage du Grand Crohot.

© SANDRINE, LE BUFFET DE LA GARE

© SANDRINE, LE BUFFET DE LA GARE

© SANDRINE, LE BUFFET DE LA GARE

LE BUFFET DE LA GARE €

4, avenue de l'Océan
✆ 07 83 73 63 69

Toute l'année. Jours et horaires d'ouverture variables selon la saison. Formule sandwich ou panini à 12,50 €. Terrasse.

Le Buffet de la Gare n'est ni un buffet, ni dans une gare… Mais c'est l'adresse à connaître près de la jetée Bélisaire pour une petite faim, une pause rafraîchissante ou un encas avant une excursion. Au menu : sandwichs, salades, galettes de sarrasin, glace du Maître Artisan Glacier Roland Manouvrier… Et surtout, de délicieuses gaufres dont l'odeur alléchante titille les papilles des passants. Sur place ou à emporter, les formules incluent une salade, un café et/ou une boisson. Et pour couronner le tout, l'équipe, toujours au top, vous accueille avec le sourire !

© SANDRINE, LE BUFFET DE LA GARE

© SANDRINE, LE BUFFET DE LA GARE

LA VILLA FLOTTANTE €€€

Embarcadère du Grand Piquey
✆ 06 11 99 66 72
www.lavillaflottanteduferret.com
Pour 6 personnes (3 chambres). De 3 800 € à 4 900 € la semaine selon saison. Prix à la journée : 950 €. Autres tarifs.

Exceptionnelle cette Villa Flottante... Marc-Antoine Calonne, un grand bourlingueur, a tout prévu pour que votre séjour soit dépaysant. On embarque sur un bateau ancré dans le Bassin. Il se compose d'un grand salon équipé d'une cheminée et d'une large porte-fenêtre, d'une kitchenette, d'une salle de bains, de trois cabines et d'un espace de rangement. Deux terrasses situées aux extrémités du bateau, l'une attenante au salon et l'autre sur le toit permettent de profiter du soleil et des vues imprenables sur les villages ostréicoles. Un peu chère, mais unique !

CHEZ HORTENSE €€€

26, avenue du Sémaphore
✆ 05 56 60 62 56
Ouvert d'avril à début novembre. Réservation recommandée. Carte : 50 € environ. Terrasse.

© SOPHIET

Chez Hortense est une institution incontournable au Ferret. Le cadre bucolique, les pieds dans l'eau... c'est l'endroit idéal pour se restaurer, face à la Dune du Pilat (non sans oublier la jolie terrasse couverte). Ici, les assiettes sont simples, mais savoureuses. La cuisson des poissons frais de la pêche du jour est toujours parfaite et l'accueil est irréprochable. Découvrez la recette spéciale des moules au jambon qui fait la renommée de l'établissement, relevées à point, à base de pain de mie et d'un petit secret de famille. Oui, on en redemande !

LA CONCHE À HUÎTRES €

Impasse de la Conche
✆ 05 57 76 30 63
Ouvert toute l'année sauf en janvier. Voir les jours et horaires d'ouverture en ligne. Toute la journée en juillet/août.

Déguster des fruits de mer les pieds dans l'eau, c'est le plaisir idyllique qu'offre La Conche avec ses trois terrasses dont l'une est fermée par des bâches transparentes. Côté déco : tables et chaises de bistrot et banquettes garnies de coussins très confortables. À la carte ? Des huîtres ultra fraîches, des bulots, des bigorneaux et plusieurs préparations de crevettes. Sans oublier, le fameux pâté de campagne ou au piment d'Espelette, le vin blanc, le beurre demi-sel ou la mayonnaise. En juillet et août, La Conche ouvre de 11h à 22h sans interruption.

CHEZ GUILLAUME €€

Avenue de l'Herbe
✆ 06 17 08 11 20
https://leshuitreschezguillaume.fr/
Ouvert d'avril à fin octobre et pour les vacances de Noël. De 11h30 à 18h ou 22h en juin, juillet et août.

A l'Herbe, les cabanes sont à touche-touche, mais celle-là a eu notre coup de cœur pour son accueil, la qualité de ses produits et ses prix. On s'installe en terrasse ou sous la pergola, les pieds presque dans l'eau. Les enfants pourront ainsi jouer sur le sable. À la carte ? Des huîtres du Cap-Ferret et du Banc d'Arguin bien sûr, des bulots, des crevettes et la fameuse terrine de campagne. Côté vins que du blanc ou du rosé en pichet ou en bouteilles. Il est prudent de réserver surtout en haute saison ou les week-ends dès que le soleil pointe à l'horizon.

LE TATCH €€

142, route du Cap Ferret
✆ 06 08 30 79 15
Dégustation le samedi de 11h30 à 22h, dimanche jusqu'à 18h, du lundi au vendredi de 18h à 22h dès juillet. A emporter.

C'est le genre d'adresse que l'on voudrait garder secrète tant l'endroit ressemble au paradis. Avec son incroyable terrasse de 130 m² nichée dans le petit port de Piraillan, la cabane du Tatch est tenue par Xavier Blanquine, un jeune ostréiculteur. Sa femme Malou l'aide le soir, ainsi que Maël, son fidèle apprenti ! Huîtres, bulots, crevettes... et le traditionnel pâté, ce sont toutes les choses que l'on peut déguster sur place à l'ombre de la végétation et des voiles d'ombrage. Réservation recommandée et vente à emporter. Zone d'accostage devant l'établissement.

CHEZ TT €€

Avenue du Port
✆ 06 62 28 70 51
www.huitres-chez-tt-claouey.com
Ouvert du jeudi au mardi de 11h30 à 15h et de 18h à 22h pendant l'été.

Nichée dans le fond du village ostréicole de Claouey, la cabane numéro 11 (celle d'Adrien) a plusieurs atouts en stock ! D'abord, la vue imprenable sur le bassin d'Arcachon, et ce n'est pas rien ! Ensuite, la terrasse dont les plus chanceux pourront vraiment dire qu'ils ont dégusté des huîtres et des fruits de mer les pieds dans l'eau. Il y a aussi l'équipe : très sympa ! Et les huîtres, c'est évident... Direct producteur bien sûr. Midi ou soir, la dégustation chez TT reste une valeur sûre. N'hésitez pas à les contacter pour vos événements familiaux ou de groupe.

KAÏ KAÏ €€

24 bis, route de Bordeaux
✆ 05 56 44 97 52
www.kaikai-restaurant.com
Du jeudi au lundi le midi et le soir. Tous les jours en juillet et août. Menus de 24 € à 35 €. Formule du midi : 16 €.

De Bordeaux, le Kaï Kaï a finalement déménagé au Petit Piquey au Cap-Ferret. Ce café polynésien qui profite d'une belle terrasse en retrait de la route propose une délicieuse cuisine exotique où le thon cru mariné est particulièrement à l'honneur. Le porcelet coco, sauce coco et citron vert ou encore le Chao Mein à la tahitienne valent également le détour. C'est un plat de nouilles sautées, accompagné d'un mélange de légumes, de viandes et d'une sauce crevettes et champignons. On termine par un dessert polynésien typique : le poe banane à la vanille.

MAYZOU €

32, avenue Nord du Phare
✆ 06 04 47 68 62
https://mayzou.com
Ouvert de mars à mi-novembre. Uniquement le soir. Brunch le dimanche. Réservation recommandée. Menu à 45 €. Terrasse.

Dans ce restaurant familial qui signifie maison en gascon, en plein centre du Cap-Ferret, au pied du phare, la cheffe, Juliette Lacroix-Wasover, cuisine avec son cœur, mais surtout avec tous ses souvenirs de voyage. Tout est tellement frais et de saison que la carte change quotidiennement, en fonction de la pêche ou de la récolte. Tout est appétissant, coloré, raffiné et gourmand, à partager ou non. La décoration, notamment de la terrasse, a ce petit quelque chose d'ailleurs tout en étant bien d'ici. C'est à la fois simple et chic. Toujours de bon goût !

LA CABANE D'HORTENSE €€

Rue des Tamaris
✆ 05 56 03 26 74
www.lacabanedhortense.fr
Dégustation tous les week-ends puis tous les jours de 12h à 22h dès avril. Vente directe & livraison toute l'année.

Chez Hortense est une véritable institution au Cap Ferret ! Depuis de nombreuses années, le petit établissement de bord de plage voit défiler les vacanciers et les célébrités. La superbe Cabane d'Hortense en bois blond a pris ses quartiers en face de la conche du Mimbeau et de la dune du Pilat. Les huîtres n° 3, que vous pourrez déguster les pieds dans l'eau, sont élevées dans les parcs du Mimbeau et du Banc d'Arguin par la même famille depuis quatre générations. Pensez à commander un plateau d'huîtres pour vos sorties. Aussi ouvert pendant les vacances scolaires.

© LA CABANE D'HORTENSE

© KALID CABANE D'HORTENSE

BASSIN D'ARCACHON

LA BARAQUE À HUÎTRES €

100, avenue de l'Herbe
✆ 06 13 12 09 86
www.labaraqueahuitres.com
Tous les midis de début avril à mi-novembre (de 11h à 22h en été). Livraison possible pour les fêtes de fin d'année.

Peut-on trouver des huîtres plus fraîches que dans cette Baraque ? Non, c'est impossible, me direz-vous et vous avez raison, alors dégustez et admirez les couleurs changeantes du paysage, l'île aux Oiseaux et la Pointe aux Chevaux… Laurent et Ingrid vous conseillent et vous guident pour la dégustation des huîtres charnues ou les plus fines ou encore sur les quatre saisons. Des bulots, crevettes, pâté du Ferret enrichiront votre assiette et le must, un petit verre d'un vin blanc ou rosé gris complètera cette sensation d'être dans le plus bel endroit du monde.

© MORGANE BARAQUE A HUÎTRES

© MORGANE BARAQUE A HUÎTRES

LA TURLUTTE €

22, rue des Goélands
✆ 07 87 30 98 09
Du mercredi au samedi le soir ; le dimanche midi. Réservation recommandée. Assiettes de 6 € à 23 € environ. Terrasse.

La Turlutte est un petit restaurant situé à 3 minutes à pied du phare Cap Ferret et du Mimbeau. De l'extérieur rien ne laisse supposer que Nathan Allard et Tom Netzer font des merveilles avec les produits de la mer… Pourtant ! Leur cuisine est brute, franche, authentique. La fraîcheur et le goût font alors presque tout le reste. Dans des assiettes que l'on n'aurait aucune peine à trouver dans les placards de nos grands-mères, il n'y a que les produits que l'on veut bien mettre en valeur. Et, c'est tout ce qui compte ici ! La Turlutte plaira aussi aux viandards.

L'AUBERGE DU BASSIN €€

38, avenue du Général de Gaulle
✆ 05 56 60 70 22
www.aubergedubassin.fr
Ouvert toute l'année. Plats à partager de 13 € à 52 € en saison estivale. Distributeur d'huîtres 24/24h. Epicerie fine.

De Paris à Monaco, après plusieurs années aux côtés de Joël Robuchon, Mélanie Serre et son mari Bertrand Guillou-Valentin (un grand passionné de vin) ont décidé de poser leurs valises à Claouey pour reprendre l'Auberge du Bassin, avec sa belle terrasse les pieds dans l'eau. Distributeur d'huîtres 24/24h (celles de Joël Dupuch), menu déjeuner (hors week-end et jours fériés), plats à partager le soir, table d'hôtes gastronomique, épicerie fine... Un régal pour les papilles ! D'importants travaux ont permis de redonner tout son éclat à cet établissement emblématique.

JAVA €€

41, avenue Est ✆ 05 56 26 18 35
https://restaurantjava.fr/fr
Ouvert tous les jours en saison. Menus de 26 € à 29 € (le midi). Accueil des groupes. Terrasse. Animations. Bar.

Java est clairement un des spots à la mode à la pointe du Cap Ferret ! À la mode, parce que l'équipe n'en est pas à son coup d'essai. On pense notamment à Nicolas Faye qui a l'art et la manière de dénicher de chouettes endroits, et Arthur Vonderheyden et Pierre Deleume à qui l'on doit déjà La Gigi à Bordeaux. Une valeur sûre ! Et puis dans cette bodega à la végétation exotique, les prix ne s'envolent pas forcément comme il est coutume sur le bassin... On mange alors pour moins de 30 euros le midi (entrée, plat et dessert). Profitez aussi des soirées musicales.

RED STORE €€

Domaine du Four
✆ 05 57 17 68 80
www.leredstore.fr

Ouvert toute l'année. Du mercredi au dimanche le midi et le soir. Formule du midi : 18,90 €. Jardin.

Le Red Store, c'est avant tout la rencontre avec un lieu atypique de 1925 et le restaurant bistronomique du golf qui est ouvert à tous. Les tables sont abritées du soleil par des voilures colorées. Dans les assiettes, les produits du bassin d'Arcachon sont à l'honneur, mais les plats varient en fonction des saisons. Et le chef a toujours des idées créatives. La carte des vins privilégie aussi de petits vignerons. L'été, les grillades et tartares ont un énorme succès. Le menu-carte (34 à 38 euros) et la formule déjeuner ne sont pas disponibles en juillet et août.

L'ESCALE €€

2, avenue de l'Océan
✆ 05 56 60 68 17
https://lescale-restaurant.com/

Ouvert tous les jours de 8h à 22h30. Service en continu. Sans réservation. Menu : 38 €. Formule midi : 23 € (max 15h).

Voici un petit coin de paradis qui a presque les pieds dans l'eau ! Au bord du bassin d'Arcachon, L'Escale offre l'une des plus belles vues. On peut commencer par prendre l'apéritif en dégustant quelques tapas à la Bodega de Marcel (du 1er juin au 30 septembre) avant de rejoindre le décor chaleureux et authentique du restaurant. Sous la pergola ou en terrasse, on se laisse bercer au rythme des marées et l'on profite d'une cuisine aux petits oignons. La carte fait honneur aux produits de la mer, sans pour autant oublier les viandes. Il y a un plat végétarien.

LE PORT D'ATTACHE €€

19, avenue du Général de Gaulle
✆ 05 56 60 70 20

Ouvert toute l'année. Plats de 18 à 38 €. Formule du midi en semaine : 19,90 €. Terrasse. Réservation en ligne possible.

Le Port d'Attache est un endroit très agréable où l'on profite d'une belle vue sur le bassin. D'ailleurs, il suffit de traverser la route pour s'y rendre. Avec sa cheminée, la salle peut accueillir jusqu'à 40 personnes, tandis que la terrasse peut recevoir jusqu'à 80 convives en été. Par beau temps, le restaurant se transforme en salon de thé ouvert en journée. Repris en famille à l'été 2024, M. et mme Chebal, et M. Baré ont su préserver l'âme de cet établissement emblématique du Ferret, poursuivant ainsi l'écriture d'une histoire débutée dans les années 1930.

LE PINASSE BURGER €€

2 bis, avenue de l'Océan
✆ 05 56 03 77 87
www.pinasse-cafe.com

Ouvert d'avril à novembre. Tous les jours et les jours fériés. Service non-stop jusqu'à 22h. Burgers de 17,50 à 23,50 €.

Récemment renommée Pinasse Burger, la cabane du Pinasse Café est un lieu décontracté et chic, ouvert uniquement en saison et lorsque le temps le permet. Ainsi rebaptisée, vous n'aurez aucune peine à deviner ce qu'on y mange ! Avec des noms très en lien avec le Cap Ferret, les burgers accompagnés de frites fraîches partagent tout de même la carte avec deux plats et trois salades. Et, pour que tout le monde y trouve son compte, il y a même un menu enfant. Fat cookie (à partager), barre glacée au caramel & cacahuètes... que de la gourmandise en dessert !

ROC SEVEN €€

17, rue des Goélands
✆ 05 56 03 75 74
www.rocseven.com/en/cap-ferret

De mai à septembre (tous les jours le midi et le soir en haute saison). Réservation recommandée. Plat du jour à 19 €.

Inspirée des caves grecques, la décoration du Roc Seven, 4e de la Maison °Fahrenheit Sevende, est absolument sublime. Mêlant produits locaux et saveurs méditerranéennes, la carte est alléchante, et la vue est imprenable sur le phare du Cap Ferret depuis le *rooftop* ! Tarama blanc truffé à partager, *pimientos* de padrón grillés au four Josper, paccheri al Arrabbiata (testés et approuvés), pizza à la ventrèche de thon, dos de Cabillaud servi comme un aïoli... Chaque plat est une invitation au plaisir et à la découverte. Le bar est cosy, parfait pour un verre.

LE PINASSE CAFÉ €€

2 bis, avenue de l'Océan
✆ 05 56 03 77 87
www.pinasse-cafe.com

Ouvert toute l'année. Tous les jours le midi et le soir. Réservation recommandée. Menus de 38,50 € à 47 €. Terrasse.

Incontournable avec sa terrasse qui domine la plage, le Pinasse Café bénéficie d'une des plus belles vues du Cap Ferret, face à la dune du Pilat. L'endroit est tout simplement magique ! En cuisine, le chef Juberti Maroni excelle dans une cuisine bistronomique où les produits du Sud-Ouest, les fruits de mer et les poissons sont sublimés. Et c'est pareil pour Pascal Minodier, le chef pâtissier. La cave présente pas mal de vins de bordeaux et de bonnes bouteilles venues d'ailleurs. La cabane du Pinasse Burger ouvre ses portes dès le retour des beaux jours.

SAIL FISH €€

38, rue des Bernaches
✆ 05 56 60 44 84
www.ferretfamily.fr

Ouvert le week-end d'avril à fin septembre et tous les jours en juillet et août de 20h à 2h. Carte : 55 € environ.

Le Sail Fish est le restaurant festif des vacances où l'on se régale de bonnes grillades au feu de bois. C'est d'ailleurs la spécialité de la maison. L'endroit est superbe, à la fois élégant et dans l'esprit du Cap Ferret avec une nouvelle déco depuis l'été 2022 où se mêlent le chic d'un jardin anglais et le charme d'un riad marocain. Si vous venez pour dîner ou boire un verre, sachez que l'ambiance est très conviviale et décontractée, vous risquez même de finir la soirée en dansant au Sun. Le Sail Fish se décline aussi en Sail Fish Café ouvert toute la journée.

© CLÉMENCE

© CLÉMENCE

© CLEM. CAP GOLF

CAP GOLF

Domaine du Four
✆ 05 57 70 49 92
www.capgolf.fr

Ouvert toute l'année. Green fee à partir de 5 € ; practice 1 seau : 3,50 €. Autres activités. Bars et restauration.

Au milieu des pins, Cap Golf est unique. C'est un endroit sportif, convivial, familial et festif. Il comprend un parcours de 9 trous *Pitch & Putt*, un *laser game*, un *practice*, un *putting green*, du *disc golf* et du *footgolf* joué avec élégance sur un terrain de golf et selon les règles du golf… Cap Golf, c'est aussi un *club-house*, 4 bars, une restauration le soir, un boulodrome, des soirées concerts et dansantes, des retransmissions sportives et de beaux espaces pour vos événements. Sans oublier la piscine et ses *pool party* en été !

© CAP GOLF

© CAP GOLF 2023

LE WHITE GARDEN €€

5, rue du Teinturin
✆ 05 56 03 68 09
www.whitegarden.fr
Ouvert toute l'année et les veilles de jours fériés de 19h30 à 2h. Terrasse. Bar à tapas. Soirées à thèmes. Clubbing.

Un haut lieu de la fête ! Été comme hiver, le White Garden est l'un des incontournables du Cap-Ferret ! Ici tout est blanc, chic et raffiné, tout en étant décontracté. On y vient pour partager un apéro autour de tapas classiques ou plus originales inspirées de la cuisine du monde ou pour déguster de très bons plats à la carte. Tout est fait maison et le service est de qualité. Les groupes sont acceptés et le White Garden peut être privatisé pour un séminaire, un anniversaire ou un mariage. Bien sûr, les soirées animées par un DJ se terminent à l'aube.

LE BOUCHON DU FERRET €€

2, rue des Palmiers
✆ 05 56 60 67 51
www.bouchonduferret.fr
Toute l'année (sauf janvier). Tous les jours le midi et le soir. Réservation conseillée. Carte : 45 € environ. Terrasse.

Le Bouchon du Ferret accueille gourmands et gourmets dans l'ancienne poissonnerie du Ferret revisitée aujourd'hui en restaurant. Signée Eric Jolibois, la carte se compose en partie de poissons et fruits de mer pêchés du jour. Jonathan Gomez dirige cet endroit magnifique et authentique, au cœur du village traditionnel ostréicole, avec vue sur la dune du Pilat. Le Bouchon est aussi un lieu d'échange et de partage autour des bons produits de la mer ou de la terre, mais aussi de belles bouteilles qui garnissent les étagères en bois.

FUMETTE

13, avenue du Grand Crohot
✆ 06 99 83 34 16
www.fumette-capferret.com
Ouvert toute l'année. Vente directe, épicerie de la mer & fumée. Visite du fumoir et dégustation sur rendez-vous.

Pêche durable, sélection d'espèces abondantes, approvisionnement local, savoir-faire artisanal, recettes gourmandes... Fumette est le fruit de la reconversion d'une responsable marketing, Bénédicte, et d'un directeur commercial, Julien. Les voilà artisans fumeurs de poissons locaux ! Mieux encore, cette Rochelaise et ce Breton ont fondé le premier fumoir artisanal de poissons du bassin d'Arcachon. C'est si prometteur qu'en 2021, ils ont été récompensés par la 17e édition du Challenge DEBA (Clubs d'entreprises). Aussi au 32 rue des Goélands (boutique estivale).

CHEZ PASCAL

46, route du Cap-Ferret ✆ 05 56 60 96 90
www.boulangerie-chezpascal.com
Ouvert tous les jours et les jours fériés de 6h30 ou 7h à 20h en haute saison et de 7h à 19h30 en basse saison.

Artisan boulanger depuis de nombreuses années, Pascal Lucas, Normand têtu, rêvait de cuire son pain dans un four à bois traditionnel dans lequel on enfourne le pain à la pelle. Grâce à un ami d'enfance, il trouve son bonheur à Grand Piquey. Ce qui devait être une activité saisonnière devient vite célèbre grâce à ses Dunes Blanches, des petits choux garnis d'une crème légère et aérienne. Aujourd'hui connu dans toute la France, Pascal décline ses créations, comme les Dunes de Piquey, et propose aussi sacristains, tourte de seigle aux fruits, baguette du pêcheur...

CHEZ PIERRETTE

6, allée des Cupressus
✆ 09 81 34 35 63
Ouvert de mai à octobre. Jours et horaires variables selon la saison. Terrasse. Restauration.

Située au rez-de-chaussée d'une maison typique du bassin, Chez Pierrette a des allures de guinguette. On y vient en sortant d'une journée de plage ou en revenant d'une balade en bateau pour passer du bon temps autour d'un verre de vin. Derrière le comptoir, on vous accueille avec un large sourire et on est toujours prêt à vous concocter un délicieux cocktail accompagné de quelques tapas ou petits plats. Les soirées sont très festives et se déroulent dans une ambiance jeune et décontractée sous des lampions lumineux. Chez Pierrette est un peu *The place to be*.

POINT BREAK

2, avenue du Général de Gaulle
✆ 05 57 17 02 59
https://point-break-restaurant.fr/
Ouvert toute l'année. Tous les jours. Restauration le midi et tapas le soir. Animations. Concerts. Terrasse.

Essai transformé ! Pour beaucoup, le Point Break est l'adresse qu'il manquait à Claouey. Cantine pour les uns le midi, avec sa formule déjeuner hyper attractive à moins de 20 euros, afterwork ou bar d'ambiance pour les autres... Avec sa terrasse ombragée, le Point Break est tout à la fois. Un lieu gourmand où il fait bon se retrouver pour un verre, avec des tapas préparées sur place par l'équipe de Marine et Antoine. Ouvert du matin jusqu'au soir, le Point Break s'anime été comme hiver au rythme des soirées thématiques et des événements sportifs.

MÊME PAS CAP

49, route de Bordeaux
✆ 05 57 05 13 70

Ouvert toute l'année. Jours et horaires d'ouverture variables selon la saison. Livraison gratuite.

Même pas cap... mais pas cap de quoi ? Tout simplement « pas cap » de ressortir de cette boutique les mains vides quand on a des bambins de 1 mois et des ados de 16 ans. Car Emma et Christophe ont tout prévu pour eux dans une jolie et authentique maison en bois. Très branché charte écologique et éthique, le couple privilégie des matières bios ou organiques. Dans ce concept store, on trouve ainsi une belle collection de vêtements mode, des bottes, des tongs originales, des tennis tendance, des accessoires, des doudous, des livres, des jeux et des jouets.

LA P'TITE KABANE

8, rue des Pêcheurs
✆ 06 77 15 66 57
www.lakabanecapferret.fr

Ouvert aux beaux jours, tous les jours le midi et le soir. Sans réservation. Vente directe à la boutique.

Ostréiculteurs et producteurs, Yoan et Chloé Godichaud sont installés face à la Dune. Avec leur équipe, dès qu'il fait beau et pendant les vacances, ils vous accueillent à La P'tite Kabane, le spot de dégustation au bord du bassin. Vous pourrez ainsi découvrir leurs huîtres du Cap Ferret et du Banc d'Arguin, élevées aux portes de l'océan en eau profonde. Avec un taux de chair plus élevé, les huîtres spéciales, affinées dans des poches « balancelles », ont obtenu la médaille d'argent au Concours Général de Paris 2019. La boutique se trouve à quelques mètres.

PREMIERE LIGNE

65, route de Bordeaux
✆ 06 08 23 46 41
https://premiere-ligne.business.site/

Ouvert le lundi et du mercredi au samedi de 10h à 18h30, et le dimanche de 10h à 18h.

Au détour d'une balade sur la presqu'île du Cap Ferret, on tombe sur Première Ligne, un sympathique magasin de décoration et d'ameublement, et sa grande terrasse en bois sur laquelle est exposé du mobilier d'extérieur. Une fois à l'intérieur, on découvre un large choix de luminaires, d'objets déco et de bougies, tableaux et peintures de la marque Farrow & Ball, des kakémonos, du textile et autres étoffes. C'est l'endroit idéal pour dénicher la pièce parfaite pour décorer sa maison de campagne ou trouver le souvenir de vacances à prix doux. Un incontournable !

ATLANTIC CONCEPT

7, rue Agosta
✆ 05 56 60 01 60
www.atlantic-concept.fr

Construction nautique et composite. Location et achat. Nettoyage et entretien.

Construction de bateaux de plaisance, sortie d'eau et mise à l'eau de bateaux, calage en villa, entretien bateaux et moteurs, stockage intérieur ou extérieur, mécanique navale, vente bateaux, semi-rigides, moteurs, remorques... Concessionnaire Lomac, Atlantic Concept vous propose aussi la location de bateaux (avec ou sans skipper) pour plusieurs jours ou seulement quelques heures pour découvrir toutes les splendeurs du bassin. Depuis 1999, Daniel Quibus et son équipe sont à votre disposition. Ils prennent en compte les besoins de chacun pour adapter la prestation.

PÉPITE COOKIE

155, route du Cap Ferret
✆ 05 56 03 25 50

Ouvert de fin mars à début novembre. Jours et horaires variables selon la saison.

Tout a commencé au Cap Ferret ! Puis, les délicieux cookies d'Hugo Bassani sont arrivés à Bordeaux (il y a deux boutiques), à Arcachon... Et maintenant, au-delà de la Gironde ! La recette du succès ? Celle du fait maison ! Les cookies, dont un végan et sans gluten, sortent du four tout au long de la journée et les signatures sont très originales. Ils sont déclinés en trois tailles (pitchoune, classic ou daron) sans oublier les cookies cakes pour 6 à 12 personnes, les cookies éphémères en fonction des saisons et les glaces au Cookie Dough. Une vraie pépite !

CLUB LA VIGNE

Allée du sauvignon
✆ 07 88 60 94 60
www.clublavigne-capferret.net

Ouvert en juillet et août du lundi au samedi midi. Club de plage, natation, beach crossfit, vélo, tournois sportifs.

Initier les plus petits à la natation et les distraire sur la plage, telle est la mission du Club La Vigne qui propose des cours et des jeux encadrés pour les enfants et les ados jusqu'à 18 ans, moyennant un ticket par demi-journée ou à la semaine. Les enfants qui nagent comme des poissons dans l'eau peuvent se perfectionner et passer des brevets tandis que les autres peuvent suivre les cours d'initiation (30 minutes par deux). Il y a également des sorties en vélo dès 6 ans, des tournois sportifs... Pour les adultes : cours de natation, aquagym et beach CrossFit.

LE TEICH

Les premiers habitants du bassin d'Arcachon, les Bituriges Vivisques, quelques siècles avant notre ère, s'installèrent au Teich et à Biganos. La commune est avant tout remarquable par son capital naturel (près de 80 % des 8 700 hectares sont recouverts par la forêt) : les Techois sont gâtés. Le delta de la Leyre, véritable Camargue miniature, offre des paysages comme nulle part ailleurs, depuis les prairies du delta jusqu'à la sombre forêt-galerie, ainsi qu'une faune ornithologique unique. À découvrir sur les sentiers de randonnée et lors de la visite du parc ornithologique. La commune du Teich est labellisée Territoire Vélo depuis 2020.

LE PORT DU TEICH

Le petit port du Teich vaut le détour pour sa grande aire de pique-nique ombragée, sa butte offrant un beau panorama sur les environs et son plan d'eau où la baignade est surveillée tous les jours en juillet et août. Point de départ privilégié pour les amateurs de nature, il est entouré de nombreux sentiers pédestres qui serpentent entre le littoral et les rives du delta. Pour rejoindre le bassin d'Arcachon, les bateaux doivent suivre l'un des bras sinueux de la Leyre sur environ 2 km, une traversée qui dévoile toute la richesse de ce milieu naturel unique.

LA CABANE LAOUGA €€

32B, rue du Caplande

✆ 06 35 32 72 74

www.cabane-laouga-bassindarcachon.fr

Toute l'année. Pour 2 personnes (38 m², 1 chambre). De 65 € à 75 €/nuit selon saison. Place de parking sur la propriété.

Avec son nom en référence à la plage de Laouga du lac de Cazaux, la cabane en bois de Stéphane et Mélanie, qui habitent sur le même terrain, est tout à fait dans l'esprit du bassin d'Arcachon. D'ailleurs, ce sont eux qui vous accueillent lors de votre séjour (2 nuits minimum en basse/moyenne saison). Conçue pour 2 personnes, la cabane profite d'une terrasse privative avec salon de jardin et plancha. La décoration est dans l'air du temps, mélange de bois et de contemporain. Amoureuse du bassin, Mélanie pourra vous concocter un joli programme selon vos envies.

PIZZA PAP'S €

Avenue de Bordeaux

✆ 05 57 16 67 94

Ouvert du mercredi au vendredi le midi ; du mercredi au dimanche le soir. Pizzas de 9,50 € à 17 €. Terrasse.

Vous êtes plutôt pizzas ou pannizza ? Sunny pocket ou Panuozzo ? Vous l'aurez compris, chez Pizza Pap's, on décline la pizza sous toutes ses formes ! Et, ce n'est pas si bête ! Déjà, c'est bien parce que ça change de la pizza traditionnelle. Ensuite, et surtout pour emporter, c'est très pratique. Enfin, c'est le combo parfait pour les indécis qui hésitent entre une pizza et un sandwich ou une pizza et un panini. D'ailleurs, le sunny pocket n'est pas loin d'être le combo des trois. Le tout est cuit sous vos yeux dans un superbe four italien.

Le bassin à marée basse.

RÉSERVE ORNITHOLOGIQUE DU TEICH ★★★

Rue du Port
✆ 05 24 73 37 33
Ouvert toute l'année, tous les jours (sauf le 25 décembre) à partir de 10h. De 7,70 € à 9,90 €. Autres tarifs.

La superbe Réserve Ornithologique du Teich est un lieu de prédilection pour l'accueil des oiseaux migrateurs ou sédentaires. Elle est constituée de rosières, marais, prairies, lagunes. Chaque année, 300 000 oiseaux y transitent. Elle est accessible en journée, dans le respect de la tranquillité des oiseaux. Par conséquent, il est impératif d'être discret et silencieux. Les permanents sont à votre disposition pour obtenir des informations pratiques ou vous dévoiler les meilleures opportunités ornithologiques du moment. Le parcours de 6 km est également ponctué de nombreux panneaux d'informations renforçant la compréhension des phénomènes naturels. Il est strictement interdit de s'en écarter. Vingt cabanes d'observation fermées jalonnent le sentier aux endroits les plus favorables pour voir les oiseaux. Réparties tous les 300 mètres environ, elles permettent une visite confortable, quel que soit le temps. Six points de vue extérieurs dont deux surélevés proposent un panorama sur les paysages de la Réserve ou de ses abords. Ce sont par ailleurs d'excellents postes d'observation pour admirer la migration active. Le cheminement est très accessible, même en chaussures de ville. Prévoyez un minimum de trois à quatre heures pour faire le tour du site. Un raccourci est possible pour les personnes se déplaçant avec difficulté ou avec des enfants en bas âge. Pour les personnes à mobilité réduite, un itinéraire adapté est proposé, évitant les observatoires dotés d'escaliers ou les trop fortes pentes du sentier. Des visites privilégiées ont lieu le soir en été, permettant de découvrir le marais au crépuscule, puis l'arrivée de la nuit bouleversant le comportement des oiseaux. La Maison de la Nature du bassin d'Arcachon est chargée des interventions pédagogiques sur la Réserve. Chaque mercredi sont proposées deux formations payantes, limitées à 15 personnes. La première est une initiation privilégiant l'observation sur la Réserve. La seconde est un perfectionnement permettant d'aiguiser son regard. Les thèmes sont l'hivernage des oiseaux, la reproduction et les oiseaux chanteurs, les limicoles permettant le décryptage des plumages, les laridés (goélands et mouettes). Vous avez aussi la version week-end de formations à effectuer sur quatre périodes précises, en fonction du rythme de la vie des oiseaux. Notez que l'heure de fermeture est toujours respectée, vous êtes tenu d'en tenir compte. La réserve n'est pas ouverte le 25 décembre.

CAMPING KER HELEN**** €€

Avenue de la Côte d'Argent
✆ 05 56 66 03 79
www.kerhelen.com
Camping Qualité. Du 11 avril au 30 septembre 2025. Emplacements de 16,60 à 26,50 €/nuit. Locations de 465 à 1 055 €/sem.

Bordé par l'Eyre, à 5 minutes du parc ornithologique et du village ostréicole, le camping Ker Helen qui fête ses 60 ans en 2025 est une destination de vacances privilégiée, à 15 minutes des plages. En saison, on profite de la piscine chauffée et des animations organisées aussi bien pour les petits que pour les grands avec des sorties VTT, des ateliers et des soirées dansantes et à thème. Mur d'escalade, tables de ping-pong, aire de fitness... Toute la famille y trouve son compte ! Côté hébergement, on a le choix entre les 154 emplacements et les 70 locations.

© CAMPING KER HELEN

© CAMPING KER HELEN

BASSIN D'ARCACHON

LA P'TITE PINTE

7, avenue François Mitterrand
✆ 06 62 47 95 33
www.laptitepinte.fr
Ouvert toute l'année. Du lundi au samedi de 16h à 22h. Terrasse. Animations. Programme de fidélité.

Si la P'tite Pinte a bien un truc en plus, ce sont ses bières locales et artisanales que l'on accompagne par quelques victuailles du coin à partager ! Mais aussi, son grand parking et sa grande terrasse. David et Romuald avaient envie de ce genre d'endroit très convivial, avec beaucoup d'événements et des soirées à thèmes (fléchettes, beer pong, poker, blind test, raclette à volonté, etc.). D'ailleurs, ces jours-là, la P'tite Pinte ferme ses portes à 23h. Les professionnels comme les particuliers pourront même venir louer des tireuses à bière.

LA BRASSERIE DU DELTA €

Rue du Port ✆ 05 40 51 00 21
www.brasserie-du-delta-leteich.fr
Du mardi au dimanche de 10h30 à 16h ou 18h (tous les jours en saison). Réservation recommandée. Menu à 28,90 €. Bar.

Avant ou après une belle promenade dans le parc ornithologique du Teich, la Brasserie du Delta est un endroit bien sympathique pour se détendre, boire un verre et manger plus ou moins sur le pouce. Marion Birbis et Maxime Duarte vous proposent chaque jour une cuisine traditionnelle et des salades de qualité. La carte est courte, car tout est fait maison. On craque complètement pour la fraîcheur à la pêche en dessert ! La terrasse est très agréable pour profiter du soleil et (peut-être) admirer les oiseaux de passage. Autre point fort ? Le sourire de l'équipe !

FL' EAU ITINÉRANCES

33 ter, rue des Poissonniers
✆ 07 69 93 44 62
https://fl-eau-discovery.fr/
Agence d'escapade. Séjours « canoë-camping » à partir de 143 €/personne (2 jours) ; 402 € (6 jours). Autres prestations.

Florence Chambolle a créé l'agence d'escapades FL'eau au printemps 2017. Son idée ? Faire découvrir notre région avec des modes de déplacements doux et offrir une réelle déconnexion avec la vie de tous les jours. Ainsi, elle vous propose des séjours canoë-camping en autonomie (*riverbook*), incluant tout le matériel nécessaire (sacs étanches, réchaud, etc.) pour 2 à 8 personnes dès 6 ans à condition de savoir nager. En vélo-rando ou paddle-rando, le transport de bagages est assuré ; et les repas (sauf le midi) ainsi que les visites sont prévus.

NAISSAIN €€

10, rue des Castaings
✆ 05 56 22 48 42
https://www.restaurantnaissain.com/
Du jeudi au lundi le soir ; le lundi et du jeudi au samedi le midi. Carte : 45 € environ (le soir). Formule midi : 25 €.

Sarah et Thomas ont ouvert ce joli petit restaurant de 30 couverts, à 10 minutes à pied du port ostréicole et de la réserve ornithologique du Teich. Aussi parce que les frères du jeune homme sont ostréiculteurs à La Teste-de-Buch, les huîtres sont très souvent à la carte. Inutile de préciser d'où viennent les huîtres cuisinées et servies à Naissain… De toute façon, tout est fait maison à partir de produits frais issus de producteurs locaux. Les desserts n'échappent pas à la règle ! Le pain arrive directement de la boulangerie Le Sentier de la Mie. Service soigné.

L'ESTURGEONNIÈRE

Route de Mios-Balanos ✆ 05 56 22 69 50
www.caviar-perlita.com
Visite de l'Esturgeonnière (1h30) sur rendez-vous. De 25 €/enfant (8-12 ans) à 32 €/adulte. Boutique et épicerie fine.

Nichée au cœur de la forêt, l'Esturgeonnière est une exploitation de 6 000 m² comptant parmi les 7 éleveurs et producteurs en France de 4 espèces d'esturgeon, pour une production de 4 tonnes de caviar. Et il faut 8 à 10 ans pour produire des œufs de calibres qualitatifs, variant entre 2,5 et 2,7 g. Résolument engagée dans une démarche écoresponsable en aquaponie, l'Esturgeonnière recycle et transforme chaque partie du poisson, du filet à la carcasse, en nourriture pour d'autres poissons. Le caviar Perlita est distribué autour du bassin d'Arcachon et à Bordeaux.

MARCHÉ MUNICIPAL DU TEICH

Place du Souvenir
Le samedi de 7h30 à 13h30.

Le rendez-vous des Teichois se déroule le samedi matin à partir de 7h30 et jusqu'à 13h30, place du Souvenir, en centre-ville, entre l'église et la mairie. Chaque week-end, vous retrouverez une vingtaine de commerçants. Au menu : produits locaux, fruits et légumes frais, viandes, poissons, plats cuisinés, pains... Mais vous trouverez également quelques stands de fleurs, de plantes et même de vêtements. Bref, tout pour passer une matinée agréable et conviviale.

LES PALETS D'ARCACHON

4, rue des Castaings
✆ 07 83 04 84 36

Ouvert du lundi au samedi de 9h à 18h. Stationnement sur place.

Yvette s'est reconvertie pour ouvrir une biscuiterie artisanale et familiale où elle fabrique, dans un tout petit laboratoire, de délicieux palets sucrés (orange, citron, amandes/pralines, chocolat, etc.) ou salés (thym/parmesan et oignons/piment d'Espelette), sans colorant ni conservateur. En association avec un bijoutier de La Teste-de-Buch, elle vous propose également un collier ou un bracelet au choix sur le thème de l'océan. Retrouvez aussi ses biscuits et les coffrets cadeaux sur le marché en ligne du site Tous Bassin (https://cavientdubassindarcachon.fr/).

AMAZONE CANOË

17, allée de la Fontaine Saint-Jean
✆ 06 72 76 34 58
www.amazonecanoe.com

Parcours de 22 € à 27 € et de 26 € à 36 €/personne en randonnée encadrée. Demi-tarif pour les enfants de -10 ans.

La Leyre qu'on appelle parfois la « petite Amazone » se prête merveilleusement bien à une balade sur l'eau. Amazone Canoë vous propose des circuits à la journée ou à la demi-journée. Nathaniel vous fera remonter la rivière jusqu'à son delta. Découvrez la flore et la faune sauvages des lieux et laissez-vous glisser au fil de l'eau. Autres balades : le canal des Landes, l'île aux Oiseaux, le banc d'Arguin... Possibilité de sortie sur plusieurs jours (de deux à cinq jours) depuis Sabre jusqu'au Teich, soit 90 kilomètres. Réservation conseillée.

LA P'TITE PINTE

7, avenue François Mitterrand
✆ 06 62 47 95 33
www.laptitepinte.fr

Ouvert toute l'année. Du lundi au samedi de 16h à 22h. Terrasse. Animations. Programme de fidélité.

Si la P'tite Pinte a bien un truc en plus, ce sont ses bières locales et artisanales que l'on accompagne par quelques victuailles du coin à partager ! Mais aussi, son grand parking et sa grande terrasse. David et Romuald avaient envie de ce genre d'endroit très convivial, avec beaucoup d'événements et des soirées à thèmes (fléchettes, beer pong, poker, blind test, raclette à volonté, etc.). D'ailleurs, ces jours-là, la P'tite Pinte ferme ses portes à 23h. Les professionnels comme les particuliers pourront même venir louer des tireuses à bière.

LE SENTIER DE LA MIE

6, rue Castaings
✆ 05 57 15 79 07
https://le-sentier-de-la-mie.fr/

Ouvert du mardi au samedi de 6h30 à 13h30 et de 16h à 19h30 ; le dimanche de 6h30 à 12h30.

© LE SENTIER DE LA MIE

Une belle boutique bien achalandée, quelques tables à l'intérieur pour dévorer une pâtisserie sur le pouce, un café ou un potage à l'heure du déjeuner, un bar à toutous à l'extérieur, des places de parking juste devant, une page Instagram qui met l'eau à la bouche... Le Sentier de la Mie n'a pas tardé à fournir quelques bonnes adresses du coin, et tous les habitants des alentours qui n'hésitent pas non plus à passer commande pour un gâteau d'anniversaire, une bûche ou une pièce montée. Pour ne rien gâcher à tout cela, l'équipe a le sourire !

MIOS

La commune de Mios est implantée en pleine forêt, au cœur du Parc régional naturel des Landes de Gascogne. Elle est aussi située sur les bords de la Leyre. Très étendue, la commune compte près de 6 900 Miossais. Parmi les sites remarquables, on notera la cloche de la chapelle Saint-Brice, datée du XVIIIe siècle et classée monument historique. L'église Saint-Martin a quant à elle été agrandie au XIXe siècle, mais semble dater du XVIe. Mios est une commune au patrimoine naturel exceptionnel, propice à la randonnée et à la balade. Une guinguette est ouverte l'été sur les bords de la Leyre. C'est un espace de détente privilégié au cœur du parc Birabeille.

PARC BIRABEILLE

Restauration (guinguette).

Entièrement piéton grâce à une barrière qui empêche l'accès aux véhicules, le parc Birabeille, en bordure de L'Eyre, est un chouette espace nature avec une aire de jeux pour les enfants près de la guinguette. D'ailleurs, elle s'anime en été au rythme des différents concerts. Pendant que certains font une démonstration de skate ou une course de VTT sur la piste de pump track, d'autres profitent du boulodrome ou se mettent à la recherche de la tortue sculptée par l'artiste MIER. Le parc d'aventure acrobatique T en Leyre avec ses 150 jeux suspendus est juste à côté.

BUREAU D'INFORMATION TOURISTIQUE DE MIOS

1, allée de Val de San Vicente ✆ 05 57 70 67 56
https://tourisme-coeurdubassin.com/
Qualité Tourisme. Accueil vélo. Ouvert en saison et au mois de décembre (jours et horaires variables).

Mios est une charmante commune de plus de 11 000 habitants où cohabitent plusieurs générations. A mi-chemin entre Arcachon et Bordeaux, les possibilités d'escapades à la journée sont nombreuses ! Entre la Leyre, les forêts de pins, la zone protégée Natura 2000 et les dizaines de kilomètres de pistes cyclables permettant de rejoindre Arcachon, le Cap-Ferret ou encore de pédaler jusqu'à Bazas, Mios ne manque pas d'atouts. L'équipe vous attend pour vous donner les renseignements utiles.

LO'BERGE €€

27, avenue du Val de l'Eyre
✆ 05 56 26 67 47
Du lundi au samedi le midi (sauf lundi en été) ; le mardi et du jeudi au samedi le soir. Formule du midi : 15,50 €. Bar.

Ouvert dès 9h, l'O'berge est un hôtel-bar-restaurant marqué par sa simplicité. À l'extérieur, les propriétaires ont fait le choix d'une façade habillée en lames boisées. À l'intérieur, la décoration est moderne avec une belle cheminée qui crépite en hiver. Les murs sont ornés d'œuvres contemporaines. Côté cuisine, tout est fait maison. Au menu : œuf cocotte champignons et foie gras, suprême de volaille en blanquette, gambas flambées, coulant au chocolat... Très épurées, les chambres, doubles ou triples, offrent le confort nécessaire. Réservation recommandée.

VILLA VALLEYRE €€

70, avenue de la République
✆ 09 82 37 15 70
www.villavalleyre.fr
Du mardi au samedi le midi et le soir. Menu-carte de 35 € à 45 €. Formule du midi : 21 €. Terrasse. Jardin. Parking.

La Villa Valleyre se situe à mi-chemin entre la sortie d'autoroute et Mios. Entièrement habillé de bois, ce pavillon largement ouvert sur l'extérieur s'entoure d'une belle terrasse couverte. Le jardin, verdoyant, presque luxuriant, confère à l'endroit un charme indéniable. Seules les nuisances de la route pourraient troubler la tranquillité, mais on se laisse vite bercer par l'eau qui s'écoule de la fontaine. Tout est pensé pour garantir un agréable moment. La formule du midi est servie du mardi au samedi. L'accueil est chaleureux et les tarifs raisonnables.

JAMBONS 10 VINS

12, avenue de la Libération
✆ 05 56 26 36 47
Ouvert du mardi au samedi de 10h à 22h ; le dimanche de 10h à 14h. Ateliers de dégustations. Restauration. Traiteur.

L'épicerie de Fabio Iaconelli est un commerce coquet, chaleureux et accueillant. On y vend bien sûr des produits italiens : des pâtes fraîches, de la charcuterie ou encore des fromages. Mais pas seulement ! Vous pourrez également les déguster sur place ou chez vous puisque Fabio et Armelle préparent de savoureux plats concoctés à partir des produits issus de leur propre boutique. Vous trouverez aussi des vins, des bières du monde et des rhums arrangés. Fabio organise encore des ateliers de dégustations sensorielles et des soirées à thèmes. Brunch le dimanche.

LAKE CITY

108, route du Barp ✆ 06 40 65 11 71
www.lakecity.fr
D'avril à fin octobre. Jours et horaires d'ouverture variables selon la saison. Tarifs en ligne. Snack/bar/restaurant.

Lake City est une base de loisirs sur la route du Barp, mais c'est surtout le 1er Wakepark équipé en France. Lake City, c'est 100 % glisse : wakeboard, ski nautique, paddle... une découverte dès l'âge de 4 ans, apprentissage, perfectionnement avec du matériel adapté et encadré par des moniteurs diplômés d'Etat. Une Cabane zen située au-dessus de l'eau propose un spa ainsi que des soins du corps et du visage. C'est aussi un Aquapark pour s'amuser en famille ou entre amis sur des structures gonflables et une catapulte géante ! Possibilité de restauration sur place.

MÉDOC / HAUTE GIRONDE

Sur la rive gauche de la Gironde, là où le fleuve se perd dans l'Atlantique, le Médoc est connu pour ses prestigieux vignobles situés principalement dans le Haut-Médoc, mais c'est aussi l'océan, les immenses plages de sable fin, les pinèdes, les marais, les étangs, les lacs parsemés au milieu d'un territoire de caractère, au riche patrimoine historique et architectural. Gambas et huîtres de l'estuaire réjouiront les gastronomes et les surfeurs trouveront leur bonheur dans les 15 meilleurs spots de Gironde. Les amateurs de randonnées pourront parcourir des kilomètres de sentiers balisés et arpenter les réserves naturelles comme l'exceptionnelle Réserve naturelle nationale des dunes et marais d'Hourtin. Le Médoc se visite aussi à vélo avec plus de 400 km de pistes cyclables et des croisières vous conduiront sur le plus vaste estuaire d'Europe jusqu'au phare de Cordouan. Plus confidentielle, la Haute-Gironde regorge elle aussi de charme.

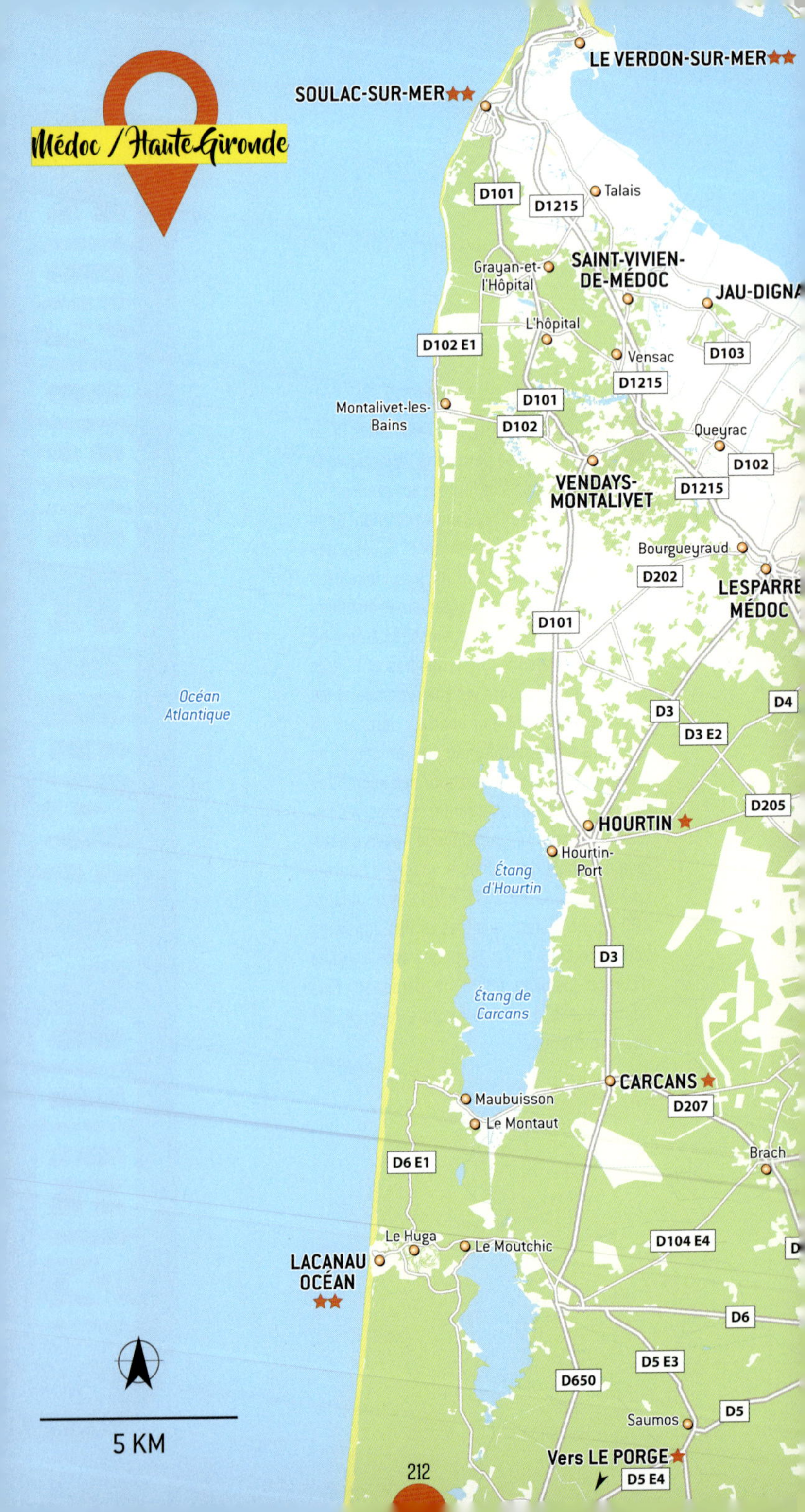
Médoc / Haute Gironde
LE VERDON-SUR-MER
SOULAC-SUR-MER
Talais
D101
D1215
SAINT-VIVIEN-DE-MÉDOC
Grayan-et-l'Hôpital
JAU-DIGNA
L'hôpital
D102 E1
Vensac
D103
D1215
D101
Montalivet-les-Bains
D102
Queyrac
D102
VENDAYS-MONTALIVET
D1215
Bourgueyraud
D202
LESPARRE MÉDOC
D101
Océan Atlantique
D3
D4
D3 E2
D205
HOURTIN
Hourtin-Port
Étang d'Hourtin
D3
Étang de Carcans
CARCANS
Maubuisson
D207
Le Montaut
Brach
D6 E1
Le Huga
Le Moutchic
D104 E4
LACANAU OCÉAN
D6
D5 E3
D650
D5
Saumos
Vers LE PORGE
D5 E4
5 KM

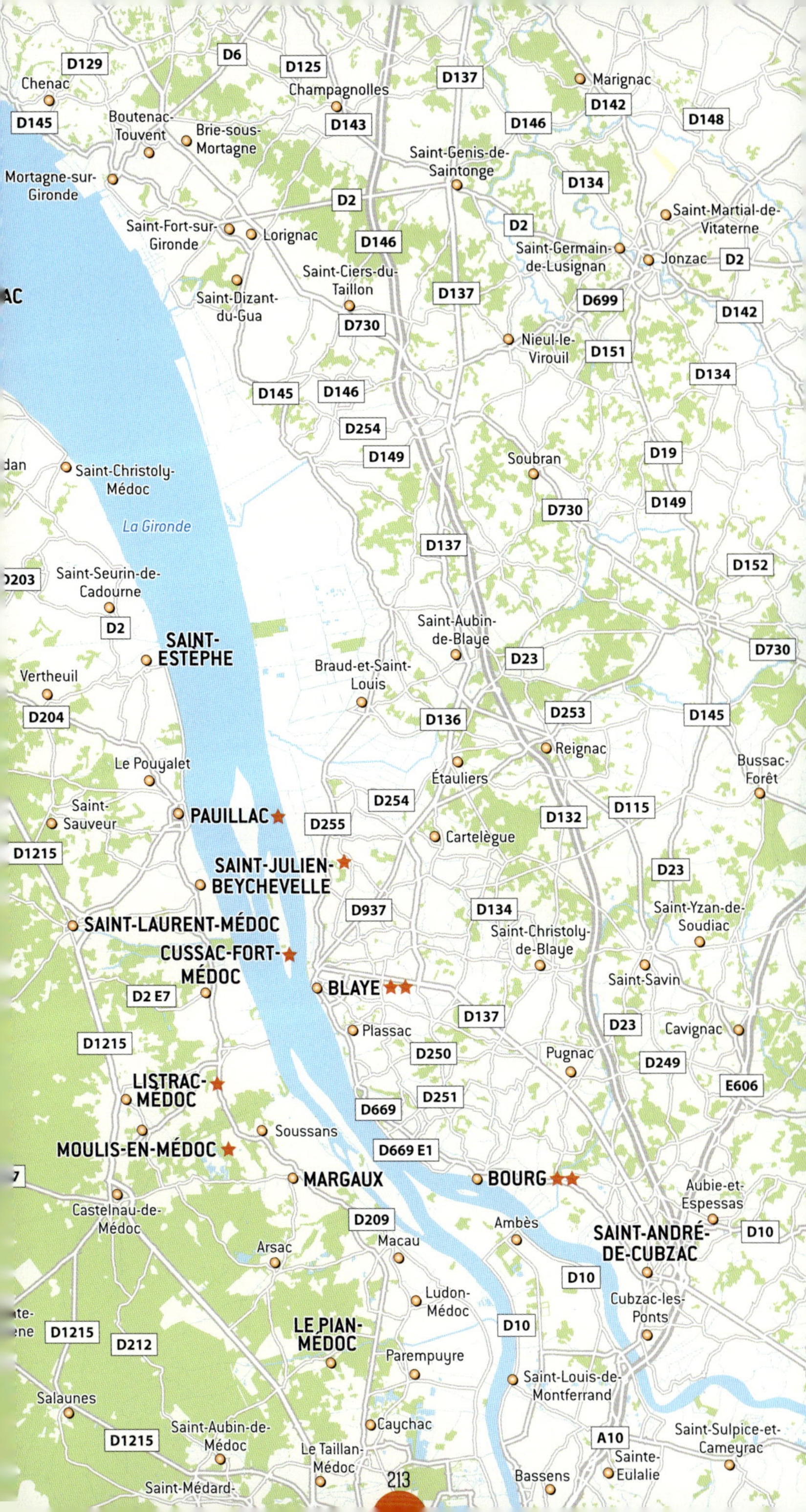
D129
D6
D125
D137
Marignac
Chenac
Champagnolles
D142
D145
D143
D146
D148
Boutenac-Touvent
Brie-sous-Mortagne
Saint-Genis-de-Saintonge
Mortagne-sur-Gironde
D134
D2
Saint-Martial-de-Vitaterne
Saint-Fort-sur-Gironde
Lorignac
D146
D2
Saint-Germain-de-Lusignan
Jonzac
D2
Saint-Ciers-du-Taillon
AC
Saint-Dizant-du-Gua
D137
D699
D142
D730
Nieul-le-Virouil
D151
D134
D145
D146
D254
dan
D149
Soubran
D19
Saint-Christoly-Médoc
D730
D149
La Gironde
D137
D152
D203
Saint-Seurin-de-Cadourne
D2
Saint-Aubin-de-Blaye
SAINT-ESTÈPHE
D23
D730
Braud-et-Saint-Louis
Vertheuil
D204
D136
D253
D145
Reignac
Le Pouyalet
Étauliers
Bussac-Forêt
Saint-Sauveur
PAUILLAC
D254
D255
D132
D115
Cartelègue
D1215
SAINT-JULIEN-BEYCHEVELLE
D23
D937
D134
Saint-Yzan-de-Soudiac
SAINT-LAURENT-MÉDOC
Saint-Christoly-de-Blaye
CUSSAC-FORT-MÉDOC
Saint-Savin
BLAYE
D2 E7
D137
D23
Plassac
Cavignac
D1215
D250
Pugnac
D249
LISTRAC-MÉDOC
E606
D251
D669
Soussans
MOULIS-EN-MÉDOC
D669 E1
MARGAUX
BOURG
Aubie-et-Espessas
Castelnau-de-Médoc
D209
Ambès
SAINT-ANDRÉ-DE-CUBZAC
D10
Macau
Arsac
D10
Ludon-Médoc
Cubzac-les-Ponts
D1215
D212
LE PIAN-MÉDOC
D10
Parempuyre
Saint-Louis-de-Montferrand
Salaunes
Caychac
Saint-Aubin-de-Médoc
D1215
A10
Saint-Sulpice-et-Cameyrac
Le Taillan-Médoc
Sainte-Eulalie
Bassens
Saint-Médard-

PAGES

Située sur la rive droite de l'estuaire de la Gironde, la ville de Blaye est un haut lieu du patrimoine. Baladez-vous dans la fameuse citadelle, avec ses ruelles pavées pleines de charme et son couvent des Minimes. Les amoureux d'histoire seront séduits par le musée d'histoire et d'archéologie et par la villa gallo-romaine.

CARCANS ★

Carcans est indissociable de Maubuisson. L'ensemble est composé de Carcans Océan, Maubuisson (Carcans Lac) et Carcans bourg. Tout a été aménagé pour accueillir un tourisme naturel et familial, avec une profusion d'activités de loisirs, d'animations l'été et de nombreuses régates à suivre tout au long de l'année, notamment à Maubuisson et sur le site de Bombannes où la voile est reine. L'océan a aussi sa place avec les grandes plages sauvages, prisées des surfeurs, tout comme la vaste forêt de pins maritimes, de chênes verts, de chênes-lièges, etc. Quelque 120 kilomètres de pistes cyclables sont à la disposition des amateurs de belles balades à vélo.

LOU PINASSOTTE

Ponton du Trou du Facteur
✆ 06 74 62 88 06
www.loupinassotte.com
Balade de 4h, tarif adulte : 45 €, enfant : 25 €. Jusqu'à 12 personnes à bord. Privatisation de la pinasse : 450 €.

Embarquement immédiat à bord d' « Hélèna », une somptueuse pinasse traditionnelle pilotée par Florian, enfant du pays, passionné par le patrimoine de sa région. A bord, tout le confort nécessaire : bain de soleil, cabine, frigo, etc. En option, deux départs par jour (selon les marées) : une balade déjeuner ou au coucher de soleil. Au programme : pique-nique ou apéritif sur l'eau, pause baignade et découverte de la région d'un point de vue unique, au ras de l'eau. L'option parfaite pour explorer le lac de Carcans-Maubuisson en total respect avec son environnement.

DOMAINE DE BOMBANNES

✆ 05 57 70 12 13
https://bombannes.ucpa.com
Ouvert toute l'année. Haute saison : tous les jours à partir de 9h. Hors saison : informations sur le site.

Niché au cœur d'une forêt de 250 ha, le domaine de Bombannes offre une large palette d'activités pour toute la famille, encadrées par des professionnels : parcours aventure, aquapark, surf, bodyboard, canoë, kayak, école de voile, tir à l'arc, location de pédalos ou de vélos... Pour profiter de la vue panoramique sur le lac et des animations nocturnes, direction le Wild Café. Côté hébergement, on profite du centre de vacances et du camping 3 étoiles, la Dune Bleue, très ombragé avec de nombreux emplacements, cottages, lodges, services de qualité et piscine !

MAISON DES ARTS ET TRADITIONS POPULAIRES

129, avenue de Maubuisson ✆ 05 56 03 41 96
http://musee.matp.carcans.free.fr
Juillet et août : lundi-vendredi 15h-19h. Visites guidées de groupe sur réservation d'avril à octobre. Adulte : 3 €.

Créée en 1975 par quelques habitants de la commune, soucieux de sauvegarder et de mettre en valeur le patrimoine local, l'association MATP retrace l'histoire de la lande médocaine à travers son activité urbaine et rurale, sa faune, sa flore et ses activités liées à la forêt. Une douzaine d'espaces présentent des thèmes de la vie de cette contrée du XVIIIe au XXe siècle. On y voit des photos d'époque, de vieux outils, un intérieur d'autrefois, etc. La visite prend environ une heure.

Plage de Carcans.

RÉSERVE NATURELLE DE L'ÉTANG DE COUSSEAU ★

85 bis, rue du Pouch ✆ 05 56 91 33 65
www.sepanso.org
Accès libre toute l'année, du lever au coucher du soleil. Entrée gratuite. Visites guidées sur réservation

Site classé depuis 1976, la réserve de Cousseau donne un remarquable aperçu des principaux milieux naturels des Landes de Gascogne. Un concentré de biodiversité dans un mouchoir de poche ! Dunes boisées d'arbousiers, étangs et marais bordés de roseaux, pinèdes altières et clairières vert tendre… Loin de toute civilisation, ce sanctuaire naturel se découvre le long d'un sentier de 7,5 km serpentant dans la forêt. À découvrir en toute autonomie ou accompagnés par les guides de la Sepanso – une fédération régionale d'associations de protection de la nature et de l'environnement – lors de visites guidées classiques ou thématiques. Le regard en maraude, on s'élance sur les traces de la loutre, on s'installe discrètement pour observer la grue cendrée (entre octobre et février) ou on se penche sur l'histoire et le rôle des vaches marines, réintroduites sur la Réserve en 1990. Pour prendre de la hauteur, direction le belvédère et les deux tours d'observation. Ici et là, des bornes illustrées en bois, présentant les principales espèces animales et végétales, en fonction des paysages où celles-ci vivent. Parmi les emblèmes de la réserve : la lande à Molinie, jolie graminée qui marque l'amorce de la lande humide, habitat qui couvrait autrefois la majorité du plateau des Landes de Gascogne. Pensez à vous munir du livret d'accompagnement édité par la Sepanso, en vente à l'office de tourisme. Comptez 2h30 de promenade. Accès interdit aux vélos. Chiens tolérés, mais seulement tenus en laisse.

OFFICE DE TOURISME MÉDOC ATLANTIQUE

125, avenue de Maubuisson ✆ 05 56 03 21 01
www.medoc-atlantique.com
Haute saison : ouvert du lundi au dimanche de 10h à 19h. Basse saison : horaires variables, consulter le site.

Paradis des sports de glisse et de plein air, Carcans-Maubuisson offre un accueil privilégié aux familles que ce soit en campings, locations, villages de vacances ou chambres d'hôtes. L'été, la station s'anime grâce à une riche programmation culturelle et sportive : concerts, festivals, excursions, survol du paysage, plages immenses, visites des châteaux du Médoc, sorties nocturnes, compétitions, balades le long des nombreuses pistes cyclables, randonnées pédestres, etc.

CAMPING DE MAUBUISSON*** €

81, avenue de Maubuisson
✆ 05 56 03 30 12
www.camping-maubuisson.com
Du 15 mars au 15 novembre. Emplacements à partir de 22 €. Chalets et mobil-homes à partir de 345 € la semaine environ.

Au camping de Maubuisson, on dort dans un grand parc boisé, à 300m du plus grand lac d'eau douce naturelle de France, de ses plages de sable fin, et à 3 km de l'Océan. Au choix : de vastes emplacements pour tentes et caravanes mais aussi des mobil-homes, des chalets en bois ou des Tipis sur pilotis pour retrouver une âme d'enfant. Ce camping séduit tant les amateurs de calme et de nature que les familles souhaitant profiter pleinement du lac ou des animations et activités sportives. Hormis le bar-restaurant, il n'y a pas d'animations le soir.

CAMPING LA KAHUTE

138, route de Villeneuve ✆ 06 65 67 60 15
www.campinglakahute.com
De mai à octobre. Emplacement 2 personnes à partir de 29 €. Tente lodge à partir de 90 €. Tiny house à partir de 120 €.

Grands voyageurs et passionnés de glisse, Vincent, Camille et leurs enfants ont créé La Kahute. Un lieu de repos et de partage. Ce camping, au cœur de la nature, offre des paysages forestiers uniques. Un site qui invite à la sérénité, à seulement 13 km de l'océan. Tiny houses, tentes, lodges…, les aménagements sont confortables et authentiques. Un lieu qui, dans un total respect de l'environnement, incite à se reconnecter à la nature. Envie de vacances sportives ? La Kahute propose d'organiser un séjour adapté à vos envies, en partenariat avec leur amie Thaïs.

CAMPING PARADIS CARCANS-LACANAU**** €€

32, route de Philibert ✆ 05 56 03 33 57
www.campingleparadis-carcans.com
Du 8 mars au 24 novembre. Mobil-homes 2 à 6 personnes de 239 € à 1 720 €/semaine. 19 emplacements nus. Piscine couverte.

Vous profiterez de vacances relaxantes, sportives ou culturelles, dans un cadre privilégié, entre forêt, lac et océan, tout en restant à proximité des richesses du Médoc et de Bordeaux. Van aménagé, tente, ou que vous souhaitiez louer un mobil-home, vous apprécierez le calme et les équipements d'un camping convivial et familial : grande piscine couverte et chauffée, salle événementielle, minigolf… Une aire de jeux ravira les enfants et de nombreuses soirées animeront votre séjour.

HUTTOPIA LAC DE CARCANS*** €€

Domaine de Bombannes ✆ 05 56 03 95 02
www.europe.huttopia.com
De fin mai à fin septembre. Emplacements, tentes aménagées et tentes-chalets Arizona. Centre UCPA de Bombannes à côté.

Au cœur de la forêt domaniale de Bombannes, Huttopia offre un accès direct aux pistes cyclables et aux sentiers de promenade le long du plus grand lac de France. À deux pas de l'océan et d'une base de loisirs, c'est l'endroit idéal pour des vacances nature, sportive ou farniente. On loge dans l'Arizona (mix entre une tente et un chalet) ou dans une tente aménagée en toile et bois, équipée d'un coin cuisine et d'une salle de bain selon vos envies. En été ? Café-comptoir et animations.

COCO'BAT CARCANS

1, avenue de la Plage
✆ 06 25 12 02 95
Fermé d´octobre à avril. Haute saison : ouvert tous les jours de 10h à 19h. Smoothie bowl à partir de 6 €.

A l'abri des pins, sur la terrasse en bois, Coco'Bat Carcans est l'endroit rêvé pour s'offrir un petit déjeuner vitaminé ou une pause réconfort post-surf ! Ici tout est frais, coloré et *healthy*. Cette cantine de plage déroule une carte aussi alléchante que gourmande : smoothie bowls, jus de fruits pressés, açai bowls, jus détoxifiants, antioxydants, énergisants… Mention spéciale pour l'Azure bowl, leur recette signature à base de spiruline bleue et de pulpe de fruits de la passion. De nombreuses options véganes et sans gluten.

CAMPING LES MIMOSAS*** €

173, route de la Barrade
✆ 05 56 03 39 05
www.les-mimosas-camping.fr
Ouvert du 22 juin au 31 septembre. Mobil-homes pour 4 personnes à partir de 420 € la semaine. Emplacement dès 20 €/jour.

© CAMPING LES MIMOSAS

Le camping Les Mimosas, familial et tranquille, est le lieu idéal pour profiter de vacances nature avec les enfants. Baignade dans le lac ou à l'océan, sessions surf et voile, balades à vélo dans la pinède, visite des prestigieux châteaux du Médoc... votre séjour aux Mimosas promet d'être riche en découvertes. Pour vous détendre, piscine chauffée, terrain de pétanque, aire de jeux et barbecues sont à disposition. Côté hébergement, le choix est vaste. Emplacements classiques, mobil-homes, caravanes ou grandes tentes s'égrainent sur un vaste terrain boisé.

PIZZERIA ROUTE 207 €

29, route de Carcans - **BRACH**
✆ 05 57 29 21 92
https://pizzeriaroute207.eatbu.com
Horaires sur le site. Pizzas dès 8,50 €. Rôtisserie sur commande, sandwichs, burgers, paninis. Sur place ou à emporter.

Base tomate ou crème fraîche, le pizzaïolo de la Pizzeria Route 207 a l'art de manier la pizza ! De la margherita à l'indienne en passant par la landaise, elles sont toutes généreuses. Idéal pour les retours de plage. Les curieux testeront la surprenante 207 spéciale, composée de viande hachée, escargots, persillade, fromage et olives. À la carte également : sandwichs, burgers, frites, paninis salés ou sucrés et salades à composer. L'été, on s'installe sur la terrasse, en s'accordant une petite partie de fléchettes pendant la cuisson. Rôtisserie sur réservation.

L'ATELIER RESTO €€

138, avenue de Maubuisson
✆ 05 57 05 16 85
Ouvert de mai à septembre, tous les jours. Carte : 25 € environ et le soir 35 €. Réservation recommandée.

Il y a la Boutique et l'Atelier Resto, une jolie cabane coloniale en bois, à la déco soignée. Aux commandes de ce bar à vin/resto, Emmanuel Gieze, déjà connu dans la restauration notamment grâce au Café Maritime. Ici, la carte mêle tapas et plats faits maison aux inspirations venues d'ailleurs : marmite de poissons et coquillages façon thaï, chipirons snackés à la plancha, ou encore ceviche de daurade façon tahitienne. En dessert, on signe sans hésiter pour la salade d'oranges à la menthe, fraîcheur et exotisme garantis ! Une carte pour le midi et le soir.

LE COFÉ €€

7, Place Du Pôle de Maubuisson

✆ 07 57 83 84 27

De fin avril à fin octobre. Hte saison : du mardi au dimanche midi et soir. Carte : 28 € env. Formule midi : 15,50 €.

Près de la plage du lac de Maubuisson, on s'installe au Café entre deux baignades, à l'ombre de la jolie terrasse en bois et on jette un œil à la carte : gambas croustillantes, burgers gourmands, poissons parfaitement cuisinés, poke bowls... Pour info, les fish & chips sont à tomber. Une cuisine estivale et inspirée des nombreux voyages de l'équipe. C'est simple, efficace, savoureux, en entière cohérence avec la promesse du resto : du frais et du fait-maison. Le tout servi avec le sourire et sur fond de playlist très *chill*. Un incontournable.

AU FIN GLACIER

113, boulevard du Lac

✆ 06 80 30 09 78

Haute saison : tous les jours 11h-23h. Horaires variables en basse saison. Ouvert à partir des vacances de février.

La famille Teyssier réjouit tous les gourmands depuis 1905... Que ce soit les chichis, les gaufres, les churros, les crêpes ou les mascottes, tout est fait maison. Les vedettes du Fin Glacier ? Les glaces bio sans colorant ni conservateur. Elles sont fabriquées par un maître-artisan glacier, à partir de lait et de fruits biologiques, que ce soit pour la glace à la boule ou à l'italienne. Plus de 50 parfums, dont bien sûr les incontournables (vanille, chocolat, fraise), mais aussi des recettes plus originales : Toblerone, cookies et spéculoos, yuzu, etc.

ÉPICERIE DU ROND-POINT

25, route de Carcans

BRACH

✆ 05 56 69 75 89

Lun-mar-jeu-ven 8h-13h et 16h-20h, le we 8h-13h et 17h-20h. Hors saison : fermé le dim après-midi. Service traiteur.

Sur la route des plages du Médoc Océan, les habitants de Brach, adeptes de commerce de proximité, ont fait de cette épicerie un repaire incontournable. En venant de Bordeaux ou de Castelnau, arrêt au premier rond-point (là où se cache la boulangerie) pour faire le plein de bonnes choses. Olga cultive l'esprit d'épicerie à l'ancienne : fruits, légumes, crèmerie, produits régionaux... on y trouve tout ce qui peut dépanner lorsque l'on vit dans une petite commune ou lors d'un passage en vacances. Le tout servi avec sourire et bienveillance !

MARCHÉS

www.carcans.fr

Toute l'année : vendredi à Carcans Ville. Juin à septembre : mercredi à Carcans Maubuisson, lundi à Carcans plage.

Le marché de Carcans a lieu toute l'année le vendredi matin de 8h à 12h30 sur la place de l'Eglise. Pendant la période estivale, direction la place du marché à Carcans-Maubuisson, le mercredi matin, de 8h à 13h30. Le lundi matin, entre 8h et 13h30, rendez-vous place Marcel Prévot à Carcans plage. Tous les jeudis soir d'été, c'est aussi au bord de l'océan que l'on vient flâner à la Foire artisanale et gastronomique de 17h à 22h. De quoi remplir son panier de fruits et légumes de la région, d'huîtres du Bassin ou de l'estuaire, et autres produits locaux.

ÉCOLE DE SURF LES LOUBINES

11, rue de la Forêt

✆ 06 68 64 57 42

lesloubines.onlc.fr

Ouvert d'avril à novembre. Découverte 2 heures - 40 €/adulte et 35 €/enfant.

L'école propose des cours de surf et body-board pour les groupes et les individuels. Plusieurs formules sont disponibles comme les forfaits découverte à la journée, à la semaine (cours de deux heures par jour pendant deux, trois, quatre ou cinq jours) ou encore des stages entre avril et octobre. Les tarifs comprennent l'assurance, le prêt du matériel, les cours théoriques et pratiques. Le magasin dispose également d'un grand choix de planches de toutes sortes et de toutes tailles.

ROD'S SURF SHOP

10, avenue de la Plage

✆ 06 03 24 47 90

www.rods-surf.com

Tlj en haute saison. Vente et réparations. Location surfs, bodyboards, longboards. Ecole de surf : mars à fin octobre.

Ce surf shop fait figure d'institution locale. En plus de l'école de surf, c'est aussi un atelier de shape (fabrication artisanale de surf) dont la renommée n'est plus à faire. Shortboards, hybrides, mini malibus et longboards sont ici fabriqués et décorés à la main, conçus en fonction des besoins de chaque surfeur ! On trouve aussi un grand choix d'accessoires et vêtements surfwear. Les débutants opteront pour du matériel d'occasion et des planches BIC, parfaites pour des sessions en douceur. Cours de surf pour tous niveaux à l'école des Loubines.

CAFÉ-THÉÂTRE DE CARCANS

10, Place des Combattants
✆ 06 82 72 37 35
www.theatrecarcans.fr
Tte l'année. Entrée : 18 €. Enfants -12 ans : 12 €, groupe (à partir de 10 pers) : 16 €. Restauration sur réservation.

On entend souvent résonner les rires et les applaudissements venant tout droit de ce petit café-théâtre. Eh oui ! Le Médoc océan a son café-théâtre, face à l'église de Carcans bourg. Une belle initiative qui a vu le jour grâce à Nathalie et Xavier. Les spectacles sont pour tout public, avec des représentations adaptées au jeune public et soirées spéciales Nouvel An ou Saint-Valentin. Le lieu n'a pas démérité sa réputation : on se déplace de loin pour ses soirées tout en rire et détente ! Et avant le lever de rideau, on s'attable pour déguster quelques tapas.

CUSSAC-FORT-MÉDOC ★

Entre vignes et estuaire, la ville de Cussac Fort Médoc a eu un port très actif sur la Gironde jusqu'au XVIIe siècle. Ce fort bâti par Vauban – comme la citadelle de Blaye – pour fermer le verrou de l'estuaire est inscrit au patrimoine mondial de l'Unesco. Le livre *Fort Médoc*, écrit par Michel Faure (en vente au Fort et à la mairie) raconte l'histoire tourmentée de ce complexe militaire qui participe aujourd'hui à la beauté du territoire. Ce complexe mérite la visite, tout comme les châteaux du vignoble de Cussac, classé Haut Médoc. Ce dernier représente plus de la moitié de la surface agricole de la commune. Ici, on produit le Saint-Julien.

FORT MÉDOC ★★

avenue du Fort-Médoc
✆ 05 56 58 98 40
www.cussac-fort-medoc.fr
Horaires sur le site. Adulte : 4 €, 13-17 ans : 3 €, 5-12 ans : 1 €. Escape Game : Adulte 16 €, enfant 13 €.

© PACKSHOT - FOTOLIA

Le Fort Médoc est une fortification défensive construite par Vauban en 1689 pour protéger Bordeaux. Il forme, avec le fort Pâté et la citadelle de Blaye, un ensemble inscrit au patrimoine mondial par l'UNESCO constituant le verrou de l'estuaire. Certains bâtiments sont encore debout comme la poudrière fortifiée, le corps de garde, la chapelle, la citerne, une partie des casernes ou la porte royale avec son fronton ouvragé orné du soleil royal. Depuis les remparts, la vue sur la Gironde, la citadelle de Blaye et ses coteaux est incontournable.

CHATEAU MALESCASSE

6, Chemin du Moulin Rose - **LAMARQUE**
✆ 05 56 58 90 09
www.chateau-malescasse.com
De mai à octobre lundi-samedi 10h-18h. De novembre à avril lundi-vendredi 10h-13h et 14h-18h. Dégustation 8 €/pers.

Situé sur la commune de Lamarque, le château Malescasse reçoit pour différentes visites commentées des vignes et du chai. C'est l'occasion de connaître les secrets et techniques de vinification et de déguster les vins du château ainsi que ceux des autres domaines des vignobles Austruy. L'été, et en fonction de la météo, le château organise également des déjeuners sur l'herbe dans le parc pour découvrir des vins accompagnés d'un panier gourmand. Possibilité de privatiser l'ensemble de la demeure XIXe siècle et de participer à toute une gamme d'ateliers.

INFO TOURISME MÉDOC ESTUAIRE

26, route du Port - **LAMARQUE**
✆ 05 56 58 76 19
www.cc-medoc-estuaire.fr
Basse saison : du mercredi au dimanche et jours fériés 9h30-13h et 14h-17h30. Haute saison : tlj et jours fériés 9h-18h.

Ce point info regroupe de nombreuses informations pratiques ou des conseils pour découvrir le Médoc, et l'estuaire de la Gironde. Il propose des circuits balisés de randonnées pédestres, en VTT ou VTC, à travers le marais, le vignoble et le patrimoine bâti mais aussi des balades thématiques commentées à pied, à cheval ou fluviales, des calendriers de visites de châteaux sans rendez-vous, des locations de vélo, un accès wifi ainsi que des expositions.

CHATEAU LAMOTHE-BERGERON

49, chemin des Graves ✆ 05 56 58 94 77
www.lamothebergeron.fr

Avril à octobre : tlj 10h-18h. Novembre à mars : lundi-vendredi 9h30-17h30. visites sur rendez-vous, à partir de 12 €.

Longtemps considéré comme l'un des plus importants crus bourgeois du XIXe siècle, le château Bergeron fut d'abord une imposante forteresse, dont il ne reste plus rien. Déjà au XVIIe siècle, on y cultivait de la vigne ! Édifié au XIXe siècle, le nouveau château restera entre les mains de la famille Bergeron jusque dans les années 70. Aujourd'hui, le domaine livre son histoire lors de visites guidées agrémentées de dégustations et d'ateliers découvertes. La cerise sur le gâteau ? Le pique-nique champêtre à partager dans le parc ! On ne peut plus bucolique.

GÎTE DE MICALET €€

8, rue Jeanne-d'Arc
✆ 05 56 58 95 48
www.chateaumicalet.fr

Ouvert toute l'année. Pour 6 personnes (120 m², 3 chambres). A partir de 500 € la semaine.

La famille Fedieu a créé un gîte indépendant au premier étage d'une belle maison de caractère du XIXe siècle en pierres de taille, avec cour et jardinet. Lovée au cœur d'une exploitation viticole en agriculture biologique, cette demeure tout confort peut accueillir jusqu'à 6 personnes et constitue une belle escale pour explorer les chemins de randonnée à proximité, les vignobles, le Fort Médoc, l'estuaire de la Gironde... Le propriétaire propose de vous faire découvrir le Médoc viticole, sans oublier la dégustation des délicieux vins d'auteurs de la propriété.

LE BONTEMPS €€

5, place des Commerces
✆ 09 83 02 14 16

Fermé en août et de fin décembre à début janvier. Ouvert du lundi au vendredi le midi. Formules : de 22 € à 36 €.

Le nom de ce restaurant est un clin d'œil au monde vinicole : le Bontemps est en effet le bol en bois utilisé pour battre les blancs d'œufs afin de clarifier le vin. Damien et Ryoko Moquais, les propriétaires de cette bonne adresse, ont écumé les plus grands établissements de France, et même du Japon. En cuisine, le chef signe des plats créatifs, revisités selon son inspiration, tout en favorisant les produits locaux, bio et de saison. Le tout servi avec le sourire et pour une addition particulièrement raisonnable. Le plus : la belle terrasse extérieure !

HOURTIN ★

Hourtin se distingue par ses grands espaces, sa nature généreuse et partage avec Carcans le plus grand lac naturel d'eau douce de France, où l'on pratique de multiples activités : stand up paddle, voile, bateau à pédalier... À Hourtin Plage, vous pourrez profiter de l'océan Atlantique et des sports de glisse comme le surf ou le kitesurf. Un site qui charmera tout autant les amoureux de la faune et de la flore que les adeptes de randonnée. Les plus petits pourront jouer aux aventuriers dans un château en bois grandeur nature sur l'île aux enfants, à Hourtin Port. Hourtin est le lieu idéal pour des vacances au cœur de la nature et en famille.

La plage de Hourtin.

L'ÎLE AUX ENFANTS

Le Port
✆ 05 56 03 21 01
Ouvert toute l'année. Accès libre et gratuit. Animations pour enfants en juillet et en août.

Sur le lac d'Hourtin, cette île exclusivement piétonne est le paradis des enfants. Si les jeunes chevaliers se font un plaisir d'attaquer le grand fort en bois, rocher d'escalade, tyrolienne, terrain de foot et de volley sont les grandes nouveautés de la saison dernière. Tout comme l'installation d'une balançoire « nid d'oiseau » facilitant l'accès aux personnes à mobilité réduite. Dans la Grange aux Jeux, les animateurs attendent les petits pour des ateliers découverte, et le midi, les tables de pique-nique sont toujours les bienvenues pour une pause ombragée.

LAGUNE DE CONTAUT ★

Route de Contaut ✆ 05 56 03 21 01
www.medoc-atlantique.com
Accès libre toute l'année. Visites guidées gratuites du 15 juin au 15 septembre sur rendez-vous à l'office de tourisme.

Au cœur de la réserve naturelle d'Hourtin, la lagune de Contaut est une zone humide prospère à l'abri du cordon des dunes du littoral. Une passerelle en bois serpente au milieu de ce mystérieux marais et propose une immersion dans l'écosystème particulier des milieux humides. Ce réservoir biologique permet de découvrir une faune (chevreuils, écureuils, hérons cendrés, tortues, libellules...) et une flore exceptionnelles (phragmites, osmondes royales, fougères géantes...). Prévoir des jumelles pour profiter au mieux de cette biodiversité unique. Animations l'été.

OFFICE DE TOURISME MÉDOC ATLANTIQUE - HOURTIN

1, rue de Lachanau
✆ 05 56 03 21 01
www.medoc-atlantique.com
D'avril à septembre. Haute saison : tous les jours 10h-13h et 15h-19h. Variable le reste de l'année, consulter le site.

Lovée au cœur d'une forêt de pins, Hourtin est à la fois bordée par le plus grand lac d'eau douce naturelle de France et bercée par les vagues de l'océan Atlantique. On y vient pour surfer, profiter des belles étendues de sable, se balader en forêt, s'offrir de belles promenades à vélo.... L'Office de tourisme sera votre meilleur allié pour vous conseiller les meilleurs hébergements, restaurants, activités nautiques et terrestres, marchés, animations, etc.

RÉSERVE NATURELLE DES DUNES ET MARAIS

✆ 05 56 03 21 01
www.reserves-naturelles.org
Calendrier des visites à l'Office de tourisme. Visites gratuite sur inscription.

Cette réserve naturelle s'étend sur 2 150 ha et traverse l'ensemble des paysages de la côte aquitaine : dunes, plages, forêts de pins et de chênes verts, lac et marais. On découvre le site par des itinéraires pédestres, cyclables ou équestres, au départ de Contaut, Piqueyrot et Hourtin. Cet éden abrite 9 espèces végétales protégées, et on peut y croiser bon nombre de reptiles, amphibiens et mammifères. Le soir, les visites sont parfois agrémentées de concerts et contes en musique.

CAMPING LES OURMES**** €€

90, avenue du Lac ✆ 05 56 09 12 76
lesourmes.fr
D'avril à fin septembre. Emplacement dès 25 €. Mobil home confort (6 pers) : dès 85 €. Espace aquatique de 1200 m2.

A 500 mètres du plus grand lac d'eau douce de France et 10 km de l'Océan, le camping des Ourmes s'étend au cœur d'une nature préservée. Emplacements spacieux et ombragés, mobil-homes, lodges, c'est au choix. Si le lieu propose des animations pour tous, sa proximité avec le lac permet la pratique de nombreuses activités nautiques (kayak, voile, paddle…). Le coin de nature idéal alliant détente, loisirs et découverte de la région du Médoc. La nouveautés 2025 : 1200 m^2 d'espace aquatique rénové : piscine couverte et chauffée, espace aqualudique, toboggans, et spa.

LA CÔTE D ARGENT***** €€

134, route de Contaut ✆ 05 56 09 10 25
www.camping-cote-dargent.com
Ouvert de juin à septembre. Forfait emplacement à partir de 27 €. Mobil-homes à partir de 252 € la semaine.

A 300 mètres de l'océan, au cœur d'une forêt de pins, ce camping 5 étoiles vous accueille pour des vacances idylliques : 20 hectares de nature, de calme et de loisirs. Plusieurs hébergements sont proposés parmi une large gamme de locations : mobil-home façon cottage, emplacement de camping pour tente, caravane ou camping-car. Sur place, un complexe aquatique de 9 000 m^2 (Aqua'Pirates de 1 000 m^2, toboggans, lagon, bains à remous, couloir de nage, jeux enfants avec pataugeoire...), un bar-restaurant, des animations tout l'été, une cave à vin, une supérette...

Lagune de Contaut.

HÔTEL BAR RESTAURANT D'HOURTIN €€

17, place de l'Eglise ✆ 05 56 09 11 15
www.hbr-hourtin.fr

Hôtel ouvert toute l'année sauf 3 semaines en fin d'année. Chambre double à partir de 53 €. Petit déjeuner buffet : 9 €.

Situé à 2 kilomètres du lac d'Hourtin et à 12 kilomètres de l'océan, ce charmant hôtel est niché dans une ancienne maison construite dans les années 1800. Les propriétaires ont façonné et modelé cette vieille bâtisse avec passion. La plupart des chambres ont été refaites entièrement, notamment les chambres doubles. Au petit déjeuner, l'établissement propose un buffet gourmand et raffiné à base de produits frais. Possibilité de louer des salles pour organiser des réunions.

LE NAUTIQUE €€

19, avenue de la Marine
✆ 06 83 17 74 60

Fermé de nov à mars. Basse saison : ven-dim midi et soir. Haute saison : mar-dim midi et soir. Carte : 35 € environ.

Avec son accès direct à la plage du lac d'Hourtin, ce restaurant est très fréquenté pendant la haute saison. Après la baignade, il n'y a que la rue à traverser pour aller boire un verre ou se restaurer. La terrasse ombragée est ainsi souvent prise d'assaut. Si la carte fait naturellement la part belle aux produits de la mer, le Nautique propose un large choix de plats toujours savoureux, qui séduisent tant les adeptes de steak frites que les végétariens. Si les desserts restent classiques, difficile de faire un choix parmi les glaces et crêpes. Emplacement idéal.

LACABANA €

2, Rue des Fauvettes
✆ 06 20 05 64 59

Ouvert de mars à fin novembre. Haute saison : du mercredi au dimanche dès 18h30. Pizzas à partir de 12 €.

Le bord du lac d'Hourtin est l'endroit parfait où célébrer la sainte pizza. Ici, la spécialité se conjugue avec des recettes atypiques et de saison. Façonnées avec amour, à base de farine française bio et d'une pâte maison au levain, elles sont cuites au four à bois, libérant ainsi tous les arômes de la pâte. La sélection des ingrédients se fait minutieusement et au maximum avec le terroir local. En dessert, le tiramisu tient toutes ses promesses... Chez Lacabana, les pizzas sont généreuses et savoureuses et le duo adorable, tout y est !

CAPRICE GLACIER

5 bis, Place de l'Eglise
✆ 06 78 67 03 10

Haute saison : mardi-samedi 10h30-19h et dimanche 11h-8h. Variable le reste de l'année.

Sorbet Abricot Verveine citronnée, figues de Provence, pêche blanche Vallée du Rhône et Basilic du jardin… Des saveurs qui tiennent toute leur promesse. Derrière ces délices au goût incomparable : Delphine, membre de la grande famille de la Confédération nationale des Glaciers de France, qui façonne avec amour des recettes artisanales renouvelées en permanence. Tout est fait maison et localement : des charlottes et cupcakes glacés, aux cornets et biscuits. Coup de cœur pour le sorbet aux fraises Rubis, une variété en provenance de la Ferme d'Yvette à Carcans.

LIBRAIRIE LULUBERLUE

14, place de l'Église
✆ 05 56 41 30 71
Ouvert du lundi au samedi de 8h30 à 12h30 et de 15h à 19h ; le dimanche de 8h30 à 12h30.

La librairie Luluberlue, créée à la fin des années 60, est une institution locale. Déjà, la belle vitrine nous fait de l'œil et une fois la porte passée, on découvre 100 m² dédiés à la littérature, aux beaux livres et aux magazines. Mais la force de Luluberlue est son ancrage dans la vie locale. Delphine, Eric et Sylvie entretiennent un rapport étroit avec les acteurs du livre de la région : maisons d'édition, auteurs ou encore photographes du Médoc et plus globalement de la Gironde. Autre point fort : rencontres avec les auteurs, atelier écriture, lectures…

SPA OCEAN

14, avenue du Lac
✆ 05 56 09 23 85
www.spa-ocean.fr
Lun-ven 10h-13h/14h30-18h. Sam 9h-13h/14h-16h45. Spa 20 €/30 min. Soin du visage : 45 €/30 min. Soins pour les 5/10 ans.

Cet espace bien-être à la décoration épurée est un 3-en-1 : un spa (bassin de nage avec canons à eau, hammam, sauna et seau à bascule), une salle de fitness (Pilates, *aqua fascia*, *Qi Gong*…) encadrée par des éducateurs sportifs, et un institut de beauté proposant des formules détente (évasion, *cocooning*…) avec massage bien-être et soins esthétiques (visage et corps), aussi bien pour les femmes que pour les hommes et qui peuvent être effectués en duo. A l'extérieur un bain à remous avec terrasse, un espace de détente tisanerie et un jardin l'été.

JAU-DIGNAC-ET-LOIRAC

La commune de Jau-Dignac-et-Loirac est née de la fusion, en 1791, de trois paroisses : Saint-Pierre-de-Jau, Saint-Pierre-de-Dignac et Saint-Romain-de-Loyrac. Aujourd'hui, le village conserve une âme d'antan basée sur le respect de la nature et des traditions. Située sur la rive gauche de l'estuaire de la Gironde, la commune est dominée par le phare de Richard élevé, au XIXe siècle, en bordure des « Polders de Hollande » du Médoc aménagés au XVIIe siècle. Entre vignobles, petits ports, carrelets de pêche et site archéologique, le riche patrimoine de Jau-Dignac-et-Loirac en fait un petit havre de paix idéal pour une escapade au bord de l'eau.

PHARE DE RICHARD

Passe de Richard sur la RD2
✆ 05 56 09 52 39
https://phare-richard.fr
De mars à novembre. Juillet-août : tlj 11h-19h. Le reste de l'année : consulter le site. 2,50 €. Gratuit jusqu'à 10 ans.

En bordure des polders de Hollande (les mattes) aménagés au XVIIe siècle, un arbre guidait la navigation sur l'estuaire de la Gironde, le plus vaste d'Europe : l'Arbre de Richard. Au début du XIXe siècle, cet arbre fut abattu par la tempête et remplacé en 1843 par un phare de 18 mètres. Géré par une association, le phare de Richard offre une vue panoramique à 360° sur l'estuaire. Son musée décrit la vie de l'estuaire, de la navigation locale, du XIXe siècle à nos jours. Le site est accessible par voies terrestre et maritime à marée haute.

O'FIL DE L'AIR

45, route de Valeyrac
✆ 06 35 50 81 82
https://ofildelair.fr/
Vol initiation : 285 €/pers. Envolée privée (4 pers) : 1 420 €. Envolée insolite (traversée de l'Estuaire : 670 €/pers.

Voler en ballon au gré des vents et au-dessus des beaux paysages du Médoc est assez fabuleux. Philéas et son équipe – tous des pros de la montgolfière – ont imaginé différentes envolées : l'Envolée Initiation de 20 min avec préparation du ballon, pliage et débriefing arrosé, l'Envolée Médocaine une aventure de 4h avec un vol d'1h sur l'estuaire ou l'Envolée Romantique pour une aventure privée de 4h en couple. Enfin, l'Envolée insolite pour 6 heures d'aventure avec une traversée de l'estuaire tout simplement grandiose. Privatisation possible de la nacelle.

BOUCLE DU PHARE DE RICHARD

www.medoc-atlantique.com
Ouvert toute l'année. Distance : 10,7 km. Durée : 2h30. Itinéraire sur le site de l'Office de Tourisme.

Les polders sont des terres gagnées sur la mer et asséchées, selon une méthode particulière initiée par des ingénieurs hollandais venus exercer leur art à la demande de Louis XIV. De Valeyrac au Verdon, ces étendues traversent des haies de tamaris et des fossés drainants. Pour les explorer, départ du phare de Richard, puis longez l'estuaire vers les terres au niveau du port Richard. Continuez jusqu'à la route D2 et prenez l'un des sentiers repartant vers le phare. Une belle balade !

LACANAU-OCÉAN ★★

Son nom est issu de *canau*, qui vient de « canal », et ce n'est pas du tout un passage du singulier au pluriel. La-canau signifie bien le-canal, en l'occurrence celui qui reliait autrefois, naturellement l'étang de Lacanau à l'océan Atlantique. Vers 1810, l'ingénieur Nicolas Brémontier pense fixer les dunes avec des pins, mais ce n'est qu'après l'assèchement des marais que les sols deviennent propices à la végétation forestière vers 1855. En 1884, Pierre Ortal, propriétaire à Lacanau-ville et chef de service aux Chemins de fer des Landes, fait connaître son intention de créer une station balnéaire sur les dunes littorales de la commune.

OFFICE DE TOURISME MÉDOC ATLANTIQUE

Place de l'Europe
✆ 05 56 03 21 01
www.medoc-atlantique.com
Haute saison : ouvert tous les jours de 9h à 19h. Horaires variables en basse saison, consulter le site.

Chargé du développement touristique de 14 communes, l'Office de Tourisme Médoc Atlantique regroupe toutes les informations nécessaires pour un séjour (expériences thématiques, balades, hébergements, activités, etc.) dans les stations balnéaires comme dans les terres. Le Médoc Atlantique propose de découvrir des plages à perte de vue, des forêts de pins, des vignobles renommés, des lacs et de belles richesses gastronomiques comme les huîtres et les gambas de l'estuaire.

LE MAHI-MAHI

53, Avenue du Grand Bernos ✆ 06 61 21 38 09
www.le-mahi-mahi.com
Ouvert toute l'année. Privatisation sur la base de 8 personnes en basse saison et 10 en été. A partir de 39 € par pers.

Bienvenue à bord du *Mahi-Mahi*, un voilier catamaran de 9,90 m sur 5 m, construit par Guillaume et Francine. Embarquement immédiat pour une balade mémorable en direction des îles aux oiseaux sur le lac de Lacanau. Guillaume, le capitaine, nous entraîne dans un voyage en douceur d'île en île, alternant pauses baignade, dégustation de produits locaux, initiation à la manœuvre du voilier, anecdotes sur les lieux, coucher de soleil les pieds dans l'eau. Les lumières, le vent dans les voiles, le ballet des oiseaux… Le temps semble ralentir comme par magie.

LES BALADES DE ROBINSON

22, allées Pierre Ortal - **LACANAU**
✆ 05 56 03 03 56
https://robinsonlacanau.com
Adulte : 40 €. Enfant de 5 à 12 ans : 20 €. Privatisation d'une pinasse : 400 € balade de 3h, 12 personnes maximum.

A bord d'une pinasse, un bateau traditionnel en bois typique de la région, on découvre le lac sous un nouveau jour. Au cours de la balade, défilent sous nos yeux de jolis petits villages, les conches, le canal, les petits ports. L'occasion aussi d'observer un peu partout des martins-pêcheurs, hérons, cygnes, etc., et de pique-niquer un midi sur la magnifique île aux oiseaux et ses belles plages sauvages préservées. Ne manquez pas le coucher de soleil depuis la pinasse : mémorable ! Les Balades de Robinson vous accueillent en duo, en groupe, en famille, etc.

Plage de Lacanau.

LE CHALAND

72, avenue de la Plage
✆ 06 61 97 29 56
www.lechaland.com
Sur réservation. De 7 à 12 passagers. A partir de 35 €/pers/3h. Restauration et possibilité d'amener son pique-nique.

Vous naviguerez à bord d'une authentique plate ostréicole, ce bateau à fond plat de 9,50 mètres, permettant aux ostréiculteurs de transporter les cargaisons d'huîtres des parcs à leurs cabanes. Ce chaland aménagé vous propose de découvrir les coins les plus sauvages du lac de Lacanau et de plonger vers les plages les plus reculées, tout en dégustant tapas et plateau de fruits de mer. Echelle de bain, parasol, musique... le bateau est entièrement équipé pour un véritable moment de détente et vous promet un coucher de soleil inoubliable.

TRANSPORTS EN NOUVELLE AQUITAINE

BORDEAUX
✆ 09 70 87 08 70
Ticket à l'unité (2h) : 2,50 € ; ticket A/R (dans la journée) : 4,50 €. Autres tarifs et abonnements : voir le site.

En Gironde, le réseau est constitué de 48 lignes de cars interurbaines desservant 270 communes et de 5 lignes touristiques organisées en intermodalité avec les réseaux urbains de transport TBM (Bordeaux Métropole), Calibus (Libournais), Baïa (Bassin d'Arcachon) et le réseau TER Nouvelle-Aquitaine. Les voyageurs bénéficient de véhicules confortables et climatisés, d'un service d'information en temps réel, et d'une tarification unique quel que soit le trajet ou la distance.

CAMPING & SPA AIROTEL L'OCÉAN***** €€€

24, rue du Repos
✆ 05 56 03 24 45
www.airotel-ocean.com
Du 4 avril au 2 novembre. Emplacement à partir de 28 € la nuit. Mobil-homes 4/5 personnes de 472 € à 2 450 €/semaine.

© AIROTEL L'OCÉAN CAMPING ET SPA

Les grands espaces, la nature, le surf, les balades à vélo... À 600 m de la plage, c'est le spot parfait pour un séjour en famille. Le camping abrite ce qui ressemble de près au paradis des enfants : le parc Aqualiday, 5 000 m² de bassins aquatiques intérieurs et extérieurs ! Les plus grands, eux, iront profiter du spa de 450 m² : hammam, sauna, soins en solo ou à deux… ! En tente, caravane ou mobil-home, vous passerez un séjour d'exception au Camping & Spa L'Océan Airotel.

BICY'COOL LACANAU

15, avenue Poincaré
✆ 05 47 43 02 10
www.location-velo-lacanau.com
Hte saison : tlj 9h-19h. Variable le reste de l'année. VTC électrique : 28 €/demi-jour. Vélo enfant : 9 €/demi-jour.

Elise et Guilhem offrent un large choix de vélos adaptés à toutes vos envies de balades : VTT, VTC, tandems, vélos électriques, Fat Bikes, Fat Bikes électriques, VTT électriques, vélos enfants, remorques, suiveurs, draisiennes ou encore des Beach Cruisers, parfaits pour des virées sur la plage. L'Atelier répare et révise aussi les vélos et propose un grand nombre d'accessoires et de pièces détachées à la vente. Bicy'Cool se charge également de livrer gratuitement, sous certaines conditions, vos vélos chez vous et de venir les récupérer à la fin de votre séjour.

CYCLES CENTRAL GARAGE

15, avenue de l'Europe
✆ 05 56 26 99 65
centralgarage-lacanau.fr
Ouvert tous les jours de 9h à 19h. Location de vélo ville à partir de 7,50 € la 1/2 journée.

Situé à deux pas des pistes cyclables, Cycles Central Garage est l'une des plus anciennes adresses de la station balnéaire. L'établissement ouvert en 1932 a su garder un esprit d'entreprise familiale. Numéro 1 de la location de vélos sur la commune : vélo de ville, VTT, VTC, Beach, vélo électrique, vélo enfant, remorque…, il propose également un service de réparation toutes marques ainsi qu'un large choix de pièces détachées et accessoires. Benjamin et son bras droit Louis vous y reçoivent, toute l'année. L'accueil est chaleureux et les conseils professionnels.

NOMADE

4, avenue Plantey - **LACANAU**
✆ 05 56 03 06 99
www.location-velo.org
Ouvert de Pâques à la Toussaint. Location VTC : 10 € la demi-journée et 12 € la journée - Enfant : 10 € la journée.

La commune de Lacanau est aujourd'hui reconnue comme l'un des territoires les mieux dotés en pistes cyclables et Nomade est le meilleur ami de vos vacances. Située en plein centre de Lacanau-Océan, cette jolie boutique aux couleurs vives propose des locations de Beach Cruiser, VTC, VTT, vélos enfants et suiveurs, vélos électriques ou carrioles. A la vente, de nombreux accessoires indispensables aux cyclistes avertis, mais aussi des vélos d'occasion... Thierry se fera un plaisir de vous concocter un programme sportif ou détente pour découvrir la région !

LA BAIGNOIRE €€

Domaine de l'Ardilouse - **LACANAU**
✆ 05 56 03 92 92
labaignoirelacanau.com
A partir de 102 € la nuit selon la chambre et la période. Piscine. Restaurant La Trattoria. Spa, Yoga et Fitness.

Au cœur de la pinède, La Baignoire est le spot idéal pour les amoureux de design. À 5 minutes en voiture de la plage et du lac, le complexe hôtelier sur le golf de Lacanau propose une large gamme de services. Pour se détendre, piscine extérieure chauffée, salle de sport, spa et soins (tarifs en ligne), et côté papilles, La Trattoria promet une immersion immédiate dans la dolce vita des années 70. Les chambres sont de petits bijoux au style rétro. Certaines disposent même d'une salle de bains conçue par la célèbre designer Charlotte Perriand. Un incontournable.

CAMPING LE TEDEY**** €€

route de Longarisse - **LACANAU**
✆ 05 56 03 00 15
campingletedey.com
Du 25 avril au 30 septembre. Emplacement dès 20 €. Tente lodge : 224 €/sem. Tiny House : 325 €/sem en basse saison.

Entouré par la forêt, le lac de Lacanau et ses dunes boisées, ce camping très nature est un petit coin de rêve. Le luxe tient ici à l'isolement et à la quiétude des lieux. En quelques heures seulement, la vie ralentit déjà de 90 %. Véritable paradis pour les amateurs de voile, de vélo ou encore de pêche, le Slow Village plaira aux petits et aux grands ! Emplacements avec ou sans électricité, cottage, *tiny house*, tente lodge, lodge premium : il y en a pour toutes les envies. L'endroit idéal pour déconnecter et rester à l'écoute des sursauts de la nature.

HÔTEL CÔTE D'ARGENT €€

3, boulevard de la Plage
✆ 05 56 03 21 58
www.hotel-lacanau.fr
Ouvert toute l'année, 7j/7. 22 chambres. Chambre double à partir de 60 €. Petit déjeuner : 8,50 €. Parking gratuit.

Face à l'océan, sur le front de mer, cet hôtel domine les vagues et la station balnéaire de Lacanau. Vous n'avez qu'une rue à traverser et vous voilà sur la plage ou à quelques mètres de l'animation de l'allée Pierre-Ortal. Les chambres décorées simplement, sont équipées d'un écran plat et de salles d'eau avec douches à l'italienne. Certaines – les moins chères – ont les w.c. sur le palier, d'autres ont un balcon, idéal pour un apéro ou petit déjeuner face à l'océan. A noter que l'hôtel possède un billard, un écran géant et une cheminée pour les soirées d'hiver.

LODGING LE LAC €€

30, avenue de la Plage - **LACANAU**
✆ 05 56 03 00 26
www.lodginglelac.fr
Ouvert de février à novembre. Emplacement à partir de 26 €. Cabane lodge (5 pers) à partir de 90 €/nuit.

Le lac d'un côté, la forêt et l'océan de l'autre et partout ces immenses espaces verts : niché près de la plage du Moutchic, le Lodging, entièrement piéton, est un précieux refuge pour amateurs de nature. Si on y vient pour son cadre, le choix des hébergements est aussi convaincant : emplacement libre, mobi-tente, pendola mobile suspendue, bivouac bois et toile, cabanette en bois... C'est au choix ! L'équipe peut aussi vous concocter un séjour VIP avec des prestations haut de gamme à la carte (champagne, douceurs sucrées, accès au sauna, massage…).

LA MAISON MOUTCHIC €€

23, allée Pierre Jean Rozié
✆ 06 07 77 81 82
www.lamaisonmoutchic.fr
Chambre double ou studio à partir de 160 €. Les enfants ne sont pas acceptés.

Une belle et grande maison en bois, au bord du lac et d'une forêt de pins : bienvenue à la Maison Moutchic ! Un cadre enchanteur, totalement propice à la détente, loin de la foule et du bruit. Comme un petit air de bout du monde. Les chambres, décorées dans un style authentique et chaleureux, mêlent matières brutes et couleurs douces. Le studio, équipé d'une kitchenette et d'une terrasse privative, donne sur le lac et chaque hébergement a un accès direct à la piscine chauffée. Une échappée solaire, taillée sur mesure pour se ressourcer et découvrir la région.

Ô LAC €€

20, allée Pierre-Jean Rozié - **LACANAU**
✆ 06 10 20 36 31
www.olaclacanau.fr
Ouvert toute l'année. Chambre double à partir de 105 €. Petit déjeuner inclus. Enfant de moins de 2 ans : gratuit.

Face au lac du Moutchic, Alexandra, la maîtresse de maison, déploie ses cinq chambres d'hôtes dans une ambiance « total bois », au cœur de la forêt. De la Cabane au Canada au Lodge Thaï en passant par le Wind Surf ou le Sweet Coco, la décoration, inspirée de ses voyages, est faite de bois flotté, de vasques en pierre, de beaux linges, et de couleurs douces et chaudes. Petit déjeuner à base de produits frais, bronzette sur les transats au bord de la piscine, détente au spa... Tout est pensé pour se ressourcer et orienté vers une démarche écoresponsable.

LA VARANGUE €€

Chemin de Ceinture de Talaris - **LACANAU**
✆ 06 68 34 36 96
www.lavarangue.com
Ouvert de mars à novembre. Chambre double à partir de 110 €. Petit déjeuner inclus. Piscine extérieure chauffée.

Après 15 ans passés en région parisienne, Christine – une Médocaine d'origine –, Bernard et leur fils Txabi sont tombés sous le charme de La Varangue, située au milieu de la pinède, à proximité du lac, des golfs, de l'Océan et des pistes cyclables. La villa de style colonial est agrémentée d'un magnifique jardin tropical. Elle accueille 5 chambres orientées plein sud, à la décoration personnalisée, réalisée dans des bois exotiques. Le petit déjeuner, composé de produits faits maison, est servi près de la piscine. Sur place : salle de fitness, sauna et spa.

VILLA ZENITH €€

16, avenue Adjudant-Guittard
✆ 06 52 96 95 41
www.lacanau-zenith.com
De mars à novembre. Chambre double à partir de 79 €. Surf House à partir de 35 €. coloc de l'annexe à partir de 80 €.

A 200 mètres de la plage, la Villa Zénith est aménagée dans une jolie bâtisse du début du siècle. L'ambiance est très « surf », mais l'établissement est ouvert à tous et fondé sur le respect des règles de la vie en commun (pas trop de bruit après 22h, jardin accessible jusqu'à minuit). La villa propose deux sortes d'hébergements : La Surf House & l'Annexe, logements collectifs avec armoires à clés, ou La Maison, une partie de la villa plus *cosy* avec des chambres doubles joliment décorées. Séances de yoga sur demande. Une institution locale !

LE PETIT COIN DE PARADIS €€€

1836, chemin Ceinture de Talaris - **LACANAU**
✆ 06 67 31 55 31
https://location-vacances-lacanau.fr
Gîte 2 Ou 4 pers. dès 199 €/nuit, et villas 6 pers. dès 300 €/nuit, avec bain à remous privé.

Emmanuel et Nathalie, amoureux de la nature, vous accueillent dans ce cocon paradisiaque. Deux chalets lovés au cœur des pins et des bambous, et deux villas à 150 m du lac. Entièrement équipés (cuisine, climatisation, télévision, linge de maison...), les hébergements sont situés à quelques pas des pistes cyclables pour rejoindre l'océan. Un air balinais plane sur ces lieux *cosy* et dépaysants, conçus par Emmanuel, passionné et professionnel du bois depuis de nombreuses années. Le petit plus : chaque hébergement dispose d'un bain à remous extérieur privatif.

LA ROMA PIZZERIA €€

2, rue Gabriel Dupuy
✆ 05 56 03 21 32
Ouvert toute l'année. Haute saison : tous les jours le midi et le soir. Carte : 25 € environ.

© LA ROMA PIZZERIA

En passant la porte de la Roma Pizza, on est immédiatement transporté en Italie : de beaux meubles en bois, de jolies petites nappes à carreaux rouges et blancs et un immense comptoir derrière lequel officie le pizzaiolo. Dès les beaux jours, on profite d'une terrasse semi-ombragée sur laquelle trônent fièrement deux splendides oliviers. Au menu : antipasti, salades appétissantes, pastas gourmandes (saumon, carbonara...) et un large choix de pizzas bien garnies. L'adresse idéale pour un repas en famille ou entre copains. Sur place ou à emporter.

MÉDOC / HAUTE GIRONDE

VILLACANAU €€€

17, chemin de la Craste - **LACANAU**
✆ 06 12 56 79 79
www.villacanau.fr
5 chambres et 1 gîte à partir de 147 €/nuit. Bain à remous, piscine chauffée. Table d'hôtes sur demande.

Au cœur de Lacanau, Villacanau est le repaire idéal pour un séjour tout confort en gîte et chambres d'hôtes. Sylvain et Christophe ont fait bâtir une maison tout en bois avec de grandes baies vitrées pour laisser entrer la lumière. Villacanau peut accueillir jusqu'à 15 personnes dans la maison indépendante avec ses annexes. Sur place, les résidents pourront profiter du bassin de nage de 11 m et de la grande terrasse végétalisée. Le lieu est chaleureux, design et luxueux. C'est un peu comme à la maison, mais en mieux ! Table d'hôtes succulente sur réservation.

YELLOH ! VILLAGE LES GRANDS PINS***** €€€

Avenue des Grands-Pins ✆ 05 56 03 20 77
www.lesgrandspins.com
Du 23 mai > 15 septembre. Location Tentes-Lodges : 85 € à 339 €/jour. Mobile homes : 85€ à 551€/jour. Animaux 6 €/jour

Au cœur d'une forêt de pins, ce camping 5 étoiles propose des locations haut de gamme : cottages, mobil-homes, chalets, tentes lodges, hébergements Premium... ainsi que 2 secteurs d'emplacements, dont un sans voitures. Avec un accès direct à l'océan, un espace aquatique chauffé, une piscine « Zen », un spa « Cocoon », des clubs enfants et des concerts live, tout est conçu pour des vacances inoubliables. Une plaine des sports ultra-équipée complète ces infrastructures de qualité.

AVE GIULIA €

12, rue du Lieutenant Princeteau
✆ 06 59 84 85 63
Ouvert d'avril à octobre. Tlj en haute saison. Pizzas de 13 € à 21 €, desserts de 6 € à 8 €, menu enfant : 9 €.

Avec sa devanture et son élégante terrasse en noir et blanc sur la place Thiers, impossible de la louper ! La pizzeria Ave Giula sait comment se démarquer et se raconte avec le véritable accent italien : une pâte étalée à la main (après avoir levé pendant 3 jours) réalisée avec des farines italiennes, de l'huile d'olive bien source, du sel de Guérande... A la carte, on retrouve les grands classiques des pizzas italiennes, toujours réalisées avec justesse, et quelques spécialités de la maison. Dans les verres, une belle sélection de vins et de bières d'Italie.

MADONNINA À LA PLAGE €

2, boulevard de la Plage
✆ 05 56 82 33 21
Haute saison : tlj midi et soir. Horaires variables le reste de l'année, consulter le site. Pizzas : de 13 € à 20 €.

Pour déguster la pizza comme à Napoli, c'est à Madonnina à la plage qu'il faut faire escale. Dans la lignée de sa consœur bordelaise, cette adresse conjugue recettes de haute voltige et pizzas à la farine bio, cuites dans un four gigantesque, devant vous. L'accent chaleureux et chantant des pizzaïolos, les belles chemises rétro hawaïennes des serveurs, les panuozzi (sandwich-pizza napolitain) et pizzas généreuses, la déco colorée, des produits frais directement sourcés en Italie... Le combo parfait pour une pause gourmande en front de mer !

MAHINA CAFÉ €

9, avenue Sylvain Marian
✆ 05 57 05 04 85
Ouvert d'avril à octobre. Tous les jours en juillet-août de 9h à 17h. Carte 15 € environ. Sur place ou à emporter.

Pour manger *healthy* et coloré, direction le Mahina Café. Toujours souriantes et pleines de pep's, Rosie et Audrey savent comment régaler les yeux et les papilles. Des jus et smoothies ressourçants, des pancakes ultra *fluffy*, des bowls gourmands... C'est le spot parfait pour un petit déjeuner, un brunch au soleil ou un déjeuner post-surf ! Une pause sucrée ou salée qui se conjugue aussi en version végane avec un granola maison ou de délicieuses tartines à base d'avocat, pickles et pousses végétales. Que du frais, à consommer sur place ou à emporter.

THE BEACH HOUSE €

9, boulevard de la Plage
✆ 05 56 03 70 98
https://www.cafemaritime.fr/
Tlj 9h-23h en haute saison. Petit dej à partir de 9h. Déjeuner 12h-17h. Tapas à partir de 18h. Location de transats.

Créé par le Café Maritime de Lacanau, The Beach House s'apparente à une paillote au bord de l'océan, avec deux *rooftops* panoramiques. Pour satisfaire les estomacs ? Poké bowl, burger, *fish and chips*, *avocado toast*, carpaccio de bœuf. Confortablement installés sur des transats (en location), un smoothie ou un cocktail à la main, le tout sur fond d'ambiance Ibiza, on est immédiatement transporté à l'autre bout du monde. À partir de 18h, concert live acoustique, apéritifs et tapas pour finir la journée devant un coucher de soleil entre amis ou en famille.

L'ASSIETTE €€

Boulevard de la plage
✆ 05 57 70 04 72
De mars à fin septembre. Lundi 12h-15h, mercredi au dimanche 12h-15h et 19h-22h. Carte : 25 €. Menu enfant : 9,50 €.

On repart toujours heureux de ce petit restaurant qui offre une jolie vue sur l'océan et une cuisine maison. Ici, on a vite l'impression de faire partie de la famille, et les plats exotiques et goûteux, à manger sur place ou à emporter, sont plutôt copieux. Les produits du marché sont de qualité et les prix assez doux pour un front de mer. Au menu : filet de merlu au lait de coco infusé tonka et romarin, tataki de thon sauce thaï, cabillaud et églefin sauce mauricienne. De saison en saison, on en parle, on y revient et on se passe l'adresse.

LA BAIGNOIRE €€

Domaine de l'Ardilouse - **LACANAU**
✆ 05 56 03 92 92
labaignoirelacanau.com
Tous les jours le midi et le soir. Réservation au 05 56 03 92 92. Espace bar de 12h à minuit. Carte : 35 € environ.

À Lacanau, La Baignoire n'est pas seulement un hôtel, et son restaurant possède le même charme rétro. À la Trattoria, on déguste une cuisine italienne authentique dans une ambiance 70's. À l'intérieur, sous la boule à facettes, ou installé sur la terrasse dominant le golf, le lieu transporte directement sur les bords de la Méditerranée. Au menu : Arancini maison, burrata aux légumes croquants, tagliolini all'Arrabbiata et tiramisu della Nonna. Côté bar, on se laisse tenter par des cocktails aux noms étonnants tout en surveillant une belle programmation de dj sets.

BLONDIE ET COMPAGNIE €€

7, rue Charles Chaumet
✆ 05 56 60 44 16
Ouvert du jeudi au dimanche midi et soir. Carte : 25 € environ. Burgers : de 12 € à 15 €. Sur place et à emporter.

On va (et on retourne) chez Blondie et Compagnie pour son ambiance décontractée et sa déco mêlant meubles chinés et plantes vertes posées un peu partout. Dans ce décor chaleureux, surfeurs affamés, familles et couples se côtoient autour d'assiettes bien garnies. Ici, c'est un peu le royaume des burgers et des poké bowls, avec des plats toujours soignés dont la qualité et les saveurs sont toujours au rendez-vous. Pour faire le plein de vitamines, on opte pour les jus maison à partir de fruits frais. Un lieu qui donne envie d'y passer des heures !

LE BOUCANTIER €€

64, avenue de la Plage
✆ 05 57 18 99 40
www.leboucantier.eatbu.com
Fermé de février à octobre. Haute saison : ouvert tous les jours midi et soir. Carte : 30 € environ.

Au Boucantier, le service est soigné, l'ambiance décontractée, et la vue imprenable sur le lac du Moutchic attire tant les habitués que les touristes, qui s'y précipitent pour déguster une généreuse cuisine faite maison. Si les enfants adorent le *fish and chips*, les parents ne sont pas les derniers à se régaler, entre saint-jacques snackées, risotto poire & gorgonzola, ou entrecôte. La salle de style bistrot propose un coin pour prendre un verre, lové dans de confortables canapés. Pensez à réserver car les tables en terrasse sont très demandées.

LE KAYOC €€

2, allée Pierre-Ortal
✆ 05 56 03 20 75
www.restaurant-lacanau.com
Ouvert toute l'année. 7j/7. Service en continu. Menu unique à 38 €. Carte : 30 € environ. Formule du midi : 23 €.

Le Kayoc trône face à la mer et contre la dune... Tout en hauteur, on apprécie sa terrasse panoramique avec une vue à 180°. Confortablement assis, on se prend à rêvasser, sous un parasol de paille de bruyère, en dominant les caprices de l'océan. Le soir, l'endroit est idyllique pour prendre un verre en tête-à-tête ou entre amis, devant le coucher du soleil, ou pour déguster de bons petits plats. Le Kayoc, c'est aussi la Bodega de Marcel, où l'on boit un verre accompagné de tapas, de salades, de frites maison autour de tonneaux « à l'espagnole ».

LA CABANE €€

19, avenue du Général-Leclerc
✆ 05 56 03 19 15
De fév à oct. Mar-dim soir et dim midi. Tapas : 9,50 € à 26 €. Entrée/plat : 29 €. Plat/dessert : 28 €. Brunch en été.

Dépaysement total dans ce restaurant aux accents indonésiens un peu à l'écart du centre. Au son d'une musique aux influences reggae, « lounge » ou soul, on se laisse happer par cette paisible ambiance et on détaille la déco : un magistral totem, un jardin intérieur exotique, des sculptures en bois, des plantes vertes... Installés sur les chaises en rotin, devant les belles tables en teck, nous voilà parés pour bruncher, déjeuner ou dîner. Dans de massives assiettes en bois, défilent des plats percutants aux saveurs exotiques qui ne laissent personne indifférent.

CAFÉ MARITIME - LACANAU €€

9, boulevard de la Plage ✆ 05 56 03 70 98
www.cafemaritime.fr
Ouvert toute l'année. Carte : 45 € environ. Menu à partir de 28 €, menu enfant : 13 €.

Avec une vue imprenable sur l'océan, le Café Maritime invite à un moment détente et contemplatif. La décoration contemporaine fait la part belle aux bois précieux et à l'esprit surf. En cuisine, c'est un mix terre et mer, avec des produits frais et saveurs originales. Pour s'offrir un coucher de soleil mémorable sur l'océan, on se hisse sur la petite tour qui domine la salle du rez-de-chaussée. En contrebas, la charmante paillote The Beach House, créée par le Café Maritime, vous accueille pour petit-déjeuner, déjeuner, encas et apéro les pieds dans le sable.

LA CASEMATE €€

27, rue du Maréchal Leclerc
LACANAU
✆ 05 56 60 63 15
Ouvert toute l'année. Du lundi au samedi midi, le vendredi et samedi soir. Carte : 32 € environ.

Au cœur de Lacanau-ville, juste derrière l'église, la Casemate est un bar à vin et tapas très chaleureux. L'été, on profite de la grande terrasse en bois, et de sa jolie déco *vintage*. Côté cuisine, le menu du midi offre un bon rapport qualité-prix, entre assiettes généreuses et saveurs gourmandes. À la carte, tempura de crevettes, hachis parmentier de canard, huîtres, émincé de bœuf ou encore beignets de gambas. Le week-end, l'établissement ouvre en soirée et l'on peut se retrouver entre amis autour d'un apéro ou d'une soirée à thème.

LA CONCHE €€

24, allée du Club de Voile
✆ 07 60 28 67 16
https://la-conche-lacanau.eatbu.com/
Fermé d'octobre à mai. Haute saison : ouvert tous les jours le midi et le soir. Carte : 40 € environ.

A la Grande Escoure, loin du tumulte de Lacanau Océan, La Conche offre une vue imprenable sur le lac et ses couchers de soleil. Promesse d'un moment calme et dépaysant. Le patron, Stephen Escola, et son équipe assurent un accueil chaleureux et offrent un service professionnel et efficace. Côté carte, elle se partage entre spécialités de poissons, fruits de mer et produits du terroir de grande qualité travaillés à merveille par le chef. Les plats réservent toujours de belles surprises… Et l'été, ne ratez pas les Apéros canaulais, tout en musique !

LES DARONS €€

8, rue Jules Ferry ✆ 05 57 70 56 09
www.lesdaronslacanau.com
Du mercredi au dimanche et le lundi en juillet-août. Service 19h-23h. Carte : 50 € environ. Formule deux temps 39 €.

Loin des clichés du bord de mer, Les Darons propose une bistronomie française élaborée par le chef Benjamin Massot. Une cuisine raffinée et des plats créatifs à base de produits frais et de saison. La carte renouvelée chaque mois propose des saveurs subtiles et des associations originales. Au menu : ravioles à la Trappe d'Echourgnac, parmigiana ou pavé de turbot snacké. Un lieu chic et festif qui propose aux noctambules une ambiance clubbing après le dîner. Un incontournable, à Lacanau, qui a fait l'unanimité dès son ouverture en 2024. Tenue correcte exigée !

LE MOUTCHICO €€

66, Avenue de la Plage
✆ 05 56 03 00 05
https://lemoutchico.fr
De févr à nov. Du vendredi au mardi midi et soir. Formule du midi : 23,50 € (sf juillet-août). Carte : 40 € environ.

Au Moutchico, c'est toute la cuisine du terroir sublimée par la sobriété et le raffinement d'un chef qui fignole ses assiettes avec passion et créativité. Installé sur la grande terrasse ensoleillée, on profite de la vue imprenable sur le lac, tout en savourant des recettes alliant produits frais et de saison, le tout servi avec le sourire. Le menu du jour, annoncé copieux et gourmand, tient ses promesses. Le soir venu, locaux et touristes s'y pressent pour admirer le coucher du soleil. Côté hôtel, 10 chambres dont 5 avec vue sur le lac.

PINK AMORE €€

11, avenue de l'Europe
✆ 05 56 26 49 89
Ouvert toute l'année. Haute saison : du mardi au dimanche, midi et soir. Carte 30 €.

Quand on entre chez Pink Amore, ce qui saute d'abord aux yeux – en plus du sourire de l'équipe – c'est la déco. Affiches rétro, pots à lait vintage, chaises patinées… Un décor digne d'une trattoria des années 60. Dans l'assiette, des plats réconfortants : tagliatelles à la truffe, pizzas pistache-mortadelle, lasagnes de la mama, carbonara veraci, burrata fondante... Des classiques de la cuisine italienne à déguster accompagnés d'un concert live, ou au calme sur la jolie terrasse arborée. En dessert, le tiramisu remplit toutes ses promesses.

VILLA COSTES €€

11, avenue Sylvain Marian - **LACANAU**
✆ 05 56 60 80 25
www.villa-costes.eatbu.com/?lang=fr
De févr à nov. Mar-ven soir, sam-dim midi et soir. 3/4/5 plats : 42/55/68 €. Tapas : dès 19 €. Carte : 50 € environ.

Avant de se pencher sur la carte alléchante, on prend le temps de se pâmer devant la décoration chaleureuse des lieux, à l'image du personnel. En cuisine, Laurent Costes, ancien chef étoilé, signe des plats créatifs et inspirés, sublimant les produits du terroir. Au menu, 3 entrées, 3 plats et 3 desserts, et une carte tout aussi restreinte : un choix audacieux, gage de qualité et de créativité. Attablés à l'une des deux terrasses ombragées, on déguste chaque plat, le sourire aux lèvres et les sens en éveil. Une adresse gastronomique à tester sans plus tarder !

LE WIN €€

Route du Baganais ✆ 05 57 17 03 80
www.casinolacanau.com/restaurant
Basse saison : mer-dim soir et dim midi. Haute saison : lun-dim soir et dim midi. Formule : 33 €. Planches : 12 €.

La décoration du WIN est à l'image de l'atmosphère des lieux : décontractée et chaleureuse. Un décor épuré et moderne pour une cuisine savoureuse et toujours généreuse. La cheffe livre ici une cuisine respectueuse de l'environnement, privilégiant le bio et les circuits courts. Planches à partager, pizzas gourmandes, recettes tradi' revisitées.... Au bord de la grande piscine du casino ou à l'ombre des pins, on déguste des plats hyper frais et colorés. Magnifique, le terme est un euphémisme pour décrire le cadre de ce restaurant à l'esthétique doucement bohème.

GELATO FAMILIA

5, rue du Lieutenant Durand
De avril à octobre. Hte saison : tlj 11h30 23h. Variable hors saison. 1 parfum 3,50 €. 2 parfums 5,50 €. 3 parfums 7 €.

Véritable institution depuis 30 ans, Gelato Familia fabrique, sur place, des glaces dans le plus grand respect de la tradition italienne, à base de lait, crème fraîche et sucre, et des sorbets composés de purée de fruits. Aucun conservateur et aucun colorant ne sont ajoutés. Une saveur et une texture incomparables, et près d'une cinquantaine de parfums à savourer selon les envies, des plus classiques aux associations les plus surprenantes. Coup de cœur pour la fiore di latte et la verveine-gingembre, un délice pour les petits et les grands !

LE MULLIGAN

6, boulevard de la Plage
LACANAU
✆ 06 77 85 01 63
Ouvert de novembre à mars. Haute saison : ouvert tous les jours de 10h à 2h. Happy Hour de 18h à 20h.

The place to be à Lacanau Océan ! Le Mulligan a d'abord un super emplacement avec vue sur l'Océan. Ensuite c'est un endroit où il fait bon se retrouver entre amis toute la journée. Dans un décor boisé, on vient prendre un petit déjeuner typiquement anglais, bruncher, partager des planches ou des tartines avec une sangria, une bière brassée dans la région ou des cocktails. On peut aussi regarder un match de rugby, jouer aux fléchettes ou se détendre. Le patron est toujours de bonne humeur, l'équipe très attentive et souriante. Le soir, ambiance garantie !

PINOCCHIO

20, allées Pierre Ortal
✆ 05 57 70 23 81
Ouvert du 30 mars au 30 septembre. Haute saison : tlj de 11h à 23h. Glaces 1 boule 3,20 €. Crêpes de 2,80 € à 4,50 €.

Pinocchio est une véritable institution. Avec plus de 60 parfums permanents, vous trouverez votre bonheur sur l'allée principale qui mène au front de mer. À côté des crèmes glacées et des sorbets traditionnels fabriqués par un maître-artisan glacier sans aucun arôme artificiel, laissez-vous tenter par des barres glacées de marques connues, de succulentes crêpes maison ou des gaufres que l'on peut marier avec du caramel au beurre salé ou du chocolat fait maison. De savoureuses douceurs à déguster sur la terrasse aux couleurs acidulées !

RAINBOW CAFÉ

plage des Écureuils, sur la dune
✆ 06 18 00 49 04
Tous les jours de beau temps en saison, de 10h au coucher du soleil (lundi 12-18h). Carte : 15 € environ.

Cette charmante cabane en bois perchée sur la plage des Écureuils porte définitivement bien son nom : Rainbow Café, pour un lieu haut en couleur et en saveur. Repaire des surfeurs et des gourmands, cette cantine de plage s'adapte à toutes les envies : jus détox, smoothies, buddha bowl, veggie bowl, avocado toast, hot dog végétarien... Côté sucré vous craquerez pour le chia pudding, le smoothie bowl, l'açaï bowl ou la salade de fruits dans un demi-melon. Tout y est frais, vitaminé et délicieux. Une pause gourmande au soleil face à l'océan, qui dit mieux ?

CAVE CHEZ KIKI

7, avenue du Maréchal des Logis Garnung
✆ 05 57 17 00 38
Ouvert toute l'année. Variable selon la saison.

À Lacanau Océan, il y a les grandes plages, les vagues, le surf... et la cave Chez Kiki. N'oubliez pas, nous sommes dans le Médoc, côté océan certes mais Médoc, et le Médoc c'est le vin. Chez Kiki, la passion du vin est une tradition familiale. Ici, on vous conseille sur le choix de votre bouteille suivant vos goûts et vos envies. À coup sûr, elle vous proposera une dégustation gratuite. Sur les étagères une sélection de vins de la petite réserve aux grands crus, d'apéritifs, de liqueurs, de produits gastronomiques, de terroir et de spécialités de la région.

LA BAIGNOIRE

Domaine de l'Ardilouse - **LACANAU**
✆ 05 56 03 92 92
labaignoirelacanau.com
Massage relaxant 1h : 110 €. Massage visage - Kobido 1h : 90 €. Spa des cheveux 80 mn : 130 €. Réservation en ligne.

Pour une déconnexion totale, l'hôtel le plus tendance de Lacanau propose un espace Spa & Fitness. Des cours de yoga hebdomadaires viennent compléter les soins du visage et du corps, pour une expérience encore plus relaxante. Massage Balinais ou hawaïen, drainage lymphatique... Coup de cœur pour le massage du visage Kobido et sa détente absolue. Les produits utilisés sont naturels et les soins adaptés aux besoins de chacun. Une petite faim ? La Trattoria, le restaurant de l'hôtel, vous fera voyager dans l'Italie des années 70.

PICTURE STORE LACANAU

11, allée Pierre Ortal
✆ 05 47 43 95 13
haute saison : ouvert tous les jours de 10h30 à 19h. Hors saison : consulter le site.

La marque Green Picture, créatrice de vêtements et accessoires conçus dans une démarche écoresponsable, labellisée B-Corp et associée à WWF, accueille les mordus de surf et de nature. Cette marque vise une production « zéro énergie fossile ». Leur crédo : réutiliser, réparer, recycler, réduire. On y déniche des pièces à la fois très confortables et très stylées, des combinaisons, des maillots pour la glisse et toute une collection très beach-wear : tee-shirts, sweat-shirts, robes, combis, etc. Une équipe souriante et toujours de bon conseil.

BIG MAMA

4, boulevard du Maréchal Franchet d'Espérey
✆ 06 98 20 83 06
www.ecole-surf-lacanau.com
Avril à novembre : 9h-20h. Le reste de l'année contacter l'école. Découverte surf : 36 €-42 € selon saison (1x2h).

Direction plage Nord, au fond du boulevard, pour rencontrer Romain Lhoste et Adrien Valéroque, deux jeunes Canaulais dynamiques et attentionnés, qui dirigent cette école de surf. Très pédagogues et toujours soucieux de la sécurité, ils proposent des cours de surf pour petits et grands, du stand up paddle, ou encore de la voile sur la plage du Moutchic, dans la petite cabane familiale Chamoulou d'Antoine Chamoux. Bons conseils pour le matériel, les planches et accessoires dans leur surf shop. Possibilité de siroter tranquillement un verre au snack Big Mama.

AQUALIDAY

24, rue du Repos ✆ 05 56 03 24 45
www.aqualiday.com
Ouvert d'avril à mi-juillet et de septembre à novembre. Horaires sur le site. Entrée : 3 à 10 ans 9 €, 11 ans et + 12 €.

Au cœur d'un domaine boisé de 9,5 ha, ce parc aquatique domine le camping Airotel l'Océan avec 5 000 m² d'activités ludiques. L'espace couvert et chauffé joue la carte de l'ambiance tropicale : lagon à vagues, rivière à contre-courant, jets massants. À l'extérieur : rivière sauvage, cascades ou pentaglisses séduisent les aventuriers, bains à bulles et bassin de nage. Pour un peu plus de calme et prendre soin de soi, un spa propose quatre espaces détente. Quant aux plus petits, aires de jeux et pataugeoires les accueillent à l'intérieur comme à l'extérieur.

CHEEKY FAMILY

5, route du Lion
✆ 06 51 36 15 78
www.cheekyfamily.fr
Ouvert tous les jours d'avril à novembre. Location softboard + combi à partir de 13 €. Cours de 2h à partir de 33 €.

Chez la Cheeky Family, le surf est avant tout une question de passion. Installée plage sud, l'école, encadrée par Dimitri, canulais depuis 25 ans et moniteur de surf depuis 15 ans, propose des cours pour tous les niveaux et tous les âges. L'encadrement et l'apprentissage se font dans l'eau, avec le moniteur toujours à vos côtés. Ici pas d'heures fixes pour les cours, tout se fait en fonction des horaires de marée, des conditions de l'océan, et du niveau de chacun. Pour encore plus d'immersion, testez son surfcamp, alliant stage de surf et hébergement.

LACANAU SURF CLUB

20, Boulevard de la Plage
✆ 05 56 26 38 84
https://linktr.ee/lacanausurfclub

Ouvert d'avril à novembre. Jardin des vagues et kids forfait 1h30 : 39 €. Ados/adultes forfait 1h30 : 42 €.

Créé en 1968 par les pionniers du surf en France, le Lacanau Surf Club est installé dans la grande Maison de la Glisse, sur le front de mer. Lieu entièrement dédié au surf et à ses accros, elle a été inaugurée en 1990 afin de permettre au plus grand club de surf d'Europe d'avoir un lieu bien à lui pour, entre autres, gérer comme il se doit le Caraïbos Lacanau Pro. Au programme : cours d'initiation, perfectionnement, stages, forfaits et location de matériel. Ce spot incontournable tend également à sensibiliser aux problèmes environnementaux du littoral.

LONG'AVENTURE

69, route du Drap Bernos - **LACANAU**
✆ 06 59 88 32 13
longaventure.wordpress.com

De fin avril à fin septembre. Tlj 10h30-19h30 en été. Canoës à partir de 10 €. Stand up paddles à partir de 12 €.

Long'Aventure propose de partir à la découverte des îles et des recoins cachés du lac de Lacanau. Un véritable havre de paix, idéal pour une escapade en pleine nature, à quelques kilomètres seulement de l'Océan. Canoës, stand-up paddles, catamarans, planches à voile... Vous trouverez l'embarcation adaptée à votre niveau et à vos envies. Depuis la baie de Longarisse, lieu sauvage au sud-ouest du lac, Benoît vous indiquera les coins incontournables à découvrir et les spots de rêve pour pique-niquer. Le lieu idéal pour se ressourcer. Bienvenue au paradis.

TENGO FRIO SURF SCHOOL

6, boulevard de la Plage
✆ 06 26 45 67 86
www.tengofriosurfschool.com

Cours de 2h : de 30 à 39 €. Formule Surf & Yoga : de 39 à 45 €. Location de planche dès 6 €/h, combinaison dès 5 €/h.

Enfant du pays, Geoffroy Henno, le créateur de l'école Tengo Frio est un ancien membre de l'équipe de France de surf. Figure emblématique de Lacanau, Geoffroy vous accompagne dans votre apprentissage du surf et vous aide à évoluer grâce à plus de 20 ans d'expérience. Quel que soit votre niveau, votre âge ou votre condition physique, il adapte sa pédagogie afin que les cours et les stages restent avant tout un vrai bonheur avec de bonnes tranches de rigolades ! Et pour l'after surf, possibilité de louer sa surf house de 70 m² !

LES 3 BANDITS

Lieu dit Pitrot - **LACANAU**
✆ 06 64 74 50 51
www.3bandits.fr

Hte saison : tlj 10h-19h. Reste de l'année : voir le site. Paintball : 32 €/200 billes/pers. Réservation conseillée.

Envie de vous défouler ? Ici, petits et grands (à partir de 3 ans suivant les activités) peuvent découvrir le paintball, que ce soit en duel ou en groupe (max 10 joueurs), le laser game en salle ou en forêt, l'Archery game – un mix entre tir à l'arc avec embout en caoutchouc et le paintball –, le kart à pédales, les combats de sumos, le quad électrique, le bubble foot (cette grosse bulle transparente dans laquelle on joue au foot sur un terrain glissant). Tenues de combat, casques... Les équipements sont fournis et les « 3 bandits » se chargent des scénarios.

CASINO DE LACANAU

Route du Baganais
✆ 05 57 17 03 80
www.casinolacanau.com

Ouvert toute l'année. Basse saison : dim-jeu 11h-2h, ven-sam 11h-3h. Haute saison : tlj 11h-3h. Black-jack dès 20h.

Niché entre forêts, lacs et océan, c'est le lieu de fête où se retrouvent locaux et vacanciers toute l'année. A l'intérieur, une grande salle de jeux composée de 75 machines à sous, de 2 tables de Black Jack et d'une roulette anglaise électronique, nous fait redécouvrir les plus grands classiques et découvrir de surprenantes nouveautés. Concerts, spectacles, DJ sets, retransmissions de matchs en mode vidéo stadium, privatisation possible : le casino et son restaurant le WIN vivent au rythme des animations. Le cadre est majestueux et l'ambiance toujours conviviale.

LES DARONS

8, rue Jules Ferry
✆ 05 57 70 56 09
https://www.lesdaronslacanau.com

Du mercredi au dimanche de 22h à 2h et le lundi de 22h à 0h en juillet-août. Privatisation possible. Restauration.

Si depuis 2024, l'établissement fait l'unanimité pour sa cuisine bistronomique raffinée, les noctambules en ont également fait un spot incontournable des soirées canaulaises. Que vous ayez dîné sur place ou que vous arriviez plus tardivement, dès 22h place aux cocktails, aux paillettes et au clubbing. Chaque semaine, le ton est donné avec une programmation éclectique, dans un cadre élégant et unique (dj sets électrisants, Girls night, concerts). Un établissement select' et glamour idéal pour vibrer sur des sons disco, groovy, 90's ou funky.

SUNSET CAFÉ

2, promenade Emile Lacaze
✆ 06 81 56 60 25
www.sunsetcafelacanau.com
Ouvert d'avril à septembre. Haute saison : tous les jours de 10h à 23h. Midi : Plats de 19 à 26 €. Brunch le dimanche.

Le Sunset Café a définitivement tout pour nous plaire. Du matin au soir, on s'y installe les pieds dans le sable, face à l'océan, le temps d'un café, d'une pause déjeuner, d'un dîner, ou à l'heure de l'apéro. A la carte, des cocktails avec ou sans alcool, des bières, et des vins de France et d'ailleurs pour accompagner, de copieuses planches à partager, tapas maison, poké bowls ou tataki. En dessert, coup de cœur pour la brioche perdue (pâte à tartiner, noisettes grillées et glace vanille macadamia). Un spot incontournable pour admirer le coucher de soleil.

LESPARRE-MÉDOC ★

Sous-préfecture de la Gironde peuplée de 5 826 habitants, Lesparre est au milieu des terres, à égale distance des façades fluviales et océaniques, à 60 kilomètres au nord-ouest de Bordeaux, à 20 kilomètres au nord-ouest de Pauillac et à une trentaine de kilomètres au sud-est du Verdon-sur-Mer. Cependant, grâce à sa position centrale, la ville constitue une bonne base arrière pour partir à la découverte de l'arrière-pays du Médoc, de ses vignobles ou de ses monuments. Si vous souhaitez approfondir la découverte de la cité, ne manquez pas les marchés mensuels en plein air ni la célèbre foire aux vins durant la première semaine du mois d'août.

PLAGE DU PIN SEC

NAUJAC-SUR-MER
✆ 05 56 03 21 01
Plage surveillée l'été. Animaux non acceptés en période estivale (réglementation à l'entrée de la plage).

La plage du Pin Sec, perdue au milieu d'une forêt de pins, à 10 km du bourg de Naujac-sur-Mer, est l'une des plus sauvages de la Côte d'Argent. Elle convient aux amoureux des plages nature et c'est aussi le royaume des surfeurs. Une route unique permet d'y accéder. Sur place un grand parking pour les vélos et les voitures, un camping, l'école de surf, quelques bungalows de restauration rapide et les fameux blockhaus de la Seconde Guerre mondiale. L'accès se fait par un chemin aménagé au-dessus de la dune. La baignade est surveillée en saison estivale.

TOUR DE L'HONNEUR

17 bis, rue Pierre-Curie
✆ 06 25 77 60 14
www.tour-de-lhonneur.jimdo.com
De mars à octobre. Horaires sur le site. Adulte : 6 €. Visite guidée : 10 €. Enfant de 6 à 12 ans : 3 €.

Dès le Vᵉ siècle, les Francs, les Arabes et les Normands pénètrent en Médoc. Pour contenir les assauts de ces envahissants visiteurs, le château fort de Sparra est construit, probablement à partir du IXᵉ siècle, entouré du ruisseau l'Hervaut. Aujourd'hui, seul le donjon de l'angle sud-ouest est encore debout. Remaniée au cours des siècles suivants, la tour de l'Honneur est un vestige grandiose : 30 m de hauteur et 12 m de côté. Elle abrite un musée d'histoire sur cinq étages, un jardin médiéval et un toit-terrasse accessible. Animations tout au long de l'année.

CHÂTEAU PIERRE DE MONTIGNAC €€

1, route de Montignac - **CIVRAC-EN-MÉDOC**
✆ 07 82 57 64 21 - www.pierredemontignac.com
Chambre double dès 75 €. Studio : dès 95 €. Emplacement camping-car : 12 €/nuit/2 pers. Espace détente en supplément.

Chez la famille Sallette, l'amour du terroir rassemble toutes les générations. Ce domaine viticole offre 2 possibilités d'hébergement. D'un côté 3 chambres d'hôtes et 2 studios, pensés pour se sentir comme à la maison. De l'autre, une aire de camping avec 5 emplacements pour les aventuriers parcourant la région en mode nomade. On se réveille avec vue sur les vignes et un petit déjeuner gourmand, avant d'aller dire bonjour aux poneys, visiter la cave et papoter avec les propriétaires.

MÉDOC VIGNOBLE TOURISME

7 bis, place du Maréchal Foch
✆ 05 56 41 21 96
www.medocvignoble.com
Ouvert du lundi au vendredi de 9h30 à 12h30 et de 14h à 18h.

Ce bureau d'information touristique permet de trouver tous les éléments nécessaires pour organiser votre séjour dans le Médoc. De quoi s'informer sur toutes les possibilités d'hébergement et de restauration sur le territoire, mais également sur les animations et les sites touristiques culturels et patrimoniaux incontournables. Vous y trouverez toutes les informations sur les visites des châteaux de l'appellation Médoc ou sur les sentiers de randonnée. Sur place, des châteaux viticoles sont regroupés dans une boutique en ligne : pratique pour commander du vin !

CHÂTEAU LOUDENNE

SAINT-YZANS-DE-MÉDOC ✆ 05 56 73 17 80
www.chateau-loudenne.com
Parcours balisés, dégustations, Déjeuners gourmands, croisières… (infos sur le site). Vente de vins sur place.

Château Loudenne est le fameux « Château rose » du Médoc, réputé dans les années 20 pour ses fêtes mondaines et les nombreuses personnalités venues y séjourner. Construite en 1670, cette chartreuse typiquement médocaine offre une vue à couper le souffle sur l'Estuaire, et comme les plus grands crus de la presqu'île du Médoc, son vignoble bénéficie d'un terroir exceptionnel. Le Château Loudenne produit un vin blanc depuis 1880, ce qui en fait le plus ancien producteur de vin blanc de la région du Médoc. Un domaine unique tourné vers un œnotourisme de qualité.

CHÂTEAU TOUR CASTILLON

3, route du Fort Castillon
SAINT-CHRISTOLY-MÉDOC
✆ 06 64 80 00 98 - www.vignoblespeyruse.com
Visite et dégustation au shop : gratuit. Balade commentée du vignoble : 10 €. Sur réservation. Horaires sur le site.

La famille Peyruse organise toute l'année des visites et balades commentées dans le vignoble suivies d'une dégustation et d'un casse-croûte médocain, ainsi que des « apéros estuaire ». Les visiteurs découvrent les différentes AOC, les étapes du cycle de la vigne, les tâches manuelles et mécaniques du viticulteur. Sur les bords de l'estuaire, la visite continue par les carrelets de pêche et les tonnes à canards. Les participants sont ensuite invités dans le chai rose et gris où trônent deux amphores de sept hectolitres. Accueil chaleureux et décor bucolique.

LE REPÈRE DU PIN SEC €

51, Route de la Gare - **NAUJAC-SUR-MER**
✆ 06 66 15 36 24
https://www.lereperedupinsec.com
Ouvert de Mai à Septembre. Lit 1 place tente dortoir : à partir de 20 €. Tente sur deck lit double : à partir de 50 €.

Le repère du Pin Sec est un Surfcamp créé par deux amis, Bat & Tanguy, déterminés à créer un refuge chaleureux au cœur de la nature. Le site, inspiré du glamping (mêlant le charme du camping et le confort de l'hôtel), s'inscrit dans une démarche anti-gaspillage et écologique. La guinguette au bord de l'étang, le jardin participatif, le barbecue, la cuisine commune… Autant d'endroits pour faire des rencontres entre amoureux de la nature et de l'océan. Entre deux sessions de surf, on s'y retrouve pour se ressourcer dans les tipis ou à l'ombre des pins.

CHAI PAULETTE €€

1, impasse de la Mairie - **SAINT-CHRISTOLY-MÉDOC**
✆ 06 81 07 94 29
www.chateausaintchristoly.com
Tte l'année. Chambre double : à partir de 89 €. Chambre 4 pers : à partir de 125 €. Suite familiale : à partir de 190 €.

Chai Paulette… Chai pour le château Saint-Christoly attenant à la maison et Paulette pour la maison d'habitation de la grand-mère de Cathy, l'actuelle propriétaire du château. Trois chambres d'hôtes pour 2 à 5 personnes y ont été aménagées avec tout le confort nécessaire. Au programme : une literie confortable, des chambres refaites à neuf et une salle de bains privative. On y vient pour l'accueil adorable de Cathy - qui n'hésitera pas à vous faire découvrir son métier de vigneronne - mais aussi pour la propreté des lieux, le petit déjeuner gourmand et le calme !

LA MAISON D'ARTÉMIS

68, rue Jean-Jacques-Rousseau
✆ 05 56 73 75 84
maisonartemis.fr
Ouvert du mardi au samedi de 9h à 19h.

© LA MAISON D'ARTÉMIS

On entre volontiers dans la boutique de Béatrice Anisset, pour y faire ses emplettes et se laisser tenter par l'une des 120 références de thés et tisanes. Quant au café, il est torréfié sur place. On y trouve également tout le nécessaire pour la dégustation (machines à café, vaisselle, infuseurs…). À l'arrière, un charmant jardin pour les beaux jours et une petite salle où l'on peut se réchauffer, près du poêle à bois en savourant un chocolat chaud, lovés dans de jolis canapés en cuir. Pour la pause déjeuner : tartes salées, soupes et autres gourmandises.

MÉDOC / HAUTE GIRONDE

BALADE NORD MÉDOC

Les marais du Nord Médoc présentent une vaste étendue de zones humides où plus de 250 espèces sauvages colonisent les lieux : différents insectes, amphibiens, mammifères et oiseaux. Les nombreux marais et le chenal du Gua permettent l'écoulement de l'eau du Nord Médoc.

A Vensac on parcourt à pied le sentier du marais du Gua, jalonné de bornes explicatives.

Le chenal du Gua et son écosystème complexe très riche se découvrent en canoë ou kayak depuis le port de Saint-Vivien dans une ambiance calme et sereine. Sur place il est possible de se restaurer au Kayak Café.

Sur les bords de l'estuaire, les carrelets tirent leur nom du filet de pêche de forme carrée du XVIIIe siècle. Ils servent aujourd'hui de lieu de détente et d'observation. Depuis le port du Verdon, on aperçoit le phare de Cordouan qui se dresse majestueusement à l'entrée de l'estuaire. C'est le plus ancien phare d'Europe (1611). Pour le visiter, on prend un bateau sur réservation. En repartant vers Vendays-Montalivet, il faut s'arrêter à Soulac-sur-Mer pour admirer les villas classées qui constituent le « village ancien » avec son style colonial du début du XXe siècle et la basilique Notre-Dame-de-la-fin-des-Terres. Engloutie presque intégralement par le sable au XVIIIe siècle, elle fut sauvée au milieu du XIXe siècle.

CHOUCHOU & CO €€

13, rue des Forgerons
✆ 05 57 75 26 12
Ouvert du lundi au jeudi le midi, vendredi et samedi midi et soir. Carte : 30 € environ. Formule du midi : 15 €.

Situé dans la ZAC de Belloc, Chouchou & Co est un établissement sans prétention, mais il a su convaincre les habitants de Lesparre et des environs, qui en ont fait leur cantine. Un endroit sans chichis qui assure au niveau qualité-prix. La déco simple conjugue des murs rouges, des chaises rouges et des tables blanches dans une salle conviviale. En cuisine, le chef Eric Van Nieuwenhoven s'applique à travailler des produits simples mais frais, un peu comme à la maison. Les amateurs de viande se feront plaisir avec une entrecôte de 350 grammes...

ESSENCE ORDINAIRE €

64, rue Jean-Jacques Rousseau
✆ 09 78 81 24 69
Ouvert du mardi au samedi de 12h à 14h ; le vendredi et le samedi de 19h à 22h30. Menu du jour : de 15 € à 18,50 €.

Laura et Alexandre ont posé leurs valises au cœur de la rue piétonne de Lesparre. Une cuisine bistrot authentique, dans un cadre chaleureux. Aux beaux jours, la salle joliment rénovée laisse place à une agréable terrasse ombragée. On y déguste terrine de campagne maison, tartine de tomates cerises rôties-pesto d'amandes et serrano ou fondant de bœuf sauce au vin rouge... Les desserts maisons sont eux aussi une invitation à la gourmandise : brioche perdue au caramel, poire au vin rouge... Le service est impeccable et souriant. Une belle adresse à Lesparre.

AU PIN SEC & A L'EAU €

Route du Pin Sec
NAUJAC-SUR-MER
✆ 06 99 39 39 61
Ouvert d'avril à septembre. Haute saison : ouvert tous les jours midi et soir (sauf lundi midi). Carte : environ 25 €.

Depuis la grande terrasse panoramique de cette cantine de plage, on s'imprègne de la quiétude du paysage et on admire, le soir venu, le soleil qui s'écroule sur l'horizon embrasé. Sur la table, des assiettes à partager (nachos, falafels, planches apéro), des salades, des burgers, des fish & chips ou des burgers avec option végétarienne. Une cuisine sans chichis mais servie par un personnel accueillant et sympathique. On y vient pour la vue, incomparable, sur l'une des plus belles plages du Médoc et pour l'ambiance conviviale. Addition raisonnable.

LE GAILLANAI €€

4, route de Soulac
GAILLAN-EN-MÉDOC
✆ 05 56 09 31 48
Mar et dim midi, du mer au sam midi et soir. Menus de 25 € à 39,50 €. Carte : 40 € environ. Formule du midi : 17,50 €.

Le Gaillanai c'est une maison toute blanche, aux volets bleus, ornée d'une tour et entourée de verdure. On l'aperçoit depuis la route de Soulac. Si on y vient un peu par hasard, on y revient par plaisir. La salle, décorée dans un style bistrot, mêle mobilier contemporain et plus ancien. Au menu, une cuisine traditionnelle et des spécialités régionales comme le magret de canard sauce forestière, la fricassée d'anguilles à la persillade ou un délicieux foie gras basse température. Des assiettes aussi gourmandes que copieuses, servies avec le sourire.

LES NOISETTINES DU MÉDOC

1, La Landette - **BLAIGNAN**
✆ 05 56 09 03 09
www.noisettines.fr
Horaires variables en fonction des saisons, informations sur le site. Visite gratuite.

Amateurs de douceurs, ne ratez pas cette visite et surtout la dégustation. L'histoire de sa création est passionnante : Edith, couturière, et Michel Noyez, cuisinier, ont créé dans les années 70, la Noisettine du Médoc dans un vieux chai de 200 ans, à l'époque en ruines, dont ils sont tombés amoureux. Tout le monde craque pour cette gourmandise dont la recette daterait de 1649. La noisette est cuite dans un sirop maison puis enrobée d'un caramel soufflé. Aujourd'hui, cette fabrique familiale est devenue un petit musée qui accueille près de 40 000 visiteurs par an.

LA MAISON DU DOUANIER €€

2, route de By - **SAINT-CHRISTOLY-MÉDOC**
✆ 05 56 41 35 25
www.lamaisondudouanier.com

Ouvert de fin mars à fin octobre. Hte saison : mercredi-lundi midi et soir. Menus de 34 € à 41 €. Plat du jour : 28 €.

Ancien bureau de douane, transformé en restaurant depuis des années, tenu aujourd'hui par une équipe jeune et expérimentée aux CV bien remplis. Idéalement située, cette maison de caractère s'est parée d'un décor esprit bistrot chic contemporain, et offre une superbe vue sur l'estuaire de la Gironde, qui s'invite dans le restaurant à grand renfort de baies vitrées. Aux fourneaux, le chef fait honneur à la magie du lieu et travaille de façon inventive des produits frais et de qualité, issus pour certains du potager de la Maison. Espace guinguette dans le jardin.

LE SAINT ROCH €€

20, place du 11 novembre 1918
QUEYRAC
✆ 05 56 09 86 47

Ouvert toute l'année. Du mardi au samedi le midi ; le vendredi et le samedi le soir. Carte : 35 € environ. Terrasse.

Installé dans une jolie maison de ville, le Saint Roch a su se tailler une sacrée réputation dans la région. Tenue par Myriam et Benoît Brossard, deux professionnels de la restauration, cette adresse fait honneur à la cuisine du terroir et recettes traditionnelles. Tous les plats, savoureux et concoctés à base de produits frais, sont faits maison jusqu'aux pain, terrines, sauces, etc. L'ardoise varie régulièrement mais reste fidèle à ses assiettes savoureuses. A la carte des vins, une belle sélection privilégiant notamment les bons crus Médoc.

CHÂTEAU LA GORCE

73, Canteloup-Est
BLAIGNAN
✆ 05 56 09 01 22

Visites et dégustations sur rendez-vous.

Le Château La Gorce, reconnu cru bourgeois dans le classement de 1932, est en activité depuis 1822. En 2018, dès leur arrivée, Emmanuel et Mana Martin initient la conversion des 48 hectares vers l'agriculture biologique, achevée depuis le millésime 2022. Au-delà de cette conversion, c'est aussi toute l'identité du domaine qui est revisité et modernisé. En témoigne leur collaboration avec des artistes, tels que Clémentine Mélois ou Pierre La Police, pour illustrer avec un certain décalage les étiquettes des cuvées Rouge Intense et Rose Dada. Une belle découverte.

CHÂTEAU LOUDENNE

Château Loudenne
SAINT-YZANS-DE-MÉDOC
✆ 05 56 73 17 80
www.chateau-loudenne.com

Ouvert toute l'année. Parcours balisés, visites guidées, dégustations... Vente de vins à la propriété.

Christophe et Sophie Gouache sont aujourd'hui les propriétaires du mythique Château Loudenne, créé en 1670. Premier terroir de l'appellation Médoc, le vignoble qui borde l'estuaire de la Gironde accueille un port privé permettant l'arrivée en bateau. Les services sont à la hauteur du lieu, visites, dégustations, ateliers, croisières... Le domaine s'étend sur 132 hectares, dont 62 hectares plantés qui se déclinent en rouge Médoc, blanc Bordeaux – le plus ancien du Médoc (1880) – et rosé. Le vignoble est certifié Bio en 2022 et HVE niveau 3 en 2017.

CHÂTEAU SAINT-CHRISTOLY

1 bis, impasse de la Mairie
SAINT-CHRISTOLY-MÉDOC
✆ 05 56 41 82 01
www.chateausaintchristoly.com

Du lundi au vendredi de 9h à 12h et de 14h à 17h. Sur rendez-vous. Visite et dégustation gratuite.

Cathy prend la relève de 7 générations de viticulteurs sur ce domaine créé vers 1850 par un forgeron du village. Passionnée et déterminée, elle s'évertue à donner à son vin une note féminine et très personnelle (c'est le seul cuvier de la région peint en rose !). Le travail minutieux à la vigne et au chai permet, millésime après millésime, d'exprimer magnifiquement les saveurs et les valeurs de ce terroir d'exception. Le château propose des visites gratuites toute l'année, et a ouvert au cœur de la propriété ses propres chambres d'hôtes « Chai Paulette ».

LES JARDINS DE LA BANQUISE

33 bis, avenue du Général de Gaulle
SAINT-CHRISTOLY-MÉDOC
✆ 07 83 43 12 49

Sam 9h30-12h30. Horaires variables. Mer : marché de Saint-Vivien-de-Médoc. Possibilité de réserver des paniers.

Sur les terres fertiles du bord de l'estuaire de la Gironde, cette ferme maraîchère, dédiée à l'agriculture biologique, privilégie les semences d'antan à l'agriculture formatée. Dans ce havre de paix, deux passionnés cultivent plus de 400 variétés de fruits, fleurs et légumes. Aux Jardins de la Banquise, le respect des principes de l'agroécologie et de la biodiversité garantit des produits d'une qualité exceptionnelle, frais, de saison et à un prix juste pour les producteurs.

Ô GRÉ DU VIN

1, Rue de Vigneau - **GAILLAN-EN-MÉDOC**
✆ 06 73 40 79 53
Lun-sam 14h30-19h, mar-dim 9h30-12h30. Afterwork du jeu au sam. Epicerie fine. Bar à vin. Retransmissions sportives.

Au cœur du vignoble, ce nouveau lieu va devenir une escale incontournable, que vous soyez connaisseur ou simplement curieux de découvrir les richesses viticoles et gourmandes de la région et d'ailleurs. Épicerie fine et cave à vins, les produits de cette boutique de 300 m2 sont tous sourcés par Cédric, le gérant. Côté dégustation, ça se passe au comptoir ou perché sur des tonneaux. Pour les afterworks, Sabine nous régale : snacking, planches apéro, que du local ! L'été, la guinguette prolonge la fête (concerts, soirées…). Retransmissions sportives toute l'année.

ESCAPE GAME LESPARRE

4, chemin du Pas des sauts
✆ 05 56 59 27 59
www.escape-game-lesparre.com
Tlj 9h-21h30. Soir et WE : 3/4/5 joueurs 30/24/20 €/pers. Semaine : 80 €/3, 4, 5 pers.

Une équipe, un escape game et une heure pour en sortir en résolvant une série d'énigmes, puzzles et épreuves logiques dans des décors originaux. Le principe est simple et ici mis en action par deux propriétaires passionnés. Vous avez le choix entre quatre missions : comme le *Chesscape*, immersion dans l'univers mystérieux et énigmatique du jeu d'échecs, même sans savoir y jouer ! Ou *Le Trésor de la buse* qui met à l'épreuve perspicacité, adresse et rapidité, afin d'être admis dans l'univers impitoyable des pirates et de leur butin.

LISTRAC-MÉDOC ★

Le nom de Listrac vient du latin *lista* ou *listra* qui signifie « lisière, limite ». La commune est à cheval sur la ligne de partage des eaux de la Gironde et des lacs du bord de l'Atlantique. Son histoire a toujours été liée à celle du vin, comme en témoignent les liens privilégiés qu'elle entretenait dès l'Antiquité avec les ports de Lamarque et de Cussac, situés sur l'estuaire. L'église aux influences romanes et gothiques a su conserver un cachet intact. L'importance de l'art ne s'arrête pas là : le peintre Odilon Redon a maintes fois puisé l'inspiration pour ses toiles dans les abords de Listrac, immortalisant même sa maison à Peyrelebade.

SKJ DOMAINES

3, chemin de Martinon
✆ 06 22 92 26 15
skjdomaines.com
Visites individuelles ou en groupe sur rendez-vous. Vente au chai.

Passionnés par la vigne, Maxime et sa famille ont sauté le pas en 2020 et pris leur envol « un rêve de gosse ». La propriété n'est pas transmise de génération en génération, le nom est loin des traditionnels châteaux médocains, mais c'est l'une de ces propriétés atypiques que l'on aime croiser sur notre chemin. Le domaine, en agriculture biodynamique, propose des vins naturels frais et digestes, et des cuvées bien identifiables jusqu'aux étiquettes ultra graphiques, issues de vinifications à taille humaine. Le domaine se visite sur rendez-vous. Une belle découverte.

VIGNERONS ASSOCIÉS BOUTIQUE GRAND LISTRAC

21, avenue de Soulac ✆ 05 56 58 03 19
www.cave-listrac-medoc.com
Ouvert du lundi au samedi de 9h à 12h et de 14h à 18h ; le dimanche et les jours fériés de 10h à 12h30 et de 14h à 18h.

La cave coopérative Vignerons associés Moulis - Listrac et Cussac Fort Médoc regroupe 42 viticulteurs. Elle distribue du vin en vrac (bib de 10 litres) et les crus de cette mosaïque de terroirs. On y trouve également des vieux outils de chais et une sélection de vins blancs d'Alsace, ce qui s'explique par le jumelage de la commune de Cussac avec le village alsacien de Sigolsheim. Les vignerons organisent des visites des chais, des installations techniques et des dégustations.

WINE TRUCK AOP MÉDOC ET HAUT-MÉDOC

L'Organisme de Défense et de Gestion qui représente plus de 220 vignerons répartis dans 5 coopératives et 350 chais particuliers a mis en place, depuis 2022, un Wine Truck destiné à faire connaître les vins de l'AOC Médoc et Haut-Médoc. Véritable bar à vin itinérant, le camion est présent dans diverses manifestations culturelles et sportives, et mis à disposition des vignerons lors de foires et salons. Une belle façon de faire voyager leurs vins et de se rapprocher des consommateurs.

GRÈS MÉDOCAINS

3, route de Carcans
✆ 05 56 58 16 58
www.gres-medocains.fr
Boutique : lundi-vendredi 9h-12h et 14h-18h. Samedi 9h-12h. Visite : 5 €. Ateliers découverte : 14 €/pers (1h30).

Entreprise familiale et artisanale, la briqueterie des Grès médocains créée en 1880 fabrique des produits entièrement naturels. Ce lieu insolite et hors du temps propose, lors de ses visites guidées, la découverte des différentes étapes de fabrication des briques de Brach, et de pièces de décoration en grès, de leur façonnage « de la terre à la brique ». Si l'on trouve à la boutique un large choix de poteries culinaires et décoratives, différentes formules proposent de pratiquer le travail de l'argile et de la céramique, et de repartir avec ses propres créations.

EXO 33 CABLEPARK AVENSAN

4, route de Casalié
AVENSAN
✆ 07 87 38 32 70
Ouvert d'avril à octobre. Horaires sur le site. Carte 1h adulte : 26 €. Carte 1h -16ans / étudiants 23 €.

A 30 minutes de Bordeaux, installé sur les jolies rives du lac de Casalié, EXO 33 CablePark Avensan vous accueille pour faire le plein de sensations. Le plan d'eau est équipé d'un téléski 5 pylônes pour la pratique du kneeboard, ski nautique et wakeboard, ainsi que d'un téléski 2 pylônes idéal pour débuter. Téléski nautique accessible dès 7 ans. Autres activités pour faire plaisir à toute la famille : foil électrique, aquapark, paddle, pétanque, beach-volley… Entre deux sessions, pause au snack au bord de l'eau. De bons moments garantis entre amis ou en famille !

MARGAUX ★

Le nom même de ce petit village médocain de 2 832 habitants est presque connu sur toute la terre pour ses vignobles et ses châteaux. Ils composent la Route des vins et se distinguent parmi les meilleurs grands crus classés du monde. Pourtant, réparti sur 1 250 hectares, Margaux ne représente que 9 % du vignoble médocain. Fleuron des vins de cette appellation : le Château Margaux, premier grand cru classé en 1855. Il ne faut pas oublier l'autre richesse naturelle : l'estuaire où les carrelets esquissent leurs silhouettes élégantes. Margaux est aussi un cadre de rêve pour les sportifs : boucles cyclistes, *greens* de golf, attelages équestres, etc.

CHÂTEAU BRANE-CANTENAC

✆ 05 57 88 83 33
www.brane-cantenac.com
Visite privée et dégustation sur réservation, du lundi au vendredi (1h). Fermé week-end, jours fériés, et mois d'août.

Deuxième Grand Cru du classement de 1855, le Château Brane-Cantenac s'est imposé comme l'un des plus grands domaines de Margaux. Par son terroir exceptionnel et son histoire prestigieuse, la propriété se dresse fièrement au cœur de l'une des plus illustres appellations du Bordelais, et l'une des plus renommées au monde. Depuis 1925, le domaine appartient à la famille Lurton. En 1992, Henri Lurton prend la relève en inscrivant son travail dans la philosophie familiale selon laquelle la qualité du produit est primordiale, et développe l'identité inimitable de Brane.

CHÂTEAU MARGAUX ★

✆ 05 57 88 83 83
www.chateau-margaux.com
Visite du chai sur rdv en semaine. Dégustation réservée aux professionnels. Pas de vente directe.

Au cœur du Médoc, le Château Margaux est une véritable institution. Il figure, depuis 1855, au sommet de la classification des vins de Bordeaux, avec le prestigieux statut de Premier Grand Cru Classé. Le domaine appartient aujourd'hui à la famille Mentzelopoulos qui en perpétue la tradition d'excellence. Construit en 1815 et classé monument historique depuis 1946, l'emblématique château de style néo-palladien a su s'adapter aux plus récentes innovations. Ses chais se visitent sur rendez-vous. L'un d'entre eux est signé par l'architecte britannique Norman Foster.

CHATEAU CANTENAC-BROWN

Château Brown - **MARGAUX-CANTENAC**
✆ 05 57 88 81 81
https://www.cantenacbrown.com
Ouvert du lundi au vendredi de 10h à 12h30 et de 14h à 18h. Fermé les jours fériés. Visites sur rendez-vous.

3e Grand Cru Classé en 1855, ce vignoble renommé appartient à l'appellation Margaux. Le château Cantenac-Brown séduit tant par son patrimoine architectural que par l'élégance et la complexité de ses vins. Construit en 1806, il impose un style Tudor qui se marie parfaitement à la modernité de certains espaces techniques. Le domaine organise des visites à la découverte de ce terroir d'exception de 48 hectares. Une immersion au cœur de l'histoire du château et de son savoir-faire ancestral. La pièce maîtresse : un chai écologique en terre cuite inauguré en 2024.

CHÂTEAU D'ARSAC

1, allée du Comte
✆ 05 56 58 83 90
www.chateau-arsac.com

Ouvert tlj, sur rdv le week-end en basse saison. Visites et dégustations sur rdv. Visite « Art et Vin » (12 €/personne).

Avec une histoire mouvementée de plus de 900 ans, le château d'Arsac est l'un des plus anciens domaines du Médoc. S'il a été promu au rang de Cru Bourgeois Exceptionnel avec 112 hectares de vigne, le site est aussi réputé pour sa réhabilitation architecturale (notamment son chai bleu) et s'affirme comme un haut lieu de la création artistique. Sous l'impulsion du propriétaire Philippe Raoux, le château accueille désormais une quarantaine d'œuvres internationales. Un jardin des sculptures à découvrir lors d'une balade bucolique suivie d'une dégustation.

CHÂTEAU GISCOURS

10, route de Giscours - **LABARDE**
✆ 05 57 97 09 01
www.chateau-giscours.fr

Visites 7 jours sur 7 entre avril et octobre inclus. Sur rendez-vous. Visite classique-dégustation à partir de 18 €.

Le château Giscours, un des grands noms du vin à Margaux (3e grand cru classé), reflète à merveille l'art de vivre en Médoc, entre pierres de taille blondes et jardin émeraude. Les 83 ha du vignoble sont entourés de 300 ha de prairies et de forêts. Des visites-dégustation et des pique-niques sont organisés dans les chais et dans le parc. Pour profiter pleinement du cadre somptueux du château, testez le restaurant gastronomique La Table de Giscours pour des repas privés, ou les chambres d'hôtes haut de gamme avec vue sur les vignes.

CHATEAU KIRWAN

MARGAUX-CANTENAC ✆ 05 57 88 71 00
www.chateau-kirwan.com

Visites et ateliers toutes l'année, sur réservation. Visite prestige : 28 €/pers. Dégustation sensorielle : 60 €/pers.

C'est tout l'esprit de Margaux que l'on retrouve au château Kirwan, un domaine qui, depuis quelques années, s'est de nouveau hissé à la hauteur de sa réputation (3e grand cru classé). La contribution de l'œnologue réputé Michel Rolland, puis de Jacques Boissenot a permis de réorienter la vinification de Kirwan pour l'adapter aux goûts d'aujourd'hui. Sa structure tannique promet de belles années de garde... Le domaine, extrêmement accueillant, vaut le détour pour une visite et dégustation à thèmes ou des pauses gourmandes : brunch, pique-nique et apéro gourmand.

CHÂTEAU MARQUIS DE TERME

3, route de Rauzan ✆ 05 57 88 86 43
www.chateau-marquis-de-terme.com

Sur réservation. Visite et dégustation 35 €. Balade guidée à vélo dans le vignoble et ateliers. Location de vélos.

Propriété de la famille Sénéclauze depuis 1935, ce 4e grand cru classé de Margaux possède un terroir unique, alliant tradition et modernité. Avec 40 hectares le Château Marquis de Terme élabore des vins envoûtants, charnus et équilibrés. Pour découvrir le domaine, plusieurs options : une visite guidée suivie d'une dégustation, balades ampélographiques à vélo ou ateliers originaux. Le château et le chef Grégory Coutanceau ont ouvert, au cœur du vignoble, le restaurant Au marquis de Terme. Privatisation possible pour des événements professionnels ou des réceptions.

CHÂTEAU SIRAN

13, avenue du Comte De-Lynch - **LABARDE**
✆ 05 57 88 34 04
www.chateausiran.com

Tous les jours de mai à septembre. Hors saison : voir le site. Visite dès 12 €. Gîte 6 personnes « La Bastide de Siran ».

Si le Château Siran est l'un des rares domaines médocains à appartenir à la même famille depuis plus de 160 ans, la trace d'une première production remonte à la fin du XVIIe siècle. Aujourd'hui, Edouard Miailhe assure la direction de ce domaine en AOC Margaux, qui peut s'enorgueillir de produire des vins rares et raffinés. Un écosystème de 88 ha où vignes, bois et prairies participent à la biodiversité et à une pratique responsable. Les visites finissent sur le toit du château avec une vue à 360° sur le vignoble, autour de la dégustation de 3 vins des 3 terroirs.

TONNELLERIE NADALIÉ

99, rue Lafont
LUDON-MÉDOC
✆ 05 57 10 02 02
www.nadalie.fr

Visites guidée le jeudi matin sur rendez-vous (environ 1h). Adulte : 15 €. Age minimum : 15 ans.

Créée en 1902, la Tonnellerie Nadalié confectionne des barriques et développe ses talents en France comme à l'étranger. Un savoir-faire ancestral qui anime cette famille depuis cinq générations. La captivante visite de cet univers débute par le parc à bois et les délicieux effluves d'une sélection des essences les plus nobles. Plus loin, l'atelier de fabrication et la salle de chauffe révèlent quant à eux des étapes déterminantes de la fabrication du vin. Le parcours s'achève par une dégustation de Château Beau Rivage & Clos La Bohème, leur propriété viticole.

LA BASTIDE DE MARGAUX €€

2, rue du Cordonnier - **SOUSSANS**
✆ 06 89 79 49 77
www.labastidedemargaux.com
Toute l'année. Chambre double dès 150€/nuit. Suite 4 pers dès 195 €/nuit. Enfants acceptés à partir de 12 ans.

Coup de cœur pour ce havre de paix idéalement situé sur la route des vins. Claire et Phil vous ouvrent les portes de leur demeure, récemment rénovée. Bien plus qu'une simple maison d'hôtes, ils ont souhaité partager un lieu de vie, des petits déjeuners dans le salon, au jardin, en passant par la piscine, dans une décoration sobre et raffinée. Les propriétaires, adorables et passionnés, n'hésitent pas à partager leurs meilleures adresses pour un séjour inoubliable au cœur du vignoble bordelais, et à moins d'une heure des plages de Lacanau et des lacs d'Hourtin.

CHÂTEAU DE L'ISLE €€

52 bis, rue de Campet - **CASTELNAU-DE-MÉDOC**
✆ 05 56 79 70 96
www.chateau-de-lisle.fr
Ouvert de mai à fin septembre. Chambre double à partir de 170 €. Petit déjeuner inclus. Piscine extérieure.

Ce magnifique domaine est niché entre vigne et forêt. Le Château de l'Isle est une bâtisse octogonale du XVIIIe avec deux ailes et des dépendances comme l'orangerie, les chais, la grange, la sellerie, les écuries où l'on peut murmurer à l'oreille des chevaux. Les chambres sont spacieuses, superbement décorées et d'un grand confort. Elles portent chacune le nom d'une région viticole française. Vanessa et son époux Xavier sont heureux de vous accueillir, de vous faire profiter de leur belle demeure et de partager avec vous son histoire et son environnement.

CHÂTEAU MEYRE**** €€

16, route de Castelnau - **AVENSAN**
✆ 05 56 58 22 84
www.chateaumeyre.com
Chambre double à partir de 135 €, suite à partir de 210 €. Petit déjeuner buffet : 20 €. Piscine. Offre bien-être.

Situé en plein cœur du Médoc, le château de Meyre, belle bâtisse du XVIIe siècle entourée d'un magnifique parc, est le lieu parfait pour une escale au vert. Dans les chambres, portant toutes le nom d'une déesse grecque, romaine ou celte, se mêle harmonieusement le charme de l'ancien et la modernité. L'occasion aussi de parcourir le vignoble du château, de visiter ses chais et déguster ses vins. Des salles sont mises à la disposition des entreprises pour l'organisation de séminaires, d'événements familiaux ou professionnels. Belle offre de soins bien-être.

LE MOULIN DE MARGAUX* €€

2, Le Moulin de Margaux
✆ 05 57 88 05 89
lemoulindemargaux.fr
De mai à octobre. 2 pers. De 135 € à 155 €/nuit. 3 nuits mini. Bain bouillonnant. Piscine partagée. Terrasse privée.

Au cœur du prestigieux vignoble de Margaux, Nathalie nous ouvre les portes de son magnifique moulin à vent du 18e siècle. Entièrement rénové, ce cocon est un véritable havre de paix, et dispose de tout l'équipement nécessaire pour passer un séjour serein et ressourçant (cuisine équipée, douche à l'italienne, bain à remous). Au premier étage, la chambre offre une vue imprenable, à 360°, sur les châteaux et les vignes environnants. Au programme : farniente, balades à vélo, randonnées et découverte d'une des régions viticoles les plus renommées.

LA BASTIDE DE SIRAN**** €€€

19, route du port de la Bastide - **LABARDE**
✆ 05 57 88 34 04 - www.chateausiran.com
Ouvert toute l'année. Pour 6 personnes (3 chambres) : week-end 2 nuits à partir de 300 €, semaine à partir de 910 €

Située au cœur du vignoble de Margaux, dans l'enceinte du château Siran, la Bastide de Siran est un charmant gîte pouvant accueillir jusqu'à 6 personnes. Élégante et confortable, elle dispose d'un grand salon avec télévision, d'une salle à manger, d'une cuisine équipée, de trois grandes chambres contemporaines aux couleurs douces, et de deux salles de bain avec douche à l'italienne.

Aux beaux jours, vous profiterez du grand jardin et de sa terrasse ombragée équipée d'un barbecue, offrant une vue magnifique sur les vignes bio de Siran.

LES VIVIERS €

14, rue du Maréchal Joffre
CASTELNAU-DE-MÉDOC ✆ 05 56 45 08 74
viviersmedoc.fr
Mar-jeu 10h-21h, vend-sam 10h-22h, dim 10h-13h. Déjeuner : lun-vend 12h-14h. Carte : 15 € environ. Événements, boutique.

Le centre-bourg de Castelnau-de-Médoc se réinvente avec cet espace de vie dynamique et convivial. Un lieu de rencontre et d'échange pour tous les habitants. Bien plus qu'un simple café-restaurant, Les Viviers est un lieu de vie qui regroupe un bar à jeux, une librairie indépendante, une épicerie vrac et une boutique de créateurs. L'adresse propose également un programme d'animations toute l'année (ateliers, soirées, événements culturels) et pour tous les âges. Une belle initiative qui privilégie les producteurs locaux, et attire la curiosité de nouveaux visiteurs.

BRASSERIE DES CHÂTEAUX €€

32, avenue de la Ve République
MARGAUX-CANTENAC
✆ 05 57 10 43 72
www.brasseriedeschateaux.com
Ouvert toute l'année. Carte : 40 € environ. Formule du midi : 14,50 €.

Située entre Macau et Margaux, à côté de la très belle église de Cantenac, la Brasserie des Châteaux nous accueille dans une ambiance chaleureuse de bistrot contemporain. Salade de grenier médocain, entrecôte à l'échalote, côte de bœuf… Le chef Bruno Pouilloux, fort d'une expérience de charcutier-traiteur, nous embarque dans un voyage en terre médocaine à travers de délicieuses recettes traditionnelles du Sud-Ouest. Une adresse fréquentée par les gens du coin, à découvrir lors d'un périple de découverte des châteaux dans la région.

LE CHAPON FIN €€

2, place Aristide Briand
CASTELNAU-DE-MÉDOC
✆ 05 56 80 97 67
Du lundi au vendredi 7h-19h ; dimanche 8h-13h. Plat du jour : 12 €. Menu enfant : 8 €. Plats à emporter sur réservation.

Après quelques travaux de rafraîchissement, le bar-restaurant a rouvert ses portes en 2024. L'étape idéale pour déjeuner avant d'entreprendre la Route des Vins. Si le village ne présente pas d'attrait touristique particulier, n'hésitez pas à vous attabler au Chapon Fin, on y est accueilli avec le sourire. La carte est courte mais efficace. Au menu : entrecôte, andouillette, burger, jambon laqué au miel… Le petit plus : les frites et les desserts sont maison. Le midi, l'ambiance y est chaleureuse et le service rapide. Un excellent rapport qualité-prix.

LE LION D'OR €€

11, route de Pauillac
ARCINS
✆ 05 56 58 96 79
www.leliondor-arcins.fr
Du mardi au samedi midi et soir. Carte : 50 € environ. Formule du midi : 25 €. Terrasse.

Michaël Lemonnier, qui a travaillé avec les plus grands (Thierry Marx pour ne citer que lui), a su conserver l'esprit convivial et terroir de cet établissement, tout en ajoutant une touche très personnelle et en essayant de conserver des prix attractifs. Sa cuisine de marché est simple avec des produits de qualité, frais et de saison. Il exprime son savoir-faire et sa personnalité dans des spécialités maison comme la raviole médocaine. Une déco qui rappelle celle d'un joli bistrot de campagne avec de belles boiseries, de grandes glaces et des tables bien nappées.

CHÂTEAU LA GALIANE

14, rue Alfred de Luze
✆ 05 57 88 35 27
www.scea-rene-renon.com
Visites sur rendez-vous.

Entre mer et estuaire, La Galiane est une propriété familiale depuis cinq générations. Un domaine de 5 ha composé à 50 % de cabernets sauvignons, 45 % de merlots et 5 % de petits verdots. La famille Renon gère également le Château Charmant, et fait découvrir avec passion tous les aspects de ce vignoble travaillé dans le savoir-faire familial. Une culture traditionnelle privilégiant les engrais organiques, le désherbage raisonné et la vendange manuelle. Bel accueil au cœur de ces vignes, centenaires pour certaines. À venir en avril 2025 : 3 chambres d'hôtes.

© SOPHIE T

© CHÂTEAU LA GALIANE

AU MARQUIS DE TERME €€

3, route de Rauzan
✆ 05 57 08 25 33
au-marquis-de-terme.com
Tous les jours midi et soir. Carte : 60 € environ. Menus : de 28 € à 83 €. Menu enfant : 16 €. Réservation en ligne.

Au cœur du prestigieux Château Marquis de Terme, si le chef Grégory Coutanceau signe une carte plutôt tournée vers la mer, l'alliance terroir médocain et gastronomie est tout aussi parfaite. Sur place, c'est le chef de cuisine Thibaud Guena qui mène la danse de cette adresse à la fois raffinée et accueillante. Installé dans un ancien chai, le restaurant offre un magnifique point de vue sur les vignes, et la cuisine ouverte est un plaisir pour les yeux. Chaque mois, le lieu ouvre ses portes pour une expérience incomparable avec Le Dîner Grand Crus Classés 1855.

NOMADE RESTAURANT €€

3, route des Châteaux - **LABARDE**
✆ 05 56 35 92 38
www.restaurant-nomade.fr
Ouvert du mardi au jeudi le soir, vendredi/samedi midi et soir. Formule midi : 45 €. Menu dégustation le soir : 92 €.

A la tête de Nomade un jeune couple médocain : Manon à l'accueil et Thibault, le chef, passé, entre autres, par les fourneaux de Thierry Marx à Pauillac. Cette formation lui a inculqué de belles sources d'inspirations. La cuisine est inventive, recherchée et gastronomique. Tout est réalisé à partir de produits frais, issus autant que possible de cultures raisonnées, voire bio, et sublimée par les mariages de saveurs toujours très justes du chef. Côté déco, même si l'endroit n'a rien conservé de son passé ferroviaire, il reste atypique, sobre et rénové avec goût.

RELAIS DE MARGAUX-BRASSERIE DU GOLF €€

5, route de l'Ile Vincent - **MARGAUX-CANTENAC**
✆ 05 57 88 87 60
www.relais-margaux.com/restaurant
Tlj midi et soir. Formule du midi : 25 €. Dîner terroir : 39 €. Carte : 45 € environ. Spa + déjeuner : 50 €/personne.

Sur un domaine de 55 hectares, le golf de Margaux s'étend entre vignoble et estuaire. Quiétude assurée grâce aux larges baies ouvertes sur le green. Une décoration raffinée, à l'image des lieux, et un service toujours impeccable. En cuisine, le chef travaille de beaux produits et les plats sont concoctés presque sous nos yeux, au fond de la salle. L'après-midi, on se laisse tenter par une gourmandise accompagnée d'un thé ou d'un café. Un sans-faute !

LA TABLE DE NATHALIE €€

7, rue de la Trémoille
✆ 05 57 81 13 20
www.marquisdalesme.wine
De mai à octobre, du lun au vend midi et soir. Réservation recommandée. Carte : 40 € env. Pauses salées : 24,50 €.

Nichée au cœur du Château Marquis d'Alesme, La Table de Nathalie est un lieu véritablement bucolique, avec son parc et ses arbres centenaires, où le temps semble s'être arrêté. Un cadre idyllique pour déguster une cuisine raffinée, inventive et de saison, ou simplement prendre le temps d'un thé ou d'un verre de vin. Les herbes et légumes qui composent les plats sont cueillis chaque matin dans le potager luxuriant du domaine. Une invitation à savourer les richesses de la région, sur la terrasse ensoleillée ou lors d'un dîner aux chandelles dans la salle à manger.

WINE BAR MARGAUX

12bis, rue Georges Mandel
✆ 05 56 69 85 88
Lundi, mardi, jeudi midi, vendredi, samedi midi et soir. Plat du jour : 15 €. Formules de 17 € à 19 €. Carte env 35 €.

Implanté en plein cœur du village de Margaux, le Wine Bar Margaux est la parfaite escale pour partir à la découverte des vignobles de la région. Et déjà la carte des vins donne le ton avec une centaine de références de cette exceptionnelle appellation, mais également des haut-médoc, saint-estèphe, saint-julien, pauillac, des saint-émilion grands crus, des pomerols... Pour accompagner ces doux nectars, des formules du jour toujours de saison et une carte où l'on opte pour des huîtres, des plats bien préparés, de bons desserts maison ou des planches gourmandes.

MAISON DU VIN DE MARGAUX

7, place de la Trémoille
✆ 05 57 88 70 82
https://vins-de-margaux.fr
Du lundi au samedi 10h-18h en haute saison. Du lundi au vendredi le reste de l'année. Vins disponibles à la vente.

La Maison du Vin de Margaux propose une sélection exhaustive de vins du prestigieux vignoble : les 21 grands crus classés de 1855, les crus bourgeois, les propriétés historiques de Margaux, les crus artisans, les micro-cuvées de l'appellation..., des produits liés à l'activité viticole et un éventail de gourmandises régionales. C'est ici que l'on trouve également toutes les informations utiles concernant les circuits des châteaux, hébergements, balades à vélo, visites... L'été, des dégustations de l'appellation sont organisées chaque semaine.

GOLF DE MARGAUX MÉDOC - BORDEAUX

5, route de l'isle Vincent ✆ 05 57 88 87 40
www.relais-margaux.com/golf
Ouvert tlj de 8h30 à 17h. Forfaits à partir de 28 € (17,50 € pour les étudiants et -18 ans). Variable selon la saison.

Niché au cœur du Médoc, le golf de Margaux est bordé par le vignoble. Que vous soyez golfeur confirmé ou débutant, le parcours saura vous satisfaire. Les fairways serpentent à travers un magnifique paysage vallonné, offrant une vue imprenable sur l'estuaire. Le cadre exceptionnel et un parcours de qualité en font un lieu remarquable. Le domaine propose également un practice d'entraînement, un *pro-shop*, et une brasserie avec terrasse panoramique sur ce parcours 18 trous de 45 hectares.

MAISON DU VIN DE MOULIS EN MÉDOC

423, avenue de la Gironde
✆ 05 56 58 32 74
http://moulis.com/la-maison-du-vin
Basse saison : lundi-vendredi 9h30-12h30 et 14h-18h. Haute saison : mardi-vendredi 10h-18h et samedi 10h-17h.

Sur la place ombragée du hameau de Grand Poujeaux, la Maison du Vin de Moulis-en-Médoc met en avant cette terre d'histoire et de légende, composée de 600 hectares de vignes en production réparties chez 49 viticulteurs. Une AOC historique datant de 1938, constituant la plus confidentielle et la plus ancienne des appellations viticoles du Médoc. La Maison commercialise des vins et des objets autour de ce nectar. Elle donne également des informations sur les expériences œnotouristiques.

MOULIS-EN-MÉDOC ★

Contrairement à ce que l'on pourrait penser, Moulis ne vient pas du latin *molinis*, qui signifie « moulin », mais de *moles*, désignant un « ouvrage de terrassement ou de maçonnerie ». Le site est habité depuis fort longtemps, comme l'atteste la découverte des vestiges d'une villa du Ier siècle et d'une chapelle paléochrétienne. Si son église romane fortifiée, qui conserve de rares bénitiers et une pierre tumulaire de la mère de Pey Berland, mérite le coup d'œil, c'est aussi pour les vins qu'on s'arrêtera ici. Moulis est la plus petite appellation Médoc par sa surface – 610 ha sur un bandeau de 8 km – soit 4 % de la totalité du vignoble médocain.

MOULIMIEL

198, avenue de la Gironde
✆ 06 78 36 88 08
Visites et vente de produits de la ruche. Horaires variables. Contactez la ferme apicole avant votre visite.

Paysagiste de métier, Sylvain Dufour a passé plusieurs années à se former avant de se lancer dans l'apiculture, il y a maintenant 6 ans. Producteur de miel et de produits de la ruche comme la propolis et les bougies, Sylvain est engagé dans une démarche durable et utilise des pots en plastique recyclés et recyclables. Des visites de la ferme apicole sur rendez-vous proposent de découvrir l'activité de cet éleveur, récoltant et producteur. Avant de repartir, impossible de ne pas succomber devant la large gamme de miel proposée à la vente. Un délice.

RANCH DES LAMBERTS

Chemin des Lamberts
✆ 06 87 90 16 98
http://ranchdeslamberts.fr
Tte l'année. Lun-sam 10h-12h et 14h-17h. Dim uniquement sur rdv. Adultes : 40 €. Enfants : 30 €. Balade brunch : 85 €.

Au Ranch des Lamberts, l'équitation est basée sur une approche comportementale du cheval, permettant à chacun d'évoluer à son rythme et de créer une relation de complicité avec son animal. Séance de baby poney, cours du cavalier débutant au perfectionnement, randonnée itinérante entre terre et estuaire, randonnée aux lacs, balade nature, vino rando… Il y en a pour tous les goûts ! Et pour prendre des forces en route, on opte pour les balades brunch, apéro ou pique-nique. Un ranch original et bienveillant qui met à l'honneur le tourisme vert.

CHÂTEAU BISTON-BRILLETTE

91, route de Tiquetorte
✆ 05 56 58 22 86
www.chateaubistonbrillette.fr
Ouvert du lundi au vendredi de 9h à 12h et de 14h à 18h, le samedi de 10h à 12h. Visites sur rendez-vous.

Serge et Jean-Paul Barbarin produisent un vin classique et élégant, au cœur de l'appellation Moulis. Si l'origine du château Biston-Brillette remonte au début du XIXe siècle, aujourd'hui, le domaine familial porte son vignoble à 26 ha et intègre à son mode de culture d'importantes préoccupations environnementales. Les visites laissent découvrir un élevage traditionnel du vin et s'achèvent par une dégustation, où vous pourrez apprécier les cuvées du château Biston-Brillette ou du château Biston second vin du domaine, qui sont tous deux à des prix très abordables.

CHEMIN PÉDESTRE DE MOULIS-EN-MÉDOC

www.medocpleinsud.com

Fontaine et table de pique-nique à mi-parcours. Point de départ devant la Maison du Vin de Moulis.

Pour parfaire la visite de Moulis-en-Médoc, il vous faut parcourir pendant 3 heures un chemin pédestre avec moins de 10 % de routes goudronnées. Sur 14 kilomètres, ce sentier serpente à travers les vignes jusqu'à la fontaine de la Raze, le moulin de Tiquetorte datant du Xe siècle ou encore l'église Saint-Saturnin. Il est possible de faire une halte dans les nombreux châteaux et d'y déguster un ou plusieurs crus. Ce chemin fait partie de la route de Saint-Jacques-de-Compostelle.

LA GROTTE D'ARTIGUES

✆ 05 56 59 03 08

www.pauillac-medoc.com

Gratuit. Petit patrimoine rural. Balade de 6 et 10 km à proximité.

La grotte d'Artigues est surplombée par une statue de la Vierge, réplique de la célèbre grotte miraculeuse de Lourdes... Ce clone médocain aurait été construit en 1897 par Anne-Françoise Averous, propriétaire d'un vignoble à Pauillac. La légende dit que les demoiselles Averous échangeaient chaque année un tonneau de leur vin contre un tonneau d'eau bénite de Lourdes afin d'en arroser la vigne. A découvrir au fil de deux belles balades de 6 et 10 km, avant de pique-niquer à l'ombre des grands arbres et de s'hydrater à la fontaine : l'eau est peut-être miraculeuse !

PAULLAC ★

A mi-chemin entre Bordeaux et la pointe de Grave cette petite ville se partage entre le vignoble et le fleuve. Posée sur l'estuaire de la Gironde, la commune abrite 100 propriétés viticoles, dont 18 grands crus classés, incluant les trois premiers mondialement connus : château Lafite-Rothschild, Latour et Mouton-Rothschild. Une longue tradition de navigation se perpétue dans son port de pêche et de plaisance. Depuis la superbe façade des quais de la ville, édifiée aux XVIIIe et XIXe siècles, on aperçoit les carrelets – typiques cabanes de pêcheurs –, les bateaux « libellules » partant à la pêche et les îles disséminées au milieu de l'estuaire.

REFUGE DE PATIRAS

Port de Pauillac, Quai Albert Pichon

✆ 07 49 58 63 63

refugedepatiras.com

Ouvert d'avril à octobre. Horaires sur le site. Croisière + visite + déjeuner : 82 €/adulte, 45 €/enfants 5-12 ans.

Au départ de Pauillac, on embarque à bord d'ILOUT pour un trajet de 15 min en direction de l'île de Patiras. Le gardien du phare nous accueille sur le ponton pour un déjeuner-dégustation insolite au beau milieu de l'estuaire. Très attachées à cet environnement exceptionnel, la cheffe Violette Sart et sa brigade cuisinent des plats on ne peut plus frais et locaux : récolte des arbres fruitiers autour du phare, producteurs du Médoc et du Blayais. 100 % des déchets du refuge sont triés. Puis place à la visite commentée du site avec François et sa passion contagieuse.

Vignes - Pauillac - Médoc.

OFFICE DE TOURISME MÉDOC VIGNOBLE

La Verrerie
✆ 05 56 59 03 08
www.medocvignoble.com
Hte saison : lundi au vendredi 10-13h et 14h-19h, samedi-dimanche 10h-13h et 14h-18h. Voir le site le reste de l'année.

La Maison du Tourisme et du Vin est l'endroit où se tourner pour organiser son séjour (circuits découverte, visites de châteaux, hébergements, restaurants...). La vinothèque propose près de 300 vins issus des 8 appellations Médoc à prix châteaux, et la boutique un large choix de souvenirs et produits régionaux. Sur place, un parcours olfactif initie à l'univers aromatique des vins, et un petit film évoque les différentes étapes de l'élaboration de ce nectar médocain.

CHÂTEAU GRAND-PUY DUCASSE

Quai Antoine Ferchaud ✆ 07 84 02 05 77
grandpuyducasse.fr
Dégustation : 12 €. Vente sur place (horaires variables selon la saison). Visites sur rdv à partir de 20/personnes €.

Après d'importants travaux, le projet Renaissance du Château Grand-Puy Ducasse (5e grand cru classé) prend son envol. Au cœur de la ville de Pauillac, le domaine possède désormais un outil de vinification et d'élevage unique. 46 cuves suspendues au plafond évoquant les grandes orgues d'une cathédrale. Depuis la saison touristique 2024, le château a rouvert ses portes au public avec un parcours contant l'histoire de la maison Ducasse, de Pauillac, ainsi que de Bordeaux et ses vins.

CHÂTEAU PICHON BARON

✆ 05 56 73 17 17
www.pichonbaron.com
Visites toute l'année (vignes + chais + dégustation). Possibilité de dégustation sur mesure de millésimes. Sur rdv.

Au sud de la commune de Pauillac, le Château Pichon Baron, reconnaissable à ses deux tourelles emblématiques, est un grand cru classé depuis 1855. La création du domaine remonte à la fin du XVIIe siècle puis remaniée au XIXe siècle. À ses pieds, un miroir d'eau sous lequel se cache un chai à barriques enterré digne du Nautilus, en raison de ses ouvertures vers l'eau et le ciel. Une bâtisse exceptionnelle proposant des escapades immersives et une dégustation de vins d'exception dans un espace d'accueil spacieux, avec vue panoramique sur les vignes.

BISTRO DES VIGNES €€

3, quai Albert Pichon
✆ 05 56 59 01 20
https://desvignesetdesanges.com
Lundi-vendredi midi et soir, samedi soir. Carte : 50 € environ. Formule du midi de 20 à 28 €.

Le restaurant bistronomique de l'Hôtel des Vignes et des Anges est situé dans un bâtiment historique magnifique à la décoration sobre et élégante. En salle, le bleu et les touches dorées se marient parfaitement aux tables en marbres et chaises en velours. Côté cuisine, le chef travaille les produits locaux et célèbre le terroir avec délicatesse. Aux beaux jours, la salle ouvre sur 2 terrasses. Si l'une offre une vue magnifique sur l'estuaire de la Gironde et le port de plaisance, l'autre propose un repas plus intimiste dans le jardin de l'hôtel.

© BEST WESTERN BISTRO DES VIGNES

© LE BISTRO DES VIGNES

CHÂTEAU PICHON LONGUEVILLE COMTESSE DE LALANDE

Route des châteaux
✆ 05 56 59 19 40
www.pichon-comtesse.com

Ouvert du lundi au vendredi. Visite et dégustation sur rendez-vous.

Créé dans les années 1690, ce domaine familial est un Grand Cru classé de 1855. La demeure, construite en 1840 par l'architecte Duphot à la demande de la Comtesse de Lalande, a été restaurée avec un grand soin. Une balade dans son parc à bosquets et sa roseraie nous plongent immédiatement dans la période romantique. A voir : les cuviers, les chais et la magnifique collection de verres anciens et contemporains. Très intéressant, les vins riment avec élégance, complexité et charme.

CHÂTEAU CORDEILLAN-BAGES***** €€€

Route des Châteaux ✆ 05 56 59 24 24
www.cordeillanbages.com

Ouvert de mi-mars à mi-novembre. Chambre double à partir de 251 €. Petit-déjeuner buffet ou en chambre : 28 €.

Cette ravissante chartreuse du XVIIe siècle abrite un hôtel de charme composé de 5 catégories de chambres modernes et raffinées. A l'intérieur, se côtoient des meubles et luminaires signés par de grands designers, tandis que les murs se parent d'œuvres d'artistes reconnus tels que Pierre Alechinsky ou Antoni Tapiès. Le Café Lavinal, table gourmande et généreuse réputée, propose un carte des vins, riche de plus de 1 600 références de grands crus du Bordelais et vins d'ailleurs.

L'ATELIER VÉLO BY FUNBIKE

6, place du Sauvignon
✆ 05 56 09 76 62
www.funbike.fr

Ouvert d'avril à octobre, du mardi au dimanche de 9h30 à 12h30 et de 14h à 18h. Le reste de l'année sur réservation.

Visiter les vignobles du Médoc à vélo, à deux, entre amis ou en famille ? C'est toujours une bonne idée ! Pour un après-midi dans les vignes ou pour la journée, rien de plus simple : rendez-vous au village de Bages, louez, pédalez et vibrez ! C'est d'ailleurs la devise de l'atelier du vélo by FunBike (le spécialiste du vélo de Carcans-Maubuisson). Ici, on loue vélos classiques ou électriques, tandems et vélos enfants. Ils vendent aussi des accessoires et s'occupent des réparations.

HÔTEL DES VIGNES ET DES ANGES**** €€€

3, quai Albert Pichon ✆ 05 56 59 01 20
https://desvignesetdesanges.com

Ouvert toute l'année. Chambre double dès 100 €. Suite dès 240 €. Petit déjeuner inclus. Chambres PMR sur demande.

Au cœur du vignoble, l'Hôtel Best Western Premier des Vignes et des Anges est le point de départ idéal pour visiter les célèbres châteaux du Médoc. Ses 44 chambres allient confort moderne et élégance classique. Côté détente et remise en forme, vous profiterez d'un Espace Bien-être (avec salle de fitness, sauna, piscine intérieure et solarium). Le Bistro des Vignes, table bistronomique de l'établissement, offre une vue imprenable sur le port de plaisance. Une adresse unique.

LES GABARREYS**** €

Route de la Rivière
✆ 05 56 59 10 03
www.campinglesgabarreys.com/

Ouvert d'avril à mi-octobre. Emplacement à partir de 12 €. Mobil-homes pour 6 personnes à partir de 285 € la semaine.

Un camping idéal pour les vacanciers en quête de calme et d'air pur. Depuis le spa extérieur, le sauna vitré (accessible aux personnes à mobilité réduite) ou l'espace bain à remous, on se détend en douceur tout en profitant de la vue sur l'Estuaire. Côté hébergement, le camping propose des emplacements arborés et fleuris de 100 m² pour tentes et caravanes, ainsi que des mobil-homes avec terrasse couverte à la location. Au cœur du prestigieux vignoble médocain, à deux pas des grands châteaux, il offre un cadre et un emplacement exceptionnels.

LA CAMBUSE €€

2, quai Léon Perrier
✆ 05 56 59 28 90

Ouvert tous les midis, vendredi et samedi soir. Carte : 35 € environ. Formule du midi : 20 €. Menu du chef : 37,50 €.

Sur les quais de Pauillac, Bruno Coussin a repris La Cambuse il y a tout juste un an. Quel bonheur de se réfugier les jours de canicule dans cette ancienne cave voûtée. La terrasse, très agréable, n'est pas immense aussi est-il prudent de réserver. En cuisine, c'est tendance bistronomique avec un menu du jour, des suggestions à l'ardoise, une carte réduite et pointue, et des vins soigneusement choisis. Ici tout est fait maison sauf la glace, précise le chef qui fait son marché chez les producteurs du coin pour dénicher des produits de qualité et de saison.

LE LAFAYETTE €€

2, quai Albert Pichon
✆ 06 59 55 94 28
lafayettepauillac-restaurantcave.com
Ouvert tous les jours le midi et le soir. Formule du midi : 18 €. Accueil des groupes. Terrasse. Bar. Cave à vin.

Tout nouveau et déjà incontournable, le Lafayette a ouvert ses portes sur les quais de Pauillac. Bien plus qu'un simple restaurant, l'établissement propose également un bar et une cave à vins. Ici, on déguste des nectars du Médoc, de Bordeaux, et des raretés venues d'ailleurs, avec une vue imprenable sur l'estuaire. Côté cuisine, le chef fait la part belle aux producteurs locaux et aux produits de saison. Au menu : assiette de l'estuaire (huîtres, crevettes, graton du Médoc), bourguignon de limousine, pruneaux à l'Armagnac... Un lieu de partage et de convivialité.

BRASSEURS & FRERES

1, chemin de Radet
✆ 07 84 97 37 95
www.brasseursetfreres.com
Vente directe : le jeudi de 13h30 à 17h30. Visite de la brasserie sur rendez-vous.

Patrick et William Ludger sont deux frères natifs de Pauillac. Après des carrières différentes et bien remplies, ils décident de créer leur brasserie artisanale au cœur du Médoc, comme une sorte de retour à la terre qui les a vus naître. Ils travaillent avec des produits de qualité, issus de l'agriculture biologique française tout en privilégiant aussi le local. La gamme Premium est régionale avec des références locales, dont des animaux bien connus des Médocains : la Tourterelle est blonde, la Biche ambrée et la Civelle (autre nom de la pibale) blanche.

CHÂTEAU HOURTIN-DUCASSE

3, route de la Chatole - **SAINT-SAUVEUR**
✆ 05 56 59 56 92 - www.hourtin-ducasse.com
Apéro dans les vignes : 15 €. Goûter et jeu de piste : 10-20 €. L'Ampélographie : 25 €. Pique-nique au jardin : 25 €.

Le château Hourtin-Ducasse est depuis de nombreuses années engagé dans une démarche de viticulture durable. Ses pratiques respectueuses de l'environnement permettent de produire des cuvées de qualité tout en réduisant l'impact sur l'environnement. Les vins du domaine, expressifs et élégants, se distinguent par leur complexité aromatique. Des visites guidées et de nombreuses activités ouvertes à tous proposent de découvrir les vignes et les chais, et d'apprécier la richesse et la diversité des vins de ces 18 hectares, dirigés par la famille Marengo depuis 1976.

CAFÉ LAVINAL €€

Village de Bages, Place Desquet
✆ 05 57 75 00 09
www.jmcazes.com/fr/cafe-lavinal
Haute saison : Ouvert 7j/7 midi et soir. Menu vigneron : 21 €, menu enfant : 13 €. Carte : 50 € environ.

Sur la petite place du hameau de Bages, le Café Lavinal, chaleureux et convivial, propose une cuisine du marché traditionnelle et savoureuse, élaborée avec des produits de la région et de saison. On tombe sous le charme de son zinc et de ses banquettes rouges style années 1930, qui lui donnent un air de bistrot d'antan, attirant tant les locaux que les touristes et les vignerons. Aux beaux jours, sa terrasse ensoleillée est appréciée pour sa vue et son emplacement. La carte des vins présente plus de 220 références de vins de Bordeaux et d'ailleurs.

© CAFÉ LAVINAL

© CAFÉ LAVINAL

LES FERMIERS TOQUÉS

Zac les Beauchênes - **CISSAC-MÉDOC**
✆ 09 87 30 30 67
https://lesfermierstoques.com/
Ouvert du mardi au samedi de 9h30 à 12h30 et de 15h à 18h30. Les horaires peuvent varier, consulter le site.

La Maison des producteurs du Médoc réunit une vingtaine d'associés ou adhérents actionnaires, auxquels s'ajoutent 20 à 30 producteurs qui les approvisionnent régulièrement de fruits et légumes, viande et volaille, fromages, pâtes, farine, œufs, produits laitiers, huîtres, miel et confitures, jus de fruits, vins et alcools... Elle accueille aussi un restaurant où la cuisine est réalisée sur place et uniquement avec les produits locaux. Les producteurs-associés se sont entourés de professionnels de la restauration pour mener à bien ce concept unique en France.

MAISON DE LA PRESSE PAUILLAC

9, quai Léon Perrier
✆ 05 56 59 07 08
Ouvert du lundi au samedi de 7h30 à 12h30 et de 14h à 19h. Le dimanche de 7h30 à à 12h30.

On n'y entre pas seulement pour acheter la presse. Le sourire de Catherine Faure et ses conseils avisés sont une invitation à prendre le temps de flâner au rayon livres, toujours bien fourni. Un petit mot doux ou un souvenir de vacances à envoyer ? La carterie déborde de nouveautés. Et pour les idées cadeaux, de beaux livres pour soi ou à offrir, des jeux, de la jolie papeterie et des artisans locaux qui déposent régulièrement leurs créations. Un commerce de proximité de qualité.

LE PIAN-MÉDOC

La commune de Pian-Médoc, au centre de l'appellation Haut Médoc, est mitoyenne de l'appellation Margaux. Sur ses terres viticoles on découvre les châteaux Sénéjac, Malleret et Bellegrave du Poujeau, fleurons du patrimoine. Entre vignes et forêts, on trouve un golf classé parmi les 15 premiers parcours d'Europe. Son patrimoine religieux n'est pas en reste avec une belle église du XIIe siècle restaurée aux XIXe et XXe siècles. A voir également, l'Ermitage Lamouroux, fondé en 1774 par la famille du même nom. Durant la Révolution, elle offre un abri aux prêtres réfractaires. La congrégation religieuse de la Miséricorde en est aujourd'hui propriétaire.

ATLANTIC DRIVER PRESTIGE

167, rue de la Fontaine
✆ 06 60 55 15 71
www.atlanticdriverprestige.com
Forfaits aéroport/gare à partir de 50 € ; forfaits ville à ville partir de 80 €.

Atlantic Driver Prestige est un service de chauffeur privé à la carte disponible 24h/24 et 7 jours/7 pour tout type de courses. Quel que soit votre trajet et aussi nombreuses que soient vos escales, *Atlantic Driver Prestige* met à votre disposition une voiture de luxe de la gamme Mercedes et un chauffeur expérimenté pour vous accompagner dans vos déplacements (minimum 1h). Le truc en plus ? Une tarification fixe pour plus de transparence. Friandises, journaux, chargeur... Les chauffeurs sont véritablement aux petits soins pour vous. On réserve les yeux fermés.

CHÂTEAU DE MALLERET

470, chemin de Malleret ✆ 05 56 35 05 36
www.chateau-malleret.fr
Ouvert du lundi au vendredi de 9h à 12h et de 14h à 17h. Visites sur rendez-vous uniquement 15 € par personne.

Le Château de Malleret, classé Cru Bourgeois Exceptionnel, est aux mains de la même famille depuis plus de 160 ans. Si sa construction remonte au XVIe siècle, il ne devient propriété viticole qu'à partir de 1860. Entouré d'un des plus beaux arboretums de la région, son chai laisse apparaître une magnifique charpente en chêne, sa forme de coque de bateau renversée venant sublimer l'alignement des barriques. Depuis plusieurs saisons, le château produit également une huile millésimée issue de trois variétés d'oliviers et nous régale d'un miel de fleurs sauvages.

LE CLUB €€

chemin de Courmateau
✆ 05 56 70 11 90
cabotbordeaux.com
Ouvert tous les jours le midi et le soir, et pour le petit déjeuner. Carte : 50 € environ. Plat du jour : 24 €.

Niché au cœur du Golf Cabot Bordeaux, Le Club fait figure de repaire pour tous les golfeurs et non-golfeurs de passage. Depuis la terrasse ou la salle *cosy*, on profite de la vue sur le parcours des Châteaux. Une ambiance épurée mais non moins chaleureuse. Le midi, c'est menu Club avec des produits régionaux toujours sublimés. Côté vin, le restaurant possède sa propre cave Millésimes, avec de grands crus classés mais aussi des bouteilles à des prix beaucoup plus abordables. Le soir, on se laisse tenter par une nuit à l'Hôtel & Spa 4 étoiles du golf.

L'OREPOL €€

516, route de Pauillac
✆ 05 56 45 61 13
lorepol.eatbu.com

Du lundi au jeudi midi, vendredi midi et soir. Menu du jour : de 13,50 € à 19,50 €. Vente à emporter sur réservation.

Pas toujours engageant de s'arrêter déjeuner dans un restaurant qui jouxte une station-service... Mais faites fi de vos a priori : l'Orepol mérite amplement qu'on s'y attarde. Derrière son décor sans prétention, ce restaurant abrite un trésor culinaire. Aux fourneaux, Fabian cuisine avec passion et originalité poissons et viandes, dans des assiettes dressées avec soin et justesse. Un menu restreint qui change en fonction des saisons, des produits frais et savoureux, le sourire d'Aurélie en salle... Tout est réuni pour passer un bon moment.

GOLF CABOT BORDEAUX

Chemin de Courmateau ✆ 05 56 70 11 90
https://cabotbordeaux.com

Ouvert tlj. Tarifs variables selon la saison : de 72 € à 125 €. Après 16h : de 43 € à 75 €. Restauration. Hôtel. Spa.

Au cœur de 200 hectares de nature, le Cabot Bordeaux -ex Médoc Resort- comporte 2 parcours de 18 trous. Le parcours des Châteaux dans un paysage de bruyères, d'ajoncs et de genêts, oblige les joueurs à se surpasser. Le parcours des Vignes, en terrain plat typique des Landes avec ses pins maritimes, reste accessible aux joueurs de tout niveau. Classé parmi les 100 meilleurs golfs d'Europe, ses 2 parcours accueillent régulièrement des Championnats internationaux. Le complexe hôtelier se compose d'un hôtel 4 étoiles, d'un restaurant gastronomique et d'un espace spa.

LE PORGE ★

Si le village du Porge en lui-même n'a pas la vie trépidante de ses voisins (Lacanau, pour n'en citer qu'un), il constitue un havre de paix agréable et reposant, même au cours de la saison estivale. Le littoral, préservé des constructions sauvages, s'ouvre sur les emblématiques plages océanes dont l'immense plage naturiste La Jenny. Il existe deux pistes cyclables et des sentiers de randonnée pour tous les niveaux. Au rayon des curiosités, on peut aussi séjourner dans la forêt. Et puis il y a la petite allée commerçante (l'avenue du Gressier) qui mène jusqu'à la plage centrale, une sorte de grand-rue sortie digne des villages de westerns.

OFFICE DE TOURISME MEDOC PLEIN SUD

Avenue du Gressier
✆ 05 64 31 07 77
www.medocpleinsud.com

La « Pignotte », camion touristique itinérant, est ouvert d'avril à septembre. Horaires sur le site.

Le Porge, différent par nature. Plus tout à fait Médoc Atlantique, et pas encore Bassin d'Arcachon, Le Porge vit dans une perpétuelle dualité, évolue tout en préservant les richesses naturelles de son territoire, tourné vers l'océan et vers la forêt. Cours de surf, balades en forêt, pistes cyclables, randonnées, aqua-détente... L'office de tourisme du Médoc Plein Sud vous accueille et reste à votre service pour vous accompagner dans l'organisation de vos vacances nature.

FUN BIKE

35, avenue de l'océan
✆ 05 56 82 96 74
www.funbike.fr

Ouvert du 15 juin au 15 septembre. Vélo adulte à 17,50 €/jour ; vélo électrique à 45 €/jour. Vélo enfant : 12,50 €/jour.

Si Fun Bike est implanté à Carcans et Pauillac, l'établissement propose également un service de location dans la jolie station du Porge avec des vélos adultes et enfants ainsi que des vélos électriques pour s'élancer à l'assaut des pistes cyclables du Médoc-Océan seul, à deux, entre amis ou en famille ! L'équipe connaît la forêt des Landes girondines par cœur et sera toujours de bons conseils pour vos balades. Location possible pour 2h, la demi-journée, la journée complète, la semaine ou la quinzaine. Une belle façon d'explorer la région en mode *slow* tourisme.

CHEZ MATTÉO €

8, avenue de Bordeaux
✆ 06 38 84 46 65

Basse saison : mercredi-dim. Haute saison : mardi-dim. Midi et soir. Pizza à partir de 11,50 €. Sur place et à emporter.

Une agréable surprise que ce petit établissement sur la route de l'océan. Locaux et touristes de passage y dégustent des pizzas traditionnelles et bien garnies cuites au feu de bois, avec base au choix : tomate ou crème. Chaque mois, une recette inédite fidélise la clientèle qui n'est jamais déçue. Au menu également, une belle carte de burgers accompagnés de frites maison et des options veggies à tomber. Le spot pour manger sur le pouce, des produits de qualité, locaux et privilégiant le bio, pour un prix raisonnable. Sur place ou à emporter.

SAINT-ESTÈPHE

Cette commune est mondialement connue pour ses monuments de délectation que sont les vins de l'appellation Saint-Estèphe. On considère que les premières vignes ont été plantées à l'époque romaine, mais c'est à partir du XVIIe siècle que le domaine s'est agrandi grâce au drainage des terres marécageuses. Le vignoble stéphanois occupe environ 1 230 ha. Les cépages principaux qui rentrent dans la composition de l'appellation sont le merlot, le cot, le petit verdot, le cabernet-franc, le cabernet-sauvignon et le carménère. Au milieu des vignes, le bourg est dominé par son église du XVIIe siècle. De l'ancien port, on admire le vaste panorama sur la Gironde.

CHÂTEAU LA HAYE

1, rue de Saint-Affrique-Leyssac
✆ 05 56 59 32 18
www.chateaulahaye.com

Lun-ven de 11h à 17h. Sam sur rdv. Visite classique : 8 €/pers. Visite Prestige : 19 €/pers. Sur rdv. Vente sur place.

Classé Cru Bourgeois depuis 1932, c'est une propriété pleine de romance : les initiales de Diane de Poitiers et de Henri II sont gravées dans la pierre du château ce qui laisse supposer que la demeure était le lieu privilégié de leurs rendez-vous… La visite guidée est très enrichissante et se termine dans une jolie salle dédiée à la dégustation. Certains produits, estampillés Château La Haye, y sont proposés à la vente : sets de table, tabliers, cartes postales… Le domaine est également un lieu d'animations et participe chaque année au Marathon du Médoc.

ABBAYE DE VERTHEUIL ★

2, place Saint-Pierre - **VERTHEUIL**
✆ 05 56 73 30 10
www.abbayedevertheuil.com/

Abbaye : tlj en été. Petit Musée d'automates : tlj en été : 4/2 €. Reste de l'année sur rdv. Abbatiale : tte l'année.

L'ancienne abbaye Saint-Pierre fut fondée au XIe siècle par Guillaume VIII d'Aquitaine. Elle abritait une communauté de chanoines de l'ordre de saint Augustin. Plusieurs fois dévastée au cours de la guerre de Cent Ans et des guerres de Religion, elle fut largement remaniée aux XVIIIe et XIXe siècles. Plusieurs édifices témoignent de ce passé : l'église romane, le clocher du XIIe siècle, les bâtiments abbatiaux du XVIIIe siècle, ainsi que les vestiges de la salle capitulaire. Elle a aujourd'hui une vocation de centre culturel et abrite le Petit Musée d'automates.

CHÂTEAU COS D'ESTOURNEL

✆ 05 56 73 15 50
www.estournel.com

Tarifs et réservation des visites par mail.

Grand cru classé de Saint-Estèphe en 1855, le château Cos d'Estournel, qui s'étend sur 100 ha, se distingue par son architecture de haut vol. Très originale, elle fut inspirée par Louis-Gaspard d'Estournel qui, ayant hérité de vignes près du village de Cos, décida de les vinifier. Lors de la visite du site, on découvre pourquoi son fondateur fut surnommé le « Maharadjah de Saint-Estèphe », mais aussi les spécificités et le style unique des vins de Cos d'Estournel, avec un coup d'œil au vignoble et au chai gravitaire, et bien sûr une dégustation sur place.

Le château Cos d'Estournel.

CHÂTEAU HAUT-MARBUZET

1, rue Saint-Vincent
✆ 05 56 59 30 54
Du lundi au samedi 9h-12h et 14h-17h30. Visite gratuite sur rdv. Dégustation et accès à la boutique sans rdv.

Sur les terres de Saint-Estèphe, Château Haut-Marbuzet appartient à la famille Duboscq de père en fils depuis 1952. D'une superficie de 65 hectares, son terroir est composé de graves dont 50 % de merlot, 40 % de cabernet-sauvignon et 10 % de cabernet-franc. Un vin velours, profond, au fruit généreux, dont le caractère séducteur fait la grande fierté de son propriétaire Henri Duboscq, un poète vigneron. Visite essentiellement orientée sur le savoir-faire familial qui fait la réputation de ce château hissé au rang des meilleurs crus de l'appellation.

CHATEAU TRONQUOY

✆ 05 56 59 51 57
www.tronquoy-lalande.com
Visite sur rdv du mardi au samedi. Visite découverte : 15 €/pers (visite + 3 vins). Boutique à l'accueil.

Au cœur de Saint-Estèphe, le Château Tronquoy possède une histoire riche remontant au 18e siècle. Le vignoble de 30 hectares bénéficie d'un terroir exceptionnel sur la célèbre « Terrasse 3 », et se distingue par son encépagement atypique pour la région qui confère aux vins une complexité aromatique unique. Acquise par les frères Bouygues en 2006, la propriété, engagée dans une démarche environnementale respectueuse des Hommes et de la nature, a obtenu en 2024 la certification biologique et s'impose comme l'un des meilleurs crus bourgeois du Médoc.

CHÂTEAU LA ROSE BRANA

10, rue de la gare
✆ 05 56 59 32 70
www.rosebrana.com
Visites sur rendez-vous.

Château Rose Brana, un nom déjà évocateur... *brana* pour petite clairière ou endroit où il fait bon vivre et rose pour les rosiers qui bordent les vignes. Depuis 5 générations, il appartient à la famille Ollier. Aujourd'hui, Christian le dirige avec sa fille Coralie. Ils vous accueillent pour vous faire découvrir les secrets du chai, leurs méthodes de travail mêlant savoir-faire ancestral, tradition et modernité. Les vins produits, sur 32 hectares de vignes dont 25 d'un seul tenant, sont charpentés, tanniques, souples et fruités. Des prix raisonnables.

CHATEAU LE CROCK

1, Rue Paul Amilhat
✆ 05 56 59 73 05
https://chateaulecrock.fr/
Ouvert de juin à septembre. Sur réservation. Visite « Découverte » (1h) : 15 €/adulte.

Edifié par la famille Merman au début du XIXe siècle, le Château Crock se distingue par son architecture unique dans le Médoc, référencée au patrimoine régional, et son vin reconnu Cru Bourgeois Exceptionnel. Dans la famille Cuvelier depuis 1804, ses 32 hectares de vigne et sa belle bâtisse sont aujourd'hui gérés par Sara Lecompte Cuvelier et une joyeuse équipe de 10 personnes. Visites guidées du chai, du cuvier, des vignes, dégustations commentées, chasses au trésor grandeur nature, dégustations alliant gourmandise et terroir... Le château n'attend plus que vous !

CAVE LA PAROISSE

2, rue Clément Lemaignan
SAINT-SEURIN-DE-CADOURNE
✆ 05 56 59 31 28
www.cave-la-paroisse.fr
Horaires variables en fonction de saisons. Haute saison : du lundi au samedi de 8h30 à 12h30 et de 14h à 18h.

© LA PAROISSE

Créée en 1935, cette cave coopérative de vinification produit du Haut-Médoc, 200 000 bouteilles par an sur 55 hectares. Les vignobles bordent au sud la grande appellation de Saint-Estèphe et s'étendent à l'est sur les croupes graveleuses, dominant l'estuaire. Vous trouverez dans cette cave les vins La Paroisse, Le Grand Paroissien, le Petit Paroissien, la Petite Paroisse, l'Elite de la Paroisse et le rosé de la Paroisse. Les vins rouges sont amples, aux tanins bien fondus avec une bonne persistance en final. Disponibles en bouteille et en outre de 5 litres.

CHÂTEAU TOUR SAINT FORT €€

1, route de la Villotte
✆ 05 56 59 38 19
www.chateautoursaintfort.com
Ouvert toute l'année. Chambre double à partir de 112 €. Petit déjeuner inclus.

Cerné par son somptueux vignoble de 10 ha, le Château Tour Saint-Fort mérite le coup d'œil. Entièrement rénové en 2017, ce bâtiment historique du XVIIIe siècle marie parfaitement l'histoire et le modernisme. À l'étage, 5 chambres spacieuses et confortables dévoilent chacune un univers invitant au voyage, dans une ambiance plutôt cocooning. Le matin, on profite d'un petit-déjeuner continental à base de produits bio. Un séjour qui est aussi l'occasion de visiter les chais et de déguster les vins de la propriété issus d'une viticulture raisonnée.

CHÂTEAU SOCIANDO-MALLET

Route de Mapon - **SAINT-SEURIN-DE-CADOURNE** ✆ 05 56 73 38 80
www.sociandomallet.com
Du lundi au jeudi de 9h à 17h, le vendredi de 9h à 12h. Visite dur rendez-vous. Visites et dégustations gratuites.

Implanté au sommet de la butte de Baleyron, le château Sociando-Mallet a su, au fil des années, conquérir le cœur des vrais amateurs. Créé à l'initiative de Jean Gautreau, les 85 hectares de vignes plantés sur des croupes de graves sont aujourd'hui sublimés et valorisée par sa fille Sylvie et son équipe. Des vins corsés, d'une belle couleur sombre et profonde, à savourer lors des visites gratuites avec dégustation. Vous pourrez également profiter d'un parcours de 4 km à la découverte de 5 cabanes de vignerons rénovées et d'un carrelet de pêche.

MAISON D'HÔTES ORMES DE PEZ €€

29, route des Ormes de Pez
✆ 05 56 59 30 05 - www.ormesdepez.com
Ouvert du 1er mars au 30 novembre. Chambre double à partir de 165 €. Petit déjeuner inclus. Service de conciergerie.

Au cœur du vignoble de Saint-Estèphe, vous apprécierez le charme et l'élégance de cette maison d'hôtes décorée avec goût. Adossée aux chais de l'exploitation viticole du XVIIIe siècle, la demeure propose 5 chambres confortables. Si chacune offre une vue sur le parc arboré et sa piscine ou sur le vignoble, le calme des salons invite lui aussi à la détente et à la contemplation. Une visite du domaine est proposée, sur rendez-vous, et se poursuit par la dégustation d'un Grand Cru Classé.

LA MAISON D'ESTOURNEL €€€

Route de Poumeys « Leyssac »
✆ 05 56 59 30 25
www.lamaison-estournel.com
Ouvert tous les jours d'avril à octobre. Chambres à partir de 360 €. Menu du jour (midi) à 39 €, à la carte 65 €.

Après de somptueuses rénovations, La Maison d'Estournel s'est offert un décor à la hauteur de sa réputation, inspiré des couleurs des paysages médocains. Sièges en velours bleu, antiquités et mobiliers chinés dans la région, lumières tamisées… Le luxe discret se conjugue à un service décontracté et informel. En cuisine, le chef signe des plats créatifs et raffinés, sublimant les produits locaux. Et s'il fait beau, on s'installe sur la terrasse avec vue sur le parc cerné de coteaux et de vignes. Une excellente table qui régale les papilles et les yeux !

LA NUIT & LE JOUR €€

1, rue de Lesquirot - **VERTHEUIL**
✆ 07 65 28 84 95
www.lanuitetlejour.fr
3 chambres doubles à 120 €/nuit, petit déjeuner inclus.

Après de belles rénovations, Audrey et Thierry ont redonné vie à cette longère en pierre du XIXe siècle. Aucun détail n'est ici laissé au hasard. La maison d'hôte a été imaginée comme un doux refuge et réinvente, avec un soupçon de nostalgie, le mythe du rêve de campagne. Un poème minimaliste où chaque objet a été chiné avec soin et raconte une histoire. Après une soirée à flâner dans le parc ou à bouquiner dans le salon, on s'endort dans l'une des trois coquettes chambres où règne l'harmonie des choses simples. L'adresse parfaite pour prendre la clé des champs !

CHÂTEAU BEAU SITE HAUT VIGNOBLE

10, route du Vieux Moulin
✆ 05 56 59 30 40
www.chateau-beausitehautvignoble.com/
Visite sur rendez-vous uniquement.

La création du domaine Beau-Site Haut-Vignoble remonte à 1861. Situées au cœur du Médoc à Saint-Estèphe, ses vignes s'étendent sur 19 hectares, divisés en une vingtaine de parcelles dispersées sur l'ensemble de la commune, ce qui rend le vignoble très représentatif de l'appellation. C'est un vin de garde, il lui faut selon les millésimes deux à cinq ans pour que la structure tannique devienne harmonieuse et que les arômes s'exaltent. Joli chai semi-enterré, typique du XIXe siècle.

INTERVIEW

© C. COUSSARD

CHÂTEAU SOCIANDO-MALLET

UNE BELLE TRANSMISSION FAMILIALE

Ancien tennisman né dans le Médoc, Jean Gautreau a acheté le domaine en 1969 et l'a petit à petit agrandi. En 2015, sa fille Sylvie en a repris les rênes, avec la même passion.

Le château produit trois vins d'appellation Haut-Médoc, dont une cuvée hommage à Jean Gautreau…

En effet, il a tout de même consacré plus de 50 années à cette propriété viticole, qu'il a fait grandir et prospérer au fil des années. La cuvée qui a été nommée en son honneur est un vin de grande garde à la maturité tardive, riche en cabernet sauvignon. Nous n'en sortons que 4500 bouteilles par an, sur une production de 450 000 bouteilles.

Pouvez-vous nous parler de la Demoiselle de Sociando-Mallet ?

La Demoiselle de Sociando-Mallet est un vin produit par les plus jeunes vignes de la propriété, et par les parcelles dont la nature du sol est la plus favorable à la production de très bons merlots. Ce cépage entre en effet pour moitié dans l'assemblage de ce vin. Le vin tire son nom de la « demoiselle », une espèce de libellule qui vit dans le Médoc. Légèreté et élégance sont ainsi deux qualificatifs qui caractérisent le vin et l'insecte. L'élevage de la Demoiselle de Sociando-Mallet se fait pour la majeure partie en cuve, de manière à conserver à ce vin la fraîcheur et le fruité venant du merlot, qui le rendent facile et agréable à boire dès ses jeunes années.

La fille a-t-elle changé les méthodes du père ?

Ayant grandi à Sociando, Sylvie est elle aussi une véritable passionnée de vin, et pratique à son tour une viticulture proche de la terre et de la nature. Elle y insuffle cependant une petite touche féminine bienvenue !

Comment peut-on visiter le domaine et découvrir les vins ?

Des visites gratuites sont organisées. Après un rappel historique, les visiteurs découvrent les vignes, le cuvier et les chais, et reçoivent des explications complètes sur le travail viticole. La visite se termine agréablement par la dégustation de deux vins, dans une belle salle ouverte sur la terrasse qui domine le vignoble et le fleuve.

Quelle autre originalité proposez-vous ?

Nous avons mis en place un parcours pédestre balisé de quatre kilomètres à travers le vignoble, pour découvrir librement, au rythme de chacun, cinq anciennes cabanes de vignerons que nous avons entièrement restaurées, ainsi qu'un carrelet de pêche typique.

Mais venez donc découvrir tout cela par vous-même !

© CHÂTEAU SOCIANDO-MALLET

CHÂTEAU SOCIANDO-MALLET

Route de Mapon
SAINT-SEURIN-DE-CADOURNE
✆ 05 56 73 38 80
www.sociandomallet.com

THÉS LES SAVEURS NUANCÉES

17, route de Blanquet
✆ 06 71 61 11 94
www.thes-lessaveursnuancees.com
Horaires : consulter le site. Thé gourmand : 8,50 € à 14,50 €. Brunch (sur réservation) : 25 €.

En pleine campagne, ce salon de thé plutôt discret est un véritable havre de paix. Ambiance *cosy*, fauteuils en velours, vaisselle vintage, napperons délicats... Feutré et très anglais, il est le spot idéal pour voir la vie en rose. Un choix de déco hors du temps qui dégage une chaleur et une authenticité folle. Ici, pas de carte, Carine nous guide avec passion à travers une belle sélection de thés et tisanes qu'elle accompagne de délicieuses gourmandises. Un sans-faute.

CHÂTEAU GRUAUD LAROSE

Chemin Gruaud Larose
✆ 05 56 73 89 43
www.gruaud-larose.com
Visites sur rendez-vous. Découverte du domaine + dégustation de 3 vins : 50 €/pers.

Sur le terroir de Saint-Julien, le château Gruaud-Larose est classé 2e Grand Cru depuis 1855. Créé en 1725, il attache une grande importance au respect de l'environnement, privilégiant la biodiversité, l'enherbement et les vendanges manuelles. Le château est passé en certification AB en 2022. Ses vins, puissants et élégants, vieillissent remarquablement bien. Après avoir découvert le domaine et ses installations souterraines, profitez du point de vue exceptionnel sur le vignoble médocain, depuis le toit végétalisé de la tour de 18 m. Œuvre de Lanoire et Courrian.

SAINT-JULIEN-BEYCHEVELLE ★

Saint-Julien-Beychevelle se situe dans le canton de Pauillac, au bord de l'estuaire de la Gironde, sur la route des châteaux, à 42 kilomètres au nord de Bordeaux. C'est le village qui donne son nom à l'appellation Saint-Julien, qui n'est peut-être pas la plus connue du Médoc, mais dont les vignes couvrent néanmoins 920 hectares. Les ports de Saint-Julien et de Beychevelle sont charmants. À noter que cette petite commune de moins de 1 000 habitants compte parmi ses enfants du pays Jean-Louis Triaud, qui dirige le château Gloria et fut président des Girondins de Bordeaux. Depuis 1979, elle est jumelée avec Gaiole, une commune italienne de Toscane.

CHEZ MÉMÉ €€

30, rue de Saint-Julien
✆ 05 56 73 85 32
Du lundi au samedi midi. Le soir sur réservation pour les groupes. Entrées : 8,50 €. Plats : 17,50 €. Desserts : 6,50 €.

Nappes à carreaux, chaises de bistrot et plats traditionnels : pas de doute, on est bien Chez Mémé ! Deux salles vous accueillent les midis pour un déjeuner comme chez grand-mère. On apprécie le charme de ce petit restaurant : vaisselle en porcelaine aux motifs à fleurs, fers à repasser d'autrefois et gamelles en cuivre... sans oublier le portrait de Mémé qui veille à ce qu'on termine bien nos assiettes. En cuisine, les plats simples, cuisinés avec des produits frais et de saison, ne manquent jamais de saveurs ni de gourmandises, le tout accompagné d'un vin d'ici.

CHÂTEAU BEYCHEVELLE ★

route du Port
✆ 05 56 73 38 01
www.beychevelle.com
Horaires et jours d'ouverture sur le site. Visites à partir de 35 € par personne sur rendez-vous au 05 56 73 38 01.

Si le Château Beychevelle est surnommé le « Petit Versailles du Médoc », ce n'est pas pour rien. L'élégance de l'architecture classique du bâtiment et son jardin à la française en font l'un des joyaux du Médoc. Si les chais anciens ont été conservés, un autre très contemporain a été construit juste à côté de la propriété historique. Et, fait assez exceptionnel en Médoc, le château possède une cave de vieillissement souterraine... Forgé par trois siècles d'histoire, ce vignoble exceptionnel de 90 ha est un prestigieux Grand Cru Classé, reconnu mondialement.

LE SAINT-JULIEN €€

11, rue du Saint-Julien
✆ 05 56 59 63 87
http://restaurant-le-saint-julien.com
Du jeudi au lundi midi et soir. Menus de 42 € à 65 €. Menu dégustation : 90 €. Réservation recommandée.

Après avoir été une boulangerie dans les années 1860, puis une habitation, cette bâtisse de la fin du XIXe siècle est devenue un restaurant d'une élégance rare. Le décor, le service de table, la belle terrasse abritée, la carte des vins et les plats y apportent un raffinement sans égal qui donne à ce lieu tout son caractère d'exception. En n'utilisant que des produits frais, nobles et uniquement de saison, dont une partie vient du potager, le chef, Claude Broussard, compose des plats à la hauteur de la maison. C'est un enchantement du début à la fin du repas.

SAINT-LAURENT-MÉDOC

Les vestiges encore présents témoignent de la place stratégique de Saint-Laurent-du-Médoc dans l'histoire de France. C'est au bord d'une voie romaine, construite sous César (56 ans avant J.-C.) pour relier Castelnau à Lesparre, qu'est bâtie la commune, son nom venant de Laurentius, martyr chrétien. Puis ce fut au tour de l'ordre de Saint-Jean, célèbre pour sa participation aux croisades, de s'y établir. Les Anglais prirent ensuite le relais pendant près de 300 ans : les édifices religieux gardent gravées dans leurs pierres les traces de cette occupation. Autre atout de ce territoire : les cultures de cette appellation Haut-Médoc représentent 500 ha.

SAINT-VIVIEN-DE-MÉDOC

Saint-Vivien est à égale distance de l'Estuaire et de l'Océan, à mi-chemin de Lesparre et de la fin des terres et à la limite de la vigne et des céréales. De nombreuses découvertes archéologiques attestent un très ancien peuplement et, au VIe siècle, une chapelle chrétienne y est érigée en hommage à Saint Vivien. Il n'en reste aujourd'hui plus rien, mais le très récent clocher de l'église – 1957 – ne doit pas faire oublier sa très belle abside du XIIe siècle de style saintongeais. Après une visite au marché, renommé dans tout le Médoc, le petit port intérieur de Saint-Vivien est à ne pas manquer avec ses embarcations multicolores et ses guinguettes.

CHÂTEAU DE SEMIGNAN

Bâtiment privé. Possibilité de se promener autour. Privilégier les beaux jours, le terrain est argileux et marécageux.

La construction de cette maison forte remonte au XIVe siècle, à l'initiative des seigneurs d'Albret de Vertheuil. Au XVIIIe siècle, le corps de logis est modernisé et les ouvertures sont agrandies afin d'en améliorer le confort de vie. Son architecture est aussi passionnante qu'intrigante. On dit que l'édifice aurait servi de coffre-fort pour des lingots et des minerais de fer. On peut encore y admirer une grande tour carrée, des douves et un pont. Durant de nombreuses années, l'association La Croisade Sémignanaise a œuvré à sa rénovation lors de chantiers d'été.

PARC NATUREL REGIONAL MEDOC

21, rue du Général de Gaulle
✆ 0557751892
www.pnr-medoc.fr

Sorties gratuites organisées tout au long de l'année.

Le Médoc a fait son entrée en 2019 dans la belle famille des Parcs naturels régionaux de France. Une jolie reconnaissance du patrimoine naturel et culturel du territoire. La mission du parc ? Valoriser et préserver la biodiversité, les savoir-faire et richesses culturelles du Médoc et protéger le riche panel de paysages : plages, forêts de pins, vignes, marais. Des sorties gratuites sont organisées tout au long de l'année : randonnées, balades avec les enfants, sorties culturelles...

CÔTE & LODGE €€€

19, route des Terres Noires
TALAIS
✆ 06 98 16 99 23
https://www.coteetlodge.com/

Ouvert toute l'année. Lodge avec spa privatif et piscine partagée. A partir de 220 €. Massage et yoga sur réservation.

© CÔTE ET LODGE

Mélina et Raphaël sont tombés amoureux du coin et ont décidé d'y implanter ce petit havre de paix. Au milieu de la forêt, ils réinventent le mythe de la cabane en bois, le service et le confort en plus. Un bain bouillonnant, des matériaux nobles, une déco épurée laisse toute la vedette à la vue... Perché à 3 m de haut, on s'endort au doux bruissement de la forêt et on se réveille avec un petit déjeuner gourmand, en guettant les biches et écureuils qui passent ici et là. Un formidable cocon de 30 m² où se ressourcer été comme hiver.

OFFICE DE TOURISME MÉDOC ATLANTIQUE

1, place Brigade-Carnot
✆ 05 56 09 86 61
www.medoc-atlantique.com
Horaires variables selon la saison, consulter le site.

Entre vignobles et océan, cet Office de tourisme, qui est un bureau de l'Office de tourisme Médoc-Atlantique, répond à toutes les questions que l'on se pose lorsque l'on arrive à Saint-Vivien : recherche d'hébergements, bonnes adresses de produits gourmands et de vignobles, activités de plein air pour petits et grands, visites touristiques, etc. que ce soit dans la commune ou dans cette partie nord du Médoc, car il est en relation avec les autres bureaux.

CAMPING LE TASTESOULE****

2, route des Grigots
VENSAC
✆ 05 56 09 54 50
www.campingtastesoule.fr
Ouvert de mai à septembre. Mobil-homes pour 4 personnes de 159 € à 959 € la semaine.

À deux pas des plages de Montalivet et de Soulac-sur-Mer, le camping Tastesoule est un endroit préservé et sauvage, apprécié pour son ambiance conviviale et familiale. Différentes options de logement et de nombreuses activités vous y attendent : char à voile, kayak, surf, bodyboard, parcours aventure en forêt, promenades à vélo (40 km de pistes cyclables), balades sur les sentiers pédestres, visite des phares et ports alentour... Un repaire 4 étoiles pour explorer cette belle région !

LA PETITE CANAU €€

Port de Saint-Vivien-de-Médoc
✆ 05 56 09 49 66
Ouvert 7j/7 en haute saison. Carte : 20 € environ.

Depuis le port de Saint-Vivien, on débarque dans cette guinguette par une discrète route longeant les canaux. Philippe Lucet, ingénieur agronome, y élève des gambas depuis de nombreuses années. Le rituel est bien rodé : le matin, vente de gambas et d'huîtres (Philippe possède quelques parcs de « Claires du Médoc »), et les soirs d'été place à la dégustation et au coucher de soleil. À la carte, gambas cuisinées, pâté gascon... À accompagner d'un verre de Médocain ou d'un classique kir au vin blanc. C'est sans chichis et convivial. Pensez à réserver !

LE RELAIS DE SOPHIE EN GUINGUETTE €€

Port de Talais - **TALAIS**
✆ 06 37 63 08 84
www.lerelaisdesophieenguinguette.fr
Ouvert de Pâques à la Toussaint. Haute saison : ouvert tlj le midi et le soir. Carte : 40 € environ. Menu enfant : 11 €.

Le Relais de Sophie, niché le long du chenal de Talais, a tout d'un petit coin de paradis. On vient y boire un verre, écouter des concerts et déguster un bout face au coucher de soleil. À la carte : des huîtres et fruits de mer, bien sûr, mais aussi du poisson (la pêche du jour), des moules ou de belles pièces de viande. Même le menu enfant s'accompagne de poisson frais. Entre terre et mer, le dépaysement est total. L'endroit parfait pour savourer l'esprit des vacances !

LA FLEUR AU FUSIL €€

8, cours Georges Mandel
✆ 05 56 09 98 11
Avril à décembre. Basse saison : mer-sam. Hte saison : mar-sam. Midi et soir. Carte : 50 € env. Menu du jour : 28,50 €.

Il y a quelques années, après avoir fait ses classes à Fish la Boissonerie à Paris, Marion Metenier débarque en plein Médoc dans cet ancien bistrot, Le rendez-vous des chasseurs, tenu par son père Bernard, pendant plus de 20 ans. C'est donc la fleur au fusil qu'elle part à la conquête de ce rade vintage, meublé à la chine. Pari réussi. Aujourd'hui, sa cuisine réalisée avec passion séduit les gens du coin et pas seulement. La carte est courte, tout comme les circuits qu'elle emprunte pour s'approvisionner de beaux produits très frais.

LE KAYAK CAFÉ €€

16 bis, route du Port
✆ 07 70 18 89 60
https://www.kayakcafe33.com
D'avr à sept. Hte saison : tlj midi et soir. Variable le reste de l'année. Carte : 25 € env. Kayak : Simple 12.5 €.

Le Kayak Café allie balades en kayak sur le chenal du Gua et un restaurant où tous les produits frais sont achetés chez des producteurs locaux : les huîtres du Médoc, les gambas bio de La Petite Canau, la charcuterie artisanale du charcutier du village voisin. La spécialité du chef, Sébastien, ce sont les moules à la plancha, un délice. Tous les plats sont faits maison et réalisés à la demande. On y mange dans la « cabane » bien aménagée, sur la terrasse couverte ou le ponton, les pieds dans l'eau. Concerts acoustiques le vendredi soir en saison.

WANAKA €€

45, Cours Pierre Lassalle
✆ 05 56 73 19 60
Basse saison : du jeudi au samedi soir et dimanche midi. En été : marché couvert de Soulac. Menu découverte : 49 €.

Wanaka vient réveiller le charmant village de Saint-Vivien-de-Médoc. Une adresse que l'on se chuchote entre gourmands. En cuisine, le chef signe des plats étonnants et colorés, mix dépaysant de saveurs méconnues, pour le plaisir des yeux et des papilles. Digne d'un restaurant gastronomique, Wanaka surprend par la justesse de ses plats à prix très abordables. Parmi les propositions à ne pas manquer : le demi-pigeonneau cuit à basse température ou encore la forêt noire revisitée. De l'entrée au dessert, c'est un sans-faute. Voyage assuré à chaque bouchée.

SOULAC-SUR-MER ★★

Soulac est une ville qui mérite le détour, car elle détonne dans la succession des stations balnéaires de la côte médocaine. Une particularité qui tient d'abord à son histoire : la commune est l'une des premières à avoir bénéficié du *boom* de la mode des bains de mer au XIXe et son architecture s'en ressent. C'est d'ailleurs une des premières villes où l'on commence à se baigner en mer. En quelques décennies a surgi de terre la nouvelle agglomération avec sa gare, le casino, le marché couvert, les hôtels, les établissements de bains et les villas. Le circuit organisé par l'Office de Tourisme vous emmènera à la découverte de ces maisons.

BASILIQUE NOTRE-DAME-DE-LA-FIN-DES-TERRES ★

Place Aliénor d'Aquitaine
✆ 05 56 09 86 61
Ouvert toute l'année. Tous les jours de 9h à 19h. Visite guidée (réservation à l'office de tourisme).

Inscrite au Patrimoine mondial de l'humanité par l'Unesco, cette basilique a du être relevée de plusieurs mètres pour l'extraire des dunes dévoreuses en 1859. L'édifice est toujours à demi enfoui dans le sol afin de ne pas fragiliser ses murs : il faut donc descendre plusieurs marches pour pénétrer dans la nef à trois travées du XIe siècle. Au sommet du clocher gothique du XIVe siècle, on peut encore apercevoir des anneaux qui servaient à attacher des chevaux. Un bel héritage.

CIRCUIT DES VILLAS SOULACAISES

✆ 05 56 09 86 61
https://www.medoc-atlantique.com
Topoguide et tracé disponibles sur le site de l'office de tourisme du Médoc.

La singularité et la beauté des villas soulacaises, de style néocolonial, témoignent de l'histoire du village ancien. On en dénombre environ 500. Les plus grandes, pour la plupart situées sur la frange côtière du village, furent érigées entre 1860 et 1890. Celles de la deuxième période, plus petites et nombreuses, apparurent sous forme de lotissement entre 1890 et 1920. Les dernières, enfin, furent construites en série sur une même base architecturale entre 1920 et 1940. Découvrez-les.

La plage de Soulac-sur-Mer.

LE MUR DE L'ATLANTIQUE

Parking des Arros - gare du PGVS
✆ 06 56 87 29 89

Juillet-août : mar et jeu 9h30. Avril à juin et septembre : mar 9h30 (sur réservation). Adulte : 6 €. 7/12 ans) : 3 €.

Le groupe archéologique de la Forteresse Gironde Sud organise des visites guidées de la batterie des Arros construite sur l'emplacement d'une batterie française d'avant-guerre. Dégagée et entretenue par l'association, c'est la mieux conservée du secteur. On y apprend l'histoire du lieu et des hommes (construction, combats, etc.) avant de découvrir les différents modèles de bunkers et leurs aménagements, leurs usages et équipements, leur armement et les différentes techniques utilisées lors de la construction. Prévoir des chaussures fermées et lampe torche.

PLAGE DU GURP

Route de l'Océan
GRAYAN-ET-L'HÔPITAL
✆ 05 56 03 21 01

Place surveillée en haute saison. Parking. Animaux interdits en période estivale.

Directement connectée à la Vélodyssée (la plus grande des véloroutes européennes), cette longue anse de sable bordée de vastes dunes abrite de précieux cachets historiques. Ici et là, plusieurs bunkers, restes du mur de l'Atlantique, construits pendant la guerre 1939-1945 par les Allemands pour défendre les côtes. Si la plage est surveillée pour la baignade en période estivale, c'est aussi un bon spot de surf, avec une houle d'ouest et un vent d'est. Par temps dégagé, les plus attentifs apercevront à l'horizon le phare de Cordouan.

MAIRIE DE SOULAC-SUR-MER

2, rue Hôtel de Ville
✆ 05 56 73 29 29
www.mairie-soulac.fr

Ouvert du lundi au jeudi de 8h30 à 12h15 et de 13h30 à 17h30 ; le vendredi de 8h30 à 12h30 ; le samedi de 8h30 à 12h.

Le front de mer de Soulac-sur-Mer avait besoin de s'adapter à l'évolution de la station balnéaire. Un projet de réhabilitation a été mis en place afin d'offrir aux résidents et aux touristes un espace multifonction : promenades, piste cyclable à double sens, accueil de manifestations, lieu de détente, etc. tout en prenant en compte les importantes contraintes liées à ce site notamment la stratégie de gestion du trait de côte tout comme les contraintes financières et environnementales… Le front de mer est désormais un lieu agréable où se promener et flâner.

L'OCÉANAISE €

5, Boulevard d'Ospedaletti
✆ 06 01 15 68 04
https://www.loceanaise.fr

Chambre double à partir de 70 € la nuit. Gîte à partir de 560 € la semaine. Petit déjeuner 10 € et brunch 20 €.

Christophe et Jo-Anne sont aux commandes de cette institution locale. A deux pas de l'océan et des pistes cyclables. Le cocon parfait pour une nuit au calme. Au choix : 2 appartements de 40 m² (avec 2 chambres pour 2 adultes et 2 enfants) et 5 chambres (20 m²) dont les noms (Surf, Voiles…) appellent à des rêves iodés. Les terrasses privées cernées de végétation, les lits moelleux, les matières et couleurs épurées, le petit déjeuner au soleil… Tout ici invite à savourer l'instant présent. Local vélo sécurisé pour les aventuriers de la Vélodyssée.

CAMPING MUNICIPAL LES OYATS**** €€

26, boulevard Albospeyre
✆ 05 56 09 78 54
www.soulac-campinglesoyats.com

Ouvert du 1er avril au 30 septembre 2025. Emplacement à partir de 21,50 €/nuit. Bungalows à partir de 200 €/semaine.

A 4 km de la station et 800 mètres de la plage, le camping municipal de Soulac, est le lieu idéal pour se ressourcer en famille. Il dispose d'emplacements pour tentes, de bungalows en toile tout confort et de chalets parfaitement équipés. Sur place, de nombreuses activités gratuites : tir à l'arc, pétanque, animations pour enfants et ados, tennis de table, volley-ball, aire de jeux, salon TV… L'été, un snack régale les petites faims. Bel accueil et calme garanti.

CAMPING PARADIS DES PINS- SOULAC**** €€

213, passage de Formose
✆ 05 56 09 82 52
www.campingdespins.fr

Ouvert d'avril à septembre. Emplacement à partir de 22 €. Locations à partir de 199 € la semaine.

Au cœur de la pinède, ce camping familial dirigé par Nicolas et Olivier est idéal pour des vacances nature déconnectées. Un lieu piétonnier, éco-responsable, une nature préservée, et des emplacements espacés qui font se sentir seuls au monde. On aime le jardin en permaculture, les bacs à compost, les mobil-homes en bois et les lodges sur pilotis… Entre forêt et océan, ce spot rêvé propose piscine, surf, yoga, tir à l'arc, club enfants, location de vélos, restauration… Incontournable.

© LES FRÈRES NICOLL'S

© CABANE DU CAPITAINE FRÈRES NICOLL'S

© LES FRÈRES NICOLL'S

LES FRÈRES NICOLL'S €€

213, passe de Formose
✆ 05 56 41 85 94
https://lesfreresnicolls.com/

Haute saison : tous les soirs sauf mercredi. Carte : 30 € environ. Espace créatif et évènementiel le reste de l'année.

Un lieu unique, privilégiant le concept multi-casquette et le travail en tribu, fondé en 2019 par 4 passionnés : Ollivier & Sandrine, Nicolas & Juliana. Si l'été, côté restau, la cuisine au brasero fait la part belle aux produits locaux et de saison, ce véritable lieu de vie ne s'éteint pas pour autant en basse saison. Toute l'année : organisation d'événements sur mesure, entre séminaires, concerts, expos, braderie surf, journées bien-être, coworking… Un lieu tourné vers les autres et ouvert à tous. Le camping paradis des pins ? c'est aussi eux !

© LES FRÈRES NICOLL'S

© LES FRÈRES NICOLL'S

CHÂTEAU DE NEYRAN MAISON D'HÔTES & SPA €€

10, route de Talais
✆ 06 27 11 44 99
www.chateaudeneyran.fr

Haute saison : chambre double dès 229 €/nuit (5 nuits minimum). Basse saison dès 189 €/nuit. Spa.

En pleine campagne et à quelques kilomètres de l'océan, cet ancien domaine viticole du XVIIIe siècle a été rénové avec goût. Les chambres spacieuses et confortables ouvrent sur un jardin arboré, au cœur du Parc Naturel Régional. Les propriétaires sont adorables et n'hésitent pas à partager leur amour de la région et leurs plus belles adresses. L'accès au spa et un petit déjeuner complet sont inclus dans la prestation. Table d'hôtes et soins bien-être sur réservation.

DOMAINE LES CARRELETS DE SOULAC***** €€

126, route des Lacs ✆ 05 56 09 76 63
www.domainelescarrelets.com/

Du 2 avril au 6 septembre. Cabane premium avec spa (4 pers) : à partir de 407 €. Cottage (6 pers) : à partir de 276 €.

A 15 min à pied de l'océan, Le Domaine des Carrelets propose mobil-homes et cabanes de luxe nichés en pleine nature. Conçus dans un design naturel et épuré, les hébergements se fondent dans un magnifique décor préservé. Pour le confort de toute la famille, le camping offre de nombreuses activités (salle de sport, aire de jeux, espaces aquatiques et bien-être, yoga...). Et comme découvrir une région passe aussi par la gastronomie, le restaurant met à l'honneur les produits locaux et bio.

L'ECUME DES JOURS** €

4, rue Périer de Larsan
✆ 05 56 09 81 34
www.hotelecumedesjours.fr

Fermé de fin novembre à février. Chambre simple à partir de 70 € et double à partir de 78 €. Petit déjeuner : 8,50 €.

Situé à 5 minutes à pied de la plage, en contrebas de la basilique de Soulac-sur-Mer et à 10 minutes de marche de la gare, cet hôtel de charme est prisé pour son calme. Idéal pour un séjour en famille, en couple ou simplement pour un voyage d'affaires. Les 11 chambres offrent chacune une décoration personnalisée et ouvrent, pour certaines, sur un balcon. Aux beaux jours, le petit déjeuner est servi sur une ravissante terrasse qui s'avance sur le jardin fleuri. Un agréable petit nid pour découvrir cette station balnéaire réputée du Médoc !

HÔTEL DES PINS*** €€

92, boulevard de l'Amélie
✆ 05 56 73 27 27
www.hotel-des-pins.com

Ouvert de début avril à fin novembre. Chambre double à partir de 85 €. Petit déjeuner : 13,50 €.

Situé à 100 m de la plage de sable fin de l'Amélie, l'Hôtel des Pins se divise en trois bâtiments : le principal avec des chambres dotées de belles terrasses et balcons qui donnent sur l'océan, l'annexe à la déco plus récente et enfin, le troisième qui donne sur un grand jardin. Une ambiance contemporaine, des couleurs et tissus choisis avec goût dans les tons doux et pastel, une décoration unique dans chaque chambre... Tout invite à paresser et se reposer. En cuisine, le chef et son équipe travaillent des produits frais de saison avec beaucoup d'originalité.

HÔTEL LA PINEDE*** €€

116, Terrier Blanc
✆ 05 56 09 78 05
https://hotel-la-pinede.amenitiz.io/fr

Chambre double dès 108 €/nuit. Chambre triple dès 138 €/nuit. Chambre communicante (4 pers) : dès 148 €/nuit. Piscine.

Niché au cœur de la forêt de Soulac et à seulement 900 m de la magnifique plage de l'Amélie, l'hôtel La Pinède a été entièrement rénové dans un style à la fois moderne et cosy. 22 chambres calmes et spacieuses offrent tout le confort nécessaire pour un maximum de détente. Si le parc verdoyant et sa piscine participent à faire du lieu le spot idéal pour des vacances connectées avec la nature, l'établissement propose également un accès rapide à toutes les commodités de la station balnéaire de Soulac, qui a su garder son cachet Belle Epoque.

MONTRÉAL-SUR-MER

2, rue Brémontier
✆ 06 73 99 01 02

Basse saison : ouvert du jeudi au samedi de 10h à 13h et de 18h à 20h. Haute saison : tlj de 10h à 13h et de 18h à 20h.

Ce qui frappe en entrant, c'est l'odeur du pain chaud, aussi efficace qu'un chant de sirène. Chanelle St-Amour aime voyager, mais ce qui l'anime ce sont surtout les rencontres et l'amour des bonnes choses. Une microboulangerie où l'on se presse pour savourer des pains de caractère pétris à la main, et une cave à vin. Chanelle propose une sélection de vins naturels, biologiques et biodynamiques. Une authenticité que l'on retrouve du côté de l'épicerie fine avec des produits issus de petits producteurs ayant cette même démarche environnementale et responsable.

BAÏNE CAFÉ €

Plage des Naiades
✆ 06 72 66 45 28
Ouvert de juin à fin septembre. Tous les jours en haute saison. Brunch à 22 €, carte environ 25 €.

C'est l'endroit idéal pour paresser et admirer les sursauts de l'océan. Les pieds dans le sable, lové dans un transat ou accoudé à une large barrique de vin, on parcourt la carte avec envie : bagels, wraps, energy bowls, planches hyper copieuses… A accompagner d'un cocktail, d'un smoothie exotique ou d'une Soulacaise bien fraîche : la bière brassée localement par les copains d'enfance à l'origine de ce petit coin de paradis. Au programme : concerts et DJ sets toute la saison, plateaux d'huîtres, brunch musical et cours de yoga le dimanche.

L'INSTANT M €€

8, rue Fernand Lafargue
✆ 05 57 75 47 81
linstantm-soulac.fr
Ouvert de février à fin octobre. Menu du midi : 20 €. Carte : 38 € environ.

Ce qui fait le succès de l'Instant M ? Sa grande terrasse, sa jolie déco contemporaine style bistrot, sa salle très lumineuse et surtout ses savoureux plats entre terre et mer. En cuisine, tout est frais et fait maison. Parmi les incontournables : les délicieuses huîtres du Médoc, le filet de bar à l'estragon sauce beurre de homard, ou le médaillon de lotte aux morilles. Si les poissons frétillent sur la carte, les « viandards » trouveront eux aussi leur bonheur avec des pièces à la cuisson parfaitement maîtrisée. Bon rapport qualité-prix et service irréprochable.

LA BODEGA €€

5, rue Fernand Lafargue
✆ 06 75 60 89 53
D'avril à septembre. Hte saison : lun 18h30-2h, mar-dim 12h-15h et 18h30-2h. Carte : 30 € environ. Tapas : de 5 à 18 €.

Depuis l'été 2024, Amandine et sa team ont repris La Bodega, Nouvelle propriétaire, et nouvelle déco cosy, pour cette cantine-bar-tapas située à une centaine de mètres de l'océan. Une adresse où il fait bon chiller dès les premiers rayons de soleil. Au menu, tartare au couteau, camembert rôti, coquillettes à la truffe… Des suggestions sur ardoises à savourer sans modération. A l'heure de l'apéro, on s'installe confortablement sur les larges canapés de la terrasse ombragée, pour déguster de délicieux Mojitos, accompagnés de quelques tapas et de bonne musique.

LA KABANE DE TALAIS €€

Port de Talais
✆ 06 07 01 45 24
Ouvert d'avril à octobre. Horaires variables selon la saison, consulter le site. Réservation recommandée.

Au cœur de l'ancien port ostréicole de Talais, ce petit restaurant met un point d'honneur à travailler avec les producteurs locaux (Brasserie la Plagiste, château Rousseau de Sipian, la Bodega des Pyrénées, fromagerie La Douce…). Au menu : huîtres, planches de charcuterie, tomates burrata, tapas à partager et breuvages de la région. Une carte simple, élaborée avec des produits de qualité. Dans ce petit coin de paradis, les concerts viennent régulièrement accompagner les dîners, et les soirées se prolongent souvent au-delà du coucher du soleil.

LES CHIENS FOUS €€

1, rue de la Plage
✆ 05 56 09 73 01
Ouvert d'avril à fin septembre. Carte : 35 € environ. Formule du midi : 23 €. Pas de réservation possible.

Chez Les Chiens Fous, on s'offre une pause gourmande en front de mer avec vue sur la belle plage de Soulac et l'océan. Le tout dans une ambiance joyeuse avec une équipe toujours à votre écoute. Dans l'assiette, la quantité se conjugue avec qualité. Des produits frais et très marins : huîtres de Marennes, assiettes de crevettes roses, bulots, moules marinières, espagnoles ou au roquefort, poêlée de chipirons à l'andalouse, ou parmentier de Saint-Jacques aux deux purées. Au dessert, on fond pour le Chocomousse à la Noisettine du Médoc, fait maison.

LE L B €€

6-7, rue Ferdinand-Lafarge
✆ 05 56 09 92 60
Ouvert toute l'année. Carte : 45 € environ. Menu du jour : 22 €.

A deux pas de l'océan, au cœur de la petite station balnéaire, le L B n'en finit de nous faire saliver. Dans une ambiance bar à vin, on déguste une cuisine du marché inventive, renouvelée chaque jour et élaborée uniquement avec des produits frais. Les plats sont fins, savoureux et très joliment dressés : un plaisir pour les yeux et les papilles. A l'ardoise, d'excellentes propositions Mets et Vins toujours appréciables. Mention spéciale pour l'accueil sympathique, la déco pleine de charme et la terrasse fleurie en été. Idéal pour les repas de groupe.

LE MEDULIEN €€

10, rue Brémontier
✆ 05 56 73 69 87
Tlj midi et soir. Horaires variables selon les périodes. Plat du jour : 14,50 € (+ dessert ou verre de vin : 17,50 €).

Tout juste installé et déjà incontournable dans le paysage soulacais, Le Médulien propose une cuisine traditionnelle et généreuse, à déguster dans une déco campagne chic. Bouquets de fleurs séchées, cadres anciens accrochés aux murs et belles tables en bois, un cadre chaleureux pouvant accueillir jusqu'à 30 couverts. En salle, ou aux beaux jours attablé en terrasse, on se régale de plats simples mais travaillés concoctés par Cyril, et servis par Romane. Au menu : côte de bœuf maturée et coq au vin accompagnés de légumes de saison. Une belle adresse.

OLA CANTINA ET BUVETTE €€

25, rue Trouche ✆ 05 56 59 91 69
De fin mars à novembre et pdt les fêtes. Haute saison : tlj midi et soir. Variable hors saison. Carte : 20 € environ.

Chez Ola Cantina & Buvette, la cuisine rime avec partage et convivialité. Des petites assiettes gorgées de soleil, des produits frais et de saison, une carte qui change toutes les semaines… Le succès du lieu tient au respect d'une cuisine authentique et engagée. Et à l'enthousiasme contagieux de Mélissa ! Ici, on se régale avec une feta rôtie au citron et au romarin du jardin, une caponata sicilienne ou un labneh pistache-menthe, à déguster avec le pain de Montréal-sur-Mer. Pour accompagner le tout, large choix de vins naturels et autres bières artisanales.

CHEZ RAYMOND €€

10, route du Bourg - **TALAIS**
✆ 09 87 71 59 15
Horaires variables (voir site). Magret : 25 €. Burgers : de 12 à 16 €. Pizza (sur place ou à emporter) : 11 € à 14 €.

Au cœur du village de Talais, touristes et locaux aiment se retrouver au restaurant Chez Raymond, tant pour les délicieuses pizzas à emporter que pour se réunir autour du brasero et déguster de belles pièces de viande. À l'intérieur, l'imposante table centrale participe à une décoration boisée, *cosy* et conviviale. Une carte courte et une cuisine simple qui fait la part belle aux produits locaux et ne laisse rien au hasard, en témoignent les côtes de bœuf, à la cuisson toujours maîtrisée, et les desserts faits maison. Réservation conseillée le soir.

LA STATION 1900 €€

6, rue André-Leroux
✆ 05 56 73 62 15
https://la-station-soulac.eatbu.com
Ouvert toute l'année. Haute saison : tous les jours midi et soir. Menus de 23 € à 29 €. Carte : 45 € environ.

La Station 1900 rappelle par son nom que Soulac-sur-Mer était une station balnéaire très prisée dès le début du XXe siècle. A l'intérieur, le décor style bistrot rappelle la Belle Epoque et à l'extérieur, une petite terrasse avec quelques tables au soleil. Plats à la carte, végétariens, végétaliens… on y mange des spécialités « Terre et Mer » (poisson selon arrivage du jour, bavette, langoustine…) et des desserts divins. Accueil très chaleureux et avenant, service rapide, prise en compte des allergènes, ambiance calme et agréable… Un bon moment assuré.

LA VILLA €€

5, rue Brémontier
✆ 05 56 59 96 71
Ouvert toute l'année. Haute saison : tous les jours le midi et le soir. Carte : 35 € environ. Menu du jour : 21 €.

A seulement quelques minutes de l'océan, à deux pas d'une rue piétonne, la Villa prend ses quartiers dans une véritable villa soulacaise. Une salle vaste et lumineuse, des banquettes douillettes et fauteuils confortables, un mariage de bois et mobilier style industriel… Ce bar-restaurant raffiné est l'endroit idéal pour passer une soirée dans une ambiance musicale et conviviale. Difficile de résister à leurs rhums arrangés et cocktails originaux. A table, on déguste une cuisine traditionnelle, revisitée et savoureuse, élaborée avec les produits du marché.

GLACES JUDICI

15, rue de la Plage
Ouvert d'avril à fin septembre et pendant les vacances de Toussaint. Haute saison : tous les jours de 11h à 22h30.

Depuis 1927, la maison a su se faire une belle réputation de génération en génération. On dit ici qu'ils y servent les meilleures glaces de la pointe du Médoc ! Dans le laboratoire, le chef, fier représentant de la cinquième génération, n'est pas peu fier de ses créations : noisettines du Médoc, spéculos aux 7 épices… Des parfums originaux pour des glaces artisanales qui ne laissent personne indifférent. Ne reste plus qu'à choisir ! Pour compliquer la tâche, ils proposent également des gaufres et crêpes succulentes, à déguster en se baladant sur le front de mer.

BIO SHOP OCÉAN

2 ter, rue du Cardinal Donnet ✆ 05 56 73 94 17
https://www.bioshopocean.fr
Dim et lundi 9h-13h, mardi au samedi 9h-13h 16h-19h30. Possibilité de commander par téléphone avec retrait en magasin.

Cette épicerie, entièrement bio, est une aubaine pour les vacanciers et résidents de Soulac. Les adeptes d'une consommation saine et responsable découvriront une large gamme de produits, majoritairement issus de la production régionale et française : pains, fruits et légumes, produits laitiers, boissons variées (jus, kéfir, kombucha...), ainsi qu'une offre végane et sans gluten. On y trouve aussi des cosmétiques, des compléments alimentaires naturels, des soins et de l'alimentation pour bébés... Qualité des produits et accueil chaleureux donnent envie d'y revenir.

COULEURS NATURE

24, rue Trouche
✆ 07 75 24 45 52
https://couleursnature.fr
Horaires variables. Vente sur place et en ligne.

Couleurs Nature est une petite boutique artisanale nichée près de l'Océan. Christine y a installé son atelier, et nous invite à y découvrir son univers coloré et authentique. Des bijoux délicats réalisés en matières naturelles (pierres, perles, bois...). Toutes les matières utilisées sont choisies selon leur éthique (pas de plastique, pochettes en tissu upcyclé, emballages en papier recyclé,...). Favorisant les circuits-courts et l'artisanat français, elle référencie également des artisans travaillant eux-mêmes des matières naturelles et/ou upcyclées et locales.

FOIRE GASTRONOMIQUE

Autour du 14 juillet et du 15 août. Place Aliénor d'Aquitaine.

C'est autour du 14 juillet et du 15 août qu'a lieu chaque année la grande Foire Gastronomique de Soulac, place Aliénor d'Aquitaine. Dans une ambiance bon enfant et familiale se regroupent des artisans, vignerons et producteurs pour proposer aux visiteurs tous les produits du terroir du Médoc ainsi que les spécialités d'Aquitaine : vins, spiritueux, liqueurs, foies gras, charcuteries et autres produits régionaux... Et de belles découvertes. Couleurs, saveurs et dégustations au programme, de quoi réjouir nos papilles ! Bonne ambiance assurée.

LES JARDINS DE LA POINTE - CÔTÉ DÉCO

8, rue Fernand Lafargue
✆ 05 56 41 83 41
www.les-jardins-de-la-pointe.com
Ouvert du mercredi au dimanche. Tous les jours pendant les vacances scolaires.

Cette boutique regorge d'idées de décoration très originales dans l'esprit bord de mer et vacances, à des prix plus que raisonnables. Delphine, toujours de bon conseil, propose des objets souvent créés et fabriqués en France : transats en pin nordique, mobilier, linge de maison, artisanat, arts de la table, tapis, luminaires, photophores... Cette adresse est un peu une affaire de famille car la fille de Delphine est parfois en boutique, et son mari le paysagiste des Jardins de la Pointe.

LA LIBRAIRIE DE CORINNE

7, rue André Leroux ✆ 05 56 73 88 95
asso.librairies-nouvelleaquitaine.com
Ouvert toute l'année. Du mardi au samedi : 10h-13h et 15h-19h. Les horaires peuvent varier selon les saisons.

Envie d'une pause lecture ? À deux pas de la plage, Corinne nous communique son amour des livres, dans une magnifique maison soulacaise rehaussée de bleu. Entre romans, bandes dessinées, régionalisme, jeunesse, papeterie, jeux et loisirs créatifs..., on aime se perdre dans les rayons de cette belle librairie indépendante. Idéale pour un cadeau, ou trouver les livres qui accompagneront nos vacances. Corinne s'attache à mettre en avant les nouveautés littéraires et à partager ses coups de cœur. La programmation des rencontres et dédicaces est à surveiller de près.

LA FORÊT DE ROBIN

26, boulevard Guy Albospeyre
✆ 06 13 06 40 82
www.laforetderobin.com
Ouvert toute l'année. Haute saison : ouvert tous les jours Entrée : 20 €.

Aux manettes de la Forêt de Robin, on retrouve Gregory Pigneguy, un archer de talent ayant participé à de nombreuses compétitions nationales et internationales. Il a mis en place des séances de 2 heures pour un groupe de 6 archers sous la houlette d'un moniteur. Au programme : parcours de tir à l'arc en forêt en toute sécurité, terrain de Battle Archery, tir à la sarbacane ou tir à la Sagaie (l'ancêtre du tir à l'arc à la période préhistorique). Enfants admis à partir de 7 ans. Espaces de tir à tester à Soulac, Lacanau et Montalivet.

SOULAC SURF SCHOOL

68, rue de la Plage ✆ 06 06 42 44 43
www.ecoledesurf-soulac.com

Ouvert de mars à novembre. Surf : à partir de 38 € le cours d'1h30. Location kit surf + combi : 25 € la demi-journée.

Labellisée par la Fédération Française de Surf, cette école propose diverses formules de stages et cours tous niveaux à partir de 6 ans. De l'initiation au perfectionnement, l'école, forte de presque 30 années d'expérience d'enseignement, propose 4 formules pédagogiques : technique (en fonction du niveau de chacun), intensive (accessible, dès 12 ans, aux débutants comme aux surfeurs confirmés), la spéciale kids 6-9 ans (groupe réduit à 4 enfants par coach) ou les coachings privés. Planche en mousse, combinaison, assurance, vestiaire : tout est fourni.

TERRA AVENTURA

www.terra-aventura.fr

Télécharger l'application gratuite.

Tèrra Aventura est une chasse aux trésors originale qui propose de découvrir le territoire et le patrimoine local tout en jouant. Il suffit de télécharger l'application gratuite « Terra Aventura » sur un smartphone et de suivre les instructions. Avec des indices à relever, des énigmes à résoudre et un trésor à chercher, petits et grands choisissent d'explorer le terrain de jeu qu'ils veulent. A Soulac-sur-Mer, on se lance à l'aventure « Jusqu'à la Fin-des-Terres ». Un parcours de 3 kilomètres (accessible aux poussettes) qui livre tous les secrets de la station !

XLR PARACHUTISME

1, passe des Arrecouins ✆ 07 67 27 95 16
www.xlrparachutisme.com

Ouvert toute l'année. Ouvert d'avril à fin octobre. Réservation obligatoire. À partir de 305 € en tandem.

Voler à 4 000 mètres au-dessus des vagues de l'Atlantique, en tandem, avec atterrissage les pieds dans le sable : un rêve fou, mais réalisable avec cette équipe familiale de parachutistes confirmés, hautement qualifiés et diplômés par la DGAC. Entre paysage de dunes, vue sur l'estuaire et l'océan au coucher du soleil, le mélange des couleurs est magnifique, l'expérience mémorable ! Pour immortaliser votre saut, une option vidéo avec caméra embarquée est possible moyennant un supplément. 45 secondes de chute libre à plus de 200 km/h et des sensations uniques.

CASINO DE LA PLAGE

1, avenue El Burgo de Osma
✆ 05 56 09 51 00
www.casinodesoulac.com

Ouvert toute l'année. Tous les jours à partir de 13h.

S'offrir un dîner ou un brunch au Phare, faire la fête dans le seul Club de la pointe du Médoc, ou se détendre à la salle de jeux. Face à l'océan et au phare de Cordouan, le Casino de la Plage réunit toutes les conditions pour passer un moment convivial. Les amateurs de casino s'en donneront à cœur joie avec les 50 machines à sous, les jeux traditionnels comme le blackjack ou les deux roulettes électroniques. Pour siroter un verre, direction Le Cosy Lounge Bar paré d'une magnifique cheminée Louis XVI. Spécialisé dans les cocktails, ce dernier peut être privatisé.

COSY BAR

1, avenue El Burgo de Osma
✆ 05 56 09 51 00
casinodesoulac.com/bar-le-cosy

Le vendredi et le samedi à partir de 21h. Et veille de jours fériés. Animations. Karaoké, lotos. Privatisation possible.

Si Soulac-sur-Mer est particulièrement appréciée pour ses plages à perte de vue, idéales pour les amateurs de surf, le Casino de la Plage est le lieu incontournable du divertissement de la station. Un vaste complexe, face à l'océan, où l'on vient se détendre toute l'année. Son bar lounge, Le Cosy Bar, est particulièrement agréable pour prendre un verre dans un cadre raffiné et chic. Un bar à cocktails chaleureux et convivial qu'il est possible de privatiser pour organiser vos événements. On poursuit la soirée à la discothèque le Zinc ouverte toute l'année.

LE ZINC

1, avenue El Burgo de Osma
✆ 05 56 09 51 00
https://casinodesoulac.com/

Ouvert toute l'année. Haute saison : 7j/7 de 0h30 à 6h30. Hors saison : vendredi/samedi et veille de jour férié.

Ce night-club, situé dans le Casino de la Plage, est le seul lieu, sur la pointe du Médoc, ouvert toute l'année pour faire la fête. Une institution locale qui bat son plein depuis des années. Le Zinc rassemble une clientèle très éclectique, avec une programmation musicale plutôt variée. Des soirées à thèmes sont régulièrement organisées, et l'établissement dispose d'un espace VIP (sur réservation). En été, un bar d'ambiance extérieur offre une vue imprenable sur l'océan et propose un service snack toute la nuit. Service d'accueil et de sécurité très efficaces.

COT'& BORD DE MER

37, avenue de la plage
✆ 07 82 75 78 12
https://cotbordemer.com
Ouvert toute l'année, tous les jours. Livraison et click and collect.

Après avoir démarré sur les marchés, et ouvert une première boutique, Carine et son mari se sont installés en plein centre de Soulac. 100 m^2 de vêtements hommes et femmes et des accessoires axés bord de mer (ciré, marinière, bottes etc.). L'accueil est toujours chaleureux, les clientes sont appelées par leur prénom et le café est offert. Pas étonnant qu'ils aient reçu le certificat de l'excellence aux trophées de l'accueil. Selon les saisons, sacs et bijoux trouvent leur place sur les étagères, la tentation n'est jamais loin. Relais colis aux heures d'ouverture.

VENDAYS-MONTALIVET

Vendays-Montalivet est réputé pour son camping naturiste CHM Montalivet, l'un des plus anciens et des plus grands d'Europe. La commune a aussi une activité commerciale et artisanale de premier plan avec son marché couvert et son marché extérieur, en été, qui offre un déballage de plus de 200 stands. Côté patrimoine, les curiosités ne manquent pas, notamment la pittoresque gendarmerie installée dans une maison typique avec son toit symétrique en pente, son balcon, ses jolies découpes en bois, et son bleu tirant sur le vert émeraude qui ne fait pas très réglementaire. Montalivet est enfin un paradis balnéaire avec ses très grandes plages surveillées.

TRANSPORTS EN NOUVELLE AQUITAINE

BORDEAUX

✆ 09 70 87 08 70

Ticket à l'unité (2h) : 2,50 € ; ticket A/R (dans la journée) : 4,50 €. Autres tarifs et abonnements : voir le site.

En Gironde, le réseau est constitué de 48 lignes de cars interurbaines desservant 270 communes et de 5 lignes touristiques organisées en intermodalité avec les réseaux urbains de transport TBM (Bordeaux Métropole), Calibus (Libournais), Baïa (Bassin d'Arcachon) et le réseau TER Nouvelle-Aquitaine. Les voyageurs bénéficient de véhicules confortables et climatisés, d'un service d'information en temps réel, et d'une tarification unique quel que soit le trajet ou la distance.

PLAGE DE VENDAYS-MONTALIVET

vendays-montalivet-tourisme.fr

3 plages surveillées : plage sud, plage centrale et plage nord. Label Pavillon Bleu.

Les grandes plages de sable blond de Montalivet, station balnéaire tranquille et familiale, s'étendent sur douze kilomètres. Elles bénéficient du label Pavillon Bleu et proposent 4 zones de surveillance. Les plages sud et centre sont les plus populaires et composent de beaux terrains de jeu pour s'essayer au char à voile, bodyboard, kayak, flysurf et bien sûr, au surf ! Certaines zones sont plutôt réservées aux naturistes, comme la plage qui jouxte le camping naturiste CHM Montalivet.

CAMPING ATLANTIC CLUB MONTALIVET***** €€

47, avenue de l'Europe ✆ 05 56 09 14 14

https://www.campingacm.com/

Du 3 avril au 13 septembre 2025. Mobil-homes (4 pers) dès 396 € la semaine. Ecolodge (4/5 pers) dès 264 €/semaine.

Idéalement situé au milieu des pins, dans un parc de 36 hectares, ce camping offre un accès direct à la plage. Les mobil-homes, dont certains avec bain à remous privé, sont parfaitement équipés. Tout est pensé pour de belles vacances : un espace aquatique splendide (toboggans, piscine chauffée, bassin couvert, pataugeoire, pistes pentagliss, solarium…), une Oasis bien-être, un club pour enfants et adolescents, des animations… En 2025 : Pump track XXL pour faire le plein de sensations !

CAMPING LA CHESNAYS**** €€

8, route de Mayan

✆ 05 56 41 72 74

www.camping-montalivet.fr

Ouvert du 29 avril au 17 septembre. Emplacement à partir de 12,40 €/nuit. Chalet (6 pers) à partir de 310 €/semaine.

Pour des vacances nature entre mer et estuaire, forêt et vigne, ce camping familial 4 étoiles propose des emplacements (tente, camping-car, caravane) et des locations (chalets, mobil-homes, Glamping et Coco Sweet). Mention spéciale pour Le Coco Sweet, fonctionnel, joli, cosy et idéal pour des vacances en couple. Les emplacements sont spacieux, les locations de qualité, l'endroit idéal pour des séjours en famille à la conquête du Médoc Atlantique. Piscine agréable et nombreux espaces ombragés et aménagés pour les tout-petits.

MÉDOC PLAGE**** €€

33, avenue de l'Europe ✆ 02 53 81 70 00

www.ms-vacances.com

Du 4 mai au 15 septembre. Emplacement à partir de 29 €. Cottage 2 à 8 pers de 225 € à 3 092 €/sem. Aire camping-cars

Au cœur de la pinède, à 1 km de la plage, ce camping propose un vaste parc aquatique et une belle offre d'hébergements. Au programme : de nombreuses activités destinées à toute la tribu. Clubs enfants et ados, aires de jeux, châteaux gonflables, tout y est pour le bonheur de tous. Sur place, vous profiterez d'un maximum de confort et de divers services : restaurant, snack, bar, location de vélo, piscine zen, fitness et *street workout*, quartier piétonnier, terrain multisport. Nouveautés 2025 : un espace bien-être et une place de village avec de nouveaux commerces.

© EURONAT

© EURONAT

© EURONAT

CENTRE NATURISTE EURONAT•••• €€

GRAYAN-ET-L'HÔPITAL

✆ 05 56 09 33 33

www.euronat.fr

D'avril à octobre. Emplacement dès 22 €/nuit. Chalets côté village/plage 4 pers : dès 51 €/64 €/ nuit. Prix dégressifs.

Avec une surface de 335 hectares, Euronat est le plus grand centre de vacances naturistes en Europe. Vivre à son rythme, lézarder sur la plage, se retrouver en famille ou entre amis... voilà ce qui vous attend au milieu des pinèdes et au bord de l'océan. La formule d'hébergement est large : tente, camping-car, chalet, mobil-home... Piscines intérieures et extérieures, centre de thalassothérapie, restaurant chaleureux et animations... tout est réuni pour de belles vacances au vert !

© EURONAT 24

© EURONAT

OFFICE DE TOURISME DE VENDAYS-MONTALIVET

62, avenue de l'Océan
✆ 05 56 09 30 12
www.vendays-montalivet-tourisme.fr
Haute saison : tlj 9h-19h. Variable le reste de l'année (horaires en ligne). Borne info devant l'office, tlj 24/24h.

© LW DE L'AGENCE KA2

Pour découvrir la pointe du Médoc, passez par l'Office de tourisme de Montalivet faire le plein de bons plans pour des séjours en solo, entre amis ou en famille. L'équipe saura vous conseiller sur les activités : randonnées, balades à vélo, route des vins, excursions sur l'estuaire, sports nautiques... et les événements incontournables comme le Monta Car Old School et le Show Bike – rassemblements de voitures anciennes et de motards –, ou le Monta del Sol, fête de la culture andalouse.

MARCHÉ DE VENDAYS-MONTALIVET

De Pâques à septembre : tous les jours 8h-14h. Le reste de l'année : tous les matins au marché couvert (sauf le lundi).

Si en 1957, la construction du marché couvert donne le point de départ d'une nouvelle ère, à l'extérieur, les marchands non sédentaires viennent aussi déballer leurs marchandises. Durant la saison estivale, le marché de Montalivet est le lieu de rendez-vous des locaux et vacanciers, avec plus de 200 stands dans une débauche de couleurs et de produits. Entre producteurs locaux, textiles, et buvettes pour déguster un verre de vin accompagné de quelques huîtres, l'ambiance est conviviale.

ARROMA €€

31, avenue Chambrelant
✆ 05 56 09 98 53
D'avril à fin octobre. Hte saison : du mardi au dimanche le soir et du mercredi au dimanche midi. Carte : 50 € environ.

Voici une table qui fait l'unanimité chez les gens du coin. La raison de cet engouement ? L'amour du travail bien fait. Bourré d'idées, le chef Arnaud Galis fignole des recettes inventives qui redonnent des couleurs à la « cuisine du marché ». Consciencieux, il privilégie le terroir local et travaille des produits frais et de saison, faisant évoluer sa carte au gré des arrivages. Pour accompagner le tout, on déguste sur la belle terrasse, de bons crus de Médoc, issus de petits propriétaires. Une cuisine précise et raffinée, avec juste ce qu'il faut d'audace.

LES CINQ SENS €€

31, avenue de l'Océan ✆ 09 67 46 02 60
https://les-cinq-sens.eatbu.com
Fermé de fin novembre à janvier. Ouvert du jeudi au lundi le midi et le soir. Formule midi : 21 €. Carte : 50 € environ.

Rien qu'à l'énoncé de ses plats, Les Cinq Sens n'en finit pas de nous faire saliver... Aux commandes de cette jolie table : le Médocain David, chef et propriétaire, et Natasha, sa compagne québécoise. Le cadre, déjà, promet un bon moment avec une grande terrasse à l'extérieur et une agréable ambiance bistrot-brasserie à l'intérieur. En cuisine, des recettes originales et bien maîtrisées, avec des inspirations exotiques et du Sud, mais aussi des produits fumés, spécialités de la maison. Une adresse, qui comme son nom l'indique, bouscule gentiment tous nos sens !

L'IMMORTELLE COFFEE SHOP €€

50, avenue de l'Océan
✆ 05 56 73 77 89
www.limmortellemonta.fr
De mars à début novembre. Tlj en haute saison. Du mercredi au dimanche en basse saison. Formule du midi : 18 €.

Le lieu est sans conteste le repaire des locaux. Un emplacement idéal, une déco sur mesure, des produits frais, locaux, et de saison... L'Immortelle réunit tous les ingrédients d'une bonne cantine. Qu'on vienne y siroter un café de l'Alchimiste, déguster une pâtisserie finement travaillée, un plat du jour aux accents méditerranéens ou une pizza gourmet, l'accueil est toujours souriant et chaleureux. Une recette qui fonctionne à merveille grâce à la passion de Simon et de Magda, les heureux propriétaires des lieux. Le petit plus : les pépites de leur concept store.

TRANSPORTS EN NOUVELLE AQUITAINE

BORDEAUX ✆ 09 70 87 08 70

Ticket à l'unité (2h) : 2,50 € ; ticket A/R (dans la journée) : 4,50 €. Autres tarifs et abonnements : voir le site.

En Gironde, le réseau est constitué de 48 lignes de cars interurbaines desservant 270 communes et de 5 lignes touristiques organisées en intermodalité avec les réseaux urbains de transport TBM (Bordeaux Métropole), Calibus (Libournais), Baïa (Bassin d'Arcachon) et le réseau TER Nouvelle-Aquitaine. Les voyageurs bénéficient de véhicules confortables et climatisés, d'un service d'information en temps réel, et d'une tarification unique quel que soit le trajet ou la distance.

PIÙ BELLA CORSICA €€

8, rue de Naujac

✆ 06 88 05 54 24

D'avril à octobre. Hte saison : tlj sauf mardi et mercredi midi. Carte : 45 € env. Assiettes à partager : 18 € à 23 €.

Si l'on tombe sous le charme de la décoration de ce lieu, la cuisine y est tout aussi délicieuse. L'adresse fait la part belle aux charcuteries et fromages corses, ses spécialités. Quant à la carte, c'est une invitation au voyage, entre *wagyu* australien, *kobe* japonais et excellents plateaux tapas à partager. Les produits sont de grande qualité, gourmands et les plats merveilleusement dressés. *Veggy* burger – houmous et avocat – pour les végétariens et desserts à tomber pour les becs sucrés (fruits frais et Nutella, tiramisu maison...). Une table incontournable.

EL LOCO CAFE

38, avenue de l'Océan

✆ 06 29 75 50 17

Ouvert toute l'année. Haute saison : tous les jours midi et soir. Tapas à partir de 8 €. Planches de 10 € à 30 €.

El Loco Café est l'endroit où faire la fête à Montalivet. Avec ses tapas maison et sa mixologie inventive, l'établissement est un incontournable pour les amateurs de cuisine décontractée et de délicieux cocktails. Bar à cocktails mais aussi bar d'ambiance, avec concerts, retransmissions de matchs, billard, caves à cigares. On s'y retrouve pour boire un verre autour de délicieuses planches, de chip cho à l'os à moëlle, de gambas flambées, ou d'un excellent *egg muffin*. Et pour les couche-tard, la musique continue jusqu'à 2h du matin. Équipe toujours souriante !

CAMPING CLUB DE FRANCE DE MAYAN* €

3, route de Mayan
✆ 05 56 41 76 51

Ouvert du 15 avril au 15 septembre 2025. Emplacement de 15 € à 19 €/jour. Mobil-homes 4 pers à partir de 185 €/semaine.

© CAMPING DE MAYAN

Situé à 5 km d'une magnifique plage, ce camping séduit les amoureux de nature et de tranquillité. Prairie bordée de haies vives, chênes séculaires, pinède reboisée, douce odeur de sève et d'iode… difficile de résister à son charme typiquement girondin ! Les mobil-homes sont simples mais confortables et les tarifs généralement plus bas que ceux du marché. A noter : ils accordent souvent une réduction sur la redevance principale aux adhérents CCDF et des clubs affiliés.

LE SOLEIL D'OR*** €€

32, boulevard du Front de mer ✆ 05 56 09 31 37
www.campinglesoleildor.com

Du 3 avril au 3 novembre. Emplacement 100 m2 - véhicule - 16A : dès 38 €/nuit. Lodge 1/4 pers : dès 328 €/semaine.

Le camping Le Soleil d'Or jouit d'une situation exceptionnelle : en front de mer, à deux pas du centre-ville, proche des services et commerces… Ici, pas besoin de voiture pour aller à la plage ou au marché, tout se fait à pied ou à vélo. Au choix : des emplacements traditionnels, 4 types de mobil-homes ou des lodges avec vue sur l'océan. Le camping propose diverses activités, entre terrain de sports, billard, boulodrome… Et à proximité, on s'aventure sur de belles pistes cyclables pour quelques balades, ou on se lance à la découverte des vignobles renommés.

OCÉOPIN

✆ 05 56 41 70 05
www.oceopin.com

Liste des revendeurs sur le site et vente par correspondance.

Une marque de cosmétiques née au cœur des pinèdes du Cap-Ferret, une histoire familiale et un savoir-faire unique depuis 2012… Jean-Jacques Berger, premier producteur français de graines de pin maritime, a transmis sa passion pour la nature à sa fille, Marina qui fait d'Océopin, l'unique récoltant et fabricant d'huile de graines de pin. Leur collaboration a donné naissance à une gamme de produits bio, formulés à partir d'ingrédients 100% naturels, sans allergènes ni conservateurs, élaborée et conditionnée en France, entre Bordeaux et le Cap-Ferret.

LA BOUQUINERIE PLUS

9, avenue de l'Océan
✆ 05 56 41 32 55
www.labouquinerieplus.com

Ouvert tous les jours en haute-saison, 10h-13h et 15h-19h. Variable le reste de l'année.

Depuis 1983, la Bouquinerie Plus inonde la région bordelaise de livres, pour notre plus grand plaisir. On retrouve la franchise, spécialisée dans le livre d'occasion, à Bordeaux, Pessac ou encore Soulac-sur-Mer, avec un large choix de romans, bandes dessinées, mangas, beaux livres, mais aussi CD et DVD. Les arrivages sont réguliers puisque chacun peut y déposer ses ouvrages pour les vendre ou les échanger et leur offrir une seconde. Idéal pour renouveler sa bibliothèque. Le magasin propose également un service de vente en ligne.

CHEZ PATRICK EPICERIE FINE

3, rue de Naujac
✆ 06 07 30 66 48

Ouvert de mi-avril à mi-octobre. Tlj de mi-juin à mi-septembre. Week-ends et jours fériés le reste de l'année.

Patrick a eu mille et un métiers avant d'installer sa boutique au cœur de Montalivet, une épicerie fine bio et traditionnelle. Passionné, il est sans cesse à la recherche de produits innovants qu'il source au gré de ses rencontres (crayon d'épices à tailler, mousse de liqueur végane…) et a un petit mot pour chacun. Pas étonnant qu'il ait obtenu le certificat d'excellence aux Trophées de l'accueil. Coffrets cadeaux l'hiver, dégustations l'été, une adresse gourmande incontournable.

PARC DE L'AVENTURE

7, rue André Goulée

✆ 05 56 09 07 88

www.laforet-aventure.com

Ouvert d'avril à novembre. Toute l'année pour les groupes sur réservation. Tarifs sur le site.

Au cœur de la Forêt des Landes et à 2 minutes de l'océan, ce parc de loisirs nature vous attend pour vivre de grandes aventures entre amis ou en famille, jusqu'à la pointe des cimes ! Le Parc de l'Aventure Montalivet propose plusieurs activités de loisirs *outdoor* pour tous les âges. De l'accrobranche au mini-golf, en passant par la chasse au trésor, sans oublier les fous rires garantis avec les combats de sumos. Idéal pour se détendre et s'amuser en plein air. Laissez-vous guider dans l'aventure nature ! Aire de pique-nique et restauration sur place.

THALASSO ET SPA NATURISTE D'EURONAT

Chemin de dépée - **GRAYAN-ET-L'HÔPITAL**

✆ 05 56 73 24 50 - www.euronat.com

Ouvert du 1er mai au 31 octobre. Espace Marin : 20 € la séance (1/2 journée). Massages : à partir de 55 € (25 min).

Le long de la plage, dans un environnement naturel apaisant, ce centre de thalasso à l'eau de mer est idéal pour se ressourcer. 1 500 m² dédiés au bien-être, ouverts à tous dans le respect du naturisme. Accordez-vous un moment de détente à L'Espace Marin (piscine d'eau de mer, saunas, hammam, bain à remous, jardin relaxant... Pour poursuivre le lâcher-prise, une équipe qualifiée propose une large gamme de soins bien-être (massages, rituels spa, hydrothérapie...). Une bulle de bonheur.

BATTLE ARCHERY

Rue André Goulée

✆ 06 72 02 16 80

http://paintball-montalivet.com/

Ouvert toute l'année. Sur réservation. De 8 à 12 ans : 18 €. A partir de 12 ans : 12 €.

Au sein du paintball de Montalivet, venez vivre, dans un hectare de forêt aménagée, une expérience unique en Gironde : la Battle Archery. Une activité de tir à l'arc réputée sans risque (embouts en mousse) et sans encadrement spécifique. Que l'on soit archer aguerri ou simple curieux, on commence par une cible classique, avant de s'élancer dans la forêt : un joueur touché par une flèche devient prisonnier. Pour se libérer, il doit toucher un adversaire, certaines cibles ou une flèche en vol... Un sport complet et convivial, dans un cadre naturel exceptionnel.

LE VERDON-SUR-MER ★★

Le Verdon symbolise la fin des terres et le début de l'Aquitaine. La Pointe de Grave est un lieu unique où les eaux de la Gironde et de l'Océan se mêlent. La commune séduit par ses longues plages de sable fin et ses 4 ports. Si Port Bloc propose une liaison maritime Verdon-Royan, le Vieux Port aux Huîtres revit chaque été avec ses guinguettes. Le paysage est marqué par trois phares : Cordouan en pleine mer, Grave à l'embouchure de la Gironde et Saint-Nicolas. Pour une balade nature, le circuit de la Verdonnaise (6,7 km) offre une grande diversité de paysages. La nouveauté cet été : une passerelle en bois de 900 mètres, reliant port Médoc au Verdon.

MUSÉE DU PHARE DE CORDOUAN & DES PHARES ET BALISES ★

2, allée du Sémaphore ✆ 05 57 42 28 76

www.asso-cordouan.fr

Ouvert d'avril à octobre. Consulter le site pour les horaires et la traversée. Haute saison : adulte/enfant 15 €/11 €.

Au pied du Phare de Grave, le Musée se divise en 5 salles : le phare de Cordouan ; les phares de la Gironde ; le matériel utilisé par le service des Phares et Balises ; et une animation en 3D du phare de Cordouan de 1611 à nos jours. Les 108 marches de l'édifice nous mènent à une table d'orientation d'où s'étire une vue panoramique impressionnante sur l'estuaire. Dans le jardin, présentation de la vedette *Matelier* ayant assuré les relèves du phare de Cordouan de 1962 à 2006.

PHARE DE CORDOUAN ★★★

✆ 05 57 42 28 76

www.phare-de-cordouan.fr

Ouvert d'avril à octobre. Horaires sur le site. Entrée + navette au départ du Verdon : tarif plein 59 € en haute saison.

Ce joyau de l'Atlantique classé Monument historique a été construit à la fin du XVIe siècle. Pour s'y rendre, un seul moyen : le bateau. La visite du phare et la traversée en bateau se réservent en même temps auprès d'une des compagnies agréées. Après 45 min de traversée, vous aurez la joie de grimper les 301 marches qui mènent à la lanterne. Le panorama sur l'estuaire de la Gironde y est fantastique. Cordouan, plus vieux phare en activité du monde et seul phare en mer ouvert à la visite, est inscrit au Patrimoine mondial de l'Unesco depuis 2021.

LE RAS D'EAU

Cabanes 81 et 82

www.lerasdeau.fr

Horaires variables.

Sébastien Rideau, Soulacais et artiste plasticien passionné par la nature et l'océan a installé son atelier dans une ancienne cabane ostréicole : Le Ras d'Eau (jeu de mots entre le radeau de la Méduse et « au ras de l'eau »). Soucieux de préserver l'âme du lieu, il a conservé les cordages, filets, bouées typiques du port. Ici, on pénètre dans le monde merveilleux des méduses, oursins, pieuvres, etc. réalisés en résine, plexiglas ou polyester. Lovées dans des écrins de verre, ces sculptures lumineuses et colorées semblent flotter dans de mystiques fonds abyssaux.

OFFICE DE TOURISME MÉDOC ATLANTIQUE

Port Médoc

✆ 05 56 03 21 01

www.medoc-atlantique.com

Horaires sur le site. Wifi gratuit.

L'office de tourisme Médoc Atlantique vous accueille et vous informe sur tout ce qu'il vous faut savoir pour découvrir les environs : le Rocher de Saint-Nicolas, les traversées entre Le Verdon et Royan, le GR8, la découverte de l'estuaire en vedette, les marais, le port et le fort du Verdon, la visite du phare de Cordouan, le petit train reliant la Pointe de Grave à Soulac... De quoi préparer votre séjour en toute sérénité. Idéalement situé, il offre une magnifique vue sur le port.

VEDETTES LA BOHEME

Port Médoc (port de plaisance)

✆ 05 56 09 62 93

vedette-laboheme.com

D'avril à octobre. Résa conseillée et obligatoire pour certains trajets. Phare de Cordouan à partir de 47 €/adulte.

Les trois vedettes, *La Bohème,* sont les seules à assurer la liaison du port du Verdon jusqu'au phare de Cordouan. Jean-François Teillac et son équipe, des passionnés de la mer, proposent aussi des mini-croisières avec escales, de 1h30 à 4h en mer ou à la découverte de l'estuaire (falaises troglodytiques de Meschers, promontoire de Talmont, tour de la Côte de Beauté et criques de Pontaillac, le pont du Diable et ses carrelets, tour de l'estuaire...). L'occasion également de s'initier aux plaisirs de la pêche en mer. Sur demande : bateau-taxi ou sortie privatisée.

LES TERRASSES €€

66, cours de la République

✆ 05 56 09 65 59

hotel-des-terrasses.com

Ouvert toute l'année. Chambre double à partir de 75 €. Petit déjeuner : 8,50 €.

Yasmina et Frédéric sont tombés sous le charme du Verdon-sur-Mer, ce « Bout du monde » sauvage aux plages immenses et à la vie toujours douce. Leur hôtel est à leur image : chaleureux et accueillant. Les chambres offrent tout le confort nécessaire pour une nuit au calme. Le matin, c'est petit dej' en terrasse au soleil et programmation de la journée : les possibilités d'évasion ne manquent pas ici. Une adresse à petit prix et à deux pas de la plage de la Chambrette, du Port Médoc, du bac pour Royan et de la belle station de Soulac-sur-Mer.

LA GAM'GUETTE €€

15, route de Soulac

✆ 05 56 09 67 55

www.jmbertet-aquaculture.fr

Ouverture de mi-juillet à mi-septembre, tous les jours à partir de 19h30. Sur réservation. Carte : 30 € environ.

Jean-Marie Bertet est éleveur de gambas et d'huîtres Claires du Médoc depuis 1997. Son territoire ? Les claires du Conseiller au Verdon-sur-Mer. Sur 18 hectares de marais, il allie de façon très complémentaire ostréiculture et pénéiculture. Ainsi, les gambas restent au fond des bassins et remettent en suspension les nutriments qui nourrissent les huîtres grâce à leurs actions de filtration, plus en surface. Cette guinguette permet de découvrir les voyages de cette production de passion et déguster ses produits sur place dans une ambiance conviviale et familiale.

O GRAIN DE SEL €€

3, avenue du Phare de Cordouan

✆ 05 56 73 16 38

Ouvert toute l'année. Horaires variables selon la saison (voir le site). Formule du midi : 20 €. Carte : 35 € environ.

Avec leur cantine, Suzon et Jérémy ont su conquérir leur clientèle. Déjà le décor, esprit cabane-guinguette de bord de mer, nous fait de l'œil : des luminaires réalisés par les maîtres des lieux avec du bois flotté de la plage, un poêle à bois en fonte qui réchauffe l'atmosphère de la salle, une terrasse en bois très agréable ornée de palmiers et d'oliviers... Côté cuisine, que des produits frais de saison, bien présentés et savoureux avec toujours des pointes d'originalité. Le menu du midi tient toutes ses promesses et l'accueil est toujours parfait.

LE ROYANNAIS*** €€

88, route de Soulac ✆ 05 56 09 61 12
www.royannais.com

Du 5 avril au 30 septembre. Mobil-homes à partir de 302 €/sem. Emplacement : à partir de 24,50 €/nuit. Piscine chauffée.

Le Royannais est un camping 3 étoiles à la démarche écolo très active. Ici, la priorité est à l'ambiance zen et au respect de l'environnement. Niché à 400 m de l'océan, à 2 km du bourg du Verdon et à 200 m de la piste cyclable, c'est le spot idéal pour profiter de la quiétude des lieux. Au choix, plusieurs types d'hébergements : des petits prix, sans sanitaires (Coco Sweet, tipi sur pilotis), mais aussi des chalets, mobil-homes ou des emplacements nus pour tentes, caravanes et camping-cars. L'été, profitez des stages de yoga ou stages de surf proposés.

LA PÊCHERIE €€

2, allée Louis-de-Foix
✆ 05 56 09 60 32
Ouvert toute l'année. Prix moyen à la carte : 40 € environ.

Le nom annonce la couleur : cette maison créée par un couple d'anciens poissonniers met à l'honneur les produits de la mer. À la carte c'est une valse de lotte, sole, crabe, homard bleu, soupe de poisson, persillade d'anguilles… et de délicieux et copieux fruits de mer ! Pas de haute gastronomie, mais une cuisine simple et fine, réalisée à base de produits frais, et qui ne déçoit jamais, le tout servi avec sourires et efficacité. Pour ceux qui sont juste de passage, profitez du bar pour prendre un verre avant d'embarquer vers Royan. Une institution locale.

EXTREME JET 33

Port Médoc Local C33
✆ 06 15 67 47 59
https://extremejet-33.fr
Tlj 9h-19h. Jet ski sans permis : 70 € (30 mn). Bouée tractée : 20 € (15 mn). Parachute ascensionnel : à partir de 75 €.

Une adresse incontournable pour les amateurs de sports nautiques et de sensations fortes. En famille ou entre amis, laissez-vous tenter par une balade en jet ski, des fous rires à bord de bouées tractées ou une montée d'adrénaline en parachute ascensionnel. L'estuaire de la Gironde et ses paysages à couper le souffle ajoutent une dimension unique à l'expérience. Quel que soit votre niveau, l'aventure sera inoubliable. Et pour les gourmands, l'établissement propose les meilleures glaces de la pointe du Médoc, en provenance de chez Judici à Soulac.

LE VESTIAIRE €€

Place du Vieux Port aux Huîtres
✆ 06 63 08 63 96
Mai-juin : jeudi à dimanche. De juillet à septembre : mardi à dimanche. Réservation recommandée. Carte : 30 € environ.

Du côté du Vieux Port aux Huîtres, d'anciens garages en bois ont été investis par des artistes. Au milieu de ces bâtisses authentiques se trouve Le Vestiaire, un restaurant accueillant avec une belle terrasse au bord de l'eau. La patronne, passionnée de rugby et ancienne dirigeante de club, a su rendre cet endroit très chaleureux. On s'y retrouve entre amis pour partager viandes, poissons, crustacés, plateau de charcuterie… Au programme également des soirées à thèmes : jazz, flamenco, moules, etc. Une adresse familiale d'où l'on repart avec le sourire.

FISH & TWINS SURF SCHOOL

Plage des Cantines
✆ 06 38 52 01 14
Ouvert d'avril à décembre. Cours de surf (1h30, matériel inclus) : 33 € la séance. 3 séances : 90 €, 5 séances : 140 €.

Basée sur la plage des Cantines, Fish & Twins est une école de surf familiale et écoresponsable. Ici, on surfe dans un cadre sauvage et atypique, avec une vue somptueuse sur le phare de Cordouan. Xavier, Arnaud & Charlotte proposent des cours de surf et de bodyboard pour tous niveaux. Leur devise ? Un cours = un déchet ramassé pour un océan plus propre et un respect total de l'environnement. Avec cette équipe très pro et toujours souriante, impossible de ne pas progresser ! À tester : leur formule hawaïenne combinant surf et ukulélé.

LA MAISON DE GRAVE

chemin forestier
✆ 05 56 09 00 72
Horaires et programmation : consulter le site du département. Restauration sur place.

Au cœur de la dune boisée du Verdon, la Maison de Grave est un lieu historique d'exception. Propriété du Conservatoire du Littoral, elle est dédiée à la découverte de l'environnement. Au programme : sorties nature, observation de la faune et de la flore, conférences, rencontres, projets pédagogiques. Le but est de sensibiliser le public à la protection de l'environnement et à la fragilité des écosystèmes dunaires. Un lieu vivant, entre culture et nature, et une vue imprenable sur le phare de Cordouan. Sur place, la Guinguette Paupiette propose une cuisine locale.

SPA LA POINTE DU MEDOC

18, rue Ausone
✆ 05 56 73 75 88
Ouvert de mai à septembre. Tlj en haute saison. Jacuzzi, hammam (entrée duo) : 35 €/1h. Soin visage découverte : 35 €

Labellisé « Spas de France », cet espace Beauté et Spa de 120 m² est le lieu idéal pour se ressourcer et s'évader. Tisanerie, cabines simples ou doubles avec baignoire balnéo, hammam, bain à remous extérieur avec terrasse privative et transats… Tout est pensé pour se détendre ! Reste à choisir une (ou plusieurs !) prestations (soin du visage, modelage, gommage, massage ou enveloppement) et découvrir la gamme de produits La Sultane de Saba qui allie subtilité et compositions originales. Embarquement immédiat à la découverte d'horizons lointains !

BLAYE ★★

Si les origines de Blaye remontent à la période romaine, c'est au Moyen Âge que la ville est reconnue grâce aux Mérovingiens qui s'y installent. C'est d'ailleurs au cœur de la basilique Saint-Romain que fut enterré le neveu de Charlemagne, le fameux Roland de la chanson ! Les vestiges sont toujours visibles, et de nombreux trésors d'histoire sont exposés au musée archéologique. Lors de la guerre de Cent Ans, Blaye est une ville stratégique, perdue puis récupérée en 1451. C'est au XVIIe siècle, sous le règne de Louis XIV, que la citadelle, renommée de la cité, est construite par Vauban. Un car express relie Blaye depuis Bordeaux en 1h30 environ.

CITADELLE DE BLAYE ★★

✆ 05 57 42 12 09

Ouvert toute l'année. Visite guidée par les souterrains : 7,50 €/adulte ; 5,50 €/enfant (5 à 12 ans). Parking gratuit.

Située sur l'estuaire de la Gironde, cette célèbre citadelle, surnommée « Le Bijou de Vauban », a été édifiée au XVIIe siècle, sous le règne de Louis XIV. L'édifice fait partie du Verrou Vauban, avec le Fort Pâté et le Fort Médoc, et témoigne de l'art militaire de Vauban, grand ingénieur militaire de l'époque. Depuis 2008, elle est classée au Patrimoine de l'Unesco. La citadelle se visite à pied par les souterrains, ou plus reposant, en petit train ! Et pour les plus aventureux, des escape games sont organisés dans les cachots...

MUSÉE D'ARCHÉOLOGIE ET D'HISTOIRE

rue de la Manutention ✆ 05 57 64 15 51

www.tourisme-blaye.com

Ouvert toute l'année, jour et horaires variables selon saison. Tarifs : 5,50 €/adulte ; 4 €/enfant (5-12 ans).

Prison civile et militaire à sa construction en 1677, devenue boulangerie au début du XIXe siècle, c'est ici que vous trouverez le musée d'Archéologie et d'Histoire. A travers les cachots et les fournils, découvrez plus de sept mille ans d'histoire illustrés par le mobilier archéologique découvert dans l'enceinte de la citadelle Vauban et dans l'ancienne abbaye Saint-Romain. La maquette du château médiéval et les différents plans d'évolution de la forteresse complètent la visite.

PHARE DE PATIRAS

Ile de Patiras

SAINT-ANDRONY

https://www.refugedepatiras.com

Ouvert d'avril à oct, jours et horaires variables. Croisière-repas : 82 € à 85 €/adulte ; 45 €/enfant ; gratuit -5 ans.

Connaissez-vous le phare de Patiras ? Aussi nommé phare Saint-Paul, il se situe sur la pointe nord de l'île de Patiras, au milieu de l'estuaire de la Gironde, juste en face de Pauillac. Affecté au Conservatoire du Littoral, il se visite au départ de Pauillac ou de Blaye, lors de croisières commentées organisées par Le Refuge de Patiras, incluant un déjeuner sous forme de buffet. On peut également louer le phare pour des réceptions professionnelles ou privées : l'ancienne maison du gardien a été rénovée et transformée dans ce but.

Carlet-Blaye.

PORT DES CALLONGES

Quai d'Orio
SAINT-CIERS-SUR-GIRONDE
✆ 05 57 32 88 88
https://www.bbte.fr/
Fête du port le 14 juillet ; nuit des Carrelets le 15 août. Croisières et sorties kayak en haute saison.

Tombez sous le charme de ce petit port de pêche typique et de ses carrelets, fameuses petites cabanes de pêcheurs en bois sur pilotis. Le port des Callonges est situé dans une réserve naturelle proche du site ornithologique « Terres d'Oiseaux ». Un ponton a été mis en place pour accueillir les bateaux à passagers. En été, participez aux manifestations maritimes ainsi qu'à des journées voiliers et kayaks. Pour se restaurer et se détendre, un restaurant panoramique avec vue sur l'Estuaire et une guinguette vous accueille dans une joyeuse ambiance familiale.

BACS GIRONDE [FERRIES]

6, cours du Général de Gaulle
✆ 05 57 42 04 49
Tarifs : 4,50 €/adulte ; 2 €/jeune ; 1,60 €/enfant ; gratuit jusqu'à 4 ans. Réductions en basse saison.

Pratiques et rapides, les bacs girondins traversent l'estuaire de la Gironde pour vous conduire d'une rive à l'autre, avec plusieurs départs tous les jours de l'année, du matin jusqu'au soir. Les horaires et tarifs des traversées [qui varient selon la saison et les jours de la semaine] sont affichés sur le site. Vous pouvez prendre le bac quel que soit votre moyen de transport et la traversée dure 30 minutes. Il est recommandé d'arriver 30 minutes avant le départ. A bord, service bar et snacking ou distributeur de boissons et friandises.

TERRES D'OISEAUX

2, les Nouvelles Possessions
BRAUD-ET-SAINT-LOUIS
✆ 05 57 32 88 80 - www.terresdoiseaux.fr
Ouvert tlj de mars à oct ; du lun.au ven. de nov. à fev. Horaires variables selon saison. Adulte : 7 € ; enfant : 5 €.

La tour panoramique à l'entrée du site donne une idée de ce qui vous attend... Balade en toute liberté ou visite commentée par un guide naturaliste, à vous de choisir. Quatre boucles sont proposées et un sentier est aménagé, pour les familles avec enfants en bas âge et pour les personnes à mobilité réduite. De novembre à mars, vous croiserez plutôt des limicoles ou des hérons cendrés, tandis que dès avril les oisillons seront visibles. La Métairie, maison d'accueil, comprend un espace de détente, des expositions temporaires, une boutique...

BASILIQUE SAINT-ROMAIN DE BLAYE

✆ 0682347266
www.tourisme-blaye.com

La basilique Saint-Romain de Blaye, érigée au IVe siècle, est une ancienne nécropole ayant abrité les rois mérovingiens. Le plus célèbre personnage enterré ici est le seigneur Roland, bien connu pour sa fameuse chanson ! Mise à mal durant les guerres de Religion, la basilique fut finalement détruite entre le XVIIe et le XVIIIe siècle lors de la construction de la citadelle. Elle n'en reste aujourd'hui que les ruines, découvertes lors de fouilles archéologiques vers 1969.

VILLA GALLO-ROMAINE DE PLASSAC

5, allée de la Mairie - **PLASSAC**
✆ 05 57 42 84 80
www.villagalloromaine-plassac.fr
Ouvert tlj de mars à nov, horaires variables. Tarifs musée : 5 €/adulte ; 3 €/ enfant [de 8 à 16 ans] et groupes.

Classé Monument historique, le site de Plassac détient les vestiges d'une villa gallo-romaine construite dans les premiers siècles apr. J.-C. Le musée est géré par l'association des « amis du Vieux Plassac » et met en valeur le patrimoine historique de la région. Sur deux étages sont présentés le mobilier archéologique et autres objets issus des fouilles [décors muraux, éléments architecturaux, outillage...] ainsi qu'une reconstitution virtuelle en 3D de la villa.

CHATEAU SAUMAN

Lieu-dit Le Sauman - **VILLENEUVE**
✆ 08 05 95 07 00
https://chateau-sauman.com
Visite du lundi au vendredi, sur rdv : 10 €. Livraison [boutique en ligne]. Atelier assemblage [groupes et séminaires].

Surplombant l'estuaire de la Gironde et situé juste au nord de l'appellation Côtes de Bourg, le château Sauman vous accueille toute la semaine pour une visite complète de son vignoble en compagnie de ses forts sympathiques propriétaires : découvrez les vignes, les chais, le cuvier [avec pas moins de 15 cuves], et terminez par une dégustation des différentes cuvées. Bon à savoir, le lieu propose également le gîte adapté aux PMR pour les groupes jusqu'à 15 personnes, avec possibilité d'organiser des ateliers assemblage pour parfaire vos connaissances en œnologie.

OFFICE DE TOURISME DE BLAYE

1, place de La Citadelle
✆ 05 57 42 12 09 - www.bbte.fr

Ouvert tous les jours en haute saison ; du lun. au sam. en basse saison. Horaires variables. Boutique. Rooftop.

Lieu incontournable pour préparer votre séjour blayais, l'équipe de l'Office de Tourisme vous accueille toute l'année pour vous présenter l'offre d'hébergement, de restauration et d'activités (découverte de la Citadelle inscrite à l'UNESCO et visites guidées des souterrains, randonnées, croisières sur l'estuaire, visites de châteaux et dégustations…). Sur place, boutique de souvenirs avec produits locaux et objets estampillés Blaye et terrasse panoramique avec vue sur le port.

LE CLOS DE L'ECHAUGUETTE

✆ 05 57 42 94 20

Visites et animations en haute saison.

La Citadelle de Blaye offre aux visiteurs un superbe panorama sur le plus vaste estuaire d'Europe. Niché en son cœur, un micro-vignoble de 15 ares mérite qu'on s'y intéresse. Accessible par un tunnel creusé sous le rempart de terre, le Clos de l'Echauguette est chargé d'histoire. Conduit en agriculture biologique, il est un modèle en matière de biodiversité : labour à cheval, vendanges manuelles, jachère fleurie... Pour ce millésime en appellation Blaye Côtes de Bordeaux et élevé en fût de chêne, jusqu'à 737 bouteilles sont produites (soit une par pied de vigne).

LA CLOSERIE DU CHÊNE BLEU €€

761, route de Saint Ciers

SAINT-CAPRAIS-DE-BLAYE ✆ 06 89 64 05 83

www.lacloserieduchenebleu.com

Chambre à partir de 63 €, petit déjeuner inclus. Table d'hôtes (sur réservation) : 23 €/adulte ; 13 €/enfant.

Une maison d'hôtes avec beaucoup de charme... En pleine campagne, vous profiterez d'un cadre idyllique et logerez dans de spacieuses chambres familiales. Chacune d'entre elles est décorée avec soin et possède tout le confort. Côté extérieur, le jardin et la piscine raviront particulièrement les enfants. Séverine propose également la table d'hôtes en cuisinant les produits du terroir et les légumes directement cueillis dans son potager, accompagnés de bons vins à déguster.

AUBERGE DU PORCHE*** €€

5, rue Ernest Régnier

✆ 05 57 42 22 69

www.auberge-du-porche.com

Chambre double à partir de 115 €. Petit déjeuner : 10,20 € à 14,20 €. Restauration (sur commande). Location de salles.

A quelques minutes du centre-ville et de la Citadelle de Vauban, l'Auberge du Porche a élu domicile il y a 25 ans dans une magnifique bâtisse, un ancien relais-poste de 1830. Cet hôtel de charme*** propose 8 chambres spacieuses et tout juste rénovées, dont deux chambres Twin et deux chambres familiales, chacune proposant une décoration et une ambiance différentes. Des espaces de détente – en intérieur au salon et en extérieur sur l'une des terrasses – sont à disposition, et une offre de restauration en room service est disponible sur commande.

HÔTEL RESTAURANT LA CITADELLE*** €€

5, Place d'Armes

✆ 05 57 42 17 10

www.hotelcitadelleblaye.com

Chambre double à partir de 115 €. Petit déjeuner : 15 €. Piscine. Restaurant, bar. Privatisable.

Quel beau cadre que celui de l'hôtel-restaurant de la Citadelle ! Ce monument chargé d'histoire est l'endroit idéal pour se ressourcer dans une confortable chambre au style épuré. Vous profiterez de la vue sur les îles de l'estuaire, ainsi que de la piscine privée et centrale de l'hôtel. A ceci s'ajoute un restaurant qui vous surprendra, des amuse-bouches aux mignardises. Gentillesse et professionnalisme du personnel, qualité des prestations... Une bonne adresse !

LE CLOS RÉAUD €€

8, rue des Maçons ✆ 06 11 13 13 34

www.closreaud-citadelle.com

Chambre double : 150 € ; suite : 245 €, petit déj inclus. Gîte : 245 €/nuit. Piscine. Spa. Restauration sur réservation.

A 500 mètres de la Citadelle, cette bâtisse du XVIIe a été transformée en belle maison d'hôtes de 5 chambres spacieuses. Le lieu, tout de pierres, de bois et de pièces de décoration chinées, possède assurément du caractère ! Le matin, vous profiterez du petit-déjeuner devant le feu de cheminée l'hiver ou dans le grand parc de la propriété l'été. Piscine chauffée et espace bien-être avec spa et sauna sont à disposition pour un séjour tout à fait relaxant, massages ayurvédiques en option. Deux gîtes pour 4 personnes sont aussi proposés ainsi qu'une salle de réunion.

MAISON SAINT ROMAIN**** €€

28, rue Saint-Romain

✆ 06 13 13 23 90

https://www.airbnb.fr/rooms/45514994

Gîte 10 pers, à partir de 1 000 €/semaine ; 500 €/w-e ; 250 €/nuit (2 nuits minimum). Chambre à partir de 70 €/nuit.

Au cœur de la ville de Blaye, à quelques mètres du port et des commerces de la citadelle, Claire vous accueille dans une grande maison bourgeoise entièrement restaurée. Dans cette demeure pouvant accueillir jusqu'à 10 convives, chacune des quatre chambres spacieuses possède sa propre salle de douche ou salle de bain. Tout confort, la demeure offre également un agréable salon, une salle à manger, un patio, une cheminée, et bien sûr une cuisine équipée qui ne manque pas de cachet grâce à son ancien poêle. Une bâtisse de charme !

LE MANOIR DE LA SAUVAGEONNE €€

2, Lieu-dit les Mauvillains - **SAINT-PALAIS**
✆ 06 79 29 70 64
https://manoirdelasauvageonne.com
Chambre à partir de 99 €, petit déjeuner inclus. Table d'hôtes : 35 €. Gîte (jusqu'à 5 pers.) à partir de 540 €/semaine.

Sur leur grand terrain, les propriétaires vous accueillent dans ce manoir dont le vestibule date du XVIe siècle, et prennent plaisir à échanger avec les visiteurs et à partager avec eux un bon dîner à la table d'hôtes. Outre les jardins, le parc, la piscine et le Spa, les chambres sont très agréables. Les gîtes Tournesols et Clématites s'adressent aux familles et groupes et sont tout confort. Possibilité pour les groupes de 10 à 20 personnes de privatiser le domaine.

LA VILLA DE PLASSAC €€

44, route de l'Estuaire
PLASSAC
✆ 09 67 49 76 38
www.lavilladeplassac.fr
3 chambres doubles ; 300 € à 800 €/semaine selon la saison. Parking.

Ce charmant établissement est un véritable havre de paix dans le petit village de Plassac, au cœur de l'appellation Blaye Côtes de Bordeaux. Dans cette belle demeure du début du XIXe siècle, la décoration est soignée et le confort appréciable. Les trois chambres doubles, avec WC et salles de bain privés, cuisine et salon, sont disponibles à la semaine quelle que soit la saison. Aux beaux jours, vous pourrez prendre votre petit déjeuner dans le jardin. À l'intérieur comme à l'extérieur, le lieu ne manque assurément pas de cachet...

CHEZ YANNOU €

6, rue Neuve
✆ 06 65 98 68 80
https://chezyannou.ovh
Ouvert tlj midi et soir (sauf dimanche soir) en haute saison, du lun. au sam. le midi l'hiver. Plats à partir de 10 €.

Enfant du Blayais, Yann Garrido alias Yannou a abandonné la centrale après une première carrière dans le nucléaire, pour passer derrière les fourneaux. Tant mieux, touristes et locaux peuvent désormais profiter d'une cuisine simple et généreuse, dans une ambiance familiale ! A la carte, quelques tapas classiques (samoussas, mozzarella sticks...), et des propositions variées (salades, burgers, woks, plat du jour...). Les prix sont d'autant plus raisonnables que l'établissement se situe non loin de la Citadelle et de son effervescence touristique.

LE GAVROCHE €€

12, rue Neuve
✆ 05 57 58 21 03
Ouvert du mer. au sam. midi et soir ; dim. midi. Carte : 35 € env. Menu midi (en semaine) : 14 € à 16 €. Terrasse.

Le Gavroche est un restaurant traditionnel niché dans une rue piétonne du centre-ville de Blaye. Depuis la reprise en 2019, il est géré par David et Thomas en cuisine. Le midi en semaine, un menu de deux ou trois plats est proposé, qui fait la part belle aux produits régionaux et offre un superbe rapport qualité-prix. À la carte, les propositions sont gourmandes : œufs cocotte revisités, pulled pork burger, entrecôte poêlée sauce vin rouge et frites maison, et la fameuse « babelaine » au rhum ambré... Le lieu est tout à fait élégant et l'accueil très agréable.

LE RELAIS DE L'ESTUAIRE €€

79, rue Principale - **ETAULIERS**
✆ 05 57 64 70 36
www.hotel-de-lestuaire.fr
Ouvert du samedi au jeudi midi et soir ; vendredi midi. Menu : 22 € à 35 € ; menu midi : 12 € à 15,50 €. Terrasse.

C'est en pleine nature, à côté des vignobles de Blaye, que le Relais de l'Estuaire vous reçoit. Ouvert à tous, le restaurant propose une cuisine traditionnelle mettant les produits du terroir à l'honneur : oeuf cocotte aux cèpes, confit de canard, pavé d'esturgeon sauce bordelaise... Si le cadre et l'accueil vous plaisent, vous pourrez prolonger votre escale avec quelques nuits à l'hôtel. Pour vos séminaires, événements familiaux ou réceptions, une salle équipée et indépendante pouvant accueillir jusqu'à 100 personnes est disponible à la location.

LA TABLE DU MARAINAUD €€

1, Lieu-dit Les nouvelles possessions
BRAUD-ET-SAINT-LOUIS ✆ 05 57 42 94 04
https://la-table-du-marainaud.fr
Ouvert mercredi, jeudi, dimanche midi ; vendredi midi et soir ; samedi soir. Menu midi : 15,50 € à 18 €. Terrasse.

Un superbe cadre dont la terrasse, sur le Port des Callonges, laisse admirer l'estuaire, une équipe accueillante, une très bonne cuisine réalisée à partir de produits frais et de saison... Que demander de plus ? Un aperçu de la carte, peut-être ? Truite d'Aquitaine marinée au sel des Vikings et sa gaufre de pomme de terre, burger du Marainaud à l'escalope de foie gras poêlée, esturgeon de Dordogne rôti, gros chou craquelin façon profiterole, baba infusé aux agrumes... Faites-nous confiance, c'est une très bonne adresse ! Réservation conseillée.

LILY À LA VANILLE

7, avenue du 144ème Régime d'Infanterie
✆ 09 81 33 14 51

Ouvert tous les jours en haute saison. Jours et horaires d'ouverture variables le reste de l'année. Fermeture hivernale.

Sorbets et crèmes glacées, gaufres, milkshakes... Lily à la vanille, c'est le spot idéal pour faire une pause gourmande au coeur de la citadelle. Les glaces artisanales fermières sont délicieuses (encore plus accompagnées de bonne chantilly maison !), avec des parfums classiques ou originaux. Le cadre, un petit jardin privatif, ne manque pas de charme et une carte des boissons complète l'offre. Un second point de vente est installé rue Neuve, dans le centre. Bon à savoir : les glaces sont disponibles à emporter en barquette d'un litre ou d'un demi-litre.

LA TISANERIE GOURMANDE

2, porte Dauphiné
✆ 06 19 59 88 79

Ouvert du mercredi au dimanche de 11h à 18h. Pâtisseries à partir de 3 €. Menu midi : 15 €. Terrasse. Boutique.

Installée dans l'ancienne salle de garde au cœur de la Citadelle de Blaye, cette Tisanerie gourmande vous accueille dans un lieu chargé d'histoire. Naturopathe et pâtissière, Muriel confectionne sur place des pâtisseries et gâteaux réduits en sucres ainsi que des alternatives sans gluten, sans soja ou sans lactose. Son conjoint Thierry élabore chaque midi un menu salé, à base de produits de saison et locaux, provenant pour la plupart du marché de Blaye. Des ateliers sur l'alimentation saine sont proposés toute l'année. Un lieu incontournable pour les gourmands !

MON BEL ESTUAIRE

6-8, avenue du 144ème Régiment de l'Infanterie
✆ 06 35 57 28 45
https://www.mon-bel-estuaire.com

Ouvert tous les jours en haute saison, horaires variables en basse saison. Dégustation le vendredi soir (haute saison).

Dans sa charmante boutique en plein cœur de la Citadelle, Julie propose des produits du terroir ainsi que des objets et décorations portant fièrement les couleurs de la région. Foie gras, confitures, biscuits, bières locales, mais aussi mugs, bougies, affiches, tee-shirts, couteaux à huîtres... Les Blayais fiers de leur ville et les gens de passage désireux de rapporter un souvenir dans leurs bagages trouveront forcément leur bonheur ! En saison, on peut découvrir ces bonnes et jolies choses tous les vendredis autour d'un apéro-dégustation convivial.

LA CAVE DE L'ESTUAIRE

1 bis, cours Vauban
✆ 05 57 33 04 18
https://cavedelestuaire.com/

Ouvert du mardi au samedi. Vin au verre. Tapas. Terrasse couverte. Réservation conseillée en saison.

A la fois caviste et bar à vins, la Cave de l'Estuaire est incontournable pour tous les amateurs de bon vin et de bonne ambiance ! On y va entre amis pour boire un verre de vin directement choisi sur place parmi plus de 250 références et partager quelques grignotages et planches apéritives gourmandes (charcuteries espagnoles, burrata truffée, frites maison...), voire très gourmandes (foie gras, caviar...) ! Le samedi midi, c'est ambiance marché avec tapas, crevettes et huîtres. L'accueil chaleureux et les conseils sont de qualité.

CHÂTEAU FREDIGNAC

7, rue Emile Frouard - **SAINT-MARTIN-LACAUSSADE**
✆ 05 57 42 24 93
www.chateau-fredignac.fr

Visite et dégustation toute l'année, sur rdv. Chambre d'hôtes à partir de 64 €, petit déjeuner inclus.

Ludivine et Vincent gèrent le Château Frédignac dans le respect de la tradition familiale, tout en faisant évoluer l'exploitation avec son temps. Engagé depuis 2010 dans l'agriculture biologique, le vignoble est aussi depuis 2019 certifié par le label Nature et Progrès. Un mode de production respectueux de l'environnement, des sols et de la biodiversité du terroir jouant directement sur le potentiel aromatique des vins... Côté hébergement, le domaine en propose deux charmantes chambres d'hôtes, à des tarifs très corrects. Idéal pour une escapade familiale !

CHÂTEAU L'ABBAYE

2, l'Abbaye - **PLEINE-SELVE**
✆ 05 57 32 64 63
www.chateau-abbaye.com

Ouvert du lundi au samedi. Visite et dégustation sur rdv. Gite (jusqu'à 4 pers.) et chambre d'hôtes.

La propriété bénéficie d'une belle exposition et offre des vins d'appellation Blaye Côtes de Bordeaux. Leur production a plusieurs fois été récompensée par les guides de vins, comme le *Guide des vins Hachette 2023* qui a notamment distingué les cuvées Opus de l'Abbaye (choisie en coup de cœur du jury) et Marie Madeleine. Celle-ci avait d'ailleurs, pour son millésime 2016, remporté deux médailles en 2019 : l'or au Concours des Grands Vins de France à Mâcon et l'argent au concours de Bordeaux et Vins d'Aquitaine. Le château accueille les visites toute l'année.

CHÂTEAU LABROUSSE

8, route de Labrousse
SAINT-MARTIN-LACAUSSADE
✆ 05 57 32 51 61
www.lacaussade-saintmartin.com
Visite et dégustation sur rdv uniquement.

Le vignoble du château Labrousse, à Lacaussade Saint-Martin, est situé le long de l'Estuaire de la Gironde juste en face des Grands Crus Classés du Médoc. Jacques et Sabrina vous accueillent dans cette propriété qui est l'une des plus anciennes de l'appellation, pour vous parler de leur passion, de leur château et de leur terroir. Méthodes traditionnelles, modernité, respect de l'environnement étant les valeurs qu'ils défendent pour produire leur gamme d'AOC blaye-côtes-de-bordeaux, ils ont naturellement entamé une conversion vers l'agriculture biologique.

CHÂTEAU MONCONSEIL-GAZIN

15, route de Compostelle - **PLASSAC**
✆ 05 57 42 16 63
www.monconseilgazin.com
Ouvert du lundi au vendredi de 9h à 12h30 et de 14h à 19h. Visite dégustation : 7 €/adulte, sur réservation. Ateliers.

Situé à 10 minutes de Blaye sur le chemin de Compostelle, ce château est l'un des plus anciens domaines viticoles de la région. La propriété est exploitée depuis 5 générations par la famille Baudet, qui produit des vins élevés en barriques de chêne français durant 12 à 18 mois. Plusieurs activités sont proposées sur place, comme la visite des chais et du domaine, l'atelier vins et fromages ou l'atelier assemblage pour créer sa propre cuvée, l'escape game œnologique ou les œnopiades en équipe, et même une dégustation à l'aveugle, dans l'obscurité !

CHATEAU PEYBONHOMME-LES-TOURS

CARS
✆ 05 57 42 11 95
www.hubert-vigneron.com
Visite sur rendez-vous. Livraison (boutique en ligne).

À Peybonhomme-les-Tours, le vin est une affaire de famille. Vignerons depuis six générations, les Hubert se sont installés à Cars en 1895, sur un vignoble de l'appellation blaye côtes de bordeaux. Aujourd'hui, ce sont Rachel et Guillaume, passionnés de vin et de biodynamie, qui sont à la tête du domaine. Les soins et l'attention portés à la vinification naturelle permettent à leur gamme de vins minéraux et fruités d'atteindre complexité et pureté.

CHATEAU SAUMAN

Lieu-dit Le Sauman - **VILLENEUVE**
✆ 08 05 95 07 00
https://chateau-sauman.com
Visite du lundi au vendredi, sur rdv : 10 €. Livraison (boutique en ligne). Atelier assemblage (groupes et séminaires).

© CHÂTEAU SAUMAN

Surplombant l'estuaire de la Gironde et situé juste au nord de l'appellation Côtes de Bourg, le château Sauman vous accueille toute la semaine pour une visite complète de son vignoble en compagnie de ses forts sympathiques propriétaires : découvrez les vignes, les chais, le cuvier (avec pas moins de 15 cuves), et terminez par une dégustation des différentes cuvées. Bon à savoir, le lieu propose également le gîte adapté aux PMR pour les groupes jusqu'à 15 personnes, avec possibilité d'organiser des ateliers assemblages pour parfaire vos connaissances en œnologie.

CHÂTEAUX SOLIDAIRES

9, Le Piquet
✆ 05 57 42 13 15
www.chateaux-solidaires.com
Ouvert du lundi au vendredi de 9h à 12h et de 14h à 18h.

Châteaux Solidaires est une coopérative agricole regroupant dix vignerons et vigneronnes, qui, dans un esprit de cohésion et de solidarité, utilisent un même chai pour chacun produire leurs propres vins. Cette cave est également un outil de commercialisation commun. Après avoir découvert les installations dédiées à la vinification, installez-vous sur l'un des sièges hauts de la salle de dégustation et utilisez votre vue, votre odorat et votre goût pour apprécier comme il se doit ces vins du Blayais, vendus ici au prix de la propriété.

JARDIN DES MARMITES

10, cours du Général de Gaulle
✆ 09 79 13 71 20
www.jardindesmarmites.com
Ouvert lun. de 13h30 à 17h ; du mar. au ven. de 9h30 à 12h30 et de 14h30 à 19h ; sam. de 9h à 13h. Salon de thé.

© LE JARDIN DES MARMITES

Le Jardin des Marmites est une épicerie gourmande qui a vu le jour en fin d'année 2023, en plein cœur de Blaye. Ce trésor local dirigé par Myriam et Jean-Damien séduit grâce à sa sélection exquise de produits régionaux et bio : terrines, biscuits, tartinades, vins de terroir, délices sucrés... Une ode aux saveurs authentiques et à l'artisanat de nos régions, où chaque visite devient une promenade gastronomique. Le charmant salon de thé à l'arrière de la boutique vous attend pour une pause douceur, et vous trouverez également un espace cadeaux et arts de la table.

DOMAINE DE TOUT L'Y FAUT

5, Lieu-dit Lardière - **MARCILLAC**
✆ 06 07 89 75 75
www.blaye-asperges-vins.com
Ouvert toute l'année, jours et horaires variables selon saison. Visite tout public sur rdv. Ateliers dégustation.

Un bon plan pour confectionner un beau panier garni de la région du Blayais, grâce aux produits gourmands de la ferme du Domaine de Tout l'y faut. L'asperge, produit phare, est présentée fraîche lorsque c'est la saison, ou en conserve. Des envies sucrées ? Véronique et Jean-Marie Camus proposent aussi leurs confitures maison. Le Domaine produit également un blanc 100 % sauvignon et un rouge de tradition AOC côte-de-blaye. En famille, initiez-vous à la culture de l'asperge et de la vigne avec la visite de la ferme et réservez votre panier pique-nique !

FROMAGERIE DE L'EMBARCADERE

3, rue Saint-Simon
✆ 05 24 21 20 21
Ouvert mar, mer, ven et sam de 9h30 à 12h30 et de 15h à 19h ; jeudi de 9h30 à 12h30. Plateaux sur commande.

Après plusieurs années dans ce domaine, Sylvie a ouvert sa propre fromagerie près du port. Elle y propose une belle sélection de fromages fermiers et artisanaux de France et d'ailleurs, mais aussi des produits d'épicerie fine et du vin. Idéal pour les apéros entre amis ou les déjeuners d'entreprise : les superbes plateaux à commander, composés de fromages frais ou affinés. Vous serez accueillis à l'entrée par l'énorme vache Marguerite, entièrement réalisée par le mari de Sylvie !

LA MAISON DU VIN DE BLAYE

12, cours Vauban
✆ 05 57 42 94 20
https://www.vin-blaye.com
Ouvert du lundi au samedi de 9h à 12h30 et de 14h à 19h. Dégustation. Livraison possible (boutique en ligne).

Vitrine des vins de l'appellation, la Maison du Vin de Blaye propose 300 références de vins vendus à prix propriété : des cépages classiques aux assemblages les plus audacieux, tout l'univers des vins de Blaye se découvre ici. Que vous cherchiez un vin fruité, gourmand, ou au caractère plus affirmé, n'hésitez pas à demander conseil au sommelier. De nombreux objets « autour du vin » sont disponibles : carafes, tonnelets, stop goutte, tire-bouchons, jeux sur le thème du vin...

LA MAISON SILVA

23, rue Saint-Sauveur
✆ 06 99 44 43 34
Ouvert du mardi au vendredi de 9h30 à 12h et de 14h30 à 19h ; samedi de 9h à 19h.

Anciens propriétaires du Clos Réaud à Blaye, Helena et Fernando Silva ont ouvert un commerce qui leur ressemble et porte fièrement leur nom. Au rez-de-chaussée de cet immeuble du 18e entièrement rénové, le couple a installé sa boutique pour laquelle ils ont déniché toutes sortes de produits artisanaux de grande qualité, directement importés du Portugal dont ils sont originaires : linge de maison, vaisselle fine, biscuits, porto... Tout a été sélectionné avec soin et attention pour nous faire voyager du côté de la Méditerranée.

AU REPAIRE DES PIPELETTES

16, cours de la République
✆ 09 86 18 45 28
https://aurepairedespipelettes.com
Ouvert mardi, jeudi et ven de 10h30 à 18h30 ; mer et sam de 10h à 18h30. Boutique privatisable (4 pers. min). Livraison.

Cette nouvelle boutique va faire des heureuses... Pauline et Maylis, qui travaillaient auparavant dans le négoce de vins, sont désormais associées dans le prêt-à-porter, pour le plus grand plaisir des modeuses. Elles présentent des pièces allant jusqu'à la taille 52, ainsi qu'une offre maroquinerie, chaussures, bijoux et accessoires. Ce repaire du style offre un vrai service de conseil à ses clientes et met en avant les petits créateurs locaux. Des pépites ces pipelettes !

SECRET DES ROCHES

Lieu-dit Le Thil - **CARS**
✆ 06 32 12 29 07
https://secretdesroches.com/
Boutique en ligne. Livraison.

Issue d'une famille de vignerons, Valérie a géré durant 25 ans un domaine viticole et a transmis cette passion à Sébastien. Ensemble, ils ont créé Secret des Roches, leur propre marque de vins uniques, réalisée à partir des meilleurs terroirs du territoire blayais. Leurs différentes cuvées (Secret des Roches Rouge, Secret des Roches Vieilles Vignes et la Secrète en bio) sont à commander directement sur le site, ou à découvrir et déguster à La Cave de l'Estuaire à Blaye, une cave et un bar à vin convivial également tenu par le couple.

LA SAVONNERIE DE BLAYE

6 bis, cours du Port
✆ 05 24 21 61 80
Ouvert du mardi au vendredi de 9h30 à 12h30 et de 14h30 à 19h ; samedi de 9h à 18h30.

© LA SAVONNERIE DE BLAYE

Dans sa charmante savonnerie en face du port, Florence propose une large gamme de produits bio ou naturels et *made in* France. La gamme écologique se décline jusque dans les sels de bain, les dentifrices et les shampoings solides. Dans ce lieu accueillant, décoré dans des tons de bois naturel, vous trouverez également des objets de décoration pour la maison, des accessoires pour enfants et bébés et des affiches et accessoires estampillés Blaye. Gage de qualité des produits proposés, c'est ici que se fournissent les hôtels et maisons d'hôtes du coin...

© SPIRITPROD33 - SHUTTERSTOCK.COM

Village de Bourg.

VIGNERONS DE TUTIAC

1, La Cafourche - **MARCILLAC**
✆ 05 57 32 48 33
www.tutiac.com

Ouvert du lundi au samedi de 9h à 12h30 et de 14h30 à 18h30. Visite, vente, dégustation. Livraison (boutique en ligne).

Les Vignerons de Tutiac ouvrent leurs portes et partagent leur savoir-faire et leur passion, entre valeurs traditionnelles et tendances contemporaines. Cette coopérative créée en 1974 est absolument incontournable pour tous ceux qui souhaitent connaître les côtes-de-bordeaux. Notez que les 500 vignerons de Tutiac s'inscrivent dans la démarche Agriconfiance pour une exploitation respectueuse de l'environnement. On retrouve leur gamme de vins dans leurs six boutiques en Gironde, ainsi qu'au Bistro Vignerons, bar à vin dans le centre-ville de Bordeaux.

VIGNOBLES TERRIGEOL

27, avenue du Pont de la Grâce - **SAINT-CIERS-SUR-GIRONDE** ✆ 05 57 32 61 96
www.vignobles-terrigeol.com

Ouvert tous les jours de 9h à 17h. Visite, sur rdv : gratuit. Groupes jusqu'à 20 pers. Livraison (boutique en ligne).

Les vignobles Terrigeol, c'est une histoire de famille : trois générations travaillent ensemble pour cultiver les vignes à Saint-Ciers-sur-Gironde et produire des vins Blaye Côtes de Bordeaux, plusieurs fois médaillés. Les 88 hectares de vignobles sont répartis sur 3 appellations : d'un côté, le vin du « Château des Matards », de l'autre, le Cognac et le Pineau des Charentes du « Domaine de la Margotterie ». Le vignoble du Château des Matards s'étend sur 50 hectares en appellation Blaye Côtes de Bordeaux et Bordeaux, dont 25 de cépages rouges et 25 de blancs.

LE BAR DU RIGALET

3, Cor de la Gironde
GAURIAC
✆ 06 51 71 08 73

Ouvert de mi-avril à mi-novembre, le vendredi et le samedi soir.

Depuis la fin de l'été 2024, ce bar à vin fait revivre la corniche. Derrière ce Rigalet nouveau, on trouve Wilfried Valet, propriétaire du château Lamotte de Lignac à Eyrans. Pas de crainte à avoir du côté de la qualité des vins servis, le monsieur s'y connaît ! Des planches à partager de charcuterie et fromage et même quelques douceurs sucrées accompagnent les soirées passées entre amis dans la grande salle boisée, ou encore mieux, les pieds dans l'herbe face à la Gironde. Faisant également cave à vin, le spot devient véritablement magique au coucher du soleil.

LES PISTES DE ROBIN

1, place de la citadelle
✆ 05 57 42 12 09
www.bbte.fr

Plus de 60 parcours disponibles dans le département. Support de jeu remis gratuitement par l'Office de tourisme.

La chasse au trésor, une activité ludique et éducative ! Accompagné de Robin, un petit explorateur, découvrez en famille les trésors de la Gironde, comme la Citadelle de Blaye, en résolvant des énigmes amusantes. Ce jeu de piste, conçu pour les enfants de 6 à 12 ans, propose différents niveaux de difficulté. Pour participer, rien de plus facile : rendez-vous à l'office de tourisme pour récupérer votre livret-jeu. Une fois votre parcours terminé, rapportez le livret pour obtenir un autocollant. Alors, prêts à relever le défi et collectionner vos récompenses ?

THE ROOM

12, rue du Bastion Saint-Romain
✆ 05 57 43 72 10
www.the-room.fr

À partir de 22 €/personne (2 à 6 joueurs). Dès 12 ans en version normale ; 8 ans version famille. Pas de CB sur place.

Au cœur de la Citadelle de Blaye, percez le secret des cachots dans une expédition pleine de surprises ! Forte de son succès à Saint-André-de-Cubzac, l'équipe a ouvert une mission dans ce magnifique monument historique classé par l'Unesco. The Room est un escape game beaucoup plus immersif que d'autres jeux d'évasion : c'est une expérience à part, à savourer entre amis, en famille ou avec des collègues. Mais mieux vaut ne pas trop dévoiler les épreuves qui vous attendent lors de cette aventure pour ne pas gâcher le plaisir à venir.

BOURG ★★

Située au niveau de l'estuaire de la Gironde, la ville de Bourg a connu de multiples péripéties ! Son histoire mouvementée nous ramène au IVe siècle, lorsqu'elle était une ville fortifiée. Cela n'a pas empêché les Wisigoths de s'y installer lors de leur invasion de l'Aquitaine. Au fil des décennies, batailles et sièges furent quotidiens, jusqu'en 1653 : Bourg est livré aux Espagnols ! C'est fort de ce patrimoine historique et culturel que la ville accueille aujourd'hui des touristes du monde entier, charmés par son château, ses remparts, ses ruelles pittoresques et ses nombreuses marches : près de 500 marches séparent la ville haute et la ville basse.

FENÊTRES SUR L'ESTUAIRE

✆ 05 57 68 40 04
www.bourg-gironde.fr

Les fenêtres sur l'Estuaire sont des fenêtres paysagères situées sur la route de la Corniche, entre Bourg et Roque-de-Thau. Ces installations architecturales présentent des contenus ludiques et instructifs, pour découvrir le territoire à travers son histoire, sa géographie, son environnement, son patrimoine et sa culture. Elles sont placées dans plusieurs sites : Bourg, terrasse d'Eyquem, Vitescale, Furt, Roque-de-Thau, La Grave, Puybarbe ou encore le site naturel du Moron, et prennent différentes formes. A découvrir lors de vos explorations...

LA MAISON MAURESQUE

9, rue Cahoreau
Pas de visite.

La Maison Mauresque fait partie des curiosités de la ville de Bourg-sur-Gironde. Etonnante et pittoresque de par son architecture, elle date du XIXe siècle du côté Dordogne et du XVIIIe siècle du côté rue. Quelle surprise de découvrir cet édifice au style oriental au milieu de la petite ville girondine ! La villa serait l'œuvre d'un homme vivant dans les colonies, qui, de retour à Bourg, aurait décidé de modifier la façade de sa maison pour perpétuer son rêve d'exotisme. Il en existe une seconde dans la ville, saurez-vous la trouver ? Défi lancé !

GROTTE DE PAIR-NON-PAIR ★★★

2, chemin de Pair-non-Pair
PRIGNAC-ET-MARCAMPS
✆ 05 57 68 33 40 - www.pair-non-pair.fr
Ouvert du mar. au dim, horaires selon saison. Visite sur réservation : 13 € ; gratuit jusqu'à 25 ans. A partir de 7 ans.

Au nord de Bordeaux, près de la Dordogne et de l'estuaire de la Gironde, la grotte de Pair-non-Pair est un lieu absolument unique au monde puisqu'elle est l'une des rares grottes ornées de la période du Paléolithique supérieur ancien, présentant un bestiaire gravé daté de plus de 30 000 ans ! Sur les parois, on découvre donc, non sans émerveillement et avec une certaine émotion, plusieurs de ces toutes premières gravures rupestres (46 au total), figurant des chevaux, des mammouths, des bouquetins et autres bovinés, et même la représentation d'un cerf mégacéros ! Impressionnant.

Découverte par hasard en 1881 par le Bourquais François Daleau, préhistorien et paléontologue autodidacte, plusieurs années de fouilles et d'études de la grotte permirent ensuite d'établir, notamment grâce à la découverte de 15 000 objets et 6 000 ossements d'animaux, que c'est l'homme de Néandertal qui en fut le premier occupant. La grotte de Pair-non-Pair fut également la première à être classée au titre des Monuments historiques, dès 1900. Un voyage au cœur de l'Histoire, qui vaut clairement la visite : mais attention, afin de préserver au mieux ce trésor historique et la qualité de ses peintures murales, la grotte ne se visite que sur réservation. Pensez-y pour éviter toute déception, il serait vraiment dommage de passer à côté… En prime, cette visite s'adresse à tous et intéressera tout autant petits et grands : voilà donc une excellente idée de sortie, riche en découvertes, pour un mémorable moment en famille !

MUSÉE DE LA CITADELLE

3, place de la Citadelle ✆ 05 57 68 23 57
www.bbte.fr
Tous les jours de 10h à 19h de juin à sept ; le w-e en mars, avril, mai, oct. Visite guidée : 6 € ; gratuit enfant.

Dans le prestigieux cadre du parc de la Citadelle de Bourg se tient ce remarquable musée qui vous fera voyager dans le passé. Vous découvrirez une collection unique en Aquitaine de voitures à cheval datées du XIXe siècle et vous pourrez contempler landaus, sociables, coupés, cabriolets, attelages, charrettes, ainsi que de nombreux accessoires. La visite se poursuit par le souterrain qui conduit à l'entrée des immenses cuves à pétrole souterraines édifiées lors de la Seconde Guerre mondiale, à 12 mètres sous terre. Une traversée de l'histoire en une visite !

PARC DE LA CITADELLE

parc de la Citadelle
✆ 05 57 68 23 57
www.bbte.fr
Accès libre.

Le parc de la Citadelle de Bourg est un lieu très agréable, avec son musée de la calèche et son joli domaine. On y vient avec plaisir le temps d'un pique-nique ou pour profiter du panorama sur l'estuaire de la Gironde et le petit port de Bourg. Pensé comme un jardin à la française, il est plaisant de se balader parmi les allées bordées d'arbustes, les anciennes serres encore visibles et les nombreuses variétés de fleurs. Dans ce prestigieux cadre, vous pourrez visiter le musée et sa large collection de voitures à cheval du XIXe siècle.

LE PORT

2 bis, quai des Verreries
✆ 05 57 68 40 04
www.bourg-gironde.fr/tourisme/le-port/
Tarif pour les plaisanciers de passage : forfait de 10 €/jour donnant droit à l'utilisation de la halte nautique.

Le quartier du port au pied des remparts de la cité offre des activités variées. Les plaisanciers peuvent faire une escale de plusieurs jours, admirer ainsi le fleuve et profiter d'un instant de détente. Le club nautique Bourquais propose de naviguer et ainsi de découvrir l'estuaire de la Gironde. Des promenades fluviales sont proposées : une façon originale de découvrir la ville de Bourg, vue de l'eau, petit bijou accroché aux remparts. Vous pouvez choisir votre embarcation : voile, kayak, aviron, régate… pour vivre l'estuaire à votre façon !

OFFICE DE TOURISME DE BOURG CUBZAGUAIS

1, place de l'Éperon
✆ 05 57 68 31 76
www.bbte.fr
Ouvert du mardi au samedi en basse saison ; du mardi au dimanche en haute saison, horaires variables selon saison.

Pour découvrir toute la richesse du joli petit village médiéval de Bourg, passez à l'office de tourisme pour être sûr de ne rien rater. A pied ou en voiture, de nombreuses activités et circuits de découverte insolites vous seront ici proposés. Découvrez les plus belles randonnées pédestres ou encore les fenêtres sur l'Estuaire (des installations architecturales installées le long de la route de la corniche), les sorties culturelles ou les domaines viticoles de la région.

ROUTE DE LA CORNICHE

Place de la Libération
✆ 05 57 68 31 76
www.bbte.fr

La route de la Corniche est une petite route étroite et pittoresque qui longe la Dordogne jusqu'à la formation de l'estuaire de la Gironde. Sur le chemin, vous découvrirez de magnifiques jardins fleuris ainsi que des habitations troglodytiques du XIXe (dont certaines sont encore habitées) nichées au cœur des falaises calcaires, et bien sûr, les surprenants carrelets, ces curieuses installations de pêcheurs perchées au-dessus des eaux. Cette promenade est ponctuée par les Fenêtres sur l'estuaire, des aménagements paysagers ludiques pour en apprendre davantage.

DOMAINE DES HUGONS**** €€

5, chemin des Neufs Fonds
PRIGNAC-ET-MARCAMPS
✆ 06 77 90 68 49
Gîtes (2 à 6 pers.) : 100 € à 420 €/nuit. Piscine extérieure chauffée. Spa (sur réservation).

En annexe de leur superbe bâtisse du XIXe qui fut un logement pour officiers à l'époque napoléonienne, ce domaine propose quatre agréables gîtes spacieux et tout équipés : la Hugonière, les Hugons, les Grands Hugons, et la Grande Maison, pour un séjour tout confort dans un cadre champêtre des plus ressourçants. Grande piscine chauffée de 11 mètres de longueur, spa privatif, chevaux, beau moulin ancien en guise de toile de fond… Un lieu dépaysant et parfaitement adapté à des vacances au vert et au calme en famille ou entre amis !

LES 4 BAIGNEURS €€

7, cours du Port
✆ 05 57 32 30 54
www.les4baigneurs.fr
Ouvert mardi, ven. et sam. midi et soir ; mer et dim. le midi. Menu midi : 22 € à 28 €. Sur réservation.

Situé sur le port du joli village médiéval de Bourg, ce sympathique restaurant vous accueille pour vous régaler d'une délicieuse cuisine maison, gourmande et authentique, élaborée à base de produits frais régionaux : assiette d'huîtres, foie gras mi-cuit et gelée de Carménère, œuf mystère bio à la crème de lard et à l'huile de truffe, magret de canard entier et purée de carottes au gingembre, fromages affinés AOP, Mystère glacé des 4 baigneurs… A déguster avec un bon verre de vin, à choisir parmi la sélection de productions vinicoles locales !

LE BOUCHON DE BOURG €€

1, place de l'Éperon
✆ 05 57 94 02 37
https://lebouchondebourg.com
Ouvert du mardi au samedl, midi et soir. Menu : 32 € à 39 € ; menu midi : 22 € à 26 € ; menu enfant : 12 €. Terrasse.

Ouverte au printemps 2022, cette table est l'une des meilleures de Bourg et de ses environs. Romain Métais (fondateur du traiteur My Terroir) et Stéphane Eclache ont imaginé un restaurant à la déco moderne et lumineuse, avec une superbe vue sur la Garonne, face à la Maison des Vins. Ils proposent une cuisine traditionnelle savoureuse et généreuse (os à moelle rôti, épaule d'agneau confite, tiramisu noisette…), avec une formule du jour et les vins de Bourg, évidemment ! L'été, la guinguette s'installe en contrebas pour des soirées animées.

CUISINE ET DÉPENDANCE €€

4, place Eugène Marchal
✆ 05 57 68 45 34
www.cuisineetdependance.fr

Ouvert lundi et dimanche midi ; du jeudi au samedi midi et soir. Carte : 45 € env. Terrasse.

Sébastien en cuisine et Julie au service vous accueillent en salle ou sur l'une des trois terrasses de leur restaurant. Bourquais d'adoption, ces parisiens d'origine ont tout de suite su régaler les habitants du coin ou les touristes, avec leur sourire et leurs plats évoluant selon les arrivages et l'inspiration du chef (qui a tout de même fait ses classes avec Michel Rostang). Croustillants de langoustine au basilic, thon rouge poêlé et écrasé de pommes de terre aux agrumes et curry rouge, tiramisu minute... On devient vite dépendant de cette délicieuse cuisine !

LES TROUBAJOUEURS

37, rue Valentin Bernard
✆ 06 03 24 32 12
/www.troubajoueurs.fr

Ouvert du mardi au vendredi de 14h à 18h30 ; samedi de 10h à 19h. Jeux sur place : 6 €/pers. Location. Animations.

Passionné de jeux de société de tout genre, Damien vous accueille dans sa boutique pour vous présenter les grands classiques et les nouveautés, et se fera un plaisir de vous aider à trouver le jeu parfait ! Il propose également un service de ludothèque, avec location à la semaine, au mois, ou plus, et dispose même de jeux XXL. Surtout, vous avez la possibilité de jouer directement sur place, afin de tester différents jeux et de passer un moment ludique entre amis ou en famille. Des animations sont organisées en soirée (planning à consulter sur la page Facebook).

ALLIANCE BOURG

42, route de la Cave - **PUGNAC**
✆ 05 57 68 81 01
www.alliancebourg.com

Ouvert du lundi au sam de 9h30 à 12h30 et de 14h à 18h ; dim et fériés de 9h30 à 12h30 et de 14h30 à 18h.

Alliance Bourg (fusion des caves de Pugnac, Tauriac, Lansac, puis Aubie-et-Espessas) signe la collaboration de vignerons travaillant sur plus de 605 hectares, réunis autour de 3 Appellations : AOC Côtes de Bourg, AOC Blaye Côtes de Bordeaux et AOC Bordeaux. Derrière chaque bouteille est identifié un terroir. Plusieurs vins de la coopérative ont été récompensés (Concours Général Agricole de Paris, Concours International de Lyon...) et deux caves ont ouvert, à Pugnac et Tauriac, pour permettre de découvrir cette gamme de vins généreux et authentiques.

BOULANGERIE-PÂTISSERIE GRANDJEAN

17, avenue François Daleau ✆ 05 57 94 71 43
www.patisserie-grandjean.com

Ouvert lundi et du jeudi au samedi de 6h30 à 19h30 ; mardi de 6h30 à 13h et de 15h à 19h30 ; dimanche de 6h30 à 13h.

Régalez-vous de bon pain frais, de viennoiseries croustillantes et de gâteaux gourmands chez Adeline et Rémy Grandjean : l'émission de M6 qui l'a élue « La Meilleure Boulangerie de France 2022 » ne s'y est pas trompée, et tout récemment encore, leur couronne briochée a été élue la meilleure de Gironde. À vous de découvrir leurs délicieuses spécialités, comme le pain à la carotte, le flan pâtissier fondant, les macarons aux saveurs variées, et autres créations saisonnières...

MAISON DES VINS DES CÔTES DE BOURG

1, place de l'Eperon
✆ 05 57 68 22 28
www.cotes-de-bourg.com

Ouvert 7j/7 en juillet-aout ; fermé lun. matin durant l'année. Horaires variables selon saison. Livraison. Dégustations.

Véritable « office de tourisme » de l'appellation Côtes de Bourg, la Maison des Vins au panorama exceptionnel abrite plus de 170 références de vin. Des dégustations ont lieu tous les jours dans la belle cave voûtée : nombreuses découvertes œnologiques en perspective ! Les soirs d'été, place à la Guinguette des vignerons et ses nombreux concerts et animations. La boutique propose aussi des objets estampillés Côtes de Bourg, pour de jolis cadeaux souvenirs.

Ô LION ROUGE

3, Lieu-dit Brangette
✆ 07 83 14 83 07
www.o-lion-rouge.fr

Ouvert jeudi de 19h à 0h ; vend. et sam. de 19h à 2h. Tapas à partir de 8 €. Cocktails : 8,50 €. Animations, DJ sets.

Une soirée animée avec DJ, cocktails, tapas et planches à partager, pourquoi pas ? Surtout quand on peut profiter de cette ambiance rugissante en terrasse, face à l'estuaire de la Gironde ! Au programme de ce bar restaurant festif, des petites et grandes planches (charcuterie, fromage, fritures de la mer...), quelques plats et tapas chaudes (camembert rôti, bavette d'aloyau, frites fraîches...), une longue liste de cocktails, des soirées musicales à thème et des DJ sets. Pour connaître la programmation, suivez leurs réseaux sociaux.

SAINT-ANDRÉ-DE-CUBZAC

La ville de Saint-André-de-Cubzac se distingue par sa sublime église romane, plus ancien édifice de la commune, construite par les bénédictins de la Grande-Sauve au XIIe siècle. Dans la ville, au hasard de la promenade, vous tomberez sur la maison natale du commandant Cousteau ou encore sur l'ancien cloître des Cordeliers, construit en 1626 sur les ordres de François de Sourdis, archevêque de Bordeaux, et qui abrite aujourd'hui la bibliothèque, dans un cadre architectural exceptionnel. L'ancien port de pêche de Plagne a fait place à un petit port de Plaisance où l'on peut encore croiser des pêcheurs cubzéniens d'aloses et de lamproies.

LE PONT EIFFEL

CUBZAC-LES-PONTS

© NICOLAS ROCHETTE - FOTOLIA

L'année 2018 a marqué l'inauguration du nouveau pont Eiffel : il aura fallu 20 mois de travaux et près de 25 millions d'euros pour renforcer les deux viaducs allant des rives de la Dordogne à celles de la Garonne. Il est désormais possible de relier Cubzac-les-Ponts (à ne pas confondre avec Saint-André-de-Cubzac) à Saint-Vincent-de-Paul. Si vous vous questionnez sur l'origine de ce pont, sachez qu'il fut construit en 1839 puis emporté par une tempête en 1869. L'ingénieur Gustave Eiffel fut appelé pour le reconstruire, donnant ainsi son célèbre nom à l'édifice...

LE CHÂTEAU DES QUATRE-FILS-AYMON

rue des Quatre-Fils-Aymon
CUBZAC-LES-PONTS
✆ 05 57 43 64 80
Gratuit.

Les ruines du château des Quatre-Fils-Aymon sont inscrites à l'inventaire des Monuments historiques. Assiégé par Charlemagne, le château surplombant la Dordogne est reconstruit par le Comte de Leicester pour le Roi d'Angleterre, lors de la guerre de Cent Ans. En 1453, pendant la bataille de Castillon, le château est démantelé. Aujourd'hui en ruine, il ne reste que la porte d'entrée. Amateurs de vieilles pierres et de légendes médiévales, ces ruines valent le coup d'œil !

LES MOULINS DE MONTALON ET LE 45EME PARALLÈLE

✆ 05 57 43 64 80
Ouvert toute l'année. Visite libre, sur rdv pour les groupes.

Les Moulins de Montalon s'élèvent sur le coteau du même nom, point culminant à 73 mètres, au milieu des vignes. Ces moulins, loin d'être isolés dans la région, sont dotés d'une particularité : une stèle à proximité signale le passage du 45e degré latitude Nord (à distance égale du pôle Nord et de l'Équateur). Le panorama qui s'étend depuis ce point de vue est superbe et permet de voir du tertre de Fronsac aux Côtes de Blaye, en passant même par Bordeaux.

OFFICE DE TOURISME DU CUBZAGUAIS

9, allée du Champ de Foire
✆ 05 57 43 64 80
https://www.grand-cubzaguais.fr
Ouvert lundi de 14h à 18h ; du mardi au vendredi de 9h30 à 12h30 et de 14h à 18h ; samedi de 9h30 à 12h30.

Le Cubzaguais est une région qui présente des paysages intéressants, notamment avec son vignoble mondialement réputé situé sur la rive droite de la Dordogne, à environ 25 minutes de Bordeaux. L'office de tourisme du Cubzaguais vous présentera les différentes facettes et possibilités de ce territoire, afin de vous permettre de mieux les découvrir. Partez à la découverte des traditions de ce lieu et des 10 communes qui le composent. Laissez-vous guider !

CAFÉ DE PARIS

21, rue du Port
CUBZAC-LES-PONTS
✆ 05 56 11 29 00
www.cafe-de-paris.com
Visite dégustation un samedi par mois (mars, mai, juil, sept, oct) : 5 €. Accueil des groupes sur réservation.

© CAFÉ DE PARIS

Comme son nom ne l'indique pas, Café de Paris est un vin effervescent 100% local, élaboré et embouteillé juste ici, à Cubzac-Les-Ponts. Créé en 1898, la marque a eu le temps de roder son savoir-faire et produit une gamme de pétillants vifs et rafraîchissants, qui se dégustent aussi bien seuls qu'en cocktails. Brut, demi-sec, rosé, aromatisé, en version sans alcool... Il y a du choix. Profitez de votre passage à la boutique pour découvrir les caves ornées d'œuvres street art : des visites dégustation sont organisées. Dites que vous venez de la part du Petit Futé !

LOST IN SENSATIONS €€€

2, Lieu-dit les Vieilles Maisons - **MARCENAIS**
✆ 07 67 71 84 63
https://www.lostinsensations.com
Chambre à partir de 199 € ; suite à partir de 230 € ; hébergement insolite à partir de 330 €. Petit déjeuner inclus.

Lieu insolite et magique, Lost in Sensations propose de vous faire vivre une expérience immersive : en lodge, yourte, bulle, ou suite de luxe, ce séjour vous invite à vous connecter à vos sens pour apprécier la nature environnante et l'incroyable travail de décoration de Naf, la fondatrice. Cinq espaces pensés autour de la vue, de l'ouïe, du toucher, de l'odorat et du goût sont accessibles 24h/24, de même qu'une piscine au design unique. Restauration de chef, salle de yoga et de méditation, sauna, soins et massages... De quoi se ressourcer en beauté !

LA MURAILLE €€

2, Lieu-dit La Muraille - **MARCENAIS**
✆ 05 57 32 39 31
https://www.lamuraille.fr
Ouvert du mer. au sam. midi et soir ; dim. midi. Carte : 55 € environ. Menu midi : 21 € ; enfant : 15 €. Jardin.

Pour une pause gastronomique bucolique vers Saint-André-de-Cubzac, c'est le lieu idéal. Le cadre est véritablement enchanteur : 2 vastes salles à l'ambiance champêtre chic et un grand parc arboré avec bassin où paradent fièrement quelques paons… En cuisine, la cheffe Cristina Derache n'en est pas à son coup d'essai puisqu'elle a déjà géré 3 établissements parisiens. Elle élabore ici un menu bistronomique, mêlant finesse et tradition dans des propositions de saison. Les assiettes, copieuses, régalent les yeux et les papilles ! La carte des vins n'est pas en reste.

MOULIN DE CHARLOT €

12, Charlot-Nord
MARCENAIS
✆ 05 57 68 76 77
www.moulindecharlot.fr
Ouvert de mai à oct, du mercredi au dimanche, midi et soir. Repas-concerts (le jeudi, réservation conseillée) : 42 €.

© LE MOULIN DE CHARLOT

Voilà un petit restaurant bucolique totalement insolite ! Inspiré par les Biergarten munichois, des brasseries allemandes en plein air, cet ancien moulin familial réaménagé en restaurant saisonnier propose, durant les mois d'été, une cuisine traditionnelle faite de bons plats maison (burger, boudin noir, fricassée d'anguilles...) et de tapas à partager. Des repas concerts sont organisés tout au long de la saison, ainsi que des soirées bavaroises une fois par mois. L'endroit idéal pour une soirée originale et dépaysante en famille ou entre amis !

PRÉVOST

1105, avenue Europe
✆ 05 57 94 12 12

Prévost est une des filiales interurbaines du groupe Transdev, organisé en France en 17 pôles régionaux regroupant plusieurs sociétés qui travaillent avec les collectivités territoriales et les régions pour desservir au mieux le territoire. Basée à Saint-André-de-Cubzac, la société Prévost est responsable d'un réseau de 8 lignes pour le compte de la Région Nouvelle-Aquitaine, rayonnant du Cubzaguais au Libournais. Elle offre aussi un service de location de bus, de transports scolaires et pour les personnes à mobilité réduite, sur le territoire du Grand Cubzaguais.

LA TABLE D'INOMOTO €€

85, rue Nationale
✆ 06 50 72 69 01
www.latabledinomoto.fr

Ouvert mardi et mercredi midi ; du jeudi au samedi midi et soir. Menu : 36 € à 46 €. Menu midi : 21 €.

Un restaurant franco-japonais à Saint-André de Cubzac ? Il fallait oser, et quelle réussite ! De l'amuse-bouche au dessert, tout est réglé à la perfection. En cuisine, le chef japonais Seiji Inomoto mélange habilement les saveurs exotiques à celles de nos terroirs, dans des assiettes qui changent chaque semaine : crevettes panées sauce tartare, mousseux de chanterelles et pommes de terre, filet mignon rôti au gingembre, clémentine caramélisée et moelleux chocolat... Qui plus est, le service est chaleureux et professionnel, et le cadre très agréable. A découvrir.

CHÂTEAU SAINCRIT

555, chemin du Peuy
✆ 06 07 16 47 53
www.chateau-saincrit.com

Visite dégustation (sur réservation) : 15 €. Apéritif et pique-nique en terrasse panoramique : 20 € à 30 €. Livraison.

Passionnée par le terroir et ses vignes, Florence Prud'homme cultive sa passion depuis 2003. Engagée dans une démarche volontaire et collective, certifiée HVE et en conversion vers l'agriculture biologique, elle produit plusieurs vins qui se caractérisent par leur fraîcheur et leur note acidulée. Envie d'une dégustation ? Cette vigneronne indépendante propose différentes formules à réserver sur son site internet. La « dégustation des 4 Licornes » donne ainsi l'occasion de goûter à une partie de la gamme et de découvrir le château et ses installations.

MARCHÉ SAINT-ANDRÉ-DE-CUBZAC

allée du Champ de Foire

Toute l'année (sauf 14 juillet), le jeudi et le samedi matin.

Deux fois par semaine, la commune de Saint-André-de-Cubzac accueille un marché traditionnel sur la place du Champ de Foire : le lieu idéal pour un moment partagé de convivialité, à la découverte des saveurs du terroir. Chaque samedi et jeudi en matinée, commerçants et producteurs vous feront apprécier des produits authentiques et des plats cuisinés sur place. Le marché du week-end est le plus grand avec environ 130 exposants, celui du jeudi fait la part belle aux produits alimentaires.

LIBOURNAIS

Surfer sur le fleuve à 100 kilomètres de l'océan, se promener à vélo, sur l'eau ou sur les rails, remonter le temps à bord d'un train touristique, embarquer pour une croisière, pique-niquer dans un château, faire une chasse au trésor connectée, sillonner la vallée de l'Isle en vélo électrique, tester le plus grand téléski nautique du monde, s'envoler au-dessus des vignes, déguster des vins d'exception... Autour de la ville de Libourne et le long de la rive droite de la Dordogne et de son affluent, l'Isle, le Libournais est un territoire aussi étonnant que détonnant. Parmi ses trésors, l'UNESCO reconnaît depuis 2012 le bassin de la Dordogne, de sa source du Sancy dans le Puy-de-Dôme jusqu'à son embouchure en Gironde, comme une réserve mondiale de biosphère. Sans oublier la Juridiction de Saint-Émilion, premier vignoble inscrit au Patrimoine mondial de l'Humanité, qui foisonne de monuments religieux, de moulins et de pigeonniers !

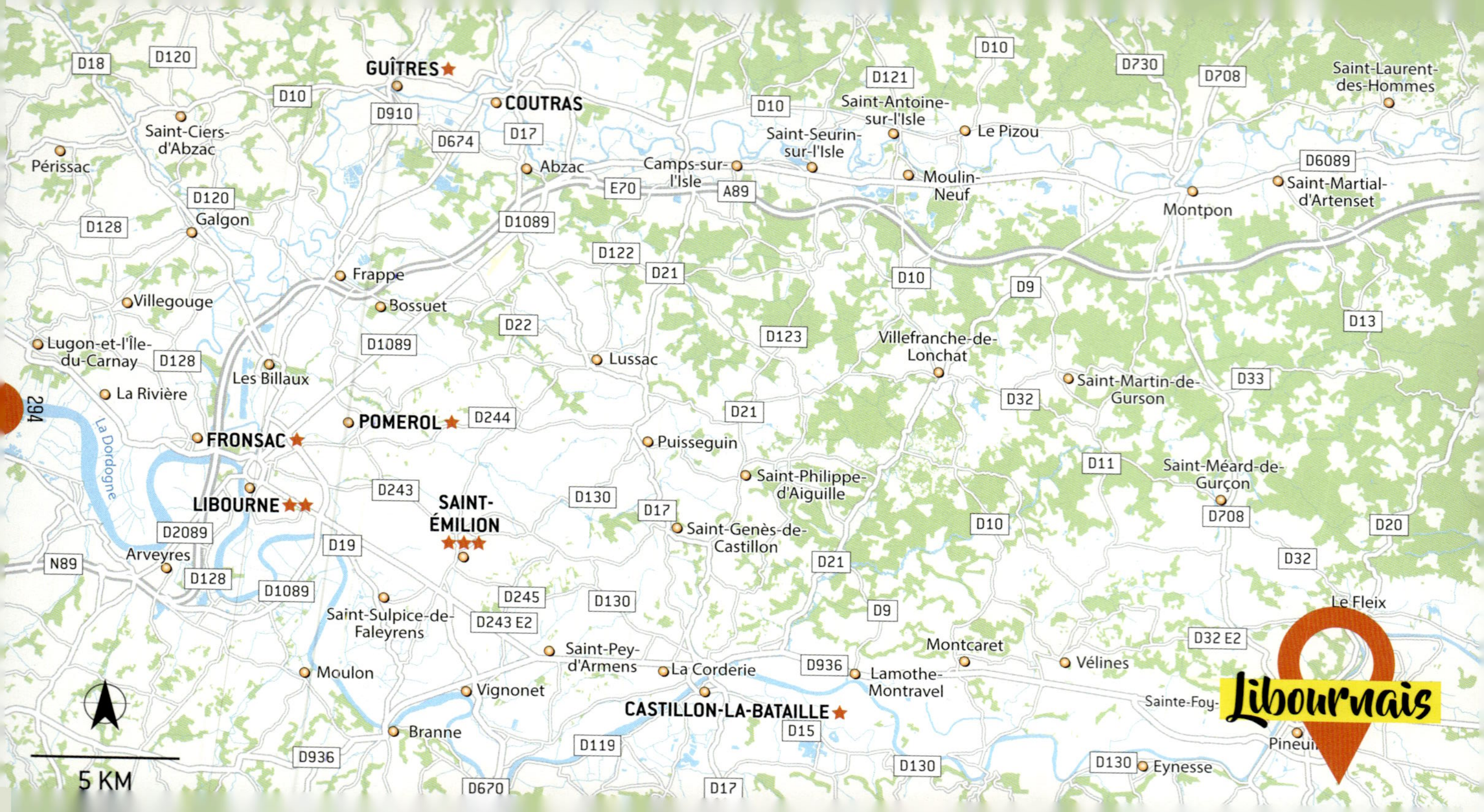
Libournais
GUÎTRES
COUTRAS
Saint-Ciers-d'Abzac
Périssac
Abzac
Camps-sur-l'Isle
Saint-Seurin-sur-l'Isle
Saint-Antoine-sur-l'Isle
Le Pizou
Moulin-Neuf
Montpon
Saint-Martial-d'Artenset
Saint-Laurent-des-Hommes
Galgon
Frappe
Bossuet
Villegouge
Lugon-et-l'Île-du-Carnay
Les Billaux
La Rivière
Lussac
Villefranche-de-Lonchat
Saint-Martin-de-Gurson
Saint-Méard-de-Gurçon
POMEROL
FRONSAC
LIBOURNE
Puisseguin
Saint-Philippe-d'Aiguille
SAINT-ÉMILION
Saint-Genès-de-Castillon
Arveyres
Saint-Sulpice-de-Faleyrens
Saint-Pey-d'Armens
La Corderie
Moulon
Vignonet
Branne
CASTILLON-LA-BATAILLE
Lamothe-Montravel
Montcaret
Vélines
Le Fleix
Sainte-Foy-
Pineuil
Eynesse
La Dordogne
D18
D120
D10
D910
D674
D17
D10
D121
D10
D730
D708
D6089
D120
D128
E70
A89
D1089
D122
D21
D10
D9
D13
D22
D1089
D123
D128
D33
D32
D21
D244
D11
D243
D130
D17
D10
D708
D20
D2089
D19
D21
D32
N89
D128
D1089
D245
D130
D9
D243 E2
D32 E2
D936
D15
D119
D936
D130
D130
D670
D17
5 KM
294

PAGES

Porte de la Cadène à Saint-Émilion.

CASTILLON-LA-BATAILLE ★

Pendant longtemps, le village a abrité l'unique point de passage pour traverser la Dordogne, le gué du Pas de Rauzan. Le 17 juillet 1453, la bataille de Castillon, qui a fait rage aux pieds de la cité, marqua la fin de la guerre de Cent Ans entre les Français et les Anglais. Malgré les siècles qui se sont écoulés, cette bataille reste dans les mémoires grâce à sa très célèbre reconstitution historique costumée, près du château de Castegens. Castillon-la-Bataille possède également un patrimoine exceptionnel : église et mairie du XVIIIe siècle, porte du Midi, chapelle Sainte-Marguerite du XIIe siècle... La Dordogne ajoute à la commune un charme fou.

CHAMBRES EN VIGNE €€

28, Le Bourg - **RUCH**
✆ 05 57 49 62 17
www.chambresenvigne.com
Chambres à partir de 100 € pour 2 personnes (petit déjeuner inclus) ; gîte à partir de 1 000 €/semaine. Table d'hôtes.

C'est au cœur de l'Entre-Deux-Mers, entre Bordeaux et Bergerac près de Saint-Émilion, que les propriétaires, Alain et David, vous reçoivent dans cette belle bâtisse du XVIe siècle avec terrasse et piscine chauffée. Entièrement rénové en 2012 dans le pur respect des constructions girondines, le gîte *Chambres en Vigne* (le nom n'est pas anodin) peut accueillir jusqu'à 10 personnes. La maison est décorée avec goût, dans un style rustique, mais chic. Vous profiterez de la douceur du poêle à bois côté gîte et d'une cheminée du côté des quatre chambres d'hôtes.

LE MELCHIOR** €

5, route du Grand Jeannot - **SAINTE-TERRE**
✆ 05 57 40 53 39
www.le-melchior.fr
Ouvert toute l'année. Chambre double de 80 € à 100 €/nuit. Petit déjeuner : 12 €. Bain bouillonnant : 10 € (30 min).

A 8 km de Saint-Émilion, l'hôtel-restaurant *Le Melchior* a des allures de jolie demeure girondine. Au cœur d'un grand parc arboré, l'établissement qui a entièrement été rénové en 2020, vous propose 6 chambres confortables et climatisées permettant d'accueillir 1 à 2 personnes. La chambre double PMR se trouve au rez-de-chaussée. Chaque chambre profite d'une vue agréable sur le parc ou la piscine chauffée. Côté restaurant (fermé le lundi en saison), tout est maison à l'exception du pain. Enfin, ne repartez pas sans avoir acheté une conserve gourmande à l'épicerie.

COUP 2 FOUDRES €€

Château de Bonhoste - **SAINT-JEAN-DE-BLAIGNAC**
✆ 05 57 84 12 18
www.coup2foudres.com
Ouvert toute l'année. Une nuit (2 pers.) + petit déjeuner + visite guidée et dégustation du Château de Bonhoste : 159 €.

Après les bulles, les cabanes sur l'eau ou dans les arbres, dormez dans un véritable tonneau à vin ! Au milieu des vignes, bien sûr, sur la propriété du château Bonhoste, vous pourrez séjourner dans un des deux foudres conçus par Seguin Moreau ; un expert en tonnellerie. Les foudres qui servent habituellement à l'élevage et à la vinification des vins ont été aménagés en parfait cocon. Dans un décor moderne, chaque hébergement profite d'une belle chambre, une salle de bains avec douche à l'italienne, une kitchenette et un petit coin salon. Très atypique !

Vue sur Castillon-la-Bataille.

LIBOURNAIS

LES GÎTES DE JEAN-BAPTISTE €€

19, route de Merlande - **SAINTE-TERRE**
✆ 06 62 72 37 01
Ouvert toute l'année (2 nuits min.). Gîte 12 pers. à partir de 200 €/nuit ; gîte 8 pers. à partir de 100 €/nuit.

Ouverts toute l'année, les gîtes de Jean-Baptiste sont parfaits pour les voyageurs souhaitant séjourner au cœur du vignoble. Avec sa belle façade en pierre, *La Villa* se distingue par son style imposant. Elle offre quatre grandes chambres et peut accueillir jusqu'à 10 personnes, ce qui en fait notre coup de cœur ! Plus intime, *Le Domaine des Grands Ormes* peut accueillir jusqu'à 8 personnes. Les extérieurs sont très agréables et ensoleillés, et chaque gîte profite d'une piscine.

MAISON LE SÈPE €€

1, Le Sèpe - **SAINTE-RADEGONDE**
✆ 06 86 90 88 18
www.maisonlesepe.com
Vignobles & Découvertes. Toute l'année. Chambre (2 pers.) : 200 €. Dégustation offerte pour les lecteurs du Petit Futé.

Maison noble classée avec ses 5 oculus et ses fenêtres en ogives, le château Le Sèpe est comme un trait d'union entre le monde ancestral de la vigne (cultivée en bio) et la vie moderne des viticulteurs. Avec son magnifique escalier du XVIIIe siècle, son salon de billard et sa piscine chauffée, la Maison le Sèpe est une belle adresse où séjourner. Deux des trois chambres sont aménagées dans l'ancienne maison du régisseur, la troisième est dans le bâtiment principal. Le mobilier contemporain côtoie les meubles de famille et donne du relief à la pierre ou au bricou.

CASTELLUM €

24, Pl. Pierre Orus
✆ 05 57 41 60 84
www.castellum33.fr
Du lundi au jeudi de 8h à 15h ; le vendredi de 8h à 0h ; le samedi de 8h à 16h et de 17h à 0h ; le dimanche de 8h à 13h.

Sous la houlette d'Alexandre Jullien, le Castellum (son 5e restaurant) vous ouvre ses portes tous les jours à partir de 8h. À l'heure du déjeuner, en plus de la carte, le chef vous propose une formule complète pour moins de 20 euros. Le service est efficace sans être trop rapide. La terrasse ombragée ne concurrence pas forcément la salle dont la décoration soignée est appréciée. De plus, elle est largement ouverte sur l'extérieur. Notez que le chef vous propose aussi de venir bruncher le 1er dimanche de chaque mois à partir de 11h. Pensez à réserver !

LE CAFFE CUISINE €€

7 et 9, place du Marché
BRANNE
✆ 05 57 24 19 67
Ouvert du mardi au samedi le midi et le soir ; le dimanche midi. Réservation conseillée. Menu du midi : 20 €. Terrasse.

De l'extérieur, rien ne laisse deviner la superbe salle de ce restaurant qui cache aussi une belle terrasse sur les bords de la Dordogne. Le midi en semaine, Le Caffé Cuisine affiche souvent complet ! En cuisine, Jonathan et Loïc s'affairent pour vous proposer chaque jour une entrée, un plat et plusieurs desserts à choisir parmi de grands classiques. On vient également au Caffé Cuisine à tout moment de la soirée pour déguster un cocktail, un verre de vin parmi les 300 références de la Maison et quelques entrées façon tapas à partager, à retrouver aussi le midi.

LA GUINGUETTE DE LA PLAGE

2, rue Saint-Exupéry
MOULIETS-ET-VILLEMARTIN
✆ 05 57 40 35 48
www.restaurant-guinguette-la-plage.fr
Du 25 avril au 28 septembre. Menu ouvrier (midi en semaine) : 19 €, formule à volonté les lundis soirs : 27 €.

© LA GUINGUETTE DE LA PLAGE

Ouverte depuis 1933, Bertrand a repris l'affaire familiale : une véritable guinguette en bord de Dordogne. Le lieu est insolite et plutôt discret, mais bien connu des locaux et amateurs de danse. Les plats du Sud-Ouest sont à la carte : foie gras maison, magret de canard ou l'anguille à la persillade, leur spécialité. On se laisse ensuite ambiancer par la musique du concert ou du bal les dimanches : la piste est à vous ! Alors prêts à guincher ? Une adresse conviviale et familiale.

LE GLASS HOUSE

Château Carbonneau - **PESSAC-SUR-DORDOGNE**
✆ 05 57 47 46 46
www.chateau-carbonneau.com

Ouvert d'avril à juin et de septembre à octobre. Du mercredi au dimanche de 12h à 18h ou 21h. Petite restauration.

Quelques mois auront suffi après l'ouverture du Glass House pour que le château Carbonneau soit récompensé par un Best of Wine Tourism 2019 dans la catégorie « Restauration à la propriété ». A la fois salon de thé et bar à vin, le Glass House est l'adresse parfaite pour l'afternoon tea. Au menu : une large sélection de boissons (jus de fruits, thés du monde, cafés, etc.), des scones et de délicieux gâteaux. Toutes les pâtisseries sont maison. Plutôt branché salé ? Dans ce cas, optez pour les planches apéritives à accompagner d'un verre de vin de la propriété.

LA BATAILLE DE CASTILLON

Chemin de La Brande
BELVÈS-DE-CASTILLON
✆ 05 57 40 14 53
www.batailledecastillon.com

Juillet 2025 : les 17/18/19, 24/25/26 et 31. Août 2024 : les 1/2 ; 7/8/9 et 14/15/16. Animations. Restauration. Parking.

Le plus grand spectacle en Nouvelle-Aquitaine ! La reconstitution évoque l'un des événements majeurs de l'histoire de France : la victoire française qui mit fin à la guerre de Cent Ans, le 17 juillet 1453. Sur une aire scénique grandiose de 7 hectares, plus de 600 bénévoles parmi lesquels des comédiens et une cinquantaine de cavaliers entraînent chaque soir de l'été, près de 3 000 spectateurs en plein Moyen Age, au cœur de cette grande bataille. Pendant 1h30 relevée de cascades et d'effets pyrotechniques, le public vit, sous le regard de la Duchesse-Reine Aliénor, les événements marquants de la guerre de Cent Ans et la victoire de Charles VII qui rendit l'Aquitaine au royaume de France. A ne pas manquer ! Dégustations avec les viticulteurs, artisans médiévaux, animations, jeux... N'hésitez pas à prendre le pouls du village d'Aliénor avant de rejoindre les tribunes pour vous laisser emporter par la magie d'un spectacle de grande ampleur. Pensez à réserver pour dîner à l'Auberge d'Aliénor, car les petits prix attirent les foules. L'ambiance y sera joyeuse et conviviale. Croyez-nous, vous passerez une très bonne soirée. Les petits comme les plus grands en prendront plein les yeux ! La mise en scène de la Bataille de la Castillon est signée Eric Le Collen et les costumes sont de Hervé Poeydomenge. Notez que les réservations se font par internet, par téléphone ou directement au bureau de la Bataille (5-7 allée de la République à Castillon-la-Bataille). Le village médiéval ouvre à 17h et le spectacle commence à 22h30.

CHÂTEAU LESCANEAUT

13, route de Mansy
SAINT-MAGNE-DE-CASTILLON
✆ 06 17 11 51 15
www.chateau-lescaneaut.com

AB (agriculture biologique). Visites et dégustations sur rendez-vous. Boutique en ligne.

Lescaneaut, c'est d'abord le nom de cette maison familiale du XVIIIe siècle qui surplombe joliment la Dordogne. C'est aussi et surtout, le vignoble, la terre et le nom des vins qui y naissent. Sixième génération de vignerons à reprendre le flambeau du domaine de 6,5 hectares, Malika et Pascal se convertissent à la culture biologique à partir de 2008. Les millésimes sont certifiés bio (écocert) en 2012. Depuis 2017, Lescaneaut a reçu la certification de « Haute Valeur Environnementale ». Les vins de Lescaneaut sont des vins de garde, gourmands, typiques du terroir.

LA MAISON DU VIN

6, allée de la République
✆ 05 57 40 00 88
www.castillon-cotesdebordeaux.com

Vignobles et Découvertes. Du lundi au vendredi de 9h à 12h30 et de 14h à 17h30. Boutique.

Les coteaux de Castillon-Côtes de Bordeaux s'étendent en prolongement de ceux de Saint-Émilion. Créée en 1989, cette appellation regroupe près de 230 familles de vignerons, dont 25 % sont en agriculture biologique. Castillon-Côtes de Bordeaux a été la 1re appellation bordelaise à instaurer une station de traitement des effluents vinicoles. Visites, balades dans les vignes, chambres d'hôtes... L'équipe de la Maison du Vin est à votre disposition pour vous faire découvrir une sélection de près de 90 références à prix château et vous présenter l'offre œnotouristique.

MARCHÉ DE CASTILLON-LA-BATAILLE

Le lundi matin de 7h30 à 12h30.

Dès l'aube, les commerçants envahissent les rues et les places de Castillon-la-Bataille. Et parmi les 80 exposants, qui peuvent atteindre 100 en été, de nombreux producteurs sont présents. Très animé et convivial, le marché met à l'honneur des produits de qualité comme les légumes de saison, les viandes et la charcuterie, le poisson, les fromages... Selon l'humeur du jour, un traiteur vous proposera également des spécialités régionales pour ravir vos papilles.

© DEVANTURE ST

© SOPHIET 24

LE VACHE'MENT VIN

11, place Pierre Orus
✆ 05 57 46 28 60

Ouvert du lundi au samedi de 9h à 12h30 et de 15h à 19h ; dimanche de 9h à 12h30. Plateaux sur commande 24h à l'avance.

La devise du Vache'ment vin ? De la tomme, du vin et des copains ! Et du goût ! Issus du monde viticole, Carole et Jacques ont choisi d'ouvrir le Vache'ment vin dans ce petit coin de Gironde. Très à l'écoute de leur clientèle, ils sont vite passés de 1 200 références à 4 500. Avec ceci ? Une centaine de fromages fermiers, des fruits et légumes pour agrémenter et colorer les plateaux de fromages et charcuterie, pour un apéro ou un dîner. Comptez 14 euros/personne. Il y a aussi des produits d'épicerie fine et de la vaisselle. Surveillez l'agenda sur les réseaux !

© SOPHIET 24

© SOPHIET 24

VIGNOBLES DANIEL MOUTY

19, route de Merlande - **SAINTE-TERRE**
✆ 05 57 84 55 88
www.vignobles-mouty.com
Ouvert du lundi au samedi de 9h à 12h et de 14h à 18h. Visite et dégustation gratuites. Boutique (livraison possible).

En 1973, Daniel Mouty et son épouse Françoise insufflent un nouvel élan au domaine. La gamme des vins de Saint-Émilion Grand Cru s'élargit avec le Château Rambaud et l'Extrait de Rambaud en appellation Bordeaux, puis avec le Château Grand Beauséjour et la cuvée Saint-André, des vins confidentiels en appellation Pomerol. Leurs enfants, Sabine et Bertrand, poursuivent cet héritage en agriculture biologique. Ils sont entre autres à l'origine de la création de la cuvée « Nouvelle Terre » en blanc 100 % Chardonnay. Le gîte La Petite Maison peut accueillir 8 personnes.

PELOUSE PLAGE

1, promenade André du Bourdieu
Aire de pique-nique. Casiers sécurisés. Douches. Jeux pour enfants et structures gonflables.

Sur les bords de la Dordogne, rivière classée au patrimoine de l'Unesco, Pelouse Plage est une aire de baignade accessible à tous, y compris aux personnes à mobilité réduite. Par ailleurs, le site est bien aménagé pour les familles avec des poussettes. Sur place, les enfants profitent d'un banc de sable pour s'adonner à diverses constructions. La baignade est surveillée en saison et il y a des structures gonflables flottantes qui amuseront les petits, mais aussi les grands. Une petite soif ? N'hésitez pas à vous rendre à la Case'Ti guinguette.

COUTRAS

Les origines de Coutras sont anciennes puisqu'un camp fortifié romain était installé sur le point culminant de la Motte-de-Mont. La ville garde également le souvenir d'une importante bataille de l'histoire de France, le 20 octobre 1587, dans le contexte des guerres de Religion. Au confluent de l'Isle et de la Dronne, la ville profite d'un riche patrimoine historique et naturel ainsi que de nombreux sites qui méritent le détour : le puits Henri IV construit en 1551, l'église qui abrite des sarcophages mérovingiens, le site panoramique des Jourdennes où l'on peut admirer la vue sur la vallée, l'hôtel de ville et la passe à poissons près du barrage.

BASE DE LOISIRS DE LA CHARBONNIÈRE

Rue Henry de Monfred
SAINT-SEURIN-SUR-L'ISLE
Halte nautique (location de canoë-kayak en juillet/août). Aire de pique-nique.

En Gironde, il n'y a pas que l'océan ou le bassin d'Arcachon pour se détendre au bord de l'eau ! Avec son véritable sable blanc et ses pelouses ombragées, cette base de loisirs est l'endroit parfait pour une escapade nature. Aires de jeux pour les enfants, étang de pêche, balades, navigation en canoë ou paddle (location), baignade surveillée en juillet et août... Vous n'aurez aucune peine à occuper les petits et les grands ! Vous trouverez également des aires de pique-nique.

EGLISE SAINT-JEAN-BAPTISTE

Rue Saint-Jean
Ouvert toute l'année. Visites guidées en juillet et août.

D'origine très ancienne, l'église Saint-Jean-Baptiste de Coutras remonte au XIIIe siècle et témoigne des grands événements historiques qui ont marqué la ville, des temps mérovingiens (VIe siècle) aux guerres de Religion. L'un des épisodes les plus marquants est la bataille de Coutras, qui s'est déroulée le 20 octobre 1587, opposant l'armée protestante d'Henri de Navarre, futur Henri IV, à l'armée catholique du duc de Joyeuse. Selon la légende, les entrailles du duc de Joyeuse, tué lors de cette bataille, reposaient dans cette église. Largement remanié au XIXe siècle, l'édifice conserve des éléments remarquables, tels que sa coupole d'origine du XIIIe siècle, ainsi que des tableaux, dont une chaire de style Louis XVI provenant de l'église Saint-Jean de Libourne et un grand Christ en bois ayant appartenu à l'abbaye de Faise. L'ensemble de ce mobilier, le chemin de croix qui date de 1920 et l'église en elle-même sont inscrits aux Monuments historiques depuis 2011. Découverts en 1981 le long de l'église, des sarcophages mérovingiens ont permis d'affirmer qu'à cette époque, Coutras était un bourg riche et relativement important. Une vingtaine de sépultures ont été mises à jour. Les sarcophages, datés entre le Ve et le VIIe siècle, sont toujours visibles à l'intérieur de l'église Saint-Jean-Baptiste. En revanche, les bijoux précieux qu'ils ont révélés sont conservés au musée d'Aquitaine à Bordeaux. Bon à savoir : un plan de visite est disponible au bureau d'information de Coutras.

LE MOULIN DE PORCHÈRES

1679, route de l'Entre-Deux-Mers
PORCHÈRES
✆ 05 57 40 86 60

Ouvert de fin mars à mi-novembre (toute l'année pour les groupes sur réservation). Ateliers. Animations. Restauration.

Bâtiment d'exception en Nouvelle-Aquitaine, inscrit Monument historique, le moulin à farine de Porchères a été transformé en minoterie à cylindres dans les années 30. Rares, les machines demeurent intactes ! Au fil de la visite, un guide vous présentera l'histoire, les savoirs du minotier et les machines pour transformer le blé en farine. Pensez à l'atelier de fabrication du pain ! Au cœur de la Réserve Mondiale de Biosphère du bassin de la Dordogne, le Moulin est un excellent point de départ pour une promenade en bord de rivière ou sur la rivière en waterbikes.

ZONE NATURELLE DE L'AUBARÈDE

SAINT-SEURIN-SUR-L'ISLE

Une nature foisonnante, bordée par l'Isle ! Préservée de toute urbanisation, la zone naturelle de l'Aubarède s'étend sur près de 47 hectares. Le site abrite alors de nombreuses espèces animales et végétales que les promeneurs, s'ils sont un peu curieux et patients, se feront un plaisir de découvrir. La rivière, reliée à un plan d'eau, est notamment le terrain de jeu de quelques ragondins. Des sentiers de randonnée ceinturent cette belle zone naturelle offrant jusqu'à 1h30 de promenade.

PARCOURS BOTANIQUE DU CHÂTEAU VILATTE

5, Lieu-dit Vilatte - **PUYNORMAND**
✆ 05 57 49 77 60 - www.chateauvilatte.com

Ouvert toute l'année. Parcours libre au départ du Château Vilatte. Musée de la vigne et du vin. Visite et dégustation.

Le château Vilatte est le point de départ d'une promenade botanique et didactique au cœur des vignes, des prés et des forêts. Le chemin fléché offre le moyen de découvrir la végétation de la campagne Puynormande, son environnement et sa diversité paysagère à partir d'un plan et d'une fiche explicative. Une trentaine de variétés végétales sont ainsi présentées tout au long du parcours. Le Château abrite un musée où vous pourrez voir les outils et les véhicules de la culture de la vigne.

LES BAINS DE L'ISLE

6, rue Paul Valéry - **SAINT-SEURIN-SUR-L'ISLE** ✆ 05 57 49 77 91

A partir de 4,20 €/adulte ; 3,10 €/enfant (-16 ans).

Fermés depuis 2019, les Bains de l'Isle vont rouvrir au grand public et aux scolaires en avril 2025 ! L'idée n'est pas d'en faire un parc aquatique, mais plutôt un lieu d'apprentissage de la natation. Il y aura donc deux bassins ; le premier jusqu'à 1,10 mètre et le second jusqu'à 2 mètres de profondeur. L'eau sera chauffée toute l'année à 30°. L'été, des structures gonflables seront installées pour le plus grand bonheur des enfants. L'établissement ouvrira en journée pour les scolaires, et le soir et le samedi pour tous les publics.

PUITS HENRI IV

2, place du Château

Emblème de la ville, le puits Henri IV est étroitement lié au souvenir de la bataille de Coutras de 1587. Aujourd'hui, il constitue le dernier vestige du château détruit en 1731. Librement inspiré de l'architecture antique, cet édifice, érigé pendant la Renaissance, est l'un des ornements du parc réalisés pour le maréchal de Saint-André pour agrémenter le château. Semblable à un petit temple, le puits est décoré de colonnes doriques qui soutiennent un entablement orné d'une frise de roses et d'un glaive tranchant. Un dôme à écailles de pierre surmonte l'ensemble.

CHÂTEAU VILATTE €€

5, lieu-dit Vilatte - **PUYNORMAND**
✆ 05 57 49 77 60
www.chateauvilatte.com

Ouvert toute l'année. Petit gîte 75 m² (4 pers.) et grand gîte 115 m² (4 à 6 pers.) de 420 € à 500 €/semaine.

Dans l'enceinte de la propriété viticole, la famille Massart vous accueille chaleureusement dans l'un de leurs deux gîtes avec jardin partagé. Avec une vue imprenable sur les vignes et la campagne du pays de Coutras, ces gîtes ruraux sont aménagés dans une belle bâtisse datant du XVIIIe siècle. Proche l'un de l'autre, il est possible de louer un gîte seul ou de coupler les deux si vous êtes nombreux. Les gîtes sont loués à la semaine (ménage de fin de séjour possible). On se fait dire qu'une excellente boulangerie-épicerie se trouve seulement à 10 minutes à pied.

HÔTEL HENRI-IV*** €€

Place du 8 Mai
✆ 05 57 49 34 34
www.hotelcoutras.com
Toute l'année (fermeture le week-end de novembre à mars). Chambre double à partir de 85 €. Petit déjeuner buffet : 13 €.

Situé à l'angle de la rue d'Orléans, l'Hôtel Henri IV s'est installé dans une élégante maison traditionnelle du début du XIXe siècle. En pierre de taille, la bâtisse est entourée de deux jardins paisibles. Les chambres peuvent accueillir une personne, ou jusqu'à trois ou quatre hôtes. Accueillant avec de confortables fauteuils en cuir moderne, le salon conserve ses belles boiseries et ses portes anciennes. Le matin, le petit-déjeuner est servi sous la véranda. La gare SNCF, à seulement deux minutes, facilite les déplacements des visiteurs.

HALLES JUSTIN LUQUOT

4, rue du Marché
Ouvert le mercredi, le jeudi et le samedi de 7h30 à 13h30 ; le vendredi de 7h30 à 19h. Bar. Restaurant.

L'ancien marché couvert de la ville de Coutras, construit dans les années 1930, va rouvrir ses portes en 2025. Du nom d'un ancien maire de Coutras et résistant de la Seconde Guerre mondiale, les futures halles ont été pensées comme un lieu de vie. Parmi les commerçants, on retrouvera notamment le Vache'ment vin. Un bar à l'entrée des halles, avec une terrasse, et un restaurant situé à l'étage pourront également vous accueillir pour une pause gourmande ou rafraîchissante sur des horaires plus élargis. Vous trouverez encore une galerie sur l'histoire de Coutras.

KAYAKOMAT

Chemin de la Renauderie
✆ 06 30 38 23 13
www.kayakomat.com
Station de location en libre-service de 6h à 22h. A partir de 14,50 €/heure.

Une station de location de kayak et paddle en libre-service, ouverte de 6h à 22h ! Le concept est simple puisqu'il suffit de déverrouiller un casier en réservant le matériel de son choix sur le site internet. Une fois le paiement effectué, l'aventure peut commencer ! Pour l'instant, Christophe Chassaigne, le gérant de ce petit kayakomat, vous propose quelques planches de paddle, un kayak double et un kayak simple. Sans oublier, les pagaies et les gilets de sauvetage bien sûr ! Vous trouverez également une station près de La Réole, à la halte nautique Fontet.

FRONSAC ★

La ville de Fronsac a été occupée par plusieurs personnages hauts en couleur. Charlemagne, en 769, y édifia sur le tertre une forteresse pour lutter contre les ducs d'Aquitaine (détruite par Louis XIII en 1623). Des dizaines d'années plus tard, en 1634, le duché devint propriété de la famille Richelieu. Le duc de Richelieu et de Fronsac fit construire à ce même emplacement une magnifique demeure à l'architecture italienne. On raconte que les nombreuses fêtes galantes auraient servi à faire connaître les vins de Fronsac jusqu'à la cour de Versailles. Il paraît même que c'est ici que la notion de « cru » est apparue pour la première fois en Libournais.

DOMAINE DE LA CHATAIGNIÈRE

1, les Grandes Terres - **PÉRISSAC**
✆ 06 85 52 26 88
www.domaine-chataigniere.fr
Visite du moulin et du musée uniquement sur rendez-vous. Adulte : 7,50 € ; enfant (de 6 à 12 ans) : 5 €. Dégustation.

Dominant le vignoble de Périssac, le Moulin à Vent des Grandes Vignes a la particularité d'avoir été construit en 1984 par la famille Français, dans le respect des données anciennes (toiture pivotante, ailes munies de toiles de lin, engrenages). A défaut d'être historique, c'est encore l'un des rares à être capable de moudre du blé. Non loin de là, le Musée de la Vigne et du Vin présente le matériel des vendanges et de la vinification autrefois utilisé par nos ancêtres.

ÉGLISE SAINT-MARTIN DE FRONSAC

Rue du Général d'Amade

Selon la légende, l'église Saint-Martin aurait été fondée par Charlemagne en 781. Inspirée de la structure basilicale, elle avait probablement une destination monastique à l'origine. Cette église classée au rand des Monuments historiques est aussi certainement l'une des plus anciennes fondations de Gironde. Elle conserve une chaire à prêcher en bois richement ornée, datant du XVIIe ; seul mobilier à avoir échappé aux destructions causées par l'effondrement de la voûte.

LE BASSIN DU TERTRE €€

19, chemin de Richelieu ✆ 06 99 72 65 48
https://lebassindutertre.fr/
Toute l'année. Chalets (2 à 4 pers.) dès 95 €. Petit déjeuner inclus. Bain bouillonnant en illimité en supplément.

L'endroit à lui seul est un véritable enchantement ! Au cœur des vignes, dans un jardin extraordinairement fleuri où se prélassent des carpes Koï dans un joli bassin, trois chambres d'hôtes insolites, lovées dans des chalets 100 % bois, vous invitent à vous évader le temps d'un week-end. Bain à remous privé, terrasse très agréable pour les petits déjeuners, plateaux-repas servis avec une bouteille de vin, ambiance cocooning... Nathalie et Alain, les propriétaires, font tout pour que vous vous sentiez bien. Le soir, on admire le coucher de soleil sur la Dordogne.

PETIT GARROS €€

3, Lieut-dit Garros ✆ 06 07 03 79 53
http://petitgarros.fr/
Fermé en janvier et février. 5 chambres d'hôtes et une cabane au bord de la Dordogne de 139 à 279 €/nuit. Table d'hôtes.

Petit Garros est l'une des deux maisons du lieu-dit planté de vignes qui porte son nom. En bordure de la Dordogne, la maison Petit Garros, dont les plus anciennes traces retrouvées datent de 1749, vous reçoit dans l'une de ses 5 chambres. La plus grande s'appelle Blanche, mais il y a également Parme, Rouge, Bleue pour 4 personnes, et enfin, la Chambre aux Tulipes. Pierres apparentes sur les murs, parquet ancien, mobilier ancien... Le charme opère. La maison, la cabane, le parc et sa piscine sont superbes. Petit Garros offre la promesse d'un séjour au calme.

LES JARDINS DE CAMELOT €€

40, route de Camelot - **VILLEGOUGE**
✆ 06 19 14 51 55
www.lesjardinsdecamelot.com
Ouvert toute l'année. De 59 € à 99 €/nuit (base 2 pers.). Petit déjeuner : 8 €. Gîte (6 pers.) de 155 € à 175 €/nuit.

Bâtie en 1789, cette ancienne ferme viticole en pierre a été entièrement rénovée pour accueillir une chambre d'hôtes et un appartement pour 2 personnes ainsi qu'une suite pour 3 à 4 personnes. Le gîte permet de loger jusqu'à 6 personnes. Au cœur d'appellations prestigieuses, à moins de 10 minutes de Fronsac, Les Jardins de Camelot abritent également un petit terrain de camping rural ouvert du 15 avril au 15 octobre, avec des emplacements de tentes, caravanes et camping-car. Quelques poules passent par là de temps en temps... Une adresse calme en toute simplicité.

MAISON CHARMEILLES €€

27, rue du général de Gaulle ✆ 06 20 98 03 47
www.maisoncharmeilles.com
Ouvert toute l'année. 5 chambres pour 2 à 3 personnes à partir de 85,50 €/nuit. Petit déjeuner inclus. Séminaires.

Rénovée dans un esprit Riviera 1930, alliant le charme de la pierre au bois dans un décor bohème chic, la Maison Charmeilles nous charme au premier regard ! Entièrement privatisable pour un séjour privé ou professionnel (team-building, coliving, shooting, etc.), cette maison d'hôtes nous offre aussi 5 belles chambres lumineuses et confortables pour 2 à 3 personnes. Vous profiterez librement des espaces communs : cuisines, salons, terrasse en rooftop... Une envie particulière ? Faites confiance à vos hôtes pour construire le séjour qui vous ressemble !

CHEZ CARLES €€

1, avenue Charles de Gaulle
SAINT-GERMAIN-DE-LA-RIVIÈRE
✆ 05 57 84 44 50
Maître Restaurateur. Mercredi au dimanche le midi ; mercredi au samedi le soir. Menus de 25 à 32 €. Accueil des groupes.

© CHEZ CARLES

Chez ce Maître Restaurateur, on peut déguster des produits du terroir, du poisson et des viandes, telles que l'entrecôte ou la côte de bœuf. La grande cheminée, où le chef les fait griller, ajoute à l'ambiance champêtre et conviviale de cette table gourmande. Escargots aux cèpes, ris de veau grillés, planches apéritives... Les suggestions mettent autant l'eau à la bouche que les desserts faits maison. Traiteur, accueil des groupes (jusqu'à 200 personnes avec la terrasse), jardin... On apprécie le charme de cette institution tenue par Maurice et Sonia Gaurin.

LIBOURNAIS

MAGNUS LA TABLE €€

Château Lagüe
✆ 05 57 51 24 68
www.chateaucarlmagnus.fr
Du mercredi au samedi midi et soir ; dimanche midi. Menu du marché à 25 € ; menu Terroir à 42 € (soir & week-end).

© LA TABLE MAGNUS

Niché au cœur du château Lagüe, Magnus La Table est une véritable pépite gastronomique, créée par Arnaud Roux-Oulié, 3e génération de viticulteurs. En cuisine, l'esprit de famille est à l'honneur : Charly Lépian, accompagné de son père, concocte ses plats à partir des produits des producteurs locaux. La décoration, sobre et élégante, met en valeur les œuvres du propriétaire. Côté vins, le terroir est roi : les cuvées du domaine s'accordent avec une carte exclusivement bordelaise. Réservation recommandée. Le restaurant offre une vue imprenable sur la vallée.

LA MAISON DE RICHELIEU €€€

4, chemin de Richelieu ✆ 05 57 51 13 94
www.chateau-richelieu.com
Ouvert d'avril à fin octobre. Chambre de 125 € à 135 €/nuit (2 nuits minimum). Petit déjeuner inclus.

La vie de château, vous en rêvez ? Le château Richelieu met à votre disposition 5 chambres d'hôtes, toutes aussi luxueuses les unes que les autres. D'un grand confort, les chambres Athos, Porthos, Aramis, D'Artagnan, Richelieu sont équipées d'une salle de bains indépendante. La chambre répondant au nom évocateur de Porthos conviendra parfaitement à une famille, puisqu'elle ouvre sur une seconde chambre avec un canapé convertible et une kitchenette. Moment précieux de la journée, le petit déjeuner est servi dans les salons de cette belle bâtisse XVIIe et XVIIIe.

L'ESCAPADE DU FRONSADAIS €€

Queyreau Est - **SAINT-MICHEL-DE-FRONSAC**
✆ 05 57 74 19 91
Ouvert du mardi au samedi le midi ; le vendredi et le samedi le soir. Carte : 35 € environ. Formule du midi : 16,80 €.

L'Escapade du Fronsadais est un restaurant à l'ambiance cosy et moderne. Que vous soyez installé dans la jolie salle ou en terrasse, c'est promis, vous passerez un bon et délicieux moment, car tout est fait maison avec des produits frais. La formule du midi laisse le choix entre deux entrées, deux plats (une viande ou un poisson) et deux desserts. Et la spécialité qui fonctionne très bien ici, ce sont les plateaux complets avec salades, frites, viandes ou burgers et fromages. Le poisson (mais pas que) s'invite à l'ardoise des suggestions à partir du vendredi midi.

CHÂTEAU DE LA RIVIÈRE €€€

LA RIVIÈRE
✆ 05 57 55 56 56
www.chateau-de-la-riviere.com
Ouvert d'avril à fin octobre. Chambres de 160 € (1 pers.) à 315 € (4 pers.). Petit déjeuner inclus. Œnotourisme.

Avec ses 5 chambres d'hôtes haut de gamme situées dans l'aile Renaissance et la tour carrée, le château de La Rivière est une vraie merveille. Les chambres sont décorées avec élégance et raffinement. Deux d'entre elles, conçues pour communiquer, permettent de créer une belle et grande suite. Le matin, vous apprécierez sans aucun doute le copieux et savoureux petit déjeuner servi dans les salons privés ou sur la terrasse surplombant le vignoble. Salons, tisanerie, piscine extérieure... Mais aussi : visites de cave, dégustation des vins de la propriété, festival...

LE FACE A L'EAU €€

9, impasse Caussard
LA RIVIÈRE
✆ 05 57 24 97 10
De mai à fin septembre, tous les jours (sauf le mardi) le midi et le soir. Plats de 12 € à 26 € environ. Animations.

Entre Libourne et Saint-André-de-Cubzac, la petite commune de La Rivière abrite au pied de son Château et au bord de l'eau, une guinguette très conviviale. Et ici, on ne fait pas de chichi ! La carte du *Face à l'Eau* fait la part belle aux poissons et fruits de mer. Rassurez-vous, quelques plats ont été ajoutés pour les amateurs de viandes. Ambiance guinguette oblige, des groupes viennent régulièrement se produire pour animer, en musique, les plus belles soirées de la saison. Pour suivre les actualités du *Face à l'Eau*, tout se passe sur leur page Facebook.

LE PONTON €€

5, Poinsonnet
✆ 07 85 62 60 52
Du mercredi au dimanche le midi ; du mercredi au samedi le soir. Carte : 37 € environ. Accueil des groupes. Terrasse.

Si le Bord'Eau portait bien son nom, celui choisi par Sandra et Kévin résonne tout aussi bien ! *Le Ponton*, et sa guinguette qui a poussé à côté, profitent de la Dordogne comme unique panorama. L'été, il faudra certainement réserver votre table en terrasse. Que l'on vienne pour un verre, le déjeuner ou le dîner, voire en séminaire (jusqu'à 100 personnes), *Le Ponton* offre ce petit quelque chose en plus. Et si on faisait une pétanque tout en partageant la *Planche des Potos* avec un vin de Fronsac ? On adore ! Les suggestions à la carte sont alléchantes.

CHÂTEAU DE LA DAUPHINE

Rue Poitevine
✆ 05 57 74 06 61
www.chateau-dauphine.com
Tous les jours sur rendez-vous. Visites et dégustations de 8 à 43 €. Vol en ULM : 110 €/personne. Boutique en ligne.

Chartreuse du XVIIIe dont le charme est accentué par les allées méridionales de cyprès et de pins parasols, ainsi qu'un beau jardin à la française, le château de la Dauphine a été récompensé par 4 Best Of d'Or dans les catégories Architecture & Paysage, Restauration, Valorisation Œnotouristique des Pratiques Environnementales et Découverte & Innovation. Certifié Agriculture Biologique depuis 2015 et HVE (Haute Valeur Environnementale) depuis 2018, le vignoble, produisant du Fronsac et du Canon-Fronsac, se trouve sur les meilleurs terroirs du Fronsadais.

CHÂTEAU GEORGE 7

1, Le Bergey - **SAILLANS**
✆ 06 81 52 24 80
https://fr.chateaugeorge7.com/
Visites d'avril à octobre de 15 à 18 € (gratuit pour les -18ans). Déjeuner au vignoble à 24 € ; sunset apéro à 35 €.

Vous êtes plutôt visite classique, déjeuner au vignoble ou sunset apéro ? Qu'importe votre choix, tous les visiteurs sont accueillis par Sally, la propriétaire, qui partage avec vous sa passion pour le vignoble et la viticulture. Tutrice accréditée de l'École du Vin de Bordeaux, elle anime aussi les ateliers Initiation à la dégustation ou Développement durable. Château George 7 a été distingué par un Best of Wine Tourism 2022 (or) dans la catégorie Architecture & Paysages pour sa salle de dégustation entièrement rénovée avec terrasse et vues panoramiques.

DOMAINE JEAN-YVES MILLAIRE

1, Lamarche ✆ 05 57 24 94 99
www.vins-millaire.fr
Ouvert du lundi au samedi. Dégustation gratuite. Visites sur rendez-vous : 10 €. Jeu de piste. Accueil camping-car.

L'histoire commence en 1950 avec 6 hectares de vignes achetés... Aujourd'hui certifié en Agriculture Biologique (biodynamie), le Domaine Jean-Yves Millaire s'étend sur 45 hectares de vignes en appellations Fronsac, Canon Fronsac et Bordeaux. Depuis 1998, le vignoble a connu différentes évolutions, notamment la plantation de nouveaux cépages atypiques comme le jurançon noir, le petit manseng, le colombard ou le riesling. Le jeu de piste est une activité à faire en famille (dès 5 ans).

CHÂTEAU BARRABAQUE

✆ 05 57 55 09 09
www.chateaubarrabaque.com
Visites et dégustations gratuites sur rendez-vous. Boutique en ligne.

© CHATEAU BARRABAQUE

Cette propriété de 10 ha de 1747 est dans la même famille depuis 1936. À dominante merlot, les vins rouges et rosés du Château Barrabaque comptent parmi les plus réputés des appellations Fronsac et Canon-Fronsac. Le vin blanc de Caroline Noël-Barroux, la propriétaire depuis 2004, est à dominante sauvignon blanc. Soucieuse du respect de l'environnement, elle pratique une culture raisonnée de la vigne, notamment travaillée en fonction du terroir. Les visites-dégustations sont gratuites et des portes ouvertes ont lieu en juin et octobre. À suivre sur les réseaux !

BRASSERIE ARTISANALE DES 3 TERTRES

4, route de Libourne
✆ 06 64 45 13 99
www.lebassindutertre.fr
Ouvert toute l'année, le vendredi de 17h à 22h. Visite et dégustation sur réservation : 6 €/personne.

© BRASSERIE ARTISANALE DU TERTRES

Le savez-vous ? À Fronsac, on brasse aussi de la bière ! Cela se passe du côté de la brasserie artisanale et bio des 3 Tertres. Une brasserie qui a vu le jour en 2017 par Alain, un Ch'ti d'origine ! À l'ancienne, selon la tradition belge, il brasse 3 variétés de bière, mais c'est sans compter sur les éphémères de saison (Noël, etc.). On s'y rend pour acheter quelques bouteilles de ce cru malté (bien sûr !), une visite et/ou un apéro en mode taverne le vendredi soir de 17h à 22h.

KOTA GRILL €€

19, chemin de Richelieu
✆ 06 99 72 65 48
http://lebassindutertre.fr
Ouvert de novembre à fin mars (uniquement sur réservation pour 10 personnes). Menu unique à 75 € ou 55 €/personne.

Ouvert l'hiver, uniquement sur réservation et pour 10 personnes (ou avec la location des trois chalets insolites des Bassins du Tertre), le Kota Grill est davantage une table d'hôte qu'un restaurant. Et c'est Nathalie qui s'occupe de tout ! Apéritif, côte de bœuf (1,2 kg) cuite aux sarments de vigne bio, pommes de terre fondantes, plateau de fromages, crêpe Suzette flambée… Sinon, le menu raclette. Le vin n'est pas compris, mais les bouteilles sont au prix du château. Pensez-y pour vos soirées événements ou vos réunions de famille tant l'endroit est atypique !

MAISON DES VINS DE FRONSAC

3A, chemin de Richelieu
✆ 05 57 51 80 51
www.vins-fronsac.com
Ouvert toute l'année. Du lundi au samedi de 10h à 12h30 et de 14h à 18h. Boutique en ligne. Animations.

La Maison des Vins de Fronsac est un bon point de départ pour découvrir les vins et les châteaux des grands terroirs des appellations Fronsac et Canon Fronsac. Avec plus de 100 références au prix propriété, la boutique vous offre déjà un beau tour d'horizon en présentant au moins un millésime par château. Tous les jours ou presque, un vin est proposé en dégustation. Et, des portes ouvertes dans une trentaine de vignobles sont organisées chaque année en octobre. Pensez-y !

LA COMÉDIE DE LIBOURNE

11, route de Loiseau
https://comedie-libourne.fr
Billetterie en ligne. Restauration & Bar. Privatisation possible pour vos événements.

Mathieu Hautot et Thomas Fournier, les nouveaux gérants, rouvrent enfin le rideau de ce sympathique café-théâtre installé sur les bords de l'Isle. Humour, stand-up, spectacle jeunesse… C'est une nouvelle page qui est en train de s'écrire. Mais, comme avant, le théâtre sera toujours présent. Finalement, l'arrivée de Mathieu et Thomas nous promet une programmation encore plus riche et diversifiée. Le restaurant, sous sa nouvelle identité la Bamboche, a lui aussi repris du service. Vivement les beaux jours pour découvrir la guinguette de La Comédie de Libourne !

FESTIVAL CONFLUENT D'ARTS

Route de Laborie
LA RIVIÈRE
✆ 05 57 55 56 56
www.chateau-de-la-riviere.com
Premier week-end de juillet durant trois jours. Billetterie en ligne.

Chaque premier week-end de juillet, pendant trois jours, le château de la Rivière se transforme en un haut lieu culturel et festif en mettant le spectacle vivant sous toutes ses formes à l'honneur à travers une programmation pluridisciplinaire accessible à tous. Le décor, celui de cet impressionnant château, avec sa superbe architecture, contribue au charme de cette parenthèse estivale. Vous pourrez, par la même occasion, découvrir les vins de la propriété.

GUÎTRES ★

Terre d'accueil entre pays d'oc et pays d'oïl, Guîtres vaut le détour pour ses coteaux boisés, ses vignes et ses nombreux cours d'eau. « Et au milieu coule une rivière », l'Isle. Cette rivière et ses affluents, la Dronne et le Lary, foisonnent de poissons blancs, migrateurs et carnassiers. Située à moins d'un quart d'heure en voiture des prestigieux vignobles de Saint-Emilion, Pomerol ou Fronsac, la ville se prête volontiers à une escapade culturelle et touristique. Profitez-en pour visiter son église abbatiale, bénéficier de sa programmation musicale en été et embarquer à bord d'une des voitures 1900 du train touristique pour un voyage dans le temps.

ABBATIALE NOTRE-DAME DE GUÎTRES ★

Place des Tilleuils ✆ 05 57 69 10 34
www.abbatialedeguitres.fr

Gratuit. Accessible librement (remise des clés auprès de la mairie). Visite guidée en juillet/août à partir de 14h.

De style roman, cette église abbatiale a accueilli les pèlerins de Saint-Jacques-de-Compostelle. Elle abrite un orgue majestueux. Un conseil ? Assistez à l'un des concerts donnés en période estivale pour l'entendre. Les billets sont disponibles sur place ou auprès des offices de tourisme du Libournais (Libourne ou Coutras). Classée Monument historique en 1901, l'abbatiale de Guîtres est l'une des plus grandes églises romanes de la Gironde. Sa charpente est particulièrement remarquable.

VÉLORAIL DU PAYS GABAY

13, avenue de la Gare
✆ 05 57 69 10 69
https://trainguitres.fr/

Ouvert en saison. Location vélorail 5 places de 30 € à 35 € selon la saison. Musée. Parking gratuit.

Montez sur un vélorail et partez à l'aventure en famille ou entre amis ! Au départ de la gare de Guîtres, à 9h30 ou 14h30 selon les jours, le trajet vous mènera sans trop de difficulté jusqu'à la gare de Lapouyade. Comptez 3h pour parcourir les 16 kilomètres aller-retour ! Bien que l'effort soit minimal, il est nécessaire d'être au moins un adulte et un enfant de + de 12 ans pour pédaler. Tout au long de cette balade atypique, vous découvrirez la campagne, les forêts et les ruisseaux du pays Gabay. Les vélorails sont prévus pour 5 personnes. Pensez à réserver !

TRAIN TOURISTIQUE GUÎTRES-MARCENAIS

13, avenue de la Gare ✆ 05 57 69 10 69
www.trainguitres.fr

Ouvert en saison. Adulte de 13,80 € à 15,50 € ; enfant (de 5 à 12 ans) : 8,30 € à 8,90 €. Billetterie sur place. Musée.

Embarquez jusqu'à Marcenais pour une escapade inoubliable ! Avant la montée ou à votre retour, pensez aussi à faire le tour de la gare pour admirer les magnifiques locomotives, car certaines de leurs voitures, entièrement restaurées, sont classées Monuments historiques. Le musée finira de satisfaire les curieux et les passionnés d'histoire. En plus d'y découvrir les origines du train de chemin de fer de Guîtres et des wagons d'époque, vous pourrez admirer de nombreux objets anciens.

LIBOURNE ★★

Confluence de rivières, de terres et d'hommes, Libourne est une bastide royale née en 1270 sous l'impulsion du roi d'Angleterre Henri III. Située au confluent de l'Isle et de la Dordogne, la cité a longtemps occupé une place stratégique. Tantôt alliée, tantôt rivale, la filleule de Bordeaux a connu de belles périodes de développement. Fondée en 1268 par Édouard Ier, la ville est dotée d'un port, débouché naturel des vins de la vallée de la Dordogne. Libourne est l'une des bastides les plus prospères d'Aquitaine. À moins d'une demi-heure de Bordeaux, une heure des plages océanes, la ville de Libourne est une destination touristique de choix.

CHÂTEAU DE VAYRES

63, avenue de Libourne - **VAYRES**
✆ 05 57 84 96 58
www.chateaudevayres.com

Ouvert de Pâques à la Toussaint. Visite + énigmes : 10 €/enfant (5 à 14 ans) et 13,50 €/adulte. Sur réservation.

Cet ancien château fort du XIIIe siècle, ex-propriété d'Henri IV, a été remanié à plusieurs occasions, d'où sa partie Renaissance bâtie vers 1600, sa façade à l'italienne et son escalier monumental. Ses superbes jardins à la française mènent directement aux rives de la Dordogne et méritent presque à eux seuls le détour. Meublé d'époque, le château abrite aussi une belle collection de tapisseries. Classé Monument historique et Jardin remarquable, Vayres a reçu le Prix de l'animation du Patrimoine et la médaille 2013 du Tourisme. Beaucoup d'événements s'y déroulent.

LE MASCARET

VAYRES

www.tourisme-libournais.com

Une vague géante qui déferle sur la Garonne quelques fois par an ! Vous avez peut-être entendu parler du mascaret, ce phénomène naturel qui se produit lorsque la marée montante rencontre le courant descendant de la rivière ou de l'estuaire. En Gironde, il est particulièrement impressionnant et réjouit les surfeurs ou simples spectateurs. Plusieurs endroits permettent de l'observer : les berges de Langoiran ou Cadillac, le pont de Cubzac-les-Ponts, les quais de Bordeaux... Mais le meilleur spot reste le petit port de Saint-Pardon, dans la commune de Vayres.

OFFICE DE TOURISME DU LIBOURNAIS

40, place Abel Surchamp

✆ 05 57 51 15 04

www.tourisme-libournais.com

Ouvert toute l'année. Jours et horaires d'ouverture variables selon la saison.

Entre nature et patrimoine, le Libournais ne manque pas de coins charmants à découvrir pour se faire une idée des beautés du Sud-Ouest. Afin de vous aider à les dénicher, les équipes de l'Office de tourisme de Libourne et ses bureaux d'information ont tout un tas de visites guidées, randonnées pédestres, dégustations, sortie sur l'eau ou visites de château à vous proposer. Et plein d'adresses très chouettes pour séjourner ! Renseignez-vous aussi sur les manifestations culturelles.

CALIBUS

62, avenue Gallieni ✆ 05 57 51 00 24

www.calibus.fr

Gratuit pour tous les usagers. Le service CALIBUS+ TPMR circule du lundi au dimanche de 7h à 20h (2 €/trajet). Calivélo.

Grâce au réseau de transport en commun de La Cali, la totalité du territoire de la Communauté d'Agglomération du Libournais est reliée. En ville comme à la campagne, les 45 communes de l'agglomération sont toutes desservies. Les habitants et tous les autres usagers peuvent ainsi se déplacer plus facilement et surtout gratuitement. La Bastidette, la navette électrique du cœur de Libourne, circule tous les jours même le dimanche. Pour l'utiliser, il suffit de se poster aux arrêts définis ou de l'arrêter à la demande sur son trajet dessiné par une ligne violette.

CHÂTEAU FAGE €€

Lieu-dit Fage - **ARVEYRES** ✆ 05 56 68 56 16

https://www.chateaufage.com/fr/

Toute l'année. Chambre à partir de 135 € ; suite à partir de 200 €. Petit déjeuner : 25 €. Restaurant gastronomique.

Distingué par un Best Of Wine Tourism en 2024 (hébergement à la propriété), le Château Fage est niché au cœur de 40 hectares de vignes et de forêts, près de Saint-Émilion. Les chambres Marina et Capucine, dans la bâtisse historique rénovée, sont les plus atypiques. On y accède par un superbe escalier originel et leur vue sur la nature environnante est imprenable. Vous prendrez votre petit-déjeuner à l'atelier d'assemblage ou en terrasse. Revisitant les codes de l'hôtellerie de luxe traditionnelle, ce domaine vous promet aussi une belle escapade gastronomique.

Libourne

CHÂTEAU LA MOTHE DU BARRY €€

490, route du Pont de Riveau - **MOULON**
✆ 05 57 74 93 98 - http://vignoblesjoelduffau.fr/
Ouvert de fin avril à fin septembre. Chambre double de 138,50 € à 159,50 €/nuit. Petit déjeuner inclus. Visite.

Transformer une ancienne cuve à vin en béton en chambre d'hôtes, il fallait y penser ! La rendre aussi confortable que raffinée, les propriétaires du château la Mothe du Barry (qui ont vinifié leur vin dans cette cuve pendant quelques années) y sont arrivés ! *La Cuve à mon loup* compte ainsi parmi les hébergements insolites de la région. Les deux autres chambres à la décoration très originale ont été aménagées dans les anciens bâtiments du vignoble. Verre de vin offert à votre arrivée.

CHATEAU PRIEURÉ MARQUET €€€

Lieu dit « Marquette » - **SAINT-MARTIN-DU-BOIS**
✆ 05 57 49 41 70
www.prieure-marquet.com
Chambres doubles de 290 € à 430 €/nuit. Petit-déjeuner continental : 20 €/adulte. Restauration. Héliport. Excursions.

Il y a des endroits hors du temps, de ceux que l'on ne soupçonne pas… Au cœur de la nature, ils révèlent soudainement leur beauté, leur élégance au détour d'un chemin que l'on n'aurait peut-être pas pris. Demeure d'hôtes de prestige, le Château Prieuré Marquet est un havre de luxe et de raffinement. Préservée et mise en valeur, l'âme du château s'incarne dans un écrin chaleureux où chaque hôte peut savourer une véritable douceur de vivre à la française.

MAISON CHARMEILLES €€

27, rue du général de Gaulle - **FRONSAC**
✆ 06 20 98 03 47
www.maisoncharmeilles.com
Ouvert toute l'année. 5 chambres pour 2 à 3 personnes à partir de 85,50 €/nuit. Petit déjeuner inclus. Séminaires.

Rénovée dans un esprit Riviera 1930, alliant le charme de la pierre au bois dans un décor bohème chic, la Maison Charmeilles nous charme au premier regard ! Entièrement privatisable pour un séjour privé ou professionnel (teambuilding, coliving, shooting, etc.), cette maison d'hôtes nous offre aussi 5 belles chambres lumineuses et confortables pour 2 à 3 personnes. Vous profiterez librement des espaces communs : cuisines, salons, terrasse en rooftop… Une envie particulière ? Faites confiance à vos hôtes pour construire le séjour qui vous ressemble !

FELICITÀ €€

2, quai du Général d'Amade
✆ 05 57 79 36 77
www.felicita-libourne.com
Lundi au samedi le midi et le soir (+ le dimanche de mi-avril à mi-octobre) Pizzas de 11 € à 16 €. Terrasse. A emporter.

Dans cette pizzeria où les cocktails font aussi la réputation de la maison, le chef Pierre Rigothier signe une carte rigoureusement maîtrisée où le savoir-faire artisanal s'exprime à travers des recettes de pizzas signatures, cuisinées au fil des saisons. La tomate n'est donc pas toujours l'ingrédient star… Préparées à partir de farines de blés anciens et de levain naturel, les pizzas (sans gluten sur simple demande) de chez Felicità sont riches en goûts. La charcuterie est coupée très finement. Ne manquez pas les glaces artisanales et desserts faits maison !

© FELICITA

© FELICITA

LIBOURNAIS

MAISON POLITI €

65, rue Gambetta
✆ 05 57 51 08 97
https://maisonpolitilibourne.com
Du lundi au samedi de 10h à 19h ; le dimanche de 10h à 15h. Restauration le midi sur place ou à emporter. Traiteur.

La Maison Politi enchante les amateurs de charcuterie italienne et de pâtes fraîches. Mais elle nous comble également avec sa spécialité : la pinsa, confectionnée à partir d'une pâte légère élaborée avec de la farine de riz, du soja et du blé, puis agrémentée selon les inspirations du chef. A déguster sur place (en salle ou en terrasse) ou à emporter ! L'incontournable machine à découper le jambon attire le regard, tout comme les étagères débordantes de pâtes, vinaigres, vins, panettones, et bien plus encore. Vous pourrez composer vos propres coffrets cadeaux.

© MAISON POLITI

© MAISON POLITI

LA MAISON MULATÔ €€

42, cours Tourny
✆ 06 61 20 44 79
www.lamaisonmulato.com
Toute l'année. 5 chambres, dont 2 suites et 1 suite familiale, à partir de 220 € (2 nuits minimum). Espace bien-être.

Le Petit Futé a poussé la porte de la Maison Mulatô. Reçu par Corine, nous avons pu découvrir cette superbe maison d'hôtes, fruit d'un an de travaux de rénovation ! Dès l'entrée, nous sommes subjugués par un splendide escalier d'époque. Au premier étage, la suite parentale offre deux chambres séparées par une salle de bains. Salon, bibliothèque, terrasse, cuisine… la décoration mêle l'ancien et le contemporain avec des touches de couleurs primaires très vives. L'ensemble se marie à merveille. Le jardin et la piscine chauffée invitent à la détente.

LE REFUGE DU SORCIER €€

22, rue Montesquieu
✆ 06 98 11 72 84
https://lerefugedusorcier.lodgify.com/
Ouvert toute l'année. Appartement pour 4 personnes (2 chambres) à partir de 119 €/nuit. Wifi. Terrasse privative.

C'est certainement l'un des hébergements les plus insolites de Gironde ! Et quelque chose nous dit que vos enfants seront très emballés par l'idée de passer la nuit au Refuge du Sorcier. Non, ce n'est pas celui dont il ne faut pas prononcer le nom, mais sans licence, cela reste difficile à dire ! Entièrement faite maison, la décoration, très évocatrice, a été particulièrement bien pensée. Jeux de société, vidéoprojecteur pour se refaire quelques films de la saga, énigme à résoudre pour les apprentis sorciers... L'adresse est très sympa même pour les plus grands.

LE DIX-SEPT €€

17, rue Thiers ✆ 05 57 84 39 43
www.ledixsept.fr
Du mardi au jeudi de 10h30 à 17h ; vendredi et samedi de 10h30 à 21h30 ; dimanche de 10h30 à 13h. Carte : 30 € environ.

Ce café-restaurant qui a ouvert au cœur de la bastide historique est tenu par un couple de Britanniques, Anna et Michael. Cet ancien chef à domicile vous propose alors de découvrir sa cuisine, du déjeuner à l'apéritif le vendredi soir au brunch le dimanche, dans un cadre plutôt intimiste (une trentaine de couverts). Bien sûr, Michael travaille au rythme des saisons. S'affranchissant de la tradition, son menu du jour change toutes les semaines et les suggestions à la carte sont renouvelées tous les mois. « Table privée » sur demande et terrasse aux beaux jours.

PAPILLES ET PAPILLONS €€

20, rue Gambetta
✆ 09 55 37 95 37
www.papilles-et-papillons.fr
Ouvert du lundi au vendredi le midi. Réservation recommandée. Formule du midi : 19,50 €. Accueil des groupes. Terrasse.

La mission de Papilles et Papillons ? Faire rimer inclusion avec restauration pour changer le regard de chacun sur le handicap mental. Géré par l'ESAT de la Ballastière à Libourne, établissement du Pôle travail de l'APEI du Libournais, ce restaurant pas tout à fait comme les autres forme ses forces vives aux métiers de serveur et d'aide-cuisinier. Pour cela, deux maîtres-mots : tolérance et bienveillance avec une formule toute simple composée d'un menu et quelques plats à la carte à base de produits frais de la région. Il y a une salle de réunion à l'étage.

L'ATMOSPHÈRE €€

1, route Libourne - **SAINT-GERMAIN-DU-PUCH**
✆ 05 57 24 52 34
www.restaurantlatmosphere.fr
Tous les jours le midi et le soir. Plats et pizzas de 13 € à 39 €. Formule du midi à 18 €. Terrasse. Privatisation.

Créé en 1989 par Isabelle et Thierry, aujourd'hui entourés de leur fille Joanna, de leur gendre Mathieu et d'une solide et joyeuse équipe, ce restaurant est devenu un incontournable de la commune. Une institution ! Depuis le premier jour, on y vient pour les grillades au feu de bois, mais aussi pour les pizzas qui régalent les habitués, les familles et les copains. La terrasse, plutôt contemporaine, et le bar, plus cosy, avec ses touches colorées et sa cheminée, ajoutent à ce lieu un charme authentique et un goût de « reviens-y ». Belle cave à vin !

ATYPIQUE €€

78, rue Waldeck-Rousseau
✆ 05 47 74 10 71
Ouvert du lundi au vendredi le midi ; le vendredi soir. Menus de 25 € à 34 € le midi ; Menu création à 43 € le soir.

Cette adresse bistronomique a quelque chose... d'atypique ! La décoration ? Non. Le service ? Non plus... Tout est parfait de ce côté-là ! Et encore plus dans les assiettes si tant est que l'on soit curieux en matière de gastronomie. Car le chef Damien Mombrial a bien l'intention de surprendre vos papilles ! D'ailleurs, le soir, il faudra totalement lui faire confiance puisqu'il vous propose un menu création « carte blanche » en 4 étapes. La carte du midi étant affichée, vous aurez moins de surprises... enfin, presque ! Des idées aux assaisonnements, tout est juste.

LE BISTROT MARITIME €€

12, quai Souchet
✆ 05 57 51 66 77
Tous les jours le midi et le soir. Plats de 14 € à 32 €. Formule du midi : 18 €. Terrasse. A emporter (sur réservation).

© LE BISTROT MARITIME

Avec ses immenses baies vitrées, la grande salle de cette belle brasserie contemporaine ouvre largement sur la rivière. Tous les jours, le chef nous fait ses suggestions : filet d'agneau en croûte d'olives, avec un jus au thym, dos de cabillaud en croûte de cacahuètes, sauce curry-coco et curcuma et ses légumes de saison... Dans les assiettes, c'est généreux et très gourmand. Les plats de la carte sont renouvelés deux fois par an. Nous aimons particulièrement les dressages et les couleurs dans les assiettes. Par ailleurs, le service est agréable.

LE CARRÉ D'AS €€

168, avenue du Général De Gaulle
✆ 05 57 51 71 06
Ouvert du lundi au vendredi de 6h30 à 20h. Restauration le midi uniquement. Menus de 14 € à 16 €. Terrasse. Bar.

Avec ses peintures fraîchement refaites, le Carré d'As se présente comme une authentique brasserie ; point de rencontre incontournable des travailleurs locaux. Que ce soit pour prendre son café dès 6h30, tenter sa chance à un jeu, ou simplement faire une pause méritée à midi, ce bar-brasserie est comme un passage obligé. La carte se révèle efficace avec des suggestions et un menu du midi particulièrement attractif ! De plus, les portions servies sont généreuses. Pour ceux qui souhaitent s'immerger au cœur de la vie libournaise, le Carré d'As est l'adresse idéale.

LIBOURNAIS

LA FONTANA €€

53, avenue Galliéni
✆ 05 57 51 81 97
Ouvert tous les jours sauf le dimanche midi. Réservation recommandée. Plat du jour à 12 €. Pizzas de 9 à 16 €. Terrasse.

© LA FONTANA

Nouveau mobilier de terrasse, rafraîchissement de la façade et de la décoration... La Fontana a changé de propriétaire. Mais rien ne change du côté des pizzas réputées pour leur excellent rapport qualité/prix ! Et pour celles et ceux qui voudraient y revenir tous les midis, notez que le plat du jour dont le prix est imbattable change tous les jours. Vous aurez ainsi un large choix entre les pizzas, les plats à la carte et la tartine de la semaine cuite au four à pizza. Rien de tel qu'un passage sur Facebook pour se mettre en appétit à la vue des assiettes.

LE MA €€

23, Quai Souchet
✆ 09 86 87 67 57
https://hoteldelatourlibourne.fr/
Ouvert du lundi au samedi le soir ; le lundi, mardi, jeudi et vendredi le midi. Menus de 19,90 à 28 €. Terrasse.

Après être revenus de Suède où ils travaillaient dans un hôtel, Manon et Alexis Valette ont repris l'Hôtel de la Tour en novembre 2021. Si vous n'y séjournez pas, nous vous conseillons de pousser les portes à l'heure du déjeuner ou du dîner. Vous serez peut-être surpris par la belle décoration, très dans l'air du temps, mais plus encore par la terrasse qui se cache à l'arrière de cette jolie bâtisse. De l'amuse-bouche au dessert, le chef Alexandre Lobera Adell fait le pari du 100 % fait maison. Les menus et la carte sont abordables, y compris le soir. On adore !

TRADI BURGER €€

10, rue Jean Jaurès
✆ 05 57 51 53 46
tradiburger.foxorders.com
Ouvert du lundi au dimanche le midi et le soir. Burgers de 13,50 € à 14,90 €. Sur place, à emporter ou en livraison.

Le Saint-Ferdinand, le Libournais, le Mascaret, le Carmel... Chez Tradi Burger, les burgers se la jouent couleur locale ! Mieux que ça, le pain arrive tout droit de chez Bun's baker, les fromages de la Fromagerie du Temple à 400 mètres de là, la viande de la boucherie-charcuterie Paduletto à Artigues-de-Lussac... Et les desserts ? De la Fabrique à desserts, la boutique voisine. On se régale ! Les vins ont également été sélectionnés avec la plus grande attention (Vignobles Quet en Saint-Émilion et Bordeaux Supérieur). Sur place, à emporter ou en livraison.

AMOUR COOKIE

36, place Abel Surchamp
✆ 05 47 11 36 00
Ouvert du mardi au samedi de 10h à 19h ; le dimanche de 9h à 14h.

De coiffeur à *cookie lover* ! Axel vient d'ouvrir sa boutique de cookies à Libourne. Chamallows, chocolat blanc... Mais aussi : olives, chèvre-miel et chorizo. Axel créait la surprise avec ses recettes sucrées et salées ! Une bonne idée pour se démarquer et autant d'occasions de venir encore et encore. En dessert, pour le goûter ou l'apéro, on sait où il faut désormais aller pour se régaler à Libourne. Le jeune homme nous propose également des boissons chaudes ou froides à déguster sur place et le cookie géant à partager pour un anniversaire, par exemple. Miam !

BIODYSSÉE

103, avenue de l'Epinette
✆ 09 70 70 44 84
www.biodyssee.com
Ouvert du lundi au vendredi de 9h à 18h.

Vous êtes un amateur de café, un amoureux de thés ou un adepte de tisanes ? Vous allez aimer Biodyssée ! Vous trouverez notamment une large sélection exclusive de produits bio, des cafés et des thés savoureux à consommer sur place. Plutôt chocolat ? Laissez-vous tenter par les cacaos. C'est à la fois une boutique et un coffee shop, avec des ateliers découverte ! En tout cas, c'est l'endroit idéal pour se relaxer en solo ou entre amis et profiter d'un temps calme autour d'une bonne tasse fumante. Chaque gorgée est un voyage au Pérou, au Mexique, au Japon...

RIPIANO LIBOURNE €€

45, cours Tourny
✆ 05 57 25 07 05

Du lundi au vendredi le midi ; lundi, mardi et jeudi au samedi le soir. Pizza de 9,90 à 20,50 €. Terrasse. A emporter.

Restaurant italien avec un grand choix de pizzas à la pâte fine et croustillante, risotto et plats traditionnels (spaghetti à l'*arrabbiata*, gratin d'aubergines à la bolognaise, escalope à la Milanaise, osso buco de veau, etc.), le Ripiano est un incontournable ! Notez que la suggestion de la semaine s'accompagne d'un verre de vin ou d'un dessert (tous faits maison) pour moins de 20 euros. Les vins italiens et même quelques bières sont à la carte. Gardez une place pour le café gourmand, particulièrement bon avec ses 5 mignardises. Les groupes sont les bienvenus.

LE ZINC AUTHENTIQUE €€

42, rue Fonneuve
✆ 05 57 25 34 84
www.lezinc-bar.com
Ouvert du mardi au vendredi le midi ; mardi au samedi le soir, de 17h30/18h à 1h30. Plats de 14 € à 26 €. Cave à vin.

© JACK LITTLETOOTH

Le Zinc Authentique est un restaurant de viandes & bar à vin où il est permis de boire un verre dans la joie et la bonne humeur ! Avec des amis et quelques petites choses à grignoter, c'est encore mieux. En plus des suggestions : de délicieuses grillades (mais pas que !). La carte présente un large choix de vins de France, d'ailleurs et des champagnes. Dès les beaux jours, on s'installe sur l'une des deux terrasses ; à l'arrière, dans un charmant jardin intérieur. Très sympa et bonne ambiance, des soirées à thème et des concerts l'été sont souvent programmés.

PÉPITE

69, rue Gambetta
✆ 05 57 50 16 35
Ouvert du mardi au samedi. Le dimanche de 15h à 19h pendant les fêtes. Déjeuner en service continu. Brunch le samedi.

La devanture est si jolie qu'il ne faut pas hésiter une seconde à entrer pour découvrir cette adresse du centre-ville, avec son patio intérieur. En plus, tous les produits sont faits maison et arrivent de la Fabrique à Desserts. Une valeur sûre ! Pain d'épices, marbré au chocolat, *carrot cake*... Pour les grands formats (6/8 parts), il suffit de passer commande. Sur place ou à emporter, Pépite vous propose encore de belles parts de tartes salées. Smoothies frais, chocolat chaud maison, du thé en vrac qui varie selon la saison. Ici, le samedi est le jour du brunch.

BRASSERIE ARTISANALE DES 3 TERTRES

4, route de Libourne - **FRONSAC**
✆ 06 64 45 13 99
www.lebassindutertre.fr
Ouvert toute l'année, le vendredi de 17h à 22h. Visite et dégustation sur réservation : 6 €/ personne.

Le savez-vous ? À Fronsac, on brasse aussi de la bière ! Cela se passe du côté de la brasserie artisanale et bio des 3 Tertres. Une brasserie qui a vu le jour en 2017 par Alain, un Ch'ti d'origine ! À l'ancienne, selon la tradition belge, il brasse 3 variétés de bière, mais c'est sans compter sur les éphémères de saison (Noël, etc.). On s'y rend pour acheter quelques bouteilles de ce cru malté (bien sûr !), une visite et/ou un apéro en mode taverne le vendredi soir de 17h à 22h.

CHATEAU LESTRILLE

15, route de Créon - **SAINT-GERMAIN-DU-PUCH**
✆ 05 57 24 51 02
www.lestrille.com
Visites et dégustation : 10 €/personne. Panier pique-nique. Balade en 2 CV. Boutique en ligne. Salle de réception.

Cultivant ce vignoble depuis la fin du XIXe siècle, la famille Roumage accueille avec passion les amateurs de Bordeaux. Elle leur narre la vigne de près de 30 ans d'âge, plantée principalement de merlot en rouge, mais aussi de cépages blancs. La lutte raisonnée permet un plus grand respect des espaces naturels, de certaines espèces d'oiseaux et d'insectes. Les vins de Lestrille sont très régulièrement cités et sélectionnés pour représenter leurs appellations. Ne manquez pas « Les apéros du Château » tous les jeudis en juillet et août (Best of Wine Tourism 2023).

LA FABRIQUE À DESSERTS

8, rue Jean Jaurès
✆ 05 57 55 11 23
www.patissier-lafabriqueadesserts.fr
Ouvert du mardi au dimanche (horaires variables). Salon de thé. Glacier. Formule snacking (sur place ou à emporter).

La Fabrique à desserts est un salon de thé et glacier qui vous régale avec des pâtisseries fines traditionnelles ou signatures (quelques-unes sont sans gluten). Avec beaucoup de fraîcheur et un dosage en sucre bien maîtrisé, elles valent le détour ! Le plus difficile ? Choisir. Vous trouverez encore des cakes maison sans lactose, des confiseries, des biscuits, des entremets à partager, des tablettes de chocolat de la Maison Pralus, des glaces... Et une très belle sélection de thé FBKT. Il y a aussi une formule snacking. C'est sur place, à emporter ou en livraison.

KALIMERA ELENI EPICERIE

21, rue Thiers
✆ 05 57 74 42 77
www.kalimeraeleni.fr
Ouvert du mardi au vendredi de 10h à 13h et de 15h à 19h ; le samedi de 10h à 12h30 et de 14h30 à 19h.

Hélène Papaïlias voit son épicerie comme le trait d'union entre ses deux pays d'origine : la France et la Grèce. Avec tous les produits qu'elle sélectionne directement auprès des producteurs, elle pourra vous faire découvrir cette cuisine de la terre qu'elle aime tant. D'ailleurs, il y a plein d'idées de recettes en ligne. Poivrons Florina, haricots *gigantes*, pistaches, herbes et thés des montagnes, olives Kalamon, vin de Nemea, fromage de brebis, huiles d'olive « extra vierge »... Et de la céramique ! L'épicerie ouvre le dimanche de 10h à 13h d'avril à décembre.

MAISON DU VIN DES GRAVES DE VAYRES

Place du Général de Gaulle - **VAYRES**
✆ 05 57 74 86 42
www.gravesdevayres.com
Ouvert toute l'année. Du mardi au samedi de 10h à 12h30 et de 14h à 18h (jusqu'à 19h de novembre à avril).

Deuxième plus ancienne appellation du Bordelais, les Graves de Vayres ont été reconnues officiellement en janvier 1926. Nichée entre Bordeaux et Saint-Émilion, cette région viticole forme une enclave sur la commune de Vayres et la partie haute d'Arveyres. Aujourd'hui, une trentaine de domaines exploitent le terroir. La maison du vin des Graves de Vayres offre un espace de dégustation où les vins sont proposés à la vente au prix de la propriété, avec possibilité d'expédition.

MARCHÉ DE LIBOURNE

Le mardi, le vendredi et le dimanche de 8h à 12h30.

Le mardi, le vendredi ainsi que le dimanche, la bastide de Libourne s'anime au rythme du marché de plein air. De 8h à 12h30, les commerçants s'emparent de la jolie place Abel Surchamp et des rues adjacentes. Très prisé, le marché du dimanche reste le plus important et le plus vivant. Suite à l'incendie survenu dans la nuit du 2 septembre 2023, la Halle de Libourne est temporairement fermée, mais une Halle éphémère a ouvert ses portes, permettant aux habitués du marché couvert de retrouver leurs habitudes à quelques dizaines de mètres du bâtiment sinistré.

FELICITÀ TRATTORIA €€

56, avenue de Libourne
VAYRES
✆ 05 47 84 90 98
Du mardi au vendredi le midi ; du mercredi au samedi le soir. Menu enfant : 12 €. Formule du midi : 19 €. Terrasse.

A Vayres, le restaurant Lune a laissé place à Félicità Trattoria, la petite sœur de Félicità à Libourne, créée par les mêmes propriétaires. Dans un décor façon campagne chic, on découvre une cuisine italienne authentique et généreuse, où le savoir-faire artisanal se dévoile à travers des plats savoureux : pâtes, risottos, viandes… Le soleil dans les assiettes nous fait vite oublier la nostalgie de Lune. Un menu est proposé le midi, avec des suggestions à la carte, et des brunchs sont organisés à certaines dates (à consulter sur leur site ou Instagram).

© FELICITA TRATTORIA

© FELICITA TRATTORIA

LE PARADIS LIBOURNAIS

56, rue Jules Ferry
✆ 05 57 51 65 84
www.le-paradis-libournais.com
Ouvert du mardi au samedi de 9h à 19h ; le dimanche de 9h à 13h. Ouvert tous les jours en décembre.

Le Paradis Libournais offre une large sélection de vins, spiritueux, whiskies, rhums et digestifs. La cave propose également champagnes, crémants, bières et autres alcools pour l'apéritif. Sandrine est là pour vous conseiller. Pour les cadeaux, pensez aux accessoires liés au vin. Côté épicerie fine, une belle gamme de produits régionaux comme le sel de vin, foie gras, truffe, caviar et lamproie est disponible, ainsi que des sauces, huiles, vinaigres et quelques produits italiens. Les amateurs de sucreries y trouveront biscuits, chocolats et confiseries.

CHÂTEAU PENIN

39, impasse de Couponne
GÉNISSAC
✆ 05 57 24 46 98
www.chateaupenin.com
Du lundi au jeudi de 8h à 12h et de 13h à 17h, jusqu'à 16h le vendredi ; samedi sur rdv. Visite & dégustation gratuite.

© CARTEYRON FILS

Domaine familial depuis 1854, le Château Penin est issu d'un terroir de graves localisé, forçant les vignes à puiser profondément ses ressources. Le résultat ? Un raisin très concentré d'une grande maturité. Parmi les références : les cuvées *Natur*, vinifiées et conservées sans ajout de soufre. Les vins de la propriété sont récompensés par de nombreuses médailles. Au sujet du Château La Fleur Penin 2015, Saint-Émilion Grand Cru, l'Union de la Sommellerie Internationale parle de « grand art » et de « haute couture ». L'été, le Château reste ouvert entre 12h et 13h.

LA PETITE ÉCHALOTE

13, place du Doyen Carbonnier
✆ 05 57 25 36 06
Ouvert du mardi au samedi de 7h30 à 12h30 et de 15h30 à 19h30 ; le dimanche de 8h30 à 13h. Livraison à domicile.

Pâté en croûte Richelieu aux ris de veau et morilles, aux volailles, à la langouste… A la Petite Echalote, on sait comment ravir les papilles les plus exigeantes ! Et que dire du millefeuille pieds de cochon et foie gras ou des boudins blancs farcis au chorizo, basilic et pignons de pin ? La boucherie n'est pas en reste : côte de porc noir de Bigorre, filet de rumsteck au gras de bœuf, saucisses de veau aux citrons confits et sauge, bœuf Angus de Gascogne... Les recettes traiteur constituent de beaux et bons accompagnements. Pensez à la livraison à domicile.

RUSTICAM

33, route du Stade
SAINT-GERMAIN-DU-PUCH
✆ 05 57 24 54 98
www.rusticam.com
Ouvert du mardi au samedi de 9h à 12h et de 14h à 19h, et sur rdv.

Artisan ébéniste depuis 1983, Gérard Gajac reproduit le savoir-faire ancestral. Avec son fils Olivier, ils proposent le relooking de vos meubles. Un vrai savoir-faire qui lui permet de créer ou restaurer la cuisine de vos rêves sur mesure avec des agencements personnalisés. Envie d'un dressing, d'une bibliothèque, d'une salle de bain sur mesure ? Faites appel à eux ! Si vous leur rendez visite, vous découvrirez un espace où vous pourrez admirer de très beaux meubles, lampes, tableaux et miroirs... Vous plongerez dans un univers entre brocante et collection.

LA SAVONNERIE À FLEUR DE PEAU

48, rue Victor Hugo ✆ 06 86 11 17 59
www.lasavonnerieafleurdepeau.fr
Du mardi au vendredi de 10h à 12h et 13h30 à 18h ; le samedi de 10h à 18h. Boutique en ligne. Ateliers de démonstration.

Infirmière de formation et cavalière expérimentée, Elodie est tombée dans la potion magique de la création et l'artisanat par un heureux hasard, puis dans l'univers de la savonnerie et des alternatives de soins moins conventionnels. Aujourd'hui, la jeune femme se réjouit de l'ouverture de sa récente boutique à Libourne où elle vous propose ses propres savons artisanaux 100 % d'origine naturelle, notamment un savon au vin rouge. Vous trouverez aussi du shampoing solide, des baumes…

LIBOURNAIS

LA BARBE DE PAPA

102, avenue du Général de Gaulle
✆ 05 33 03 09 50
Ouvert du lundi au samedi de 9h30 à 19h45. Coupe à partir de 28 €. Barbe à partir de 23 €. Autres tarifs et prestations.

La Barbe de Papa est une chaîne de salons entièrement dédiés aux soins masculins. Ici, les messieurs viennent pour rafraîchir leur coupe, changer totalement de look, recevoir un soin du visage ou entretenir leur barbe à l'ancienne selon des rituels inspirés des barber shop de l'époque. Avec plus de 100 adresses implantées en France, dont celle-ci dans le centre commercial Carrefour Le Verdet à Libourne, cette chaîne au concept fort séduit par son style vintage mêlant cuir et bois, ses soins personnalisés et son expertise dans le soin de l'homme au pluriel.

ESPACE RANDO & RUNNING

81, avenue de Verdun
✆ 05 57 74 19 52
ww.espacerandorunning.fr
Ouvert du mardi au samedi de 10h à 19h.

Brassières, cuissards, combinaisons de triathlon, lunettes, montres GPS, bâtons, lampes frontales... Et des chaussures de trail, d'athlétisme ou de randonnée ! Ce spécialiste de la rando et du running a ouvert sa boutique il y a 10 ans, à Libourne. Au-delà de tout l'équipement, ce sont aussi de nombreux conseils que l'on pourra trouver ici. Mais aussi des pastilles d'hydratation, des barres énergétiques... Vous en aurez déjà un bel aperçu sur le site internet. Espace Rando & Running vous propose aussi un service *click & collect*.

100 % FRENCHY

29, rue Gambetta
https://100pour100frenchy.com/fr/
Ouvert du mardi au samedi de 10h à 13h30 et de 14h30 à 19h. Boutique en ligne.

© 100 % FRENCHY

Bientôt 10 ans que cette boutique de la rue piétonne de Libourne est l'endroit parfait pour faire le plein de cadeaux comme des cartes postales de la région et objets en tout genre pour les petits comme les plus grands. Car, on y trouve effectivement de jolies créations faites main par une dizaine de créateurs ainsi qu'une quarantaine de marques « made in France ». Pour toutes les occasions, et tous les budgets ! La boutique en ligne permet déjà d'avoir un bel aperçu, ou de pouvoir en profiter sans se déplacer grâce à la livraison gratuite à partir de 50 euros.

EVEIL DE SENS

14, quai de l'Isle ✆ 06 37 11 23 90
www.natahliegrigoletto.fr
Ouvert le lundi de 14h30 à 19h30 ; du mardi au vendredi de 9h30 à 19h30 ; le samedi de 9h30 à 18h30.

Le salon Éveil de Sens tenu par la lumineuse Nathalie Grigoletto depuis 4 ans, offre une véritable parenthèse de bien-être. Ici, pas de massage à la chaîne, mais une expérience sur-mesure, où chaque séance est adaptée à vos besoins. Nathalie prend le temps d'échanger avec chaque client avant le soin pour proposer un massage personnalisé. Attendez-vous à un moment de bien-être profond, où chaque geste est pensé pour vous ressourcer. Après le soin, prolongez votre détente dans le salon où une boisson chaude vous sera servie. Vous repartirez détendu et revitalisé.

THÉÂTRE LE LIBURNIA

14, rue Donnet ✆ 05 57 74 13 14
www.theatreleliburnia.fr
Billetterie du lundi au vendredi de 10h30 à 12h30 et de 13h30 à 17h (en continu les soirs de spectacle). Restauration.

D'une capacité de 544 places, le Liburnia bénéficie des dernières avancées technologiques en matière d'acoustique, d'éclairage et de mise en scène. L'espace scénique couvre près de 80 m², assurant une expérience immersive, tandis que l'accessibilité aux personnes à mobilité réduite est soigneusement prise en compte. À l'extérieur, l'ancienne façade en pierre a été préservée et harmonieusement intégrée dans une nouvelle façade en verre. Avec une programmation éclectique et pluridisciplinaire, le Liburnia programme près d'une quarantaine de spectacles chaque saison.

LA CALINÉSIE

DES LAGONS POUR TOUTE LA FAMILLE

Au cœur du splendide décor naturel du Lac des Dagueys, cet immense complexe aquatique accueille toute l'année les sportifs et les adeptes de détente. Rencontre avec Jean-Louis Arcaraz, conseiller délégué à la Communauté d'agglomération du Libournais en charge des sports.

Qu'est-ce qui fait de La Calinésie un lieu à part ?

La Calinésie est l'un des rares centres aquatiques en France proposant une architecture bioclimatique et une gestion énergétique optimale : chaudière à bois pour les bassins, puisage de l'eau dans le lac, filtration céramique/cuivre et traitement à l'ozone des bassins, parking à ombrières photovoltaïques… L'engagement écologique est vraiment au cœur de notre identité.

Et concernant les équipements ?

On trouve différents espaces, à commencer par un lagon sportif avec deux bassins de 25 mètres et 21 mètres. Il y a également un lagon ludique avec rivière à courant, canons à eaux, toboggan lumineux intérieur et distributeurs de snacks, ainsi qu'un lagon détente, vraie parenthèse de bien-être de 600 m² avec sauna, hammams, bain bouillonnant, bassin de relaxation, bassin nordique, massages… Le lagon d'été, ouvert de juin à septembre, est dédié au fun et aux sensations fortes avec plusieurs toboggans dont deux culminent à 18 mètres de hauteur ! Des aires aquatiques sont conçues pour les plus jeunes et une offre de restauration rapide ainsi qu'un espace pique-nique sont à disposition de tous.

Y'a-t-il des activités aquatiques ou des animations spéciales ?

Absolument ! Il y a des cours d'aquagym pour différents niveaux, du parcours training, les bébés nageurs… Toutes nos activités sont encadrées par des professionnels diplômés et formés spécifiquement pour ces activités.

En parallèle, nous organisons régulièrement des journées ou soirées thématisées comme les soirées zen ou salsa, des sessions d'aquabike géant, des concerts ou DJ set… Le programme est annoncé sur nos réseaux.

Comment venir ?

Depuis la gare de Libourne, la ligne 8 du réseau Calibus dépose gratuitement devant le centre aquatique. Mais, vous pourrez également emprunter les lignes 2 et 4. Et puis, il y a également une station de location de vélos en libre-service Calivélo tout proche. En voiture, La Calinésie se trouve à 40 minutes de Bordeaux.

© LA CALINÉSIE

LA CALINÉSIE
11, rue de Logroño
✆ 05 24 24 02 80
https://www.la-calinesie.fr/

LA CALINÉSIE

11, rue de Logroño ✆ 05 24 24 02 80
https://www.la-calinesie.fr/

Ouvert toute l'année sauf du 15 au 26 décembre 2025. A partir de 4,20 €/adulte et 3,10 €/enfant. Autres tarifs.

Aussi bien pour les habitants du Libournais que les touristes en quête de détente et de loisirs aquatiques, La Calinésie offre des équipements pour tous les âges : un lagon détente avec sauna et hammam pour les adultes, un lagon sportif pour faire des longueurs et un lagon ludique avec des toboggans pour les plus jeunes. L'été, un lagon extérieur et une aire de pique-nique permettent de profiter pleinement des beaux jours en famille. De nombreuses activités comme l'aquabike ou l'aquaboxing complètent l'offre pour une expérience aquatique variée et dynamique.

LA TABLE DE CATUSSEAU €€

86, route de Catusseau ✆ 05 57 84 40 40
www.latabledecatusseau.fr

Ouvert du mardi au samedi le midi ; le mardi et du jeudi au samedi le soir. Menus de 46 à 71 €. Formule du midi : 28 €.

A la Table de Catusseau, le chef Kendji Wongsodikromo imagine des recettes raffinées, teintées de soleil et de produits du Sud-Ouest dans un esprit bistronomique. De grands moments pour nos papilles, c'est certain ! Le menu « Catusseau » est une jolie façon de découvrir la cuisine de ce chef néo-calédonien. Vous pourrez également vous laisser surprendre par le menu surprise « inspiration du chef » en 4 services et pour l'ensemble des convives. Expérience gustative garantie, y compris si vous choisissez la formule du midi en semaine. Réservation recommandée.

VERTI'GO PARK

51, rue de Chaperon Grangère
✆ 05 57 84 01 97
www.vertigo-park.com

Ouvert toute l'année. Jours et horaires d'ouverture variables. Tarifs des activités en ligne. Restauration. Animations.

Verti'Go est un centre d'activités pour les enfants à partir de 6 ans et pour les plus grands, car sans limite d'âge ! Non loin de la gare de Libourne, le complexe Verti'Go a investi les anciennes halles Sernam. Profitant d'un parking de 180 places et d'un vaste espace de 3 800 m², c'est le lieu de rendez-vous idéal pour les familles et les amis qui souhaitent se retrouver pour une bonne dose de fun. Au programme : bowling, billards, trampoline park, laser quest, escape quest, quiz room et jeux d'arcades. Et La Cervoiserie pour découvrir l'une des 350 bières.

CHÂTEAU BELLEGRAVE

Lieu-dit René
✆ 05 57 51 20 47
www.bellegrave-pomerol.com

Ouvert du lundi au vendredi de 9h à 12h et de 14h à 18h ; le samedi sur rendez-vous. Visite et dégustation : 15 €.

Depuis plus de 70 ans, les vins du Château Bellegrave sont cultivés par la famille Bouldy dans le respect et l'amour des vignes. En 2001, Jean-Marie Bouldy, deuxième génération, amorce la conversion du domaine en bio afin de préserver au mieux les qualités de ce terroir particulier. Toutefois, ce n'est qu'en 2009 que la conversion à l'agriculture biologique contrôlée devient officielle. Pour comprendre comment et pourquoi de tels changements se sont opérés, n'hésitez pas à saisir l'opportunité de visiter la propriété. Passionnant ! Dégustation seule possible.

POMEROL ★

L'appellation Pomerol connaît une renommée mondiale. Et c'est ici, sur les terres de Pomerol (du latin *pomum*, « fruit à pépins ») que l'on produit le Château Pétrus, le vin le plus cher au monde ! Ancienne commanderie de Saint-Jean-de-Jérusalem, le village était une étape importante vers Saint-Jacques-de-Compostelle. La donation de la terre de Barbanne par le seigneur Guillaume de Ségur et ses frères constitue l'acte fondateur de la commanderie. A voir : l'église romane partiellement démolie au XIXe siècle et reconstruite en 1899 par l'architecte Hosteing, l'ancien presbytère, quelques belles demeures, sans oublier les vignobles : bonne dégustation !

Pomerol.

LIBOURNAIS

CHÂTEAU DES ANNEREAUX

5, route des Annereaux - **LALANDE-DE-POMEROL**
05 57 51 03 01
http://annereaux.com/
Ouvert du lundi au vendredi de 9h à 12h et 14h à 17h30. Visite et dégustation gratuites sur rdv, y compris le week-end.

Ce château construit en 1598, appartenant à la famille Annereau présente sur ces terres depuis 1390, raconte une belle histoire. Le propriétaire, Dominique Hessel, n'a eu de cesse de faire perdurer le travail entamé. Après avoir obtenu la certification en Agriculture Raisonnée en 2005, la conversion vers l'Agriculture Biologique a été entreprise en 2007 (certification ECOCERT). Le château a été certifié B Corp en octobre 2023. Les trois vins à découvrir sont le Grand Vin le Château des Annereaux, le Château des Biscarrats et le vin de bordeaux l'Ane mort.

CHÂTEAU SIAURAC

Lieu dit Ciorac - **NÉAC**
05 57 51 64 58
www.siaurac.com
Visite & dégustation : 15 € ; visite du parc paysager : 8 €. Sur rdv uniquement. Animations. Réceptions et séminaires.

Propriété historique de l'Appellation Lalande de Pomerol, Château Siaurac est un vignoble certifié HVE de niveau 3 depuis 2018. Les origines du vignoble remontent au XVIIIe siècle. Les Bois Percés dessinés à cette époque constituent un ensemble boisé unique dans le département. Un parc romantique, à l'anglaise, a été ajouté à la fin du XIXe par Louis Bernard Fischer, architecte paysagiste du jardin public à Bordeaux. Le parc paysager porte le label Jardin Remarquable depuis 2015. L'ensemble bâti et le parc sont inscrits sur la liste des Monuments historiques.

SYNDICAT VITICOLE ET MAISON DES VINS DE POMEROL

8, rue Tropchaud
05 57 25 06 88
www.vins-pomerol.fr
Ouvert du lundi au vendredi de 9h30 à 12h et de 14h30 à 17h30 ; du mardi au samedi en août.

Conçue et réalisée par l'architecte P. Teisseire, la Maison des Vins, attenante au Syndicat Viticole de Pomerol, est un espace dédié à la vente et à la promotion de l'appellation Pomerol. Vous y trouverez un grand choix de crus de Pomerol vendus au prix château. Le meilleur accueil vous sera réservé. De son côté, le Syndicat viticole regroupe tous les viticulteurs de l'appellation Pomerol et œuvre pour la défense et la promotion de ses vins. Les expéditions sont désormais possibles.

VIGNOBLES BEDRENNE

3, rue du 8 mai 1945 - **LALANDE-DE-POMEROL**
05 57 51 46 75
www.vignobles-bedrenne.com
Ouvert tous les jours de 9h à 12h et de 14h à 18h. Visite et dégustation : 20 €. Initiation à l'œnologie : 25 €.

Au cœur du village de Lalande-de-Pomerol, à proximité de l'église des anciens hospitaliers de Saint-Jean-de-Jérusalem, les vignobles Bedrenne méritent bien une visite. Les vignes s'étendent sur trois appellations renommées : AOC Lalande-de-Pomerol, AOC Montagne-Saint-Émilion et AOC Bordeaux Supérieur. Monique Bedrenne apporte sa touche féminine tout en préservant le caractère distinctif du vin de Lalande-de-Pomerol. En collaboration avec son fils Rémi, ils assurent toutes les étapes, de la culture des vignes à la commercialisation des vins.

VIGNOBLES CHATONNET

Chemin des Trois Bois - **NÉAC**
05 57 51 31 31
www.vignobleschatonnet.com
Visites/dégustations de 15 à 40 €/pers. Ateliers sensoriels autour du vin. Meublé de tourisme. Mariages & réceptions.

Au Château Haut-Chaigneau, où sont organisées les visites et dégustations, tout est fait pour célébrer l'univers du vin. Il est important de noter que ce site a été distingué par un Best Of Wine Tourism dans la catégorie Architecture, Parc et Jardin. Une passion sincère et le respect des traditions animent ce domaine familial, qui se distingue par la production régulière de vins médaillés et salués par les critiques internationaux. Du chêne pour les fûts à la technique d'embouteillage, rien n'est le fruit du hasard. Le vignoble est conduit en agro-synergique.

VIGNOBLES MONCETS ET CHAMBRUN

Chemin de Roussillon - **NÉAC**
05 57 51 19 33 - www.moncets-chambrun.com
Ouvert du lundi au vendredi de novembre à mars ; tous les jours d'avril à octobre. Visites et dégustations de 7 à 30 €.

En 2015, les Vignobles Moncets & Chambrun ont initié une transformation majeure pour pérenniser leur activité. Le vignoble et le chai ont été réaménagés, et le Château de Chambrun intégré. L'exploitation s'étend aujourd'hui sur 33 ha répartis en 43 parcelles. En plus de la lutte raisonnée, une conversion à l'agriculture biologique est en cours. Un étang a également été créé dans le parc du château pour promouvoir la biodiversité et enrichir l'écosystème. Une initiative exemplaire !

© CHATEAU LA FLEUR DE BOUARD

© CHATEAU LA FLEUR DE BOUARD

© CHATEAU LA FLEUR DE BOUARD

CHATEAU LA FLEUR DE BOÜARD

12, Bertineau - **NÉAC**
✆ 05 57 25 25 13 - www.lafleurdebouard.com

Ateliers, visites et dégustations sur réservation. Chai des lumières de 15 € à 25 €. Restauration. Hébergements.

Plongez dans l'expérience... Proche des confluents de la Dordogne et de l'Isle, le Château La Fleur de Boüard n'est pas un château comme les autres. Vous retrouverez les Maisons de la Fleur pour une délicieuse escapade dans les vignes, la table d'hôtes revisitée et les visites et dégustations de haut niveau... Et s'il y a bien quelque chose à ne pas manquer, c'est le *Chai des Lumières*; un spectacle de son et lumière où les images glissent sur les murs et les cuves suspendues. Unique !

© CHATEAU LA FLEUR DE BOUARD

© CHATEAU LA FLEUR DE BOUARD

SAINT-EMILION ★★★

Cette cité médiévale a été fondée au VIIIe siècle par un moine breton, Emilian. À la fin du XIe siècle, les bénédictins entreprirent de creuser l'église monolithe, une œuvre monumentale qui nécessita une dizaine d'années de travail. Au cours des siècles suivants, des religieux d'autres congrégations élevèrent des couvents et des églises dans la ville puis la ceinturèrent de remparts. Jean sans Terre fonda véritablement la cité en 1199 et lui donna une organisation politique sous forme de jurade. Entourée de coteaux calcaires, Saint-Emilion se consacre au vin et commerce avec l'Angleterre pendant la guerre de Cent Ans. La ville se couvrit de maisons bourgeoises et d'hôtels particuliers, tandis que les riches propriétaires entreposèrent leur vin dans 70 hectares de galeries souterraines. De tous les villages de France, Saint-Emilion est certainement l'un des plus riches en Monuments historiques. Il y a notamment l'église troglodytique Saint-Pierre construite du IXe au XIIe siècle, les carrières, les catacombes, la chapelle de la Madeleine, la commanderie, le couvent des Cordeliers et celui des Dominicains. Saint-Emilion est aussi une étape rituelle vers Saint-Jacques-de-Compostelle, les pèlerins y honorant les reliques de saint Emilion dans l'église souterraine. Le portail du couvent des Jacobins est orné d'une sculpture du XVe siècle. Saint-Emilion est enfin le premier vignoble inscrit au patrimoine mondial par l'Unesco. Ses paysages autant que son patrimoine, ses saveurs et le charme de cette cité de caractère vous séduiront à coup sûr.

CHÂTEAU SOUTARD

✆ 05 57 24 71 41

www.chateau-soutard.com

Activités œnotouristiques sur réservation. Parcours nature et location de vélos. Hébergements. Réceptions & séminaires.

Construit au XVIIIe siècle, le Château Soutard se dresse tel un mastodonte au milieu d'un tapis verdoyant. À moins d'un kilomètre du centre de Saint-Émilion, le vignoble situé au cœur du plateau calcaire de l'Appellation s'étend aujourd'hui sur 30 hectares. Le Château Soutard a développé une activité œnotouristique assez riche avec des visites guidées plus ou moins approfondies, un parcours à vélo pour découvrir le vignoble, des pique-niques à la propriété élaborés par un chef… Le Château Soutard abrite aussi une charmante maison d'hôtes avec trois chambres.

SAINT-ÉMILION SOUTERRAIN

✆ 05 57 55 28 28

www.saint-emilion-tourisme.com

Ouvert toute l'année. De 8 € à 15 € (gratuit jusqu'à 6 ans). Visite guidée sur réservation. Chèques vacances.

Une immersion au cœur de la pierre calcaire pour une découverte exclusive du patrimoine souterrain de Saint-Émilion, cela vous tente ? De l'histoire du moine fondateur du village au creusement de la surprenante église monolithe, la visite « Saint-Émilion souterrain » vous permettra de découvrir 4 monuments incontournables : l'ermitage d'Emilion, la chapelle de la Trinité et ses peintures médiévales, les catacombes ainsi que l'église souterraine. Seul un guide pourra vous ouvrir les portes de la plus vaste église monolithe d'Europe. Une visite incontournable !

© ESPERANZA33 - ISTOCKPHOTO

Le village de Saint-Emilion.

CLOÎTRE DES CORDELIERS

2, rue de la Porte Brunet
✆ 05 57 24 42 13
www.lescordeliers.com

Ouvert toute l'année. Visite traditionnelle à partir de 13,50 € (gratuit pour les -10 ans) ; visite en Tuk-tuk : 30 €.

Classé Monument historique et inscrit au Patrimoine mondial de l'Unesco, le cloître des Cordeliers date du XIVe siècle. À cette époque, Les Cordeliers, qui cultivaient déjà la vigne, ont occupé les lieux jusqu'à la Révolution française. À la fin du XIXe siècle, les sous-sols furent transformés en chais et en caves. Après une visite commentée du cloître, des jardins et des caves à 20 mètres sous terre, vous découvrirez et appréhenderez la méthode traditionnelle de production des vins effervescents. Le tuk-tuk tour inclut une visite du vignoble de Saint-Emilion.

LA TOUR DU ROY

Rue des Jurats
✆ 05 57 55 28 28
www.saint-emilion-tourisme.com

Ouvert de février à mi-novembre (horaires variables selon la saison). Tarif : 2 € (gratuit jusqu'à 6 ans).

Le « castel du roy », autrement dit « la tour du Roy », est le seul donjon encore intact en Gironde. Ce superbe édifice de 32 mètres de haut est donc un incontournable à Saint-Émilion. Pour partir à l'assaut de ce témoin du passé, il vous faudra gravir ses 118 marches, mais l'effort sera rapidement suivi du réconfort tant la vue panoramique sur la ville est superbe. Construit au cours du XIIIe siècle, le donjon fut utilisé comme citadelle défensive jusqu'à la fin du XVIe siècle. On y proclame le Jugement du Vin Nouveau et le Ban des Vendanges.

OFFICE DE TOURISME DU GRAND SAINT-EMILIONNAIS

Place des Créneaux ✆ 05 57 55 28 28
www.saint-emilion-tourisme.com

Qualité Tourisme. Ouvert toute l'année (hors 25 décembre). Jours et horaires d'ouverture variables selon la saison.

L'Office de Tourisme du Grand Saint-Emilionnais propose tout un panel de visites guidées et organise vos séjours pour partir à la découverte des sites et des monuments ainsi que des domaines et des vignobles. Sans oublier les visites inédites lors des grands événements ! La plateforme de réservation en ligne vous permet aussi d'organiser votre venue plus facilement et de réserver en avance vos visites. L'Office recense les cours d'œnologie et les initiations à la dégustation.

CHÂTEAU CORMEIL FIGEAC

3, Cormeil
✆ 05 57 24 70 53
www.cormeil-figeac.com

Visites & dégustations. Atelier « les apprentis vignerons » pour les enfants de 3 à 15 ans (12 €/enfant et 6 €/adulte).

Mais qu'il s'en passe des choses au château Cormeil Figeac ! Visites & dégustations, repas de groupe autour des barbecues géants, pique-nique à la propriété... Pour les enfants ? Un atelier dédié ! L'atelier des apprentis vignerons est réservé aux enfants de 3 à 15 ans. Munis d'un panier de vendangeur, ils iront dans les vignes pour récolter des feuilles, des fleurs de saison... Puis, ils apprendront à déguster du jus de raisin comme les pros. Pendant ce temps, les parents pourront tranquillement déguster 3 vins de la propriété. Profitez ensuite de la piscine.

CHATEAU DE PRESSAC

SAINT-ETIENNE-DE-LISSE
✆ 05 57 40 18 02
https://www.chateaudepressac.com

Boutique. Visites et dégustations de 28 € à 75 €/personne (uniquement sur réservation).

Chaque année, les portes du Château de Pressac s'ouvrent à quelque 10 000 visiteurs. Habité par ses propriétaires, l'édifice récompensé par un Best of Wine tourisme 2025 dans la catégorie *architecture et paysage*, est perché au-dessus de la Dordogne et des coteaux de Saint-Émilion. Les visites sont ainsi l'occasion de découvrir ce Grand Cru Classé de Saint-Émilion par son histoire, notamment pendant la bataille de Castillon. Vous visitez les anciens et nouveaux chais. La dégustation à l'aveugle vous permettra d'évaluer les qualités de 4 vins de la propriété.

La tour du Roy - Saint-Émilion.

CHÂTEAU LA RENOMMÉE

Le Maine - **SAINT-LAURENT-DES-COMBES**
✆ 05 57 50 57 59
www.chateaularenommee.com
Vignobles et Découvertes. Visites et dégustations. Balades en Segway et/ou vélo électrique de 19 € à 99 €. Hébergement.

Faire une balade en Segway ou en E-vélos pour découvrir les paysages de Saint-Émilion lors d'une activité 100 % écologique et plaisir, ça vous tente ? Trois balades guidées vous sont proposées en français et en anglais : la petite balade dans les vignes (15/20 min en mode initiation), la découverte du vignoble et de la rivière Dordogne (1h) ou la visite des Grands Vignobles (2h). Chaque balade est suivie de la visite du chai et d'une dégustation au Château La Renommée. Vous pourrez également vous initier à la dégustation et séjourner dans l'un des 3 cottages.

CHÂTEAU LAROQUE

SAINT-CHRISTOPHE-DES-BARDES
✆ 05 57 24 77 28
www.chateau-laroque.com
Visite et dégustation sur rendez-vous du lundi au vendredi.

Avec sa puissante tour du XIIe siècle, le Château Laroque en impose. Laroque fait effectivement figure de place forte dominant Saint-Emilion. Grand Cru Classé à l'occasion du classement de 1996, le Château Laroque demeure le plus grand domaine viticole de Saint-Emilion avec 61 hectares plantés sur un plateau calcaire. L'encépagement retient les deux grandes variétés de Saint-Emilion : le merlot et le cabernet franc. Profitez d'une visite suivie d'une dégustation pour admirer la superbe architecture et vous promener dans le parc.

LE TRAIN DES GRANDS VIGNOBLES

✆ 05 57 51 30 71
www.train-des-grands-vignobles.com
De Pâques au 11 novembre. Adulte : 8 €. Enfant : 7 €. Train, visite et dégustation : 14,50 €. Billetterie en ligne.

Ce petit train touristique vous guidera à travers le magnifique terroir de Saint-Emilion. Cette excursion de 35 minutes vous invite à découvrir les châteaux les plus prestigieux de l'appellation. Si vous avez plus de temps, nous vous conseillons d'opter pour la balade commentée, qui, à mi-parcours, vous permet de faire une halte au château Rochebelle, Grand Cru classé, pour une visite de cave monolithe du XVIIIe et une dégustation. Consultez les horaires de départ sur le site internet.

LOVELEC33

1, place du Chapitre et des Jacobins
✆ 06 82 72 15 64
Ouvert de mars à octobre. De 29 € à la demi-journée à 100 € pour 3 jours. Sur réservation pour une location avec guide.

Lovelec33 n'est pas un loueur de vélos électriques comme les autres. À Saint-Émilion, aux Caves du Manoir, mais aussi à Libourne (esplanade de la République), vous pourrez louer un vélo à la demi-journée, à la journée ou sur plusieurs jours pour une virée au cœur du vignoble. Outre les nombreuses visites gratuites téléchargeables et personnalisables, les équipes de chez Lovelec33 peuvent aussi vous proposer des circuits clé en main incluant des visites et des dégustations. Sur réservation 72 heures à l'avance, vous avez la possibilité d'être accompagné d'un guide.

VÉLOCE

1 bis, place Bouqueyre ✆ 07 65 22 49 93
https://veloce-location.fr
Ouvert toute l'année. Location, livraison et entretien de vélos. Forfait One Way = 10 € / vélo. Autres tarifs en ligne.

Historiquement à Saint-Médard-en-Jalles sous le nom commercial Oxy'jeune, Antoine et Gauthier, deux frères passionnés de vélos, ont trois agences Véloce® à travers la Gironde. Il y a Bordeaux, le Cap Ferret et Saint-Émilion… trois adresses de départ et trois adresses de retour, avec un forfait *One Way* hyper attractif ! Autrement, Véloce® fonctionne comme n'importe quelle agence de location et d'entretien de vélos à la différence notable que les garçons s'appuient sur une équipe de guides diplômés, locaux et experts pour vous proposer des visites guidées.

YELLOH ! VILLAGE - SAINT-ÉMILION**** €

1000, route de Trimoulet ✆ 05 57 24 75 80
www.camping-saint-emilion.com
Ouvert de mai à septembre. Cottage (4 pers.) dès 385 €/semaine. Emplacements à partir de 182 €/semaine. Piscines.

Situé au milieu des vignes à 3 kilomètres du centre-ville historique de Saint-Emilion, ce superbe camping****, membre de la chaîne « Yelloh ! Village » s'étend sur près de 10 hectares, en bordure d'un vaste lac. On peut venir y planter sa tente, s'installer avec sa caravane ou son camping-car, louer un chalet ou un mobil-home ou encore prendre possession d'un cottage flottant. Le cadre est magnifique ! Bar, snack, épicerie… Tout se concentre autour d'une grande place de village.

AUBERGE DE LA COMMANDERIE*** €€

2, rue de la Porte Brunet
✆ 05 57 24 70 19
www.aubergedelacommanderie.com

Fermeture annuelle à Noël. Chambre double à partir de 85 €. Chambre familiale à partir de 105 €. Petit déjeuner : 15 €.

L'Auberge de la Commanderie est idéalement située en plein cœur de la cité médiévale, offrant une vue panoramique sur les monuments et le vignoble de Saint-Emilion. Dans une ancienne maison templière chargée d'histoire, cette Auberge respire l'authenticité et offre le charme tranquille d'un hôtel familial. Très agréable, la décoration des chambres est élégante, saupoudrée de matières brutes comme le bois dont les teintes ont été adoucies pour créer les têtes de lit.

CHÂTEAU HAUT-BRISSON €€

5, lieu-dit Brisson - **VIGNONET**
✆ 05 57 74 93 32
https://haut-brisson.com/

Ouvert toute l'année. 5 chambres de 200 € à 300 €/nuit. Petit-déjeuner inclus. Visite et dégustation offertes.

Après l'acquisition du Château Haut-Brisson en 2019 par Stéphane Schinazi, de grands travaux de réaménagement et de rénovation ont été entrepris. Les 5 chambres d'hôtes avec salle de bains privative ont été imaginées comme de chics appartements à la française, avec une touche de Piet Mondrian. Les couleurs vives et chaleureuses s'invitent sur les murs et le mobilier. Les lignes et les courbes mettent en valeur les matières et les volumes. La salle à manger et le salon communs sont des espaces très accueillants. Avec les vignes et le jardin sous les fenêtres...

CHÂTEAU LA GRANDE CLOTTE €€

Lieu-dit La Clotte - **LUSSAC** ✆ 06 49 77 23 97
http://lagrandeclotte.com/

Ouvert toute l'année. 5 chambres à partir de 130 €/nuit. Visite & dégustation inclus. Location vélos électriques.

Quand ils se sont rencontrés en 2011 sur les bancs de l'Ecole Nationale Supérieure des Sciences Agronomiques de Bordeaux, Julie et Mathieu ne savaient pas encore qu'ils allaient devenir ingénieurs œnologues, mari et femme et propriétaires d'un domaine viticole sous l'appellation Lussac-Saint-Émilion. Ils ne savaient pas non plus que le Château La Grande Clotte serait récompensé par un Best of Wine Tourism dans la catégorie *Hébergement à la propriété* pour ses deux chambres d'hôtes de 40 m² (pour 2 personnes) entre leur maison et le chai. Dégustation comprise !

CHÂTEAU PIERRE DE LUNE €€

3, magnan
✆ 05 57 24 68 12
www.chateau-pierredelune.com

Chambres de 110 € à 140 € pour 2 personnes. Petit déjeuner inclus. Séminaires. Table d'hôtes à partir de 6 personnes.

Comme une maison de campagne... En 1999, Véronique et Tony Ballu acquièrent un hectare de vignes en appellation Saint-Émilion, puis une belle demeure girondine en pierre en 2004. C'est ainsi que naît le château Pierre de Lune. Pour découvrir son histoire et ses vins, vous pourrez y séjourner seul ou en famille. Plusieurs chambres, les chambres sont dotées d'un lit double ou de lits jumeaux (sur demande), et offrent toutes une vue sur le jardin. La chambre « *La Vigne* » dispose quant à elle d'une entrée indépendante et d'une vue sur les vignes.

CHÂTEAU TROPLONG MONDOT €€

1, Lieu-dit Mondot ✆ 05 57 55 38 28
www.troplong-mondot.com

Ouvert toute l'année. Chambre double de 250 € à 495 €/nuit ; chambre familiale (4 pers.) de 415 € à 590 €. Pdj inclus.

Le Château Troplong Mondot domine un terroir unique. A l'abri de la glycine qui grimpe au coin de la maison, la chambre Edouard, accessible aux personnes à mobilité réduite, se pare de bois et d'étoffes carmin. Nichée sous les toits, la seconde chambre double s'offre une vue sur le clocher de l'église monolithe de Saint-Emilion. La Maison des vignes s'adresse à ceux qui rêvent d'indépendance et de charme. Petit déjeuner, goûter, bouchées raffinées, dîner... Faites confiance au chef David Charrier du restaurant Les Belles Perdrix, pour vous régaler à toute heure.

AUX DUCS DE SIENNE €€

25, Grand Rue - **MONTAGNE**
✆ 05 64 31 31 00
www.auxducsdesienne.com

Toute l'année. Chambres & suites familiales de 177 € à 632 €/nuit. Fitness & putting green. Spa. Salon de coiffure.

La « petite Toscane » à un jet de pierres de Saint-Émilion ! Cet ancien presbytère de Montagne, entièrement rénové, propose de belles chambres offrant soit une terrasse privative, soit une vue imprenable sur les vignes et les vallons, jusqu'aux Moulins de Calon ou l'église Saint-Martin. Un cadre enchanteur ! Les salles de bains modernes sont équipées de sols chauffants pour un confort optimal. Côté gastronomie, c'est le chef Gabriel Ferrant qui régale les convives. Pour parfaire le séjour, des services tels que coiffure, manucure ou massages sont proposés.

GÎTE DU CHÂTEAU FRANC GRÂCE-DIEU €€

Lieu-dit la Grâce Dieu © 06 61 30 48 06
www.chateaufrancgracedieu.fr
Ouvert toute l'année. Gîte (5 chambres, 10 à 12 personnes) de 1 800 € à 2 200 €/semaine. Ménage de fin de séjour : 75 €.

Au Château Franc Grâce-Dieu, on profite d'espaces au charme indéniable, tels que le salon ou la superbe bibliothèque dans lesquels on a plaisir à passer de douces heures de relaxation au calme. Amateurs d'échecs ? Un échiquier géant vous attend. La pierre, les cheminées et le carrelage ancien sont mariés avec goût aux touches modernes présentes dans la décoration. Décorées différemment les unes des autres, les chambres vous offrent des vues sur les vignes, le parc ou le jardin.

AU LOGIS DES REMPARTS*** €€

18, rue Guadet © 05 57 24 70 43
http://logisdesremparts.com
Ouvert de fin janvier à novembre. Chambre double à partir de 182 € ; suite à partir de 317 €. Petit déjeuner : 18 €.

Bien situé, l'hôtel Au Logis des Remparts vous reçoit dans un cadre absolument magnifique. Avec ses beaux extérieurs, ses terrasses arborées, sa piscine et ses vues imprenables sur les vignes, l'hôtel a les atouts pour vous plaire. Soigneusement décorées dans un style contemporain, les chambres sont parfaitement équipées. Peut-être aurez-vous la chance de séjourner dans l'une des suites de La Maison Gothique, le seul monument historique privé de Saint-Emilion du XVe siècle. L'établissement ne répond pas aux normes d'accessibilités pour les personnes handicapées.

LE JARDIN VILLEMAURINE €€

7, rue Villemaurine Sud © 06 60 30 71 61
www.lejardinvillemaurine.com
Toute l'année. Pour 8 personnes (140 m², 3 chambres). A partir de 240 €/nuit. Stationnement sur place. Animaux acceptés.

A 300 mètres à pied du cœur historique de Saint-Émilion, cette belle maison en pierre dotée d'une place de parking, cache un agréable jardin clos avec une terrasse en bois et un véritable coin barbecue. Le gîte possède 2 chambres et 2 salles de bains, toutes situées à l'étage. Avec ses 2 lits superposés de 90, la troisième chambre est plutôt pour des enfants. Du jardin à la maison, tout est parfaitement entretenu. Le salon et la cuisine sont des pièces particulièrement chaleureuses. Coup de cœur pour la décoration ! Les serviettes et le linge de lit sont fournis.

PARCEL - CHÂTEAU CHAMPION €€

762, route de Champion - **SAINT-CHRISTOPHE-DES-BARDES** © 01 76 40 29 90
www.parceltinyhouse.com
Ouvert toute l'année. A partir de 129 €/nuit. Petit déjeuner : 12 €. Visite du chai et dégustation gratuite.

Parcel. a installé sa première *tiny house* dans les vignes du Château Champion. L'idée ? Proposer des séjours hors du temps, une initiation au *slow life* et au tourisme écoresponsable. Pas de voisin ni wifi ou TV, mais l'essentiel pour se retrouver et découvrir la beauté de la région. Fabriquée en France et construite en bois douglas issu de forêts éco-sourcées des Landes, la Tiny House est bien équipée avec un lit *queen size*, une cuisine, une douche écologique et des toilettes sèches.

LOGIS DES CORDELIERS €€

7, rue Porte Brunet © 07 69 03 80 55
www.logis-des-cordeliers.com
De Pâques à fin octobre. De 140 € à 160 €/nuit en basse saison et 170 € à 190 € en haute saison. Petit déjeuner : 17 €.

Le Logis des Cordeliers est une maison en pierres datant du XVIIIe siècle. Elle est située en plein centre de la ville, avec des vues privilégiées sur les plus beaux monuments. Les deux grandes fenêtres de la chambre du Roy offrent un superbe panorama sur la tour du Roy, le clocher et l'église monolithe. La chambre de Bacchus donne face au Cloître des Cordeliers. Spacieuses et de caractère, les chambres sont décorées avec goût (meubles de style, murs en pierre, parquet au sol...). Un parking gratuit (à partir de 19h) se trouve à moins de 50 mètres de la maison.

PAVILLON DES MILLÉSIMES €€

3, rue de Lincent - **LUSSAC**
© 07 60 56 77 34
https://pavillon-des-millesimes.fr/
Chambre double à partir de 180 €. Petit déjeuner inclus. Piscine. Table d'hôtes privée. Massages sur réservation.

C'est grâce à Nathalie et David que ce lieu chargé d'histoire a retrouvé toute sa splendeur. Ils ne manqueront pas de partager avec vous leur amour pour ce bel hôtel particulier du XIXe siècle situé au cœur d'une des régions viticoles les plus prestigieuses. Les chambres portent des noms évocateurs : Magnum, Impériale, Marie Jeanne (pour 2 adultes + 1 enfant dès 10 ans), Balthazar... La piscine chauffée est ouverte de mai à fin septembre tandis que le bain bouillonnant est accessible du 15 avril au 15 octobre. La Table du Pavillon est une table d'hôtes privée.

LIBOURNAIS

D'EMILION DE SENS €€€

181, lieu-dit Poncet - **GARDEGAN-ET-TOURTIRAC**
✆ 06 20 09 07 35
www.demiliondesens.com
Lodges sur pilotis (2 personnes) à partir de 285 €/nuit avec bain bouillonnant privatif. Yourte à partir de 175 €/nuit.

Perchées à 4 et 5 mètres du sol, deux lodges sur pilotis vous offrent une vue imprenable sur les vignes de Saint-Emilion. L'une est décorée sur le thème du vin, l'autre dans une ambiance zen. Plus terre à terre ? Johann et Aurélie ont fait l'acquisition d'une grande yourte de 30 m². Chaque hébergement dispose d'un bain à remous privé en terrasse, et des options telles qu'une cave à vin, des plateaux gourmands, un massage bien-être... Les amoureux pourront opter pour le forfait love avec pétales de rose, bougies... Des vélos électriques sont à votre disposition.

POLLO O MANZO €€€

25, Grand Rue - **MONTAGNE**
✆ 05 64 31 31 02
www.polloomanzo.fr
Toute l'année. Tous les jours le midi. Plats de 17 € à 24 €. Menu gastronomique le dimanche midi à 37 €. Terrasse.

Niché aux Ducs de Sienne, sous la direction du chef Gabriel Ferrant, également aux commandes de La Réserve du Presbytère, le Pollo ou Manzo propose désormais une carte résolument italienne. Avec une terrasse surplombant le jardin et les vignes en contrebas, le restaurant séduit par sa décoration mêlant raffinement et touches contemporaines. Côté rôtisserie, ne manquez pas le poulet à la broche contisé au pesto rosso. Le dimanche, le menu gastronomique de La Réserve du Presbytère s'invite à table. Une adresse où les vins locaux sont à l'honneur !

LE RELAIS DE FRANC MAYNE €€€

14, la Gomerie ✆ 07 50 55 06 99
www.chateaufrancmayne.com
Ouvert de fin mars à fin novembre. Chambres de 195 € à 360 €. Petit déjeuner inclus. Visite et dégustation offertes.

Sous le toit de cette maison girondine du XVIIIe siècle, le Relais de Franc Mayne fait figure de halte idéale pour un séjour au cœur du célèbre vignoble. Dans cette charmante maison d'hôtes, les chambres profitent des jolies vues sur le jardin ou sur les vignes. Climatisées et bien équipées, elles sont conçues pour accueillir 2 à 4 personnes. Les familles avec enfants sont les bienvenues. Pour une expérience insolite, optez pour le « Perchoir de Franc Mayne » avec son accès direct à la piscine naturelle. Adossé aux cèdres centenaires, la vue y est exceptionnelle.

L'ATELIER DE CANDALE €€

1, Grandes Plantes - **SAINT-LAURENT-DES-COMBES** ✆ 05 57 24 15 45
https://atelierdecandale.com/
Ouvert toute l'année. Menu bistronomique : 40 €. Formule du midi : 28 €. Terrasse. Privatisation. Traiteur.

A la sortie de la cité médiévale de Saint-Émilion, profitez d'une terrasse exceptionnelle offrant une vue imprenable sur les vignes d'un grand cru et la vallée de la Dordogne. La salle, très lumineuse et élégante, est superbe comme ce lieu d'exception. En cuisine, le chef travaille les produits en fonction des saisons et des arrivages sur le marché. Il convoque ensuite toute son inventivité pour nous offrir de belles surprises. Imaginez un filet de canette, crème de moutarde aux moûts de raisin dans un menu à l'heure du déjeuner (hors jour férié et week-end).

CHAI PASCAL €€

37, rue Guadet
✆ 05 57 24 52 45
www.chai-pascal.com
Ouvert toute l'année. Tous les jours le midi et le soir. Plat du jour en semaine : 17,50 € ; le week-end : 19,50 €.

Catherine Papon-Nouvel, viticultrice en agriculture bio à Saint-Émilion, continue d'écrire l'histoire de ce restaurant, ou plutôt de ce « resto-vin ». Car, ici, la carte fait la part belle aux crus de Saint-Émilion et de sa région, sans oublier de valoriser la France entière avec plus de 90 références ! Alors, arrêtez-vous pour faire le plein de bonnes choses ! À table, on déguste les grands classiques de la cuisine du Sud-Ouest, avec goût et simplicité, à partir de produits frais et artisanaux de qualité. La musique, le théâtre et le cinéma ont aussi leur place.

LE COMPTOIR DU PASSAGE €€

31, rue Guadet
✆ 05 57 74 61 30
Ouvert de mi-février à fin octobre. Du jeudi au lundi le midi (+ le soir dès avril). Formules du midi de 22 € à 29 €.

Le Comptoir du Passage est l'un de ces lieux atypiques que le Petit Futé aime dénicher. Car oui, c'est aussi une galerie d'art ! Le matin, on peut y savourer un café, mais c'est surtout à l'heure du déjeuner que l'endroit prend vie, avec une formule renouvelée presque chaque jour et une carte qui évolue tous les deux mois. Dès avril, les convives pourront également s'y attabler en soirée. Profitant d'une terrasse ombragée et d'une agréable véranda, le restaurant cultive une ambiance bistro chic sous l'impulsion d'Emma Setrin. Réservation recommandée.

© LA CÔTE BRAISÉE

© LA CÔTE BRAISÉE

© LA CÔTE BRAISÉE

LA CÔTE BRAISÉE €€

3, rue du Tertre de la Tente
✆ 05 57 24 79 65
www.lacotebraisee.fr

Ouvert du jeudi au mardi le midi ; le lundi et du jeudi au samedi le soir. Formule du midi à 19,50 € ; menu à 31,50 €.

La Côte Braisée est un restaurant incontournable. On vous promet de découvrir les spécialités gastronomiques du Sud-Ouest cuisinées par Mika Pineau et de déguster les fleurons de la viticulture française. Le plat signature de la maison est le fameux foie gras de canard mi-cuit. L'accueil est charmant et l'intérieur très agréable. Deux salles climatisées permettent de vous accueillir ; la première dans une cave voûtée creusée en pierre de taille et la seconde, plus traditionnelle, dans la partie haute du restaurant donnant sur une terrasse.

© LA CÔTE BRAISÉE

© LA CÔTE BRAISÉE

L'ENVERS DU DECOR €€

9, rue du Clocher
✆ 05 57 74 48 31
www.envers-dudecor.com

Tous les jours le midi et le soir (fermé de mi-décembre à mi-février). Réservation recommandée. Plats de 26 € à 35 €.

Premier bar à vin historique de Saint-Émilion, L'Envers du Décor a ouvert en 1987 et a été repris en 2017 par les propriétaires du château Pavie. Lauréat de la meilleure carte des vins en France au Grand Prix de la Presse du Vin, ce restaurant ne nous déçoit jamais ! Et si la carte des vins est à se damner, la cuisine du marché n'a pas à rougir. Les pâtisseries et le pain sont également faits maison. Le tout est signé par le chef Bertrand Bordenave. La cave creusée dans la roche et la cheminée rendent l'endroit très agréable et chaleureux en hiver.

LE JARDIN €€

3, rue Petit Faurie de Soutard ✆ 05 57 51 12 78
www.chateaupetitfauriedesoutard.com

Ouvert toute l'année. Du mardi au samedi le midi et le soir. Plats de 30 € et 35 €. Formule du midi : 29 €. Terrasse.

Dans le Jardin du château Petit Faurie de Soutard, ou plutôt dans les cuisines, nous retrouvons le chef Stéphane Casset (une valeur sûre !) secondé par le jeune Max Féret. On aime particulièrement la décoration cosy de l'entrée de cette jolie bâtisse dans les vignes. Le menu, qui varie chaque jour, propose ce jour-là un lieu jaune poché au bouillon d'algues et julienne de légumes acidulés, des ballotins de poulet au pesto avec risotto persillé, et une glace à la banane accompagnée d'un sablé aux quatre épices, caramel et vanille. Les plats sont riches de saveurs.

LARD ET BOUCHON €€

22, rue Guadet
✆ 05 57 24 28 53
www.lardetbouchon.fr

Ouvert du mardi au samedi le midi et le soir. Menu à 35 €. Vente de vins à emporter et en livraison.

A cette charmante table, Sylvain et Marie-Ange conjuguent avec justesse et harmonie, leurs nombreuses années d'expérience en restauration et bar à vins. L'ancien chai d'une maison gothique du XIVe siècle, où les précieux breuvages sont entreposés dans une cave naturellement climatisée, fait office de salle de restaurant. Dans les assiettes, vous pourrez déguster des plats faits maison préparés avec des produits de qualité. A la carte des vins, ce sont plus de 300 références – des petits et des grands crus –, dont près d'une vingtaine sont servies au verre.

PIZZERIA DU VIEUX LAVOIR €€

19, rue de la Grande Fontaine
✆ 09 75 42 74 39
https://www.restaurant-st-emilion.eu/

Ouvert tous les jours le midi et le soir. Plats et suggestions de 16,50 € à 27 €. Pizzas de 11,50 € à 19,50 €. Terrasse.

La Pizzeria du Vieux Lavoir ne passe pas inaperçue dans la rue de la Grande Fontaine, avec sa terrasse et son imposante surface vitrée. Et même à l'intérieur, on est loin, voire très loin, d'une pizzeria traditionnelle. Le restaurant a quelque chose d'atypique, à commencer par une cave aménagée où l'on peut manger le midi autant que le soir. L'autre salle est plus lumineuse, mais tout aussi élégante. D'où nous étions, il suffisait de tourner la tête vers le miroir pour admirer le clocher de l'église monolithe. Les plats semblent avoir plus la cote que les pizzas.

LA RÉSERVE DU PRESBYTÈRE €€

22, Grand Rue - **MONTAGNE** ✆ 05 57 79 03 43
www.lareservedupresbytere.fr

Ouvert toute l'année, tous les jours le soir. Menus de 37 € à 80 €. A emporter. Traiteur. Hébergement.

Installée dans un beau village au milieu des vignes, la table bistronomique de l'hôtel Aux Ducs de Sienne est un lieu d'exception. Sur la place de l'église Saint-Martin, le restaurant profite d'une jolie terrasse au milieu des pierres blondes. A la carte, un menu végétarien s'ajoute aux propositions gastronomiques. Le chef Gabriel Ferrant Robert vous régale avec des assiettes maîtrisées, colorées et gourmandes à base de produits du terroir : fondant de langoustines aux pieds de cochon, lotte rôtie, salsifis et poires, coulant pistache, sorbet citron/shiso vert...

LA TERRASSE ROUGE €€

1, château La Dominique
✆ 05 57 24 47 05
www.laterrasserouge.com

Ouvert tous les jours le midi ; du mardi au samedi le soir (vendredi et samedi en basse saison). Menu gourmand à 50 €.

Jean Nouvel a réalisé un bel ensemble architectural avec une terrasse panoramique semblable à une piscine de galets rouges dont la lumière fait varier les reflets. Dans cette table gastronomique ouverte par Nicolas Lascombes, les vins sont associés à l'art de vivre et à la cuisine du Sud-Ouest. Le chef prépare des plats à base de produits du terroir de très belle qualité. Les desserts sont tout aussi incroyables. Le plat du marché est déjà une jolie façon de découvrir la cuisine de ce bel endroit avec vue sur les vignes ! Le service est très agréable.

LE TERTRE €€

5, rue du Tertre de la Tente
✆ 05 57 74 46 33
https://restaurantletertre.com/
Maître Restaurateur. Ouvert toute l'année. Du vendredi au mardi le midi et le soir. Réservation conseillée. Menu à 48 €.

Là où ils se sont rencontrés, Catherine et Julien Elles n'ont pas hésité à saisir l'opportunité d'y revenir après une belle expérience gastronomique au Luxembourg. Chose rare, l'équipe est presque toujours la même. A la réouverture en février 2020, Le Tertre est à l'image des ambitions du couple. Avec sa cave à vins où l'on peut avoir le privilège de s'installer pour le repas et ses matériaux chers au cœur des nouveaux propriétaires, Le Tertre s'impose comme une table élégante et intimiste. La cuisine du chef est surprenante, à la fois élaborée et très lisible.

LES BELLES PERDRIX €€€

Château Troplong Mondot
✆ 05 57 55 38 28
www.troplong-mondot.com
Du mardi au samedi le soir, mercredi au samedi le midi. Réservation impérative. Menus de 58 € (midi en semaine) à 165 €.

Grâce à une immense baie vitrée, Les Belles Perdrix s'ouvrent sur les vignes et offrent un cadre magique à Saint-Emilion. Commençons par saluer le travail de l'architecte d'intérieur Bruno Moinard. Profitant de la réouverture en 2021, après 3 ans de travaux, le chef David Charrier a insufflé la création d'un potager en permaculture au sein de la propriété. Sa cuisine d'exception, délicate et savoureuse, titille les palais les plus exigeants. Mais c'est le chef pâtissier Adrien Salavert qui joue la note finale. La Table de Troplong Mondot est un enchantement.

LA TABLE 38 €€

38, rue Guadet
✆ 05 57 74 42 72
Ouvert du mardi au dimanche le midi et le soir. Carte 25 € environ le midi et 50 € environ le soir.

© LA TABLE 38

La Table 38 est un restaurant convivial situé en plein cœur de la cité où l'on savoure un délicieux plat du jour. Poitrine de cochon confite 12h, entrecôte au poids sauce foie gras servie avec un gratin dauphinois... Le chef renouvelle sa carte tous les 2 à 3 mois. Il vous propose également une ardoise de fromages affinés. Côté budget, vous allez pouvoir vous faire plaisir de l'entrée au dessert. Aussi avec la belle carte des vins qui proviennent directement des producteurs de Saint-Emilion ! On se laisse bien volontiers conseiller pour un accord mets & vin.

CHÂTEAU HÔTEL-RESTAURANT GRAND-BARRAIL***** €€€

Route de Libourne - D243
✆ 05 57 55 37 00 - www.grand-barrail.com
Toute l'année. 46 chambres, dont 3 suites, à partir de 207 €/nuit. Petit déjeuner à partir de 18 €. Restauration. Spa.

Entouré d'un parc de 7 hectares, le Château Hôtel Grand Barrail***** est le seul à avoir été édifié au XIXe siècle sur la rive droite bordelaise. Réparties dans le château et ses dépendances, les chambres sont comme des écrins de luxe. Si l'aspect extérieur du château a été conservé, la décoration intérieure, le restaurant, l'accueil ainsi que le bar ont été totalement repensés par l'architecte Jean-Philippe Nuel et les 37 chambres extérieures ont été entièrement rénovées en 2023.

CHÂTEAU HÔTEL-RESTAURANT GRAND-BARRAIL €€€

Route de Libourne - D243
✆ 05 57 55 37 00 - www.grand-barrail.com
Ouvert toute l'année. Tous les jours. Menu bistronomique de 38 € à 42 € ; menus gastronomique de 70 € à 105 €. Terrasse.

Le Château Hôtel Grand-Barrail offre une expérience gastronomique accessible à tous. Le midi, le chef Quentin Merlet et son équipe proposent un menu bistronomique à moins de 45 euros, une occasion parfaite de goûter à la vie de château. La terrasse surplombant les jardins est superbe, mais c'est la salle à manger Mauresque qui captive l'attention. Avec ses moulures, ses vitraux, ses dorures et ses peintures orientales, elle incarne une élégance raffinée. Réservation recommandée.

LIBOURNAIS

LE CLOS DU ROY €€€

12, rue de la Petite Fontaine
✆ 05 40 25 28 34
www.leclosduroy.fr

Ouvert de mars à mi-décembre. Tous les jours le midi et le soir en haute saison. Menu du jour à 28 €. Terrasse ombragée.

La place de l'église monolithe est certainement l'une des plus belles, avec la place du clocher (bien sûr !), mais il faudra plutôt vous en éloigner pour trouver de meilleures adresses gourmandes. Il y a notamment le Clos du Roy à moins d'une minute à pied. Dans une rue plus calme, profitant aussi d'une terrasse ombragée, le chef T. Nolet fait rimer son nom avec générosité. Les recettes sont traditionnelles, les frites sont faites maison, le menu du jour à moins de 30 euros est servi le midi et le soir… Le restaurant ferme le lundi et le mardi en basse saison.

LE LOGIS DE LA CADÈNE €€€

3, Place du Marché au Bois
✆ 05 57 24 71 40
www.logisdelacadene.fr/restaurant/

Du mardi au vendredi le midi ; du mardi au samedi le soir. De 60 € à 170 € le midi ; de 135 € à 170 € le soir. Terrasse.

Fondé en 1848, le Logis de la Cadène est l'un des plus anciens restaurants de Saint-Emilion. Cette institution se trouve sur une petite place pavée, au cœur de la cité médiévale. Résolument tournée vers le végétal et la mer, la carte met à l'honneur des mets traditionnels revisités avec des produits de qualité. Récompensés d'une première étoile en 2017, le chef Thibaut Gamba et sa brigade vous proposent un menu déjeuner en quatre temps, mais aussi un menu en cinq temps (le soir) et sept temps (le midi et le soir). Le service est impeccable.

LA TABLE DE PAVIE €€€

5, place du Clocher ✆ 05 57 55 07 55
https://hoteldepavie.com/

Collège Culinaire de France. Relais & Châteaux. Fermé de mi-décembre à mi-février. Tenue correcte exigée.

Nombreuses fois étoilé, le chef Yannick Alléno s'exprime à travers la sublimation des produits locaux. Sa cuisine, raffinée et moderne, s'accorde à la perfection avec les cépages du Saint-Emilionnais et du Bordelais. Foie gras juste poché au poivre Mand Chang (langues d'oursin et agnolotti d'artichaut en sauce), dos de chevreuil de chasse laqué d'un miso de pain de seigle (chou farci de feuilles et cèpes, jus de chevreuil à la fermentation de chou), tarte chaude au chocolat et sauce Maury (glace texturée à la vanille de Tahiti). Réservation recommandée.

CHÂTEAU HAUT-BRISSON

5, lieu-dit Brisson - **VIGNONET**
✆ 05 57 74 93 32
https://haut-brisson.com/

Visites & dégustations sur rendez-vous (15 €/adulte). Boutique en ligne. Hébergement.

Propriété viticole de 18 hectares en appellation Saint-Émilion Grand Cru, le Château Haut-Brisson se trouve au sud de l'appellation. Le vignoble bénéficie d'une diversité de sols et de terroirs, produisant des vins de qualité. L'encépagement est principalement composé de Merlot et environ 10 % de Cabernet Franc. Les visites et dégustations (trois vins avec une ardoise de fromage & charcuterie) sont l'occasion de découvrir les pratiques viticoles et vinicoles mises en œuvre dans ce domaine engagé dans une démarche environnementale depuis de nombreuses années.

MACARONS DE SAINT-EMILION PAR NADIA FERMIGIER

9, rue Guadet
✆ 05 57 24 72 33
www.macarons-saint-emilion.fr

Ouvert toute l'année, tous les jours (horaires variables selon la saison). Boutique en ligne. Salon de thé.

Au XIXe siècle, la tradition veut que ces macarons aient été servis en dessert à l'issue d'un repas accompagné du célèbre vin de Saint-Emilion. Les macarons confectionnés par la veuve Goudichaud ont même eu le privilège de ravir les membres du Jury de dégustation et les visiteurs lors de l'Exposition Universelle de 1867. Copiée, mais jamais égalée, Nadia Fermigier est la seule à détenir le droit de fabriquer ces véritables macarons. Le salon de thé se trouve à 200 mètres.

OENANIM

Château Pas de l'Âne ✆ 06 31 82 43 66
www.oenanim.fr

Cours d'œnologie. Escape game oenologique. Ateliers insolites. Activité avec les enfants. Tarifs en ligne.

Récompensé par un Best Of Wine Tourism 2022, *Oenanim* est une idée de Mélissa Bodereau. Fille de viticulteur, elle a toujours été passionnée par le vin. Oenanim est donc sa façon à elle de décomplexer la relation au vin. Cours d'œnologie, escape game œnologique, expériences dans le noir, odyssée sensorielle, activités avec les enfants (jeux de piste, anniversaires…). Toutes ces activités sont organisées au Château Pas de l'Ane grâce à un partenariat qui dure depuis 2017. Mais Oenanim se déplace aussi partout pour vos événements en famille ou en entreprise !

LA PETITE PERDRIX

6, place Bouqueyre
✆ 05 57 24 56 69
Ouvert du mardi au vendredi de 7h à 14h30 et de 16h30 à 19h ; le samedi de 8h à 14h ; le dimanche de 8h à 13h. Snacking.

Née d'un projet commun entre les Belles Perdrix de Troplong Mondot et l'entreprise familiale Banton-Lauret, la *Petite Perdrix* est la nouvelle adresse gourmande de la place Bouqueyre au pied de la cité de Saint-Émilion. Adrien Salavert, le chef pâtissier du restaurant étoilé, et David Charrier, son chef, signent la carte des pâtisseries et des formules à emporter pour le déjeuner. Pains spéciaux, baguettes aux céréales, burger et hot-dog à la minute... À des prix raisonnables ! Vous trouverez aussi de la pâte à tartiner, de la confiture de lait, du chocolat...

ATELIER PAYTRA FOUQUET

42, rue Guadet
✆ 07 86 56 11 81
www.latelierpaytrafouquet.fr
Ouvert du mardi au samedi de 12h à 17h30 ; le dimanche de 13h30 à 17h30. Boutique en ligne.

En collaboration avec Patrick Fouquet, maître confiturier champion du monde 2018, Janick Paytra se lance à son tour dans la confection de confitures artisanales. Il participe ainsi pour la première fois en 2019 aux Confituriades et obtient la médaille d'or de l'Ordre des Maîtres confituriers. Janick prépare ses confitures dans son atelier/boutique et s'approvisionne au maximum en circuit court : mirabelles de son village, fraises de Dordogne, abricots du Roussillon, kiwis du Lot-et-Garonne... Un joli souvenir à rapporter de Saint-Émilion pour changer du vin !

LA BOUTIQUE & LA CAVE À VIN DES CORDELIERS

2 bis, rue de la Porte Brunet
✆ 05 57 24 42 13 - www.lescordeliers.com
Tous les jours de 11h à 19h en haute saison et de 10h30 à 18h en basse saison. Bar. Restauration. Visites guidées.

Cette incroyable boutique se trouve dans une ancienne église du XVe siècle. Si ce n'est pour une virée shopping, les lieux méritent vraiment le coup d'œil. Vous y trouverez aussi de très nombreux produits et souvenirs à rapporter : produits d'épicerie fine, cosmétiques, pièces déclinées autour des arts de la table, du plaisir de cuisiner et décorer... Sans oublier l'art de servir le vin ! Et toute la gamme de vins effervescents millésimés, des vins rouges, rosés et blancs de la maison.

CHÂTEAU AMBE TOUR POURRET

30, route de Rouffiac
✆ 06 84 71 02 13
100% Bio. Tous les jours de mai à fin octobre ; jeudi au dimanche le reste de l'année. Visites/dégustations. Bar à vin.

Celene Bordeaux est né du regroupement de la maison élaboratrice historique de crémant de Bordeaux et des vignobles Lannoye avec trois domaines sur la rive droite de la Garonne en appellation Castillon Côtes-de-Bordeaux (château Moulin de Clotte), Puisseguin Saint-Émilion (château Lanbersac) et Saint-Émilion grand cru (château Ambe Tour Pourret). Visites et dégustations, cours de cuisine... Il y a même un bar à vin proposant des planches et des croques pour se restaurer (11h-15h).

CHÂTEAU BELLEFONT-BELCIER €€

SAINT-LAURENT-DES-COMBES
✆ 05 57 25 79 83 - www.vignoblesk.com
Ouvert toute l'année. 2 chambres à partir de 290 €/nuit et 3 suites à partir de 350 €/nuit. Petit déjeuner inclus.

Deux nuits dans le magnifique écrin du XVIIIe du château Bellefont-Belcier... Séjournez dans la chambre Fronsac ou Médoc (35 m²) ou dans l'une des trois suites (55 à 70 m²), dans un ensemble chic et confidentiel conjuguant passé et présent. Niché au milieu des vignobles de Saint-Émilion, le parc paysager abrite encore un terrain de tennis et une piscine chauffée. Un appartement en location libre a également été aménagé pour 3 à 5 personnes, avec accès aux extérieurs de la propriété.

CHÂTEAU CALON

1, lieu-dit Calon
MONTAGNE
✆ 05 57 51 64 88
www.boidron.info
Visite sur rendez-vous.

Rassemblé autour du coteau de Calon dominant le vignoble Saint-Emilionnais, le Château Calon produit un Montagne Saint-Emilion plusieurs fois médaillé. S'y rajoutent d'autres crus, le Saint-Georges Saint-Émilion, un Saint-Emilion grand cru classé ainsi qu'un Pomerol. Divers millésimes sont à disposition depuis l'année 1988. A proximité, n'oubliez pas de contempler les deux moulins à vent du XVe siècle entièrement restaurés, d'où l'on bénéficie d'une magnifique vue panoramique. Le site d'une rare beauté est aussi un lieu de décollage de montgolfières.

CHÂTEAU CHAMPION

762, route de Champion - **SAINT-CHRISTOPHE-DES-BARDES** ✆ 06 09 11 53 48
www.chateau-champion.com
Vignobles et Découvertes. Ouvert tous les jours. Activités œnotouristiques sur réservation. Hébergement insolite.

La famille Bourrigaud élabore des vins très typés, riches et francs, mettant avantageusement l'accent sur les typicités du terroir de l'appellation. Et pour en faire découvrir toutes les subtilités, ces authentiques vignerons ne manquent pas d'idées ! De la traditionnelle visite & dégustation à l'*escape game* pour les groupes de 15 à 25 personnes, vous pourrez encore pique-niquer au château et participer à l'un des ateliers (sensoriel, nature & vins, insectes & vins...). Un Sentier des Vignes permet également de visiter le vignoble en autonomie.

CHÂTEAU CORBIN MICHOTTE

1, Corbin Michotte ✆ 05 57 51 64 88
www.chateau-corbinmichotte.com/
Ouvert toute l'année sur rendez-vous. Visite et dégustation de 2 ou 3 millésimes, sur réservation.

Ancienne possession du Prince Noir, le domaine a fait peau neuve en 2010, lorsque les chais furent reconstruits. Ce Grand Cru classé est la propriété de la famille Boidron qui a commencé l'élaboration du vin en 1760, au rythme de la nature. Ici, pas d'herbicides, on vendange à la main. Seuls les lots de parfaite qualité sont mis en bouteille au Château. Le vin est conservé en cave souterraine. De cette qualité de travail résultent les prix et les médailles obtenus. La famille Boidron est à la pointe des nouvelles technologies : une visite s'impose !

CHÂTEAU FLEUR DE LISSE

868, route du Grand Sable - **SAINT-HIPPOLYTE**
✆ 05 33 03 09 30
www.vignoblesjade.com
Du lundi au vendredi de 10h à 18h (+ le samedi de mars à mi-octobre). Visites & dégustations à partir de 14 €/personne.

Depuis six générations, la famille de Caroline Teycheney, animée par ce même désir d'innovation et de tradition, cultive son vignoble avec passion, dans le respect de la nature et de l'Homme. Avec 32 hectares, les Vignobles Jade atteignent une taille suffisante pour mener à bien l'exploitation d'un Saint-Émilion Grand Cru en biodynamie. Un travail récompensé par un Best of Wine Tourism en 2023 dans la catégorie Valorisation œnotouristique des pratiques environnementales, puis par l'International Best Of Wine Tourism Award. Une visite ou un atelier s'impose !

CHÂTEAU FONROQUE

✆ 05 57 24 60 02
http://chateaufonroque.net/
Visite privative sur rendez-vous du lundi au vendredi de 25 € à 45 €/personne (tarif réduit pour les groupes).

Berceau saint-émilionnais de la famille Moueix, le Château Fonroque est la propriété de la famille Guillard depuis juillet 2017. Il se distingue par une approche minutieuse de la culture de la vigne et des vendanges, presque qualifiable de pointilliste. La patience et la passion dédiées à la préservation des sols et à la mise en valeur du terroir ont valu à la propriété le prestigieux statut de premier Grand Cru Classé certifié en biodynamie. Prenez rendez-vous avec Judith pour la visite des terres et des chais, puis vous pourrez profiter d'une dégustation.

CHÂTEAU FONRAZADE

8, lieu-dit Fonrazade
✆ 05 57 24 71 58
Ouvert toute l'année, du lundi au vendredi de 8h à 18h. Visites et dégustations.

Le château Fonrazade se trouve à deux pas du village médiéval de Saint-Émilion, au cœur d'un terroir millénaire prestigieux classé au Patrimoine mondial de l'Humanité par l'Unesco. Ouverte aux visites et à la dégustation, cette belle propriété contiguë au Premier Grand Cru Classé Château Angélus produit notamment un Saint-Émilion grand cru 2015. Nos œnologues l'ont dégusté : « *Le nez est éclatant de fruits rouges frais et d'épices orientales qui amènent de la chaleur. En bouche, l'attaque est soutenue avec des tanins croquants et fruités. Beaucoup de fraîcheur* ».

CHÂTEAU HAUT-PIQUAT

LUSSAC
✆ 06 85 30 42 42
www.chateau-haut-piquat.com
Vignobles et Découvertes. Tous les jours sur rendez-vous. Visite & dégustation à 20 €/personne. Accueil camping-car.

Offrant une vue magnifique sur les collines peignées de vignes et de bois, le Château Haut-Piquat abrite le remarquable tertre de Picampeau où se dresse un étonnant mégalithe. Acquise en 1972 par Jean-Pierre Rivière, la propriété a fait l'objet d'importants travaux de rénovation. Puis, en 1997, un superbe chai de 460 barriques a été construit où le vin vieillit pendant 18 mois dans des fûts de chêne renouvelés d'un tiers chaque année. Les vins du Château Haut-Piquat se distinguent par leur robe soutenue et leur bouquet délicat alliant finesse et rondeur en bouche.

CHÂTEAU LA CROIZILLE

Lieu-dit Baladoz - **SAINT-LAURENT-DES-COMBES**
✆ 05 57 74 55 86
www.chateaulacroizille.com

Visites, dégustations, pique-nique vigneron, ateliers privatifs, team building. Réception & séminaire. Bar à vin.

Saint-Émilion Grand Cru acquis par la famille De Schepper - De Mour en 1996, le Château La Croizille s'étend sur 5 hectares de vignes d'une grande diversité d'orientations et de terroirs. Poussez les portes du domaine : visite du chai authentique du Château Tour Baladoz et du chai moderne du Château La Croizille puis dégustation de 3 vins avec la formule « Dégustation & visite découverte », visite avec pique-nique vigneron... L'espace de dégustation offre une vue à 360 degrés sur le vignoble. Profitez aussi du bar à vin avec sa terrasse panoramique !

CHÂTEAU LA ROSE POURRET

1, La Miolle
✆ 07 61 38 12 93
https://chateau-larosepourret.com/

Ouvert du mardi au samedi. Visite & dégustation à 12 €/personne. Restauration en saison. Hébergement insolite.

Le Château La Rose Pourret se trouve à quelques centaines de mètres du clocher de la cité médiévale de Saint-Émilion. D'ailleurs, vous pourrez en apprécier les contours depuis le patio du Comptoir de La Rose, tout en dégustant les vins des propriétés de Daniel Derichebourg. Le comptoir, ouvert en saison, les propose tous, du rosé de Bordeaux au vin blanc de Bourgogne. Et tout au long de la journée, le chef cuisine les produits régionaux et de saison. Une adresse récompensée par un Best of Wine Tourism en 2024 dans la catégorie Restauration à la propriété.

CHÂTEAU LE CHATELET

✆ 06 08 92 06 80
https://chateau-le-chatelet.com/

Ouvert de mi-avril à mi-décembre. Visite libre et dégustation sur rendez-vous, tous les jours de 11h à 18h.

Coup de cœur des grands crus classés, le Château le Chatelet se trouve près de l'église collégiale et du clocher surplombant l'église monolithe, et à côté de la vieille église de Saint-Martin de Mazerat. La notoriété du cru n'a plus à être confirmée, car déjà dès 1867, le jury international de l'Exposition de Paris lui décerne la Médaille d'Or. Bien que la visite des chais et des caves soit libre, il vous faudra prendre rendez-vous par téléphone. Virginie ou Patrick se feront un plaisir de vous faire découvrir les vins du Château Le Chatelet en dégustation.

CHÂTEAU MAUVINON

217, Mauvinon - **SAINT-SULPICE-DE-FALEYRENS**
✆ 05 57 24 64 79
www.chateaumauvinon.com

Visites & dégustations de 8 € à 20 €. Chasse aux trésors (1h) de 6 € à 15 €. Séminaires. Boutique en ligne.

Le Château Mauvinon est une histoire d'une famille, celle des Tribaudeau, unie par leur amour de la viticulture et de la nature. Établi au XIXe siècle, ce domaine combine une maison familiale avec un chai de vinification et d'élevage. S'étendant sur 6,5 hectares en appellation Saint-Émilion Grand Cru, le domaine est géré selon les principes de l'agriculture biologique en biodynamie afin de préserver une terre saine et vivante pour les générations futures. Perché au-dessus des vignes, le toit-terrasse du Château, Le Nichoir, est dédié à l'observation des oiseaux.

CHÂTEAU PETIT VAL

2, Petit Val
✆ 05 57 24 70 86
www.chateaupetitval.com

Visite et dégustation sur rdv (à partir de 2 pers.) de 5 € à 15 €. Ateliers pédagogiques. Expositions d'art. Séminaires.

Lové dans un vallon au terroir sablonneux/graveleux au nord de la butte de Cadet de Saint-Émilion, Château Petit Val est un grand cru plein de charme. La cuvée tradition s'affirme avec un « V » sur le haut de l'étiquette, tandis que « La Muse du Val » se distingue avec un « m » comme majestueux. Le Château Petit Val est élaboré dans le respect de l'environnement, du terroir et de la vigne selon les principes de l'agriculture raisonnée (travail au cheval, respect de la biodiversité, etc.). Quelques ruches trouvent ainsi refuge à proximité des vignes.

CHÂTEAU PINDEFLEURS

1237, route de Pin de fleur
✆ 05 57 24 78 41
https://pindefleurs.fr/

Magasin ouvert en semaine de 9h à 12h et 14h à 18h ; 9h30 à 18h30 en juillet/août. Visite et dégustation sur rdv : 10 €.

S'étendant sur 18 ha, le vignoble prospère sur le terroir renommé de Saint-Émilion, reconnu pour sa diversité alliant les graves, le sable et l'argile. Audrey et Pierre ont pris les rênes, héritant de la mission de perpétuer le savoir-faire traditionnel tout en relevant les défis contemporains. Comme ailleurs, l'équilibre est la clé, préservant ainsi, année après année, l'identité distinctive de Pindefleurs. Saint-Emilion Grand Cru, Château Pindefleur (90 % merlot, 10 % cabernet franc) est un mélange de fleurs et de fruits, relancé par des touches torréfiées.

CHÂTEAU ROL VALENTIN

2, lieu-dit Bel Air - **SAINT-ETIENNE-DE-LISSE**
✆ 06 35 49 93 38
https://chateaurolvalentin.com/
Visites & dégustations sur réservation à partir de 15 €/personne. Hébergement.

Vous cherchez une approche plus originale pour découvrir l'univers du vin ? Le Château Rol Valentin va vous faire voir les choses en « verre » ! Récompensé par un Best of Wine Tourism en 2024 dans la catégorie Découverte et innovation, l'atelier Verres-Tigineux (2 heures) est une prestation ludique précédée d'une visite du domaine, qui vous permettra de comprendre le rôle de la dimension et de la forme du verre dans la dégustation. Mais ce n'est pas tout ce qui vous attend ici : déjeuner gastronomique au Château, atelier d'assemblage, visite accords mets/vins...

CHÂTEAU TOUR GRAND FAURIE

7, Grand Faurie
✆ 05 57 74 49 03
www.tourgrandfaurie.com
Visites et dégustations gratuites du lundi au samedi, sur réservation. Boutique à Saint-Emilion et boutique en ligne.

Un vignoble et des vins à Haute Valeur Environnementale en conversion bio ! Depuis 1949, le Château Tour Grand Faurie appartient à la famille Feytit. Fiers représentants de la quatrième génération, Isabelle et Franck Feytit continuent d'exploiter cette propriété familiale qui se trouve à 2 kilomètres au nord de Saint-Emilion. C'est à eux que l'on doit l'ouverture de la boutique au cœur de la cité médiévale, au 16 rue Guadet. Passez donc y faire un tour.

CHOCOLATERIE MAËLIG

5, rue de la petite Fontaine
✆ 09 86 66 52 06
www.chocolateriemaelig.com
Ouvert du mardi au vendredi de 10h à 18h ; le week-end jusqu'à 19h.

Passionnée par l'histoire et les arts, Maëlig a d'abord orienté son parcours vers l'archéologie avant de succomber à la gourmandise pour l'artisanat du chocolat. Après avoir travaillé à la Maison Cochet à Saint-Raphaël et à la Maison Saunion à Bordeaux, elle a obtenu un CAP Pâtisserie avec une mention complémentaire en Pâtisserie, Chocolaterie, Confiserie, Glacerie. Artisan Chocolatier, elle a choisi d'installer sa chocolaterie à Saint-Emilion, où elle exprime toute sa créativité. Fabriqués en France, ses packagings sont même à base de cosse de cacao.

CHÂTEAU PIPEAU

99, Barbeyron
SAINT-LAURENT-DES-COMBES
✆ 05 57 24 72 95
www.chateaupipeau.com
Du lundi au vendredi de 8h à 12h et de 14h à 17h. Visite et dégustation sur rendez-vous à partir de 8 €.

Château Pipeau est un vin rouge d'Appellation Saint-Emilion Grand Cru. Le domaine viticole de 25 hectares est exploité depuis 1929 par la même famille. Les quatre générations qui se sont succédé ont transmis un savoir-faire qui permet de rendre ce vin unique. Aujourd'hui, c'est Richard, Brigitte et Jean – des amoureux du terroir –, qui dirigent la propriété viticole. La famille est également propriétaire du Château Joinin. Un coup de cœur pour nos œnologues lors de la dégustation à l'aveugle ! Un drôle de nom d'accord, mais un grand vin, c'est sûr.

© CHÂTEAU PIPEAU

© CHÂTEAU PIPEAU

CLOS DES MENUTS

2, place du Chapitre
✆ 05 57 74 45 77
www.clos-des-menuts.com
Ouvert tous les jours de 10h à 19h en haute saison et de 10h à 17h en basse saison. Visite libre et gratuite sans rdv.

Le Clos des Menuts, AOC Saint-Emilion Grand Cru, est une propriété viticole incontournable qui possède de superbes caves médiévales monolithes parsemées d'anciens silos à grains. Un souterrain dans son jus avec ses bouteilles poussiéreuses, ses recoins et ses murs en pierres sculptées... En remontant dans la boutique, vous profiterez d'une dégustation et repartirez sans doute avec quelques bouteilles, coffrets ou accessoires. Les promotions et autres bons plans d'un excellent rapport qualité-prix sont de belles occasions à saisir.

LE COUVENT DES JACOBINS

10, rue Gaudet
✆ 05 57 24 70 66
www.couvent-jacobins-saint-emilion.com
Ouvert toute l'année. Visites et dégustations de 20 € à 90 €/personne. Parking à proximité.

Jean Jean a acquis la propriété en 1902, et c'est aujourd'hui son arrière-arrière-petit-fils, Xavier, qui perpétue la tradition de ce Grand Cru Classé en agriculture biologique. Une visite au Couvent des Jacobins est véritablement l'occasion de remonter le temps dans ce lieu chargé d'histoire au charme intemporel. Après avoir pu accéder aux caves monolithes du domaine, vous pourrez déguster les vins de la propriété dans l'ancienne boulangerie des dominicains qui a été édifiée en 1389. Et aussi ? Balade en tuk-tuk dans les vignes, pique-nique dans le jardin...

LE DÔME

1, Les Verdiannes
✆ 05 57 84 64 22
www.ledome-saintemilion.com
Sur réservation. Visites et dégustations de 30 € à 50. Atelier « dégustation & service » à 75 €.

Décrit par Robert Parker comme un « révolutionnaire visionnaire et autoproclamé » et un « gourou anglais de la vinification », Jonathan Maltus est propriétaire de plusieurs vins à Napa et dans la région bordelaise, notamment un Saint-Emilion Grand Cru (Château Teyssier). Avec ses 40 mètres de diamètre, le Dôme est la plus incroyable de toutes ses caves. Le chai, la salle de dégustation… tout n'est que courbe, lumière et technologie. De la terrasse qui s'enlace autour de cet ovni viticole, on admire la vallée jusqu'à Libourne et le Château Angélus. À découvrir !

LA MAISON CARDINALE

48, chemin de Champy - **SAINT-ETIENNE-DE-LISSE**
✆ 05 57 40 14 05
https://lamaisoncardinale.com/
Ouvert pour les visites du lundi au vendredi de 9h à 13h et de 14h à 17h ; le samedi de 10h à 13h et de 14h à 18h.

Animée par le désir d'initier en douceur une révolution dans l'univers des Grands Crus, la Maison Cardinale adopte une approche viticole à l'écoute de son terroir. En explorant distinctement les deux versants d'un même plateau calcaire, à travers des vignobles de Château Fleur Cardinale et Château Croix Cardinale, elle encourage à sortir des sentiers battus pour laisser place à l'inattendu. Le parcours de visite, récompensé à deux reprises par un Best of Wine Tourism, est ponctué d'installations immersives uniques et d'œuvres artistiques poétiques.

LA MAISON DU VIN DE SAINT-ÉMILION

1, Place Pierre Meyrat ✆ 05 57 55 50 55
www.maisonduvinsaintemilion.com
Ouvert tous les jours de 9h30 ou 10h à 12h30 et de 14h à 18h, 18h30 ou 19h selon la saison. Boutique. École du vin.

Vous êtes à la découverte du vignoble bordelais ? La Maison du Vin de Saint-Emilion est une bonne entrée en la matière ! A la fois lieu d'expositions et de dégustations, le Maison du Vin de Saint-Emilion a aussi une boutique avec plus de 450 références. Dans le salon de dégustation, vous découvrirez les appellations Saint-Emilion, Saint-Emilion Grand Cru, Lussac Saint-Emilion et Puisseguin Saint-Emilion. En compagnie d'un sommelier formateur, vous apprendrez les clés de la dégustation.

ORGE & TERROIR

35, Rue Guadet,
✆ 07 88 36 05 71
www.orge-terroir.fr
Ouvert le mardi et du vendredi au dimanche de 14h à 18h (sur rendez-vous téléphonique en dehors de ces horaires).

De la bière à Saint-Émilion ? Oui, du Château en plus ! En tout cas, ce sont les noms que portent les bières artisanales 100% purs malts de Claire et Richard. La *Bière du château* et *l'Orge du château* se déclinent par exemple en blonde, brune ou ambrée. Il y a aussi une IPA, une bière blanche... Le mieux est encore de venir les découvrir lors d'une visite guidée (brassage d'octobre à mars) ou pour une simple dégustation. Sur place, vous trouverez quelques produits d'épicerie finement sélectionnés. On aime aussi l'étiquette rappelant l'univers des grands crus.

LES PÉPITES NOIRES

21 ter, rue de la porte Bouqueyre
✆ 05 57 55 28 15
www.les-pepites-noires.fr

Ouvert du jeudi au mardi de 11h à 17h. Vente directe et boutique en ligne.

Christophe Meynard est producteur de truffes et sélectionneur de produits locaux de qualité. S'il n'est pas dans sa boutique à Saint-Émilion, c'est qu'il est sans doute en compagnie de Gucci et Victoire, ses deux Jack Russel, dans l'une de ses truffières à Saint-Philippe-d'Aiguille. Au menu : des truffes fraîches bien sûr, des produits truffés (brie, huiles, miel, beurre, foie gras, chocolat Saunion, etc.), des accessoires dédiés et des coffrets cadeaux. Christophe et Mélinda vous guideront dans vos achats en boutique et pourront partager leurs recettes avec vous.

VIGNERONS DE PUISSEGUIN LUSSAC SAINT-EMILION

12, route de Lussac - **PUISSEGUIN**
✆ 05 57 55 50 45
https://boutique.puisseguin-lussac.com
Ouvert du lundi au vendredi de 9h à 12h et de 14h à 18h ; le samedi de 9h à 12h (+ de 14h à 18h de juin à fin octobre).

Cette cave coopérative des satellites de Saint-Émilion depuis 1938 regroupe environ 140 viticulteurs passionnés et engagés en faveur de l'environnement, répartis sur environ 900 hectares situés sur 7 AOC parmi les plus prestigieuses du Bordelais (Puisseguin Saint-Émilion, Lussac Saint-Émilion, Montagne Saint-Émilion, Castillon Côtes de Bordeaux, Côtes de Bordeaux, Bordeaux Supérieur et Bordeaux). Ils produisent des vins plaisants et gourmands qui reflètent leur passion et leur travail.

CHÂTEAU MONTLABERT

2624, route de Libourne
✆ 06 17 25 28 83
www.chateau-montlabert.com/fr
Visites & ateliers de 20 € à 60 €/personne. Déjeuner bucolique à 50 €/personne. Repas privés. Séminaires & réceptions.

Derrière sa façade néo-classique en pierre de taille, le Château Montlabert regorge de souvenirs au cœur du vignoble de Saint-Émilion. Récompensée par un Best of Wine Tourisme dans la catégorie *Architecture & Paysages* en 2024, cette propriété familiale hérite d'un patrimoine architectural du XVIIIe siècle, superbement mis en valeur par une allée de chênes traversant les vignes et un jardin à l'anglaise. Le terroir de Château Montlabert, Grand Cru Classé, compte 19 parcelles réparties sur 12,5 hectares, dont 9 sont dédiés à l'élaboration du grand vin.

LE JARDIN DE LA LAMPROIE

20, rue Charles de Gaulle
SAINTE-TERRE
✆ 05 57 55 28 28
www.saint-emilion-tourisme.com
En accès libre. Aire de jeux et prêt de jeux de juin à octobre. Aire de pique-nique. Parking.

En visite libre, les panneaux explicatifs vous aideront à apprécier la végétation de ce jardin botanique atypique élaboré autour des thèmes de la rivière et cet animal aquatique de 450 millions d'années. D'ailleurs, saviez-vous que Sainte-Terre était la capitale de la lamproie ? Un film documentaire et des films d'animation sur cette mystérieuse lamproie sont projetés dans la salle d'exposition. Demandez le programme des animations à l'Office de Tourisme pour savoir ce qu'il s'y passe. Le jardin est ouvert par la mairie, accessible tous les jours de 8h à 18h30.

MOB & WINE

247, Lieu-dit Les Jouans
SAINT-SULPICE-DE-FALEYRENS
✆ 06 26 94 66 08 - www.mobandwine.fr
Activité saisonnière d'avril à octobre (le reste de l'année sur réservation pour les groupes). Tarif : 60 €/personne.

JR et son petit frère vous proposent d'enfourcher une mobylette pour sillonner les routes des grands crus classés afin d'aller à la rencontre des vignerons de Saint-Émilion, Fronsac et Pomerol. Pour les enfants et/ou les personnes en incapacité de conduire un tel engin, ils pourront vous accompagner à bord d'une Jeep Willys de 1955. La classe ! Les châteaux partenaires se feront un plaisir de vous ouvrir leurs portes pour vous faire déguster leurs vins. Mais vous pourriez tout autant partir vagabonder à votre guise à travers le vignoble. Allez, roulez jeunesse !

LE SENTIER DU BOIS DE BONDE

MONTAGNE
www.ecomusee-libournais.com

L'Association *Écomusée du Libournais*, à qui l'on doit le musée éponyme, vous propose également de découvrir et de mieux comprendre les différents aspects du vignoble, en parcourant les 3,5 km de cette boucle pédestre. Sillonnant à travers les vignes de l'appellation viticole Montagne-Saint-Émilion, ce sentier d'interprétation du paysage viticole, accessible librement, est jalonné de 18 panneaux explicatifs. Rendez-vous au lieu-dit Marchand, à Montagne, pour le départ !

LE SPA DU GRAND-BARRAIL BY SOTHYS

Route de Libourne ✆ 05 57 55 37 09
www.grand-barrail.com/fr
Ouvert tous les jours de 10h à 20h. Soins visage et corps à partir de 75 €. Soins enfants dès 6 ans. Escapade gourmande.

Entièrement refait, le Spa du Grand-Barrail qui utilise des produits 100 % naturels de la marque française Sothys est accessible à tous. Bien sûr, les clients de l'hôtel profitent librement du sauna, du hammam, du bain à remous, des douches sensorielles et de la salle de fitness. Les visiteurs pourront quant à eux venir s'y prélasser pour 2h ou 4h (privatisation possible à partir de 2 personnes). Pour les soins, il y a quatre cabines, dont trois doubles. Les enfants sont les bienvenus.

ENTRE-DEUX-MERS

Avec sa myriade de terroirs viticoles, ses châteaux, ses édifices ruraux, ses belvédères et ses joyaux de l'urbanisme médiéval que sont les bastides, l'Entre-deux-Mers ou l'arrière-pays bordelais a su conserver la mémoire des pierres. Sur ces terres, l'homme s'est construit par le travail des champs et de la vigne. On s'y donne en partage. À l'écart des grands axes de circulation, la beauté de l'Entre-deux-Mers nous met d'humeur vagabonde. Routes champêtres, voies cyclables, sentiers botaniques ou chemins buissonniers nous invitent à musarder. Qu'on l'explore en cheminant à vélo sur ses voies vertes ou qu'on l'aborde par le fleuve, qu'on le sillonne en journée ou qu'on s'y fixe en villégiature, cet arrière-pays bordelais se prête à toutes les allures et reste accessible à tous. Au carrefour de deux grands itinéraires vélo (le Canal des Deux Mers à Vélo et la Scandibérique), l'Entre-deux-Mers est une destination vélo par excellence !

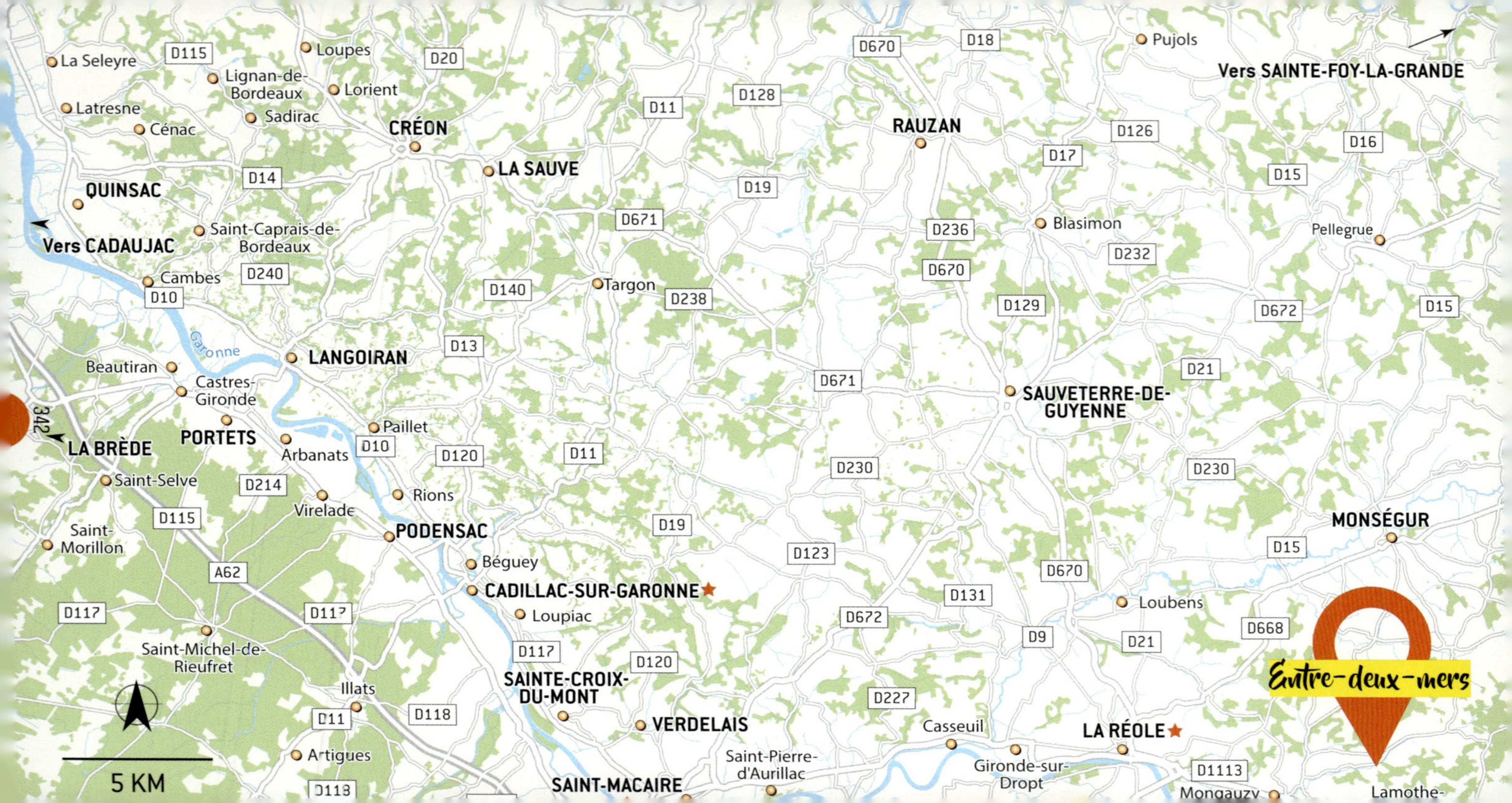
Entre-deux-mers
Vers SAINTE-FOY-LA-GRANDE
Vers CADAUJAC
La Seleyre
Loupes
Lignan-de-Bordeaux
Lorient
Latresne
Sadirac
Cénac
CRÉON
LA SAUVE
QUINSAC
Saint-Caprais-de-Bordeaux
Cambes
Targon
RAUZAN
Pujols
Blasimon
Pellegrue
Garonne
LANGOIRAN
Beautiran
Castres-Gironde
PORTETS
LA BRÈDE
Paillet
Arbanats
Saint-Selve
Rions
Virelade
PODENSAC
Saint-Morillon
Béguey
CADILLAC-SUR-GARONNE
Loupiac
Saint-Michel-de-Rieufret
Illats
Artigues
SAINTE-CROIX-DU-MONT
VERDELAIS
SAINT-MACAIRE
Saint-Pierre-d'Aurillac
Casseuil
Gironde-sur-Dropt
LA RÉOLE
Loubens
SAUVETERRE-DE-GUYENNE
MONSÉGUR
5 KM
342

PAGES

Saint-Macaire.

CADILLAC-SUR-GARONNE ★

Bastide du XIIIe siècle fortifiée au XIVe siècle, Cadillac borde la rive droite de la Garonne à une trentaine de kilomètres au sud de Bordeaux. La ville fut fondée en 1280 par Jean de Grailly, sénéchal d'Aquitaine, pour le roi d'Angleterre Henri III. De ses fortifications du XIVe siècle, elle conserve de beaux vestiges, ainsi que son plan intra-muros découpé en îlots rectangulaires. Le mieux est de laisser sa voiture le long des remparts pour faire le tour de la cité à pied, sans manquer une visite au très beau château des ducs d'Epernon. Par ailleurs, le vignoble de Cadillac-sur-Garonne produit un vin réputé que vous auriez tort de ne pas découvrir.

LA GROTTE DE CHARLES VII

RIONS

Parce qu'il y avait une source, le seigneur de Rions fit aménager une grotte dans les remparts de la ville au XIVe siècle, sous la place forte. C'est en tout cas, à cette date, que remonte la voûte en ogive que l'on aperçoit aujourd'hui. Transformée en une élégante fontaine, elle prit le nom de « Grotte aux Dames ». La légende raconte que lors du siège de la bastide de Rions par les armées de Charles VII en 1453, ce dernier s'y serait désaltéré. Voilà d'où vient son nom : la grotte de Charles VII ! Par la suite, elle fut utilisée comme lavoir.

CHÂTEAU DE CADILLAC ★

4, place de la Libération
✆ 05 56 62 69 58
www.chateau-cadillac.fr

Ouvert toute l'année. Jours et horaires d'ouvertures variables selon la saison. De 4 € à 7 €/adulte. Visite guidée.

L'histoire du château de Cadillac est intimement liée à celle de Jean-Louis de Nogaret de La Valette, premier duc d'Epernon, un personnage ambitieux qui, après avoir été mignon à la cour d'Henri III, devint une figure importante sous Henri IV et Louis XIII. Ce dernier, élevé au rang de duc par Henri III, épousa Marguerite de Foix-Candale, héritière du seigneur de Cadillac. Sous l'impulsion d'Henri IV, il fit démolir l'ancien château médiéval des Foix pour y ériger une somptueuse demeure qui rivalisait avec les luxueuses résidences royales. Les travaux commencèrent en 1599 et s'étendirent sur près de 30 ans. Après avoir été endommagé lors de la Révolution française, le château fut acquis par l'État, transformé en prison pour femmes et resta ainsi pendant 130 ans. Plus tard, il servit de centre d'éducation surveillée pour jeunes filles jusqu'au milieu du XXe siècle. Aujourd'hui restauré, le château présente un intérieur somptueux, avec ses plafonds lambrissés, ses tapisseries et ses cheminées monumentales en marbre, témoignant de son riche héritage. Il représente un exemple marquant de l'architecture à la française de la Renaissance. La visite du château, d'une durée d'une heure en libre accès ou guidée, permet de découvrir l'histoire fascinante de cet édifice et ses nombreux trésors architecturaux. Tout au long de l'année, diverses animations culturelles (expositions, spectacles, visites-découverte, événements) sont proposées. Gratuit le premier dimanche des mois de janvier, février, mars, novembre et décembre.

Cadillac-sur-Garonne.

LE TOUR DES REMPARTS DE LA BASTIDE

Fondée en 1280 pour le roi d'Angleterre, la Bastide de Cadillac-sur-Garonne mérite une halte. Commencez par la place centrale à arcades avec sa halle et ses maisons anciennes, puis par la tour de l'Oeuille avant d'emprunter le Ruet, un passage insolite aménagé entre les maisons et le rempart qui faisait jadis le tour de la cité. Plus loin, vous pourrez admirer la porte de la Mer avec sa haute tour carrée et son échelle de crue et la porte de l'Horloge du XIVe, transformée au XVIIIe.

CHÂTEAU DE VIAUT

1, Viaut,
MOURENS
✆ 05 56 61 31 31
www.vignobles-boudat-cigana.com
Ouvert toute l'année. Visites et dégustations. Boutique en ligne.

Étendus sur un peu plus d'une centaine d'hectares, les Vignobles Boudat-Cigana sont répartis en 4 propriétés, sur 4 communes différentes. Le château de Viaut est la propriété historique du vignoble. Incarnant fièrement la 6e génération, Marion, Nicolas et Thomas, leur frère aîné, produisent du vin rouge, blanc et rosé. En plus de la vigne, ce dernier mène une brillante carrière de cycliste professionnel, participant aux Jeux Olympiques de Paris 2024. Rien d'étonnant alors que des temps forts sont organisés autour du vélo en octobre, avec visite et dégustations.

OFFICE DE TOURISME DU PAYS DE CADILLAC ET PODENSAC

2, rue du Cros
✆ 05 56 62 12 92
www.destination-garonne.com
Ouvert toute l'année. Jours et horaires d'ouverture variables selon la saison.

Pour découvrir l'histoire, le patrimoine naturel et culturel du Pays de Cadillac et Podensac, n'oubliez pas de faire une visite à l'Office de Tourisme ! Que ce soit sur place ou en ligne, vous obtiendrez de précieuses informations sur les activités à faire, les sites à visiter, ainsi que des recommandations pour manger et dormir. Pour bien préparer votre séjour, pensez à télécharger quelques brochures pour ne manquer aucune visite de châteaux ni aucun événement important !

LAROMET €€

Les Côtes Sud
LAROQUE
✆ 05 40 06 96 32
Ouvert du mercredi au dimanche le midi ; vendredi et samedi le soir. Plats de 15 € à 25 €. Formule du midi : 17,90 €.

L'aventure (re) commence ! Fermé depuis plusieurs années, le restaurant Laromet a repris du service, après avoir été entièrement rénové. Ses atouts : un grand parking, une terrasse au bord du lac pour une ambiance guinguette, une belle salle digne d'un restaurant de centre-ville et une formule déjeuner incluant le café ou un demi de bière. À la carte, il y a des viandes dont la côte de bœuf à partager, le poisson du jour, un burger... Et des suggestions à l'ardoise. Simple, mais gourmand. On pourra venir boire un verre dans l'après-midi à la belle saison.

AGA €€

7, rue Porte de la Mer
✆ 05 56 27 47 63
https://restaurant-aga.fr/
Le lundi, le mardi et du jeudi au samedi le midi ; du jeudi au samedi le soir. Déjeuner à 30 € ; dîner de 60 € à 70 €.

AGA, pour Alexandre, Géraldine et leur fille Aleena, compte parmi les plus belles adresses gourmandes de Cadillac-sur-Garonne. Si le chef, Alexandre, a suivi un parcours gastronomique étoilé, sa vision de la grande cuisine est plus intuitive et décomplexée. Prix des menus, ambiance, découverte... elle reste aussi accessible à tous. On se laisse ainsi guider au gré de ses envies, des saisons et des produits locaux. Tout est fait maison, y compris le pain. La carte des vins est maîtrisée. Réservation recommandée. AGA se prête volontiers à toutes les occasions.

LA CAVE CADILLAC €€

24, rue du Général de Gaulle
✆ 05 57 98 66 04
www.lacavefrance.com
Vignobles et Découvertes. Du mardi au samedi de 9h à 23h ; le dimanche de 10h à 17h. De 22 € le midi à 32 € le soir.

Voici un lieu hybride : cave à vins, bières et spiritueux, c'est aussi une épicerie fine et un restaurant ! Chaque semaine, Cédric cuisine les plats traditionnels d'un pays, incluant un plat végétarien à sa carte. Il nous régale aussi avec le burger de la semaine dont il a le secret pour une cuisson parfaite, son foie gras maison a aussi un grand succès. Aux beaux jours vous pourrez vous installer en terrasse ou dans l'une des salles à la décoration assez typique dans le coin (poutre en bois et pierres bordelaises). Le *Cadillac Ice* est à découvrir en été !

LE COSMOPOLITAIN €€

16, rue du Cros
✆ 09 81 74 00 58

Ouvert tous les jours le midi et le soir. Service tardif. Plats et burgers de 14 à 24 € environ. Jardin. Terrasse.

Ouvert depuis 8 ans, ce restaurant attire les gourmands été comme hiver. Aux beaux jours, on s'installe dans un superbe jardin alors que le reste de l'année, on ne boude pas la salle avec sa belle cheminée où le chef fait précuire ses viandes et cuire ses mijotés. Dès votre arrivée, c'est promis, vous vous sentirez très bien accueilli. Et attendez-vous à très bien manger aussi, car ici, les deux frères, Thomas et Noé en cuisine, font tout eux-mêmes, y compris le pain des burgers. On s'en lèche encore les babines ! Réservation recommandée bien sûr !

LA TABLE BIOETHIK €€

19, route de Branne ✆ 06 03 37 21 10
www.bioethikbordeaux.com

AB (agriculture biologique). Collège Culinaire de France. Demeter. Ouvert tous les jours de 9h à 23h30. Plats à 22 €.

Tout en poursuivant ses études à la Faculté d'œnologie de Bordeaux, Vincent Lataste a repris les rênes de la propriété familiale. Soucieux de l'environnement, les vignobles Lataste ont adopté les techniques de l'agriculture bio. Afin de faire découvrir ses vins, il a ouvert un espace de réception et de dégustation dans l'ancien chai construit par son arrière-grand-père en 1891. Et c'est aussi un excellent restaurant paysan ! Les plats sont composés à 75 % de produits certifiés en bio et biodynamie de la ferme BioEthik Bordeaux et de producteurs locaux. On adore !

LE VOYAGEUR €€

22, avenue du Pont
✆ 05 56 62 65 38
www.levoyageur-cadillac.fr

Ouvert du lundi au samedi le midi. Menu unique à 17,50 €. Terrasse. Vente à emporter.

Un accueil chaleureux, un service attentionné, une terrasse en saison estivale, des plats de bistro préparés avec le plus grand soin, des tarifs abordables... L'établissement allie qualité et accessibilité. Et c'est un sans-faute pour le menu : du potage aux desserts, en passant par une sélection variée d'entrées et de plats. Salades fraîches, burgers... Il est aussi possible de prendre à emporter ! Que vous soyez de passage dans la région ou en séjour prolongé, ne manquez pas l'occasion de vous arrêter dans cet hôtel**, qui propose 10 chambres, dont 2 familiales.

CHÂTEAU RÉAUT

14, Thibeau Ouest - **RIONS**
✆ 05 56 62 66 54 - www.chateau-reaut.com

Vignobles et Découvertes. Visite & dégustation de 10 € à 12 €. Balade en vélo électrique à 25 €. Séminaires/réceptions.

Un concept unique, basé sur la multipropriété ! L'aventure débute autour de 2012, lorsque 430 particuliers, dont Yannick Evenou, deviennent les copropriétaires du Château Réaut. Aujourd'hui, ils sont près de 600. Le nouveau chai à cuves et à barriques voit le jour en 2018. Depuis, un superbe espace événementiel a vu le jour : idéal pour des séminaires, réceptions, dîners... Le toit-terrasse offre une vue imprenable sur les vignes et la Garonne. Les balades pédestres (1h30) et en vélos électriques (2h) se terminent par une visite et une dégustation (45 minutes).

CHÂTEAU DU PAYRE

260, route du Vic - **CARDAN**
✆ 05 56 62 60 91 - www.chateau-du-payre.fr

Du lundi au vendredi de 10h à 12h30 et de 16h à 18h30 pour les visites et la boutique ; sur réservation le week-end.

Au château du Payre, on fait la rencontre de Valérie Labrousse-Marcuzzi, viticultrice de la 5e génération à reprendre le domaine qui se transmet de mère en fille depuis 1881. Des trois formules qui vous permettront de découvrir les merveilles de ce château, la visite « Amateur » avec explication du mode de culture en agriculture biologique, passage dans les chais et dégustation de 5 vins est la plus prisée. Les portes ouvertes se déroulent le 1er week-end de juin. Chambre d'hôtes, accueil camping-cars... Le domaine a été récompensé par plusieurs *Best Of Wine*.

DOMAINE PASCAUD

Lieu-dit Pascaud RD 10 - **RIONS**
✆ 09 81 11 12 26 - www.domainepascaud.com

Visite et dégustation sur rendez-vous. Mariages, réceptions. Séminaires. Hébergement. Boutique de la Brasserie Mascaret.

L'ancien chai, transformé en salles de réception, se distingue par une charpente impressionnante réalisée à partir d'arbres entiers. La terrasse couverte, avec une vue dégagée sur le vignoble, offre un cadre idéal pour l'organisation d'un cocktail et le parc ajoute un charme naturel et authentique au site. Le domaine de Pascaud propose également un hébergement dans la maison de maître, jusqu'à six personnes. En plus de sa vocation événementielle, le domaine invite à la découverte et à la dégustation des vins du château Maine Pascaud, classés AOC Côtes-de-Bordeaux.

LE CAFÉ DE LA LIBERTÉ €€

11, place Gambetta - **PAILLET**
✆ 05 57 95 46 98 - www.lecafedelaliberte.fr
Du lundi au samedi de 9h à 14h ; vendredi et samedi de 18h à 22h. Menu : 29,90 €. Réservation recommandée.

Portant fièrement les labels *Bistrot de pays* et *Vignobles et Découvertes*, le Café de la Liberté est un de ces endroits que l'on fréquente par habitude parce que c'est bon, mais aussi pour le cadre agréable et l'équipe. L'arrivée de Margot, la nouvelle propriétaire, ne devrait rien changer à la recette du succès ! Brasserie de campagne à la fois chic et tendance, Le Café de la Liberté a l'exigence du fait maison et inscrit sa cuisine dans une démarche de qualité en privilégiant les producteurs locaux. Ouvert dès 9h, on vient aussi pour un café ou un verre.

JOSEPH ARTISAN FROMAGER

1, place de la Libération
✆ 05 56 76 79 60
Ouvert du mardi au vendredi de 8h30 à 12h30 et de 15h30 à 19h ; le samedi de 8h30 à 13h et de 16h à 19h.

Joseph est artisan fromager, et c'est précisément l'intitulé qu'il a choisi pour ouvrir sa boutique dans la bastide de Cadillac-sur-Garonne à l'été 2024. Lui qui a quelques années d'expérience en stock, nous propose ainsi un bel étal de fromages, avec plus de 200 références, une offre de crèmerie, de la charcuterie, quelques produits d'épicerie fine issus de producteurs locaux et du vin. Tout ce qu'on aime ! Il réalise également de beaux plateaux de fromages, sur commande. Vous pouvez lui faire confiance ou vous rendre en boutique pour affiner votre choix.

MAISON DES VINS DE CADILLAC

D10, Route de Langon ✆ 05 57 98 19 20
www.maisondesvinsdecadillac.com
Ouvert toute l'année. Visite et dégustation gratuite d'un vin. Dégustation de 5 vins : 6 €. Ateliers/animations. Parking

Aux portes de la bastide, la Maison des Vins de Cadillac abrite un écomusée récompensé par un *Best of Wine Tourism*. Vous y découvrirez l'histoire de la vigne, les origines des AOC (Cadillac, Cadillac Côtes de Bordeaux et Premières Côtes de Bordeaux), les étapes de fabrication... Un piano olfactif permettra en plus de vous initier aux différents arômes. La Maison des Vins propose aussi des dégustations autour des cépages (prestation payante pour 5 vins), des ateliers et des animations.

MARCHÉ DE CADILLAC-SUR-GARONNE

Le samedi de 8h à 13h.

Une visite au marché de Cadillac-sur-Garonne s'impose ! Perpétuant une tradition de plus de huit siècles, ce marché très animé est le plus important du Sud-Ouest. Tous les samedis matin, près d'une centaine de commerçants investissent la bastide et les remparts de la ville pour vendre leurs produits de qualité. Et les vignerons devant l'office de tourisme en été ! Au programme : des fruits, des légumes, des produits locaux, de l'artisanat. Sans oublier le bio dans une allée dédiée !

CRÉON

Fondée en 1315 par Amaury III de Craon, sénéchal du roi d'Angleterre, Créon voit rapidement ses foires et marchés fleurir et devient une véritable ville-campagne et un pôle économique majeur aux portes de Bordeaux. Avec ses arcades, la place centrale de la Prévôté est typique des bastides. Datées de différentes époques (XVIIIe-XIXe siècle), les façades, dont certaines sont ornées de sculptures, valent le coup d'œil. Parmi les richesses patrimoniales, découvrez l'église qui abrite une *Vierge à l'Enfant* du XIIIe siècle et son clocher massif. Première ville à devenir Point Relais Vélo de France, Créon profite d'un large réseau de pistes cyclables.

ENTRE-DEUX-MERS

Cyclotouriste devant l'office de tourisme de Créon.

ÉGLISE NOTRE-DAME

Rue Amaury de Craon

Modifiée de nombreuses fois au fil des ans, la construction de cette église a commencé au début du XIVe siècle. Aujourd'hui, elle est dotée d'une nef gothique voûtée d'ogives, à cinq travées. Le chœur est de style Renaissance. De l'extérieur, vous admirerez surtout le clocher massif à tour carrée, surmonté d'un clocheton. Inscrite au titre des Monuments historiques, l'église abrite quelques objets intéressants, telle la statue de la Vierge à l'Enfant, présentée debout et couronnée. L'orgue, réalisé par Georges Wenner, est à la fois rare et intéressant.

MAISON DE LA POTERIE

Place Fouragnan - **SADIRAC**

✆ 05 56 30 60 03

www.mairie-sadirac.fr

Du mardi au samedi de 14h à 18h (+ dimanche pour les expositions temporaires. Entrée libre. Ateliers/stages de création.

La tradition potière du village remonte à l'Antiquité, avec la grande richesse du sous-sol en argile bleue. Autour des vestiges d'un four potier du XIXe siècle, la Maison de la Poterie valorise ce patrimoine culturel. Elle abrite, notamment, le musée de la céramique et des ateliers de création animés par l'Association des Gens et Amis de la Poterie (AGAP). Les amateurs apprécieront certainement découvrir les 200 pièces archéologiques (vases et céramiques) de l'exposition permanente. La visite est une façon originale d'effectuer un voyage à travers les âges.

MAISON DU PATRIMOINE NATUREL DU CRÉONNAIS

23, route de Créon - **SADIRAC**

✆ 05 56 30 64 32 - www.terreetocean.fr

Ouvert le dimanche de 14h30 à 18h. Balade guidée ou atelier à 15h. Accueil des groupes sur réservation. Gratuit.

Expositions, lectures en forêt, ateliers pour les enfants pendant les vacances... Une multitude d'activités pour découvrir la richesse naturelle, culturelle et géographique du territoire ! Petits et grands pourront ainsi s'émerveiller et approfondir leurs connaissances. La Maison est ouverte gratuitement tous les dimanches après-midi, et sur réservation pour les groupes. À 15h, profitez d'une grande balade ou d'un atelier gratuit à Sadirac ou dans une autre commune du Créonnais.

VITISHOW

3, chemin du Bon Coin

LIGNAN-DE-BORDEAUX

✆ 05 57 97 19 97

www.vitishow.fr

Toute l'année. De 5 €/enfant (8 à 18 ans) à 9 €/adulte. Billetterie en ligne. Boutique & cave.

Si le Château de Seguin, dans sa forme actuelle, date de 1780, son histoire est en fait beaucoup plus ancienne, puisqu'il faut remonter mille ans plus tôt, en 780. Attendez-vous alors à une visite immersive bien singulière... Tout commence par la projection d'un film entre deux pressoirs d'époque, puis par le Vitishow ; un spectacle son & lumière poétique, du raisin à sa transformation. Et pour finir, une dégustation dans la boutique & cave de la propriété, offrant une vue privilégiée sur le vignoble. Un conseil, réservez vos places avant votre arrivée.

BUREAU D'INFORMATION TOURISTIQUE

62, boulevard Victor Hugo

✆ 05 56 23 23 00 - www.entredeuxmers.com

Accueil vélo. Vignobles et Découvertes. Qualité Tourisme. Label Tourisme & Handicap. Ouvert toute l'année.

L'équipe de l'Entre-deux-Mers Tourisme vous aide à organiser votre visite dans la Région. Sur place, vous trouverez par exemple le plan des 220 kilomètres de sentiers de randonnée pédestre balisés dans le canton pour découvrir les richesses naturelles et patrimoniales ou le plan des pistes cyclables, dont celle qui relie Bordeaux à Sauveterre-de-Guyenne (55 kilomètres) et un document indiquant les lieux de visites, hébergements et manifestations de l'Entre-deux-Mers.

STATION VÉLO CRÉON

60, boulevard Victor Hugo

✆ 06 28 26 79 32

www.station-velo-creon.fr

De juin à novembre. Location à la demi-journée ou en longue durée à partir de 10 € pour un vélo adulte. Vélo-école.

Pour vos petites et grandes expéditions cyclo, la Station Vélo de Créon vous propose plusieurs vélos à la location. Il y a des VTC bien sûr, des vélos électriques, des tandems, des tricycles et même des vélos cargos électriques pour les adultes ainsi que des handbikes. Pour les sorties en famille, les enfants trouveront des équipements à leur taille et vous aurez même la possibilité d'ajouter un siège bébé ou une remorque. Les cadenas, casques et paniers sont fournis. Possibilité de louer à la demi-journée (4h), la journée, pour deux jours ou à la semaine !

HÔTEL ATENA** €

55, avenue de l'Entre-Deux-Mers
✆ 05 40 25 15 61
www.hotelatena.fr

Accueil vélo. Ouvert toute l'année (accueil 24h/24). Chambres (jusqu'à 5 pers.) à partir de 60 €. Pdj : 9 €. Parking.

Labellisé Accueil Vélo, l'hôtel Atena se trouve à une vingtaine de minutes de Saint-Émilion et de Bordeaux, et à 5 minutes de l'Abbaye de la Sauve-Majeure. Avec une bonne literie, les chambres sont réparties en 4 catégories : double, triple, twin, familiale. Deux chambres doubles ont notamment été aménagées pour les personnes à mobilité réduite au rez-de-chaussée. Une attention particulière est portée sur la qualité du petit déjeuner continental sucré. Enfourchez un vélo pour découvrir l'une des plus belles voies vertes de France : la piste cyclable Roger Labépie.

LES BULLES DE BORDEAUX €€

16, avenue Georges Rivière - **SALLEBOEUF**
✆ 06 67 17 54 82
www.lesbullesdebordeaux.fr

Ouvert toute l'année. Bulle avec bain bouillonnant pour 2 personnes (+ 12 ans) à partir de 315 €. Petit déjeuner inclus.

Des bulles dans l'Entre-deux-Mers... Sophie, une amoureuse de la nature, n'a pas pu résister à l'envie de vous offrir la possibilité de passer la nuit en pleine forêt et sous la voûte céleste en posant çà et là 5 bulles transparentes ou semi-transparentes. Chauffées et climatisées, les bulles profitent d'une terrasse privative entourée de pins et de chênes, et d'un bain bouillonnant pour un séjour relaxant et apaisant. La douche (chauffée bien sûr) est à l'extérieur. Sophie a veillé à faire de ces bulles de véritables cocons avec une décoration très apaisante.

LES CABANES DE LA ROMANINGUE €€

2, chemin de Bon Ange - **POMPIGNAC**
✆ 05 35 54 62 95 - http://cabanes.laromaningue.fr

D'avril à octobre. A partir de 89 €/nuit. Petit déjeuner inclus. Paniers gourmands, massages, visite du vignoble, etc.

Au cœur du parc du Château La Romaningue, ancienne commanderie des Templiers devenue domaine viticole, 17 hébergements insolites invitent à vivre une aventure hors du commun : tente suspendue, cabane perchée dans les arbres avec tyrolienne, roulotte ou cabane-barrique... Ou encore, *La Grappe* qui se distingue en alliant l'expérience d'une nuit dans une bulle suspendue à la magie d'une vue imprenable sur les vignes. Le petit déjeuner est déposé discrètement pour un réveil en douceur.

CHÂTEAU PEY LA TOUR €€

32, avenue de la Tour - **SALLEBOEUF**
✆ 05 56 68 34 41
www.peylatour.com

Toute l'année. Chambre double de 68 € à 165 €. Petit déjeuner : 16 €. Parking inclus. Animaux acceptés. Restauration.

Niché entre Bordeaux et Saint-Émilion, le château Pey-Latour offre un cadre idyllique pour divers événements tels que vos réunions et mariages. Les 30 chambres disposent d'une terrasse ou d'un balcon avec vue sur le vignoble. Le petit-déjeuner est servi sous la véranda panoramique de l'hôtel, toujours avec la vue sur les vignes et la piscine ! L'équipe saura répondre au mieux à vos attentes. De leur côté, le chef Rémi Boireau et sa brigade vous régalent avec une cuisine fine et raffinée. Ne loupez pas « l'Orgue à Vins ! », un buffet de 24 références de vin.

LA CLOSERIE €€

15, chemin du Menusey - **SADIRAC**
✆ 06 85 54 81 10
www.lacloserie33.com

Chambre double de 100 à 145 €/nuit, de 700 à 1 000 €/semaine. Petit déjeuner inclus. Wifi. Bain bouillonnant. Piscine.

C'est au cœur d'un grand parc arboré sans vis-à-vis, que Gilles et Stéphan vous accueillent dans cette maison de style californien (adultes uniquement). Avec sa belle piscine et son spa (sur réservation), vous apprécierez les moments de farniente et de calme. La Closerie vous propose deux chambres décorées avec art et finesse, modernité et raffinement. Le petit déjeuner, copieux et fait maison, peut être servi dans la salle commune, dans votre chambre ou sur la terrasse au bord de la piscine. Enfin, il se pourrait bien que vos hôtes puissent vous prêter des vélos.

LA GRANGE AUX ARBRES*** €€

20, route de Signoret - **BARON**
✆ 06 21 10 78 78 - www.lagrangeauxarbres.fr

Accueil vélo. Ouvert toute l'année. Pour 4 à 5 personnes (50 m², 1 chambre) à 190 € (2 nuits) et à 553 €/semaine.

A la croisée de Bordeaux, du bassin d'Arcachon, de Saint-Emilion et de l'entre-deux-mers, Francine et Pierre-Michel vous reçoivent à la Grange aux arbres, sur des terres de patrimoine, de culture, de gastronomie et d'œnologie. Ici, dans une vieille grange entièrement rénovée, sous un bardage en bois qui s'intègre parfaitement à la nature, ils ont imaginé un gîte indépendant avec terrasse privée pour 4 à 5 personnes. Vous pourrez aussi séjourner dans le second gîte (2/4 personnes). Les propriétaires sauront vous conseiller sur les visites incontournables du coin.

LE JARDIN DES MIRABELLES €€

68, La Réole - **CAMIAC-ET-SAINT-DENIS**
✆ 05 54 99 00 00
https://chateau-camiac.com/
Ouvert du mardi au samedi le midi et le soir. Carte : 50 € environ. Terrasse. Hébergement. Séminaires & réceptions.

Orchestré par le chef Vincent Lalanne, Le Jardin des Mirabelles, au cœur du Château Camiac, une belle demeure datant de 1834, nous invite à entrer dans un décor élégant mêlant charme classique et touches contemporaines. En cuisine, le chef joue avec l'apparente simplicité des produits locaux et de saison pour surprendre et émerveiller nos papilles, jusqu'à l'ultime douceur ou fraîcheur du dessert. Ce lieu confidentiel se prête aussi bien à un déjeuner en famille qu'à un rendez-vous professionnel ou à un dîner en tête à tête. Vous pourrez également y séjourner.

LE PRIEURÉ DE MOUQUET €€

6, chemin de Mouquet - **SADIRAC**
✆ 05 56 23 26 57
www.le-prieure-de-mouquet.fr
Gîtes de France. Chambre double de 95 € à 110 €/nuit. Gîtes (4 pers.) à partir de 490 €/semaine (ouverts toute l'année).

La maison d'hôtes du Prieuré de Mouquet est un havre de paix niché au cœur de la campagne sadiracaise, dans un écrin vert et tranquille. D'emblée, on est frappé par les murs en pierres blondes du logis ainsi que l'imposante tour crénelée qui s'élève au coin de la maison. Cet ensemble bucolique est en fait une demeure fortifiée du XVIe siècle dans laquelle ont été aménagées deux chambres d'hôtes et trois suites très confortables. La propriétaire, Anne Bandelier, possède également deux gîtes (4 personnes) ouverts toute l'année. Vous pourrez profiter de la piscine.

L'ARROSOIR €€

29, avenue de l'Entre-Deux-Mers - **FARGUES-SAINT-HILAIRE** ✆ 07 65 70 97 90
www.larrosoir-bistrot.com
Du mardi au samedi de 10h à 22h ou 23h. Service en continu. Formule midi 21 €. Brunch. Terrasse. A emporter. Animations.

Habituée des bistrots mythiques de la capitale, Florence a réussi à faire de L'Arrosoir un bistrot-guinguette à son image le long de l'avenue de l'Entre-deux-Mers. C'est petit, mais alors, qu'est-ce que c'est chaleureux ! Les sourires, la bonne humeur, la décoration colorée, la terrasse, les rendez-vous... Voilà une adresse qui fleure bon la gaieté ! Et dans les assiettes, cela ne trompe pas non plus, car tout est fait maison. Les prix sont très corrects à commencer par la formule déjeuner. On y mange avec simplicité et gourmandise. Réservation recommandée.

SAVEURS NOMADES €

28, rue Jean Baspeyras ✆ 05 56 52 85 01
www.auxsaveursnomades.fr
Du mardi au samedi le midi ; le mardi, mercredi, vendredi et samedi le soir. Le dimanche sur réservation. Terrasse.

Empruntant des saveurs métissées, *Saveurs Nomades* vous invite à un savoureux et sympathique voyage culinaire. Les produits sont frais, le vin est du coin et il y a même une petite terrasse pour manger en toute tranquillité. Ici, c'est comme à la maison, mais en mieux grâce aux fantaisies du chef. Autre particularité : le bento (15,90 euros). Pensez à commander le vôtre pour une pause déjeuner rafraîchissante et méritée ou pour vous régaler le soir. Vous y trouverez tout ce dont vous avez besoin : une entrée, un plat et un dessert. Malin et toujours aussi bon !

LE BARON GOURMAND €€

4, route de Montesquieu - **BARON**
✆ 05 57 24 26 40
www.barongourmand.com
Mercredi au dimanche le midi ; vendredi et samedi le soir (+ mercredi et jeudi en haute saison). Menus de 20,50 à 50 €.

Un chemin en pente douce, une demeure ancienne en pierres de taille, un chêne magnifique... Une vraie carte postale, mais rien d'un cliché à la Gasconne ! Les grands volumes intérieurs sont agréables et mettent en valeur les toiles de différents artistes. *Le Baron Gourmand* est à l'image du sourire de Christelle, native de Saint-Denis-de-Pile, et du bon goût du chef Guillaume Calvy, originaire d'Espiet. Rien ne déroge à la règle, ici tout est fait maison ! Les grillades, la spécialité, sont cuites sous vos yeux dans l'imposante cheminée. Réservation recommandée.

LA BONNE TABLE €€

30, route de Bergerac - **CAMARSAC**
✆ 07 80 73 24 10
https://labonnetablecamarsac.fr
Ouvert tous les jours le midi ; du jeudi au samedi le soir. Formule du midi : 24 €. Terrasse. Privatisation possible.

A l'origine de ce projet, l'élevage des Barthes et la motivation de Sacha, un jeune agriculteur passionné et engagé pour le mieux manger, celle de Manon aussi et de toute l'équipe du Château de Camarsac. *La Bonne Table* fait l'éloge des bons produits et des belles rencontres. Ni poisson, ni viande de bœuf : le chef ne travaille qu'avec les légumes, les volailles et les porcs fermiers de la ferme de Barthes. Tout le reste est produit dans un rayon de 30 km. C'est bon, c'est beau et c'est gourmand ! Les vins de la propriété sont à l'honneur. Réservation recommandée.

LA GRANGE À POULET €€

40, place de la Prévôté
✆ 06 63 44 94 60

Ouvert du mardi au samedi le soir ; du mardi au dimanche le midi. Carte : 13 € environ. Terrasse. Vente à emporter.

C'est tous les jours dimanche à La Grange à Poulet ! Nuggets, aiguillettes corn flakes, manchons... Ici, on décline le poulet fermier Label Rouge IGP sous toutes ses formes. Si le choix est trop difficile, on opte pour l'assiette de tapas où l'on retrouve quelques-unes des recettes de la maison ainsi que les pommes de terre grenailles ou les délicieuses frites. Pour varier les plaisirs, il y a également de bons burgers à base de poulet (ou pas), des saucisses de canard, le jambonneau braisé ou encore le riz croustillant. Et, c'est sur place ou à emporter !

LES HALLES DE CRÉON

17, avenue de l'Entre-Deux-Mers
✆ 05 57 77 25 10

Ouvert tous les jours de 9h à 21h. Animations.

Des tablées conviviales, des fruits et des légumes, du fromage, des tapas, du bon vin, de la musique... Plus qu'un marché couvert, les Halles de Créon sont un véritable lieu de vie réunissant les locaux et les estivants dès le retour des beaux jours. Vous l'aurez compris, on y vient autant pour faire le plein de bons produits que pour s'attabler avec des copains à l'heure de l'apéro ou pour le brunch du dimanche. Il y a même des tables à l'extérieur pour profiter de chaque rayon de soleil ou des douces journées d'hiver. Concerts, soirées à thèmes... On adore !

CHEZ TITUT €€

22, place de la Prévôté ✆ 05 56 42 98 40
www.cheztitut.fr

Ouvert toute l'année. Formule déjeuner le midi à 19,50 € et plats à la carte le soir (18 € à 34 € environ). Bar à vin.

Le restaurant Chez Titut, à Créon, est la concrétisation du rêve de Thibault Momeux et Arthur Chevallier, passionnés de cuisine bistronomique. Sous les arcades de la place de la Prévoté, ils proposent une cuisine créative, élaborée au gré de l'inspiration du chef. La formule déjeuner, renouvelée chaque semaine, offre un choix de trois ou quatre plats. À l'arrière, un grand jardin caché accueille de nombreux concerts en saison. Une réservation est conseillée pour le midi comme pour le soir, dans cette adresse conviviale où le bar à vin ajoute une note chaleureuse.

CHÂTEAU DE CAMARSAC

30, route de Bergerac - **CAMARSAC**
✆ 06 35 46 47 03
www.camarsac.com

Vignobles et Découvertes. Ouvert toute l'année. Visites et dégustations payantes. Atelier d'assemblage. Restaurant.

Venez admirer un site historique d'exception, découvrir un terroir et agrémenter ces plaisirs par un voyage gustatif à travers les vins de Thierry Lurton, et gourmand à *La Bonne Table* ! Ancienne forteresse du XIVe remaniée en 1857, le château de Camarsac domine des vallons à l'allure toscane. Les cépages rouges et blancs sont cultivés sur 86 hectares, avec des typicités de sols différentes pour des assemblages intéressants. Le domaine compte 5 cuvées régulières (un blanc, un rosé et trois rouges : Prince Noir, Vieilles Vignes et Prestige), et un crémant.

DOMAINE DE SENTOUT

43, route de la Lande
LIGNAN-DE-BORDEAUX
✆ 06 85 95 61 54

Ouvert en saison, le dimanche de 10h à 14h (uniquement sur réservation par e-mail).

Un lieu de dégustation à ciel ouvert et dans les vignes ! Au départ, Karina et Nicolas pouvaient accueillir jusqu'à 250 personnes, mais après 3 ans de pause, l'envie d'autre chose a pointé le bout de son nez. Aujourd'hui, le Domaine de Sentout se limite à une quinzaine de personnes. A la manière d'une toute petite guinguette, les plus chanceux qui s'y retrouvent le dimanche profitent d'un moment ultra privilégié en présence de Karina et Nicolas qui ne manqueront pas de vous parler de polyculture, agroécologie et permaculture.

CHÂTEAU FARIZEAU

21, chemin de Farizeau
SADIRAC
✆ 05 56 30 61 46
https://chateau-farizeau.fr/

AB (agriculture biologique). Visite et dégustation sur rendez-vous.

Au troisième épisode de sécheresse en 7 ans, un constat s'impose : le travail du sol doit être appréhendé autrement ! Depuis, l'exploitation familiale produit 6 appellations sur une superficie de 12 hectares en agriculture biologique. Ainsi, tous les vins du Château portent l'agrément « Bio » depuis le millésime 2013. Aujourd'hui aux mains d'André, Nicole et leur fils aîné Guillaume, le vignoble propose d'excellentes productions de Bordeaux Clairet, Premières côtes de Bordeaux et Entre-Deux-Mers, maintes fois primées à des concours internationaux.

CHÂTEAU HAUT POUGNAN

Haut Pougnan
SAINT-GENÈS-DE-LOMBAUD
✆ 05 56 23 06 00
http://haut-pougnan.fr
Visite et dégustation du lundi au samedi.

Dans ce village d'à peine 380 habitants, les propriétaires du Château Haut-Pougnan, Jean-Bernard et Jean Guéridon vous invitent à goûter le fruit du travail accompli dans leurs vignes. Les vignobles s'étendent sur les coteaux de la rive droite de la Garonne, sur de superbes terroirs argilo-calcaires et graveleux. Une nature intense qui permet d'obtenir des vins rouges qui reflètent la trilogie des cépages du Bordelais (merlot 50 %, cabernet sauvignon 40 % et cabernet francs 10 %) et des vins blancs (sauvignon 70 %, sémillon 25 % et muscadelle 5 %).

CHÂTEAU LE GRAND VERDUS

SADIRAC
✆ 05 56 30 50 90
www.chateaulegrandverdus.com
Visites & dégustations sur rendez-vous de 10 à 20 €/adulte. Pique-nique champêtre. Guinguette en été. Boutique en ligne.

Dans cette remarquable demeure de l'époque Renaissance, érigée sur les vestiges d'un château fort, sur les hauteurs de l'Entre-Deux-Mers, la famille Le Grix de la Salle cultive la vigne depuis 4 générations. Lors de la visite, le propriétaire vous fera découvrir la cour du château datant du XVIe siècle, les tours en poivrière, ainsi que le chai historique et les vignes offrant un panorama exceptionnel. D'ailleurs, le Château Le Grand Verdus a été récompensé par un Best of Wine Tourism (Best of d'or) dans la catégorie « Architecture & Paysages » en 2023.

LA TASSE QUI FUME

15, place de la Prévôté ✆ 09 81 26 54 29
www.latassequifume.fr
Mardi, mercredi et vendredi de 9h à 12h30 et 15h30 à 19h ; samedi jusqu'à 18h30. Petit salon de thé. Boutique en ligne.

Torréfaction sur mesure, vente/location de matériel, démonstration… *La tasse qui fume*… fume ! Sous les arcades de la place de la Prévôté, les habitués viennent faire le plein de thé vert, thé noir, thé blanc, thé sombre ou thé rouge. Mais aussi de tisanes, de cafés moulus ou en grains, de capsules format Nespresso et autres petites gourmandises à piocher sur les étals. Et toujours avec les bons conseils de la maison, bien sûr ! Il est également possible de profiter de la terrasse et du petit salon climatisé pour déguster les produits de cet artisan torréfacteur.

BOUCHERIE DE L'ENTRE-DEUX-MERS

51, avenue de l'Entre Deux Mers
✆ 05 57 59 49 08
http://boucheries.eleveursgirondins.fr
Ouvert du mardi au samedi de 7h à 12h30 et de 15h à 19h30. Boutique de la boucherie en ligne.

Créé en 1983, le Groupement des Eleveurs Girondins (GEG), seule Coopérative de Production à vocation départementale, regroupe aujourd'hui près de 150 adhérents (120 éleveurs de bovins et 30 éleveurs d'ovins) sur le département de la Gironde. Leur devise ? « *De la fourche à la fourchette* » ! Outre de belles viandes, vous trouverez à Créon des produits de charcuterie faits maison. Le petit plus ? La possibilité d'acheter votre viande en demi-gros avec des caissettes de 5 à 10 kilos.

LOISIRS PLAISIRS

26, route de Luchey - **BARON**
✆ 09 64 14 70 39
www.loisirsplaisirs.com
Service client du lundi au samedi de 9h à 12h et de 14h à 19h. Accueil en boutique sur rendez-vous. Livraison possible.

Des boutiques spécialisées dans le matériel d'astronomie et d'observation de la nature, il y en a peu, et d'autres comme celles-là, il n'y en a pas ! Télescopes, lunettes astronomiques, microscopes, stations météo, GPS... Loisirs Plaisirs propose des outils au top de la qualité. Ils sont d'ailleurs les seuls en France à importer et fournir des pointeurs laser verts mis en conformité, dédiés à l'observation des étoiles. En vrais passionnés, l'équipe se rend toujours disponible pour vous conseiller et vous orienter sur le matériel le plus adapté à vos besoins.

LANGOIRAN

De la guerre de Cent Ans aux artisans du fleuve, Langoiran a conservé les vestiges d'une histoire haute en couleur. Dans la ville basse, il faut longer les quais de la Garonne puis remonter la rue Berquin, le long de l'Estey, où s'aligne toute une série d'anciennes maisons de pêcheurs. Au bout de cette rue, un pont métallique permet de traverser cette petite rivière pour atteindre Le Tourne. C'est de ce côté de la rive que la vue sur les superbes façades du port est la plus saisissante. Dans la ville haute, le château médiéval de Langoiran (fin XIIIe - début XIVe siècle) et l'église romane Saint-Pierre-ès-Liens sont les deux sites incontournables.

CHÂTEAU MÉDIÉVAL DE LANGOIRAN ★

14, Le Pied du Château
✆ 05 56 67 12 00
www.chateaudelangoiran.com
Ouvert toute l'année. Visite simple : 5 € (gratuit -6 ans). Visite guidée pour les groupes : 6 €. Animations médiévales.

Le château de Langoiran a été construit au début du XIVe siècle par Étienne d'Escoussans, seigneur de Langoiran et allié des Anglais lors de la guerre de Cent Ans. Dominant la Garonne et offrant une vue bien dégagée sur celle-ci, l'édifice ne jouit pas d'une position très stratégique, mais il contrôle l'accès au fleuve, ce qui lui assure une rentrée de subsides grâce aux droits et aux taxes sur les marchandises transitant par le fleuve. Pour autant, la seigneurie de Langoiran a été l'une des plus prestigieuses et des plus puissantes du duché d'Aquitaine. Au fil des ans, la propriété passe entre les mains de plusieurs hauts personnages girondins jusqu'à devenir la résidence du président du Parlement de Bordeaux au XVIIe siècle. Haut de 19 mètres, le château est assiégé en 1649 lors de la Fronde ; il finira par être abandonné. Acquis par Robert Bibonne en 1972, ce dernier n'a cessé de restaurer le site. Malgré de nombreux remaniements au cours des siècles, il conserve néanmoins une enceinte rappelant son utilité défensive. L'élément le plus remarquable reste le donjon qui est, selon Léo Drouyn, « la plus belle tour du département de la Gironde ». C'est aussi le plus large de France. À l'intérieur se trouvent encore des fresques où saint Pierre et saint Michel sont représentés. Vous ne serez pas déçu. La visite peut être commentée pour les groupes de plus de 10 personnes. Animations médiévales les 24/25 mai et 26/27 juillet 2025 (avec spectacle nocturne le samedi soir).

LES CHANTIERS TRAMASSET

20, esplanade Josselin - **LE TOURNE**
✆ 05 56 67 61 69
www.chantierstramasset.fr
Bar associatif ouvert le week-end de mars à octobre. Animations. Visites commentées toute l'année sur réservation : 7 €.

Le chantier naval Tramasset existe depuis 1837. À l'époque, il faisait partie des 6 chantiers du Tourne et de Langoiran qui construisaient des yoles, des filadières, des coureaux et des gabares pendant la période où les bateaux en bois assuraient le transport sur la Garonne. Fermés et laissés à l'abandon en 1985, les chantiers Tramasset seront rachetés par la mairie. Sur place : un atelier de charpente navale où sont restaurés de nombreux bateaux et un très rare exemplaire de four à étuve. Consultez le site et suivez les réseaux pour avoir toutes les informations.

MAISON FLOTTANTE DREAM €€

1890, chemin de Port Leyron - **BAURECH**
✆ 06 67 24 98 82 - https://baurech-insolite.com/
Ouvert toute l'année. Check-in autonome. A partir de 150 € pour 3 voyageurs (1 chambre). Animaux acceptés. Wifi.

Située à 20 km au sud de Bordeaux, cette petite maison flottante avec sa terrasse sur le lac de Baurech est idéale pour celles et ceux qui aiment les hébergements insolites. Vous séjournerez en pleine nature, dans le plus grand des calmes. Si l'entrée et le départ sont autonomes, Paul et Delphine restent à votre disposition pour vous conseiller sur les activités à faire autour du lac (wakeboard, yoga paddle, visite du château de Langoiran, circuits de randonnée, etc.). En fonction des périodes, des durées de séjour minimales peuvent être appliquées.

AU BORD DE L'EAU €€€

Chemin de Port Leyron
BAURECH
www.baurech-insolite.com
Ouvert toute l'année. Pour 15 personnes (8 chambres). De 700 € à 1 100 €/nuit (4 nuits minimum en juillet/août).

Moins insolite que la Maison Flottante, d'accord, cette grande maison profite d'un environnement unique, entre le lac de Baurech, avec une plage privée, et la Garonne. C'est l'endroit parfait pour déconnecter en famille ou entre amis, été comme hiver. La maison est dotée de 7 chambres indépendantes avec salles de bains privées, un dortoir et une pièce de vie commune largement ouverte sur l'extérieur. Sur la terrasse, on trouve aussi un brasero, des transats et des parasols. Et, vous imaginez bien qu'il y a de nombreuses activités à faire aux alentours.

PIZZERIA LE PETIT NAPLES €

23, avenue du Lieutenant Rouch - **LE TOURNE**
© 09 81 49 68 10
www.pizzeria-lepetitnaples.fr
Uniquement à emporter. Ouvert du mardi au dimanche le soir ; du mercredi au samedi le midi. Pizzas de 9,80 € à 16 €.

Artisan pizzaïolo, Francesco est un vrai Napolitain qui exerce depuis plus de 40 ans. Et il n'est pas près d'arrêter même s'il a levé le pied en fermant sa *trattoria* à Cadillac. Lui qui a voyagé et travaillé en Calabre et à Venise, est devenu l'un des *pizzaïoli* les plus réputés de Paris. Ses pizzas étalées à la main et cuites sur la pierre ont le bon goût de l'Italie. La pâte est croustillante et légère, les garnitures sont savoureuses. Par chance, on les retrouve encore à emporter au Tourne ! Engouement oblige, l'attente peut être un peu plus longue le week-end.

LE SAINT MARTIN €€

5, place Aimé Gouzy
© 05 56 32 70 31
Ouvert en saison à partir de Pâques. Du mardi au dimanche, le midi. Réservation recommandée. Menu à 35 € environ.

Quelle sensation délicieuse de siroter un cocktail sous la tonnelle de la Brasserie Saint Martin et de se délecter d'un bon repas avec une vue magnifique sur la Garonne ! Particulièrement apprécié des amoureux pour cette terrasse romantique, l'endroit est idéal pour se retrouver dans une ambiance douce et paisible. N'hésitez pas à demander une table au plus près de la rive, car avec un peu de chance, vous pourrez observer le Mascaret et la vitesse avec laquelle il fait monter le niveau de l'eau. Généralement, la brasserie ouvre le soir à compter du mois de juin.

LES CHAIS SOUTERRAINS DU CHÂTEAU LAMOTHE DE HAUX

295, chemin de l'Eglise - **HAUX**
© 05 57 34 53 00 - www.chateau-lamothe.com
Visite et dégustation (5 €/pers.) du lundi au vendredi de 9h à 11h30 et de 14h à 17h sur rdv ; le week-end sur demande.

Le Château Lamothe de Haux, demeure de charme du XVIe siècle, abrite des galeries troglodytes impressionnantes, aménagées en chais d'élevage. Ces galeries ont été creusées au XVIIe siècle, lors de l'extraction des pierres de calcaire utilisées pour la construction de Lamothe et des domaines environnants. À 30 mètres sous terre, elles offrent une température idéale et constante pour la conservation et la maturation des vins. Le domaine propose également un gîte avec piscine.

VIGNERONS DE BERTICOT-GRAMAN

25, route de Créon
© 05 56 67 41 56
www.berticot.com
Du lundi au samedi de 9h30 à 12h30 et de 14h à 18h30 ; le dimanche matin en décembre. Boutique en ligne. Epicerie.

© GRAMAN

Situés aux portes de Bordeaux, les vignerons de Berticot-Graman vous proposent de découvrir ou redécouvrir leur belle et grande boutique avec une large gamme de blanc, rosé, clairet, rouge et crémants (AOP Bordeaux, Bergerac et Duras). Vous y trouverez aussi de nombreuses idées cadeaux et des paniers gourmands à composer issus de produits du terroir. Les viticulteurs proposent de vous transmettre leur passion pour le vin à travers des conseils et dégustations.

CHÂTEAU DU COUREAU

380, Route du Bourg - **HAUX**
✆ 05 56 23 05 03
www.chateauducoureau.com
Ouvert du lundi au vendredi de 9h à 12h et de 13h30 à 17h30. Visite et dégustation sur rendez-vous. Boutique en ligne.

Belle propriété familiale de 68 ha exploitée depuis cinq générations, le château du Coureau s'entoure d'une partie de son vignoble. Le Blanc des Cabanes (cépages sémillon et sauvignon) est né du mariage de l'ostréiculture et de la viticulture, au cœur du bassin d'Arcachon. Les bouteilles de ce vin ont ainsi la particularité de maturer quelques mois en eaux profondes juste à côté des huîtres. Loin d'être un concept fantaisiste, la famille Labeyrie entend surtout prouver les bienfaits de cette technique d'immersion en milieu sous-marin. À découvrir, à déguster !

CHÂTEAU LANGOIRAN

16, route du Lieu-dit
✆ 05 56 67 08 55
www.vignobles-gonfrier.fr
Ouvert toute l'année, du mardi au samedi, de 10h30 à 12h30 et de 14h à 19h. Visite et dégustation.

Ouvrant la voie à la troisième génération, Eric et Philippe Gonfrier ont été rejoints par Thibault, le fils de Philippe. Ensemble, ils s'investissent pour préserver le bon état du vignoble dans le respect de l'environnement. Le château de Marsan reste la référence de l'entreprise familiale. Après avoir étendu et développé son vignoble, ils ont œuvré avec force et envie pour faire de leurs vins des incontournables des terres bordelaises. Mais c'est au Château Langoiran qu'il faudra vous rendre pour une visite de la cave souterraine, suivie d'une dégustation.

CHÂTEAU PENEAU

747, Les Faures - **HAUX** ✆ 05 56 23 05 10
www.chateaupeneau.com
Du lundi au vendredi de 9h à 12h et de 14h à 18h ; samedi de 8h à 12h. Visite/dégustation gratuite. Accueil camping-cars

Propriété de Dany Douence depuis 1997, fille de viticulteur issue de plusieurs générations, le vignoble du Château Peneau produit des vins authentiques et équilibrés, souvent récompensés lors de prestigieux concours nationaux et européens. Le Bordeaux blanc sec (60 % Sauvignon blanc et 40 % Sauvignon gris) a obtenu, entre autres récompenses, la Médaille d'Or au Concours général agricole de Paris 2016, pour le millésime 2015. Caveau de vente et dégustation à la salle La Palombière, accueil camping-cars toute l'année et location de salle pour vos événements.

DOMAINE DE SAINT-AMAND

Lieu-dit Saint-Amand - **CAMBES**
✆ 06 30 49 00 13 - www.domainedesaintamand.fr
Visite et dégustation sur rdv. Formule gourmande de juin à octobre. Gîte avec piscine (2 personnes). Salle de réception.

Situé sur des terres en Appellation Côtes de Bordeaux, le Domaine de Saint-Amand s'étend sur 2,5 hectares de vignes produisant des vins rouges en AOC Cadillac Côtes-de-Bordeaux et des rosés de Bordeaux (80 % de Merlot et 20 % de Malbec). Et, 0,7 hectare de blanc en Sauvignon (70 %) et Sémillon (30 %). Sarah Simon, vigneronne passionnée et investie dans une démarche de conversion biologique, veille à faire de chaque visite et dégustation une expérience de partage authentique. Le domaine propose également un gîte de 38 m² pour deux personnes, avec piscine.

LA CABANE DANS LES VIGNES

La Côte - **TABANAC**
✆ 07 66 67 32 45
https://lacabanedanslesvignes.com
Bar à vin ouvert de mai à octobre. Terrasse. Restauration. Animations. Privatisation possible toute l'année.

Faut-il plus joli cadre pour déguster un verre de vin local que cette cabane perchée, perdue au beau milieu des vignes ? Véritablement enchanteur, ce lieu nous offre un point de vue admirable sur le superbe patrimoine paysager de la région. A la belle saison, la cabane se mue en bar à vin convivial, où l'on savoure quelques bons crus accompagnés de planches apéritives garnies de produits régionaux, en admirant le coucher du soleil. Un vrai petit coin de paradis !

LA SAUVE

Réputée pour son ancienne abbaye dont le nom signifie « la grande forêt », La Sauve mérite aussi que l'on s'intéresse à l'église paroissiale Saint-Pierre, inscrite par l'Unesco au Patrimoine mondial, au titre des chemins de Saint-Jacques-de-Compostelle. Cette église gothique du XIIIe siècle est entourée d'un cimetière qui offre une belle vue sur l'abbaye. A l'intérieur, le bénitier, fait de deux chapiteaux superposés (XIIe - XIIIe siècles), et le gisant d'un archevêque, placé au-dessus d'une frise de pierre sculptée, sont surmontés d'une chasse qui contiendrait des reliques, présentées comme celles de saint Gérard, fondateur de l'Abbaye.

ABBAYE DE LA SAUVE-MAJEURE

14, rue de l'abbaye ✆ 05 56 23 01 55
www.abbaye-la-sauve-majeure.fr
Ouvert toute l'année. Gratuit jusqu'à 18 ans. Adulte : 7 € (+2 € avec une dégustation à la maison des vins). Librairie.

Cette abbaye fondée en 1079 ainsi que l'église Saint-Pierre sont inscrites sur la liste du patrimoine mondial par l'UNESCO, au titre des Chemins de Saint-Jacques-de-Compostelle. Sculptures remarquables, chapiteaux cachant des créatures exceptionnelles... Ce joyau de l'architecture romane est un point de visite incontournable en Entre-deux-Mers. Vous voyagerez dans le temps en écoutant les palabres de votre guide, puis pour monter au clocher, il vous faudra gravir 157 marches.

LES AMANDIELLES €€

2, chemin du Moulin de Poncet - **TARGON**
✆ 06 32 16 88 20
http://lesamandielles.free.fr/
Ouvert toute l'année. Gîte pour 2 adultes et 1 bébé. De 140 à 195 €/nuit, à partir de 4 nuits. Frais de ménage à 105 €.

Aux portes de Bordeaux, le gîte Les Amandielles est le lieu idéal pour séjourner en couple ou en famille (un couple et un enfant). Située sur un vaste parc joliment arboré, cette charmante maisonnette en pierres datée du XVIIIe siècle a été restaurée dans la pure tradition girondine. Derrière la porte, vous découvrirez un espace chaleureux et confortable. La décoration oscille entre rusticité et modernité. À l'étage, l'alliance des pierres et du bois donne à cette chambre une ambiance romantique. Le truc en plus ? La piscine à débordement. À partir de 4 nuitées.

L'AIGUILLAGE €€

69, rue de Gestas
✆ 05 56 44 36 89
Du mercredi au samedi le soir ; du mercredi au dimanche le midi. Menu à 24 €. Terrasse. Bar. Terrain de pétanque.

Ce bar-restaurant géré par Yérim Sy, une figure emblématique des nuits bordelaises, fait revivre l'ancienne gare de 1873. Avec ses deux terrasses, l'une jouxtant la piste cyclable Roger-Lapébie et offrant une vue sur de vieux wagons, et l'autre dotée d'un terrain de pétanque, l'endroit est parfait pour se détendre. Les extérieurs sont agréables et moins bruyants qu'à l'intérieur pendant le déjeuner. Le menu est proposé le soir et le week-end. En basse saison, les jours d'ouverture peuvent varier, mais l'établissement reste ouvert toute la journée le week-end.

CAVE DE SAUVETERRE-BLASIMON-ESPIET

4, lieu-dit Fourcade - **ESPIET**
✆ 05 57 24 24 08
Ouvert toute l'année. Du jeudi au samedi de 9h à 12h et de 14h à 18h. Boutique en ligne. Visite et dégustation sur rdv.

La cave coopérative Baron d'Espiet (l'une des plus anciennes de Gironde) et la cave Sauveterre-Blasimon ont fusionné début 2017. S'imposant dans le paysage viticole bordelais, la cave de Sauveterre-Blasimon-Espiet allie savoir-faire et outils de vinification à la pointe du progrès. Avec plus de 165 vignerons adhérents et un vignoble étendu sur 3 200 ha, la cave de Sauveterre-Blasimon-Espiet vous propose des visites de chais sur rendez-vous. Une deuxième adresse à Sauveterre-de-Guyenne.

CHÂTEAU THIEULEY

560, route de Grimard
✆ 05 56 23 00 01
www.thieuley.com
Vignobles et Découvertes. Lundi au vendredi de 9h à 12h et 13h à 17h ; le week-end sur rdv. Visite & dégustation : 10 €.

L'histoire des vignobles Famille Courselle débute en 1950 avec l'acquisition du Château Thieuley par André Courselle. Son fils, Francis Courselle, accélère le développement du domaine à partir de 1972, faisant passer la surface cultivée de 4 à 80 hectares sur trois domaines distincts. Les filles de Francis, Sylvie et Marie, perpétuent la viticulture durable. Certifié en agriculture raisonnée par Terra Vitis, HVE3 et Bee Friendly, le Château Thieuley a été récompensé par un *Best of Wine Tourism* en 2024 (valorisation œnotourisme des pratiques environnementales).

CHÂTEAU TURCAUD

1033, route de Bonneau ✆ 05 56 23 04 41
www.chateauturcaud.com
Ouvert du lundi au vendredi de 8h30 à 12h30 et de 14h30 à 18h ; le samedi de 10h30 à 12h30 et de 14h30 à 17h30.

Maurice Robert et son épouse Simone achètent le Château Turcaud en 1973. En 2009, c'est à leur fille Isabelle et à leur gendre Stéphane Le May – un amoureux du vin lui aussi – que le couple transmet sa passion et son savoir-faire. Depuis deux générations maintenant, l'équipe des Vignobles Robert observe, adapte et développe les meilleures techniques de culture, de vinification et d'élevage. Les vins blancs, rouges, rosés et Bordeaux Clairet AOC du Château Turcaud sont récompensés lors de prestigieux concours. Visites et dégustations de préférence sur rendez-vous.

MAISON DES VINS DE L'ENTRE-DEUX-MERS

16, rue de l'Abbaye ✆ 05 57 34 32 12
https://vinsentredeuxmers.com/
Accueil vélo. Ouvert toute l'année (jours et horaires variables selon la saison). Dégustation de 3 vins : 5 €.

La Maison des vins de l'Entre-deux-Mers se trouve à l'intérieur de la remarquable grange abbatiale classée Monument historique à l'entrée de l'abbaye de La Sauve Majeure. N'oubliez pas alors d'admirer la charpente datant du XVIe siècle. Le syndicat viticole peut ainsi s'enorgueillir de présenter ses vins de l'AOC Entre-deux-Mers dans un aussi bel endroit ! L'appellation, qui a vu le jour en 1937, regroupe 250 viticulteurs sur 1 500 hectares. Elle produit exclusivement du vin blanc sec.

ANCIEN HÔTEL DE VILLE

4, place Richard Cœur de Lion

C'est le plus ancien Hôtel de Ville de France, donc l'un des plus anciens bâtiments civils. Aussi appelé *Vieille halle aux grains*, il aurait été construit à la demande de Richard Cœur-de-Lion, duc d'Aquitaine avant d'être roi d'Angleterre, entre le XIIe et le XIIIe. Au cours des siècles, le bâtiment a subi de nombreux remaniements comme le percement d'ouvertures de style Renaissance ou l'ajout d'un balcon de style flamboyant à l'étage, là où se tenaient les réunions de la Jurade jusqu'à la Révolution. Aujourd'hui, la salle permet d'accueillir des expositions.

PETIT GRAIN DE PEAU

2, rue Jacques Froment
TARGON
✆ 06 83 53 79 74
www.petitgraindepeau.fr
Accueil sur RDV à l'atelier et à la boutique.

L'Atelier Petit Grain de Peau est une maroquinerie artisanale située dans une boutique partagée à Targon. Spécialisés dans la création et la fabrication sur mesure, Astrid Desaché vous propose des produits de qualité et un savoir-faire artisanal. Les amateurs de maroquinerie pourront découvrir une large gamme de sacs et de bagages, tous fabriqués à la main avec soin. Les amateurs de maroquinerie seront ravis de visiter cet atelier et de découvrir les créations uniques et personnalisées. On retrouve Astrid lors des salons d'artisanat d'art, expositions, etc.

EGLISE SAINT-PIERRE

Bâtie au cours des XIIe et XIIIe siècles, puis démantelée lors des guerres de Religion, l'église Saint-Pierre a été reconstruite dans un style gothique au XVIIe siècle. Le portail a été dépouillé de toutes ses sculptures en 1795 alors que l'église était devenue Temple de la Raison avant de servir de caserne. Ce n'est qu'en 1821 qu'elle est rendue au culte, puis devient église paroissiale quelques années plus tard. Le clocher carré fut exhaussé en 1845. L'intérieur impressionne par ses proportions : 54 m de long, 16 m de large et 19 m sous les voûtes.

LA RÉOLE ★

Fondée en 977, La Réole est un bourg fortifié autour d'un prieuré, avec la Garonne à ses pieds. Le patrimoine historique de la commune est très riche, comme en témoignent le château des Quat'Sos (XIIIe), le monastère des Bénédictins (XVIIIe), l'église Saint-Pierre, l'ancien hôtel de ville, l'hôtel de Briet, les remparts (XIIIe)... Au hasard des rues de la cité, classée Ville d'Art et d'Histoire, on découvre aussi des maisons médiévales à colombages, la double porte du Sault, la fontaine et le lavoir de la Marmory (XIIIe), la chapelle du centre hospitalier de style baroque (XVIIe) et le logis du Parlement appelé manoir du Prince Noir (XVe).

PRIEURÉ DES BÉNÉDICTINS

Esplanade Charles de Gaulle

Ce vaste ensemble, sobre et massif, remonte principalement à la première moitié du XVIIIe siècle. Les ornements de style Louis XV adoucissent son apparence austère tandis que les ferronneries, réalisées par le Réolais Blaise Charlut en 1748, enrichissent l'édifice. La façade sud rappelle que La Réole fut l'un des quatre points de passage à gué sur la Garonne, sur la route des pèlerins de Saint-Jacques de Compostelle. Bien que le lieu abrite aujourd'hui des administrations, il est possible de se promener dans les couloirs du monastère pendant les heures de bureau.

BUREAU D'INFORMATION TOURISTIQUE

15, rue André Bénac
✆ 05 56 61 13 55
www.entredeuxmers.com

Ouvert toute l'année. Jours et horaires d'ouverture variables selon la saison. Visites guidées.

Hébergement, restauration, loisirs, patrimoine… L'Office de Tourisme peut vous proposer des séjours clé en main. On vous conseillera d'emprunter les venelles escarpées de la ville pour remonter le temps et admirer les maisons à colombages aux ferronneries du XVIIIe ou les décors médiévaux et Renaissance de l'ancien Hôtel de Ville. Cette superbe cité fluviale, classée Ville d'Art et d'Histoire, mérite vraiment une visite commentée (de mai à octobre) par l'un des guides-conférenciers.

CHATEAU GAYON

CAUDROT ✆ 05 56 62 81 19
www.chateau-gayon.com

Ouvert du lundi au vendredi ; le week-end sur rendez-vous. Visites et dégustations. Salle de réception. Gîte (4 pers.).

Entre autres projets, Paul, le fils de Jean, a eu l'idée de créer un superbe rooftop dans un esprit de bord de mer. Au milieu d'un océan de vignes, ce toit-terrasse de 180 m² est l'endroit idéal pour découvrir les vins produits en agriculture biologique par la famille Crampes ou encore pour organiser un événement privé ou professionnel. Soirées blanches, dîners festifs... Les soirées, sur réservation, sont très attendues ! Le rooftop peut accueillir jusqu'à 110 personnes en configuration debout. La salle de réception a été aménagée dans une dépendance du château.

CHÂTEAU HAUT-PRADOT

3, Patatin - **MORIZÈS**
✆ 06 37 80 93 76
https://chateauhautpradot.fr/

Visites, dégustations et ateliers sur rendez-vous. Animations. Aire de camping-car (emplacement gratuit).

Niché au cœur des vignobles de l'Entre-deux-Mers, le Château Haut-Pradot vous propose de profiter d'une visite guidée ou d'un atelier pour découvrir son histoire et ses méthodes de production tout en passant un bon moment en famille ou entre amis. Pour vivre des moments encore plus conviviaux, ne manquez pas les « Vindredis » (tous les vendredis en juillet et août), l'événement *Bourru en fête* en septembre ou les soirées raclette dans le chai en hiver. Une aire de camping-car vous accueille gratuitement pour un séjour privilégié dans les vignes.

AMAÑI HOSTEL €

2, rue Peysseguin
✆ 06 49 68 69 69

Vignobles et Découvertes. Accueil vélo. Dortoir à 30 €. Chambres de 60 € à 80 € (2 ou 3 pers.). Petit déjeuner inclus.

Au cœur historique de La Réole, ville d'Art et d'Histoire, l'Amañi Hostel se distingue comme une oasis de charme et de convivialité. Installé dans un bâtiment remarquable du XIIe siècle, il séduit par son patio à colombages et son escalier en bois du XVIe siècle. Récompensé par un Best Of Wine 2025, cet hébergement inspiré des auberges de jeunesse, l'Amañi Hostel vous propose des chambres et des dortoirs, une cuisine et un salon partagés, ainsi que des repas du soir préparés avec des produits frais du potager, en collaboration avec une vigneronne.

La Réole.

L'ABSOLU €€

2, rue Partarrieu - **AUROS**
✆ 05 56 65 29 23
restaurant-absolu.com
Ouvert du jeudi au lundi le midi et le soir. Menu à 38 €. Formule du midi : 19 €. Accueil des groupes. Service traiteur.

A une dizaine de kilomètres de Langon, L'Absolu mérite bien des éloges à commencer par sa façade en pierres qui donne le ton de l'élégance. Avec sa grande fresque murale, la salle Forest nous donne l'impression d'être dans un sous-bois. Dans toutes les salles, la décoration est agréable. Côté cuisine, le chef vous propose des plats dans la même veine, c'est-à-dire raffinés et accompagnés de sauces savoureuses. Le tout à un excellent rapport qualité-prix. Un espace placé sous vidéosurveillance a été aménagé pour les enfants (menu et carte spécifique pour eux).

AUX FONTAINES €€€

8, rue de Verdun
✆ 05 56 61 15 25
www.restaurant-aux-fontaines.com
Ouvert du mardi au dimanche le midi ; le mardi et du jeudi au samedi le soir. Menu-carte à 44 €. Formule du midi à 21 €.

A l'intérieur de cette maison de maître du XIXe siècle, à côté de la grande cheminée ou à l'extérieur, à l'ombre de la pergola arborée, installez-vous pour goûter aux mets d'inspiration régionale. Philippe Labrousse privilégie le circuit court, des viandes exclusivement françaises et des produits de pêche raisonnée. De fait, la carte est régulièrement renouvelée. Si vous êtes curieux, nous vous conseillons de choisir le menu. Pour accompagner votre dégustation, Estelle Labrousse saura vous proposer un vin de la région ainsi que les meilleurs crus du terroir.

C' DU VIN

98, rue Armand Caduc
✆ 06 76 21 68 67
https://cduvin.wixsite.com/cduvin
Ouvert toute l'année. Animations. Concerts. Cave à vin. Dégustations privées. Tapas. Restauration le midi. Traiteur.

Caviste passionnée, Charlotte Auboin sélectionne des vins vivants, créateurs d'émotions, et s'attache à présenter le travail du vigneron, son univers et ses intentions. Exclusivement en biodynamie, les vins ont toujours une histoire à raconter. C' du Vin est à la fois un bar à vins/tapas (maison) et une cave ! Des dégustations privées, avec accords mets-vins, peuvent être organisées. Il y a aussi des animations, des concerts… Et une restauration le midi. L'été, Charlotte ouvre toute la journée jusqu'à 23h. Que d'occasions pour découvrir les vins !

LE COYOTE

7, rue Castelnau d'Auros
AUROS
✆ 05 57 03 17 17
https://bar-le-coyote.eatbu.com/
Ouvert toute l'année. Jours et horaires variables selon la saison et l'affluence. Terrasse.

Avec sa terrasse, le Coyote est le QG des motards du coin ! Toutefois, balayez vos préjugés d'un revers de la main, car dans ce bar, la tête du client importe peu. Adeptes ou non des deux-roues, des vestes en cuir floqué ou des multiples tatouages, vous serez toujours bien accueillis dans ce lieu un brin rustique où la musique résonne fort. Il n'y a plus de concert ni de retransmission de match sportif, mais l'ambiance reste excellente et les bières également, même si elles sont (toujours, et comme le reste d'ailleurs) à consommer avec modération.

LOUGAPA NOBILIS

6, rue Blaise Charlut
✆ 05 56 61 24 45
www.lougapa-nobilis.com
Ouvert du mardi au dimanche de 9h30 à 19h. Terrasse & jardin. Ateliers culinaires. Rooms & spa.

Telle une suite gourmande à l'aventure du Bellis, Gaëtan Cossoul et Pascal Dimartino ont ouvert la Maison LouGapa Nobilis à La Réole. Entrez par la cour puis prenez le temps d'apprécier le superbe jardin qui se déploie derrière un bassin d'époque. La pâtisserie ou plutôt le *gourmet store* se trouve sur votre droite, dans cette belle bâtisse du centre historique au-dessus de laquelle deux chambres d'hôtes permettent de vous recevoir pour une escapade en Entre-deux-Mers. Au menu : spécialités régionales signatures, ateliers culinaires, snacking, salon de thé, spa…

LA PETITE POPULAIRE

33, rue Armand Caduc
✆ 06 75 75 31 36
www.lapetitepopulaire.fr
Ouvert selon la disponibilité des bénévoles. Café associatif. Actions culturelles. Concerts. Espace de travail.

Véritable lieu de vie, ce charmant petit endroit a vu le jour grâce à la volonté des bénévoles de l'association. Baby-foot et table d'activités pour les kids, espace de travail pour les parents, espace de ressources pour les associations… La Petite Populaire est bien plus qu'un café associatif ! De nombreux ateliers sont programmés pour les enfants et des concerts sont organisés pour faire vivre cette adresse pas tout à fait comme les autres. Vide-dressing, théâtre, cafés littéraires sont aussi de la partie ! Il y a aussi des soirées *afterworks* le vendredi soir.

DISTILLERIE BENOIT SERRES

7, Saint-Aignan nord
✆ 05 56 61 61 48
https://benoit-serres.com/
Du lundi au vendredi de 9h à 12h et de 14h à 17h. Offres sur devis pour groupes et séminaires. Visite & dégustation.

En 2022, Laurent Abba rachète la distillerie Benoit Serres qu'il déménage sur sa propriété viticole, le château Le Bosquet des Fleurs, à La Réole. Vigneron autodidacte, c'est avec l'aide de sa compagne Irène que la promotion, la mise en avant des spiritueux et vins de la propriété, se fait progressivement, entre tradition et modernité. Ce nouveau chapitre marque le début d'une nouvelle ère, avec une nouvelle boutique sur site où sont proposées ces fameuses liqueurs artisanales.

LA FERME DU MOULINAT

1, le Roquet - **LOUBENS**
✆ 05 56 71 30 84 - www.lafermedumoulinat.com
Ouvert du lundi au mercredi, le vendredi et le samedi. Visite et dégustations. Aire d'accueil camping-cars.

Du foie gras, des confits, des cous farcis, des grattons, des rillettes, des pâtés... Cela fait maintenant plusieurs générations que Philippe Fazembat et ses trois enfants élèvent des canards. Ils vous proposent encore quelques spécialités, comme le magret fourré ou les cuisses de canard sauce au vin de l'Entre-Deux-Mers flambées à l'armagnac (en conserves, verrines et paniers gourmands). Ils sont aussi producteurs de porc noir. Salle de réception, traiteur, animations, aire d'accueil, boutique de produits locaux... La ferme du Moulinat a de nombreux atouts.

HALTE NAUTIQUE DE FONTET

FONTET
Ouvert toute l'année. Bar-snack. Aire de pique-nique. Jeux pour enfants. Site de pêche. Port de plaisance.

Près du musée des Allumettes, la halte nautique de Fontet est une base de loisirs où vous pourrez venir vous rafraîchir à la belle saison, à l'ombre du parc arboré tout en profitant de la baignade surveillée en juillet et août. Des jeux pour enfants sont à disposition ainsi qu'une buvette et un point de restauration ouvert en été. Une aire de pique-nique avec barbecue est aménagée sur le site. Canoë ou aviron sur le canal, tir à l'arc, balades le long du chemin de halage, pêche... Le petit port de plaisance avec ses deux pontons d'amarrage a des airs de vacances.

PALMAGRI

8, rue Partarrieu
AUROS
✆ 05 56 65 40 81
www.palmagri-foiegras.fr
Ouvert le lundi et samedi de 9h à 12h30 ; du mardi au jeudi de 9h à 12h30 et de 14h à 18h ; le vendredi jusqu'à 18h30.

Coopérative agricole spécialisée dans le canard gras, Palmagri regroupe 9 producteurs passionnés, tous éleveurs et gaveurs. Les canards sont élevés en plein air sur les terres girondines, entre les vignobles sud-girondins et les Landes de la Gironde. Privilégiant un savoir-faire artisanal, les recettes, sans conservateurs ni colorants, sont concoctées à Auros, dans l'atelier de fabrication. Le canard y est dans tous ses états : tournedos, magret, fricassée de guit, garbure, foie gras, cou farci, boudin... La boutique ouvre les samedis après-midi avant les fêtes.

© PALMAGRI

© PALMAGRI

PARASCENDANCE

FLOUDÈS

✆ 06 81 38 89 15

www.parascendance.fr

Vol en ULM Pendulaire ou en Paramoteur de 80 à 225 €. Vol pédagogique avec initiation au pilotage : 165 €.

Bien évidemment, Parascendance, ce sont des baptêmes en paramoteur (le plus petit aéronef) ou en pendulaire pour apprécier de plus haut, les paysages de l'Entre-deux-Mers et ses châteaux entre la Garonne et le canal du Midi. Mais, c'est aussi, pour celles et ceux qui rêvent de voler en solo, une école de formation au brevet de pilote ULM classe paramoteur. Olivier Garric, votre instructeur, vous propose ainsi une formation pour acquérir une autonomie complète en paramoteur avec obtention du brevet de pilote ULM. Plus de renseignements en ligne !

MONSÉGUR

Fondé par Éléonore de Provence en 1265, Monségur a conservé sa place couverte et son plan en damier. Son nom, du latin *mons securus*, signifie « le mont sûr ». La cité est en effet perchée sur une colline, et un très joli chemin de ronde fait le tour des remparts, offrant une vue sur la vallée. L'ensemble du bourg est resté pittoresque avec ses anciennes rues, ses maisons à colombages et sa tour du Gouverneur du XVe siècle. Son église Notre-Dame, typique des églises de bastides, date de la fin du XIIIe siècle et présente une harmonie parfaite entre les chapelles gothiques et la nef néogothique du XIXe siècle. À voir aussi, la halle de verre et de fonte.

CŒURS EN RÉOLAIS

www.reolaisensudgironde.fr

Inscription : 5 €/participant de plus de 14 ans. Village santé, village gourmand et animations à Fontet.

La Communauté de Communes du Réolais en Sud Gironde, avec plusieurs associations, organise un événement sportif et solidaire le 18 mai 2025. La 3e édition de Cœurs en Réolais vous propose à nouveau de vous engager dans le cadre des parcours du cœur en participant aux boucles de marche, VTT et course à pied (sans compétition ni classement). Les parcours traverseront Fontet, Hure, Noaillac et Loupiac-de-La-Réole pour redécouvrir le territoire. Déguisements conseillés ! L'inscription de 5 euros pour chaque participant (de +14 ans) sera entièrement reversée à la FFC.

CHÂTEAU LES MAUBATS

3, Joussaumes Nord - **ROQUEBRUNE**

✆ 05 56 61 68 36

www.chateau-les-maubats.fr

Ouvert tous les jours. Visites et dégustations gratuites sur rendez-vous. Escape game (20 €/pers. à partir de 12 ans).

Ouvert à la visite et à la dégustation comme la plupart des domaines, le Château Les Maubats se distingue autrement, notamment auprès des familles, en proposant un escape game. Votre mission ? Découvrir si les secrets d'élaboration d'un des vins de la propriété ont été volés par un groupe d'espions étrangers. Vous voilà membre de la BDV ; la Brigade des Détectives du Vin ! Mais attention, vous ne pourrez résoudre cette enquête qu'en juillet et août (tous les après-midi à 14h30) et durant les vacances scolaires. L'escape game sera suivi de la dégustation de 5 vins.

MARTIN EDEN PUB GIBBON

1, rue du Saut

✆ 06 10 23 81 86

Toute l'année. Le jeudi de 17h à 0h ; vendredi de 17h à 2h ; samedi de 10h à 0h. Restauration. Animations. Concerts.

Cela fait bientôt 2 ans que Mathieu Roulland, fondateur de la brasserie Gibbon à Castets-et-Castillon, et Aymeric Davic, ingénieur du son, ont repris les rênes du Petit Montmartre sous une nouvelle identité : le Martin Eden - Pub Gibbon. Sans surprise, ils ont voulu réunir deux choses qu'ils aiment tant : la musique et la bière, dans un esprit taverne. D'ailleurs, la petite restauration s'en inspire. L'endroit, fort sympa, a aussi vu naître un comedy club sous l'impulsion de Victor Mabille. Rendez-vous est pris tous les derniers vendredis ou samedis du mois !

ENTRE-DEUX-MERS TOURISME

4, rue Issartier

✆ 05 56 61 82 73

www.entredeuxmers.com

Ouvert toute l'année. Jours et horaires d'ouverture variables selon la saison.

Aux portes de Bordeaux, l'Entre-Deux-Mers est un océan de vignes dans lequel vous pourrez plonger pour vivre de multiples expériences : échappée cyclo-touristique au cœur des vignobles, balade le long du canal et de la Garonne, séjour en chambres d'hôtes, rencontre avec les vignerons désireux de transmettre leur savoir-faire et de faire goûter leurs breuvages... L'office du tourisme de Monségur se chargera de mettre à votre disposition toutes les informations nécessaires pour vous concocter une escapade mémorable. Et toujours avec gourmandise !

LA BARRIQUE & LA FILLETTE €€

1, place Robert Darniche
✆ 09 53 25 43 02

Ouvert toute l'année. Du mercredi au vendredi le midi ; du jeudi au samedi le soir. Formule du midi : 24 €. Terrasse.

Dans son restaurant et son bar à vin, Constance propose une carte pour le déjeuner avec quelques entrées, 3 plats et des desserts. Et, histoire de mettre tout le monde d'accord, il y a toujours un plat végétarien ! Notez que les entrées sont parfaites pour être partagées et que les recettes changent au moins tous les 15 jours. En été, La Barrique & la Fillette ouvre le mercredi soir à la place du midi, le samedi midi en plus et le dimanche midi en cas de manifestation à Monségur.

QUINSAC

Quinsac est la capitale mondiale du Clairet, ce vin légèrement plus coloré que les rosés. Le bourg possède plusieurs maisons nobles des XVIe et XVIIIe siècles : Galeteau, Pranzac, Montaigne au bord du fleuve, et surtout Péconnet qui se caractérise par son architecture maniériste. L'église néogothique date du XIXe siècle, mais possède une cloche du XVe siècle et plusieurs statues anciennes. Quinsac vit naître et vivre bon nombre d'artistes : le poète André Berry, dont le buste se trouve sur la place de l'Eglise, la peintre des animaux Rosa Bonheur, la peintre Clémentine-Hélène Dufau et les frères Schnegg, Gaston (peintre et sculpteur) et Lucien (sculpteur).

RESTAURANT DE LA GARE €€

11, avenue de la Libération - **LATRESNE**
✆ 05 56 91 56 03

Ouvert du lundi au jeudi de 8h à 16h et de 18h30 à 23h ; le vendredi de 8h à 16h. Formule du midi : 19 €. Terrasse.

Avec ses deux grandes salles, sa terrasse et son patio lumineux, le Restaurant de la Gare est une adresse conviviale qui séduit aussi bien les touristes en visite dans les châteaux voisins que les travailleurs en pause déjeuner. La carte, renouvelée tous les deux mois, met à l'honneur une cuisine traditionnelle française aux accents du Sud-Ouest : chipirons à l'espagnole, magret de canard entier sauce foie gras, entrecôte grillée, crêpe flambée... Et pour les groupes à partir de 30 personnes, l'établissement ouvre aussi ses portes le samedi sur réservation.

ENTRE 2 VERRES €€

8, place Aristide Briand
✆ 05 56 64 16 24
www.lentredeuxverres.com

Ouvert toute l'année. Menus de 38 € à 60 €. Formule midi : 21,50 €. Terrasse.

Passionné de cuisine depuis son plus jeune âge, le chef Yoann Gérard-Huet a acquis son savoir-faire aux côtés de chefs émérites. D'ailleurs, c'est le chef François Adamski qui l'a lancé sur la route des concours. Il a notamment remporté la « Toque d'or internationale de cuisine », les trophées des Hauts-de-France, les Nérios d'or, entre autres distinctions. Sa cuisine est gourmande et généreuse, entre tradition et originalité. Le cœur de ris de veau glacé au jus accompagné de son pressé de pommes de terre et *cecina* de Léon est l'une des spécialités de la maison.

LA MAISON DU FLEUVE €€

20, chemin de Seguin - **CAMBLANES-ET-MEYNAC**
✆ 05 56 20 06 40
www.lamaisondufleuve.fr

Du mardi au dimanche le midi ; vendredi et samedi le soir. Menu : 48 €. Menu midi : 23,50 €. croisière gastronomique.

La Maison du Fleuve est un lieu d'exception en bord de Garonne. Le chef y sublime les produits locaux avec une touche moderne et créative, proposant une cuisine généreuse inspirée du terroir. La carte des vins, soigneusement sélectionnée, reflète la richesse viticole de la région et se marie parfaitement aux plats. En plus de l'expérience culinaire à table, La Maison du Fleuve propose une croisière gastronomique exclusive à bord de L'Esprit Garonne, un bateau accueillant jusqu'à 12 personnes. Tout commence par un apéritif sur le pont arrière...

LE ROBINSON €€€

232, Esconac
✆ 05 56 21 31 09
https://lerobinson-quinsac.fr/

Ouvert du mercredi au samedi le midi et le soir ; le dimanche midi. Menu à 42 €. Terrasse. A emporter.

Un rendez-vous gourmand, à seulement 15 minutes de Bordeaux ! L'idéal est de venir dès les beaux jours pour profiter de la grande terrasse, même s'il n'est pas désagréable de s'installer dans la salle principale qui offre une vue panoramique sur les rives de la Garonne. Aux commandes, le chef Robert Pina vous emmène à la rencontre d'une cuisine du Sud-Ouest, plus simple que ce qu'elle a pu être, mais assurément gourmande. Les assiettes sont bien garnies. Même si c'est une valeur sûre dans le coin, Le Robinson mériterait un petit coup de neuf.

CAVE DE QUINSAC

89, Pranzac ✆ 05 56 20 86 09
www.cave-de-quinsac.com
Du lundi au samedi de 8h ou 9h à 12h et de 14h à 18h ; le dimanche (en haute saison) de 9h à 12h et de 15h à 18h.

Créée en 1949, la *cave de Quinsac* a été implantée sur les vignes de l'ancien Château féodal de Pranzac. Elle se trouve en plein cœur de l'appellation contrôlée Côtes de Bordeaux, rive droite de la Garonne. Avec sa vingtaine de collaborateurs, la cave de Quinsac produit les AOC Bordeaux Blanc, Crémant de Bordeaux, Premières Côtes de Bordeaux Moelleux, Bordeaux Clairet, Bordeaux Rosé, Côtes de Bordeaux rouge, Bordeaux et Bordeaux Supérieur rouge. Les vins sont vendus en bouteille et en vrac. Vous pourrez compléter votre shopping avec quelques produits régionaux.

KART'IN TOWN

CAMBLANES-ET-MEYNAC
✆ 06 44 25 95 64
www.kartintown.com
Ouvert toute l'année sauf en juillet et août pour le circuit du Cap Ferret. De 69 € à 79 € à partir de 2 personnes.

Envie de découvrir la région de manière inédite ? Mickaël Seclèv vous propose deux circuits de visites, dans l'Entre-deux-Mers et sur le bassin d'Arcachon du côté du Cap Ferret. Jusque-là, rien d'atypique... sauf que les visites guidées se font en karting ! Mais, rien à voir avec du karting sur circuit. Les sessions de 45/50 minutes incluent 15 minutes de briefing avant le départ. Et vous ne serez jamais plus que 5 ou 6. Forcément, l'activité est uniquement pour les titulaires d'un permis B valide, entre 18 et 99 ans. Une très chouette expérience !

RAUZAN

Longtemps vouée aux Anglais, Rauzan fut reprise par Du Guesclin et redevint définitivement française à la fin de la guerre de Cent Ans. Témoin du passé et de ces guerres médiévales, la forteresse de Rauzan a été bâtie aux XIIIe et XIVe siècles, puis restaurée dans un style gothique après la guerre de Cent Ans. Le château mérite la visite pour son enceinte polygonale, son logis gothique et son haut donjon cylindrique. À voir également : l'église romane bâtie sur un plan templier, ainsi que plusieurs maisons anciennes situées dans le bourg, notamment les maisons fortes de la Salle et de Roquenègre qui datent des XIIIe, XVIe et XIXe siècles.

CHÂTEAU MÉDIÉVAL DE RAUZAN

12, rue de la Chapelle ✆ 05 57 84 03 88
www.chateau-fort-rauzan.fr
Ouvert toute l'année. Visite libre ou guidée (réservation) de 4 € à 8 €. Livret chasse au trésor : 1,50 €. Animations.

Témoin de la guerre de Cent Ans, le Château de Rauzan a été pris par deux fois par les Français, dont Bertrand du Guesclin en 1377. Classé en 1862 par les Monuments historiques, il ne renaît dans les esprits qu'à partir des années 1970 lorsque la commune, propriétaire depuis 1900, et quelques passionnés entreprennent des travaux de restauration. Après avoir gravi les 31 mètres du donjon, vous pourrez admirer la voûte en palmier de sa tour d'honneur. Visites guidées sur réservation.

GROTTE CÉLESTINE

8, rue Lansade ✆ 05 57 84 08 69
www.grotte-celestine.fr
Ouvert toute l'année. Visite guidée. Adulte : 12 €. Enfant jusqu'à 15 ans : 6 €. Réservation obligatoire par téléphone.

Datant de l'ère quaternaire, la Grotte Célestine a été creusée dans la roche calcaire par une rivière souterraine. Découverte en 1845, elle n'a longtemps été accessible que depuis la chambre d'une honorable rauzanaise qui lui a donné son nom. Désormais ouverte au grand public (+ 1,20 m), cette incroyable grotte sous la ville permet d'observer les splendeurs d'un monde minéral et une foisonnante activité hydrologique souterraine. Équipé d'un casque avec lampe frontale, de bottes et d'une blouse, il ne tient qu'à vous d'entrer dans les entrailles de la Terre !

CAMPING DU VIEUX CHÂTEAU*** €

6, Blabot-Bas (suivre rue Peyruc)
✆ 05 57 84 15 38 - www.vieuxchateau.fr
Ouvert d'avril à fin septembre. Emplacement de 19 à 27 €/nuit. Hébergement locatif (2 à 6 pers.) de 156 à 922 €/semaine.

Labellisé *Camping Qualité* et *Qualité Tourisme*, le camping du Vieux Château se situe au pied du château médiéval, à seulement 200 mètres du village, lequel est accessible à pied par le chemin de ronde. Parmi les hébergements locatifs : des alcôves prêtes à camper, un truck, des bungalows toilés, des tentes perchées, des chalets et des mobil-homes. Les emplacements pour tentes, caravanes ou camping-cars sont ombragés. Piscine chauffée avec pataugeoire et sauna, bar-snack, animations...

L'ÎLOT-VIGNES €€

2, Caboz

✆ 07 70 07 86 93

www.ilot-vignes.com

5 chambres à partir de 95 € (pdj inclus) ; 1 gîte de 4 à 22 personnes à partir de 80 €/chambre/nuit. Table d'hôtes.

En chambres d'hôtes ou en gîte jusqu'à 22 personnes (4 personnes minimum), l'Ilot-Vignes se présente comme une belle adresse où séjourner. Calèche rénovée, fûts, parterres de fleurs... Les extérieurs sont particulièrement agréables et très bien mis en valeur. Et n'oublions pas la piscine de 14 x 4 m avec ses escaliers progressifs, ses transats et ses espaces ombragés. Pour vous régaler, le matin et le soir à leur table d'hôtes (sur réservation), Laure et Pierre-Yves servent des produits du terroir issus, autant que possible, des producteurs des environs.

CHÂTEAU ROQUEFORT

LUGASSON ✆ 05 56 23 97 48

www.chateau-roquefort.com

Vignobles et Découvertes. Visite & dégustation : 6 €/pers. (offerte dès 25 € d'achat). Autres activités œnotouristiques.

Propriété familiale des vignobles Bellanger, le château Roquefort est situé sur la route des vins de l'Entre-deux-Mers, entre Garonne et Dordogne. Primé dans la catégorie *Architecture et paysage* (Best of Wine Tourism 2019) aux côtés des châteaux Les Carmes Haut-Brion et Lafon-Rochet, le château Roquefort raconte 6 000 ans d'histoire. Des vestiges exceptionnels du néolithique sont d'ailleurs exposés au musée d'Aquitaine et au musée de la Société linnéenne de Bordeaux. De l'époque médiévale, il ne reste que le donjon. Jetez un coup d'œil à l'offre œnotouristique.

BRASSERIE-DISTILLERIE GUYENNE

7, Le bourg

LUGASSON

✆ 06 67 14 43 58

www.bdguyenne.com

Boutique en ligne. Atelier distillation.

Installée dans un ancien chai viticole de 300 m² dans le village de Lugasson, à 5 min de Rauzan, la brasserie-distillerie Guyenne est une histoire de copains ! Il y a François, le responsable production, Hugo, le responsable administratif, et Arnaud, le responsable commercial. Ensemble, ils créent le premier pastis de Gironde en juillet 2022, avec zéro sucre ! Ils produisent également du whisky, du gin et de la bière. Des ateliers de distillation de gin sont proposés via *Wecandoo*.

SAINT-MACAIRE ★

Saint-Macaire est un splendide site médiéval entouré de remparts. Appelée *Ligena* durant l'Antiquité, la cité a pris le nom du saint venu l'évangéliser et elle s'est développée autour de son abbaye. Commencez par la porte de Benauge du XIVe siècle, qui synthétise admirablement l'entrée fortifiée du village, puis au centre, la place du Mercadiou, considérée comme la plus belle du département avec ses arcades de pierre blonde, ses façades du XIVe au XVIe siècle et son ancien relais de poste de style Renaissance. Le village renferme de nombreuses maisons anciennes, dont les plus belles sont celles de Tardes, La Roque, Eyquem ou Baritault et Flous.

LES CAVES DE RAUZAN

1, l'Aiguilley ✆ 05 57 84 13 22

www.cavederauzan.com

Du lundi au samedi de 9h à 12h30 et de 14h à 18h. Vente et dégustation. Visite guidée. Activités œnotouristiques.

Tout commence (ou presque) en 1933 lorsque quelques vignerons de Rauzan décident de bâtir un chai commun. Ce qui allait devenir, 70 ans plus tard, la toute première Cave Coopérative Vinicole de France. Aujourd'hui, près de 300 adhérents contribuent à une production d'environ 160 000 hectolitres de vins AOC. À la pointe de la technologie, avec des outils de vinification sophistiqués, les caves de Rauzan méritent le détour. L'accueil et les conseils avisés ne font qu'ajouter aux attraits de cette adresse incontournable. Ne manquez pas la visite guidée de la cave.

SIMONE ET LES MAUHARGATS

5, rue de l'Eglise ✆ 09 67 01 24 33

www.simoneetlesmauhargats.com

La boutique est ouverte tous les jours de la semaine, y compris le dimanche, de 10h à 19h.

Simone et les Mauhargats est un collectif d'artisans d'art, d'artistes et de créateurs, basé à Saint-Macaire. La boutique regorge d'objets uniques, parmi lesquels on trouve de charmants petits rangements en bois réalisés par l'atelier Shado. Ces créations constituent autant d'idées cadeaux originales, parfaites pour faire plaisir ou se faire plaisir. Pour rester connecté avec eux et ne rien manquer de leurs nouvelles expositions et ateliers, n'hésitez pas à les suivre sur Facebook et Instagram. Vous serez ainsi toujours informé des dernières actualités !

© LA BELLE LURETTE

LA BELLE LURETTE €€

2, place de l'Horloge
✆ 05 56 63 02 42
www.bar-labellelurette.com
Ouvert du mardi au dimanche à partir de 9h. Restauration le midi et le samedi soir ; tapas les autres soirs. Concerts.

Ici, on met le patrimoine gastronomique, culturel et bâti à l'honneur ! En proposant des vins d'AOC locales et d'ailleurs, des plats à base de produits locaux (il y a un plat végétarien)… Mais la BL (pour les intimes !) est avant tout un lieu de rencontres. On s'y retrouve ainsi entre amis, entre collègues ou en famille pour boire un verre en terrasse, manger le midi, y compris le week-end, grignoter quelques tapas et ardoises de charcuterie et/ou fromage le soir… Et aussi, profiter de l'ambiance *music live* le samedi soir avec une carte de restauration dédiée.

FACE B €€

Rue Carnot ✆ 05 56 63 02 42
www.bar-labellelurette.com
Ouvert du mardi au dimanche à partir de 9h. Restauration le midi et le samedi soir ; tapas les autres soirs. Bar.

Avec un accès indépendant par la rue Carnot, la Face B de la Belle Lurette s'impose comme un lieu de création, de sérénité, de réunions… Mais aussi de restauration tout comme en bas, mais en plus intime ! Sylvain et Rubi ont réussi à en faire un endroit très sympa avec des meubles chinés. Vous pourrez même choisir et écouter les vinyles de Musique Machine. Le Face B se distingue aussi pour sa belle carte de breuvages de produits locaux (en grande partie exclusivement du département) ! Pensez à privatiser la Face B pour vos soirées entre amis et repas de groupe !

BUREAU D'INFORMATION TOURISTIQUE DE SAINT-MACAIRE

8, rue du Canton ✆ 05 56 63 68 00
www.tourisme-sud-gironde.com
Ouvert toute l'année. Jours et horaires d'ouverture variables selon la saison.

En plus des informations touristiques classiques et de la billetterie, le Bureau Touristique de Saint-Macaire propose des visites guidées pour découvrir les richesses de la ville. La boutique présente plus d'une centaine de vins du canton et une belle collection de cartes postales des sites emblématiques de la région, dont certaines ont été peintes par un aquarelliste local. Au cœur du village, le Bureau Touristique se trouve dans l'ancienne demeure d'un marchand de 1565.

ALEX PÊCHE

49, rue Burdeau
✆ 05 56 63 16 98
Ouvert le lundi de 14h à 19h ; du mardi au vendredi de 10h à 19h ; le samedi de 10h à 17h.

Le magasin de pêche, de la rue Burdeau à Saint-Macaire, fermé depuis janvier 2024, a rouvert ses portes. Et, c'est à Alexandre Fabris, salarié du précédent magasin (Pêche Évasion 33), qui a repris les rênes en apportant quelques changements à commencer par le nom : Alex Pêche. Très présent sur Facebook, Alexandre vous propose une vaste sélection d'articles de pêche, aussi bien adaptée aux débutants qu'aux pêcheurs expérimentés. Mais vous trouverez aussi de nombreux accessoires pour le bivouac. Une chose est sûre, Alexandre en connaît un rayon !

© SPIRITPROD33 - SHUTTERSTOCK.COM

Saint-Macaire.

MUSIQUE MACHINE

Rue Carnot
✆ 06 23 81 08 13
www.bar-labellelurette.com
Ouvert le vendredi de 9h à 17h et sur demande.

Musique Machine, c'est quoi, c'est où ? Au-dessus de la Belle Lurette, accessible par la rue Carnot comme pour aller au Face B, Musique Machine est une grande boîte à musique dans laquelle on trouve des vinyles à acheter ou à écouter sur place. D'ailleurs, il y a toujours des dizaines de vinyles à disposition en dehors des horaires d'ouverture. Choisissez un vinyle et écoutez-le sur la platine du Face B, qui devient alors un salon très convivial. Musique Machine est à la fois un dépôt-vente spécialisé et un atelier de réparation (hi-fi, instruments…).

SAINTE-CROIX-DU-MONT

Le village doit son nom à *Santa Cruz*, instrument de la Passion du Christ. Perché sur un coteau entre Cadillac-sur-Garonne et Saint-Macaire, Sainte-Croix-du-Mont ne manque pas de curiosités : la vue sur la vallée de la Garonne, son église et le château de Tastes aux murailles crénelées du XIVe siècle, fortement remanié au cours des âges. Et le plus spectaculaire, ses falaises de calcaire coquillé avec ses huîtres fossilisées datant de l'ère tertiaire (il y a plusieurs dizaines de millions d'années). La falaise s'étend sur une centaine de mètres et abrite des grottes dans lesquelles on a aménagé des caves et une chapelle. La Fête Vigneronne a lieu courant juin.

CENTRE FRANCOIS MAURIAC ★★

17, route de Malagar - **SAINT-MAIXANT**
✆ 05 57 98 17 17 - http://malagar.fr
Gratuit jusqu'à 12 ans. Tarif réduit : 7 € et 12 €. Tarif individuel : 9 € pour le rdc et 15 € pour la visite complète.

Ouvert au public depuis 1997, le domaine de Malagar était la propriété de la famille de l'écrivain girondin François Mauriac de 1843 à 1985, période pendant laquelle ses descendants en firent don au Conseil Régional d'Aquitaine. Resté tel que François Mauriac, prix Nobel de littérature, l'a laissé en 1968, le domaine invite à une immersion dans l'univers de cet auteur emblématique. Né à Bordeaux en 1885, François Mauriac a séjourné enfant à Saint-Symphorien, où il a décidé de sa vocation d'écrivain. Bien qu'ayant des origines langonnaises, c'est à 17 ans qu'il découvre Malagar, dont il hérite en 1927. Cette propriété viticole – classée Premières-Côtes-de-Bordeaux – qu'il surnommait sa *querencia* (l'endroit refuge du taureau dans l'arène) l'accueillait à Pâques et pour les vendanges. François Mauriac écrivit ici ses *Blocs-notes* et *Nœud de vipères*. Ce roman ainsi que *La Chair et le sang* et *Destins* se trouvent d'ailleurs dans la propriété. Plus qu'une maison d'écrivain, le domaine s'affirme aujourd'hui comme un centre culturel vivant, offrant une saison riche en événements qui célèbrent la créativité et le patrimoine de la région Nouvelle-Aquitaine. Chaque année, le Centre François Mauriac de Malagar organise le concours littéraire Prix François Mauriac. L'ensemble des manifestations proposées par le Centre François Mauriac de Malagar dans le cadre de la saison culturelle sont gratuites, mais pensez à réserver votre place pour profiter pleinement de cette expérience enrichissante. Prêt pour un voyage au cœur de la littérature ?

GROTTES D'HUÎTRES FOSSILES ★

Gratuit. Visite libre.

Site géologique unique en France, les grottes d'huîtres fossiles sont datées de 22 millions d'années. Accumulées au fond des mers au cours de l'ère tertiaire, les huîtres se sont retrouvées en surplomb de la vallée après les mouvements tectoniques et le retrait des eaux. L'érosion a creusé, dans l'épaisseur du banc, des grottes encore utilisées aujourd'hui pour la conservation du vin blanc liquoreux. En prime ? Un magnifique panorama sur le Sauternais !

LA CABANE DE L'OUBLI €€

Cussol - **SAINT-MAIXANT**

✆ 06 37 04 92 74

www.chateau-memoires.fr

Ouvert en saison à partir de juin. Le jeudi de 17h à 0h ; le vendredi et samedi de 19h à 0h ; le dimanche de 12h à 17h.

Entre le calvaire de Verdelais et le château de Malagar (ancienne demeure de l'écrivain François Mauriac), à quelques pas du château Malromé de Toulouse-Lautrec, le château Mémoires, labellisé « Vignobles et Chais en Bordelais » vous accueille toute l'année, et plus particulièrement aux beaux jours. Profitant d'une vue dégagée sur la vallée de la Garonne, la Cabane de l'Oubli a été pensée par Loïc qui a repris la propriété familiale comme une guinguette dans les vignes où il fait bon manger, déguster du vin, chanter, rire, danser...

CHÂTEAU BEL AIR

✆ 05 56 62 01 19

www.chateaubelair.net

Ouvert du lundi au vendredi de 9h à 19h ; le week-end sur rendez-vous.

Les origines de ce château remontant à 1648, c'est l'une des plus anciennes propriétés du vignoble de Sainte-Croix-du-Mont. Jean-Guy Meric veille aux destinées de ce beau vignoble de 18 hectares. Les vignes, composées à 100 % de sémillon, ont plus de 30 ans, récoltées par tries successives, afin de sélectionner le meilleur du raisin à sa maturité, quand la pourriture noble a fait son œuvre. Les vins liquoreux sont élevés en fûts de chêne (Château Bel Air et Château Haut-Valentin). Et aussi : un Château Croix de Bern en A.O.C. Cadillac. Visites sans rendez-vous.

CHÂTEAU CRABITAN-BELLEVUE

Crabitan

✆ 05 56 62 01 53

https://crabitanbellevue.fr/

Du lundi au samedi de 8h à 12h et de 13h30 à 18h30 (sur RDV dimanche et jours fériés). Visite-dégustation gratuite.

Depuis quatre générations, cette propriété est souvent citée en référence, avec plus de cinquante médailles remportées lors de concours nationaux pour ses différents millésimes. Le vignoble s'étend sur 20 hectares dans l'appellation Sainte-Croix-du-Mont. Les vendanges sont réalisées manuellement, la vinification suit des méthodes traditionnelles et les cuvées spéciales vieillissent en fûts de chêne. Une visite s'impose ! Au programme : Bordeaux rouge, rosé et blanc.

CHÂTEAU DAUPHINÉ-RONDILLON

8, rue Jean Faux Ouest

LOUPIAC

✆ 05 56 62 61 75

https://vignobles-darriet.weebly.com

Visite & dégustation gratuite. Pique-nique champêtre à 15 €/personne. Atelier du petit vigneron dès 4 ans (gratuit).

Producteurs de vins fins depuis 1794, Les Darriets ont trouvé le concept pour séduire petits et grands avec une visite guidée gratuite sous forme de jeu de piste et des énigmes à résoudre en famille. Mais, que les parents se rassurent, la visite s'achève tout de même avec une dégustation des vins de la propriété. Le Château Dauphiné-Rondillon vous reçoit aussi dès le mois d'avril pour un pique-nique champêtre et les apéros vignerons le vendredi soir côté *wine bar*. Accueil camping-car.

CHÂTEAU DU CROS

94, route de Saint-Macaire - **LOUPIAC**

✆ 05 56 62 99 31

www.chateauducros.com

Visite & dégustation gratuite (6 € pour les groupes de +10 personnes). Atelier d'assemblage : 60 €. Boutique en ligne.

Cette propriété familiale de 90 hectares regroupe trois vignobles différents : le château Lépine qui produit du bordeaux rouge à Barsac, le château Mayne du Cros à Loupiac dont les vignes s'étendent en Loupiac, bordeaux blanc et bordeaux rouge, et le château du Cros à Cérons où l'on produit des graves blancs et des graves rouges. Ici, vous allez découvrir l'un des rares vignobles à exploiter un hectare de vignes plantées en 1907, produisant un Loupiac exceptionnel, et ce depuis 4 générations ! Le week-end, les réservations se font uniquement sur rendez-vous.

CHÂTEAU DU MONT

8, lieu-dit Cazaubon
✆ 06 89 96 54 73
https://chateau-du-mont.com/

Ouvert du lundi au vendredi de 9h à 18h ; samedi de 14h à 18h. Visite-dégustation gratuite sur rdv. Boutique en ligne.

L'histoire du Château du Mont remonte à la fin du XIXe siècle, avec une devise qui se résume en 3 mots : « Passion », « Qualités » et « Plaisirs ». Aujourd'hui, la propriété de 25 hectares répartis sur les Appellations Saintes-Croix-du-Mont, Sauternes et Graves, produit 100 000 bouteilles de vins blancs et rouges récoltés exclusivement à la main. Véritables acteurs de l'œnotourisme, Claire et Hervé Chouvac produisent du vin, mais aussi, partagent avec vous leur passion. Ils vous accueillent volontiers sur le domaine pour des visites suivies d'une dégustation.

CHÂTEAU GRAND PEYRUCHET

1, Les Plainiers - **LOUPIAC**
✆ 09 77 31 59 54 - https://peyruchet.com/

Ouvert du lundi au vendredi de 9h à 12h et de 14h à 18h ; le week-end sur rendez-vous. Gîte pour 6 personnes.

Dans cette propriété de 25 hectares dominant la Garonne, le savoir-faire de la viticulture est perpétué artisanalement par la 5e génération. Le domaine a entamé une conversion biologique en 2019. Avec passion et professionnalisme, la visite de la propriété est l'occasion de vous transmettre les techniques et les savoirs de ces grands vins. Après un passage obligé dans le chai, la dégustation de quelques-uns des vins du Château Grand Peyruchet révélera les arômes et les vertus de ces grandes appellations de Bordeaux. Le gîte permet d'accueillir jusqu'à 6 personnes.

VIGNOBLES LABAT LAPOUGE

3, Les Arroucats
✆ 05 56 62 07 37

Visites et dégustations sur rendez-vous.

Nés en 1938 par Christian Labat, les vignobles Labat Lapouge sont situés sur les rives droite et gauche de la Garonne. Entre les mains de Virginie Barbe, 3e génération, les vignobles s'étendent sur 48 hectares. Depuis les années 90, des vins AOC Sainte-Croix-du-Mont, des AOC Bordeaux rouge (Château Daubrin) et des AOC Graves rouge (Château Dorléac) sont produits ici. Cultivé sur 26 hectares, sur des terres argilo-calcaires, le vin blanc liquoreux du Château Les Arroucats (appellation Sainte-Croix-du-Mont) est le fruit d'un travail alliant tradition et modernité.

MUSH GIRONDE

10, route de Malagar - **SAINT-MAIXANT**
✆ 06 25 10 48 28
www.mushgironde.fr

Cani-randonnée à partir de 60 € ; cani-VTT à partir de 90 € ; cani-trek à partir de 399 €. Initiation cani-cross : 30 €.

Envie d'une activité sportive au contact de la nature et des animaux ? Mush Gironde propose des balades à pied, en VTT ou même en traîneau, tractées par des chiens nordiques. Partez explorer la région pendant une journée ou une demi-journée, accompagnés de ces gentils chiens. Une activité originale, à vivre entre amis ou en famille avec les enfants dès 8 ans ! Pour prolonger l'expérience, vous pouvez opter pour un trek de 2 ou 3 jours. Des initiations et cours de cani-cross et de cani-VTT sont également dispensés, ainsi que des séances de médiation animale.

SAINTE-FOY-LA-GRANDE

Le frère de Saint Louis, Alphonse de Poitiers, ordonne l'édification de la nouvelle ville en 1255. Les rues sont tracées en damier et une halle entourée de couverts est érigée place Centrale. Quelques décennies plus tard, la ville est entourée de murailles flanquées de tours et de cinq portes. Au Moyen Âge, la fin de la guerre de Cent Ans amène la prospérité, donnant lieu à la construction de belles demeures. La ville a toujours occupé une position particulière entre le Périgord et l'Agenais, tant sur le plan historique que religieux, géographique et administratif. La cité est aussi, paradoxalement, l'une des plus petites communes de France.

OFFICE DE TOURISME DU PAYS FOYEN

102, rue de la République
✆ 05 57 46 03 00
www.tourisme-dordogne-paysfoyen.com

Ouvert toute l'année. Jours et horaires d'ouverture variables selon la saison.

Lors de votre visite, n'hésitez pas à prendre le temps d'observer la maquette de la cité et de parcourir l'exposition sur l'histoire de Sainte-Foy-la-Grande au 1er étage. L'Office de Tourisme propose également des visites guidées de la ville, avec la possibilité de déguster des produits régionaux. La région étant aussi le terrain de jeu des randonneurs ; des topoguides des sentiers de randonnée sont en vente sur place. Profitez-en pour vous renseigner sur l'offre touristique locale.

PARCEL - CHÂTEAU COURONNEAU €€

4, Couronneau - **LIGUEUX**
✆ 01 76 40 29 90
www.parceltinyhouse.com

Pour 2 adultes, 1 enfant jusqu'à 12 ans et/ou 1 bébé jusqu'à 3 ans. A partir de 119 €/nuit. Chiens acceptés.

Aux confins de la Gironde et de la Dordogne, à moins de 15 minutes de Sainte-Foy-La-Grande et à 1h10 de Bordeaux, la famille Piat vous accueille dans un lieu chargé d'histoire, où elle produit des vins en biodynamie sur une parcelle de 35 hectares. Récemment installée et parfaitement équipée, la tiny house « Parcel » se trouve quelque part sur le domaine, à 2 minutes à pied du château Couronneau. Les propriétaires sont à l'écoute de vos envies gourmandes.

DES VIGNES ET DES SONGES €€

Les Pantouflaires - **SAINT-ANDRÉ-ET-APPELLES**
✆ 06 50 20 48 62
www.des-vignes-et-des-songes.fr

De mi-février à mi-novembre. Cabanes pour 2 personnes avec spa privatif. De 198 € à 238 €/nuit. Petit déjeuner inclus.

Normands d'origine, Aurélie et Christophe sont tombés sous le charme de ces petites cabanes biscornues fabriquées en Allemagne. Dès qu'ils en ont eu l'occasion, ils se sont mis en quête d'un beau domaine de 5 hectares pour construire ce drôle de village. Chaque cabane est ainsi dotée d'un spa sur une grande terrasse de 30 m². L'endroit a quelque chose d'enchanteur et de magique. Tout en bois, isolées et chauffées, les *Gardiennes de Songes* sont équipées d'une salle d'eau et d'une kitchenette. Vous pourrez aussi vous faire livrer une planche apéritive ou un repas.

DOMAINE AUX TROIS FONTAINES €€

360, rue des trois fonds - **EYNESSE**
✆ 07 76 31 52 88
www.domaineauxtroisfontaines.com

Ouvert toute l'année. Pour 15 à 30 personnes (380 m², 10 chambres). De 2 000 € à 4 500 €/semaine ; 1 800 €/week-end.

Le Domaine aux Trois Fontaines se trouve aux portes du Périgord, entre Saint-Émilion et Bergerac. Dans cette ancienne propriété viticole du XIXe siècle, la maison de maître et sa maison attenante offrent 10 chambres, 7 salles d'eau, 7 w.c. et 3 pièces de vie. C'est l'endroit idéal pour réunir une grande famille ou des amis le temps d'un week-end, d'une semaine ou plus ! Sur un terrain de 2,5 hectares, sans vis-à-vis et au calme, la piscine sécurisée est accessible toute la journée.

DOMAINE DE GRANDE FONT €€

207, chemin de Grande Font - **SAINT-AVIT-SAINT-NAZAIRE** ✆ 05 57 41 34 04
www.grandefont.com

Ouvert toute l'année. Chambres de 123 € à 138 €/nuit pour 2 pers. Table d'hôtes le soir sur réservation. Prêt de vélos.

Un pied en Dordogne, l'autre en Gironde ! Isabelle et Stéphane ont à cœur de vous recevoir toute l'année dans l'une de leurs 5 chambres d'hôtes ou dans l'un des deux gîtes pour 2/3 ou 5 personnes. Parfaitement entretenu et joliment décoré, le Domaine de Grand Font est idéalement situé en bord de rivière, à 30 minutes du village médiéval de Saint-Émilion. Vous pourrez profiter de la piscine et du bain bouillonnant d'avril à fin septembre. Les terrasses privatives des chambres sont tournées vers la Dordogne. Une charmante adresse où séjourner en Gironde !

CÔTÉ BASTIDE €€

4, rue de l'abattoir
✆ 05 57 46 14 02
www.cote-bastide.org

Ouvert du mardi au samedi le midi et le soir (fermé le mardi soir en basse saison). Menu-carte de 26 € à 34 €. Terrasse.

Avec son BIB Gourmand, *Côté Bastide* compte parmi les meilleures tables de Sainte-Foy-la-Grande. En été, on profite de la terrasse installée dans un joli jardin et l'hiver, de la chaleur du poêle dans la cheminée. Ouverte sur l'entrée du restaurant, la cuisine en ébullition se laisse apprécier. Laurence concocte une cuisine créative et gastronomique très bien maîtrisée, avec des cuissons toujours maîtrisées et des produits frais et de qualité. De son côté, Cédric saura parfaitement vous conseiller le vin à choisir pour sublimer les plats. Réservation recommandée !

LES VIGNERONS DE BERTICOT-GRAMAN

78, avenue de Bordeaux - **PORT-SAINTE-FOY-ET-PONCHAPT** ✆ 05 56 67 41 51
https://berticot.com/

Ouvert toute l'année. Du mardi au vendredi : 10h à 12h30 et 14h à 18h30 ; le samedi : 10h à 13h30 et 15h à 18h30.

Ce magasin de producteurs à Port-Sainte-Foy-et-Ponchapt vous accueille toute l'année. Laura vous guidera à travers les blancs, rosés, clairets, rouges et crémants en AOP Bordeaux, Bergerac et Duras. Vous trouverez également de nombreuses idées cadeaux et des paniers gourmands à composer avec des produits du terroir (fromages, charcuteries, chocolats, etc.). Les viticulteurs sauront vous transmettre leur passion pour le vin lors de diverses animations annoncées sur les réseaux.

MARCHÉ DE SAINTE-FOY-LA-GRANDE

Le samedi matin.

Faisant la notoriété de la bastide de Sainte-Foy-la-Grande, le marché hebdomadaire du samedi matin a été élu « Marché préféré des Français » en 2014. Très dynamique et animé, convivial, accueillant et authentique, il compte parmi les 100 Marchés d'Exception de France ! Notez qu'un petit marché de producteurs locaux se tient tous les matins sur la place de la Mairie. En juillet et août, le jeudi, la terrasse François Mitterrand s'anime aux couleurs d'un Marché de Producteur de Pays®.

LE DOMAINE DE LOISIRS DE BLASIMON

BLASIMON ✆ 05 56 71 59 62

www.gironde.fr

Ouvert toute l'année. Baignade surveillée en saison. Aire de jeux. Escape game. Biblio gironde en juillet/août. Camping.

Classé Espace Naturel Sensible, le Domaine de Loisirs de Blasimon héberge une faune et une flore remarquables avec de nombreuses espèces protégées. Pendant la saison estivale, la baignade est surveillée et la guinguette ainsi que des activités sportives et culturelles animent le site. Une partie du lac est réservée à la pêche et aux activités nautiques. Le petit camping du lac est ouvert de mi-avril à mi-octobre. Escape games en forêt, bains de forêt, beach-volley, bibliothèque...

SAUVETERRE-DE-GUYENNE

D'abord prieuré bénédictin au IXe siècle, la cité construit sa bastide en 1281, sous domination anglaise. Après avoir changé 10 fois de nationalité, elle redevient française en 1451 à l'approche de la fin de la guerre de Cent Ans. Sauveterre a été construite suivant le plan classique des bastides. La cité était ceinte de remparts, qui furent détruits au XIXe siècle, à l'exception des 4 portes d'accès. Reconstruite au XIXe siècle, l'église a conservé un beau chœur gothique polygonal. Ne manquez pas non plus les maisons du Moyen Âge restaurées, la cave du XVIe siècle, celle de la maison du Sauveterrois (XIIIe) et la galerie d'art de l'office de tourisme.

LES SEQUOIAS €€

9, lieu-dit Les Granges

✆ 06 65 67 48 54

www.les-sequoias.fr

Ouvert toute l'année. Chambres d'hôtes de 140 € à 200 €/nuit. Privatisation possible (12 à 17 pers.). Bain bouillonnant.

Magalie et Stéphane, qui habitent sur place, vous accueillent ainsi dans leurs chaleureuses chambres d'hôtes de charme. Sinon, ils peuvent vous accueillir pour un séjour en parfaite autonomie en formule gîte pour 12 à 17 personnes. La propriété est un ancien château viticole. Le couple l'a entièrement rénové dans le respect de son passé. Cuisine dans l'ancien chai avec valorisation des portes des cuves, salle à manger dans l'ancienne grange... Les hôtes ont accès à une cuisine et peuvent profiter de la piscine et du bain à remous (en supplément).

ABBAYE SAINT-MAURICE

BLASIMON

✆ 05 56 71 54 25

Ouvert tous les jours à partir du mois d'avril dès 9h (sur demande le reste de l'année). Livrets gratuits à disposition.

Entre 721 et 724, les moines bénédictins de la congrégation des Exempts, originaires de l'abbaye de Saint-Jean-d'Angély, fondent l'abbaye Saint-Maurice à Blasimon. Classé Monument historique, le site se distingue par sa remarquable façade et son portail romain à six voussures, chef-d'œuvre de la sculpture médiévale. Les sculptures qui ornent le portail comptent parmi les plus impressionnantes de cette période en Gironde. Les détails des voussures semblent évoquer le Sermon des Saintongeais. Des livrets explicatifs sont à la disposition des visiteurs.

VÉRANDA DU CHÂTEAU MAISON NOBLE €€

5, Robineau - **CAUMONT** ✆ 06 29 17 12 86

www.maisonnoblesaintmartin.com

Gîtes de France (3 épis). Pour 12 personnes (6 chambres). De 450 € à 750 € pour 3 nuits ; de 990 € à 1 950 €/semaine.

La Véranda du château Maison Noble est une maison d'hôtes qui peut accueillir jusqu'à 12 privilégiés en configuration gîte pour trois nuits ou une semaine. Nichée sur les coteaux de Caumont, cette bâtisse en pierres vous offre un panorama parsemé de vignes qui invite à la contemplation. Au cœur de ce superbe tableau verdoyant et reposant, les chambres sont décorées avec le plus grand soin dans un esprit romanesque. La piscine extérieure en plus, tout est réuni pour vous divertir.

LA TOSCA €€

14, place de la Republique
✆ 05 56 71 69 34

Ouvert du lundi au samedi le midi. Menu unique à 21 €. Burger à 17 € le vendredi. Terrasse. A emporter.

Affaire familiale tenue par Marie-Pierre, en cuisine, et son fils Pierre, au service, la Tosca ne passe pas inaperçue avec sa devanture signée *Amours de Fleurs*. On aime aussi le mobilier et la délicatesse de cette cuisine inventive et pleine d'audace, concoctée à base de produits frais et de saison. Ici, les bonnes surprises sont toujours dans l'assiette ! Tout est maison, même les glaces. Le vendredi, Pierre vous propose de savourer un bon burger. Dans les verres ? Il suffit de faire confiance à la sélection du caviste de Sauveterre-de-Guyenne.

CHÂTEAU GARRINEAU

1, Garrineau
✆ 06 17 30 40 54
www.vignobles-combefreyroux.fr

Ouvert toute l'année. Visites et dégustations de 3 € à 30 €/personne. Animations et événements. Bar à vins.

Le Château Garrineau regroupe plus de 20 hectares de vignes. En plus de la production de plus de 10 vins différents, l'équipe vous propose des visites guidées et des ateliers suivis d'une dégustation, mais aussi des événements tout au long de l'année, team-buildings, séminaires, etc. Depuis près d'un an, le bar à vins baptisé *A bouchons tirés* a ouvert ses portes dans l'ancien chai, du jeudi soir au lundi soir à de 17h30 à 21h30 et jusqu'à 23h le vendredi. Au menu : planches de charcuteries et de fromage, cocktails à base de vin... Privatisation possible.

CHÂTEAU BOUTILLON

MESTERRIEUX
✆ 05 56 71 41 47
www.chateau-boutillon.fr

Visite et dégustation sur rendez-vous.

Marchant dans les pas de son grand-père, Louis Filippi, Anne-Sophie vous accueillera au sein d'un domaine viticole abritant une élégante demeure datant du XVIIIe siècle. Ce château aurait autrefois été l'un des fournisseurs attitrés de la cour du Roi. Sur 17 hectares de vignes, plantées sur un sol argilo-calcaire entre Garonne et Dordogne, la troisième génération de la famille produit un Bordeaux supérieur rouge de grande qualité. Plusieurs de ses millésimes ont été distingués dans les prestigieux guides Hachette et lors du concours régional des vins d'Aquitaine.

CHÂTEAU JEANTIEU

7, lieu-dit Jeantieu Ouest - **SAINT-ANDRÉ-DU-BOIS**
✆ 05 56 76 46 41
https://chateaujeantieu.fr

Ouvert toute l'année. Visite de chai gratuite sur rendez-vous. Dégustation-vente : 7j/7 sur simple appel téléphonique.

Niché au cœur de la région de l'Entre-Deux-Mers, ce domaine plus que centenaire s'étend sur 16 hectares de vignes et 5 hectares de bois, témoignant de son engagement envers la préservation de la biodiversité. Arnaud Resampa, passionné de viticulture, a pris la décision à l'âge de 45 ans de quitter le secteur agroalimentaire pour s'installer avec sa famille sur le domaine. Respectueux des traditions, il apporte également son expertise tout en suivant les rythmes de la nature. Il produit d'excellents Bordeaux pour toutes les circonstances. Accueil camping-car.

CHÂTEAU MAISON NOBLE SAINT-MARTIN

1, Maison noble - **SAINT-MARTIN-DU-PUY**
✆ 05 56 71 86 53
www.maisonnoblesaintmartin.com

Visites, dégustations et ateliers sur rendez-vous. Boutique. Réceptions, mariages. Séminaires. Chambres d'hôtes et gîte.

Château Maison Noble Saint-Martin, dont la chartreuse domine la vallée, est un ancien château féodal du XIVe. L'exploitation du vignoble est en agriculture raisonnée. Des récompenses ? Une étoile dans le Guide Hachette (Bordeaux supérieur rouge 2014), médaille d'Or au Concours Général Agricole de Paris (Bordeaux rouge 2015)... La visite se termine par une dégustation de 4 cuvées classiques (2 vins rouges, 1 vin rosé, 1 vin blanc). On peut aussi faire de l'initiation à la dégustation.

L'ESPRIT VIGNERON

25, le Bourg - **SOUSSAC**
✆ 05 57 28 30 75
www.lesprit-vigneron.fr

Du mardi au vendredi de 9h à 13h et de 14h à 18h30. Epicerie fine, cave à vins et dépôt de pain. Boutique en ligne.

L'ancienne épicerie du village datant des années 50 a trouvé une nouvelle vocation grâce à son rachat par le Syndicat des Vignerons de Soussac. Enfin, presque ! Car, c'est toujours une épicerie, mais aussi et surtout, une cave à vins. L'Esprit Vigneron est ainsi une belle vitrine permettant de mettre en valeur les viticulteurs locaux. Dégustations, ateliers... L'endroit qui fait aussi dépôt de pain a vraiment tout pour plaire ! Il y a également un service de capsules pour les professionnels et, à l'étage, on trouve des salles de réunion et coworking en location.

FAMILLE D'AMÉCOURT

Château Bellevue
✆ 05 56 71 54 56
www.famille-damecourt.com
Visite et dégustation sur rendez-vous. Boutique en ligne.

La famille d'Amécourt, au riche passé marqué par des anecdotes historiques, dirige un domaine de cinq Châteaux : Moulin de la Faye, Saint-Germain, Beloeil, Bellevue et Perrou-la-Baragoile. Viticulteurs spécialisés dans les appellations Bordeaux et Bordeaux Supérieur, les d'Amécourt ont adopté la culture des vignes larges et hautes. Enfin, soucieuse d'offrir à ses clients des tarifs avantageux, la famille a mis en place une opération bi-annuelle, au printemps et à l'automne : « La Mise des Amis », permettant de réduire les frais de logistique et de distribution.

VERDELAIS

Au XIe siècle, un chevalier de la région, répondant au nom de Géraud de Graves, partit pour une première croisade. Pris dans une embuscade, il fit le vœu de vouer sa vie à la Vierge s'il s'en sortait. Il survécut et se retira à Verdelais où il mena une vie d'ermite. Il fit construire un petit oratoire avec une statue de la Vierge sur le modèle de celle qu'il aurait vue à Bethléem. À sa mort en 1159, les seigneurs de la région, désireux que le culte survive, firent venir des religieux de Limoges : les Grandmontains. Selon la légende, c'est au XIIe siècle que la comtesse de Foix retrouva la statue qui avait été cachée par les paysans pour échapper à la profanation, sous le pas de sa mule. Datée du XIVe siècle, cette *Vierge à l'Enfant* en bois polychrome, surnommée la *Vierge rouge*, a la réputation d'être miraculeuse. Visible dans la basilique, la niche de la Vierge est insérée dans un très beau retable en marbre rouge rehaussé d'or et orné de six colonnes de marbre. Verdelais est ainsi devenu le plus important centre de pèlerinage de la Gironde. Il fut soutenu par les religieux, Grandmontains d'abord, Célestins ensuite, puis Maristes et aujourd'hui Passionistes. Le bourg de la commune a conservé un remarquable alignement de façades du XIXe siècle, notamment les vestiges des établissements hôteliers qui accueillaient les nombreux pèlerins. Le cloître Célestin est aujourd'hui occupé par des administrations. Le peintre Henri de Toulouse-Lautrec, mort à 37 ans dans son château voisin (le château de Malromé à Saint-André-des-Bois) repose dans le cimetière de Verdelais.

CHEMIN DE CROIX ET CALVAIRE

Un monumental Chemin de Croix a été tracé entre le cimetière communal, la chapelle Saint-Agonie et la colline de Cussol au cours du milieu du XIXe siècle. Erigé entre 1855 et 1868, ce parcours jalonné de quatorze chapelles de style néogothique représentant les stations du Chemin de Croix, dépeignent les scènes de la Passion du Christ. La procession se termine par la chapelle du Saint-Sépulcre. Le site a été enregistré au classement des monuments historiques en 2010.

HÔTELLERIE NOTRE-DAME ★

1, place des Allées
✆ 05 56 76 70 45
sanctuairedeverdelais.fr
Ouvert toute l'année. Basilique : 8h à 18h ; accueil hôtellerie : 9h à 12h et de 14h à 16h.

Voisine de la Basilique, l'ancienne hôtellerie Géraud de Graves a été aménagée en 2010-2012 dans l'ancien couvent des moines. Si ses fondations datent du XIIe siècle, d'importants travaux ont été effectués au XVIIe siècle sous François de Sourdis, puis au XIXe siècle avec le cardinal Donnet, qui relança le pèlerinage. L'intérieur est richement décoré. Le retable baroque dans lequel est incorporée la statue de Notre-Dame, entreprise au XIVe siècle, a pris son aspect actuel en 1666. La nef et le chœur sont enrichis de peintures naïves du XVIIe et du XVIIIe siècle, ainsi que de nombreux ex-voto (bateaux, cœurs, décorations militaires…). La basilique est le théâtre de pèlerinages réguliers qui ont lieu le 1er dimanche de mars à novembre. Ceux du 15 août et du 8 septembre sont les plus importants. Notez que le Sanctuaire est doté d'un parc de 3 hectares. Situé sur les coteaux qui surplombent la ville de Langon, proches des cités médiévales, l'hôtellerie Notre-Dame est donc un lieu d'hébergement avec 15 chambres, dont 4 pouvant accueillir des personnes à mobilité réduite. Sans oublier les 4 dortoirs de 3 ou 4 et 5 lits. Et toujours avec vue sur le parc ! Véritable établissement atypique, l'hôtellerie Notre-Dame accueille depuis plus de 900 ans les pèlerins et retraitants du sanctuaire de Notre-Dame de Verdelais, mais aussi tout type de visiteurs désireux d'expérimenter un séjour paisible. Possibilité de restauration pour les groupes sur réservation. Le musée d'Art Religieux a été inauguré à la fin des années 1990.

MOULIN DE CUSSOL

✆ 05 56 62 02 06

Ouvert pour la journée européenne des moulins, la fête des moissons anciennes et les Journées du Patrimoine.

Erigé au XVIIIe siècle par les moines de l'ordre des Célestins, ce moulin à vent, laissé à l'abandon après la Révolution française, est devenu la propriété de la commune en 1997. On doit sa restauration aux bénévoles de l'Association du Moulin de Cussol, qui ont rénové successivement la tour, le toit, les ailes, puis l'appareillage complet de la meunerie. En dehors des événements majeurs, le moulin est ouvert toute l'année sur rendez-vous. Les visiteurs profitent également d'un large panorama sur la vallée de la Garonne, parfois jusqu'à la chaîne des Pyrénées.

MUSÉE D'ART SACRÉ

1, les Allées ✆ 05 56 62 02 04

sanctuairedeverdelais.fr

Du mardi au dimanche de 14h à 18h30 de juillet à septembre ; le reste de l'année sur rendez-vous. Participation libre.

Inauguré le 22 septembre 1990, ce musée expose divers objets liés au culte religieux témoignant de la ferveur des pèlerins au fil des siècles. Aménagé dans une aile de l'ancien couvent des Célestins, vous pourrez admirer une rare collection d'ex-voto peints, dédiés à Notre-Dame de Verdelais dont certains datent du XVIIIe siècle, des maquettes de bateaux, des pièces d'orfèvrerie sacrée, des ornements liturgiques, des vases, des vêtements liturgiques et des manteaux de la Vierge ou encore des tableaux. Le rez-de-chaussée est réservé aux expositions temporaires.

LE COMPTOIR DE SUZETTE

35 bis, place des Allées

✆ 06 78 03 59 00

Ouvert tous les jours. Alimentation générale, bistro et petite restauration. Concerts.

Inspiré du vieux magazine *La semaine de Suzette*, cette superbe épicerie & bistro d'époque 1900 ne manquera pas de vous faire de l'œil. La devanture, la terrasse… Tout ! Séverine et Patrick ont le goût des jolies choses d'antan. L'intérieur est tout aussi charmant. En plus du patio, quelques tables se dressent au milieu des produits d'alimentation générale. On partage des assiettes de charcuterie/fromages, des huîtres et des plats de la charcuterie artisanale *Maison Voisine* à Auros. Soirées raclettes en hiver, concours de belote, gin maison… On adore !

LES GAMINS €€

24, place les Allées

✆ 05 56 62 49 33

De 18 à 22 € le midi ; tapas le soir en semaine et plats à la carte dès le vendredi. Animations. Bar-tabac. Rôtisserie.

Lorsque Aurore et Vasco ont débarqué à Verdelais, c'est avec des idées plein la tête qu'ils ont repris ce bar-tabac. Depuis, d'importants travaux ont permis de transformer les lieux à leur image. Le décor est toujours marqué par le temps, mais c'est beaucoup plus élégant qu'avant, davantage dans l'air du temps. Pour 22 euros le midi, Aurore nous régale toujours avec ses plats canailles, généreux et qui tiennent au corps. Elle propose aussi des plats à emporter et des sandwichs. Au programme : initiation à la danse, soirée jeux de société, brunchs, concerts...

LE NORD SUD €€

30, place des Allées

✆ 05 56 62 10 45

www.lenordsud.com

Du jeudi au mardi le midi ; le mardi et du jeudi au samedi le soir. Menus de 32,90 € à 67 €. Formule du midi : 19 €.

Après l'accueil, c'est le savoir-faire du chef qui opère ! Christophe Noël sait effectivement comment émoustiller les palais les plus fins pour une addition tout à fait honorable. Le Nord-Sud ne laisse pas de place aux doutes, ni dans le service ni dans la qualité de travail des produits. La spécialité du chef ? Le homard entier cuit dans sa carapace (uniquement sur commande 48h à l'avance et pour 2 personnes). Installé le long des belles allées de Verdelais, le restaurant est ouvert tous les jours sur réservation pour les groupes. Le menu du midi est intéressant.

SUD GIRONDE

Les paysages ondulent entre vignobles de renom (Sauternes, Graves, Saint-Macaire), forêts de pins (Parc naturel régional des Landes de Gascogne) et cours d'eau historiques (Garonne, canal de Garonne et Ciron). Ce petit bout de terre est un véritable condensé de nature, de culture, de patrimoine et de gastronomie ! Venez découvrir les châteaux historiques, les maisons des illustres et les cités médiévales (Bazas et Saint-Macaire) et partez à la rencontre de celles et ceux qui font le Sud Gironde et vous accueillent avec sympathie. Les Gascons vous ouvrent leurs portes afin de partager leurs traditions et leur savoir-faire. Pour ne rien rater, le Sud Gironde se parcourt en itinérance, que ce soit sur le GR6, les chemins de Saint-Jacques-de-Compostelle, les sentiers de randonnée ou les pistes cyclables. Après l'effort, le réconfort : les chefs vous feront découvrir les spécialités comme le bœuf de Bazas, le foie gras et les puits d'amour.

Sud Gironde
A630
Villenave d'Ornon
Gazinet
Gradignan
Canéjan
CADAUJAC
Toctoucau
D111
La House
Cestas
E5
LÉOGNAN
MARTILLAC
D651
D111
Marcheprime
Réserve Naturelle Géologique de Saucats et la Brède
D211
D108
Lacanau de Mios
Réserve Nat. Saucats et la Brède
Saucats
D216
D108 E2
Forêt Départementale du Barp
E70
D1010
D108
Cabanac
D5 E6
La Vignolle
Villagrains
D219
D5
D108
D115 E
SALLES
D111
Saint-Magne
D110 E6
D3
D110
BELIN-BÉLIET
HOSTENS
E5
D1010
D110
P.N.R. des Landes de Gascogne
D651
D115 E11
D115
D3
D220 E2
5 KM

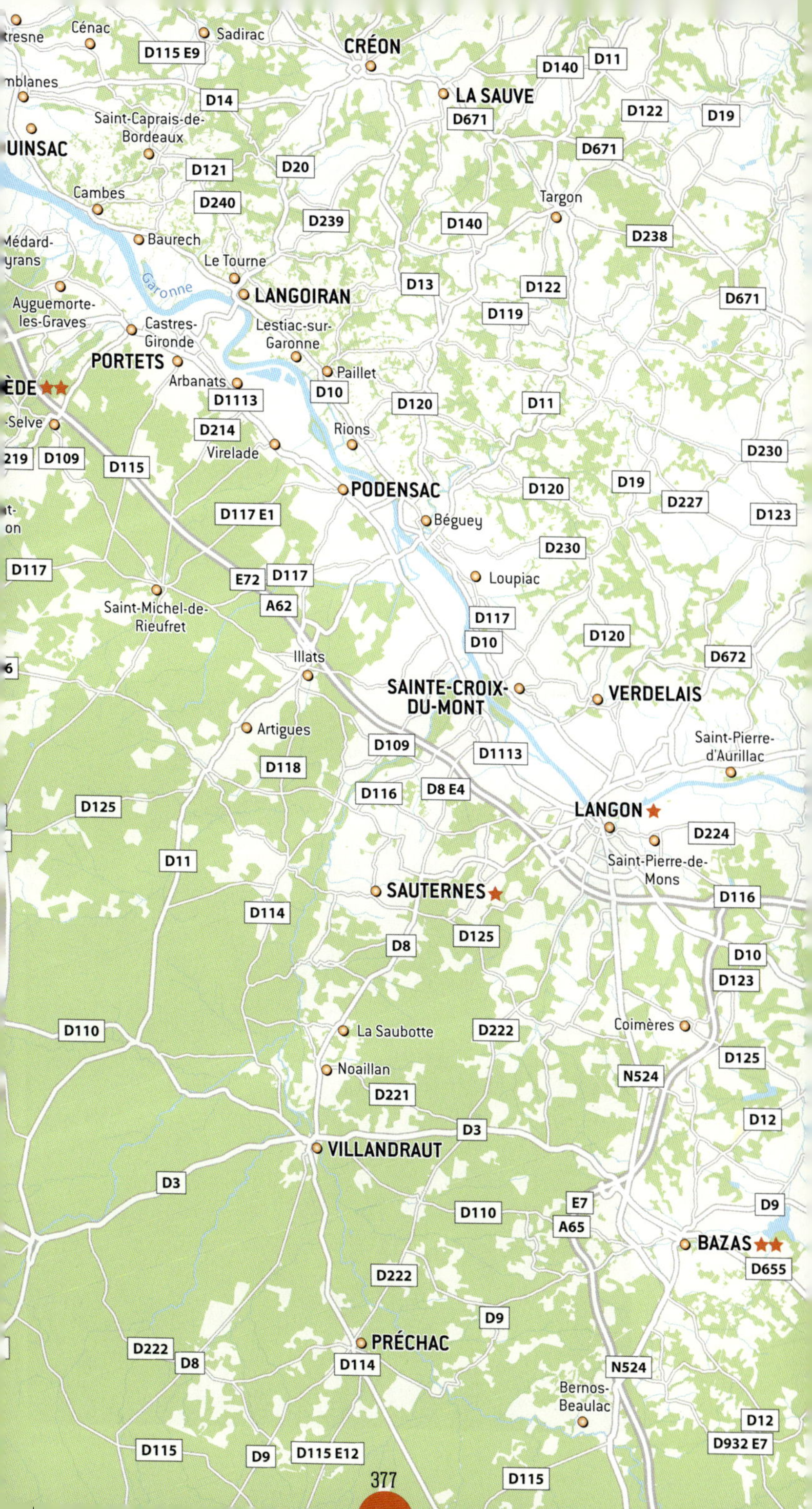

CRÉON
LA SAUVE
Cénac
Sadirac
Saint-Caprais-de-Bordeaux
Cambes
Baurech
Le Tourne
Targon
LANGOIRAN
Garonne
Ayguemorte-les-Graves
Castres-Gironde
PORTETS
Arbanats
Lestiac-sur-Garonne
Paillet
Rions
Virelade
PODENSAC
Béguey
Loupiac
Saint-Michel-de-Rieufret
Illats
SAINTE-CROIX-DU-MONT
VERDELAIS
Saint-Pierre-d'Aurillac
Artigues
LANGON
Saint-Pierre-de-Mons
SAUTERNES
La Saubotte
Noaillan
Coimères
VILLANDRAUT
BAZAS
PRÉCHAC
Bernos-Beaulac
D115 E9
D14
D121
D20
D240
D239
D140
D11
D122
D19
D671
D238
D13
D119
D10
D1113
D120
D214
D109
D115
D117 E1
D230
D227
D123
D117
E72
A62
D672
D118
D116
D8 E4
D125
D224
D114
D8
D110
D222
N524
D221
D3
D12
E7
A65
D9
D655
D932 E7
D115 E12

PAGES

SUD GIRONDE

Château de la Brède.

Bazas.

BAZAS ★★

Située sur l'ancienne voie romaine Bordeaux-Toulouse, l'antique *Cossium* fut la ville natale du père du poète latin Ausone. Place forte dès le IVe siècle et évêché dès le Ve siècle, la ville de Bazas dispose très tôt d'un édifice religieux d'importance. Au XIe siècle, le pape Urbain II vient consacrer un nouveau lieu de culte. Au XIIIe siècle, c'est au tour du puissant évêque Arnaud de Pins de restaurer la cathédrale dans un style gothique. Centre de commerce important, la cité fut au Moyen Âge une étape sur les chemins de Saint-Jacques-de-Compostelle, en même temps qu'un enjeu entre Anglais et Français durant la guerre de Cent Ans. Du XVIe au XIXe siècle, la ville était connue pour ses verreries, dont de beaux exemples sont visibles dans les collections de l'apothicairerie de l'hôpital Saint-Antoine, là où étaient accueillis les pèlerins de passage. Aux XVIIe et XVIIIe siècles, la faïencerie de Saint-Michel bénéficiait de la qualité de l'argile des lieux. Les tanneries ont utilisé durant les mêmes périodes les eaux des sources locales. Ville pleine de charme, riche d'un patrimoine architectural marquant les époques, Bazas est aujourd'hui une étape clé en Sud Gironde. Depuis 1998, la cathédrale Saint-Jean-Baptiste a été inscrite à l'Unesco, au titre des biens classés sur les chemins de Saint-Jacques-de-Compostelle, et plus précisément la voie de Vézelay. Les amateurs de viande apprécieront aussi Bazas pour son fameux bœuf gras, une véritable institution du terroir girondin qui donne lieu à la fête traditionnelle des Bœufs Gras chaque jeudi avant Mardi gras.

APOTHICAIRERIE 🏛

✆ 05 56 25 25 84

Visite guidée (5 pers. minimum) : 5 €/adulte ; gratuit jusqu'à 12 ans. Réservation auprès de l'Office de Tourisme.

Au cœur de l'Hôpital Saint-Antoine, construit pour les pèlerins de Saint-Jacques-de-Compostelle, venez découvrir cette étonnante collection de vieux pots à pharmacie en verre ou en faïence. Datant du début du XVIIIe siècle, ce lieu constitue un ensemble remarquable comme il n'en existe plus ou très peu en France... C'est d'ailleurs l'un des grands trésors de la cité de Bazas ! Dans de belles boiseries en chêne sculpté, la collection s'étend de la verrerie locale à divers pots en faïence stannifère, en passant par les pots de Bordeaux et du XVIIIe.

CATHÉDRALE SAINT-JEAN-BAPTISTE ✝ ★★

30, place de la Cathédrale

✆ 05 56 25 25 84

Ouvert tous les jours, en accès libre en dehors des offices. Visite guidée pour les groupes sur rdv.

Classé Monument historique en 1840 et inscrite au patrimoine mondial de l'Unesco en 1998 au titre des chemins de Saint-Jacques-de-Compostelle en France, cet imposant édifice de 83 mètres de long possède trois portails finement sculptés. Le clocher est formé à la base des plus anciennes pierres de l'église, datant du Ve siècle. A l'intérieur, la taille de la nef est impressionnante. Le chœur est composé de cinq absides ainsi que de tableaux qui ornent les chapelles. Splendide.

COLLÉGIALE NOTRE-DAME D'UZESTE ★

place de l'Église
UZESTE
✆ 06 09 92 20 23
www.collegiale-uzeste.fr

Ouvert toute l'année, tous les jours de 9h30 à 19h. Visite guidée (sur rdv) : 5 €.

L'église existait avant que Bertrand de Goth ne devienne le premier pape d'Avignon en 1305, mais il choisit à l'époque de l'agrandir et d'en faire son lieu de repos éternel. La Collégiale abrite en effet sa sépulture, même si son gisant fut martelé et son tombeau pillé par les huguenots. Ce très bel édifice d'architecture gothique est classée aux Monuments historiques. C'est un lieu chargé d'histoire à découvrir en famille, en visite libre ou guidée.

MUSÉE MUNICIPAL DE BAZAS

2, place de la Cathédrale
✆ 05 56 25 25 84
www.ville-bazas.fr

Ouvert en juillet et août, mardi et jeudi de 15h à 18h ; samedi de 10h à 12h et de 15h à 18h. Gratuit.

Occupant le rez-de-chaussée derrière l'Hôtel de Ville, le musée regroupe des collections historiques, architecturales et d'art sacré, alors que le musée de Villandraut s'est spécialisé dans les arts et traditions populaires. La première salle retrace l'histoire du Bazadais ; les deux suivantes présentent tout ce qui concerne l'art religieux et les Beaux-arts, tandis que la dernière se concentre sur ce qui a trait à l'archéologie locale. De remarquables objets datés du premier âge du fer sont exposés, ainsi que le contenu d'un sarcophage mérovingien.

LAC DE LA PRADE

✆ 05 56 25 25 84

Baignade interdite. Restauration. Aire de pique-nique.

Cette retenue d'eau de 60 hectares, créée dans les années 1980 pour répondre aux besoins de l'agriculture locale, abrite une faune et une flore exceptionnelles : oiseaux, poissons et plus de 300 espèces végétales sont répertoriés dans cette réserve ornithologique protégée. Un sentier pédestre balisé et des aménagements pédagogiques facilitent l'observation et la découverte de toutes les espèces recensées. Une brochure est également disponible en téléchargement sur le site de l'office de tourisme Sud-Gironde. Sur place : pontons de pêche et tables de pique-nique.

OFFICE DE TOURISME DU BAZADAIS

25, rue Fondespan
✆ 05 56 25 25 84
www.tourisme-sud-gironde.com

Ouvert toute l'année, jours et horaires d'ouverture variable selon la saison.

A deux pas de la cathédrale Saint Jean-Baptiste, l'équipe de l'Office de Tourisme du Bazadais vous donnera toutes les informations pratiques et touristiques de son secteur, à savoir les communes de Bazas évidemment, mais également de Captieux et de Grignols, entre autres. Elle assure la billetterie de l'écomusée de Marquèze (avec tarifs préférentiels) et de l'apothicairerie de l'hôpital Saint-Antoine, ainsi que la plupart des spectacles se déroulant en Bazadais.

SUD GIRONDE

MARCHÉ DE BAZAS

Place de la Cathédrale
https://www.ville-bazas.fr/marche

Le samedi matin.

Rendez-vous tous les samedis matin de 8h à 13h, place de la Cathédrale, pour déambuler devant les étals de fruits, légumes, et autres produits frais dans une ambiance de grande convivialité. Ce marché est l'un de nos préférés ! On y trouve le meilleur des produits locaux, dans la plus pure des traditions bazadaises (viande de bœuf en tête !). C'est aussi l'occasion de rencontrer les producteurs, éleveurs et artisans du coin qui se feront un plaisir de partager leur savoir-faire et leur passion. On se pose en terrasse de l'un des petits cafés autour.

LES CYCLES DU BAZADAIS

5, allée Saint Sauveur ✆ 06 69 20 69 66
www.les-cycles-du-bazadais.fr

Ouvert du mar. au sam. (et dim. en haute saison). Location vélo à la journée à partir de 16 €/adulte ; 11 €/enfant.

Au départ d'une ancienne voie ferrée transformée en une piste cyclable, les Cycles du Bazadais vous attendent avec une multitude de vélos (VTC, VTT, électrique) à louer pour quelques heures ou plusieurs jours, y compris pour les enfants. L'option « GPS avec circuits préchargés » est une bonne idée pour une immersion au cœur du Parc naturel Régional des Landes de Gascogne. Notez qu'il est possible de demander la livraison des vélos à domicile ou sur votre lieu de séjour. Plusieurs circuits sont consultables sur le site internet. N'hésitez pas à prendre conseil !

Cathédrale Saint-Jean-Baptiste.

CAMPING CAPFUN LE PARADIS DE BAZAS €€

route de Casteljaloux
✆ 05 56 65 13 17
www.camping-paradis-bazas.fr

Ouvert d'avril à septembre. Locations à partir de 175 €/semaine. Aire pour camping-cars. Club enfants. Animations.

Outre ses locations de mobil-homes, chalets, tentes aménagées et emplacements bien équipés, ce camping Capfun profite d'une belle situation entre les vignobles bordelais et les forêts des Landes. Il offre surtout un des espaces aquatiques les plus attrayants de la région avec son bassin chauffé de 110 m², sa pataugeoire chauffée de 120 m², son bateau de pirate et ses trois toboggans dont le Crazy Cone, et sa piscine naturelle avec plage de sable blanc de 1 200 m².

DOMAINE DE FOMPEYRE*** €€

route de Mont-de-Marsan
✆ 05 56 25 98 00
www.domaine-de-fompeyre.com

Chambre double à partir de 85 € ; suite à partir de 170 €. Petit déjeuner : 13 €. Piscine. Espace bien-être. Restaurant.

Face aux remparts et à la cathédrale de Bazas, le Domaine de Fompeyre est un petit coin de paradis offrant une qualité de services et un accueil irréprochables. Les chambres s'inscrivent dans un style résolument contemporain, chaleureux et raffiné, avec de magnifiques vues sur le parc, la palmeraie ou la piscine extérieure. Hammam, court de tennis, billard, baby-foot, table de ping-pong... Des massages sont même proposés sur demande. Afin de découvrir les alentours, n'hésitez pas à louer un vélo, de nombreuses pistes cyclables entourent le Domaine.

DOMAINE TOUTET €€

1, lieu dit Toutet - **BIRAC**
✆ 07 52 63 38 98
https://domainetoutet.com

Chambre d'hôtes à partir de 89 €, petit déjeuner inclus. Gîtes (2 à 7 personnes) : à partir de 69 €/nuit. Piscine.

Pour un séjour relaxant au cœur de la nature, vous êtes au bon endroit ! Elodye vous accueille chaleureusement sur son joli site écotouristique, en chambre d'hôtes ou en gîte. Vous pourrez aussi planter votre tente pour une nuit sous les étoiles. Vous profiterez de la quiétude du lieu, de la proximité avec les chevaux, de la piscine ou du spa. Le matin, un petit déjeuner avec boissons chaudes, jus, viennoiseries et pain frais vous aidera à démarrer la journée du bon pied ! Peut-être croiserez-vous le chat des propriétaires, venu quémander quelques miettes...

LE RODIN BAZAS*** €€

1, allée Saint-Sauveur
✆ 05 56 25 57 88
www.lerodinbazas.fr

Chambre double à partir de 90 € ; triple à partir de 120 €. Petit déjeuner : 12 €

Installé dans un bâtiment historique du XIXe siècle, cet hôtel 3 étoiles doté de 7 chambres confortables vous fait profiter d'une vue imprenable sur la cité médiévale et sa magnifique cathédrale. Installés dans le Sud-Ouest depuis 2007 et tombés sous le charme de la petite ville de Bazas, Fenella, la néo-zélandaise, et Peter, le new-yorkais, ont racheté le Rodin en 2020 pour le rénover entièrement, et proposent désormais toute l'année des logements lumineux ainsi qu'un accueil chaleureux. En séjournant là, vous pourrez facilement explorer la région.

LE COMPTOIR - BAZAS €

27, place de la Cathédrale
✆ 09 73 50 23 27

Ouvert tous les jours de 9h30 à 19h. Panini : 9,50 €. Tapas. Terrasse.

Après un changement de propriétaire, le Comptoir du Boeuf Pop est tout simplement devenu Le Comptoir. La bonne ambiance, elle, est toujours là ! L'équipe vous accueille toute la journée pour déjeuner d'une copieuse salade, d'un panini artisanal ou d'un plat du moment, pour grignoter quelques gourmandises sucrées dont une fameuse brioche perdue, ou dès la fin de journée pour partager un moment convivial autour de quelques pintxos et tapas, de planches de charcuteries et fromages, accompagnés de cocktails, vins et bières locales.

EL GATO DE LA COCINA €€

24, place de la Cathédrale
✆ 06 50 66 26 94
www.elgatodelacocina.fr

Ouvert lundi, vendredi et samedi midi et soir ; dimanche midi. Menu : 20 € à 24 €. Terrasse.

Franc-comtoise arrivée dans la région suite à une mutation, Alice Labriet tombe instantanément amoureuse de Bazas et lâche son métier de professeur de français pour se lancer dans la grande aventure de la restauration. Aidée de son compagnon Arnaud, elle ouvre en 2023 son petit restaurant et y mitonne avec enthousiasme des plats de saison vitaminés et colorés, essentiellement végétariens (même si la carte propose toujours une option carnée), dans un menu qui se renouvelle tous les mois. La joyeuse décoration donne envie de s'y attarder.

NOOSA CAFÉ €

31, place de la Cathédrale
✆ 05 56 25 45 78

Ouvert du mardi au vendredi de 10h à 19h ; samedi de 9h à 19h. Menu : 18,50 €. Terrasse.

Dans ce salon de thé qui fait aussi épicerie fine, l'accueil est souriant et l'ambiance agréable. Les tables sont entourées de produits artisanaux en tous genres : chocolats, bonbons, guimauves, thés, cafés, confitures... La carte propose une large sélection de cafés, des chocolats chauds aromatisés, et une cinquantaine de variétés de thés et d'infusions. À l'heure du déjeuner, on opte pour une formule avec tartine ou salade, avant de craquer pour un café gourmand ou une glace artisanale. La carte est succincte mais les produits sont frais ! Végétariens bienvenus.

LE BŒUF POP €€

30, place de la Cathédrale
✆ 05 56 65 77 56

Du mar au jeu le midi, ven et sam midi et soir. Carte : 35 € environ. Menu midi : 19 €. Réservation conseillée.

Situé sur la plus belle place de Bazas, le Bœuf Pop promet un vrai moment de gourmandise et de convivialité. Les amateurs de viande ne seront pas déçus, d'autant que tous les plats sont préparés sur place à base d'ingrédients en circuit court : la viande arrive toute fraîche de la boucherie Charrier et le pain à burger arrive tout chaud de la boulangerie Sauboua. La carte évolue sans cesse mais propose au moins un plat végétarien. Le tartare avec frites maison et le pain perdu comptent parmi les grandes spécialités de l'établissement.

CARO & CO €€

38, place de la Cathédrale
✆ 05 56 65 24 58
www.caroandco.fr

Ouvert tous les jours sauf jeudi, horaires variables selon la saison. Menu : 20 € à 38 € ; menu enfant : 15 €. Terrasse.

Originaire d'Afrique du Sud, la chef Caroline mêle ses origines aux cuisines française et anglaise pour concocter d'excellents plats. En plus des assiettes joliment orchestrées autour des produits de saison, vous pourrez déguster d'authentiques recettes emblématiques du Cap. La viande de Bazas est aussi à l'honneur avec de très belles côtes de bœuf, directement venues de la boucherie d'à côté ! L'emplacement central plein de charme et l'agréable jardin font de ce restaurant un endroit largement convoité : mieux vaut réserver.

LE MAQUIGNON €€

4, cours du Maréchal Foch
✆ 05 56 65 58 73
www.lemaquignon.fr

Ouvert du lundi au samedi le midi. Carte : 25 € environ. Menu midi : 15 € à 18,50 €. Menu enfant : 10 €.

Bazas est réputé pour être berceau de la race bovine bazadaise... Ce restaurant convivial s'est naturellement spécialisé dans les grillades au feu de bois, et, fierté du terroir, le bœuf est évidemment de production locale. Ris de veau braisés, faux-filet, pièce du boucher, entrecôte à partager... Amis végétariens, ce n'est certainement pas la meilleure adresse pour vous dans le coin ! Et encore moins au mois de février, lors de la fête des bœufs gras, où toute la ville célèbre la race et où le chef concocte un menu spécial autour de cette viande.

LA TABLE DE FOMPEYRE €€

route de Mont de Marsan
✆ 05 56 25 98 00
www.latabledefompeyre.com

Ouvert tous les jours midi et soir. Menu : 24 € à 30 € ; midi (semaine) : 25 € ; enfant : 13 € à 22 €. Sur réservation.

À la lisière des vignobles de Sauternes et des Graves, le Domaine de Fompeyre abrite un hôtel 3*** de charme ainsi qu'un restaurant tout autant apprécié pour sa cuisine raffinée que pour la vue qu'il offre sur Bazas et sa cathédrale. Le chef et son équipe y travaillent les saveurs régionales autour d'une carte de saison, dans des plats appétissants et originaux renouvelés tous les mois. Le menu de l'ardoise avec entrée, plat, dessert est d'un excellent rapport qualité-prix. Et pour des accords mets-vins parfaits, laissez-vous conseiller.

BALTORO

place de la Cathédrale
✆ 06 58 17 61 67
https://baltoro.fr/

Jours et horaires d'ouverture variables selon la saison (voir horaires sur internet). Commande en ligne possible.

L'histoire de Baltoro commence par le souvenir d'enfance d'un petit garçon. Glaces, bûches, profiteroles, vacherins, yaourts glacés, granités, confiseries variées... Ici, le secret d'une bonne glace répond à trois principes : du goût avant tout ; des ingrédients issus de l'agriculture biologique ; une température et une texture de glaces idéales, grâce à la technique de glace à l'italienne. Tout est dit ! Envie de découvrir à votre tour ces délices ? Les horaires en temps réel se retrouvent en ligne, avec possibilité de *click & collect*.

PÂTISSERIE SAUBOUA

5, cours du Général de Gaulle
✆ 05 56 25 00 46
https://boulangerie-sauboua.fr
Ouvert du lundi au samedi de 6h30 à 13h30 et de 15h à 19h ; dimanche de 6h30 à 12h30.

Si la pâtisserie Sauboua est réputée dans la région, ce n'est pas sans raison ! Fondée en 1935 et désormais aux mains de la quatrième génération, cette boulangerie-pâtisserie artisanale propose toutes sortes de pains et viennoiseries, mais aussi et surtout d'excellentes pâtisseries au juste rapport qualité-prix. Parmi les spécialités de la maison, la tarte aux pommes et pruneaux à l'armagnac ou les classiques omelette norvégienne et forêt-noire. Nous, on aime particulièrement leur cake vanille-griottes et son crumble gourmand... Deux adresses à Bazas.

CAFÉ D'OC

13, rue Bragous
✆ 05 56 25 96 08
https://www.cafedoc.fr
Ouvert du mar au ven de 10h à 18h30 ; sam de 9h à 18h30. Service restauration jusqu'à 17h30. Menu : 12 € à 19,90 €.

Sentez-vous la richesse des arômes de cafés, la douceur des effluves de thés ou encore les parfums sucrés des crêpes maison ? Normal, vous êtes au Café d'Oc, haut lieu bazadais des amateurs de café de torréfaction artisanale ! Outre le grand choix de cafés, thés, infusions, accessoires de dégustation et paniers gourmands, la boutique propose une offre de restauration servie toute la journée : galettes bien garnies, salades composées... Du simple, mais du bon ! Aux beaux jours, le patio est le lieu idéal pour les dégustations en famille ou entre amis.

LA CAVE 0%

25, rue Saint-Martin
✆ 09 88 48 11 91
lacave-zeropourcent.fr
Ouvert du mardi au samedi de 8h30 à 12h30 et de 15h15 à 18h30. Livraison possible. Epicerie fine, produit locaux.

Une cave sans alcool dans la région du Bordelais, voilà qui n'est pas courant ! Le pari est lancé avec cette boutique qui présente des vins, spiritueux et autres boissons désalcoolisés, pour qui veut réduire sa consommation sans se priver du goût. La gamme sélectionnée par ce couple de cavistes audacieux est large, couvrant divers cépages : chardonnay, merlot, sauvignon... Pour les occasions festives, des pétillants tout à fait bluffants sont également proposés. Quelques produits locaux et bio (conserves, légumes...) accompagneront parfaitement la dégustation.

CONSERVERIE ALAIN LAMIGEON

28, place de la Cathédrale
✆ 05 56 65 58 49
www.lamigeon.fr
Ouvert du mardi au samedi le matin et l'après-midi ; dimanche matin. Livraison possible.

Fondée en 1945, la conserverie Alain Lamigeon est implantée dans une belle demeure du 17e siècle. Pâté de campagne au Sauternes, rillettes de canard gras, grattons de porc, salmis de palombes, poule confite, cassoulet aux haricots tarbais, langue de bœuf bazadais, confit d'oignons au piment d'Espelette, foie gras et magret de la ferme de Lalibert… Il n'y a que des saveurs du Sud-Ouest dans ces conserves artisanales aux recettes traditionnelles. Amis végétariens, passez votre chemin !

BELIN-BÉLIET

Le village de Beliet au nord et celui de Belin au sud ont fusionné en 1974. De son ancienne disposition, la ville conserve deux bourgs formant actuellement les zones les plus agglomérées. Belin-Beliet garde encore quelques édifices du XIXe siècle et au début du XXe siècle. L'ancienne école des filles de Belin accueille la Maison du Parc Naturel Régional des Landes de Gascogne. La surface de la commune est occupée à 80 % par la forêt et est traversée par la Leyre. A voir : l'église de Mons (XIe siècle) et la fontaine miraculeuse Saint-Clair. Situé sur la « voie de Tours », Belin-Beliet est encore aujourd'hui un lieu de passage pour de nombreux pèlerins.

PARC NATUREL RÉGIONAL DES LANDES DE GASCOGNE ★★

33, route de Bayonne ✆ 05 57 71 99 99
www.parc-landes-de-gascogne.fr
Maison du Parc ouverte lundi de 13h30 à 17h ; du mardi au vendredi de 9h à 12h30 et de 13h30 à 17h. Agenda en ligne.

Classée parc naturel régional en 1970, cette vaste réserve de nature préservée s'étend sur plus de 336 000 hectares au cœur de la forêt de pins landaise, et réunit 51 communes des départements de la Gironde et des Landes. Il y a tant de choses à y voir et y faire ! Visite à l'écomusée de Marquèze, balades en canoë ou en kayak le long de la Leyre, observation des migrations depuis la réserve ornithologique du Teich ou découverte des 21 œuvres dans la forêt d'Art contemporain...

LE RÉSINIER €€

68, avenue des Pyrénées - **LE BARP**
✆ 05 56 88 60 07
www.leresinier.com

Chambre à partir de 90 € ; suite à partir de 120€. Petit déjeuner : 15 à 20 €/adulte ; 8 €/enfant. Restaurant.

En bordure de route, on se laisse d'abord surprendre par le poulailler, puis par l'ensemble du complexe bardé de bois à l'exception de la bâtisse en pierre qui abrite le restaurant. Le tour du propriétaire promet beaucoup de surprises : l'hôtel cache en effet un magnifique jardin et, bien à l'abri des regards, une piscine extérieure chauffée. Les chambres et les suites sont réparties entre la Maison Principale, la Bergerie et l'Annexe. Décorées avec beaucoup de goût, toutes sont très confortables. A l'extérieur encore : un boulodrome et un jardin des saveurs.

LA CABANE €€

42, route de Bordeaux
✆ 05 57 95 33 85

Ouvert mardi et mer. midi ; du jeudi au sam. midi et soir. Menu midi : 17 € à 19 €. Menu enfant : 10 €. A emporter.

Attenant à l'hôtel du même nom, ce restaurant est une belle surprise, avec sa terrasse agréable et sa cuisine locale et maison qui change chaque semaine. Quatre entrées, quatre plats, et quatre desserts sont à chaque fois proposés, ainsi que des burgers gourmands. Œuf à 64° et son crémeux champignons, côtelettes d'agneau sauce aux figues, crumble de poulet basquaise, clafoutis poires caramel, feuilleté ananas, crémeux vanille et sorbet passion... Le chef Bruno ne manque pas d'idées pour régaler la clientèle, fidèle ou de passage !

LE PETIT RESTO €€

18, allées des Pins - **LE BARP**
✆ 05 56 84 24 83
https://lepetitresto.eatbu.com/

Ouvert du mar. au jeu. le midi ; ven. et sam. midi et soir. Menu : 36 € ; midi : 16 € à 19 €. Brunch : 28 €. Terrasse.

Cadre chaleureux avec terrasse et plafond végétalisé, cuisine de marché servie dans la convivialité, c'est ce que propose ce nouveau restaurant installé au Barp. Le chef et son équipe proposent un menu de saison qui évolue au fil des semaines, à l'heure du déjeuner (cappuccino betterave, picanha de veau avec écrasé de pommes de terre aux olives, milkshake pêche abricot menthe...) ou du dîner (tortillas chorizo oignons, risotto gorgonzola et coulis de roquette, riz au lait chocolat blanc et framboises...). Un petit resto accueillant et gourmand !

LE RÉSINIER €€

68, avenue des Pyrénées - **LE BARP**
✆ 05 56 88 60 07
www.leresinier.com

Ouvert du mardi au samedi, midi et soir. Menu : 48 €. Menu midi : 29 € à 35 €. Terrasse. Réservation conseillée.

En plein cœur de la forêt des Landes girondines, Le Résinier sert une vraie cuisine du Sud-Ouest, généreuse et savoureuse. À la carte ou en menu, le terroir est largement mis à l'honneur. Parmi les plats emblématiques du chef : l'escalope de foie gras poêlée au chutney de pommes et au Loupiac, les ris de veau aux cèpes rôtis, le soufflé au Grand-Marnier ou la tourtière à partager.... L'accueil est très chaleureux et le service, béret basque vissé sur la tête, toujours impeccable. Quand le temps le permet, on aime s'attabler sur la terrasse pavée extérieure.

ALOKANOE

89, route de Bayonne ✆ 06 09 42 44 10
https://alokanoe.fr/fr

Ouvert de mai à oct. Kayak : 25 € la journée ; canoë : 20 € la journée. Avec guide à partir de 35 €. Sur réservation.

Au départ de Saugnac pour la journée ou de Moustey pour la demi-journée, descendez la Leyre jusqu'à Belin-Beliet en kayak ou en canoë. Vous pouvez choisir une sortie en autonomie, ou accompagné par un moniteur diplômé qui vous fera découvrir, sur quelques kilomètres, la forêt et toute sa biodiversité. Un jeu de piste est également proposé : partez en famille à la recherche du trésor perdu, grâce aux indices laissés dans le carnet de bord d'un aventurier disparu... Préparez-vous à explorer la vallée et résoudre les énigmes, sans craindre de vous mouiller !

HOSTENS

La découverte de lignite, exploitée en surface des années 1930 à 1966, a profondément marqué le paysage hostensois. Quelques traces rappellent encore ce passé minier, notamment la ligne de chemin de fer. Aujourd'hui, c'est une piste cyclable qui relie Belin-Beliet et le bassin d'Arcachon à Saint-Symphorien, et au-delà à Villandraut et Bazas. Certains historiens font remonter l'histoire d'Hostens au XIIIe siècle avec la présence supposée d'un château au lieu-dit Le Castéra. Au cœur de la forêt des Landes, la filière du bois constitue la principale activité économique de la commune avec des sylviculteurs, des charpentiers et des menuisiers.

DOMAINE DE LOISIRS D'HOSTENS

✆ 05 56 88 50 13

Entrée libre, parking gratuit. Activités, loisirs, hébergements. Aire de camping-cars.

Ce domaine de loisirs offre 750 hectares d'espaces naturels et 5 lacs. L'été, on loue un canoë, un paddle, ou un VTT pour dévaler les pistes aménagées. Les amateurs de sensations fortes s'essayent à l'accrobranche. Classé Espace Naturel Sensible et site espace Natura 2000, le domaine héberge une faune et une flore protégées et accueille des manifestations sportives. Le snack-buvette permet de se restaurer. Attention, suite aux incendies de 2022, certains espaces sont encore fermés.

BUREAU D'INFORMATION TOURISTIQUE D'HOSTENS

✆ 05 56 63 68 00

www.tourisme-sud-gironde.com

Ouvert de 11h à 13h et de 13h30 à 18h : le w-e en mai et juin ; tous les jours en juil. et août ; mer. et sam. en sept.

Situé au bord des lacs d'Hostens, entre le parking de la base nautique et la plage du lac de Lamothe, le Bureau saisonnier d'information touristique du Domaine Départemental d'Hostens délivre tous les renseignements nécessaires pour découvrir la ville, et plus largement le sud de la Gironde. Les meilleures tables, les plus beaux châteaux, les activités et manifestations, le patrimoine, les balades dans la nature… Sur place à l'achat : quelques souvenirs et articles de plage.

LES ÉCURIES DU LAC D'HOSTENS

11, route de Louchats

✆ 06 70 10 92 38

www.equitation-aquitaine.com

Ouvert toute l'année. Balade cheval à partir de 40 € ; balade poney : 15 €. Stages. Hébergement : 45 € à 60 €/nuit.

Nicolas vous emmène en balade à cheval sur les sentiers équestres du Parc naturel des Landes de Gascogne. Ouvertes aux débutants, en journée ou au coucher du soleil, ces balades tranquilles se font au pas et au trot, et les enfants dès 3 ans ont aussi droit à leurs tours à poney. Centre de tourisme équestre et école d'équitation, les Ecuries d'Hostens proposent aussi la location de mobil-homes (4 personnes) tout confort pour des séjours courts ou longs.

LA BRÈDE ★★

Terre des Graves en bordure de la forêt girondine, La Brède est située à 18 kilomètres au sud de Bordeaux. Berceau et patrie de Charles-Louis de Secondat dit Montesquieu, La Brède a nourri les pensées du philosophe qui a fait sa renommée et dont il est, depuis lors, le plus fidèle ambassadeur. Avec le château, classé aux Monuments historiques, qui a vu naître l'écrivain, l'église Saint-Jean-d'Étampes est un des sites remarquables à voir dans la ville. Dans le cimetière de l'église du bourg, considérablement remaniée au XIXe siècle, on peut d'ailleurs voir plusieurs pierres tombales, dont celle du grand-père de Montesquieu, Jean de Secondat.

CHÂTEAU DE LA BRÈDE ★★

65, avenue du Château

✆ 05 56 78 47 72

www.chateaulabrede.com

Ouvert de mars à novembre (jours et horaires variables selon saison). Visité guidée : 11 €/adulte ; 7 €/enfant.

Classé Monument historique depuis 1951, le Château de La Brède est incontournable. Situé au cœur d'un parc de 150 hectares, il fut édifié au XIVe siècle puis rénové à la Renaissance et au XIXe siècle. C'est ici que Charles-Louis de Secondat, baron de La Brède et de Montesquieu, vit le jour en 1689 et rédigea une grande partie de l'ouvrage *De l'Esprit des lois*. Des visites libres ou guidées sont organisées durant la haute saison pour visiter ce surprenant édifice à la forme polygonale, mais aussi pour en apprendre davantage sur son jardin régulier.

ÉGLISE SAINT-JEAN D'ETAMPES ✝

✆ 05 57 97 18 58

Ouvert tous les jours. Visite libre sur rdv.

Dédiée à Saint-Jean d'Etampes, cette église doit son nom à la présence d'une installation templière à l'emplacement de l'une des plus anciennes maisons du Bourg. Le monument a fait l'objet d'une reconstruction de style néo-roman par un disciple de Viollet Le Duc et vient d'être rénové. L'église de La Brède est reconnue pour son tétramorphe : représentation romane des quatre évangélistes autour du Christ en majesté de la vision d'Ezéchiel, retranscrite par Saint-Jean dans l'Apocalypse.

MÉMORIAL DE LA FERME DE RICHEMONT

2, Richemont - **SAUCATS**
✆ 06 70 15 45 11
https://www.memorialderichemont.org
Visite libre toute l'année. Visite guidée et gratuite pour les groupes (sur réservation).

Ce monument aux Martyrs de la Résistance du Sud-Ouest a été érigé en 1949 en lieu et place de la ferme de Richemont, en souvenir des 13 jeunes élèves ou anciens élèves du Lycée Montaigne à Bordeaux, tombés pour la majorité sous les balles ennemies le 14 juillet 1944. Ces jeunes avaient pour mission de ralentir la progression des Allemands vers la Normandie. Les faces de cet obélisque de 35 m de hauteur symbolisent la Foi, le Courage, le Sacrifice et la Victoire.

RÉSERVE NATURELLE GEOLOGIQUE DE SAUCATS

17, allée Joseph Wresinski - **SAUCATS**
✆ 05 56 72 27 98
www.rngsaucats-fossiles.fr
Visite libre toute l'année ; guidée (sur réservation) en haute saison : 7 €/adulte ; 5 €/enfant. Animations.

Savez-vous que la forêt de Migelane abrite deux empilements de strates géologiques qui font référence sur le plan mondial – les stratotypes de l'Aquitanien (23 à 20,4 millions d'années) et du Burdigalien (20,4 à 16 millions d'années) ? Voici ce qu'on apprend en venant pour découvrir l'histoire géologique de la région. Les visites guidées débutent, le plus souvent, par l'exposition de fossiles à la Maison de la Réserve (accès libre) et se poursuivent par une balade commentée en forêt.

LA MAISON D'OLIVIER €€

14, Peyon - **SAUCATS**
✆ 05 57 96 95 83
https://www.lamaisondoliviersaucats.fr
5 chambres (12 pers.) dont 1 chambre adaptée PMR. A partir de 190 €/nuit (2 nuitées minimum) et 1 100 €/semaine.

La Maison d'Olivier est un écogîte entre forêt et vignoble. La maison familiale a gardé toute sa splendeur d'antan, notamment grâce à la rénovation avec des matériaux traditionnels et écologiques. Ici, la vie est douce... Pas une ombre au tableau, si ce n'est celle des arbres à l'abri desquels on s'accorderait bien volontiers une petite sieste ! En moyenne saison, selon le calendrier et avec un peu de chance, il est parfois possible de louer la maison pour seulement un week-end. Le rez-de-chaussée est accessible aux personnes à mobilité réduite.

LE JARDIN DES MOTS

13, rue Latapie
✆ 05 56 77 49 89
www.librairie-lejardindesmots.fr
Ouvert du mardi au samedi de 10h à 13h et de 15h à 19h. Animations.

Stéphanie Gauthard a choisi le village de Montesquieu pour installer sa librairie indépendante. La littérature est une passion qu'elle entend bien partager, et le Jardin des Mots signe le début d'une reconversion professionnelle réussie. Littérature française et traduite, sciences humaines, vie pratique, romans historiques, bandes dessinées... Les plus jeunes n'ont pas été oubliés : dans cette librairie de 50 m², ils ont un espace dédié. L'ouverture du Jardin des Mots est une bénédiction pour les habitants, qui peuvent ainsi satisfaire leurs envies de lecture.

La Brède.

LANGON ★

Langon a vu son église fondée au IVe siècle par saint Paulin, évêque de Nole, originaire de Bordeaux. S'il ne reste que peu de traces des fortifications qui entouraient la ville au XIIe siècle, on remarquera toutefois, au cours d'une promenade dans la vieille ville, plusieurs maisons anciennes, notamment dans la rue Maubec, au n° 24 (maison XIXe de style troubadour), au n° 32 (maison bourgeoise) et au n° 51 (décoration sculptée d'époque Henri IV). Sous-préfecture active, Langon possède une longue rue piétonne menant aux bords de la Garonne, où l'on méditera sur les caprices du fleuve devant la surprenante échelle des crues de la rue Laffargue.

OFFICE DE TOURISME DE LANGON

11, allées Jean Jaurès
✆ 05 56 63 68 00
www.tourisme-sud-gironde.com
Ouvert du mardi au vendredi l'après-midi en basse saison ; du lundi ou mardi au vendredi la journée en haute saison.

L'office de tourisme de Sauternes, Graves et Landes Girondines est ouvert toute l'année. Vous y obtiendrez les renseignements nécessaires pour découvrir le sud de la Gironde : meilleures tables, beaux châteaux, différentes activités, manifestations culturelles et artistiques... Des visites guidées du vignoble avec dégustation (bien sûr !) y sont proposées. Vous y trouverez également une boutique de souvenirs et des services pratiques comme une billetterie.

CHÂTEAU TOULOUSE-LAUTREC

Lieu-dit Malromé - **SAINT-ANDRÉ-DU-BOIS**
✆ 05 56 76 25 42
www.chateautoulouselautrec.com
Ouvert de mi-février à décembre, du mer. au dim. de 10h à 17h30. Visite guidée : 14 €. Animations. Boutique.

Entre deux séjours dans le Paris de la Belle Époque, Henri de Toulouse-Lautrec aimait venir se ressourcer l'été dans cette grande demeure familiale au sud de Bordeaux, acquise en 1883 par sa mère, la comtesse Adèle de Toulouse-Lautrec. Le célèbre peintre y décéda en 1901 à l'âge de 36 ans. Plongez dans son univers, à travers des visites permanentes œnologiques et culturelles, une exposition mais aussi régulièrement des visites animées. L'établissement dispose également de 5 chambres d'hôtes, d'un restaurant et d'activités bien-être.

CHAMBRES D'HÔTES DU CHÂTEAU TOULOUSE-LAUTREC €€

Lieu-dit Malromé
SAINT-ANDRÉ-DU-BOIS
✆ 05 56 76 25 42
www.chateautoulouselautrec.com
Chambres doubles à partir de 170 € ; suite familiale à partir de 320 €. Petit déjeuner inclus. Piscine.

Les 5 chambres du Château, nommées d'après les muses de Toulouse-Lautrec (Misia, Suzanne, Louise, Carmen et May), vous invitent à plonger dans l'univers du peintre post-impressionniste pour une parenthèse ressourçante au cœur d'une nature préservée. Visite du domaine, dégustation de vins, piscine chauffée avec vue sur les vignes, massage... Tout ici invite à la détente ! Le Château offre aussi la possibilité de privatiser la demeure le temps d'un séjour.

ÉGLISE SAINT-GERVAIS

2, rue Saint-Gervais
✆ 05 57 36 41 53
Ouvert toute l'année.

Dominant magnifiquement la Garonne, l'édifice abrite l'*Immaculée Conception,* une peinture très célèbre de l'Espagnol Zurbaran. Datant de 1661, le tableau a été entièrement restauré et s'admire désormais derrière une vitrine de protection climatisée. L'église possède également un très bel orgue « Cavaillé Coll » de 1857, qui épouse les lignes arrondies de la rosace. A quelques détails près, le clocher, édifié en 1861, est une reproduction de la tour Sud de la cathédrale de Chartres. L'église est inscrite au titre des Monuments historiques depuis 2006.

DOMAINE ECOTELIA €€

5, Lieu-dit Tauzin - **LE NIZAN**
✆ 05 56 65 35 38
www.domaine-ecotelia.com
Ouvert de mi-février à mi-novembre. Hébergements (2 à 6 pers.) à partir de 69 €/nuit, petit déjeuner inclus. Piscine.

Passer une seule et même nuit sur les cinq continents, c'est possible grâce à cet hôtel de plein air écologique (gestion des déchets, préservation de l'espace naturel, assainissement par filtres plantés de roseaux, baignade naturelle, etc.) qui propose de nombreux hébergements insolites. Sur un beau site de 8 hectares, une vingtaine d'hébergements de styles différents ont comme poussé de terre : bulle, cabane palombière, roulotte tzigane, tente caïdale, cabane de trappeur, yourte mongole, œnolodge... Tous avec une vue imprenable sur la nature !

HÔTEL ALIENOR** €€

Chemin du Pioc
✆ 05 56 62 15 15
https://www.hotel-alienorlangon.fr

Chambre double à partir de 78 € ; familiale à partir de 105 €. Petit déjeuner : 9,50 €. Soirée étape : 101 €. Bar à vin.

Planté au cœur des Graves et du Sauternais, l'hôtel Aliénor aspire au calme. Avant d'investir votre chambre, peut-être vous laisserez-vous tenter par un petit tour au bar à vin où le maître des lieux, autrefois viticulteur, vous proposera de déguster des vins de Bordeaux d'appellations locales. Côté chambres, on reste dans le confort : insonorisées et climatisées, elles sont toutes équipées d'un téléviseur à écran plat, d'une connexion wifi et d'une salle de bains avec douche ou baignoire. Idéal pour un week-end en Aquitaine.

HÔTEL-RESTAURANT CLAUDE DARROZE*** €€

95, cours du Général Leclerc
✆ 05 56 63 00 48 - www.darroze.com

Chambre à partir de 80 €/nuit. Petit déjeuner : 15 €. Lit enfant : 15 €. Animaux autorisés. Restauration.

Entièrement rénové en 2016, la Maison Darroze propose 16 chambres à la décoration cosy et à l'atmosphère emplie de poésie, qui offrent toutes un confort optimum pour un séjour de courte ou de longue durée au cœur des vignobles de Graves et de Sauternes. Outre la découverte du restaurant et de la délicieuse cuisine du chef réputé Yoann Amado qu'il serait dommage de ne pas goûter, nous vous invitons à parcourir les environs, paysages verdoyants et lieux chargés d'histoire...

AQUI €€

2, rue des Docteurs Théry
✆ 05 56 63 13 28
https://www.aqui-restaurant-langon.fr

Ouvert mardi et mercredi midi ; du jeudi au vendredi midi et soir ; samedi soir. Terrasse.

Un restaurant de nouvelle cuisine basque à Langon, ça change ! Jochris, musicien, et Grégoire, ancien électricien, ont réalisé un vieux rêve en ouvrant leur établissement, dont la carte s'inspire des spécialités de San Sebastián. Des tapas, forcément, mais aussi des plats travaillés à partir de produits locaux (sauf les charcuteries espagnoles) : burger basque et ses patatas bravas, poulpe snacké... Pour faire glisser ça, une belle carte de cocktails et de vins. Terrasse très agréable et déco de salle superbement réussie : levez les yeux, vous allez être surpris !

L'ATELIER F.V €€

62, cours des Fossés
✆ 05 56 76 25 66
www.restaurant-latelierfv.fr

Ouvert mardi, mercredi et dimanche midi ; du jeudi au samedi midi et soir. Menu : 42 € à 52 €. Menu midi : 22 € à 25 €.

Après avoir fait ses armes dans des établissements de renom comme l'Hôtel Château Grand Barrail ou l'Hotel de Pavie à Saint-Emilion), le Belvédère à Porto-Vecchio, le Lagura au Luxembourg ou encore Le Château de La Tour à Cadillac, Flavien Valère a ouvert son propre restaurant à Langon, sa ville natale. Dans un cadre élégant mais sans extravagance, ce jeune chef propose une cuisine bistronomique teintée à la fois d'une touche de tradition et de modernité. A n'en pas douter, le savoir-faire de Flavien Valère attisera votre gourmandise.

LA BARRIQUE €€

32, rue Maubec
✆ 05 56 62 67 41

Ouvert lundi et mardi midi ; du mercredi au samedi midi et soir. Menu midi : 18,50 € à 22 €. Terrasse.

Les quatre copains qui avaient fondé ce sympathique bar à vin ont passé la main au chef Maxime Bentejac, qui connaît bien les lieux pour y avoir travaillé un temps. Accueillons donc La Barrique nouvelle, désormais restaurant. Le soir, on se régale toujours d'assiettes à partager et de petits plats travaillés façon apéritif dinatoire, cuisinés à base de produits frais et sourcés. Vins, bières et cocktails sont aussi de la partie. Le midi, place à un menu gastronomique qui change chaque semaine, proposé à un tarif vraiment très abordable. Le bon plan du déjeuner !

LE COCHON VOLANT €€

7, place du Général de Gaulle
✆ 05 56 63 01 62

Ouvert du lun au ven de 8h à 22h ; sam de 9h à 22h ; dim de 9h à 14h. Service midi et soir. Carte : 30 € env. Terrasse.

Le Cochon Volant est l'adresse incontournable des amateurs de cuisine traditionnelle. Murs en pierres, tables et chaises en bois comme on n'en voit plus beaucoup, banquettes rouges et ardoises blanchies à la craie... L'ambiance est conviviale, sans chichi, propice aux échanges. Côté carte, c'est promis, vous allez vous régaler midi et soir. Les plats honorent la réputation de notre chère cuisine française, et même régionale (andouillette AAAAA, ris de veau, magret de canard entier, côte de porc, lamproie et escargots à la bordelaise, œufs cocotte au foie gras).

LE GRANGOUSIER €€

2, chemin de Peyrot
✆ 05 57 98 30 68

Ouvert du jeudi au lundi, midi et soir. Menu : 39 € à 46 €. Menu midi : 23 € à 26 €. Terrasse. Traiteur.

Légumes oubliés et chantilly tartufata, foie gras au poivre damas et déclinaison de poire et raisin, cordon bleu gascon de volaille avec purée de céleri et fruits, flan à l'ancienne coco avec fruits exotiques et sorbet mangue, poire pochée à l'hibiscus accompagnée de crème pâtissière praliné et de chantilly au brownie... La carte regorge de belles idées pour nous régaler. Produits locaux et de saison, au Grangousier tout est vraiment très bon ! Aux beaux jours, la jolie terrasse est agréable et les animaux domestiques sont les bienvenus.

HÔTEL-RESTAURANT CLAUDE DARROZE €€€

95, cours du Général Leclerc
✆ 05 56 63 00 48
www.darroze.com

Ouvert du mercredi au samedi, midi et soir. Carte : 85 € environ. Menu midi : 28 € à 36 €. Menu enfant : 20 € à 25 €.

Depuis 1895, la famille Darroze s'est forgé une belle réputation dans le milieu de l'hôtellerie-restauration. Ouverte en 1974, la Maison Darroze est aujourd'hui aux mains de la quatrième génération avec Jean-Charles et son épouse Annelie. Il se dit que la cuisine de la Maison Darroze est traditionnelle et fièrement régionaliste... S'il est vrai qu'elle honore le terroir, elle est surtout dans l'air du temps grâce au remarquable savoir-faire du chef Mathis Jonquet.

LE LONGIN €€

10, rue Paul Langevin
✆ 05 56 63 32 41
www.lelongin.fr

Ouvert du lun au mer le midi ; jeu et ven midi et soir. Menu midi : 14 €. Bar (du lun. au sam) ; tabac (7j/7). Terrasse.

Ce bar-tabac ouvert tous les jours (attention aux horaires bien spécifiques) fait aussi restaurant. On ne compte plus les concerts ou les soirées qui ont été organisés ici. A vous de choisir à quel moment de la journée vous voulez découvrir les lieux ; le matin pour le café, le midi pour un déjeuner rapide mais pas trop (la maison n'est pas un fast-food !), dans l'après-midi pour une boisson chaude ou rafraîchissante, à la sortie du bureau pour un cocktail, ou en fin de semaine pour le dîner avec ambiance musicale. Un endroit très fréquentable à Langon !

ANTIROUILLE

43, rue Maubec
✆ 05 57 36 79 78

Ouvert du mardi au samedi de 9h30 à 18h. Wifi. Terrasse. Boutique.

Dans cette petite adresse atypique, on trouve toutes sortes de thés : thé noir, thé vert, sans théine... Café, chocolat chaud, tisanes bio et jus de fruits figurent également à la carte des boissons. Confortablement installé dans la salle du fond ou sur la terrasse, on accompagne bien volontiers sa boisson chaude d'une bonne pâtisserie maison. Bien sûr, il est possible de venir acheter son thé en vrac ou différents produits locaux. Côté boutique, des accessoires liés à l'univers du thé sont proposés, ainsi que de nombreux petits objets de déco.

LA BOUCHERIE DU SUD GIRONDE

64, avenue du Huit Mai 1945
TOULENNE
✆ 05 56 62 53 58

Ouvert du mardi au samedi, de 7h à 12h30 et de 15h à 19h.

Exposées dans les vitrines, les viandes de bœuf du terroir, le veau de lait élevé de façon traditionnelle au lait de la mère, et l'agneau de Pauillac label rouge proviennent tous des producteurs locaux. Les volailles fermières sont également produites localement et les pigeons sont élevés en vallée de Garonne. Un engagement de savoir-faire, de qualité et de transparence des Eleveurs Girondins, dans le cadre d'une démarche de commerce équitable « de la fourche à la fourchette ».

CAVE DES CARMES

11 bis, cours des Carmes
✆ 05 56 63 06 89
www.cavedescarmes-langon.fr
Ouvert du mardi au samedi de 9h30 à 12h30 et de 14h30 à 19h30 ; dimanche de 9h30 à 12h30. Ateliers, animations.

Créée en 2010, la cave a été reprise par Hugo et Rémi, deux épicuriens sensibles au travail de la terre, qui avaient déjà ouvert ensemble l'ancien bar à vin La Barrique. Rejoints par Romane, ils guident les connaisseurs comme les novices et proposent de découvrir de nombreuses et excellentes références de Graves, Sauternes, vins de Bordeaux, de France et du monde. Une fine sélection de whiskies, spiritueux et champagnes complète leur offre. Maîtrisant parfaitement leur sujet, ils pourront également vous conseiller sur les accords mets-vins parfaits.

MARCHÉ DE LANGON

Le vendredi matin dans le centre ville autour des Carmes ; le dimanche matin aux allées Jean Jaurès.

Le grand marché de Langon, l'un des plus beaux du Sud Gironde, est un incontournable ! Tous les vendredis matin, ses multiples stands se déploient dans le centre-ville, sur les bords de la Garonne et sur le parking de la Glacière. Au total, près de 130 commerçants et exposants permanents sont présents chaque semaine pour proposer aussi bien des produits alimentaires que non-alimentaires. Pour faire le plein de produits frais, un autre petit marché (celui-là uniquement alimentaire) se tient le dimanche matin, sous les platanes des allées Jean Jaurès.

LES PIS CURIEUX

103, cours du Mal de Lattre Tassigny
✆ 05 56 63 55 59
Ouvert du mardi au samedi de 9h30 à 13h et de 15h30 à 19h ; dimanche de 9h30 à 12h30. Plateaux à emporter sur commande.

Cette fromagerie-charcuterie-épicerie fine promet un tour du monde des saveurs, et c'est vrai ! Il faut dire que Julie Chevillard s'y connaît en bons produits, puisqu'elle est la fille des propriétaires de la fromagerie-cave Vache'ment Vin, à Castillon-la-Bataille. Dans sa boutique du centre-ville langonnais, elle sélectionne le meilleur pour ravir les papilles des gourmets : fromages de producteurs, charcuteries d'ici et d'ailleurs, délices sucrés ou salés de haute qualité... Vous pouvez aussi lui commander de magnifiques plateaux de dégustation pour vos soirées.

LA POISSONNERIE

97, cours du Maréchal de Lattre de Tassigny
✆ 05 56 63 93 81
Ouvert du mer. au sam. de 8h à 13h et de 15h à 19h ; dim. de 8h à 13h. Menu du jour (à emporter) : 9 €.

Située juste à côté du Longin, La Poissonnerie propose ce que la mer a de meilleur : une belle sélection de poissons, fruits de mer et crustacés de première fraîcheur, et des plats cuisinés maison à emporter avec un menu complet renouvelé chaque jour. Et comment passer à côté des huîtres du bassin, ouvertes sur demande ? Avec cet équipage qui a toujours le sourire et la pêche (sans mauvais jeu de mots !), inutile de préciser que la maison compte depuis l'ouverture une clientèle de fidèles, conquis par la convivialité du lieu et la qualité des produits présentés.

LE RENARD ET LA SOURIS

48, rue Maubec
✆ 05 40 41 37 18
https://lerenardetlasouris.com/
Ouvert mardi, mer, ven. et sam.de 10h à 12h45 et de 14h à 19h ; jeudi de 14h à 19h. Livraison (boutique en ligne)

Les enfants sont à la fête dans cette échoppe colorée, qui fait office de librairie jeunesse avec une grande et belle sélection de livres et d'albums de qualité, mais aussi de boutique de jeux de société ludiques et éducatifs avec plus de 300 références proposées, ainsi que de magasin de jouets à tendance éco-responsable (marques françaises ou européennes, jeux en bois inusables...). Bienvenue chez Maître Renard et Dame Souris qui vous accueilleront là avec le sourire et plein de bons conseils pour vos achats. Jouons, lisons, rions !

HIPPODROME DE LANGON

la petite Bidane
✆ 05 56 62 25 40
Entrée gratuite. Programme de courses : 2 €. Animations enfants. Parking gratuit. Snack/restaurant.

Créé en 1979, l'hippodrome de la Bidane a été remis à neuf en 2015. Cet hippodrome pluridisciplinaire (galop et trot), dont la saison démarre toujours le lundi de Pâques, accueille sept réunions majeures par an. Mordu de chevaux ou simple promeneur, les journées de courses sont toujours l'occasion de passer un bon moment, volontiers familial. Faites confiance à l'animateur, c'est lui qui vous emmènera au cœur de l'action. Et si l'envie de parier vous prend, n'hésitez pas à vous faire conseiller au guichet... Pour peut-être gagner ?

SUD GIRONDE

WAKELAGOONA / OSMOSIA WAKEPARK

chemin de Moderis - **VIRELADE**

✆ 06 83 69 56 99 - www.wakelagoona.com

Jours et horaires d'ouverture variables selon saison. Activités : 29 € à 42 € la séance, sur réservation. Stages. Snack.

Petit frère du snowboard en version aquatique, le wakeboard est apparu à la fin des années 80. Sur l'eau ou dans les airs, vous allez vous éclater ! Encadrée par Laurent Delacroix, capitaine de l'équipe de France de 1998 à 2000 et entraîneur de l'équipe de France espoir, l'école de wakeboard Wakelagoona se trouve dans un spot très sympa. Chez Osmosia Wakepark, c'est le compétiteur diplômé du BP Jeps Tom Gradt qui assure les sessions de wakeskate, wakesurf et de téléski.

GRAND ÉCRAN

Lieu-dit Pied Mourteau

www.grandecran-langon.fr

Tarifs : 6,20 € à 10,50 € (3D : +2 €). Cinépass & carte « UGC Illimité ». Parking gratuit.

Facile d'accès et bien desservi par les bus, ce grand cinéma bénéficie du Label Cinémax, gage de confort et de qualité, et de 6 salles équipées de projecteurs numériques Laser (seul cinéma de la Région Nouvelle-Aquitaine à proposer cela). Elles sont également toutes accessibles aux personnes en fauteuil ou à mobilité réduite. Bornes automatiques d'achat dans le hall, comptoir confiserie, salle de jeux, espace détente, parking gratuit... Le Grand Ecran a vraiment tout ce qu'il faut pour découvrir les films du moment dans les meilleures conditions !

LÉOGNAN

Traversé par un affluent de la Garonne, Léognan est situé sur le territoire des Graves (nom de la terre qui recouvre le sol). Le vignoble a ici 2 000 ans, ce qui en fait le plus ancien de Bordeaux. Ses vins rouges et ses vins blancs, qui appartiennent à la jeune appellation Pessac-Léognan créée en 1987, ont une belle aptitude au vieillissement. Quelques illustres châteaux méritent une visite : Haut-Brion, Pape Clément, Carbonnieux – château du tout début du XVIIe siècle construit par Asdrubal de Ferron –, ou encore Olivier – petit castel reconstruit au XVIe siècle, entouré de douves et restauré en 1845 par l'architecte Louis Garros.

CHATEAU CARBONNIEUX

chemin de Peyssardet

✆ 05 57 96 56 20

www.carbonnieux.com

Ouvert du lun. au ven ; le sam. d'avril à oct. Visite dégustation à partir de 20 €, sur rdv. Ateliers.

Ce château prestigieux, aux mains de la famille Perrin depuis 1956, est un des plus anciens domaines viticoles de la région. L'un des plus vastes aussi, avec son vignoble d'une centaine d'hectares cultivé en partie en bio, sinon en agriculture raisonnée. Le public peut découvrir ces grands crus classés de Graves, blanc et rouge, à travers différentes visites, dont l'une en compagnie du propriétaire. Après vous avoir conté l'histoire et les secrets du lieu, il vous fera déguster cinq de ses meilleurs vins sélectionnés dans sa collection privée.

CHATEAU MALARTIC LAGRAVIERE

43, Avenue de Mont-de-Marsan

✆ 05 56 64 75 08 - www.malartic-lagraviere.com

Ouvert du lundi au samedi de 10h à 13h et 14h à 18h. Visite dégustation à partir de 20 €, sur réservation. Restauration.

Aux portes de Bordeaux, le Château Malartic-Lagravière, Grand Cru Classé de Graves, propose une expérience viticole très complète : visite guidée, atelier culinaire, pique-nique chic... Le château a d'ailleurs reçu un Best Of Wine Tourism (restauration à la propriété) puis un People's Choice Award. Membre du réseau slow tourisme *La Bulle Verte*, le domaine intègre un parcours pédestre à travers les vignes. La salle de réception sera le théâtre de vos plus beaux événements.

CHARTREUSE HAUT-BAILLY €€€

25, chemin Le Thil ✆ 05 56 64 75 11

www.haut-bailly.com

Chambre double à partir de 265 € ; suite à partir de 400 €, petit déjeuner inclus. Piscine. Restauration.

Bâtie au XVIIIe siècle par le maître voilier Pierre Bobineau, la chartreuse du Château Haut-Bailly, ou Château Le Pape, vous promet une retraite discrète dans ses chambres d'hôtes haut de gamme, au cœur du vignoble des Graves. Résidence de nombreux artistes au fil des siècles, vous serez d'abord charmé par l'élégance de son architecture. Conçus par le paysagiste Camille Muller, les jardins sont un véritable écrin de verdure, source de relaxation et d'inspiration. Profitez de votre séjour pour visiter les chais et vous inviter à la Table Privée du château.

HÔTEL DU CHÂTEAU LÉOGNAN €€€

88, chemin du Barp ✆ 05 35 56 96 70
https://chateauleognan.com/fr/
17 chambres et suites, 4 lodges, 3 cabanes perchées. Hébergement à partir de 220 €. Petit déjeuner : 25 €.

Le domaine hôtelier du Château Léognan propose une offre œnotouristique d'exception au cœur du célèbre vignoble de Pessac-Léognan. Trois ambiances composent ce joli havre de paix, situé à quelques kilomètres du tumulte de la ville : chambres luxueuses et modernes, confortables lodges en bois plantés en pleine végétation, ou cabanes perchées pour prendre un peu de hauteur ! Faites du Château Léognan votre Maison le temps d'un séjour au cœur des vignobles bordelais, célébrez l'art de vivre et le goût du vin autour de la thématique du voyage à travers les époques.

LA CABANE DU VOYAGEUR €

42, avenue Marc Nouaux - **CESTAS**
✆ 06 73 80 99 50
www.lacabaneduvoyageur.com
Ouvert du lundi au mercredi le midi, jeudi et vendredi midi et soir, samedi soir. Carte : 20 € env. Menu midi : 14 €.

Des pizzas gourmandes aux recettes inspirées du lointain… Trois passionnés de voyage ont fondé ce petit restaurant au menu qui change au gré de leurs souvenirs et envies d'ailleurs. Ainsi, la pizza de Wallen rend hommage à ce célèbre quartier d'Amsterdam, la Kodokan nous transporte au Japon, et la Pentland se nomme ainsi en mémoire d'un road trip dans le désert australien. Prêts à voyager du côté de Cestas, vous aussi ? Les produits locaux sont à l'honneur et tout est fait maison, à commencer par la pâte à pizza pétrie chaque matin par le chef.

LES AILES €€

303, avenue de Mont-de-Marsan
✆ 05 56 64 75 57
http://restaurant-lesailes.com
Ouvert du dim au jeu le midi ; ven et sam midi et soir. Menu : 24 € à 38 € ; 9,50 €/enfant. Menu midi : 16 € à 18,50 €.

Une table qui change d'air ! Sans jeu de mots, le restaurant a pris un nouvel envol à l'été 2016, avec l'arrivée d'un nouveau chef et de son équipe. Quelques travaux plus tard, la salle s'est bien modernisée, mais toujours en bordure des pistes de l'aérodrome et en pleine verdure ! A la carte et dans les menus : foie gras de canard poêlé (réduction au cassis), risotto végétarien, souris d'agneau aux épices douces, anguilles à l'ail, baba au vieux rhum, méga profiterole… Pour accompagner le tout, le restaurant propose une trentaine de références de vins.

LES CHAIS D'HAUSSMANN €€

61, avenue du Baron-Haussmann - **CESTAS**
✆ 05 56 21 58 74
https://www.chais-haussmann.com
Ouvert mer. et dim. midi ; du jeudi au sam. midi et soir. Menu : 39 € à 58 €. Menu midi : 24 € à 39 €. Terrasse.

Aux portes des vignes, à la place d'anciens chais, Jana et Laurent Poumeyrau accueillent les gourmets dans leur grande salle à l'architecture moderne, terrasse et jardin d'hiver en prime. La cuisine est raffinée, les produits sourcés, et la carte évolue régulièrement pour laisser découvrir à chaque nouvelle visite des saveurs inédites. Avant de partir, faites donc un tour à la Cave au grenier où vous trouverez une belle sélection de vins, liqueurs, champagnes ainsi que des préparations d'épicerie fine et des collections de cristallerie scandinave

Vignobles aux alentours de Léognan.

LA FORGE DE LÉOGNAN €€

67, cours du Maréchal Leclerc
✆ 05 40 24 63 98
www.laforgedeleognan.fr

Ouvert mar, mer. et dim. midi ; du jeu. au sam. midi et soir. Menu : 30 € à 39,50 €. Menu midi : 18 € à 25 €. Terrasse.

Une belle adresse pour les gastronomes ! Dans cette ancienne forge reconvertie en restaurant, le cadre mêle adroitement le rustique avec les poutres apparentes, le soufflet de forge et la cheminée au plus contemporain avec une vaisselle raffinée. Bien que le restaurant soit désormais aux mains d'une jeune équipe très sympathique dont les ambitions ont été de moderniser la carte, les grands classiques du Sud-Ouest faisant la réputation de la maison restent indémodables. La carte des vins fait la part belle aux viticulteurs du coin.

CHEZ GN €€

53, avenue du Maréchal de Lattre de Tassigny
CESTAS ✆ 07 45 22 25 71
https://chezgn.fr

Ouvert lundi et mercredi midi ; du jeudi au dimanche midi et soir. Menu : 39 € à 59 €. Menu midi : 24 € à 29 €. Brunch.

Ce petit restaurant n'est pas ouvert depuis longtemps mais il a déjà ses clients. On les comprend car l'endroit est charmant et ce qu'on y sert est fin et excellent. GN, c'est l'association de Gracjan en cuisine et de Nelly en salle : le premier a exercé dans de grands restaurants (Ursus à Tignes, Quatrième Mur à Bordeaux, Logis de la Cadène à Saint-Emilion), la seconde s'est formée dans le secteur hôtelier (Campanile, Trianon Palace, Disneyland). Et le duo a plus d'une recette dans son sac pour nous régaler au déjeuner, au dîner, ou lors du brunch le week-end.

L'ASSIETTE DE L'ÉPICERIE €€

58, chemin de Branon
✆ 05 56 85 83 38

Ouvert mercredi et samedi de 8h30 à 15h ; mardi, jeudi et vendredi de 8h30 à 18h. Traiteur. Epicerie.

Cette épicerie-trattoria fleure bon l'Italie ! Dans les rayons : pâtes, huiles d'olive, vinaigres aux différents arômes, vins, liqueurs, épices... Côté frais, le jambon, cru ou cuit, est excellent, ainsi que le fromage, lui aussi vendu à la coupe. Le midi, optez pour l'assiette gourmande qui évolue au fil des saisons : une assiette-repas composée de préparations exclusivement maison accompagnées de charcuterie italienne en chiffonnade, également déclinée en assiette végétarienne. Et chaque jour, un wrap, des pâtes, et un autre plat... italien, bien sûr !

LE MANÈGE €€

88, chemin du Barp
✆ 05 57 67 13 84

Ouvert tous les jours midi et soir. Carte : 55 € environ. Menu : 49 €. Terrasse. Réservation conseillée.

Le Manège est installé dans les anciennes écuries du Château de Léognan, au rond de longe désormais transformé en une agréable terrasse couverte. Fidèle à son passé équestre, le restaurant revêt également des apparats rappelant l'activité viticole du domaine. La carte est pensée avec créativité et réalisée avec précision par le chef Robin Bos. Le résultat : des propositions gourmandes dont les saveurs et textures enchantent les papilles... Les plats sont évidemment sublimés par les vins de Pessac-Léognan, toujours excellents !

CHÂTEAU HAUT-BAILLY

103, avenue de Cadaujac
✆ 05 56 64 75 11
www.haut-bailly.com

Ouvert du lundi au ven. de 9h à 17h. Dégustation : 20 € ; visite privée : 50 € à 110 €. Restauration. Chambre d'hôtes.

Aux portes de Bordeaux, le Château Haut-Bailly, Cru Classé de Graves, reçoit pour des visites, réceptions et séminaires, au sommet d'une croupe de graves où la vigne s'épanouit sur 30 hectares depuis plus de quatre siècles. Suivie d'une dégustation, la visite vous invite à découvrir les coulisses d'un Cru Classé, ses secrets de vinification et le terroir des Graves. La « visite du collectionneur » ouvre les portes du Château pour une dégustation de trois vins, dont deux millésimes du Cru classé. Les vins sont régulièrement félicités pour leur élégance.

CHÂTEAU HAUT-BERGEY

69, cours Gambetta
✆ 05 56 64 05 22
www.haut-bergey.fr

Ouvert du lundi au vendredi de 9h à 17h. Visite dégustation (sur réservation) : 25 € à 35 €.

Les origines du Château Haut-Bergey remontent au XVe siècle. Il s'agit de l'une des quatre propriétés des vignobles Garcin. Lors de la visite, en présence du propriétaire ou du maître de chai, vous en apprendrez plus sur les vins du domaine, notamment sur le travail effectué dans les vignes et sur les efforts environnementaux qui sont engagés : c'est pourquoi une bonne partie de la visite se déroule au cœur même du vignoble. Comptez 1h, dégustation comprise. Par ailleurs, des réceptions à partir de 60 personnes peuvent être organisées là.

CHÂTEAU LA LOUVIÈRE

149, avenue de Cadaujac
✆ 05 56 64 75 87
https://www.andrelurton.com
Ouvert toute l'année du lundi au vendredi ; et le samedi d'avril à oct. Visite dégustation : 11 € à 39 €. Ateliers.

C'est au XIIIe siècle que naît le vignoble de La Louvière. Il passe entre plusieurs mains : famille parlementaire, moines viticulteurs, puis par le négociant et maire de Bordeaux J.-B. Mareilhac qui fait construire le château actuel. Tombée dans l'oubli au début du XIXe siècle, la propriété est finalement rachetée en 1965 par André Lurton, qui lui redonne ses lettres de noblesse. Il entreprend alors de grands travaux dans le vignoble (château classé monument historique en 1991) et fait renaître l'appellation des Graves avec l'appellation Pessac-Léognan.

CHÂTEAU LARRIVET HAUT-BRION

84, avenue de Cadaujac
✆ 05 56 64 99 87
www.larrivethautbrion.fr
Ouvert toute l'année du lundi au sam ; le dimanche en haute saison. Visite dégustation : 20 € à 30 €. Atelier : 50 €.

Fière représentante d'une nouvelle génération épicurienne et avide de culture viticole, Emilie Gervoson insuffle sa touche toute personnelle : on lui doit le jardin millésimé. Les visites conduisent dans les chais et dans le cuvier, avec ses barriques de chêne et ses amphores en terre cuite de Toscane. Sans oublier la magnifique collection de cuves ovoïdes en béton, qui a permis au château d'être sacré Best of Wine Tourism 2019 dans la catégorie « Art et Culture » !

CHÂTEAU LEOGNAN

88, chemin du Barp
✆ 05 56 64 14 96
https://chateauleognan.com/fr/
Ouvert 7j/7 en haute saison ; du mar. au sam. en basse saison. Visite et dégustation (sur réservation) : 5 € à 45 €.

Le Château Léognan s'étend sur un domaine de 70 hectares où 6 hectares de vignes sont élevés dans la tradition des Grands Crus de Pessac-Léognan, et produit un blanc, un rosé et 3 cuvées de rouges d'exception. L'établissement propose toute l'année des formules originales, alliant œnotourisme et gastronomie, pour découvrir la propriété : visite classique, gourmande ou insolite, ateliers... Le domaine possède aussi un excellent restaurant, un spa luxueux, ainsi que des chambres et des lodges pour prolonger le voyage et se ressourcer au cœur de la nature.

CHÂTEAU OLIVIER

175, avenue de Bordeaux ✆ 05 56 64 73 31
https://www.chateau-olivier.com
Ouvert du lundi au vendredi de 9h à 12h30 et de 14h à 17h30. Visite dégustation : 19 €. Ateliers : 29 € à 49 €.

Si les origines du château remontent au Moyen Âge, la propriété n'était alors qu'un donjon au milieu d'une immense forêt de chênes dans laquelle se plaisait à chasser Édouard de Woodstock, fils du roi d'Angleterre Édouard III et surnommé « Le Prince Noir ». Le château est ensuite passé, au fil des siècles, entre d'illustres mains, pour devenir le domaine viticole de 230 hectares que l'on connaît aujourd'hui. Réputé pour ses vins blancs et rouges au style pur et précis, le Château Olivier se visite toute l'année et propose également des ateliers avec dégustation.

CHÂTEAU PONT SAINT-MARTIN

14, avenue de Mont-de-Marsan
✆ 05 56 67 51 51
www.domaines-rodrigues-lalande.fr
Ouvert du lundi au sam. de 10h à 13h et 14h à 18h ; dim. sur rdv. Visite dégustation : 15 €. Chambre d'hôtes.

Le Château Pont Saint-Martin, propriété des Domaines Rodrigues-Lalande, est assez unique en son genre. Ce château néo-palladien aux couleurs évocatrices et à l'architecture symétrique s'organise de part et d'autre d'un double escalier, dans un parc arboré peuplé d'arbres multi-centenaires, de bassins, de fontaines et de colonnes. Le cuvier et le chai à barriques se prolongent en salle de dégustation avec un bar. C'est ici que se terminent les visites, après dégustation de 3 vins.

L'ÉPICERIE DU LISBOA

28, cours Gambetta
✆ 09 88 41 61 62
Ouvert du mardi au samedi de 9h30 à 13h et de 16h à 19h ; dimanche de 9h à 12h.

Le Portugal à déguster à domicile, c'est ce que propose cette épicerie spécialisée. Anciennement restaurant, Le Lisboa a décidé de se concentrer sur son offre traiteur. Vous pouvez donc y commander les meilleures spécialités portugaises, version plats cuisinés, bouchées à picorer ou plateaux complets. Morue à *Bras*, encornets à *Lagareiro*, *bifana* (escalope de porc marinée), *rissois* (beignets farcis), *pataniscas* (galettes de morue)... Les pâtisseries traditionnelles sont également excellentes, les pasteis de natas sont peut-être les meilleurs de la région !

SUD GIRONDE

SPA DU CHÂTEAU LÉOGNAN

88, chemin du Barp
05 35 56 96 70
https://chateauleognan.com/fr/
Ouvert en haute saison. Soins adulte ou enfant à partir de 60 €. Espace fitness. Espace bien-être.

Au sein du Château Léognan, dont la gestion a été confiée au groupe Millésime, découvrez le Spa Ec(h)o toute nouvelle génération : une expérience sensorielle de grand luxe au cœur des vignes et de la nature, où les soins et massages sont prodigués dans des yourtes et des lodges avec vue sur l'étang et lumière naturelle. Choisissez parmi quatre thématiques bien-être pour vous prélasser et vous délasser : Relaxante, Décontractante, Détox et Vivifiante. Des soins enfants sont aussi proposés, pour partager un joli moment en famille.

CADAUJAC

Au début du XXe siècle, il était plus simple d'aller à Bordeaux depuis Cadaujac en gondole à vapeur qu'en train ! Cadaujac, « la ville aux 4 ports », regorge d'une riche biodiversité grâce à son bocage humide au bord de la Garonne. Commune viticole du vignoble des Graves, entourée par les communes de Camblanes-et-Meynac, Quinsac et Villenave-d'Ornon, Cadaujac appartient à l'arrondissement de Bordeaux et au canton de La Brède. À ne pas manquer : le château Bouscaut et son grand cru classé de Graves, le port de Grima à quelques minutes du bourg pour une agréable promenade entre rivière et belles demeures et la Ferme Exotique pour une sortie familiale.

LA FERME EXOTIQUE ★

1932, chemin du Port de l'Esquillot
05 40 24 61 07
www.fermeexotique.com
Ouvert tlj de 10h à 19h l'été ; jours et horaires variables le reste de l'année. Entrée : 14 €/adulte ; 12 €/enfant.

Zébus, émeus, dindons, autruches, lamas, yacks, cochons, antilopes, tortues, moutons, porcs-épics, watussis, lièvres de Patagonie… Sans oublier les dromadaires ! La ferme exotique de Cadaujac est le plus grand élevage de France. Vous verrez ici plus d'un millier d'animaux venant des cinq continents, dont une majorité d'oiseaux. Une fois l'entrée acquittée, certaines activités sont gratuites (petit train, chariot, spectacle de cirque, aire de jeux, pataugeoire…) et d'autres nécessitent le paiement d'un supplément. Des animations ponctuelles sont organisées.

LE PETIT CABOULOT €€

12, place de l'Eglise - **ISLE-SAINT-GEORGES**
05 56 20 06 97
www.lepetitcaboulot.com
Du mardi au dimanche le midi ; du jeudi au samedi le soir. Menus de 26 € à 42 €. Formule du midi : 17,90 €. Terrasse.

Accessible à pied depuis le parvis de l'église, à côté de la bibliothèque, *Le Petit Caboulot* est aussi charmant que ce petit coin de Gironde traversé par Le Saucats, un affluent de la rive gauche de la Garonne. Quelle bonne surprise alors de trouver le restaurant de Cédric Ordax et son équipe qui ne manquera pas de se soucier de vos impératifs ! Dans les assiettes, pas d'erreur, le pain est bon (disons-le) et la formule déjeuner est très intéressante le midi en semaine. Honnêtement, il nous tarde les beaux jours pour profiter de la terrasse. À emporter aussi.

CHÂTEAU BARDINS

chemin de la Matole
05 56 30 78 01
www.chateaubardins.fr
Visite (sur réservation) : 10 €/adulte ; 5 €/enfant. Atelier à partir de 69 €.

Le château Bardins se dresse fièrement aux portes de Bordeaux. Stella, la propriétaire (5e génération) s'attache à cultiver la vigne et animer la propriété afin de faire connaître les vins du domaine. Pascale, passionnée d'œnotourisme, anime des initiations à la dégustation ludiques et accessibles à tous avec visite des caves et découvertes des cuvées blancs et rouges, des ateliers cépages et assemblages ainsi que des cours d'œnologie pour les plus aguerris. Elle propose aussi des balades pour explorer le vignoble à vélo ou à pied.

CHÂTEAU BOUSCAUT

1477, avenue de Toulouse
05 57 83 12 20
www.chateau-bouscaut.com
Ouvert du mar. au ven. de 9h à 12h et de 13h30 à 17h30 ; sam. de 10h à 13h et de 14h à 18h. Visite : 12 € à 50 €.

Château Bouscaut est l'un des six Grands Crus Classés de Graves blancs et rouges de l'appellation Pessac-Léognan. Sophie Lurton et Laurent Cogombles dirigent ensemble le lieu depuis plus de vingt ans. De la découverte du vignoble et des chais aux visites à thème qui proposent différents délicieux accords (vins et fromages, vins et chocolats, grands crus et caviar…), chacun peut choisir l'approche qui lui convient pour découvrir le domaine, qui a d'ailleurs été récompensé d'un Best Of Wine Tourism pour la qualité de son accueil.

MARTILLAC

Commune située dans l'aire urbaine de Bordeaux, Martillac abrite le château de Rochemorin, lieu de villégiature et propriété viticole de Montesquieu et de sa famille. La forteresse qui s'élevait ici au Moyen Âge défendait Bordeaux contre les attaques des Sarrasins venus d'Espagne. À voir également : l'église romane Sainte-Quitterie, construite au XIe siècle et dédiée à Notre-Dame. Elle est remarquable par son chœur roman et ses chapiteaux finement ciselés. Deuxième ville de France productrice de muguet, Martillac est le site de la technopole de Bordeaux et du centre de vinothérapie Caudalie, au cœur des vignes du château Smith Haut-Lafitte.

© XIONGMAO - FOTOLIA

Château Smith Haut-Lafitte.

OFFICE DE TOURISME DE MONTESQUIEU

3, place Marcel Vayssière
✆ 05 24 73 39 90
https://www.sud-bordeaux-tourisme.com

Ouvert du mardi au vendredi d'oct. à mai ; du lundi au samedi de juin à sept. Horaires variables selon saison. Boutique.

Bienvenue sur les glorieuses terres de Montesquieu ! Que vous recherchiez les lieux d'intérêt à visiter, des idées de balades à pied ou à vélo, des activités familiales, les bonnes adresses où dormir, les meilleurs restaurants ou les plus beaux domaines viticoles de la région, l'équipe de Sud Gironde Tourisme saura vous aiguiller pour vous aider à organiser votre séjour. Durant l'été, une permanence est assurée le samedi matin sur le marché de Léognan.

LES CABANES GIRONDINES €€€

1, chemin du Carrelet
✆ 06 70 67 38 46
https://www.lescabanesgirondines.fr

Cabane à partir de 330 €/nuit, petit déjeuner inclus. Enfants à partir de 8 ans. Piscine. Spa privatif. Restauration.

Au milieu des vignobles Pessac-Léognan, ces cinq cabanes d'exception construites à 5 mètres de hauteur offrent tout le confort d'une nuit d'hôtel, la touche bucolique en plus ! Pour deux à quatre personnes, chacun de ces petits cocons perchés dispose d'un spa privé, pour buller au milieu des arbres en toute tranquillité. De prestigieux châteaux bordent le domaine, que vous pourrez explorer à vélo. Le domaine possède également une piscine extérieure, et propose une offre de restauration de qualité, à l'image du petit déjeuner copieux et fait maison.

LES SOURCES DE CAUDALIE***** €€€

chemin de Smith Haut-Lafitte
✆ 05 57 83 83 83 - www.sources-caudalie.com

Chambre à partir de 310 € ; suite à partir de 580 €. Petit déjeuner : 35 €. Restauration. Institut de soins.

Hôtel, restaurant étoilé, auberge champêtre, épicerie fine, bar, centre de soins... Un palace chaleureux comme une maison de famille, pour un retour aux sources dans un cadre exceptionnel. Les chambres à l'atmosphère « buco'chic » sont réparties en 6 maisons aux variations régionales : Bastide des Grands Crus, Comptoir des Indes, Maison du Lièvre, Grange au Bateau, Village des Pêcheurs, et Île aux Oiseaux, dont les balcons ou terrasses dominent les vignes du Château Smith Haut Lafitte.

LE PINTXOAK €€

7, avenue Charles de Gaulle
✆ 05 56 72 07 65

Ouvert du mar. au jeu. le midi ; ven. et sam. midi et soir. Menu : 29,90 € à 32,90 €. Menu midi : 22,90 € à 25,90 €.

Forts de leurs expériences dans des maisons étoilées, les deux chefs du Pintxoak subliment les produits du terroir et notamment du Pays basque, à partir d'ingrédients bruts et AOP sélectionnés en circuit court auprès des producteurs. Du 100 % fait maison, du soleil, des couleurs, des saveurs, voilà tout ce que vous trouverez dans les assiettes ! Dans le même esprit, la carte des vins fait la part belle aux productions locales de Pessac-Léognan et des Graves. Pour parfaire le tableau, le restaurant dispose d'une belle terrasse.

SUD GIRONDE

LA TABLE DU LAVOIR €€

chemin de Smith Haut Lafitte
✆ 05 57 83 83 83
www.sources-caudalie.com
Ouvert tous les jours, midi et soir. Menu du jour : 50 €. Menu enfant : 25 €. Terrasse. Réservation conseillée.

La Table du Lavoir rend hommage au terroir à travers une cuisine bistronomique originale et raffinée, évoluant au rythme des saisons et travaillant les produits en toute simplicité pour les sublimer. En plus de la carte, une entrée, un plat et un dessert du jour sont proposés midi et soir dans un menu unique. On déjeune là sous la magnifique halle de l'hôtel, construite à partir de bois récupéré dans les chais du Médoc. Au centre de ce superbe édifice, on aperçoit l'ancien lavoir en pierre où les femmes de vignerons lavaient le linge au XIXe siècle.

LA GRAND'VIGNE €€€

chemin de Smith-Haut-Lafitte
✆ 05 57 83 83 83
www.sources-caudalie.com
Ouvert du mercredi au vendredi le soir ; samedi et dim. midi et soir. Menu : 185 € à 235 €. Accord mets-vins : 165 €.

Laissez-vous subjuguer par la cuisine créative et gastronomique du restaurant doublement étoilé La Grand'Vigne, au sein du château Smith Haut-Lafitte. Chez le chef Nicolas Masse, l'importance du terroir et des produits se marie à la créativité et au talent, pour une incroyable expérience culinaire. L'établissement, au cœur du vignoble des Graves, figure dans le Top 100 des meilleures cartes des vins de France. Le cadre est élégant et la terrasse qui surplombe le lac offre une vue magique sur les vignes. Une parenthèse enchanteresse hors du temps !

CHÂTEAU HAUT-NOUCHET

route du Haut Nouchet
✆ 05 57 12 07 63
www.hautnouchet.com
Ouvert du lun au sam, sur rdv. Dégustation gratuite ; autres visites : 6 € à 25 €. Livraison (boutique en ligne).

Ce grand vin des Graves de l'appellation Pessac-Léognan est produit sur un vignoble de 36 ha. Sa qualité est aussi due aux faibles rendements imposés aux cépages de cabernet-sauvignon 72 %, merlot 28 % en rouge, sauvignon blanc 78 % et sémillon 22 % en blanc sec. Les propriétaires (depuis 2008) mettent à profit leurs diplômes et leur expertise pour réaliser de prestigieux millésimes, unanimement salués par la presse et les amateurs de bon vin. Visites et activités œnotouristiques (dégustation, accords mets-vins, pique-nique champêtre...) au programme.

CHÂTEAU SMITH HAUT-LAFITTE

✆ 05 57 83 11 22
www.smith-haut-lafitte.com
Ouvert tous les jours, sur rdv. Visite libre : 16 €. Ateliers : 48 € à 150 €. Restauration. Réceptions. Hébergement.

Seule philosophie ici : « *Tout faire pour que chaque millésime, en rouge comme en blanc, soit à la hauteur de notre magnifique terroir.* » La propriété abrite un hôtel 4 étoiles de luxe, un spa de vinothérapie et de très belles tables dont l'une arbore fièrement ses deux étoiles au Michelin. Récemment, il a été récompensé par le « Best of Wine Tourism d'Or 2019 » et les « World's Best Vineyards 2020 ». L'atelier Terre de vins et d'art est un parcours original.

SPA VINOTHÉRAPIE CAUDALIE

chemin de Smith-Haut-Lafitte
✆ 05 57 83 82 82
https://www.sources-caudalie.com/
Ouvert du lundi au samedi de 8h30 à 19h ; dimanche de 9h à 13h. Soin, bain ou modelage à partir de 83 €.

Le Spa Vinothérapie® propose un programme de soins exclusifs au cœur d'un cadre sublime : la décoration des cabines, faites de matériaux nobles, s'harmonise avec les vignes environnantes pour une parenthèse bien-être sous les mains expertes des vinothérapeutes. Uniques au monde, les soins Caudalie allient les bienfaits d'une eau de source naturellement chaude et riche en minéraux et oligo-éléments avec celles du raisin, réputé pour ses vertus anti-oxydantes. Une superbe expérience.

PODENSAC

Au cœur du Pays des vins de Graves, ce bourg de 3 160 âmes fut occupé dans l'Antiquité. Des vestiges gallo-romains du IIe siècle ont été mis au jour place de la Halle. De l'époque médiévale, il reste une tour et une poterne du château des seigneurs de Podensac. Outre des monuments d'intérêt architectural (le château d'eau du Corbusier) ou gustatif (la distillerie Lillet), Podensac profite d'un très beau chemin de randonnée à suivre jusqu'à Portets, le long de la Garonne. Parmi les grands événements, notez les Rendez-vous aux jardins début juin, le festival Côté Jardin le dernier week-end de juin ou encore la foire Sainte-Catherine fin novembre.

PARC DU DOMAINE DE CHAVAT

2, rue Pierre Vincent
✆ 05 56 27 17 54
Ouvert tous les jours de 8h30 à 18h30. Visite guidée sur rdv. Château ouvert pour les journées du patrimoine.

Le château, son parc et le château d'eau avec sa « garçonnière », une gloriette entièrement vitrée, sont des œuvres de Le Corbusier, édifiées en 1917 sur les bords de la Garonne. Délaissé au cours du dernier quart du XIXe siècle, cet ancien domaine viticole doit sa renaissance à l'industriel bordelais François Thévenot, spécialisé dans la construction de barrages hydroélectriques, qui acquit alors la propriété pour la sauver de la ruine et la transformer en jardin remarquable. Légué à la Ville de Podensac en 1999, le parc du domaine de Chavat présente des ambiances japonisantes et offre un magnifique parcours d'eau de 5,5 hectares, ainsi qu'une grande variété végétale dans un ensemble de style composite. Classé comme l'un des plus beaux parcs d'Aquitaine, il est inscrit à l'inventaire supplémentaire des Monuments historiques depuis 2006, et a été labellisé Jardin Remarquable en 2012. Au hasard de votre promenade, vous découvrirez des fontaines surmontées de bronzes inspirés de l'Antiquité, une fausse grotte, un gladiateur ayant perdu son trident et déclarant *Ave Cesar, morituri te salutant*, un étrange groupe de statues en marbre – *Le Mystère de la vie* –, placé dans un bassin auquel on accède par des dalles posées sur l'eau... Un lieu de balade superbement original, avec une jolie vue sur la Garonne et des bancs pour profiter de la belle saison en contemplant le château et ses reflets. Le château peut également se visiter, lors des Journées du Patrimoine.

OCTOPUS

BARSAC
✆ 06 89 37 70 11
www.octopuswine.fr
Visites œnotouristiques : formules et tarifs sur le site ou sur contact. Prestations privées sur devis.

Installé dans le Sauternais depuis une trentaine d'années, Paul a d'abord travaillé dans le vin avant de devenir guide afin de partager sa passion pour la région. Il organise différentes visites, à la demi-journée ou à la journée avec pause déjeuner (à la Cave de Cadillac par exemple), ainsi que des dégustations dans les plus beaux châteaux. Si vous avez un évènement à fêter, Paul peut également organiser une prestation sur mesure : concert insolite, dîner aux chandelles dans un Grand Cru classé, promenade en calèche dans les vignes... D'incroyables souvenirs !

FENÊTRE SUR QUAI €

Lieu-dit Le Hagna N - **CÉRONS** ✆ 05 56 62 54 87
https://fenetre-sur-quai.eatbu.com/
Ouvert lundi, mardi, jeudi et dim. le midi ; ven. midi et soir. Menu : 17 € à 21 €. Brunch : 21 €. A emporter.

Dilemme : on la garde pour nous cette adresse trop sympa, ou on partage la trouvaille ? À quelques minutes de train de Bordeaux, dans les locaux de la gare de Cérons, Alexandra vous accueille avec toute sa bonne humeur pour vous servir ses plats végétariens, locavores, 100 % faits maison. Chaque semaine, un nouveau menu avec un choix de trois plats est proposé, adaptables aux régimes végétaliens et/ou sans gluten. Avec de la chance, vous pourrez goûter son délicieux carrot cake... Les dimanches d'ouverture, un brunch régale les lève-tard. Atypique et fantastique !

CHEZ CHARLOTTE €€

20, place Gambetta
✆ 05 56 27 07 24
https://restaurant-chez-charlotte.fr/
Ouvert du mercredi au samedi midi et soir ; dimanche midi. Menu : 36 €. Menu midi : 19,50 € à 21,50 €. Terrasse.

Chez Charlotte, la salle ne désemplit pas. C'est normal, la formule du midi est d'un très bon rapport qualité-prix, avec une cuisine concoctée à partir de produits préparés à la minute. Histoire de vous faire saliver, découvrez quelques suggestions à la carte : foie gras mi-cuit au cognac, moelleux au butternut et sa glace mascarpone, burger savoyard à la ventrèche de porc noir de Bigorre, tartare de bœuf de Bazas à l'espagnole, charlotte poire et marron... L'endroit est simple, convivial, et surtout on y mange bien ! Très bon accueil.

CHEZ SAM

13, place Charles de Gaulle - **CÉRONS**
✆ 06 35 15 54 21
Ouvert lun, mar, jeu. et ven. de 10h30 à 18h. Brunch. Gourmandises à partir de 1 €. Plats : 12 € à 14 €. A emporter.

Ouvert en décembre 2023, ce salon de thé a du charme, avec ses murs en pierre, sa décoration cosy aux tons boisés, ses banquettes à gros coussins. Il fait bon s'y poser l'été en terrasse pour une boisson fraîche, ou l'hiver en intérieur avec un plaid et un chocolat chaud bien gourmand, option chamallows chantilly ! Les amateurs de thé et café trouveront leur bonheur parmi les nombreuses propositions de la carte. Et avec ça, des cakes et gâteaux moelleux, des cookies au chocolat, des sablés régressifs... Le midi, on peut aussi profiter de la formule déjeuner.

CHÂTEAU DE CÉRONS

1, Latour - **CÉRONS**
✆ 05 56 27 01 13
www.chateaudecerons.com
Ouvert du lundi au samedi en haute saison ; du lundi au vendredi en basse saison. Visite dégustation à partir de 20 €.

Classée aux Monuments historiques, la chartreuse du Château de Cérons accueille toute l'année les visiteurs. Constitué de 26 hectares de vigne sur le plateau de Graves au sous-sol calcaire, le domaine produit des vins de 3 couleurs dans l'une des plus confidentielles appellations du Bordelais. Afin de profiter de ce superbe corps architectural du XVIIe, Caroline et Xavier Perromat vous reçoivent pour dévoiler les secrets de leur terroir. Possibilité de prolonger ce moment par un pique-nique dans le parc, un repas à la rôtisserie, ou une sieste vigneronne...

PORTETS

Aujourd'hui joliment aménagé, le petit port de Portets était fréquenté dès l'Antiquité. Enraciné dans l'histoire, il est une halte idéale pour un pique-nique au bord du fleuve avec ses cabanes de pêcheurs. Un circuit pédestre permet de découvrir la ville dans son ensemble. L'élégante tour du Roy, qui se dresse au milieu de la vigne, contrôlait jadis le trafic des gabarres sur la Garonne. Derrière, le château de Portets, à l'architecture Renaissance, est à voir. Il domine majestueusement la rivière du haut de sa terrasse en pierre. Faites donc escale à Portets ! La halte nautique est d'ailleurs l'une des plus modernes des bords de Garonne.

MAISON DES VINS DE GRAVES

61, cours du Maréchal Foch
✆ 05 56 27 41 16
https://maisondesvinsdegraves.com/
Ouvert toute l'année, jours et horaires variables selon la saison. Dégustation. Livraison (boutique en ligne).

Vitrine de la région des Graves, la vinothèque rassemble près de 300 références de vins en AOC Graves et Graves supérieurs, AOC Pessac-Léognan et crus classés de Graves. Vous pourrez découvrir les vins d'environ 120 viticulteurs, vendus en direct propriété. La Maison des vins de Graves répertorie de nombreuses manifestations autour du vin toute l'année, pensez-y pour organiser votre séjour sur la Route des vins, la seule qui rassemble des crus classés de 3 couleurs.

CHÂTEAU DE MONGENAN

16, rue de Mongenan
✆ 05 56 67 18 11
www.chateaudemongenan.com
Ouvert tous les jours de 14h à 18h et de 10h à 12h de juin à sept. Visite guidée : 10 €/adulte ; gratuit jusqu'à 12 ans.

Superbe demeure d'époque Louis XV, ce château classé aux Monuments historiques fut construit en 1736 par l'architecte Le Herissey. Jean-Jacques Rousseau y séjourna, c'est d'ailleurs à lui que l'on doit l'inspiration de l'actuel jardin botanique qui compte plus de mille variétés de plantes. Autre écrivaine à avoir marqué le lieu, Florence Mothe est la propriétaire du domaine qu'elle a choisi d'ouvrir au public. Une rareté du lieu ? Son temple maçonnique de 1738 avec matériel rituel d'époque. La visite commentée se conclut par la dégustation des vins du domaine.

MAISON LILLET

8, cours Maréchal Foch
✆ 05 56 27 41 41
Ouvert du mardi au ven. de 10h à 12h30 et de 14h à 18h ; et sam. en haute saison. Visite dégustation (sur rdv) : 5 €.

En blanc et rouge et depuis 2011 en rosé, cet apéritif créé en 1887 a évolué avec son temps, afin de proposer aux amateurs ses multiples saveurs élaborées à partir de vins sélectionnés et de liqueurs de fruits, qui affichent en bouche une personnalité marquée. C'est que cet apéritif typique de la région, vieilli 8 mois en foudres de chêne, bénéficie du même suivi que les plus grands vins de Bordeaux. Découvrez les différentes étapes de fabrication lors d'une visite guidée suivie d'une dégustation et poussez les portes d'une ancienne salle de distillation.

GITE D'ICI ET D'AILLEURS*** €€

903, route de Castres
SAINT-MORILLON
✆ 06 69 28 58 93
www.gite-dici-et-dailleurs.fr
Gîte à partir de 130 €/nuit. Chambre d'hôtes : 80 €. Petit déjeuner : 8 €. Restauration sur réservation. Piscine.

Elisabeth a raccroché sa blouse d'infirmière pour ouvrir ce gîte accueillant au cœur du vignoble des Graves. Avec ses deux chambres, le gîte accueille jusqu'à 6 personnes. Idéal pour un séjour en famille ou entre amis ! Une agréable chambre d'hôtes pour 2 à 4 personnes, avec entrée indépendante, est également disponible. Votre hôte vous conseillera avec plaisir sur les visites et activités de la région, et vous pourrez profiter du grand jardin, du spa et de la toute nouvelle piscine.

LES LOGIS DE LESTIAC €€

71, route de Bordeaux - **LESTIAC-SUR-GARONNE**
✆ 09 83 51 17 28
http://leslogisdelestiac.fr/
Chambre double : 99 à 110 € ; triple : 125 € à 130 €. Petit déjeuner inclus. Piscine. Massages sur réservation.

Claudette et Bruno Colinet sont des passionnés d'histoire de la région. Surtout, ce sont de formidables hôtes qui pensent d'abord à votre confort. Ainsi, en cas d'arrivée tardive, ils peuvent vous servir un repas cuisiné, qui peut être pris dans la salle à manger ou dans le jardin si le temps le permet. Pour vos enfants, ils mettent à disposition des brassards, des bouées et des jeux d'eau. Vous trouverez également des serviettes de piscine dans vos chambres. Tout est aussi charmant que leur chartreuse girondine du XVIIIe siècle.

LA GUINGUETTE DU TUQUET €

18, route des Landes - **BEAUTIRAN**
✆ 06 83 75 96 00
https://laguinguettedutuquet.com/
Ouvert d'avril à octobre, du jeudi au dimanche de 18h à 1h (jours et horaires variables selon météo). Animations.

Place à la détente et à la fête dans cette guinguette conviviale, née de la rencontre entre un restaurateur, un couple de vignerons et un DJ en vogue. Le clos fermier du château le Tuquet vous accueille à la belle saison pour vous faire déguster ses vins et ceux des domaines de la Parrhésia, entre autres, ses planches du Sud-Ouest (charcuteries de Pierre Oteiza notamment), ses pâtés et conserves artisanales, et les plats gourmands du chef du Cochon Volant de Langon. Sans oublier de vous faire danser : concerts, DJ sets, karaoké... Super ambiance garantie !

LE LUMA €€

105, cours du Général de Gaulle - **ARBANATS**
✆ 05 56 67 53 55
www.restaurant-leluma.com
Ouvert mer, jeu, et dim midi ; mar, ven, et sam midi et soir. Menu : 27 € à 38,50 € ; midi : 14 € à 15,50 €.

En plein cœur des Graves, le Luma vous convie à sa table autour d'une formule déjeuner très attractive, y compris le samedi. Ce jour-là : un tartare de légumes fondants servi avec des rillettes de saumon, un poulet rôti sauce aux cèpes et aligot, puis une mousse au chocolat aussi douce qu'un nuage. Le restaurant profite de deux grandes salles lumineuses. L'une s'ouvre sur une terrasse tandis que l'autre projette les matchs de foot, rugby... Goûtez donc aux Lumas à la Bordelaise (escargots mijotés avec de la chair à saucisse et une sauce tomate).

PRÉCHAC

Entre le Ciron et la forêt des hautes Landes girondines, Préchac est fortement marqué par le bois comme l'attestent plusieurs scieries en activité aux alentours. L'histoire a également marqué le lieu et il ne faut surtout pas manquer de visiter le château de Cazeneuve, sur la route de Pompéjac. C'est aussi le Pays de Bertrand de Got, avec l'un de ses châteaux dits clémentins : le château de La Trave. Celui-ci fut érigé en 1306 par Arnaud-Bernard de Preyssac, parent du pape Clément V. Cette vaste forteresse était protégée d'un côté par le Ciron et de l'autre par des fossés. Totalement en ruine aujourd'hui, le château est libre d'accès.

CHÂTEAU DE PORTETS

rue de Mongenan
✆ 05 56 67 12 30
www.chateaudeportets.com
Ouvert du mar. au sam. en haute saison et du lun. au ven. en basse saison, de 10h à 18h. Visite : 11 € à 65 €.

Portets est le plus ancien vignoble d'une commune viticole au cœur des Graves. Avec son parc en terrasse offrant un incroyable panorama sur la Garonne et les vignes, et la façade Renaissance du château, le domaine est superbe et a été récompensé du Best Of Wine Tourism 2024 dans la catégorie « Architecture et Paysage ». Les visites commencent par la projection d'un film retraçant l'histoire du château, avant de découvrir le chai où l'on cause vignes, vins et vinification dans le respect de l'environnement, pour finir sur une délicieuse dégustation.

CHÂTEAU DE LA TRAVE

28, La Trave-Est
Monument Historique.

Sur la route d'Uzeste, les ruines du Château de La Trave rappellent que nous sommes dans le pays de Bertrand de Goth, alias le pape Clément V. Il s'agit en effet d'un château clémentin, érigé en 1306 par Arnaud-Bernard de Preyssac. Cette vaste forteresse était protégée d'un côté par le Ciron, assez encaissé à cet endroit, et de l'autre par des fossés. Le château s'organisait autour de quatre tours carrées et d'un donjon au centre. Bien qu'à l'état de ruines, il est libre d'accès et offre un coin de détente aux promeneurs. Si vous êtes dans le coin, passez-y !

CHÂTEAU ROYAL DE CAZENEUVE

✆ 05 56 25 48 16

www.chateaudecazeneuve.com

Fermé de nov. à mars. Ouvert de 14h à 18h tous les jours l'été ; le w-e d'avril à oct. Visite : 8 € à 12,50 €/adulte.

Située sur une ancienne motte féodale du XIe siècle, cette forteresse a été bâtie par la famille d'Albret au XIVe siècle. Amanieu d'Albret la dote d'une jolie cour d'honneur de forme polygonale à deux niveaux entourée de murailles. Les d'Albret demeurent les propriétaires pendant quatre siècles, le plus célèbre étant Henri IV : au-dessus de la porte d'entrée, le fameux panache blanc rappelle d'ailleurs sa présence en la demeure. La reine Margot réside par obligation à Cazeneuve lors de sa séparation avec le roi, en attendant l'annulation de son mariage par le Pape. Le château ayant subi des dommages pendant les différentes guerres, Henri IV le confie à Raymond de Vicose, qui le transforme en une demeure de plaisance et d'apparat. Louis XIII et Louis XIV y ont également séjourné. Aujourd'hui, la bâtisse se présente telle qu'au XVIIe siècle. Cazeneuve appartient depuis plus de 150 ans à la famille Sabran-Pontavès, qui par un jeu de successions et d'alliances, descend des d'Albret. Le comte Elzéar de Sabran-Pontavès accompagne parfois les visiteurs pour leur faire découvrir la forteresse depuis les grottes troglodytes, le nymphée romain et les grandes caves médiévales souterraines où vieillissent de prestigieux vins de Bordeaux, jusqu'aux prisons gravées de dessins de prisonniers, écuries, boulangerie et appartements royaux. Les salons et les chambres, où sont exposés objets, tableaux et mobilier, témoignent de la riche histoire de ces lieux.

EGLISE SAINT-MARTIN D'INSOS

✆ 05 56 65 28 18

Visites guidées gratuites, toute l'année sur rdv.

L'église de style roman Saint-Martin d'Insos, inscrite à l'Inventaire des Monuments historiques depuis 1925, vaut bien un petit coup d'œil. Son haut clocher du XIVe renforcé par deux contreforts se prolonge d'une nef unique qui s'appuie sur un large mur où se trouve l'arc triomphal du XIIIe. L'église se visite toute l'année, et l'agenda des manifestations (concerts, journées du patrimoine...) est consultable sur le site internet de l'association L'Ecrin d'Insos.

MOULIN DE CAUSSARIEU

Visite organisée 1 fois/an par Sud Gironde Patrimoines (se renseigner directement auprès de l'association).

Entouré de ruines médiévales et datant du XVe siècle, on y accède par un sentier. Le moulin fortifié de Caussarieu (étymologiquement le « *chausse rivière* », en référence aux échassiers landais), est un site perdu sur les jolies rives du Ciron, seulement accessible à pied ou en canoë. Il fut d'abord moulin à blé, puis minoterie (le lieu de préparation des farines étuvées). Si le moulin ne reçoit pas de visiteurs, le lieu qui l'entoure reste très plaisant et tout à fait pittoresque pour un pique-nique champêtre. Un gîte agréable du même nom est situé à proximité

L'ESCALE SUD GIRONDE €€

8, Tucau - **POMPÉJAC**

✆ 06 04 01 91 99

https://lescalesudgironde.com/

Studio (2 pers.) à partir de 80 €. Petit déjeuner : 7,50 €. Piscine couverte. Spa, sauna. Restauration, sur réservation.

Nichés dans un parc de plus de 5000 m² de verdure, les deux studios modernes et cosy de l'Escale vous attendent pour une escapade relaxante et romantique. Cap à Bâbord ou à Tribord (noms de ces petits gîtes de luxe) pour découvrir tout le confort qu'ils proposent : spa privatif dans une cabane en bois pour l'un, sauna et spa sous dôme transparent pour l'autre, bonheur pour les deux ! Le matin, votre hôte Gwénaële sert un petit-déjeuner maison et vous pourrez réserver vos repas entre un plongeon dans la piscine (couverte) et une partie de mini-golf.

SALLES

Les racines du nom de la commune sont à chercher du côté des Gallo-Romains qui l'avaient baptisée *Salomacum* (« marché du sel »). La découverte d'un cimetière du premier âge du fer (600 av. J.-C.) a permis de mettre à jour plusieurs vases cinéraires, aujourd'hui conservés au musée d'Aquitaine à Bordeaux et au musée de Belin-Beliet. Autre particularité : la ville est recouverte à 87 % d'espaces boisés. Situé sur L'Eyre (dit aussi la Leyre) en Pays de Buch, le territoire fait partie du parc Naturel Régional des Landes de Gascogne en forêt des Landes. Empruntez un vélo ou un canoë pour partir à la découverte de ce bel espace nature du Sud Gironde.

OFFICE DE TOURISME DU VAL DE L'EYRE

4, allée du Champ de Foire
✆ 05 56 88 30 11
https://tourisme-valdeleyre.com
Ouvert toute l'année, jours et horaires d'ouverture variables selon la saison. Accueil vélo.

Et si vous donniez du sens à vos vacances ? Pour un week-end, une semaine ou plus, le Val de l'Eyre offre tous types d'activités à pied, à vélo, à cheval, en canoë... Au cœur du Parc naturel régional des Landes de Gascogne, la Leyre, rivière luxuriante surnommée la Petite Amazone, vous séduira par son caractère sauvage et ses silences. Séjourner en Val de l'Eyre, c'est aussi succomber aux plaisirs de la gastronomie locale marquée par l'authentique cuisine du Sud-Ouest.

CAMPING LE BILOS €

37, route de Bilos
✆ 05 56 88 36 53
Ouvert toute l'année. Emplacement (2 pers.) : 18,29 € à 20,20 €/nuit. Location emplacement permanent : 62,50 €/mois.

Pas de mobil-home ni d'animations ou de piscine dans ce camping responsable qui invite les visiteurs à prendre soin des ressources environnantes, mais 85 emplacements idéalement situés au milieu des pins et des chênes, avec accès direct à la forêt. En cours de labellisation par le PNRLG pour obtenir le titre de « Réserve Internationale de Ciel Etoilé », le camping Le Bilos, parfaitement tenu depuis 1972 par la famille Dulaurans, promet de passer des vacances ressourçantes au plus près de la nature, dans une ambiance simple mais chaleureuse.

CAMPING LE PARC DU VAL DE L'EYRE**** €€

8, route du Minoy ✆ 05 56 88 47 03
www.girondecamping.fr
Emplacement à partir de 10 €/nuit ; location (2 à 6 pers.) à partir de 45 €/nuit ou 315 €/sem. Piscine. Snack. Jeux.

Situé entre la forêt landaise et le bassin d'Arcachon, ce camping propose des séjours dépaysants dans une ambiance nature. Au programme : farniente au bord de la piscine, pêche dans le lac ou en rivière, tournoi de foot ou de volley, jeux gonflables, mini-ferme, location de canoë, animations... En pleine saison, les meilleurs danseurs se déhancheront sur la piste du bar et les gourmands s'attableront chez *Les copines d'abord*. Côté hébergement : mobil-homes, chalets et roulottes.

DOMAINE DU PONT DE L'EYRE - HOTEL RESTAURANT €€

2, route de Minoy
✆ 05 56 88 35 00
www.domainedupontdeleyre.fr
Ouvert du lundi au vendredi midi et soir ; samedi soir. Menu : 19,50 € à 33,50 € ; midi : 14,50 € à 16,50 €. Terrasse.

Ancienne maison de maître, le Domaine du Pont de l'Eyre se trouve, comme son nom le laisse deviner, en bordure de l'Eyre. Son restaurant de cuisine traditionnelle française possède une grande terrasse extérieure. On peut y déguster, par exemple, une terrine de foie gras au sel de Guérande ou une salade de thon tataki en entrée, un magret de canard du Sud-Ouest ou un duo de ris et noix de veau pour le plat, et terminer en fraîcheur par une omelette norvégienne.

CANOË PASSION

6, route du Minoy ✆ 06 64 15 67 21
www.canoe-passion.com
Ouvert de mai à sept. Location canoë à partir de 19 €/pers ; kayak à partir de 21 €/pers ; enfant (6 à 10ans) : -50 %.

En plein cœur du Parc Naturel Régional des Landes de Gascogne, il est possible de se balader à vélo, à pied, mais aussi en canoë et en kayak ! En activité depuis plus de 15 ans, Canoë Passion vous propose de découvrir la nature sur l'eau et en toute sécurité. La Leyre, peu profonde de juin à septembre et agréablement ombragée, permet de faire différents parcours à la journée ou à la demi-journée. Sur les conseils de Sébastien et de son équipe, devenez vous aussi, le temps d'une balade, le roi du canoë. Des itinérances sur deux jours peuvent aussi être organisées.

SPADIUM

7, chemin de Calvin
✆ 05 56 21 42 42
https://spadium-salles.fr/
Ouvert tous les jours, horaires variables selon saison. Accès piscine : 5 €/adulte ; 4 €/enfant ; accès détente : 13 €.

Été comme hiver, le Spadium vous accueille dans une eau à 29 °C. Bassin sportif de 25 mètres, bassin d'apprentissage ludique, pataugeoire, bains bouillonnants et grand toboggan : rien n'a été oublié ! Il y a même un solarium et un espace extérieur où installer sa serviette. Petit plus et pas des moindres, le Spadium, c'est aussi deux spas, une salle de repos, un sauna et un hammam. De nombreuses activités sont proposées, allant de l'aquagym à l'apprentissage enfants et adultes. Le centre esthétique est ouvert du lundi au samedi.

SAUTERNES ★

Un grand nom pour un village au cœur des vignes qui mérite le détour ! À 40 kilomètres au sud de Bordeaux, Sauternes est connu pour son vin blanc, réputé pour être le meilleur liquoreux du monde. Le plus prestigieux de ces vins est produit au château d'Yquem. Inabordable pour le commun des mortels, on peut lui préférer d'autres châteaux dont le rapport qualité-prix sera plus terrestre. Le territoire est parsemé de châteaux et de demeures anciennes. À voir au cœur du village, l'église qui possède une jolie abside romane. La proximité avec le Ciron, affluent de la Garonne, fait de Sauternes un lieu de détente idéal pour les amoureux de la nature.

EGLISE SAINT-CHRISTOPHE DE LÉOGEATS ✞

LÉOGEATS

Bâtie sur un piton rocheux, l'église a la particularité d'avoir son clocher accessible par un escalier depuis l'extérieur. On y grimpe pour voir l'ancienne cloche du village, et pour le vaste panorama sur la Lande girondine. Il est encore plus beau à la levée ou à la tombée du jour, par une belle lumière, et avec le chant des oiseaux en fond sonore. En sortant de l'église, après le portail en fer, le petit chemin à droite vous conduira à l'ancien lavoir.

CHÂTEAU FORT DE BUDOS

BUDOS

✆ 05 56 25 87 57

Vsite sur réservation (minimum 48h à l'avance) : 3 € ; gratuit jusqu'à 6 ans. Douves en accès libre.

La vue plongeante sur les ruines de ce château fort entouré de vignes et bordé de platanes est splendide. Forteresse érigée au XIVe siècle par Raymond Guilhem de Budos, le neveu du Pape Clément V, la bâtisse comptait alors 5 tours et une procession y était organisée le jour de la Saint-Georges. Les logis étaient vastes, agencés autour de la cour intérieure. Si à l'époque médiévale les services et logements se répartissaient par niveau, les remaniements ont entraîné des redistributions. Les ruines de Budos sont à voir si vous passez par là.

ÉGLISE SAINT-VINCENT DE PREIGNAC ✞

2, rue du Port

PREIGNAC

https://preignac.egliseetorgue.fr

Concerts, visites.

Construit au XVIIIe, l'édifice surprend par sa magnifique façade néoclassique, son clocher octogonal couvert d'un dôme de cuivre de l'architecte Pierre-Paul Coureau (inscrit au titre des Monuments historiques), et ses décors intérieurs peints. Les vitraux sont l'œuvre du maître verrier Joseph Villet et l'église abrite un orgue construit par le facteur d'orgues Georges Wenner et le tuyautier-harmoniste Jean-Jacob Götty. Des cours d'orgue y sont d'ailleurs donnés, ainsi que des concerts.

© BERNARD MUGICA

Marathon de Sauternes.

CHATEAU LAFAURIE-PEYRAGUEY

Lieu-dit Peyraguey - BOMMES

✆ 05 24 22 80 16

www.lafauriepeyragueylalique.com

Ouvert tous les jours. Visite dégustation : 25 € à 45 €/adulte ; 10 €/enfant. Visite privée : 100 € /pers.

Une visite œnologique au Château Lafaurie-Peyraguey est une véritable expérience ! Pénétrez dans ce vignoble d'exception, découvrez son cuvier et ses chais, émerveillez-vous dans la chapelle entièrement décorée par Lalique... La pièce maîtresse des lieux ? La sublime barrique de cristal, impressionnante de finesse et d'élégance. Terminez bien sûr par la dégustation des vins du domaine, notamment le fameux Premier Grand Cru Classé de Sauternes sous différents millésimes.

GUESTHOUSE SIMON CARRETEY €€

40 bis, quartier Simon - **BARSAC**
✆ 06 89 37 70 11
www.gite-simoncarretey.fr
De 80 € à 130 €/nuit. Piscine. Sauna privatif. Terrasse couverte, jardin. Activités oenotouristiques.

Une belle bâtisse en pierre, rénovée et transformée en confortable gîte parfaitement équipé ? Bienvenue dans cette guesthouse à la décoration élégante et pleine de cachet avec sa cheminée d'époque décorative. L'été, on profite de la piscine et de la terrasse face aux vignes des châteaux voisins, à moins que l'on ne puisse quitter le sauna privatif... Fondateur de la conciergerie Octopus, votre hôte organise également de superbes balades et visites œnotouristiques.

HÔTEL LE 23 €€

23, rue Principale
✆ 05 56 27 20 04
www.hotelsauternesle23.fr
Chambres (dont 2 familiales) à partir de 70 €. Petit déjeuner : 8 €. Soirée étape : 100 €. Restauration. Prêt de vélos.

Le 23 vous propose de séjourner dans l'une de ses huit chambres ; six sont doubles (l'une d'elles étant accessible aux personnes à mobilité réduite) et deux sont familiales avec deux chambres distinctes. Là encore, dans ces pièces spacieuses et épurées, agrémentées d'un mobilier moderne et design, l'ancien ne s'efface pas... On vous promet un séjour au calme au beau milieu des vignes. Si le cœur vous en dit, partez à la découverte des terres alentour, à pied ou à vélo. Pour vous restaurer, l'Auberge des Vignes est ouverte du mardi au dimanche midi.

LA SAUTERNAISE €€

22, rue Principale
✆ 06 78 00 64 18
www.lasauternaise.com
Chambre à partir de 115 €, petit déjeuner inclus. Boutique, cave à vins (livraison possible).

Au cœur du village de Sauternes, cette magnifique maison d'hôtes à l'atmosphère chaleureuse vous ouvre ses portes pour un week-end magique. Pascale et Didier Galhaud ont rénové cette pittoresque demeure du XVIIIe siècle avec goût, tout en conservant l'authenticité qui en fait le charme et l'élégance. Le tumulte du quotidien paraît alors bien loin… D'autant que les paysages alentour invitent à la contemplation et que les chambres tout confort offrent de superbes services bien-être (baignoire balnéo, hammam, sauna). Terriblement reposant !

MAISON DU SAUTERNES

14, place de la Mairie
✆ 05 56 76 69 83
www.maisondusauternes.com
Ouvert tous les jours de 10h à 13h et de 14h à 18h. Livraison (boutique en ligne). Animations. Dégustation gratuite.

© MAISON DES SAUTERNES

La Maison du Sauternes est une association de vignerons créée en 1979, au cœur du village, dans une belle bâtisse datant du début du XIXe siècle. La plus grande cave de Sauternes au monde propose pas moins de 150 références en boutique, ainsi que des dégustations sur mesure gratuites et la vente de ses liquoreux à prix Château. Une pièce emblématique anime les lieux : un mur de 768 bouteilles éclairées par un jeu de lumières. Un tableau unique et spectaculaire que seul le Sauternes peut offrir grâce à sa déclinaison de couleurs.

LA CHARTREUSE DU CHÂTEAU SIGALAS RABAUD €€€

1, Sigalas-Rabaud - **BOMMES**
✆ 05 57 31 07 45
www.chateau-sigalas-rabaud.com
Ouvert d'avril à octobre. Chambres : 199 € à 220 €, petit déjeuner inclus. visite dégustation gratuite. Piscine.

Voyagez au cœur du vignoble de Sauternes, en logeant au sein de la sublime chartreuse du Château Sigalas Rabaud, premier cru classé. Cinq élégantes chambres vous y attendent, ainsi que le vaste domaine que vous visiterez avant de déguster les vins de la propriété. Les prestations proposées (piscine, excellent petit déjeuner, box pique-nique « de luxe » à partager…) et l'accueil exceptionnel des hôtes ont permis au château de remporter le Best of Wine Tourism d'Or 2022.

SO WOOD 33 €€€

Domaine des Bois de Cabiros - **LANDIRAS**
✆ 06 34 54 24 29
www.sowood33.com
Suite à partir de 520 €, petit déjeuner inclus. Formule dîner en option. Spa, sauna. Fermé de janvier à mars.

Imaginez-vous passer la nuit au cœur d'un vaste domaine forestier privé de 44 hectares, dans une suite de luxe avec lit *king size*, spa et sauna privatif, salle de bain végétalisée, petit déjeuner royal, vue panoramique sur la forêt... Si ce n'est pas le paradis, ça y ressemble ! Des dîners de chefs sont également proposés, ainsi que des massages et d'autres délicates surprises. Le sentier de découverte balisé permet de cheminer à travers le domaine, à la découverte de sa faune et de sa flore. Une véritable reconnexion au bien-être et à la nature !

LA PETITE GUINGUETTE €

2, chemin de Pasquette
Ouvert d'avril à sept, jours et horaires variables. Tapas, cocktails. À la carte 15 € environ. Concerts, animations.

Coup de cœur pour La Petite Guinguette, un petit coin de paradis avec une vue imprenable sur les vignes. Créée en juillet 2017 par Marie et Guillaume, l'endroit, qui se donne des allures de brocante chic, a immédiatement remporté un franc succès. Petits et grands aiment s'y retrouver pour déguster quelques grignotages, boire un verre ou écouter de la musique. Les assiettes de tapas accompagnent à merveille un cru du coin ou une mousse, ou inversement. La bonne idée : suivre leur page Facebook pour ne pas rater l'ouverture de la saison et le programme estival.

AUBERGE LES VIGNES €€

23, rue Principale
✆ 05 56 76 60 06
www.aubergelesvignes.fr
Ouvert du mar au sam midi et soir ; dim midi. Menu : 30 € à 60 €. Menu midi : 18 €. Menu enfant : 12 €. Terrasse.

L'Auberge les Vignes réserve d'agréables surprises. L'accueil d'Arnaud et de son équipe est toujours très sympathique. Concernant le cadre, c'est un mélange de rustique et de moderne et on apprécie l'intimité offerte par la petite taille de la salle, néanmoins très lumineuse. Dans les assiettes, la cuisine oscille savoureusement entre tradition et gourmandise. Eté comme hiver, les viandes et poissons sont grillés à la cheminée. Une adresse à découvrir, au détour d'une promenade entre les châteaux ou d'une descente en canoë sur le Ciron.

LE CERCLE GUIRAUD €€

14, rue Principale
✆ 05 56 76 60 87
www.lecercleguiraud.com
Ouvert du mardi au samedi midi et soir. Carte : 70 € environ. Menu : 59 € à 90 €. Menu midi : 47 €.

Face aux vignes du Château Guiraud, au cœur du village de Sauternes, le Cercle Guiraud a remplacé Le Saprien depuis l'été 2023. Aux commandes de cette table d'exception, le chef Yoann Amado, qui a exercé son talent dans de prestigieux établissements, travaille les produits du cru pour réinterpréter joyeusement les grands classiques de la gastronomie française. À ses côtés, la cheffe pâtissière Juliette Bonnard enchante par ses douceurs de saison délicates et raffinées. Quant au chef sommelier, il sélectionne avec soin les meilleurs vins pour sublimer le repas.

LA CHAPELLE €€

5, Château Guiraud
✆ 05 40 24 85 45
www.lachapelledeguiraud.com
Ouvert d'avril à septembre : jeu, dim. et lun. le midi ; ven. et sam. midi et soir. Menu : 24 € à 35 € ; enfant : 15 €.

Premier restaurant situé dans un premier Grand Cru Classé de Sauternes, La Chapelle prolonge et sublime l'expérience Château Guiraud. Entre vignes, arbres et herbes folles, la jeune architecte Charlotte Allard a réussi à créer une adresse atypique, moderne et intemporelle où chacun est invité à vivre un moment décontracté et convivial. Dans les assiettes, pas d'effet de mode, mais du local et du bio en totale adéquation avec la forte identité terroir de Nicolas Lascombes. Sans oublier les légumes du potager de Château Guiraud. On aime !

L'O ET VIN €€

2, rue du 14 Juillet - **BUDOS**
✆ 05 56 76 17 83
www.lo-et-vin-restaurant-budos.fr
Ouvert du dim. au mardi le midi ; du mer. au ven. midi et soir ; sam. soir. Menu midi : 15,90 € à 17,90 €. Terrasse.

Loïc, en cuisine, et Laurine, au service, diffusent saveurs et bonne humeur dans ce restaurant de village. Au menu, une cuisine traditionnelle généreuse et quelques plats aux inspirations créoles... Et pour cause, Laurine est réunionnaise et sa mère a transmis ses meilleures recettes à Loïc ! Le « bol renversé », un plat composé de riz, poulet épicé, poivrons confits et achards de légumes est l'une des spécialités. Les soirs d'ouverture, l'ambiance est festive et décontractée avec cocktails, rhums arrangés et grandes assiettes à partager.

LE RELAIS DE BROUQUET €€

3076, route de Sansot - **LÉOGEATS**
✆ 05 56 76 67 25
www.relais-de-brouquet.fr
Ouvert du mardi au dim. le midi ; ven. et sam. le soir. Menu : 24 € à 30 € ; midi : 16 € ; enfant : 7 €. Terrasse.

Venez goûter la cuisine de terroir de Daniel et Elodie ! Le midi, le chef propose une formule avec entrée, plat, dessert et 1/4 de vin, mais rien n'empêche de choisir l'une des suggestions du moment ou de piocher à la carte. Le soir, les menus gourmands inspirés Sud-Ouest sont d'un très bon rapport qualité-prix. On déguste par exemple une salade de camembert pané à la crème d'ail, un filet de carrelet meunière, ou encore un foie gras mi-cuit au Sauternes. La carte des vins est intéressante et la terrasse est agréable aux beaux jours.

CHÂTEAU D'ARMAJAN DES ORMES

123, d'Armajan-les-Ormes - **PREIGNAC**
✆ 06 81 38 06 76
www.mjperromat.com
Ouvert du lundi au samedi sur rendez-vous. Visite et dégustation : 6 €.

Le château est l'un des domaines historiques les plus anciens du Sauternais. La propriété fut anoblie en 1565 par Charles IX en remerciement d'une visite avec Catherine de Médicis, mais le vignoble existait déjà. Démantelé durant la Fronde avant d'être reconstruit et divisé en de nombreux lots fonciers après la Révolution, le domaine mettra du temps à recouvrer sa splendeur et sa fonction viticole. Aujourd'hui, il propose des visites et dégustations de ses Graves et de ses Sauternes.

CHÂTEAU D'YQUEM

✆ 05 57 98 07 07
www.yquem.fr
Ouvert tous les jours de 9h à 12h30 et de 13h30 à 18h. Visite guidée privative et dégustation : 90 € à 300 €/pers.

Classé en 1855, le domaine est le seul et l'unique premier cru supérieur de l'appellation. D'architecture simple, la bâtisse datée du XVe siècle se caractérise par ses tours rondes, dont l'une était à l'origine un colombier. Ainsi, une visite au Château d'Yquem est avant tout un voyage à travers 400 ans d'histoire, à la découverte d'une Maison d'exception qui vit naître un vin rare. Géré depuis 2004 par Pierre Lurton, le château propose différentes expériences de dégustation, pour découvrir quelques-uns de ses délicieux millésimes.

CHÂTEAU DE RAYNE VIGNEAU

541, route du Piquey - **BOMMES**
✆ 05 56 76 64 05
www.raynevigneau.fr
Ouvert du lun. au ven. de 10h à 12h30 et de 14h à 18h ; et le w-e en haute saison. Visites à partir de 17,50 €.

© CHÂTEAU RAYN VIGNEAU

Au cœur du vignoble de Sauternes, le Château de Rayne Vigneau vous ouvre ses portes pour une expérience sensorielle unique, où se mêlent histoire, terroir et savoir-faire inégalé. Classique, gourmande ou insolite, chaque visite est une invitation à éveiller vos sens et à comprendre ce qui fait du Château de Rayne Vigneau un lieu magique. Laissez-vous envoûter par un pique-nique au cœur des vignes, une balade en trottinette à travers les paysages d'exception, ou un escape game pour explorer le domaine d'une manière originale pleine de surprises. Suivez le guide !

HOTEL & RESTAURANT LALIQUE €€€

Lieu-dit Peyraguey - **BOMMES**
✆ 05 24 22 80 11
www.lafauriepeyragueylalique.com
Ouvert du jeudi midi au lundi soir (horaires variables selon saison). Menu : 205 € à 490 € ; sélection fromages : 30 €.

A l'hôtel-restaurant Lalique du château Lafaurie-Peyraguey, vous découvrirez les créations de la célèbre cristallerie. Récompensée d'une première étoile Michelin en 2019 puis d'une seconde en 2022, la cuisine de Jérôme Schilling est travaillée selon les spécificités de chaque millésime avec des produits rigoureusement sélectionnés, à travers deux menus (dont l'un végétarien) en 4 à 5 séquences. La carte des vins figure parmi les plus belles de France !

SUD GIRONDE

CHÂTEAU DE MYRAT

BARSAC

05 56 27 09 06

www.chateaudemyrat.fr

Visite dégustation du lundi au samedi, sur rdv : 12 €. Boutique en ligne.

L'histoire des Pontac a plus de 400 ans, elle se confondrait presque avec celle des vins de Bordeaux ! Quand Jacques et Xavier de Pontac ont repris le domaine en 1988 afin d'exploiter les 22 ha d'origine, – appellation Sauternes – Barsac –, il a d'abord fallu replanter les 150 000 pieds de vigne. La renaissance d'un grand cru fut saluée des connaisseurs en 2001, par la revue du Vin de France qui en parle comme de « l'un des meilleurs vins de Bordeaux ». Myrat est, à ce jour, connu et reconnu parmi les plus grands. L'épopée mérite bien une visite !

CHÂTEAU DOISY-DAËNE

15, Gravas - **BARSAC**

05 56 62 96 51

www.denisdubourdieu.fr

Ouvert du lundi au vendredi de 9h à 12h30 et de 13h30 à 17h ; le w-e sur rdv. Visite dégustation à partir de 20 €.

Second cru classé en 1855, le domaine est tenu par les Dubourdieu depuis quatre générations. D'appellation Sauternes, ses vignes vieilles d'une quarantaine d'années, bénéficient d'un sol unique qui leur apporte beaucoup de finesse, la proximité de la Garonne et du Ciron conférant davantage d'acidité au raisin. Produit depuis 1949, le Sauvignon à 100 % est une curiosité, l'un des plus vieux blancs secs de l'appellation. Le domaine propose la visite des chais et des jardins, avec dégustation en boutique des trois vins des propriétés familiales.

CHÂTEAU FILHOT

05 56 76 61 09

www.filhot.com

Visites du lundi au vendredi de 9h à 12h et de 14h à 17h ; le w-e sur rdv. Accès libre. Animations.

Célèbre pour son vin de Sauternes Grand cru classé, Filhot est aussi reconnu pour son vaste parc à l'anglaise de 35 hectares, dessiné par le jardinier paysagiste Louis-Bernard Fischer en 1845. Le Comte Gabriel de Vaucelles y organise chaque année de grands rendez-vous, notamment le départ de la Raisin d'Or (le plus grand rassemblement sportif de Gironde) à l'occasion des journées portes ouvertes automnales des appellations Sauternes et Barsac au mois de novembre, ainsi que des spectacles et animations, et un Rétromobile. Le parc est accessible toute l'année.

CHÂTEAU GRAVAS

6, Lieu-dit Gravas - **BARSAC**

05 56 27 06 91

https://chateau-gravas.fr/

Ouvert du lundi au sam. de 10h 12h et de 14h à 18h ; dim. de 10h à 12h. Visite dégustation : 10 € ; dégustation : 6 €.

Entouré de prestigieux crus classés, le Château de Gravas est un irréductible. Depuis 1850, six générations de Claverie et de Bernard se sont succédé sur le domaine. Florence Bernard se fera un plaisir de vous accueillir pour vous le faire découvrir, jusqu'à la Trilogie de Gravas, avec art et manière. En parlant d'art justement, il est partout : sur les étiquettes des bouteilles, qui ont chacune une histoire, ainsi que dans le chai à barriques où les fûts côtoient les œuvres colorées du peintre et sculpteur alsacien Paul Flickinger.

CHÂTEAU GUIRAUD

1, Château Guiraud

05 56 76 61 01

www.chateauguiraud.com

Ouvert tous les jours de 10h à 18h. Visite dégustation : 23 € à 38 € ; accord vin-caviar : 85 €. Restaurant. Boutique.

La propriété a délaissé la viticulture conventionnelle pour se tourner vers la bioviticulture dès 1996, sous l'impulsion de Xavier Planty. Ainsi, le domaine a été récompensé à plusieurs reprises par le concours Best Of Wine Tourism dans les catégories « Valorisation œnotouristique des pratiques environnementales », mais aussi en « Organisation d'événements » et « Restauration à la propriété ». Depuis plus de 30 ans, le public est accueilli au château via l'ancienne voie gallo-romaine, une majestueuse allée bordée de 181 platanes.

CHÂTEAU HAUT-BERGERON

3, Piquey - **PREIGNAC**

05 56 63 24 76

www.chateauhautbergeron.com

Ouvert du lun. au ven. de 8h30 à 12h et de 14h à 17h30 ; et sam. de juin à sept. Visite. Livraison (boutique en ligne).

Appartenant depuis 1730 à la famille Lamothe, le château Haut-Bergeron, avec ses 168 distinctions, est l'un des plus médaillés de l'appellation Sauternes. Issue d'une centaine de petites parcelles réparties sur l'ensemble de l'aire d'appellation (26 hectares de vignes anciennes, dont certaines greffées en 1903), la récolte achève de se bonifier en fûts de chêne dans trois chais, qui n'ont par exemple pas connu le millésime 1993, jugé pas assez digne pour la mise en bouteille. D'autres millésimes anciens sont encore disponibles.

CHÂTEAU JOUVENTE

93, Le Bourg - **ILLATS**
✆ 05 56 62 49 69 - www.chateau-jouvente.fr
Ouvert tous les jours jusqu'à 19h30. Dégustation gratuite. Visite « Transmission » : 10 €. Animations.

Tenu par la famille Gutmann depuis 2016, le Château Jouvente est situé au cœur de l'appellation des Graves. On y produit un excellent vin, mais on est aussi ici passionnés d'art... Après un séjour dans ces vignes, l'illustratrice Caroline Desnoette a d'ailleurs créé l'étiquette de la cuvée 2016. Le domaine propose également des activités œnotouristiques, notamment une visite gratuite suivie d'une dégustation de 3 vins du domaine. Pour approfondir, optez pour la visite « Transmission de Jouvente ». Et pour vous distraire en famille, essayez donc le jeu de piste !

CHÂTEAU LA BOUADE

4, Lieu-dit la Bouade - **BARSAC**
✆ 05 56 27 30 53
Ouvert du lundi au vendredi de 9h à 12h et de 14h à 17h30. Visite tous les jours, sur rdv.

Le vignoble s'étend sur 16 hectares autour du château et 4 hectares sur « les hauts de Barsac » : Le clos Mercier. A 40 kilomètres de Bordeaux, Stéphane Wagrez et Olivier Fargues tentent de créer le vin du XXIe siècle, avec la cuvée Coccinelle. Passion, innovation et respect sont les maîtres-mots de ce vignoble qui contribue à remettre le Sauternes au goût du jour. La cuvée Château la Bouade est plus liquoreuse. On l'apprécie avec du foie gras bien sûr, mais essayez sur des tapas, du fromage ou des sorbets pour un peu d'originalité !

CHÂTEAU LA CLOTTE-CAZALIS

La Clotte
BARSAC
✆ 06 87 20 03 34
www.laclotte.com
Visite dégustation, tous les jours sur rdv : gratuit ; groupes : 6 €. Location de salles. Livraison (boutique en ligne).

« Il était une fois un charron nommé Jean Lacoste qui acheta en 1779 quelques arpents ensoleillés situés le long du Chemin Royal qui va du Port de Barsac à Captieux : le bourdieu de La Clotte »... La suite de l'histoire, Marie-Pierre Lacoste-Duchesne vous la contera de vive voix. Représentant la 17e génération, cette œnologue et ingénieur agronome sacrée « Meilleur espoir du vin 2003 », cultive ses vignes en agriculture biologique avec son cheval de trait. Le musée est surprenant.

CHÂTEAU LA TOUR BLANCHE

La Tour Blanche - **BOMMES**
✆ 05 57 98 02 73
www.tour-blanche.com
Ouvert du lundi au ven. de 9h à 12h30 et de 14h à 17h ; sam. de 10h à 17h30. Visite dégustation à partir de 15 €.

Appartenant à la région Nouvelle-Aquitaine depuis 2010, ce Château attire les visiteurs grâce à son excellent Premier Grand Cru Classé Sauternes et son cadre idyllique. Les visites guidées permettent de découvrir les vignes et les chais et de s'intéresser au processus de vinification avant de profiter d'une dégustation. La « Visite Verticale » offre le privilège de profiter d'un point de vue exceptionnel depuis le Belvédère et de déguster trois millésimes à travers les âges, afin d'apprécier l'évolution d'un Grand Cru Classé. A découvrir !

CHÂTEAU LAMOTHE-DESPUJOLS

19, rue Principale
✆ 05 56 76 67 89
www.lamothe-despujols.com
Boutique ouverte du lundi au ven. de 10h à 18h ; le w-e de 10h à 19h. Visite du château tous les jours sur rdv : 12 €.

Rendez-vous à la Cave des Lauréats près de l'église, lieu de départ des visites et point de vente du Château Lamothe. Vous trouverez là une minutieuse sélection de divers crus allant du Sauternes au Bordeaux Supérieur, en passant par les Graves, Pomerol, Médoc, Saint-Estèphe... Joli choix également de Bas-Armagnac (jusqu'en 1928), de produits du terroir, d'idées cadeaux et d'accessoires de dégustation. Accueil chaleureux, explications détaillés et superbe dégustation.

CHÂTEAU SIGALAS RABAUD

1, Rabaud-Sigalas - **BOMMES** ✆ 05 57 31 07 45
www.chateau-sigalas-rabaud.com
Visites d'avril à oct, jours et horaires variables selon la période. Visite dégustation à partir de 15 €. Restauration.

Laure de Lambert Compeyrot (6e génération) maintient bien vivant le patrimoine végétal remarquable de Sigalas. Consécration d'un engagement responsable, la propriété a obtenu en 2016 le label le plus élevé de Haute Valeur Environnementale. Bien que le château soit le plus petit des Premiers Grands Crus Classés de Sauternes, l'offre œnotouristique y est très bien développée avec différentes formules de visites et dégustations. Le château fait aussi chambre d'hôtes, pour une ou plusieurs nuits dans la belle chartreuse familiale, avec visite dégustation incluse.

CHÂTEAU SUDUIRAUT

PREIGNAC
05 56 63 61 92
www.suduiraut.com
Ouvert du lundi au samedi, sur rdv. Visite et dégustation : 20 € ; ateliers : 25 € à 40 €.

A la fin du XVIIe siècle, le comte Blaise de Suduiraut reconstitua le vignoble dévasté pendant les guerres de la Fronde, et quelques années plus tard, de magnifiques jardins dessinés par Le Nôtre vinrent habiller l'ensemble. Le domaine s'étend sur 200 hectares, dont 92 hectares de vignes sur un sol de graves sablo-argileuses grâce auquel le château produit un Premier Cru Classé de Sauternes. La visite du domaine comprend la découverte du vignoble, des chais et une dégustation. Des ateliers « Arômes » et « Vins et fromages » sont également proposés.

CHÂTEAU DE VILLANDRAUT ★

Rue Lafon Isore
05 56 25 87 57
www.chateaudevillandraut.fr
Ouvert tlj de juin. à sept ; le w-e en mai et juin ; sur rdv d'oct. à mars. Visite : 3 € à 5 € ; gratuit jusqu'à 7 ans.

Construit en 1305 sur ordre de Bertrand de Goth devenu le pape Clément V, le château de Villandraut est un palais forteresse qui se caractérise par ses six tours rondes encore sur pied, et son enceinte en très bel état. Ses courtines percées d'archères en croix pattées sur deux étages comptent parmi les plus anciennes de ce type en France. La visite guidée est à ce propos très instructive. L'été, profitez des jeux traditionnels dans la cour du château ou d'une visite à la lueur des flambeaux à la nuit tombée... Immersif et impressionnant !

VILLANDRAUT

Situé à 7 kilomètres de Sauternes et sur les rives du Ciron, Villandraut (un millier d'habitants), était une étape sur le chemin de Saint-Jacques-de-Compostelle. Seigneurie fondée au début du XIIIe siècle par André Lopez de Villandro, ce fut surtout la ville natale de Bertrand de Got qui deviendra, plus tard, le premier pape d'Avignon sous le nom de Clément V. Écarté de Rome, il fit bâtir entre 1305 et 1312 le château de Villandraut, qui était à la fois une forteresse et un palais. Malgré le large fossé imaginé pour sa défense, l'édifice subira les assauts des Français à la fin de la guerre de Cent Ans, puis des Protestants qui en feront un siège.

EGLISE SAINT-LÉGER

SAINT-LÉGER-DE-BALSON
Ouvert du lundi au samedi de 7h à 18h ; dimanche de 8h à 18h.

Cette très belle église du XIIe siècle, remaniée au XVIe, a été restaurée. Une partie de l'édifice date de l'époque romane. L'abside du XIIe siècle est ronde à l'intérieur, polygonale à l'extérieur. Sur la voûte du chœur, de superbes fresques anciennes représentent les travaux saisonniers : un moissonneur, un vendangeur... Les statues en bois du XVIIIe méritent également d'être admirées. L'autel est quant à lui décoré d'un antépendium, une toile peinte datant également du XVIIIe. L'église a été classée au titre des Monuments historiques en 1973.

ACCRO D'AVENTURES

782, route Saint-Martin - **BALIZAC**
06 80 61 53 63
www.accro-aventures33.com
Ouvert toute l'année. Stage de grimpe : 60 €/session. Chasse au trésor ou escape game : 20 €/pers. Animations.

Manu Obry n'a pas voulu créer un énième parc de loisirs. Il a plutôt imaginé un service de loisirs à la carte, en pleine nature. Accro d'Aventures s'engage ainsi, aux côtés du Parc naturel régional et du Pays des Landes de Gascogne, dans un tourisme fondé sur des découvertes authentiques, respectueux des paysages, du patrimoine et des activités du territoire. À vous de partir pour un jeu de piste ou une chasse au trésor ludique, participer à un escape game en pleine forêt, prendre de la hauteur en vous initiant au Tree Climbing...

LA FERME DES FILLES €

Lieu Dit, Marahan
06 65 45 19 02
https://lafermedesfilles.fr
Gîtes (5 à 7 personnes) à partir de 70 €/nuit. Restauration. Animations. Boutique.

Les filles, ce sont 4 cousines originaires du Médoc. La ferme, c'est une exploitation agricole dynamique sur un airial traditionnel Landais. Dans ce lieu de vie porté par une belle énergie, tout est cultivé en agriculture biologique. Sur place, 5 gîtes entièrement équipés vous attendent. Vous pourrez découvrir le lieu et l'activité des agricultrices, vous régaler au restaurant qui cuisine les produits de la ferme ou faire le plein de bonnes choses au magasin. Le domaine abrite aussi le studio d'une tatoueuse, pour un souvenir que vous garderez bien encré !

DOMAINE DU ROI KYSMAR €€

✆ 05 56 25 33 91
www.le-roi-kysmar.com

Ouvert du mardi au samedi midi et soir ; dimanche midi. Carte : 40 € env. Menu (en semaine) : 22 €. Terrasse.

Hébergement en chalets, activités de plein air... le domaine du Roi Kysmar est un très bel endroit. Le restaurant profite notamment d'une grande terrasse ombragée sur les rives d'un lac. L'hiver, on se laisse davantage bercer par le crépitement du feu de cheminée. Ici, on sert une bonne cuisine du terroir où les salades gourmandes, les foies gras et le canard sont particulièrement à l'honneur. Les groupes sont les bienvenus et le lieu se prête très bien à l'organisation de vos événements privés ou professionnels. Un conseil ? Pensez à réserver !

CAP'CABANE €€

route de Lucmau - **CAPTIEUX**
✆ 06 79 36 29 01
www.capcabane.com
Ouvert d'avril à octobre. Tarifs : 98 € à 119 €/nuit, pdj inclus ; 499 € à 649 €/sem. Piscine. Restauration. Animations.

Dans la mouvance du développement durable et de l'écotourisme, ces cabanes de bois culminant à 8 m de haut se situent au cœur du Parc naturel régional des Landes de Gascogne. Au milieu des pins, des chênes et des fougères, elles se fondent dans le paysage et accueillent jusqu'à 5 personnes. A l'étage, une chambre lumineuse s'assortit d'une terrasse avec transats. Un petit restaurant bio reçoit pour le petit déjeuner et le dîner, sur réservation. La piscine naturellement filtrée grâce à des plantes oxygénantes et épuratives vous surprendra. Animations en été.

LA CORDONNERIE €€

8, rue Jean Lapeyre
✆ 07 81 05 38 55
Chambre double : 85 € ; triple : 95 €, petit déjeuner inclus. Bain bouillonnant. Fermeture hivernale.

A deux pas des vignobles des Graves et du Sauternais, cette maison du XIXe siècle pleine de charme et d'authenticité a tous les arguments pour séduire. Michel et Armelle ont trois chambres à proposer : Flora, Emma et Nina. La décoration naturelle et soignée est rehaussée par le cachet des parquets anciens. Aménagées à l'étage d'une dépendance de la maison principale, elles sont accessibles par un escalier extérieur et s'ouvrent sur une belle coursive de bois à l'ancienne. Tout n'est que charme et douceur, le jardin est d'ailleurs un écrin magnifique.

DOMAINE DU ROI KYSMAR €€

✆ 05 56 25 33 91
www.le-roi-kysmar.com
Ouvert toute l'année. Chalets (2 à 7 personnes) : à partir de 65 €/nuit et 610 €/semaine. Petit déjeuner : 8,90 €.

Aux confins du Parc régional des Landes de Gascogne, le Domaine du Roi Kysmar est un étonnant hôtel-restaurant en pleine nature qui propose des formules à la semaine, au week-end ou à la nuitée. En bordure du Ciron, la vingtaine de chalets de style landais parfaitement équipés accueillent les visiteurs pour des séjours aux multiples activités : promenade à pied ou à bicyclette, baignade dans la piscine chauffée, parenthèse gourmande au restaurant, instant bien-être au spa, tennis, ping-pong et mini-golf, aire de jeux pour les enfants... Reposant et dépaysant !

L'ESCALE DU CIRON €€

19, rue Jean Dupuy
✆ 06 99 10 60 90
Ouvert du jeudi au mardi le midi ; vendredi et samedi le soir. Carte : 40 € env. Menu midi : 16,50 € à 18 €. Terrasse.

Quand une table vous est chaudement recommandée par les habitants du coin, c'est bon signe... Cela s'est en tout cas vérifié avec ce restaurant où l'on passe un très bon moment. L'accueil est attentionné, la terrasse accueillante, et la cuisine, faite maison avec les produits de saison, tout à fait honorable. La carte déroule ses classiques (planche de charcuteries ibériques, crème brûlée au foie gras, chipirons à la basquaise, profiteroles ou tiramisu du chef...), tandis que la formule du midi, savoureuse et généreuse, affiche un rapport qualité-prix inégalé.

LA TERRASSE DE LA FERME €€

Lieu-dit Marahans - **CAPTIEUX**
✆ 06 59 28 99 97
https://lafermedesfilles.fr
Ouvert mer, jeu et dim le midi ; ven et sam midi et soir. Menu midi : 18 € à 20 € ; soir : 22 € à 25 €. Brunch : 25 €.

Ici, la cuisine est on ne peut plus locale, puisque les fruits et les légumes utilisés viennent directement des champs sur place ! Martha et Romain, qui ont rejoint l'aventure de la Ferme des 4 filles à l'été 2022, préparent et servent des petits plats frais à partir de produits végétaux bio et de viande de producteurs de la région. On se régale autour de ces bonnes assiettes sur la terrasse, ou même, pour les grands groupes, sous le chapiteau. Le dimanche, on peut venir bruncher et en profiter pour découvrir la ferme. Attention, paiement en espèces uniquement.

MAISON SEGUIN

4, rue de la Gare - **CAPTIEUX**
✆ 05 56 65 60 40
https://maisonseguin.fr
Ouvert du mardi au samedi de 6h30 à 12h 30 et de 15h30 à 18h30 ; dimanche de 6h30 à 12h30. Puits d'amour : 1,20 €/unité.

Connaissez-vous le Puits d'amour de Captieux ? Déclinée en petites bouchées légères, cette exquise gourmandise est un grand classique de la région. Ceux de la Maison Seguin valent le détour : une fine coque de pâte à choux, une crème chiboust tendrement caramélisée... C'est la même recette depuis 1944 ! Forte de son succès, la Maison Seguin a également ses points de vente à l'année à Bordeaux : cours Portal dans le quartier des Chartrons, ainsi qu'un stand ouvert chaque fin de semaine au marché des Capucins. Des Puits d'amour et c'est tout.

ORGANISER SON SÉJOUR

En voiture, en train, en avion, en bus, à vélo... Il n'a jamais été aussi simple de venir en Gironde ! Surtout, il y a de très nombreuses occasions d'organiser un séjour pour découvrir les stations balnéaires, les spots de surf, les routes des vins ou encore les plus beaux sites classés. Seul, à deux, en famille avec des enfants ou entre amis, le territoire s'offre à vous en toutes saisons, et par tous les temps. Mais comment venir en Gironde ? Comment vous déplacer à Bordeaux, du Bassin d'Arcachon à l'Entre-Deux-Mers, du Médoc au Sud Gironde ? Comment organiser votre séjour et vos circuits en terre girondine ? Quelle radio écouter pour suivre l'actualité ? Les offices de tourisme de Gironde sont à votre disposition pour vous aider et vous accompagner dans la préparation de votre voyage. Sans oublier, bien sûr, toutes les précieuses informations et les adresses futées répertoriées dans ce guide !

S'Y RENDRE

Les paysages ondulent entre vignobles de renom (Sauternes, Graves, Saint-Macaire), forêts de pins (Parc naturel régional des Landes de Gascogne) et cours d'eau historiques (Garonne, canal de Garonne et Ciron). Ce petit bout de terre est un véritable condensé de nature, de culture, de patrimoine et de gastronomie ! Venez découvrir les châteaux historiques, les maisons des illustres et les cités médiévales (Bazas et Saint-Macaire) et partez à la rencontre de celles et ceux qui font le Sud Gironde et vous accueillent avec sympathie. Les Gascons vous ouvrent leurs portes afin de partager leurs traditions et leur savoir-faire. Pour ne rien rater, le Sud Gironde se parcourt en itinérance, que ce soit sur le GR6, les chemins de Saint-Jacques-de-Compostelle, les sentiers de randonnée ou les pistes cyclables. Après l'effort, le réconfort : les chefs vous feront découvrir les spécialités comme le bœuf de Bazas, le foie gras et les puits d'amour.

GARE SAINT-JEAN

Rue Charles Domercq - **BORDEAUX**

✆ 3635

Ouvert tous les jours de 4h45 à 0h, 0h30 ou 1h30 selon les jours. Achat billetterie. Commerces et services.

A 2h04 de Paris-Montparnasse, la gare Saint-Jean est desservie par des TGV, TGV inOUI, Ouigo, Intercités et TER en provenance de nombreuses villes de France, parmi lesquelles Toulouse, Hendaye, Tarbes, Arcachon, Lille, Strasbourg, Marseille, Nîmes... Sans oublier un Thalys qui effectue un aller-retour direct jusqu'à la gare de Bruxelles-Midi ! Au fil des rénovations, notamment de son emblématique et immense verrière métallique surplombant les voies, la gare a su garder son cachet d'antan, tout en se modernisant avec des commerces et des équipements publics.

SNCF CONNECT

www.sncf-connect.com

Le site et l'application SNCF Connect vous permettent d'organiser tous vos voyages. Pensez à réserver vos billets de train en avance, afin de les obtenir au meilleur prix ! Vous pouvez également acheter des cartes de réduction qui valent le détour : par exemple, la carte Avantage Adulte à 49 € permet de bénéficier de 30 % de réduction sur vos voyages, ainsi que d'une réduction supplémentaire pour les enfants accompagnants. Elle est généralement rentabilisée dès le premier trajet. Voilà une manière de se déplacer et de voyager de manière plus responsable.

SNCF TER NOUVELLE-AQUITAINE

✆ 0800 87 28 72

www.ter.sncf.com/nouvelle-aquitaine

Accueil téléphonique du lundi au vendredi de 6h30 à 19h30 ; samedi de 8h30 à 18h30 ; dimanche et fêtes de 13h30 à 19h30.

TER Nouvelle-Aquitaine permet d'adapter sa façon de voyager à son budget grâce à différents abonnements à la semaine, au mois ou à l'année, et à des tarifs préférentiels. La carte MODALIS (TER, tram et bus du réseau TBC) offre par exemple jusqu'à 75 % de réduction sur un trajet déterminé et des voyages illimités. La carte Avantage Jeune permet de bénéficier pendant un an de 30 % de réduction tous les jours sur tous les trajets. Accueil téléphonique accessible 7j/7.

AÉROPORT DE BORDEAUX

MÉRIGNAC

✆ 05 56 34 50 50

www.bordeaux.aeroport.fr

Commerces et services. Bureau de change. Parkings. Service voiturier. Hôtels à proximité.

La Guadeloupe, Vérone, Funchal, Munich... Voici quelques-unes des destinations accessibles au départ de Bordeaux. Au total, vous pourrez partir vers près de 90 villes, principalement en France et en Europe. De nombreuses destinations sont proposées en *low cost* depuis le terminal Billi. L'aéroport de Bordeaux est très bien desservi, notamment depuis l'arrivée du tram A qui vous conduira jusqu'au centre-ville de Bordeaux en 35 minutes ou jusqu'à la gare Saint-Jean avec un changement à Porte de Bourgogne. Un nouveau parc abrité pour les deux-roues motorisés a ouvert.

SÉJOURS ET CIRCUITS

Expérience au cœur des grands crus classés, virée gourmande pour découvrir les produits du terroir, escapade bien-être en pleine nature, nuit dans un hébergement insolite, découverte du vignoble bordelais en vélo, stage de surf, croisière sur le canal de la Garonne, week-end festif au Port de Lune, *road trip* sur la route des vins... Alors que Bordeaux vous réserve déjà ses meilleures adresses gourmandes et ses plus beaux monuments, le bassin d'Arcachon se pare de mille feux pour les romantiques, les amoureux de nature et de farniente. Dans le Médoc et en Haute-Gironde, la route des châteaux jalouse les plus belles vagues. Et sur la rive droite de la Dordogne, les propriétés viticoles du Libournais ne manquent pas non plus d'arguments. Terre d'illustres, le Sud Gironde se démarque tout autant par son riche patrimoine culturel, naturel et gastronomique. Enfin, que dire de l'Entre-deux-Mers et de ses belles bastides ?

AQUITAINE TOURISME

26, impasse de la Joncasse (bât 2)
BEYCHAC-ET-CAILLAU ✆ 06 03 18 83 83
www.aquitainetourisme.net
Agence réceptive enregistrée à l'Office de Tourisme de Bdx et référencée auprès du Comité Régional du Tourisme de Bdx.

Parcs de loisirs, week-ends à la neige, croisières fluviales… Née au cœur du territoire en 1998, *Aquitaine Tourisme* vous propose des séjours & excursions « clé en main » en Nouvelle-Aquitaine et en France. La force d'Aquitaine Tourisme réside dans la conception de programmes personnalisés, étudiés pour vous et par vous, sur des thèmes variés : culture & patrimoine, terroir & gastronomie, vignoble & océan, activités sportives & insolites, bien-être & thalasso… Demandez l'expertise de Graziella et laissez-vous conseiller par Jean-Luc !

BERNARD MAGREZ LUXURY WINE TOURISM

216, avenue du Dr Nancel Pénard - **PESSAC**
✆ 05 57 26 38 38
www.luxurywineexperience.com/fr
Expériences d'exception au cœur des Grands Crus Classés Bordelais.

Bernard Magrez Luxury Wine Tourism vous propose des séjours de rêve dans de belles demeures chargées d'histoire, dont une escapade romantique au château Pape Clément en suite prestige. Tournés vers l'œnotourisme, quatre séjours d'exception sont proposés. Laissez-vous tenter par les visites-dégustations, l'organisation d'événements, la location de magnifiques salles, la création de séjours prestigieux avec repas, les formules d'hébergement et de visites incluses… Tout est possible !

L'ENTRE DEUX

10, allée des Sirènes
LÈGE-CAP-FERRET
✆ 05 64 28 67 70
www.entre-deux-events.com
Opérateurs de voyages et de séjours.

L'Entre Deux est un créateur d'événements personnalisés et insolites pour 10 à 200 personnes dans un esprit écocitoyen. Activités sportives, balades et découvertes, réceptions ou hébergements... les équipes s'occupent de tout. Côté destinations : la Côte catalane, Bordeaux et le bassin d'Arcachon pour organiser des moments exceptionnels comme une balade en pinasse ou un mariage au fil de l'eau, un vol en parapente au-dessus de la dune du Pilat et du banc d'Arguin, une chasse au trésor à Arcachon, un rallye en 2 CV dans les vignobles bordelais...

QUOTATRIP

41, rue de Babylone
www.quotatrip.com
Tarifs : devis sur demande en ligne.

QuotaTrip est une plateforme de réservation de voyage en ligne qui met en relation des voyageurs à la recherche d'expériences authentiques et uniques, et des agences de voyages locales sélectionnées pour leurs compétences et leur sérieux. Le réseau de QuotaTrip couvre près de 200 destinations dans le monde entier. Le but de ce rapprochement est simple : proposer un séjour entièrement personnalisé aux utilisateurs. QuotaTrip promet ainsi l'assurance d'un voyage serein, sur mesure, sans intermédiaires et sans frais supplémentaires.

Bordeaux.

SE DÉPLACER

Pour se déplacer à Bordeaux, du bassin d'Arcachon à l'Entre-Deux-Mers et du Médoc au Sud Gironde, rien de plus simple ! D'abord, il y a les transports en commun. À Bordeaux par exemple, on se déplace volontiers en tramway, en bus, à vélo, en trottinette, et même en bateau pour passer d'une rive à l'autre. Les lignes de tramway circulent de 5h du matin à minuit en semaine, et jusqu'à 1h les jeudis, vendredis et samedis. L'aéroport international de Bordeaux-Mérignac est particulièrement facile d'accès. Les TER Nouvelle-Aquitaine et les cars régionaux desservent tout le territoire. Oubliez la voiture, rejoignez les plages girondines et autres grands lieux touristiques sans vous soucier des embouteillages ! Sinon, il reste de nombreuses solutions de location de véhicules (vélos, scooters, etc.) ainsi que des voitures en libre-service. Rappelons encore que la Gironde est un territoire vraiment agréable à sillonner à vélo.

TBM

Cours du 30 Juillet - **BORDEAUX**

✆ 05 57 57 88 88

www.infotbm.com

Circule toute l'année, tous les jours (sauf le 1er mai) de 5h à 0h (fin de service à 1h le jeudi, vendredi et samedi).

Vous souhaitez des renseignements pour vous déplacer dans Bordeaux et la métropole ? Ou, vous souhaitez trouver le titre de transport adapté à votre séjour ? Tout ce dont vous avez besoin se trouve dans l'application mobile TBM disponible sous iOS et Android. Utilisée par plus de 400 000 personnes chaque mois, c'est l'outil idéal pour rester connecté au réseau de transport urbain. Consultez les horaires de vos lignes, préparez votre itinéraire et achetez vos tickets dématérialisés avec la fonctionnalité M-ticket. Trop facile !

TRANSPORTS EN NOUVELLE AQUITAINE

BORDEAUX

✆ 09 70 87 08 70

Ticket à l'unité (2h) : 2,50 € ; ticket A/R (dans la journée) : 4,50 €. Autres tarifs et abonnements : voir le site.

En Gironde, le réseau est constitué de 48 lignes de cars interurbaines desservant 270 communes et de 5 lignes touristiques organisées en intermodalité avec les réseaux urbains de transport TBM (Bordeaux Métropole), Calibus (Libournais), Baïa (Bassin d'Arcachon) et le réseau TER Nouvelle-Aquitaine. Les voyageurs bénéficient de véhicules confortables et climatisés, d'un service d'information en temps réel, et d'une tarification unique quel que soit le trajet ou la distance.

ADA

40/42, rue Furtado - **BORDEAUX**

✆ 05 24 73 34 97

https://www.ada.fr/

Du lundi au vendredi de 8h-12h et 14-18h. Location de voiture à partir de 24 €/jour ; utilitaire à partir de 39 €/jour.

Les agences Ada proposent la location à l'heure, à la journée ou à la semaine de plusieurs types de véhicules, de la simple citadine à l'utilitaire pour vos déménagements. Avec l'offre « jeune conducteur », la location est possible dès 18 ans (sans surcoût), y compris pour les fourgons de 3 m³. Au-delà, il faudra justifier d'au moins un an de permis. La réservation en ligne est intuitive et vous pourrez bénéficier de promotions intéressantes. Bref, un service de location idéal pour vos week-ends prolongés, vos vacances en famille et vos déplacements professionnels !

UTIL & CAR

102, quai de Paludate - **BORDEAUX**

✆ 07 44 44 39 08

www.util-and-car.com

Location de véhicules en autopartage au Bouscat, à Mérignac et Bordeaux Saint-Jean. Sans abonnement. 24h/24 – 7j/7.

Nelson et Amélie ont développé Util & Car, un service de location de véhicules en libre-service sur le principe de l'auto-partage. De nombreux véhicules, dont quelques utilitaires (pratiques pour un déménagement !), sont ainsi disponibles à tout moment au Bouscat, à Mérignac et du côté de la gare Saint-Jean à Bordeaux. Util & Car fait le choix de véhicules haut de gamme, bien entretenus et bien équipés pour rendre la conduite et les trajets plus agréables. Avec l'application Getaround, tout se fait à distance (service client assuré par téléphone).

BLUEBIRD VTC

BORDEAUX

✆ 06 50 25 29 08

www.bordeaux-chauffeur-prive.com

Service de chauffeur VTC (24 heures sur 24 et 7 jours sur 7).

Bluebird est un regroupement de VTC pour le transport de personnes. Et les maîtres mots sont élégance, bienséance, proximité et gain de temps. Ces chauffeurs privés sont aux petits soins de leurs clients. Leurs prestations sont nombreuses : voyages, séminaires, mariages, événements, rendez-vous professionnels, transfert aéroport/gare, etc. Les chauffeurs choisissent le meilleur itinéraire en anticipant et optimisant votre temps. Ils offrent 24 heures sur 24 et 7 jours sur 7, une large gamme de véhicules, de la berline au van, pour transporter de 1 à 8 passagers.

LOVELEC33

1, place du Chapitre et des Jacobins

SAINT-EMILION ✆ 06 82 72 15 64

Ouvert de mars à octobre. De 29 € à la demi-journée à 100 € pour 3 jours. Sur réservation pour une location avec guide.

Lovelec33 n'est pas un loueur de vélos électriques comme les autres. À Saint-Émilion, aux Caves du Manoir, mais aussi à Libourne (esplanade de la République), vous pourrez louer un vélo à la demi-journée, à la journée ou sur plusieurs jours pour une virée au cœur du vignoble. Outre les nombreuses visites gratuites téléchargeables et personnalisables, les équipes de chez Lovelec33 peuvent aussi vous proposer des circuits clé en main incluant des visites et des dégustations. Sur réservation 72 heures à l'avance, vous avez la possibilité d'être accompagné d'un guide.

FUN BIKE

109, avenue de Maubuisson - **CARCANS**

✆ 05 56 82 96 74

www.funbike.fr

Ouvert d'avril à la Toussaint. Le reste de l'année sur réservation pour les groupes. Vélo adulte à partir de 15 €/jour.

VTT, VTC, vélos et remorques pour enfant, coques bébé, tandem, vélos électriques... Vous allez pouvoir parcourir les pistes cyclables seul, à deux, entre amis ou en famille. Car Fun Bike a tout prévu ! François et Christophe, les deux gérants, ont plus de 800 vélos à louer et tout est compris (antivol, panier et casque). Le magasin peut même accueillir des groupes. L'équipe connaît la forêt des Landes girondines et vous guide pour des balades mémorables. Fun Bike fait aussi la vente, la réparation et l'entretien de vos vélos. Réservation possible sur le site.

STATION VÉLO CRÉON

60, boulevard Victor Hugo - **CRÉON**

✆ 06 28 26 79 32

www.station-velo-creon.fr

De juin à novembre. Location à la demi-journée ou en longue durée à partir de 10 € pour un vélo adulte. Vélo-école.

Pour vos petites et grandes expéditions cyclo, la Station Vélo de Créon vous propose plusieurs vélos à la location. Il y a des VTC bien sûr, des vélos électriques, des tandems, des tricycles et même des vélos cargos électriques pour les adultes ainsi que des handbikes. Pour les sorties en famille, les enfants trouveront des équipements à leur taille et vous aurez même la possibilité d'ajouter un siège bébé ou une remorque. Les cadenas, casques et paniers sont fournis. Possibilité de louer à la demi-journée (4h), la journée, pour deux jours ou à la semaine !

L'ATELIER VÉLO BY FUNBIKE

6, place du Sauvignon

PAUILLAC

✆ 05 56 09 76 62

www.funbike.fr

Ouvert d'avril à octobre, du mardi au dimanche de 9h30 à 12h30 et de 14h à 18h. Le reste de l'année sur réservation.

Visiter les vignobles du Médoc à vélo, à deux, entre amis ou en famille ? C'est toujours une bonne idée ! Pour un après-midi dans les vignes ou pour la journée, rien de plus simple : rendez-vous au village de Bages, louez, pédalez et vibrez ! C'est d'ailleurs la devise de l'atelier du vélo by FunBike (le spécialiste du vélo de Carcans-Maubuisson). Ici, on loue vélos classiques ou électriques, tandems et vélos enfants. Ils vendent aussi des accessoires et s'occupent des réparations.

WESTERN FLYER BORDEAUX

85, quai des Chartrons

BORDEAUX

✆ 05 57 78 68 26

www.westernflyer.fr

Ouvert toute l'année sauf en janvier. Vente et locution. Atelier de réparation.

Si c'est au Cap Ferret que Nicolas et Maxime, deux frères passionnés d'activités *outdoor*, ont d'abord choisi d'ouvrir leur(s) boutique(s) de location et vente de vélos, on les retrouve aussi sur les quais de Bordeaux. Chez Western Flyer, il devient alors possible de louer un vélo de ville (pour homme, femme ou enfant), un tandem... Vous pourrez même acheter un Fat Bike électrique capable de rouler dans le sable avec ses pneus surdimensionnés ! Vous trouverez aussi toute une gamme d'accessoires (casques, sacoches, selles...).

S'INFORMER

Pour être incollable sur l'actualité locale, pour ne manquer aucun événement ou simplement pour connaître la météo des plages, le Petit Futé a la solution ! Deuxième quotidien régional français, le journal *Sud-Ouest* pourra accompagner votre café et votre chocolatine à l'heure du petit-déjeuner. Mais le choix est large : le gratuit *20 Minutes*, la *Dépêche du Bassin*, le *Journal du Médoc*, ou encore *Vivre Bordeaux*, *JunkPage* et *Clubs & Comptines* pour les familles. Sur les ondes, on écoute *France Bleu Gironde, Wit FM, la Clef des Ondes, Enjoy 33* ou *Forever* et à la télévision, on regarde *France 3 Aquitaine, France 3 NoA* ou encore *TV7*, la chaîne locale généraliste. Parmi les incontournables du web : *Aqui !* est un site d'informations régionales incontournable, *L'essentiel Bordeaux* est une newsletter très utile et *Un air de Bordeaux* est un site où retrouver des idées de sorties et d'activités dans la métropole de Bordeaux.

ENJOY 33

218, cours Gambetta
TALENCE
https://www.enjoy33.fr
A écouter sur 92.6 FM, sur le web ou l'application.

Enjoy 33, c'est « la radio qui donne le smile » ! Incarnée par Joss, Johan et Hervé, une équipe d'animateurs survoltés, cette station à écouter sur les ondes ou sur le web propose toute la journée des playlists motivantes avec les hits du moment, mais aussi les actus, infos pratiques et bons plans de la région, et fait gagner des cadeaux ! Vous croiserez l'équipe au cours de nombreux événements (concerts, live, soirées latinos...), et si vous êtes curieux de découvrir leur fonctionnement, vous pouvez passer les voir dans leurs locaux.

GIRONDE TOURISME

✆ 05 56 52 61 40
www.gironde-tourisme.fr
Ouvert du lundi au jeudi de 9h à 17h ; vendredi de 9h à 12h.

Le site Internet de Gironde Tourisme est très complet et parfait pour organiser des séjours au départ de Bordeaux et pour parcourir sa région. Au programme, par exemple, la découverte du vignoble bordelais, insolite, épicurien, artistique, festif et profondément humain, une sélection complète de chemins de randonnée allant des balades à pied jusqu'aux circuits de Grande Randonnée, des balades à vélo (700 km de pistes cyclables et plus de 2 300 km de sentiers VTT), des sorties en bateau ou en canoë ou tout simplement en voiture.

BALADES

75, avenue du Bac - **SAINT-MAUR-DES-FOSSÉS**
✆ 01 85 72 01 16
www.randosbalades.fr
Abonnement papier à partir de 32 € pour 6 numéros.

Depuis 1992, *Balades* est le magazine à destination des randonneurs, dans lequel on trouve toutes les bonnes idées « balades » à travers l'Hexagone et le monde, mais encore des conseils et astuces pour ne pas rester sur le bord du chemin. Six numéros par an pour se balader avec plaisir au rythme des saisons dans les plus beaux sites, cartes et photos à l'appui. Des topos, des reportages, les essais de matériel... et sur le site Internet une boutique en ligne où l'on trouve des livres, des DVD et d'anciens numéros de ce magazine indispensable aux randonneurs.

CLUBS ET COMPTINES

147 bis, rue Fernand Audeguil
BORDEAUX
✆ 05 56 92 30 40
www.clubsetcomptines.fr
Trimestriel gratuit.

Clubs et comptines s'adresse aux enfants de 1 an à 14 ans, et à leurs parents évidemment ! Cette revue d'information trimestrielle est distribuée gratuitement dans plus de 600 points de la région bordelaise. Au programme : la programmation jeune public, des boutiques enfants, des sélections livres, des stages, ateliers ludiques et séjours enfants, ou encore des lieux où organiser des anniversaires inoubliables. L'agenda est exhaustif, et actualisé en temps réel sur le site Internet. Vous saurez désormais comment occuper vos bouts de chou !

CLUBS ET CONCERTS

BORDEAUX
www.clubsetconcerts.com
Mensuel. Pour annoncer vos concerts et autres événements : agenda.clubs@gmail.com

Clubs et Concerts est un incontournable de la presse événementielle à Bordeaux. Déjà plus de trente ans que ce petit agenda gratuit en format poche informe les habitants de Bordeaux Métropole de l'actualité des spectacles. La rédaction, professionnelle et indépendante, est remplie de passionnés : Bruno, Julie, Lucy, Roxanne, Stéphanie, Guillaume, Vincent, Jean-Luc, Nicolas, Quentin, Joël et Visant. Tous ont à cœur de vous faire découvrir les sorties culturelles de la région. Chaque mois, une trentaine de rendez-vous sont présentés sur un ton léger, mais sérieux !

COURRIER DE GIRONDE

Rue du Docteur Jean Vincent
BORDEAUX
✆ 05 24 07 39 63
www.courrierdegironde.fr
1,70 €. Abonnements de 4 €/mois (offre numérique) à 5,80 €/mois (offre papier).

Déjà plus de 70 ans que le *Courrier de Gironde* informe les Bordelais et les Girondins. Cet hebdomadaire départemental regroupe toutes les thématiques actuelles : santé, culture, politique… en faisant la part belle aux actualités locales : le Bordelais, le Médoc, le bassin d'Arcachon, le Sud Gironde ou encore l'Entre-deux-Mers. Les points de vente sont nombreux, notamment dans les bars-tabacs presse et les supermarchés. Notez que l'abonnement numérique est possible et que les anciens numéros du magazine *Courrier de Gironde* sont consultables en ligne.

ELLIPSE AFFICHAGE

111, rue de la Course
BORDEAUX
✆ 05 56 44 52 98
www.ellipse-affichage.com
Régie d'espaces publicitaires.

Depuis 2004, Ellipse Affichage accompagne les entreprises de la région pour leur publicité. Spécialisée en affichage dynamique *indoor* et *outdoor*, cette régie d'espaces publicitaires propose une communication visuelle dans les sites les plus stratégiques. Implantée dans tout le Sud-Ouest, elle travaille avec de nombreux clients (Région Nouvelle-Aquitaine, Aqualand, Pichet Immobilier, Futuroscope, Cultura...) en leur offrant des supports de qualité, une maintenance technique et préventive sur les équipements, la création et la composition de visuels.

M RADIO (95.5 FM)

ANGERS ✆ 36 18
www.mradio.fr
Angers : 95.5 FM - Bordeaux : 88.5

Numéro 1 sur la chanson française : aucun problème de quotas donc avec cette programmation française mais très large, allant de Soprano à Étienne Daho en passant par Jenifer, Jérémy Frérot, Laurent Voulzy ou Renaud. Les auditeurs de m Radio peuvent même « personnaliser » leur programmation grâce aux différents programmes de sa webradio : « m Radio Fitness » pour des musiques qui bougent, « m radio nouveautés » et même « m Radio 100 % Johnny » ! Parmi les animateurs stars de la saison : Vincent Cerutti, Alexandre Devoise ou encore Julie Keukelaere.

FOREVER

17, avenue Robert Schuman - **BÈGLES**
✆ 05 56 38 33 33
www.foreverlaradio.fr
Bordeaux et Libourne : 103.3 ; Arcachon : 90.4 et en DAB+

ForEvEr est la radio qui diffuse « *tous les tubes des années 1990 et 2000* » à Bordeaux 103.3 FM, Libourne 103.3 FM, Arcachon 90.4 FM et en DAB+ (la radio numérique gratuite et en qualité HD sur votre autoradio ou à la maison) ! De Zombie des Cranberries à Tu m'oublieras de Larusso et de All that she wants d'Ace of Base à J't'emmène aux vents de Louise Attaque, la programmation musicale ravive les souvenirs de toute une génération d'auditeurs. Au programme : actualité de la région et des Girondins, bons plans carbu, idées sorties, cadeaux et un max de bonne humeur !

FRANCE 3 NOUVELLE-AQUITAINE

136, rue Ernest Renan
BORDEAUX
✆ 05 56 01 38 38

France 3 Nouvelle-Aquitaine vous permet de rester connecté à l'actualité de votre ville ! C'est l'une des 24 antennes de *France TV*. Depuis sa création en 1962, elle émet depuis Bordeaux, mais couvre aussi la région Nouvelle-Aquitaine, soit plus de 6 millions d'habitants ! Plusieurs éditions locales sont diffusées selon votre lieu d'habitation : Bordeaux, Mont-de-Marsan ou encore Bayonne. Les événements sportifs locaux sont parfois diffusés. L'information au plus près de la vie locale !

ICI GIRONDE

91, rue Nuyens
BORDEAUX
✆ 05 57 81 20 20

Bordeaux 100.1 ; Arcachon 101.8 ; Bazas 101.6 ; Belin-Béliet 101.5 ; La Réole 90.4 ; Lacanau 101.4.

Depuis près de 40 ans, *Ici Gironde* (anciennement *France Bleu Gironde*) propose des programmes connectés à la Gironde, à commencer par la matinale diffusée sur *France 3 Nouvelle-Aquitaine* de 7h à 9h. Puis, toute la journée s'enchaînent un cocktail d'infos locales et nationales, de la musique, des jeux, des services, de l'humour avec Willy Rovelli, et du sport - notamment avec l'émission *100% UBB*. Toujours proche de ses auditeurs, *Ici Gironde* va quotidiennement à leur rencontre pour leur donner la parole... Et ils la prennent ! À écouter sans modération.

JUNK PAGE

✆ 05 56 52 25 05
www.junkpage.fr

Mensuel gratuit diffusé dans 1050 lieux. Abonnement payant en version papier dans votre boîte aux lettres.

Promouvoir la culture en Nouvelle-Aquitaine, c'est le défi de la rédaction de *Junk Page*. Depuis 2013, l'équipe de journalistes parcourt la région de festivals en expositions, spectacles, conférences et artistes de tout horizon. Chaque mois, ce magazine culturel indépendant basé à Bordeaux met en avant les arts sous toutes ces formes à travers de passionnants reportages et interviews. Vous trouverez également des rubriques autour du patrimoine, de la gastronomie et de l'urbanisme. Une version numérique est également téléchargeable sur le site internet.

NRJ BORDEAUX

17, rue de Rivière
BORDEAUX
✆ 05 56 51 04 04

102.4 sur la Métropole bordelaise ou appli NRJ (en activant la géolocalisation).

NRJ en direct de Bordeaux chaque jour ! Au programme ? Des bons plans comme toujours, des actualités, de la musique bien sûr, du sport, ainsi que des cadeaux (comme du merch, des places de concerts, etc.). Sans oublier les informations locales, tous les matins entre 6h et 9h ! Et tout au long de l'année, l'antenne bordelaise organise des événements fédérateurs et tisse le lien entre les artistes et les auditeurs les plus fidèles. La radio se prolonge aussi sur les réseaux sociaux (Facebook, Instagram et Tik Tok) et sur ses webradios avec 150 radios thématiques.

RADIO FG

51, rue de Rivoli
PARIS (1er)
✆ 01 40 13 88 00
www.radiofg.com

Bordeaux et Arcachon : DAB+

Radio FG est la radio musicale de référence électro. Elle propose un programme axé sur la deep et la house music. Acteur unique du paysage radiophonique français, Radio FG est la radio « Feel Good ». FG diffuse son programme dans 28 villes françaises. Radio FG est à l'origine du mouvement French Touch. C'est le découvreur et l'incubateur des nouveaux talents, pionnier dans la diffusion et le rayonnement de l'électro en France et dans le monde depuis 1992. Écoutez FG en FM, DAB+, sur radiofg.com, Applis, Boxes, Satellite et 4G.

Pont de Pierre à Bordeaux.
© STOCK.ADOBE.COM

RTL2 BORDEAUX

9, rue Louis Maydieu
BORDEAUX
✆ 05 40 25 33 11
www.rtl2.fr/sujet/bordeaux
Bordeaux : 106.8 FM

RTL2 est la première radio musicale adulte à Bordeaux ! La station diffuse du son pop-rock comme on l'aime ! Les matins, entre 6h30 et 9h, réveillez-vous avec les infos en Gironde données par la journaliste Inès Khiari. L'après-midi, de 12h à 16h, c'est Lorraine qui est aux commandes avec du son pop-rock non-stop ! Des jeux-concours sont organisés pour gagner de nombreux lots : séances de cinéma, entrées pour la Cité du Vin, séjours détente et des places pour les meilleurs concerts de la région. *RTL2* diffuse également des sessions live privées en acoustique.

SUD-OUEST

23, quai des Queyries
BORDEAUX
✆ 05 35 31 31 31
www.sudouest.fr
Abonnement à partir de 9,99 €/mois.

Créé le 29 août 1944, *Sud-Ouest* est le 2e quotidien régional français. Lu par près de 7 millions de lecteurs, il est diffusé dans 7 départements (Gironde, Landes, Pyrénées-Atlantiques, Lot-et-Garonne, Dordogne, Charente et Charente-Maritime) ! *Sud-Ouest* est un organe de presse indépendant qui propose à ses lecteurs un journal complet avec deux cahiers séparables : un général pour les informations internationales et nationales et un départemental pour les nouvelles locales. *Sud-Ouest Dimanche* traite de l'actu du week-end avec un souffle journalistique différent.

SUD RADIO

104, avenue du Président-Kennedy - **PARIS** (16e)
✆ 08 26 30 03 00
www.sudradio.fr

Née dans les années 1960 en Andorre, la station Sud Radio n'a cessé de se développer. Allongeant ses ondes tout d'abord dans le Sud-Ouest, elle a conquis l'Île-de-France et ses environs en 2011. Sud Radio propose un programme de débats et de libre expression. Elle est diffusée en FM sur 31 départements et Monaco, ainsi qu'en DAB+ dans ces mêmes régions et à proximité des grandes villes. Enfin, même si elle émet dorénavant exclusivement depuis Paris, elle reste fidèle à l'Ovalie en faisant la part belle aux retransmissions de matchs de rugby.

TV7

23, quai des Queyries
BORDEAUX
✆ 05 57 54 77 77
www.sudouest.fr/lachainetv7
Canal 33 de la TNT ou canal 30 des box TV

TV7 est la chaîne d'information 100 % bordelaise qui couvre toute l'actualité de la ville, mais aussi de la Gironde et de la région Nouvelle-Aquitaine. En semaine, trois rendez-vous d'infos sont proposés : le Flash du matin de 7h à 9h, l'Édition du Midi de 12h à 13h et la Grande Édition de 18h à 20h. Autre rendez-vous immanquable de la chaîne : le 19h Sports, animé par Dorian Malvesin. Le reste de la journée est rythmé par différents programmes, émissions de débats, de culture ou de divertissement : Première Séance, l'Hebdo Éco, Vino veritas, Regard sur…

SWEET FM

8, Rue des Jacobins - **LE MANS**
Liste des fréquences sur le site web. Programmes et replays disponibles sur www.sweetfm.fr

ForEver est la radio qui diffuse « tous les tubes des années 1990 et 2000 » à Bordeaux 103.3 FM, Libourne 103.3 FM, Arcachon 90.4 FM et en DAB+, la radio numérique gratuite et en qualité HD sur votre autoradio ou à la maison ! De Zombie des Cranberries à Tu m'oublieras de Larusso et de All that she wants d'Ace of Base à J't'emmène aux vents de Louise Attaque, la programmation musicale ravive les souvenirs de toute une génération d'auditeurs. Au programme : actualité de la région et des Girondins, bons plans carbu, idées sorties, cadeaux et un max de bonne humeur !

WIT FM

51, rue des Terres-Neuves
BÈGLES
www.witfm.fr
Fréquences FM (Arcachon : 101.0 ; Bordeaux : 100.8 ; Lacanau : 99.1), DAB+ et application mobile.

Depuis plus de 30 ans, *WIT FM* est LA radio n° 1 dans le cœur des Girondins et des Aquitains. Proche, familiale et populaire, elle propose une programmation musicale variée avec l'essentiel de l'information locale et régionale toutes les heures. Sans oublier les rendez-vous au cœur des préoccupations de ses auditeurs avec « L'agenda loisirs » ou encore le « Récap Actu ». Unique dans le Sud-Ouest, « L'Equipe du Matin » met chaque jour au défi ses auditeurs dans un grand jeu familial : « Devinez qui ». De quoi bien commencer la journée !

INDEX

A

B

C

D

M

EDITION

Directeurs de collection et auteurs : Dominique AUZIAS et Jean-Paul LABOURDETTE
Responsable d'édition : Sophie TARDIEU
Avec la collaboration de Nelly BOURLET
Auteurs : Laurène DELION, Joanne BERTHIER, Stéphanie SINIER, Camille CHARLES, Marine DADOUN, Claire DELBOS, Camille KOESSLER, Stéphanie MARIN, Krystell BONNET, Aude RICHARD, Lucille ROY, Hélène BARRAS, Maureen GATARD, Chloé BAJAS, Jean-Paul LABOURDETTE, Dominique AUZIAS et alter
Directeur Editorial : Stéphan SZEREMETA
Rédaction France : Briséis TEMPLE-BOYER, Désirée DEBANT, Emilie SAINT-PASTOU, Nicolas WODARCZAK
Rédaction Monde : Laure CHATAIGNON, Morgane VESLIN, Pierre-Yves SOUCHET, Henri FRUNEAU

FABRICATION

Maquette et Montage : Romain AUDREN, Julie BORDES, Delphine PAGANO
Iconographie et Cartographie : Anne DIOT, Julien DOUCET

WEB ET NUMERIQUE

Directeur Web : Louis GENEAU DE LAMARLIERE
Technical Project Manager : Hervé MARION
Développeurs : Adeline CAUX, Bastien MOINET
Intégrateur Web : Mickael LATTES, Antoine DION
Webdesigner : Caroline LAFFAITEUR
Responsable Communication Digital WEB : Alice BARBIER
Community Traffic Manager : Shirley NDEMA-KINGUE, Liman DIEW, Océane NOE et Maëlys ANDRADE
Content Manager : Aliénor de PERIER assistée de Maureen EVRARD

DIRECTION COMMERCIALE

Directeur commercial : Guillaume VORBURGER
Responsable Régies locales : Michel GRANSEIGNE
Responsable commercial Régies et Formateur : Kévin FLAVIGNY
Coordinatrice des Régies locale et nationale : Manon GUERIN
Responsables Développement régie inter : Jean-Marc FARAGUET et Guillaume LABOUREUR et Camille ESMIEU
Coordinatrice de la Régie internationale : Leila ANTRI-BOUZAR
Chefs de Publicité Régie nationale : Perrine DE CARNE MARCEIN, Jonathan TOUTOUX, Elodie DELATOUR

DIFFUSION ET PROMOTION

Directrice des Ventes : Bénédicte MOULET assistée d'Aissatou DIOP
Responsable des ventes : Jean-Pierre GHEZ assisté de Nelly BRION
Relations Presse-Partenariats : Noémie BOIDANA

ADMINISTRATION

Président : Jean-Paul LABOURDETTE
Directeur général : Louis AUZIAS
Directrice des Ressources Humaines : Dina BOURDEAU assistée de Sandra DOS REIS et Eva BAELEN
Directrice Administrative et Financière : Valérie DECOTTIGNIES
Comptabilité : Guillaume PETIT, Aminata BAGAYOKO, Franck LAHADY et Touria ZENASNI
Recouvrement : Fabien BONNAN assisté de Sandra BRIJLALL
Responsable informatique : Atik MAHJOUBI

PETIT FUTÉ GIRONDE

LES NOUVELLES EDITIONS DE L'UNIVERSITE
18, rue des Volontaires - 75015 Paris.
✆ 01 53 69 70 00 - Fax 01 42 73 15 24
Internet : www.petitfute.com
SAS au capital de 1 293 680 € - RC PARIS B 309 769 966
Couverture : Sur le bassin d'Arcachon
© margouillat photo - Shutterstock.com
Impression : IMPRIMERIE CHIRAT - 42540 Saint-Just-la-Pendue
Achevé d'imprimer : avril 2025
Dépôt légal : 10/05/2025
ISBN : 9782370575357

Pour nous contacter par email, indiquez le nom de famille en minuscule suivi de @petitfute.com
Pour le courrier des lecteurs : info@petitfute.com

FABRIQUÉ EN FRANCE